근대문화사

서양편 · 746

근대문화사

흑사병에서 1차 세계대전에 이르기까지
유럽 영혼이 직면한 위기

IV

낭만주의와 자유주의:
빈 회의에서 프로이센 · 프랑스 전쟁까지

에곤 프리델(Egon Friedell) 지음
변상출 옮김

한국문화사

문화사에 딜레탕트인 내가 프로페셔널리즘보다 딜레탕티즘을 선호하는 에곤 프리델의 이 유명한 책, 『근대문화사』를 처음 접한 것은 2003년 4월 즈음이었다. 그 무렵은 내가 악셀 브라이히(Axel Braig)와 울리히 렌츠(Ulrich Renz)의 공저인 『일 덜 하는 기술(Die Kunst, weniger zu arbeiten)』을 막 번역 출간한 때이다. 〈일은 적게 하면서 인생은 자유롭게 사는 법〉이라는 부제를 달고 있는 『일 덜 하는 기술』은 책 끝머리에 부록으로 〈권하고 싶은 책〉 여남은 권을 소개하고 있었는데, 그중에 "우리의 주제를 훨씬 넘어서서 도전적이고 흥미로운 읽을거리를 제공한다"고 소개한 책이 바로 에곤 프리델의 『근대문화사』였다.

그 후 얼마 뒤 이 책을 직접 손에 들고 읽기 시작했을 때, '도전적이고 흥미로운 읽을거리'라는 소개말은 의례적으로 하는 빈말이 아니었다. 세계에서 가장 오래된 신문 중 하나인 『노이에 취리히 차이퉁(Neue Züricher Zeitung)』이 일찌감치 "프리델의 『근대문화사』는 그 문학적 형상화의 힘 덕분에 흥미진진한 소설처럼 읽힌다"고 평가한 말 역시 이 책 서문 첫머리를 읽으면 이내 이해될뿐더러 참으로 '도전적이고 흥미로운 읽을거리'임을 확인하게 된다.

무한히 깊은 우주 공간에는 신의 반짝이는 사유이자 축복받은 도구이기도 한 수많은 별이 운행하고 있다. 창조주가 그 별들을 작동시키고 있는 것이다. 이 모든 별은 행복하다. 신이 세계를 행복하게 하려 하기 때문이다. 이 별들 가운데 이 운명을 공유하지 않는 별이 딱 하나 있다. 이 별에는 인간만이 서 있을 따름이다.

어떻게 이런 일이 발생했는가? 신이 이 별을 망각했던가? 아니면 신은 이 별에 본래의 힘을 벗어나 스스로 축복을 쟁취할 자유를 주었던가? 그것을 우리는 알 수 없다. 우리는 이 작은 별의 역사가 만들어낸 자그마한 파편 하나에 관해 이야기를 풀어나가 보고자 한다.

언뜻 봐도 통념적으로 알고 있는 건조한 '문화사'에 관한 말투로 느껴지지 않는다. '존재론'에 관한 명상록 같기도 하고, 마르크스가 말한 '물신숭배(Fetishism)'의 세계에 대한 우울한 철학적 반성의 글 같기도 하다. 그러나 이야기 전체를 풀어가는 서술방식, 이를테면 세계 전체가 시인을 위해 창조되었다, 세계사는 작품이나 말의 시인을 위한 소재를 갖고 있다, 세계사가 새로운 행위와 꿈을 꾸도록 부채를 건네는 그 시인은 누구일까? 그 시인은 바로 다름 아닌 후대 세계 전체일 뿐이다, 천재는 시대의 산물이다, 시대는 천재의 산물이다, 천재와 시대는 공약수가 없다는 등과 같은 변증법적 표현에서 보면 그의 이 책은 허무주의적 반성의 '존재론적' 명상록의 차원을 넘어 창조적인 '시학' 내지는 문화적 '미학서'와 같은 인상을 강하게 풍긴다. 사실 저자 에곤 프리델도 자신의 『근대문화사』 서술형식의 골간을 받치고 있는 관점은 과학적 성격보다 미학적 · 도덕적 성격이 강하다고 서문 앞쪽에서 미리 고백하고 있다.

이 책의 첫머리를 읽는 순간 이 글은 지금까지의 문화사(文化史) 책이 대개 보여주듯 사실관계를 단순히 나열하는 백화점식 보고 형식과도 다르며, 인과관계를 추적하는 기존의 논리적 역사기술의 문화사 연구방식과도 확연히 다른 미학적 성격이 짙다는 점을 금세 알아볼 수 있다. 그래서 '소설 같다'는 평가를 내리는 문화사 '전문가'도 있지만 대단히 유명한 오스트리아 작가 힐데 슈필(Hilde Spiel)과 같은 이는 프리델이 "믿을 수 없을 정도의 박식함과 매혹적인 유머, 정확한 학술적 이해와 대단히 섬세한 예술취향을 겸비하고서" 그 "시기의 인간을 각 시기마다 그 시기의 외부적 환경과 정신적 환경 속에 세우고서 그런 인간의 일상과 복장, 관습을 그 시대의 거대한 이데올로기적 조류와 함께 신선하게 환기시킨다"는 말로써 사람들을 『근대문화사』 속으로 끌어들이기도 한다. 오스트리아의 저명한 저널리스트 울리히 바인치를(Ulrich Weinzierl)은 독일의 유력 일간지 『프랑크푸르트 알게마이네 차이퉁(Frankfurter Allgemeine Zeitung)』에서 프리델의 『근대문화사』를 두고 "그 표현력이 경쾌하고도 흥미로워 수십 년 동안 독자를 사로잡는 매력을 담고 있다"고 말한 바 있다. 물론 이런 '경쾌함'과 '흥미로움'의 참맛은 『근대문화사』 속으로 직접 걸어 들어가 볼 때만 생생하게 경험할 수 있을 것이다.

그러나 이 글을 옮긴 나로서는 바인치를의 주장이 틀림없다고 확신한다. 물론 이 확신을 얻기까지 많은 인내가 필요했다. 2003년 4월 이 책을 처음 읽기 시작해서 2015년 7월 지금 번역서로 이렇게 내놓기까지 꼬박 12년 3개월이 걸린 셈이다. 미적 표현과 그 예술적 서술방식에 매료되어, '이런 식의 문화사 기술도 가능하구나!'하는 느낌으로 간간이 읽고 우리말로 옮겨오다가 한국연구재단 '2011년 명저번역지원 사업'에 선정되어 본격적으로 번역해온 일도 벌써 만 4년이 다 되었다. 표현력의 '경쾌함'과 소설 같은 '흥미로움' 때문에 밤을 꼬박 새우면서 '새로운 시대의 문화 이야기(Kulturgeschichte der Neuzeit)', 즉 『근대문화사』에 빠져든 적이 한두 번이 아니었다. 그러나 집중된 4년과 전체 12년은 결코 인내하기 쉽지 않은 시간이었다. 그 시간은 나의 '몸'에 불균형만 초래한 것이 아니라 가족의 일상적 바이오리듬도 깨는 용감한 '반가족주의'의 길이기도 했다. 이 자리를 빌려 '그래도 정신 건강에는 도움이 되지 않았을까(?!)' 하고, 동의 얻기 쉽지 않은 말로나마 함께 위로하고 싶다.

이 책이 아무리 '흥미진진한 소설' 같아도 번역하기에는 절대적 시간이 필요했다. 그도 그럴 것이 이 책은 저자 에곤 프리델이 쓰기에도 5년 이상 걸릴 만큼 긴 시간이 요구된 독일어판 1,600쪽 분량에 가까웠기 때문이다. 프리델은 처음 이 책을 3부작으로 출간했다(여기서 번역 텍스트로 사용한 것은 베크(C. H. Beck) 출판사가 3부 5권으로 나뉜 것을 2008년 한 권으로 묶어 내놓은 특별판이다). 1927년 7월에 완성된 1부에는 〈문화사란 무엇이며, 문화사를 왜 공부하는가?〉라는 서문과 〈르네상스와 종교: 흑사병에서 30년 전쟁까지〉라는 제목의 1권이 포함된다. 1928년 12월에 나온 2부는 〈바로크와 로코코: 30년 전쟁에서 7년 전쟁까지〉의 2권과 〈계몽과 혁명: 7년 전쟁에서 빈 회의까지〉의 3권을 포함하며, 3부는 1931년 말에 완성된 것으로서 〈낭만주의와 자유주의: 빈 회의에서 프로이센·프랑스 전쟁까지〉의 4권과 마지막 5권 〈제국주의와 인상주의: 프로이센·프랑스 전쟁에서 세계대전까지〉를 포함한다. 흑사병 발병 시기인 1340년대부터 1914년 1차 세계대전이 터지기까지의 기간을 보면 에곤 프리델의 『근대문화사』는 〈르네상스와 종교〉에서 〈제국주의와 인상주의〉에 이르기까지 근 600여 년의 유럽 문화를 관통하고 있다.

한 권의 특별판으로 묶은 이 기념비적인 작품은 이탈리아 르네상스의 발흥으로부터 1차 세계대전에 이르기까지 600여 년간 서구인

이 겪은 문화적 부침의 역사를 섬세한 예술적·철학적 문화프리즘으로 그려내고 있다. 이 부침의 역사 속에는 예술과 종교, 정치와 혁명, 과학과 기술, 전쟁과 억압 등속의 거시적 문화 조류뿐만 아니라 음식·놀이·문학·철학·음악·춤·미술·의상·가발 등과 같은 미시적인 일상생활의 문화 조류도 포함된다. 그런데 에곤 프리델의 『근대문화사』의 강점은 무엇보다 이 미시적 문화 조류에 대한 탐색이 섬세하게 이루어진다는 점에 있다. 예컨대 큰 종 모양의 치마, 일명 '정절지킴이'로 불렸던 의상 라이프로크는 바로크의 형식적 화려함 속에 가려진 몰락의 추태를 나타내주기도 하지만 이 의상의 출현으로 파리와 같은 도시의 골목길이 넓혀지는 문화적 변화를 보여주기도 한다. 말하자면 미시적 문화와 거시적 문화의 변증법적 통일을 드러내주는 것이다. 에곤 프리델은 이 책에서 근대를 규정하는 수세기에 걸친 다양한 조류를 추적하며, 가장 중대한 정신적·정치적·사회적 발전 면모를 설명하면서 그때마다 결정적인 인물들을 뚜렷한 초상으로 그려낸다. 프리델의 문화프리즘을 통해 보면 위대한 인물과 시대정신은 상호 연관성을 지니면서도 마치 독립적인 듯한 변증법적 모순을 함축한다. 이의 압축된 표현이 바로 "천재는 시대의 산물이다", "시대는 천재의 산물이다", "천재와 시대는 공약수가 없다"는 식의 테제일 것이다. 이 테제의 핵심을 가로지르는 것이 그가 만든 개념인 '정신적 의상의 역사(Eine seelische Kostümgeschichte)'라고 할 수 있다. 말하자면 의상 하나에도 정신이 깃들어 있고, 정신 하나도 어떤 문화로든 표현된다는 것이다.

에곤 프리델이 『근대문화사』로 우리에게 들려주려는 '새로운 문화 이야기'는 인간에게서 공포를 몰아내고 인간을 세계의 주인으로 세우겠다는 근대 계몽의 당찬 계획을 실패로 보았던 1940년대 프랑크푸르트학파의 『계몽의 변증법』의 관점을 선취한 듯하다. 이는 『근대문화사』의 부제로 달려 있는 〈흑사병에서 1차 세계대전에 이르기까지 유럽 영혼이 직면한 위기〉라는 소제목에서 확인할 수 있을 법하다. 이 위기의 근대화 과정을 프리델은 '**실재론**(Realismus)'에 대한 '**유명론**(Nominalismus)'의 승리에서 찾고 있다. 그것은 곧 신에 대한 이성의 승리이고, '**귀납적 인간**(induktiver Mensch)'에 대한 '**연역적 인간**(deduktiver Mensch)'의 승리를 함의한다. '연역적 인간'의 승리는 다양한 경험을 허용하지 않고 대전제가 되는 '이성'에 복종하지 않는 모든 것을 단박에 '**불량종자**(mauvis genre)'로 취급하는 데카르트적 이성의 패권을 의미하기도 한다. 여기서 이성은 '형제가 없는 정신'이 될 수밖에 없고, 중세적 공동체는 해체될 수밖에 없다고 보는 것이 바로 에곤 프리델의 『근대문화사』를 관통하는 문화프리즘이다. '형제가 없는 정신'을 『계몽의 변증법』의 저자 아도르노와 호르크하이머의 말로 표현하면 '도구적 이성'이 될 것이다. 이런 이성의 궁극적 표현이 세계대전으로 귀결된다고 보는 것에서도 『근대문화사』와 『계몽의 변증법』은 서로 닮았다. 다만 차이가 있다면 후자는 '이성'에 내재하는 억압적 요소를 '계몽을 넘어서는 계몽'과 같은 반성적 계몽을 통해 극복하려고 하는 반면에 전자는 지금까지의 세계를 구성해온 이분법적 체계, 즉 정신과 물질의 세계와는 다른 곳에서 오는 제3의 불빛에서 찾고 있다는 점이다.

경험 심리학과 경험 물리학이 동일한 결과에 다다랐다. 즉 정신은 현실 너머에 서 있고, 물질은 현실 아래에 있다는 것이 그것이다. 그러나 이와 동시에 다른 쪽에서부터 비쳐오는 흐릿한 불빛이 하나 반짝이고 있다.

유럽 문화사의 다음 장은 바로 이 불빛의 역사가 될 것이다.

에곤 프리델은 '유럽 문화사의 이 새로운 불빛'을 보지 않고 1938년 3월, 밤 10시경에 향년 60세의 나이로 생을 마감했다. 그는 삶의 '유쾌함'을 인정하지 않고 오로지 군사적 '진지함'으로 '삶'을 억압하는 히틀러의 폭압적 군대가 오스트리아에 진입했을 때 4층 창밖으로 몸을 날려 죽음으로 저항했던 것이다. 그런데 그가 사망한 지 77년이 지났지만 아직 '다른 쪽에서 비쳐오는 흐릿한 불빛 하나' 볼 수 없다. 오히려 지금은 '유럽'이 직면했던 그 '영혼의 위기'뿐 아니라 '지구' 전체가 칠흑같이 어두운 밤을 맞아 지구적 '삶 자체'가 위기에 봉착한 듯하다. 그것도 인간의 삶과 직접 관련된 '경제적 위기'뿐만 아니라 글로벌 차원의 '생태학적 위기'에 직면해 있다고 해도 과언이 아닐 만큼 불길한 여러 징후가 지구촌 곳곳에서 감지된다. 에곤 프리델의 말대로 왜 지구는 행복의 운명을 공유하지 못하고 있는지 근본적으로 반성할 필요가 바로 여기에 있지 않을까 싶다. 어쩌면 그가 말하는 그 '흐릿한 불빛'은 이 반성에서 반짝이기 시작할지도 모른다.

1931년, 『근대문화사』가 출간되고 현지의 뜨거운 반응을 넘어 수십 개 언어로 번역된 지도 한참 되었지만 우리는 이제야 그 빛을 보게 되었다. 아주 때늦게 빛을 보게 되었지만 이 빛의 탄생과정에 실로 도움을 주신 분들에게 감사의 마음을 전하고 싶다. 독일어판 원서 1,600여 쪽이나 해당하는 분량의 책을 오늘 5권의 번역본으로 내기까지 한국연구재단의 지원이 없었다면 이 책은 국내에서 빛을 보기가 거의 불가능했을 것이다. 재단에 감사를 드린다. 무엇보다 사실 수차례에 걸쳐 곤혹스러울 정도로 집요하고도 날카롭게 교정을 봐준 '한국문화사'의 이지은 팀장께 이 자리를 빌려 특별한 감사의 마음을 전하고자 한다. 그리고 생활박자를 초스피드로 다그치는 신자유주의의 무서운 속도감을 고려치 않고, 각 권 평균 400쪽 이상 되는 5권의 책을 무심코 읽어달라고 용감하게 부탁해야 할 잠재적인 독자들에게도 미리 감사의 인사를 드린다.

이 책이 오늘 우리 시대의 '고단한 영혼'을 달래주는 하나의 꿈목이 될 수 있다면 역자로서는 더 바랄 것이 없다고 생각한다.

2015년 7월
옮긴이 변 상 출

차례

· **일러두기** · ─────────

1. 번역 텍스트로는 2008년에 베크(C. H. Beck) 출판사가 한 권으로 묶어 내놓은
   특별판을 사용했다.
2. 고딕체로 쓴 부분은 원저자가 이탤릭체로 강조한 부분이다.
3. 각주는 모두 옮긴이 주이다.
4. 인명 · 지명 등의 로마자 철자는 일부는 원어를 찾아내어 쓰고 그 외에는 모두
   독일어판을 따랐다.

각 권 차례

01
공허의 심연

우리는 집으로 가길 동경하지만,
우리는 모른다. 어디로 가야 할지?

－ 아이헨도르프

　이제 우리는 우리의 3부작 가운데 제3부에 이르게 된 셈이다. '첫
번째 저녁'에서는 근대 인간의 탄생을 그려냈으며, 두 번째 저녁에
서는 이 같이 특수한 역사적 변이형태의 전성기를 그려냈다. 그런데
마지막 저녁의 주제는 근대의 죽음에 관한 것이다. 만일 우리가 근
대적 사고의 독성 열매가 담긴 '잠복기'를 등골이 오싹해지는 한겨
울밤의 흐릿한 환영으로만 이해한다면, 우리에겐 르네상스의 세계
가 신의 세계와는 동떨어진, 고열로 불꽃이 번쩍이는 몽상의 비현실
이며, 종교개혁기의 인간이 고작 흐릿하게 새겨진 목판화 속의 현실
만을 의미할 뿐이라면, 바로크의 생활이 고정된 인형극이 보여주는
이상하게 찡그린 얼굴 모양과 같고, 로코코의 영혼이 멀리서 들려
오는 삶에 지친 가을 저녁의 노래와 같다면, 심지어 신뢰해온 고전
적 대가들의 환경이 땅거미 지는 늦은 오후에 어렴풋한 모습으로
비치고, 닿을 듯 가까운 곳에 있는 프랑스 혁명이 귀신놀이와 같은

환등기에서 반사된 불빛으로만 보인다면, 유럽이 목격한 동화 속 마지막 왕의 몰락과 함께 마술적인 모든 정신감응도 사라지게 되며, 무형화하는 안개의 빛도 형상들과 사건들에서 거둬지고, 모든 것이 친근하고 친숙할뿐더러 빈틈없고 구체적이게 될 것이다. '세계사'의 드라마를 계속 연출하고 있는 주인공들은 세계정신이 신비로운 배경을 바탕으로 투사하는 스산한 소문, 어두운 성담(聖譚)과 환영에서 벗어나 이젠 길눈이 밝아 고정 출연하는 사적인 실존인물로 변신한다. 이들은 자신에게 말을 걸고 모든 것에 대답한다. 그도 그럴 것이 그들은 우리 자신과 같은 환경을 배경으로 하고 있기 때문이다. 빈 회의(Wiener Kongreß)에서 현대사가 시작된다.

흔히 우리는 현재 우리의 삶이 훨씬 더 잿빛이고 일상적이긴 하지만, 대신 그만큼 더 이성적일뿐더러 살기도 더 편해졌고, 더 인간적이며 더 유복해졌다고 힘주어 말하곤 한다. 하지만 이는 착각일 뿐이다. 특히 19세기는 비인간적인 세기이다. '기술의 승승장구'는 우리를 완전히 기계화하여 바보로 만들어놓았다. 돈의 숭배가 인간성을 예외 없이 절망적으로 빈곤하게 만들고 있다. 신이 없는 세계는 생각할 수 있는 범위 내에서 가장 비도덕적일 뿐만 아니라 가장 불쾌한 세계이다. 근대의 인간은 현대로 들어서면서 자신이 걸어야 할 부조리하지만 필연적인 고난의 길 가운데 가장 깊은 지옥계에 들어선 셈이다.

비현실적인 현대

이제 우리는 앞 시대의 발전단계보다 적어도 우리 노정의 발전국면에 대해 좀 더 정확히, 좀 더 신뢰성 있게, 좀 더 명확히 그 정보를 알게 되었다고 억측을 한다. 그러나 이런 위로조차도 — 그것이 설령 위로가 된다 해도 — 우리에겐 돌아오지 않는다. 우리는 근대의 문을 열었던 '두 영혼을 가진 인간'을 더는 단일하진 않지만 온전히 파악할 수 있는 **분수**(gebrochene Zahl)에, 그리고 바로크의 인간을 그 가치가 무한소수를 통한 근사치로서만 표현될 수 있는 **무리수**(irrationale Zahl)에 비유해왔다. 이 같은 비유를 계속 끌고 나간다면 19세기의 인간은 $\sqrt{-1}$의 유형과 같은 **허수**(imaginäre Zahl)에 비유할 수밖에 없다. 이 수는 실재하는 것이 아니어서 어떤 사유작용으로도 도달할 수 없다. 우리가 표현하고자 하는 이 같은 시도는 역사란 과학이 아니라는 주장을 발판으로 삼았다. 치밀한 연구자에겐 과거의 풍광이 지극히 문제적인 것이라면 현재의 그것은 절망적인 셈이다. 과거사는 하다 못해 가능성이라도 있지만, 현대사는 가능성이라곤 찾아보기 어렵다. 그 이유도 아주 간단하다. 왜냐하면 현대사는 현전하는 가시적인 구체적 현재를 다루기 때문이다. 그도 그럴 것이 순간보다 이해하기 더 어려운 것도 없고, 물리적인 실존보다 더 비현실적인 것도 없기 때문이다. 불확실성의 안개는 엷게 걷어지기는커녕 매일매일 오늘에 더 가까이 다가오기 때문에 그 밀도가 더욱 짙어질 뿐이다. 우리는 우리가 사랑이나 (프로이트 이후) 증오로 대하는 가장 가까운 친척을 그릴 때만큼이나 "우리에게 속하는" 시간의 경과와 인물 및 사건을 그럴싸하게 그려내지만 제대로 인식하진 못하는 법이다.

　　모든 '후세'에 근본적 요소로 살아 있는 역사에 대한 의지는 (역사가란 다소 성실한 이 의지의 집행자일 뿐인데) 진보적인 증류과정을 밟는다. 까마득히 먼 과거는 시문학의 은빛 광채로 흘러내려 오직 시문학만이 지닌 그 논박할 수 없는 증명서를 들고 우리 앞에 나타난다. 이로써 완전히 '진실'하게 된다. 약간 거리가 있는 과거의 일은 집단적 기억이 분류하고 조정하면서 판단하여 정리하는 과정을 통해 개연성을 취한다. 이로써 '역사적'이게 되는 것이다. 그러나 현대의 역사는 대충 넘어가려는 변호인, 적의에 찬 고소인, 순

시적·역사적
진실과
저널리즘의
진실

박하거나 악의가 있는 전문가, 위선적이거나 편견이 있는 목격자, 소심하거나 점잔 빼는 목격자 등이 발언할 기회를 얻는 계류 중인 송사의 상황에 처해 있다. 내가 이 책의 서문에서 설명하려 한 바처럼 과거의 모든 역사가 성담(聖譚)에 불과하다면 현재의 역사는 **르포**(Reportage)인 셈이다. 곧 그것은 인간 통신에서 가장 초보적이면서 비과학적이고 의심스럽기 짝이 없는 형태다. 역사가 순수 시문학으로 결정체를 이룰 만큼 충분히 세월이 쌓이게 되면, 이로부터 직접 절대 방황할 수 없는 세계정신의 본질, 요컨대 신의 말씀이 풍기게 된다. 이런 맥락에서 보면 성경은 세계문학에서 가장 고상한 역사서일 뿐만 아니라 가장 확실한 역사서이기도 하다. 역사가 좀 더 새로운 자료를 제공한다면, 현세적 위상의 원천이 되는 민족정신이 역사로부터 뿜어져 나온다. 물론 이 정신은 그 종의 본성에 충실한 지식에 이끌린다. 그러나 현재의 역사는 그 '편집인'의 정신을, 즉 자신과 당의 교의에 도움이 된다면 거짓도 마다치 않는 강철 같은 단호함으로 무장한, 교활하면서도 열광적인 인물의 정신만을 그 물부리로 삼는다. 여기서는 그가 편집한 것이 교과서인가 아니면 청문회 보고서인가, 외교관 노트인가 아니면 장군 참모가 보낸 보고서인가, 혹은 실제 기사인가 하는 문제는 중요치 않다. 현재 역사에 부치는 기고문들은 모두 신문이 갖는 진리치를 지닌다.

따라서 역사적 진리에 이르려면 항상 세 가지 면모만큼은 확실히 살펴야 한다. 즉, 그것은 시적 역사의 신성함에 대한 깊은 경외심과 구전된 역사를 민감하게 받아들이는 식의 경박한 믿음, 그리고 '시대사'가 지닌 약시와 위조에 대한 철저한 불신이다. 이런 사정은 영국의 어떤 작가가 제기한 다음과 같은 주장으로 요약해볼 수도 있을 것 같다. **"역사에서 정말 가까이에 있는 것 일체는 정말이지 아무**

도 없었던 것과 같다(*very nearly everything in history very nearly did not happen*)." 니체도 썩 간명하진 않지만 오해의 여지 없이 말한다. "역사 서술자란 실제로 일어난 사건과 관계하는 것이 아니라 추정한 사건들과 관계할 따름이다. (⋯) 그의 주제인 이른바 세계사는 추정한 사건 줄거리와 이를 추정한 모티브에 대한 억견들이다. (⋯) 모든 역사가는 표상 안에서 말고는 결코 실존한 적이 없는 사태들에 대해 설명한다."

다시 한 번 단호히 물어야 할 것은 도대체 어떤 재료가 소위 역사학의 기초자료가 되는가 하는 것이다. 1차적으로 그것은 '문서'와 '원전'이다. 여기에는 가령 일련의 소문과 국회 서류, 고지서와 정부 법령, 행정서류와 사업계약서, 세금목록과 관세 두루마리, 공직자들의 서한과 특사의 보고서 그리고 외교정책의 주요 연구대상인 이상과 유사한 수많은 유품이 포함된다. 2차적으로는 '기념비', 특히 금석학(Epigraphik)이 연구대상으로 삼는 비문(碑文), 그리고 고전학(Numismatik)의 연구 대상인 주화가 있다. 셋째로는 의식적이고도 의도적으로 역사적 추억을 보존하려 하는 '전통'의 증서들이 있다. 이를테면 달력과 족보, 연감과 편년사, 일기와 비망록, 전기와 사서와 같은 것이 그것이다. 이런 모든 '원천 자료'가 (확정되지 않았거나 확정할 수 없는 자료들에 대해선 우리가 논외로 하고 있지만) 관찰자의 **관점**과 **판단**을 통해 비로소 역사적 실증자료가 된다. 요컨대 관찰자가 없다면 그러한 자료들은 가필과 착안과 착각이나 우연한 '적중'을 겪어야 할 무질서한 더미에 불과하게 된다. 관찰자는 우선 그 자료들에 적합한 자리를 배정하고 (대개는 잘못된 자리를 배정하지만), 그리고 그것들을 하나의 맥락으로 묶어낸 다음에야 비로소 그것들로부터 역사서를 쓰는 것이다. 그래서 자료들은 사실들의 기호이고 상징일 뿐인 셈이다. 그러나 이 사실들 자체는 진실한 것

정신사조

도 진실하지 않은 것도 아니다. 말하자면 그것은 두 경우 모두에 해당하는 일이다. 요컨대 모두 동시에 진실하지 않으면서 (왜냐하면 자연과학적 의미에서 그것들이 참이 되는 경우는 그 사건의 순간에만 적용될 뿐이기 때문인데) 또 동시에 모두 진실한 것이다(왜냐하면 그것들은 특정한 삶의 계기의 표현으로서 절대 '허위'일 수가 없기 때문이다). 그것들은 역사적 의식, 그것도 모종의 역사적 의식으로 수용될 때에야 비로소 영속적인 현상으로 남게 된다. 오류가 인식만큼이나 그것들을 불멸의 것으로 만들기도 하는 법이다.

정확히 말하자면 역사가에게는 정황증거만 있을 따름이다. 헤르만 파울(Hermann Paul)은 자신의 『언어사의 원리(Prinzipien der Sprach-geschichte)』에서 이렇게 논평한다. "아무리 단순한 역사적 사실이라 할지라도 사변을 곁들이지 않고 그것을 확정할 수 있다고 생각한다면 자기기만에 빠지기 마련이다. 아무리 무의식 중에 생각하는 것이라 해도 적중한다면 그것은 행운의 직관 덕분이다." 요컨대 인간과 대립하는 자연은 늘 말이 없지만, 연구자에겐 상황이 바로 반대가 되는 셈이다. 말하자면 자연이 인간에게 대답을 제시하지만, 인간은 아무 대답도 하지 않는 꼴이다. 혹은 똑같은 일이 수없이 많이 일어나지만, 각자에게는 그것이 다른 일이 되는 것이다. 야콥 부르크하르트[1]는 자신의 『세계사에 관한 고찰(Weltgeschichtliche Betrachtungen)』에서 다음과 같이 말한다. "원천 자료들은 고갈되지 않는다. 그도 그럴 것이 그것들은 독자마다, 그리고 시대마다 특별한 모습을 띠게 되고, 각각의 연령층에 따라 다르게 비칠 것이기 때문이다. (…) 이

---

[1] Jakob Burckhardt(1818~1897): 스위스의 역사가. 최초로 예술사와 문화사를 동시에 연구함. 그의 중요한 작품 『이탈리아의 르네상스 문명』(1860)은 문화사 연구방법의 귀감으로 통함.

는 불행한 일이기보다 지속적으로 일어나는 생생한 교류의 결과일 뿐이다." 그런데 그것은 다행한 일이기도 하다. 왜냐하면 역사의 매력과 가치는 역사가 계측과 실험에 고스란히 맡겨질 수 있는 '자연적인' 사물이 아니라 늘 정신적인 사물, 즉 끊임없이 변화하고 장소와 시간마다 다른 언어로 말하는 살아 있는 사물만을 다루는 점에 있기 때문이다. 영원히 지하에서 움직이는 모골이 송연한 유령의 강이 **한때 있었던**(was war) 것에서 **지금 있는**(was ist) 것으로 흐른다. 이를 사람들은 '세계사'라고 부르는 것이다. 그것은 우리가 인류라고 부르는 무수한 두뇌로 구성된 시인 길드의 집단작품이다. 인간이 간직한 모든 기억은 시문학의 형식을 빌려서만 보존할 수 있을 따름이다. 입에서 입으로 뛰어다니는 모든 노래, 귀에서 귀로 달려가는 모든 일화, 휘갈겨 날린 모든 소식, 개개의 말조차 이미 시인 셈이다. 개개의 시는 자연히 그 의미가 수천에 이른다고 할 수 있다. 이 시들은 또 다른 시인들에 의해 수용되고, 더 높게 고양되기도 하며, 압축되고 축약되기도 하며, 왜곡되기도 하고 풍부해지기도 한다. 이 두 시적인 힘의 작용이 만나는 지점이 곧 '역사적 인식'이 일어나는 곳이다.

쇼펜하우어는 예리하지 않다고 할 수 없는 투로 이렇게 말한다. '비판적인' 역사기술 "역사가 불완전할 수밖에 없는 것은 뒷골목 창녀가 매독에 걸리듯이 역사의 뮤즈 클리오[2]가 거짓에 철저히 감염되기 때문이다. 새로운 비판적 역사연구는 그것을 치료하려고 애쓰지만, 국부적인 처방으로는 여기저기서 터져 나오는 개개 징후만을 다스릴 수 있을 뿐이다. 돌팔이 의사의 엉터리 치료가 상태를 악화시키는 데 한몫 거

---

[2] Klio: 그리스 신화에 등장하는 소문의 신.

드는 꼴이다." 이처럼 미숙하고도 불손하며, 왕왕 사기꾼의 장난 같은 인상을 주는 돌팔이 의사의 엉터리 치료가 – 과학성이 아니라 사료편찬의 천재였던 – 랑케[3] 학파에서 그 절정에 이르렀고, 그 작용에서 19세기 후반에 유행한 모든 역사에서의 등 돌리기에 적잖게 기여했다. 단지 상상력과 재능의 부재, 그리고 자연적인 창작 본능의 소멸과 같은 현상이 증폭된 것이 '과학적인' 역사기술을 낳게 했다. 고대의 역사편찬은 **개성적인 것**으로 여긴 연설과 상황을 왜곡해야겠다는 의식 없이 가능한 한 최대한 공평하게 착안했다. 말하자면 그때의 역사편찬은 어떤 사실이 개별적인 기억의 일회성으로 초상화를 닮은 듯 간단명료하고 뚜렷할 만큼 그을리게 될 때 그만큼 더 진실할 수 있다는 건강한 감정에서 출발했던 것이다. 요컨대 사람들은 사실의 생생한 예술적 **형태**(Gestalt)를 찾았던 것이지 죽은 과학적인 역사기술을 구했던 것이 아니다. 일리아스는 그리스 사람들에게 **문학**(Literatur)이 아니라 역사의 원천으로 통했으며, 중세도 그 영웅서사시를 다룰 때는 같은 입장을 보였다. 한편 중세의 편년사는 거친 사실 자료를 원본 상태로 보존하려는 노력에서 이미 '정확한' 역사기술의 초보적인 시도를 엿보인 셈이다. 그러나 이런 편년사도 르네상스 시대 역사가들의 수많은 저술에서 보듯 전설의 상징적 진실과 '실제적인' 보고의 행상 사이에서 근본적인 차이를 드러내진 못한다. 18세기에 깊숙이 들어서기까지 소재를 취급할 때 이야기를 꾸미고 각색하는 인간의 성향과 형식을 부여할 때 수사법과 단편소

---

[3] L. von Ranke(1795~1886): 독일의 객관주의 역사가. 사실을 있는 그대로 기술할 것을 강조함. 이러한 역사 객관주의는 역사학을 현실의 철학·정책에서 해방시켜 독자적인 역사학 연구 분야를 개척했음. 이런 의미에서 그는 '근대 역사학의 아버지'로 불리기도 함. 주요 저서로는 『종교개혁 시대의 독일사』(1845~1847)가 있음.

설 작법에 접근하는 경향이 지배했다. 다만 계몽주의 역사기술은 강렬하게 채색된 사건들을 통해 다채롭게 착색된 특정한 경향을 좇았다는 점에서만큼은 적어도 여전히 환상적인 성격을 띠고 있었던 셈이다. 이 같은 역사기술은 하나의 기질에서 보자면 역사의 한 부분이며, 원칙적으로는 신학적인 역사관에서 그렇게 멀어진 것도 아니었다. 그래서 몽테스키외는 볼테르가 꼭 수도사처럼 자신의 교회를 변호하듯 기술하고 있다고 비난했던 것이다. 그런데 '비판적인' 역사연구에서 문헌학 역시 시문학의 주인이 되어 있었다. 이는 근대의 알렉산드리아 양식이 이미 오래전에 문학 연구에서 실현해온 바와 같은 맥락이다. 수십 년 동안 유일하게 합법적인 학파로서 '역사적 세기'의 최고 승리로 통한 그 학파의 본질은 아주 단순한 점에 있다. 요컨대 그것은 교육받지 못한 자들이 보이는 신문의 보고에 대한 미신과 비교해보면 한갓 정도의 차이밖에 없다고 할 수 있는, 그 학파가 내보인 기록되고 인쇄된 모든 것에 대한 유치한 경외가 **방법론처럼**(methodisch) 되었다는 점이다. 이때부터 어떤 역사적 사실은 더 많은 '증거'를 확보할수록 그만큼 더 확실해지는 것으로 통하게 되고, 그것을 전수하는 일에 그만큼 더 많은 활자가 이용되었다. 그러는 사이에 보고서들이 상충될 경우 높이 쌓인 보고서들은 문제만 더 혼란스럽게 한다. 그런데 상충되지 않아도 마침내 오판에 이르기에 딱 적합하게 된다. 왜냐하면 그런 경우 대개 그 보고서들이 각각으로 청서되어 있기 때문이다. 그러면 당장 '원전'만 인정하는 쪽으로 나아간다. 그러나 그것은 본질적으로 이른바 '외교적인' 문서 자료일 뿐이다. 다행히도 사람들은 그것을 들고 가장 어두운 거짓의 지옥 연못에 이르러 시종일관되게 계속 체계를 정립하면서 마침내 신문에 상륙하고서는, 상당히 양심적인 역사가들을 ― 그도 그럴 것이 이들은 책임이 막중한 일의 진지함을 철학적 구성의 자의 성과 심리학적인 억측의 뻔뻔함을 통해 오락거리로 천박하게 만들고 싶어 하지 않기 때문에 – 가장 품위 있는 역사의 원천으로 떠받들게 된다.

이 모든 관계, 이를테면 전보 · 메모 · 공보 · 회람 · 진정서 등에 근거해서 '정확히' 확인할 수 있는 것은 그 편집자들이 터무니없는 거짓말쟁이이거나 무지한 멍청이라는 점이다. 그도 그럴 것은 그들이 실상을 왜곡하거나 이해하지 못했기 때문이다. 실제로 비판적인 두뇌가 이 같은 서류들에서 취할 수 있는 유일한 것이 있다면 그것은 아마 파렴치한 짓과 어리석은 짓 이외 **아무 일도 도무지** 일어나지 않았다는 사실뿐이다. 그 서류들이 정확히 다루어졌다는 점은 오직 과거의 사건들에서만 입증할 수 있으며, 역시 이 사건들을 두고서 입증할 수 있는 것은 이 역시 늘 또다시 다뤄지게 **될** 것이라는 점뿐이다. 예컨대 내가 과학적으로, 다시 말해 그야말로 정확히 그리고 명확히 밝힐 수 있는 것은 목성과 화성이 서로 반대방향에 있으며, 황산구리 용액에 전류를 보내면 일정량의 구리가 추출되어 나온다는 사실, 그리고 포탄은 초당 500m의 평균속도로 날아가는 탄도를 형성하며, 적충류 떼는 빛의 자극을 좇아 빛을 더 많이 받는 물방울 가장자리로 몰려든다는 사실이다. 그런데 이는 반복될 수 있고, 또 그렇게 될 수밖에 없는 단순한 사건들일 뿐이다. 우리는 이 같은 조건들을 전제로 그 과거의 실존 형태만큼이나 미래의 실존 형태도 철석같이 믿는 것이다. 그러나 역사적인 사건을 두고서 우리는 그것이 반복될 수 있다고는 **상상할** 수가 없다. 그러니 그것의 반복을 확신한다는 것은 난센스일 뿐이다. 그 이유는 역사적 사건이 어떤 개별적인 사건이며, 같은 말이지만 그것이 어떤 정신적인 사건이기

때문이다. 정신적인 사건은 복제를 모르는 법이다. 미래를 위한 것
도 없고 후세를 위한 것도 없다는 것은 말할 필요가 있겠는가! 그래
서 정신적 사건을 다룰 과학은 없는 것이다.(그도 그럴 것이 정신적
사건은 물리적인 사실이 아니라 형이상학적인 사실이기 때문이다)
따라서 이를 부정하는 사람은 영혼이 없거나, 심하게 말하면 자신이
그런 영혼을 가지고 있다는 사실조차 잊은 것이다. **본성의 일들**
(Naturdingen) 앞에서는 적확한 방법조차 먹혀들지 않는 모양이다. 우
리가 그것들을 곰곰이 생각해볼 뿐만 아니라 그 형태를 본떠보려고
해도 잘 통하지 않기 때문이다. 예컨대 내가 개인적으로 잘 알고
있는 어떤 떡갈나무의 모습을 그려내려면, 여기엔 두 가지 가능성
이 있다. 하나는 내가 그 나무가 있는 곳으로 가서 '자료연구'를 할
수 있다. 이때 그 나무의 세세한 모든 부분을 성심껏 살피면서 스케
치하면 된다. 다른 하나는 그 나무와 관련된 유명한 사진을 내 기억
의 내면적 시선 앞에 불러오는 것이다. 첫 번째 경우 나무를 '문헌학
적으로' 취급하는 꼴이고, 두 번째 경우 '역사적으로' 다루는 꼴이
다. 내겐 후자의 표현방식이 '진실'에 대한 더 큰 권리를 가지고 있
는 것이 아닌가 하는 점에서는 의심의 여지가 없어 보인다.

현대에서 가장 현명하고도 가장 정직한 사상가 가운데 한 사람으

역사는
고안된다

로, 이탈리아의 철학자요 역사가인 베네데토 크로체(Benedetto Croce)
는 '문헌학적' 역사연구를 두고 이렇게 말한다. "만일 진술방법을
아주 엄격히 적용한다면, 의심을 사지 않고는 무효화할 수 있는 그
런 진술이란 없는 법이다. (…) 만일 자의적으로 외관상의 특징을
들어 어떤 목격자의 진술을 유효한 것으로 만든다면, 가정해서는
안 될 어긋난 것이라고는 아무것도 없을 것이다. 그럴 경우 정직하
고 성실하며, 순수하고 지성적인 사람들이 누려온 권위를 자신의

입장에서 취하지 못할 만큼 어긋난 것이라고는 아무것도 없기 때문이다. 문헌학적 방법으론 기적을 절대 물리칠 수 없다. 왜냐하면 그 같은 방법은 전쟁과 평화조약이 그렇듯 인정된 증서에 의존하기 때문이다." 그리고 그는 역사적 '비평'에 대해 다음과 같이 논평한다. "혹평은 비평의 자연스러운 연장이다. 그래서 비평 자체인 셈이다. (…) '확실한' 권위와 '불확실한' 권위 따위는 없다. 오히려 모든 것이 똑같이 불확실하다. 단지 외관과 추측에 미루어 그 불확실성의 정도가 있는 것처럼 비칠 따름이다. 평소 정확하고 양심적인 어떤 목격자가 기분이 산만해져, 혹은 일시적으로 불쑥 솟아오른 감정 때문에 주장하는 그런 오류에서 누가 우리를 지켜주겠는가?"

이렇듯 모든 진술이 하나같이 의심스럽다면 (그리고 또 한편 그 모든 진술이 하나같이 필요한 이유는 아주 뻔한 오류와 거짓, 그리고 아무것도 아닌 사소한 것이 역사가에게는 자료가 되며, 드물지 않게는 아주 확실하고도 결정적인 자료가 되기 때문이라면), 역사적 진실을 결정하는 것은 도대체 무엇일까? 그 답을 내린다면, 우리는 그것을 알지 못하며, 다른 모든 것과 마찬가지로 그것은 하나의 신비라고밖에 할 수 없는 노릇이다. 어떤 사건과 형태, 그리고 이념은 역사의 과정에서 서서히 참이 되고 다른 모든 것은 허위가 된다. 좀 더 정확히 말하면, 전자는 역사적으로 실존하게 되고, 후자는 역사적으로 실존하지 않는 것으로 된다. 그것들은 후세의 기억 속에서 그 역할을 바꿀 수도 있고, 예견치 못한 곳에서 산호초처럼 불쑥 솟아오를 수도 있으며, 베수비오(Vesuvio)의 도시들처럼 갑자기 생매장될 수도 있다. 그것들은 **탄생한 것들**(Geburten)이며, 그래서 그만큼 더 신비롭다. 그런데 그 존재가 교정하고 편집하는 문서 감식가, 서류 다발을 뒤지는 자들, 사서 식별 전문가 등속이 조사하고 냄새맡는 코의 활동에 달려있다고 가정하는 것은 수탉의 울음이 해를 뜨게 한다는 수탉 샹트클레르[4]의 억견만큼이나 우스꽝스러운 빗나간 추론이다. 물론 수탉의 울음이 귀찮기도 하고 시끄러울뿐더러 불협화음을 내기까지 하지만 일출 시간을 유용하게 쓸 것을 암시하기는 한다. (물론 이런 암시도 임의적일 뿐인데, 왜냐하면 '꼬끼오' 하고 우는 울음은 대개 자체 목적이기 때문이다.) 이렇듯 곳곳에서 언제나 과학은 기껏 산파 역할을 할 뿐이다. 산파란 본래 직접 출산하는 것과는 거리가 멀고 단지 출산을 좀 더 쉽게 해주는 일만 할 따름이다. 그리고 또 과학은 박물표본 수집가 기능만을 발휘할 뿐이다. 이 수집가는 예전 같았으면 죽여 없앴을 멋진 동물상을 다소 평범한 마음으로 보존한다.

역사는 **고안된다**(erfunden). 말하자면 그때그때 세계구성의 필요에 따라 나날이 새롭게 발견·부활·재해석되는 것이다. 여기서 또다시 우리는 이미 여러 번 강조한 그 법칙, 즉 정신이 우선권을 가지며, 현실은 정신이 투여되고 물질화한 것일 뿐이라는 법칙을 만나게 되는 셈이다. 미국은 유럽의 인간이 자기 영혼의 비밀에서 자신의 현세적 거주지의 수수께끼로 방향을 틀었던 그 순간 대양 위로 솟아올랐다. 요컨대 더는 신이 아니라 세상에 대해 알고 싶어 한 그 순간 그의 앞에는 망원경이 딸린 바벨탑이 치솟아 올랐고, 그 거대한 눈은 아득히 먼 별들의 형태와 운동을 관찰한 것이다. 그러는 사이 그가 기계적인 존재가 되려고 결심했을 때, 이 행성은 새로운 인종을 쏙 빼닮은 그야말로 죽은 인간들, 그리고 쿵쾅대는 피스톤과

---

[4] Chantecler: 프랑스의 극작가 에드몽 로스탕(Edmond Rostand: 1868~1916)의 우화극 『샹트클레르』(1910)에 등장하는 수탉 분장의 주인공.

덜커덕거리는 바퀴, 끽끽거리는 크랭크와 철커덕거리는 벨트 따위의 요란한 소음, 기름을 때는 굴뚝과 증기선에서 뿜어내는 연기로 끝이 안 보일 만큼 어두운 구름층으로 넘쳐났다. 르네상스 시대 이탈리아가 로마의 과거에 도취했을 때, 그 '성스러운' 땅은 스스로 자신의 배를 열어 수백의 '기념비'를 유복한 예술애호가들 앞에 던져놓았다. 괴테 주변의 독일인들이 영혼에 의지하여 그리스 사람들의 나라를 찾아 나섰을 때, 그 땅은 마치 마술사에 의한 것처럼 400년 드리운 안개를 뒤로하고 찬연한 햇빛을 받으면서 그 모습을 드러냈다. 그들이 영혼에 의지하지 않았더라면 무엇에 의존해서 그 땅을 찾아 나서야 했을까? 지금까지 우리가 '검은 대륙'이라고 부른 아프리카 대륙이 그 전체 모습을 드러냈을 때, 그리고 우리 기대의 빛줄기를 충족시키려는 듯 우뚝 서 있는 멤논의 원주들이 아득한 수천 년으로 조색되기 시작할 때 우리는 경탄하는 시선으로 그것을 바라보는 것이다. 갑자기 '역사적 증언'이 생겨나는 것 아닌가! 그것은 증언을 만들어낸 수태의 정신이 그곳에 있기 때문이다. 모든 '역사적 사실'이 존재하지만 대개 죽은 상태에 있거나 동화 속 깊은 잠에 빠진 듯 죽은 모습을 취하고서 소생을 기다리고 있다. 순진한 학문이 믿는 것처럼 역사는 **현재 상태**(Sein)의 어떤 것이 아니라 영원히 **형성되어가는**(Werden) 어떤 것이다. 그것은 나날이 새로워지며, 변하고 뒤집히며, 재창조되고 젊어지며, 부정되고 발전하며 퇴행하기도 한다. 이는 모든 인간이 자신과 다른 사람을 위해 나날이 새로운 인간으로 변해가는 것과 같은 이치다.

역사의
지위 상승

    1919년, 테오도르 레싱(Theodor Lessing)은 세간에 주목할만한 책을 한 권 출간했다. 바로 그것은 어렴풋한 밤의 아름다움에 얼음같이 찬 논리성을 두루 갖추고서 악마같이 대담함을 선보인 『의미 없는 것에 의미 부여하기로서의 역사(*Geschichte als Sinngebung des Sinnlosen*)』이다. 아마 이 책은 도대체 역사란 무엇인가 하는 물음을 끝까지 파고든 최초의 시도라고 할 수 있을 것 같다. 이 같은 시도는 양날의 칼을 예리하게 휘두르면서 자체 목적을 위해 착수된 무례한 시작처럼 보이지만 스피노자가 자연철학에서 그랬던 것처럼 역사철학 분야에서 그야말로 수미일관한 결론에 이른다. 그것은 곧 **허무함**(Nichts)이다. 이는 자살로 자신의 마지막 승리를 가장 세련되게 축하하는 냉혹한 정신의 소유자 피로스[5]의 승리와 같은 것이다. 레싱의 또 다른 말, '위대하면서 끔찍한'이라는 말을 적용할 수 있는 그 작품은 심한 독가스로 채워져 있지만, 내가 그러한 것처럼 크게 모험을 부리지 않는 신중한 필사경의 수중에 있을 뿐이다. 그의 기본 이념은 벌써 제목에 나타나 있다. 요컨대 시대 속에서 일어나는 어떤 발전과 원인들의 맥락은 인간이 어떤 의미를 덧붙이지 않고는 역사를 통해 직접 드러나진 않는다는 것이다. "오히려 역사는 이런 의미의 기증이고, 맥락 짓기이자 발전의 고안이다. 역사는 세계의 의미를 찾아내는 것이 아니라 의미를 부여한다." 이런 맥락에서 보면 역사는 **사후 논리화**(*logificatio post festum*)인 셈이다. 레싱은 '현실'이라는 개념은, "서류상 증명될 수 있는" 것만 현실적인 것으로 취급하고 다른 모든 것은 '한갓 전설'로 치부하는 식의 역사가들이 생각하는 만큼 그렇게 간단하진 않다고 말한다. 이에 따르면 언젠가 다음과 같은 사실을 깨닫게 된다고 한다. 즉 "역학을 빼고서는 정확한 현실을 제시할 길이 없고, 살아 있는 것은 경험될 뿐 확정될 순 없다"는

---

[5]　Pyrrhus(BC. 319~272): 헬레니즘 시대 에피루스(Epirus) 왕국의 왕. 로마를 상대로 치른 두 번의 전투에서 승리를 거두지만 승리를 무색케 할 만큼 손실이 너무 컸기에 이 승리를 두고 '피로스의 승리'라는 말이 생겨나기도 함.

것이다. "결국 신화는, 역사적 현실에 견줘볼 때 완전히 진실하지 않고 허위적인 것으로 비치는, 본성상 형이상학적 형태의 진리성을 담고 있는 셈이다." "모든 역사는 사실에서 출발하여 비유로 끝을 맺으려고 한다." 물론 이 비유는 사실이 단지 현실적이듯 진실하다. 우리가 이처럼 분명한 문장을 현재에 적용할 경우, 현재의 사실은 결코 현실적이지 못하다고밖에 말할 수 없는 노릇이다. 레싱은 그의 저작의 또 다른 곳에서 이렇게 말한다. "우리는 사유가 수천 년을 전체로 묶어낼 때에야 비로소 역사의 문학적 힘을 분명히 느끼게 되는 것이다." "위대성은 모세가 하느님을 인식할 때처럼 그것이 스쳐지나간 이후에야 깨닫게 된다." 이미 100년 전에 빌헬름 폰 훔볼트(Wilhelm von Humboldt)는 자신의 논문 「역사기술자의 과제에 관하여(Über die Aufgabe des Geschichtschreibers)」에서 이렇게 말한다. "만일 그야말로 아무 의미도 없는 사실을 설명하려고 할 때, 그렇지만 실제로 일어났던 일만큼은 정확히 말하고자 할 때, 곧 깨닫게 될 것은 (…) 거짓이나 불확실한 일이 일어난다는 (…) 점이며, (…) 그래서 문자 그대로 진실한 이야기와 같은 것은 없으며, (…) 그래서 어느 정도 역사적 진실은 멀리서 눈앞에 형태로만 보이는 구름과 같은 것이라는 점이다. 그리고 또 그래서 개개의 연관된 상황에서 역사적 사실은 합의를 구한 구전과 연구결과들보다 더 진실에 가깝다고 가정하기엔 훨씬 더 미흡하다는 점이다." 그런데 이 구름과 같은 형태가 장중하고도 위엄 있게 뭉쳐져 후세 사람들로 하여금 경탄을 자아내게 하여 쾌감을 주면서 고양하는 것, 바로 이것이 하나의 초월적인 과정이다. 신의 정신이 이런 조직 작용을 일으킨다. 그런데 "우리는 이 정신이 스쳐지나간 이후에야 그것을 깨닫게 된다."

역사가 시문학이라는 인식은 인류의 의식에서 완전히 사라진 적이 단 한 번도 없었다. 그런데 이 같은 인식이 오늘날의 경우 앞선 여러 시대보다 한층 더 높은 차원에서 고유한 의미를 지닌다. 적어도 그것은 현실에 대한 맹신의 지배를 받으면서 모든 영역에서, 심지어 역사의 영역에서도 사실을 추구한 바로 우리 다음 시대의 경우에 비하면 더한 것이다. 그런데 이 같은 통찰은 역사를 폐위시킨 것이 아니라 단지 가상의 왕좌에서 멀어지게 할 뿐이며, 대신 지금까지 역사가 누린 것보다 훨씬 더 높은 왕관을 역사에 수여한 것이다. 자칭 '실증주의 세대'라는 최근 세대의 역사기술은 사실 극단의 부정적 · 해체적 · 회의주의적 면모를 지니고 있다. 이 역사기술은 모든 영역에서 '현실감각'이 부담해야 할 숙명을 겪었다. 이 숙명은 현실감각이 어떤 하위의 경험단면을 집중적으로 파고들면 여러 다른 단면을 놓칠 수밖에 없고, 따라서 더 예리하고 더 풍부한 감각이 아니라 영원히 더 빈곤하고 더 무딘 감각이 된다는 사실을 경험할 수밖에 없다는 것을 의미한다. 간단히 말해 사서 편집자가 역사가가 아니라는 사실에 대해 안절부절못하는 사람은 바로 역사가들뿐이다.

뒤마 페레[6]는 매콜리[7]를 두고 영민한 논평을 하면서 그가 역사를 소설의 반열로 끌어올렸다고 평가했다. 그런데 이런 지위 상승은 굳이 매콜리를 통할 필요가 없었다. 왜냐하면 그것은 시간이 어느 정도 흐르면 저절로 실현되기 마련이기 때문이다. 우리가 우리 시대보다 2000~3000년 **더 어린** 시대를 고대라고 부르는 것은 우리의 할

---

[6] Dumas père(1802~1870): 프랑스의 작가.
[7] Th. B. Macaulay(1800~1859): 영국의 역사가 · 정치가. 17세기 말의 명예혁명을 중심 테마로 하여 『영국사』를 편찬했고, 자유주의 사관에 입각하여 17세기의 진보파 휘그당을 지지함.

아버지가 사실은 분명 우리보다 더 따뜻하고 더 단순하며 더 천진난만함에도 우리가 그를 여하튼 노인으로 표상하는 그런 순진한 시각에서 비롯된 것이다. '옛날의 인간', 가령 메로빙거 왕조 시대 인간이나 메디치 가문 시대 인간은 유사한 맥락에서 우리보다 더 어리다. 그것은 용과 물고기가 설치류 동물보다 더 어린 것과 같은 이치다. 이들은 설치류 동물보다 비록 훨씬 이전에 생존했지만, 혹은 아마 훨씬 이전에 존재해서인지는 모르지만, 더 미숙한 모양으로 움직였다. 그러므로 고대의 역사는 근대의 역사나 심지어 현대의 역사보다 좀 더 고차적이고 좀 더 진정성 있고 좀 더 순수한 의미에서의 역사이다. 같은 의미에서 말하자면 우리 유아기와 청년기의 역사는 성숙하고 난숙한 우리 시대의 역사보다 훨씬 더 참된 것이다. 누구나 증명할 순 없지만 불가피한 감정으로서 마음에 담고 있는 것은, 그때의 삶은 비록 그 '원천'의 흐름이 상당히 장애가 많고 빈곤하면서 탁하여 '원천'이라곤 아예 없는 듯했지만, 훨씬 더 현실적이고 공증된 것으로 훨씬 더 튼실하게 존재했을 것이라는 점이다. 그래서 어느 시대나 고대를 역사 연구의 열정적 대상으로 삼게 한 열기와 현재 상태의 관찰을 바람으로 날려 보내는 냉기가 조성되었던 모양이다. 그러나 이런 시대들도 언젠가 유년기가 되어 진리와 아름다움으로 빛날 것이다. 모든 시대는 언젠가 우리의 도금된 시선 아래서 황금시대가 될 터이니 말이다. 다만 충분히 오랜 시간이 지나야 할 것이다. 그런 다음에도 그 황금시대가 실로 현전하게 되는 유일한 지점은 사물들이 진실로 현전할 수 있는 곳이다. 그곳은 곧 정신이다.

그러나 주변의 안개가 앞을 볼 수 없도록 흐리게 만든 현재는 청명하게 변색되어야 한다. 유리같이 맑은 과민한 시선만이 이 현재를 꿰뚫을 뿐이다.

우리가 횡단해야 할 시·공간의 바로 그 첫 번째 단면, 즉 빈 회의에서 7월 혁명에 이르는 1815년에서 1830년까지의 반 세대는 눈에 띌 정도로 역사적 불의의 법칙이 설치던 시대였다. 대개 이 시기를 **반동**(Reaktion) 혹은 **복고**(Restauration)의 시대라고 규정한다. 이런 이중 명칭에는, 겪어왔고 또 여전히 겪어야 할 판단의 완전한 갈등이 이미 내포된 셈이다. 그 시기를 반동과 역행으로 볼 때 역사의 시계를 억지로 거꾸로 돌려, 이미 극복한 시대의 암흑과 우둔함과 타락 따위의 모든 것을 다시 주문을 외워 불러내려는 사탄의 시도로 이해할 수 있다. 그리고 그것을 복고와 복구로 볼 때 폐위된 도리와 예법과 같은 질서로의 회귀로 봐야만 할 것이다. 그러나 역사에는 진정한 의미에서의 역행이란 없고 다만 가상의 역행만 늘 있을 따름이다. 사실 유럽의 정신은 그 시기에 역행적인 운동을 하면서 도움닫기를 하는 높이뛰기 선수처럼 뒤로 물러났던 것이다. 그런데 복고는 전 유럽을 휩쓸 무시무시한 혁명의 전주곡일 뿐이다. 요컨대 그것은 정치적일 뿐만 아니라 인간 존재의 모든 영역을 갈아엎을 혁명으로서, 프랑스 혁명보다 훨씬 더 깊게 들어가고 훨씬 더 넓게 작용하면서 훨씬 더 오래 지속된 혁명이었다.

이 15년의 기간을 **낭만주의** 시대라고 규정하는 것이 아마도 가장 적절한 표현일 것 같다. 나는 이 책 1권에서 영국이나 프랑스의 르네상스와 덴마크나 폴란드의 종교개혁을 말하는 것은 사실 틀린 것이라고 주장한 바 있다. 왜냐하면 이 단어를 엄격히 이해하면 이탈리아의 르네상스와 독일의 종교개혁만 있을 뿐이기 때문이다. 마찬가지로 전의적인 의미를 염두에 둔다면 빈 회의 이전과 7월 혁명 이후의 낭만주의만 말할 수 있을 뿐이다. 우리가 나중에 살필 것이지만, 1830년경에야 시작된 이른바 프랑스 낭만주의는 낭만주의적 이념의 완전한 전회이자 해체를 의미한다. 그리고 다른 한편, 이른바 초기 낭만주의가 고작 전형적인 고대적 시대정서로 또 다르게 채색된 변이형태로서 의고전주의의 휘묻이용 잔가지에 불과하며, 의고전주의와 마찬가지로 바로 합리주의와 헬레니즘에서 태동했다는 점에 대해선 앞의 책 3권의 결론 부분에서 이미 설명하려 한 바 있다. 따라서 사태들을 실제보다 더 명확히 더 체계적으로 설명해야 할 위험을 무릅쓰고서라도 '초기 낭만주의(Frühromantik)'와 '후기 낭만주의(Spätromantik)' 사이에 뚜렷한 구분선을 그을 수밖에 없다. 이때 우리는 후자만 합법적인 낭만주의로 인정할 것이다. 물론 편리와 이해를 높인다는 핑계로, 토착화된 용어인 초기 낭만주의, 즉 장년 혹은 예나 낭만파와 후기 낭만주의, 즉 청년 혹은 하이델베르크 낭만파를 편한 마음으로 계속 이용할 것이다.(앞에 붙은 도시명은 이 두 유파의 '본산지'에서 유래한다. 물론 두 경우 모두 실제 본거지는 베를린이었다.) 낭만주의를 1790년에서 1830년까지의 단일한 직선적 운동으로 파악하면 이는 불합리한 일임을 알게 된다. 말하자면 이 경우 약간 때늦었고 난숙하여 벌레까지 조금 먹어버린 계몽주의의 과실인 첫 번째 유파를 '전성기'로, 그리고 어떤 면모에서는 완전히 새롭고 그래서 탄생이라고까지 할 수 있는 두 번째 유파를 '쇠퇴기'로 규정하는 꼴이 되는 셈이다. 이는 리카르다 후흐[8]가 여성적 감정이입을 통해 아주 부드러우면서도 풍부한 이해력으로 파고든 자신의 2권짜리 책에서 그렇게 한 것이기도 하다.

---

[8] Ricarda Huch(1864~1947): 독일의 여류시인·소설가·평론가·사학자. 나치즘을 반대하는 운동의 선봉이 되기도 함.

그러나 '낭만주의'를 어느 정도 창조적이면서도 일목요연한 개념
으로 규정할 수 없는 탓에, 본질적으로 우리는 아무튼 누구든 낭만
주의에서 중요한 점 그리고 거기서 어떤 위로를 목격하리라는 점을
알고 있으며, 낭만주의자의 본질을 명확한 말로 옮기는 일에서 누구
도 – 그 추종자도 그 공격자도, 그 동시대인도 그 후세대도 – 성공
하지 못했다는 사실에 기댈 수밖에 없는 노릇이다. 그런데 어쩌면
바로 이 같은 상황이 낭만주의자의 개념에 해당할지 모를 일이다.
첫 번째 낭만주의 유파의 발기자로 통하는 루트비히 티크[9]는 벌써
오래전부터 더는 낭만주의가 없던 시절인 19세기 중엽에도 쾨프케
(Köpke)에게 이렇게 말한다. "누가 내게 낭만주의에 대해 정의를 내
려달라고 요청하면, 그럴 수 없다고 말할 것이다. 나는 시와 낭만을
도무지 구분할 수가 없다." 이렇게 생각하는 이가 티크만이 아니었
던 이 같은 광의의 낭만주의 개념은 아무튼 고양된 세계감정을 낭
만주의적인 것으로 규정하고, 칼리다사[10]와 호메로스만큼이나 입
센과 졸라를 낭만주의자로 포함하는 일도 허용한다. 그밖에도 짚고
넘어가야 할 것은 낭만주의자 모두가 폐쇄적인 정신적 그룹과 호전
적인 문학 분파를 형성하려 했음에도 결코 스스로를 '낭만파'로 규
정하진 않았다는 점이다. 1810년과 1820년 사이에야 비로소 그 꼬
리표가 등장했다. 그것도 그 **적수들**에 의해서 말이다.

세기전환기에 그 탁월한 선구자들과 함께 착수하여 우리가 거론   '유기적인' 것
하고 있는 시 · 공간에서 완전한 패권을 잡은 '후기 낭만주의'는 단
일하게 움직인 범유럽적인 거대한 운동이었음에도 실은 부정적으

---

[9]   Ludwig Tieck(1773~1853): 독일의 시인.
[10]   Kalidasa: 5세기경에 활동한 인도의 극작가이자 시인.

로만 그 성격이 그려질 수밖에 없다. 바로 반동으로서 말이다. 이번에는 **퇴행**(Rückschlag) 의미에서 그렇다. 앞서 말했듯이 초기 낭만주의는 프랑스 혁명 · 나폴레옹주의 · 제정시대의 양식 · 의고전주의 드라마 · 여타 중요한 1815년 이전의 시대 현상들이 그랬던 것만큼이나 합리주의적이다. 후기 낭만주의는 비합리적인 것을 자신의 핵심 개념으로 끌어올리며, 화두로 삼기를 특히 좋아하는 말, 요컨대 '유기적인' 것, 즉 성장 · 형성 · 생명을 오성의 형식으로 편재시키는 기계적인 것과 대립시켜, 계산할 수 없고 개념파악할 수 없는 힘이자 신성한 것으로 여긴다. 따라서 낭만주의자는 모든 영역에서 전통의 추종자인 셈이다. (왜냐하면 전통이란 어디서든 시대의 어두운 자궁 안에서 서서히 무르익어가는 발전, 말하자면 자의적으로 명령하는 오성의 작품이 아니라 신비롭게 작용하는 생명의 작품으로서의 발전의 표현을 의미하기 때문이다.) 그래서 그는 모든 무의식적인 것을 포함하여 대지와 결합한 것에 경외심을 가득 품고서 시선을 보낸다. 말하자면 자연, 그리고 그가 사회적 개념이 아니라 자연사적 개념으로 보는 '민족'과 여기서 탄생하는 신화, '어머니들'의 대지에서 여성에게 시선을 보내는 것이다. 그래서 실로 처음으로 그는 멋지게도 역사적으로 느끼기 시작한다. 이로써 이제 그는 역사를 실용적 관점에서 파악하지 않는다. 말하자면 역사를 인간적 동기화와 행위의 사슬로서가 아니라, 유기적인 것으로서 역사를 관장하는 정신이 방사하는 일련의 발전과정으로 파악하는 것이다. 계몽주의는 현재에 비추어 과거를 가늠했으며, 의고전주의는 이상화한 현재인 미래를 고대에 견주어 가늠했고, 초기 낭만주의는 중세에 견주어 그렇게 했다. 이들 모두는 자신들의 입장과 시점을 역사 바깥에서 취함으로써 역사를 독단적으로 바라봤다. 후기 낭만주의는 모

든 민족과 시대를 자신의 특정한 형식과 이념을 구현함으로써 절대
적 가치를 드러내는 하나의 생물로 본다. 다른 수많은 곳에서와 마
찬가지로 여기서도 후기 낭만주의는 지난 세기 70년대 초에 그토록
전도유망하게 착수한 여러 운동, 이를테면 헤르더와 하만 및 '천재
시대'의 사상들과 마찬가지로 단명에 그쳤다. 후기 낭만주의는 새
로운 관찰방식의 모든 대상을 결국 '총체성(Totalität)'이라는 최종 상
위개념으로 묶어냈다. 말하자면 총괄적인 삶의 기능들과 이의 상호
작용, 이를테면 정치·종교·예술·언어·풍습을 신비로운 총체
성의 작용으로 본 것이다. 총체성과 유기체 개념에서 낭만주의적
세계관이 품고 있던 모든 모순이 시작되고 해소된다. 낭만주의적
세계관은 가톨릭적이면서 동시에 민족적이며, 신비주의적이면서도
동시에 자연주의적이고, 진화론적이면서도 동시에 보수적이다.

비록 이 '두 번째의 낭만주의'가 앞선 유파의 강령과 구상 및 르
상티망을 자체에 담고 있진 않았지만, 그 불가피한 막간극의 속성과
그것을 발주시킨 시대와 세계에서의 강제이탈이라는 성격 때문에
건강하지 못한 운동일 수밖에 없었다. 이에 대해 클레멘스 브렌타
노[11]는 천재적인 자각을 통해 다음과 같이 표현한다. "사람은 누구
나 두뇌·심장·위장·비장·간장을 가지고 있듯 몸에 시(詩)라는
기관도 하나 두고 있다. 그런데 자신의 장기 가운데 어느 하나를
비대하게 살찌워 다른 장기를 억누르는 사람은 (…) 균형을 잃어버
린다. 큼직한 거위 간은 맛이 좋지만 언제나 병든 거위를 전제로
한다." 분명 그 시대는, 특히 그 대표적인 인물들은 시적 기관의 영
양과잉 증세를 겪었다. 조화라곤 없었다. 모든 기관은 그 외적 활동

病든 거위

---

[11] Clemens Brentano(1778~1842): 독일 후기 낭만파의 시인.

이 결핍될 경우 에너지를 내부로 모으게 된다. 모든 과대함은 이를 상쇄할 어떤 결핍을 의미한다. 모든 것이 과대할 수 있다. 정신적인 것도 마찬가지다. 니체는 이렇게 말한다. "병을 앓는 이는 두 부류가 있다. 요컨대 **넘치는 활동**(Überfülle des Lebens)으로 병을 앓는 환자가 있는가 하면 (…) 안식과 평온, 아름다운 바다, 그리고 예술과 인식을 통한 자기 구원을 구하거나 도취·발작·환각·광기를 좇는 **빈곤한 활동**(Verarmung des Lebens)으로 병을 앓는 환자들도 있다. 예술과 인식에서 모든 낭만주의가 바로 이 **후자**의 이중적 필요에 어울리는 것이다." 이로써 우리는 그 시대에 적용된, 말하자면 '반동'이라는 어휘에 담긴 가장 심오한 의미를 만나게 된 셈이다. 요컨대 반동은 도취 발작이나 경직과 같은 자기 최면을 통해 강제된 빈곤한 활동에 민감하게 반응한다는 것이 바로 그것이다.

라헬 레빈[12]은 이 같은 사회 상황을 '공허의 무한한 심연'이라고 불렀다. 이를 염두에 두고 아주 유능한 비평가라고 할 수 있는 메테르니히와 같은 사람은 '진정 천재적인 영감'으로 규정하기도 했다.

빈 회의 　이런 상황은 빈 회의에 의해 인위적으로 조성된 것이다. 빈 회의의 참석자 가운데 한 사람은 이렇게 적고 있다. "유럽은 그 왕좌들과 궁정들의 영광을, 그 국가들의 권력 위상을, 그 정치적·군사적 영예의 상석을, 그 사교의 지고한 교양을, 모든 우아함과 아름다움, 특히 예술과 취향의 가장 풍요로운 번영을 지금까지 전수해왔다." 사실 그 시기 몇 달 동안 옳은 것이든 그릇된 것이든, 좋은 것이든 나쁜 것이든 유럽이라는 명함을 단 것이면 무엇이든 빈으로 모였다.

12　Rahel Levin(1771~1833): 독일의 여류작가. 18세기 말과 19세기 초에 유럽에 유행한 살롱문화에서 저명한 살롱 가운데 하나를 운영하기도 함.

이때 등장하는 군주 가운데는 두 명의 황제와 네 명의 왕이 있는데, 이들의 활동은 당시 떠돌던 하나의 재담으로 다음과 같이 일목요연하게 요약된다. "러시아 황제는 모두를 위해 사랑을 하며, 프로이센 왕은 모두를 위해 사유를 하고, 덴마크 왕은 모두를 위해 말을 하며, 바이에른 왕은 모두를 위해 술을 마시며, 뷔르템베르크 왕은 모두를 위해 식사를 하며, 오스트리아 황제는 모두를 위해 지갑을 연다." 그들 외에도 수많은 소국의 영주가 등장한다. 그중에는 바이마르의 카를 아우구스트 대공도 포함된다. 그들 주변에는 미인과 저명인사가 들끓었다. 여기에는 카를 대공과 웰링턴(Wellington) 공작, 슈타인(Stein)과 하르덴베르크(Hardenberg), 메테르니히와 겐츠[13], 야콥 그림(Jakob Grimm)과 빌헬름 폰 훔볼트, 조각가 다네커[14]와 화가 이사베이[15], 간단히 말해 당시 있었던 모든 이, 이를테면 부업으로 탈레랑(Talleyrand)에게 밀착 봉사하던 '신의 경지에 오른' 무희 비고티니(Bigottini), 긴 수염에 두꺼운 장화를 신고 다닌 체육계의 아버지 얀[16]까지 포함된다. 얀은 자신의 민주주의적 신념에 따라 그랬던지 아주 근사한 야유회에까지 그 두꺼운 장화를 신고 나갔으며, 장화엔 항상 오물이 묻어있었는데, 사람들은 그가 일부러 장화를 더럽게 해서 다녔다고 한다.

그런데 방문객들에게도 적지 않은 것이 제공되었다. 평소 쩨쩨하기로 이름난 황제 프란츠도 이번만큼은 어떤 비용도 마다치 않았다.

---

[13] F. Gentz(1764~1832): 독일의 정치평론가이자 정치가. 메테르니히의 고문으로 활동함.
[14] J. H. von Dannecker(1758~1841): 독일의 조각가.
[15] Jean-Baptiste Isabey(1803~1886): 프랑스의 화가.
[16] F. L. Jahn(1778~1852): 독일의 체육 교육자.

그리고 그를 따라 오스트리아와 헝가리 귀족들이 총출동했다. 회의 기간 전체가 끊임없는 휘황찬란한 축제와 다름없었다. 당시 전시용으로 제공된 오락거리로 보인 그 모든 것이 그야말로 잘 선별된 화려하기 짝이 없는 것들로 짜여 있었다. 여기엔 동화 속 같은 무도회와 만찬회, 대표적인 민속 요리들, 수천의 악사로 구성된 '카로우셀(Karoussel)'이라는 이름의 거대한 합동 음악회(이런 음악회를 당시에는 오늘날과 달리 본질적으로 비용이 너무 많이 드는 일로 이해했다. 요컨대 극도로 화려하게 꾸민 행렬과 말들을 동원한 대형전개가 그렇게 보였다.), 썰매놀이, 즉흥 그림, 경마, 군사열병, 사냥, 등화장식 등속이 포함된다. 베토벤은 방문객 5000명을 앞에 두고 지휘를 했으며, 회의에 참석한 저명인사들에게는 전투장면을 그린 자신의 교향곡「웰링턴의 비토리아 전투 승리(Wellingtons Sieg bei Vittoria)」[17]를 연주했다. 그리고 캐른트너토르 극장(Kärntnertortheater)에서 10년 전에 별 호응을 얻지 못한 자신의 오페라 피델리오(Fidelio)를 연주하여 성공을 거뒀다. 레오폴트 시립 극장에서는 이그나츠 슈스터[18]가 직접 '슈타베를(Staberl)' 역을 맡아 100회 이상 공연했다. 차하리아스 베르너[19]는 슈테판교회(Stephanskirche)에서 어마어마한 군중을 앞에 두고 일종의 연극과 같은 설교를 했다. 이외에도 부르크(Burg) 극장에서는 오페라나 희극이, 비데너(Wiedener) 극장에선 발레가, 요제프(Josef) 시립극장에서는 익살극이 매일같이 공연되고, 아폴로 홀에선 무도회가 역시 매일 열렸다. 거리는 선원·군인·신사양반·하인·악

---

[17] 「웰링턴의 승리 또는 비토리아 전투(Wellingtons Sieg oder die Schlacht bei Vittoria)」를 말함.
[18] Ignaz Schuster(1779~1835): 오스트리아의 배우이자 작곡가.
[19] Zacharias Werner(1768~1823): 독일의 시인·극작가·설교가.

단·매춘부·횃불 점화가 등속으로 밤낮 붐볐다. 이런 모습에서는 인류가 장차 치를 20년간의 세계대전을 목전에 두고 있다고는 아무도 상상할 수가 없었다.

'백일천하'를 통해서도 본질적으로 바꾸지 못한 바로 그 빈 회의 정신은 탈레랑 공작과 관련 있다. 이 외교관을 두고 단일한 정치적 이력을 회상할 수 있다고 주장할 순 없다. 그는 프랑스에서 네 번의 다양한 정부형태에 가담했고, 그 각각에서 매번 지도적인 자리를 차지하는 데 성공했다. 부르봉가 치하에서는 주교였고, 지롱드파가 권력을 잡았을 땐 특사였으며, 나폴레옹 치하에서는 시종장을 역임했다. 이제는 귀환한 루이 18세 치하에서 또다시 부르봉가의 외무부 장관직을 맡았다. 이후 그는 시민왕정으로 넘어가는 과도기에도 명예를 잃지 않고 견뎌냈다. 그 스스로도 자신을 두고서 냉소적인 어투로 교묘히 말하면서 자신은 정부 그 자체보다 더 빨리 떠나질 못했을 뿐이며, 다른 모든 사람보다 자신이 좀 더 빨랐던 것은 자신의 시계가 약간 더 빨리 갔기 때문이라는 것이다. 그는 겐츠가 뻔뻔한 만큼 천재적인 면모로 당장 이용하게 될 중대한 슬로건, 요컨대 '합법성'이라는 슬로건을 의회에 제기한 사람이기도 하다. 앙시앵 레짐과 단두대, 보나파르트주의와 신성동맹, 왕정복고와 7월 혁명 사이의 중심을 항상 항해하면서 자신의 손익을 계산할 줄 아는 사람이라면 범상치 않은 위장술 및 융통성의 재능과 사람을 잘 다루는 뛰어난 능력을 겸비해야 한다. 그는 이런 타고난 재능 덕분에 빈 회의에서도 자신이 원한 것을 성취했다. 물론 그의 지위는 더욱 불안정해진다. 그도 그럴 것이 애초부터 사람들은 프랑스의 전권 사절을 용인하려 하지 않았고, 그래서 그를 심히 불신하는 태도로 대했기 때문이다. 말하자면 그가 열강 사이에 불화를 부추겨 자신의 이득을 챙기기 위해 살아왔다는 의심을 샀던 것이다. 이런 의심은 아주 타당한 것이었지만, 탈레랑이 자신의 의도를 완전히 성취하는 일을 막진 못했다. 요컨대 그는 불화를 **부추겨** 자신의 이득을 **챙긴** 셈이다.

그가 추구하고, 또 정세가 그래서 프랑스 사절로서 당연히 추구해야 할 목표는 두 가지였다. 우선 그는 회의에서 영토와 명성에 손해를 입히지 않도록 프랑스를 멋지게 안내해야 했고, 다음으론 독일이 그 지리적 위치와 역사적 발전, 그리고 그 군사적·문화적 업적 덕분에 당연히 취할 수 있는 정치적 우세를 점하게 되는 사태를 막아야만 했다. 그가 이 두 가지 일 모두 성사시킨 사실은 누구나 알고 있다. 빈 회의가 남긴 기록에 따르면 독일의 경우 완전히 무기력하고 쇠약해진 50년간의 상황과 만족할 줄 모르는 거만한 이웃민족에 의한 고통스럽기 짝이 없는 불안정한 100년간의 상황을 맞게 된 것이다. 물론 이 이웃민족은 외국에 의해 결정타를 입어 내부에서는 절망적으로 혼란스러웠지만, 세계대전에서는 의기양양한 모습을 취했다.

새로운 지도   가장 오랫동안 가장 치열하게 논쟁거리가 된 두 가지 문제는, 러시아가 통째로 삼키고 싶어 한 폴란드와 프로이센이 원한 바, 바로 작센 분할 문제였다. 쌍방의 격분이 너무 심각해서 한번은 차르(Zar)가 메테르니히에게 결투를 신청할 뻔했으며, 노골적으로 전쟁을 들먹이면서 위협하기도 했다. 그러나 메테르니히는 언제나 다음과 같은 말을 되풀이했다. "내가 폴란드에 20만 병사를 주둔시키고 있는데, 누가 나를 여기서 내몰 수 있을지 지켜볼 셈이오." 반면 황제는 이렇게 말한다. "작센 왕은 자신의 땅을 반드시 다시 회복해야 하오. 그렇지 않으면 내가 발포할 것이오." 이런 위기에 대한 불확실한 소문이 세간에 떠돌았음에도, 질질 끌기만 하는 회의는 이미 주민에게 조소와 분노를 사기에 충분했다. 여기에 이 도시로서는 숙박시설과 음식을 온전히 제공하기가 어려울 만큼 그 회의에 참석한 수많은 인사와 이들의 수행원의 체류로 인한 물가상승이 가세했다. 부유한 외국인들이 상품과 생필품 값을 실제 가격보다 훨씬 더 많이 치름으로써 사정은 더 악화됐다. 목재 · 생선 · 맥주 가격은 거의 조달하기 어려울 정도로 올랐고, 주택임대료가 너무 비싸 회의 기간에 많은 주택이 담보로 잡혔다. 외교관들의 음모는 날이 갈수록 더 복잡하게 꼬여 전망이 불투명해졌다. 이 음모 가운데 하나의 목표를 성취한 이는 엘바에서 귀환한 나폴레옹이었다.

빈 회의의 운명은 왕당적인 내각정치의 가장 음울한 시대로의 퇴락이었다. 주민의 소망과 요구였던 내부적인 유대관계뿐 아니라 새롭게 재편된 국가들의 외적인 영토 형태도 고려되지 않았다. 혁명 이전 시대의 지도가 완전히 복구될 수가 없었다. 가장 중요한 변화는 오스트리아가 벨기에를 잃은 대신 베네치아를 얻었으며, 프로이센은 스웨덴의 포메른(Pommern)과 작센 왕국의 약 3/5을 얻어 서쪽 영토를 눈에 띌 만큼 확장했고, 러시아는 "폴란드를 네 등분으로 분할함"으로써 나폴레옹 공작령에 속한 바르샤바의 가장 넓은 지역을 '회의 이후의 폴란드(Kongreßpolen)'로 취했다는 사실이다. 또 한편 대공국 포즈난[20]은 프로이센의 수중에 떨어졌으며, 갈리치아 남부 지역은 오스트리아 수중으로 되돌아갔고, 크라쿠프[21]는 자유국가로 선포되었다. 영국은 헬골란트(Helgoland) · 케이프 · 실론(Ceylon) ·

---

[20] Posen: 포즈나니(Poznan)로 통하는 폴란드의 한 도시.
[21] Kraków: 폴란드에서 두 번째로 큰 가장 유서 깊은 도시 가운데 하나임.

몰타(Malta) 섬과 이오니아 지방의 여러 섬을 확보했다. 홀란드와 벨기에가 '네덜란드 왕국'을 형성했다. 스웨덴과 노르웨이는 군주연합(Personalunion)을 통해 합병했다. 니스(Nizza)와 제노바(Genua) 근처에까지 이르는 피에몬테(Piemont) 지방은 '사르데냐 왕국'으로서 또다시 사보이(Savoyen)가(家)의 수중에 떨어졌다. 파르마(Parma)는 나폴레옹의 부인이자 오스트리아 황제의 딸인 마리 루이즈(Marie Luise) 손에 들어갔고, 토스카나(Toskana)는 레오폴트 2세의 아들 수중에 들어갔으며, 모데나(Modena)는 마리아 테레지아의 손자 손에 들어갔다. 나폴리와 스페인과 포르투갈 그리고 로마 교황령이 미치는 곳에서 과거의 정권이 회복된 것이다. '빈 연방조약'은 이전의 신성로마제국을 대신하여 영주들의 연합기구인 '독일연방'을 제정하고 그 기관으로서 연방의회를 마인(Main) 강변의 프랑크푸르트에 두었다. 이곳에서 오스트리아를 의장단으로 한 각국의 모든 대표가 모여 회의를 열었다. 물론 오스트리아는 헝가리·폴란드·이탈리아를 속령으로 두고 있어서 연방에 편성되진 않았다. 반면에 영국 왕은 하노버 왕으로서, 덴마크 왕은 홀슈타인(Holstein)과 라우엔부르크(Lauenburg) 공작으로서, 네덜란드 왕은 룩셈부르크 대공으로서 연방 영주로 인정받았다. 연방조약 제13항은 이렇게 날조했다. "모든 연방국가에서는 자치 헌법을 성립시킨다." 그러나 알다시피 중요한 것은 그야말로 순전히 군주들의 자의적인 활동뿐이었다. 수세기 동안 서로 꺼려온 민족들, 이를테면 벨기에와 네덜란드 사람들, 스웨덴과 노르웨이 사람들이 강제로 합병됐으며, 폴란드와 베네치아, 그리고 제노바와 같이 세계사적인 저력과 강인함을 보인 자유국가들이 잔인한 방식으로 합병되었고, 남부지역 로만 민족 전체가 과거 치명적인 원한을 갖고 있던 외세에 굴복했으며, 독일은 괴레스[22]가 『라인 메르쿠어(Der Rheinische Merkur)』라는 신문에서 말했듯이, 연방조약 때문에 "겸자분만과 같은 난산 끝에 이미 죽어 세상에 나와 처형되어버린 꼴로서", 신성로마제국보다 훨씬 더 난감하고 훨씬 더 혼란스럽고 훨씬 더 부조리한 정치적 괴물이 되어버렸다. 근대의 모든 세계대전에서처럼 유럽의 승자는 바로 영국이었다.

빈 회의가 해산된 직후 슬라브계 특유의 혼성을 지닌, 이를테면 신비주의자와 강권정치가, 경건주의자와 전제군주의 면모가 뒤섞인, 영국 사람들이 부른 식으로는 "반은 명청이, 반은 보나파르트"였던 차르의 제안에 따라 러시아와 오스트리아, 그리고 프로이센이 '신성동맹(Heilige Allianz)'을 체결했다. 그 조약에는 특히 다음과 같은 내용이 담겨 있다. "폐하들께서 (⋯) 신성한 종교의 규정, 정의와 그리스도의 사랑과 화평에 대한 규정만을 준칙으로 받아들일 (⋯) 확고부동한 결의를 (⋯) 축제 분위기 가운데서 선포했다. (⋯) 고로 폐하들께서는 의견의 일치를 본 것이다. 모든 인간에게 서로 형제로서 대하라고 명령을 내린 성서의 말씀에 따라 그들은 떨어질 수 없는 진정한 형제애의 띠로 묶여 있어 경우마다 그리고 사건마다 서로 동향인인 것처럼 서로를 지원할 것이다. 신하와 군대를 대할 때는 가장처럼 처신할 것이고, 그들의 영혼을 채운 동일한 형제애의 정신으로 그들을 이끌어나갈 것이다. (⋯) 3국 동맹의 군주들은 스스로를 같은 가문의 세 계보를 통치할 섭리의 전권 대표로 생각했다. (⋯) 이 같은 기본원칙을 지키기로 고백한 세 열강의 의지가 신성동맹에 기꺼이 채택될 것이다." 사실 이 동맹이 영국의 상황에서는 소화하기 어렵다고 설명한 영국의 섭정 왕세자, 예부터 자신을

---

[22] J. von Görres(1776~1848): 독일의 작가이자 역사학자.

기독교 진리의 본산으로 알았던 교황, 그리고 바로 이 기독교의 진리를 인정하지 않았던 술탄의 경우를 제외하고는 모든 유럽의 군주가 동맹에 결합했다. 대신 영국은 2차 파리 평화협정의 조인식 날 러시아·프로이센·오스트리아와 함께 4국 동맹을 맺었다. 그 목적은 '기존질서의 보존'이었다. 말하자면 외교정책에서는 '균형'을, 내치정책에서는 '안정과 질서'를 모색하자는 것이었다.

그런데 '신성동맹'의 의미가 지나치게 과대평가되기도 했다. 사실 그것은 실제적인 평화보장이 아니라 사람들이 매달리거나 매달릴 수 있었던 낭만주의적 문구에 입각해 있었을 뿐이었다. 이 사실을 겐츠와 같이 환영을 벗어난 예리한 두뇌는 1816년에 벌써 간파했다. "그것은 정치적으로 별 의미가 없고, 진지한 결과로 이어지지도 않을 것이다. 그것은 악심의 비굴함이나 단순한 허영심의 정신에서 고안된 극장의 장식과 같아 러시아의 차르 알렉산드르에게는 자기 공명심의 주요 목표인 영향력을 행사하는 도구에 불과할 뿐이다." 메테르니히도 그 동맹을 단순한 말장난(**장황함**(un verbiage))쯤으로 취급했다. 사실 병적일 만큼 허영심이 심한 차르는 동맹에서 주제넘게도 유럽의 중재판관 노릇을 하고, '섭정의 전권 대표로서' 자신의 국가에서 자신의 의지 이외 어떤 의지도 용납하지 않을 구실만 찾았을 뿐이다. 조약 원문에 따르면 당연히 신성동맹의 정치 프로그램보다 더 완벽한 프로그램은 없다. 의정서 초안에는 이렇게 적혀 있다. "실로 기독교 민족의 군주 이외 어떤 군주도 유일한 권력을 가지고 있지 않다. 왜냐하면 사랑과 인식과 지혜의 보화가 오직 그분, 즉 우리의 구세주인 예수 그리스도에게만 간직되어 있기 때문이다." 그런데 이 같은 이상은 당시의 어법으로도 보기 드문 일이었다. 구세주가 세상을 지배했으면 하는 것은 그가 세상에 출현한 이후로 모든 기독교도가 품어온 소원이자 꿈이기도 하다. 그러나 이를 충족시키기에는 몰인정한 합스부르크가 황제들, 지독히 광신적인 러시아 차르들, 신앙심이 부족한 호엔촐레른가 왕들과 냉소적이고 위선적인 영주 메테르니히가 적절한 도구가 되지 못했다. 자신의 백성을 가계의 가장들을 대하듯 통치하겠다는 멋진 의도에서 그들은 유럽을 하나의 어린이 방으로 만들어놓았다. 체벌하자고 손을 잡은 그들의 사랑이 원대할 만큼 컸지만, 가부장적인 통치를 통해 그들이 낳은 것은 끔찍한 오이디푸스 콤플렉스일 뿐이었다.

내부를 향한 전선

그러나 어쨌든 유럽에서 근 40년 동안 대규모의 전쟁 충돌이 없었던 것은 영국의 행정 관료 캐닝[23]의 자유주의 정책에 의해 10년 뒤에 깨어질 신성동맹 덕분이 아니라, 그 사유가 다른 데 있었다. 요컨대 그 10여 년의 핵심적 특색을 꼽는다면 그것은 바로 그 사이에 **내부 정치**(innere Politik)가 우세승을 보였다는 점이다. 앞선 세기의 역사는 우선 외부 정책의 계기에 의해 규정되어왔다. 그것도 본질적으로는 프랑스와 합스부르크 왕가 사이의 대규모 대립 때문에 그래왔던 것이다. 이 대립은 종교개혁 와중에도 지속되면서 30년 전쟁·루이 14세·혁명·나폴레옹의 시대도 지배했다. 유럽은 큰 차원에서 보면 비록 그 모양을 계속 바꾸긴 하지만 명확히 서로 구분되는 두 개의 전선, 즉 동부전선과 서부전선을 지속적으로 유지해왔다. 이 전선이 때로는 확장되기도 하고, 또 때로는 줄어들기도 하며, 심지어 일시적으로는 (프로이센을 공동으로 압박하려고 치른 7년전쟁에서처럼, 그리고 대륙의 모든 세력을 모아 영국에 대항해 전선을 쓸어 없애려 했던 나폴레옹 치하에서처럼) 합해지기도 한다. 그

---

23 George Canning(1812~1862): 영국의 정치가.

러나 빈 회의 이후 유럽의 국가체계는 내부를 향한 단 하나의 압축된 전선을 형성했다. 이제는 동부 세력과 서부 세력 따위와 같은 대립이 더는 없고, 통치와 국민 개념만 있을 뿐이다. 연합 유럽 국가의 지도자들은 정확히 말해서 라이프치히와 워털루 전투 이후에도 늘 나폴레옹에 반대하는 투쟁을 벌였다. 그것은 곧 그를 통해 유럽으로 확산된 혁명 정신에 반대하는 투쟁이기도 했다.

복권된 스페인 왕이 통치행위로 행한 첫 번째 조처 중 하나가 종교재판을 다시 도입한 일이다. 여러 나라에서는 반혁명의 상징인 변발이 다시 의무가 되었으며, 10여 년 뒤 상부 이탈리아에서는 **말총머리**(codino)가 반동의 징표였다. 피에몬테에서는 문맹 상태조차도 신하로서 지킬 의무의 일부로 통했다. 그도 그럴 것이 읽고 쓰는 법 배우기를 허가받으려면 최소한 1,500리라를 내놓아야 했기 때문이다. 롬바르도-베네토를 지배한 것은 오스트리아의 지팡이였다. 검열책동, 가택수색, 서신비밀의 훼손, '밀정'과 '심복'을 통한 비밀감시 등과 같은 옛 오스트리아의 전문기술이 합스부르크가 나라들뿐만 아니라 프로이센에서도 관행이 되었다. 프로이센에서 『에그몬트(Egmont)』, 『빌헬름 텔(Wilhelm Tell)』, 『군도(Die Räuber)』, 심지어 피히테의 『독일 국민에게 고함(Reden an die deutsche Nation)』과 『홈부르크의 왕자(Prinz von Homburg)』까지도 금지되었고, 관료주의가 오스트리아에서보다 훨씬 더 경화된 현상을 한동안 보였다. 슈타인 남작은 이렇게 말한다. "우리는 **급료를 받고, 장부 정리하는 법을 알고 있으며, 무관심하면서 재산 없이 존재하는** 관료들에 의해 지배를 받을 것이다. 이 네 가지 말에는 정신이 없는 우리의 통치기계의 정신도 포함된다. (…) 그들은 자신들의 급료를 국고에서 가져가며, 잠금장치가 잘 갖춰진 문이 있는 조용한 사무실 안에서 쓰고, 또 쓰고, 또 쓴다.

그들은 알려지지도 않았고 눈에 띄지도 않으며 유명하지도 않다. 자신들의 자녀들을 곧 쓸만한 타자기로 양육하고는 동정도 받지 못한 채 죽는다." 자유로운 영국에서조차도 토리당의 한 각료가 다른 각료의 지시를 따랐다. 바이런(Byron)이 '정신적 환관'이라고 부른 주무장관 캐슬레이(Castlereagh) 경은 이른바 '재갈법안(Knebelbills)'이라는 비상조치법을 통해 어떠한 자구책도 억압했다. 그러나 결국 그의 적극적인 박해망상이 수동적인 망상으로 변하여 그를 자살로 몰아가고 말았다. 1815년의 영국 상선(商船)은 대륙 전체 상선보다 1/4배 더 강했다. 그러나 경제적 번영은 탈취당한 사람들의 어마어마한 비참함을 통해 이뤄진 것이다. 공장에서 일할 수 있는 아동의 최저 연령을 9살로 규정하고, 노동시간을 12시간으로 제한한 (물론 이때도 초과시간이 허용되기도 했는데) 것이 위대한 진보로 통했다. 그 세기 초기 25년까지만 해도 도둑질하면 사형에 처했다. 반동이 의지한 낭만주의적 국가론의 발기자는 영국에 있었다. 그 창조자는 에드먼드 버크[24]다. 버크는 1790년 자신의 『프랑스 혁명에 대한 성찰(Reflections on the revolution in france)』에서 국가란 메커니즘이 아니라 신비로운 힘에서 생기를 얻는 유기체라는 테제를 내세운다. 이 테제에 따르면 국교가 이 유기체에 종교적 영성을 부여한다.

프랑스에서 루이 16세의 동생 루이 18세는 가식이 없는 탐욕스러운 인물이었지만 어리석지도 않고 악의적이지도 않아 영국의 헌법을 모델로 삼아 온건한 헌법을 제출했다. 그러나, 그 자신은 혁명시대의 고통을 겪으면서 재치를 터득하여 실제로 그렇게 반동적이진 않았지만, 복권된 세력들이 생각 없이 뻔뻔하게 '극단'으로 활극을

---

[24] Edmund Burke(1729~1797): 영국의 정치사상가.

벌이는 일을 제지하진 못했다. 특히 남부에서는 '백색 공포'가 프로테스탄트들을 포함하여 보나파르트 추종자들과 공화파들을 두고서 한결같게 광분했다. 그래서 헌장은 해가 갈수록 사실 무의미해졌다. 생시몽의 표현을 빌리면 왕은 **"구체제의 귀족 죄수**(le prisonnier des ancien noles)"였다. 사정이 더욱 악화된 때는 그의 동생 샤를 10세가 그의 뒤를 이어 1824년에 왕위를 계승했을 때였다. 그는 위선적인 성직자 정치를 펼치면서 그야말로 노골적으로 절대주의를 추구한 것이다. 그래서 메테르니히조차도 이런 상황을 목전에 두고서는 다음과 같이 말하는 것이 불가피했던 모양이다. "정통주의자들이 혁명을 정당화하게 만들고 있다." 평화협정 때 프랑스가 아주 관대하게 처리되었지만, 알자스와 로렌을 반환하지 않을 수 없게 되었을 때 라인 강 왼쪽 강변을 향해 지르는 소리가 멈추지 않았다. 인기 있는 한 미용사의 말을 빌리면, 그것은 **"마인츠로 가는 길**(à la chemin de Mayence)!"이었다.

나폴레옹 신화

이 같은 어두운 배경에서 총사령관 나폴레옹의 마술적인 모습이 새로운 영예의 빛을 받게 된다. 이제 사람들은 더는 그의 전제적인 파괴의지를, 그의 탐욕스러운 권력망상에 희생된 200만의 주검을, 그가 프랑스의 정신에 드리운 강철 같은 병영화를 생각지 않고 그의 민주주의적 진보충동을, 그가 자신의 병사들과 성취한 동화 같은 승리들을, 그의 지혜가 때마다 재능에 길을 터준 자유로운 궤도를, 모든 것을 젊게 만들고 재편한 그의 독보적인 천재성만을 떠올린다. 그가 20년 동안 대륙을 비인간적인 전쟁터로 바꿔놓았지만, 오랫동안 구경할 수 없었던 볼거리, 말하자면 초인적인 정신력과 지배력의 어떤 본질 같은 것을 세상에 선보이기도 했던 것이다. 200만 병사들의 주검도 있지만 영웅들의 죽음도 있으며, 프랑스 전체를 병영막사로 만들었지만 공기와 빛도 넘쳐났다. 그의 몰락은 '신의 심판'이지만 타락한 천사에 대한 심판이었다. 이 심판을 집행한 것은 인간이 아니라 그림자였다. 곧 그것은 낡아빠진 인형극의 왕들이었고 영혼 없는 난쟁이 영주들이었다. 그 천재에 대한 평균의 승리는 비록 천재가 악마이긴 해도 별 시선을 끌지 못한다. 그의 행로가 채워졌을 때, 이 묵시록적인 기수가 은밀한 임무를 실행하고자 신이 특파한 인물임이 명백해졌다. 이와 관련하여 그 자신은 이렇게 말한다. "위대한 사람이란 세상을 밝게 밝히기 위해 번쩍이고는 사그라지는 유성과 같다." 꼭 혜성처럼 그는 지상의 밤에 출현하여 위협적으로 빛을 내면서 결실을 맺고 경이로움을 풍겼다. 그래서 아마도 다음 천 년은 그 불꽃의 흔적을 기념할 법하다.

'백일천하' 때 의회에서 한 나폴레옹의 예언, "그대들은 나를 기억하면서 통곡할 것이오"라는 예언이 실현되었다. 그가 했거나 하지 않은 모든 말이 보존되었다. 흉상과 동판화, 대목장 점포와 아동 도서, 지팡이 손잡이와 담배통 등 어디에든 온통 그의 모습이다. 그의 유품들이 성물(聖物)이 되었다. 사람들은 세인트헬레나[25]를 골고다에, 레티치아[26]를 고통의 어머니에 비유하는 일도 서슴지 않는다. 한마디로 그는 '성인'으로 통했다. 티에르[27]는 그의 시신을 전시 희생자 묘지에 안치할 것을 제안했고, 지금까지도 프랑스에서는 어느 정도 고전으로 통하는 나폴레옹 전설을 멋지게 쓴 역사서로 만들어 냈다. 베랑제[28]의 시에서 그는 민담에 등장하는 불후의 주인공으로

---

[25] Saint Helena: 나폴레옹이 '백일천하'의 실패로 유폐된 섬.
[26] Lätitia: 나폴레옹의 어머니.
[27] Thiers(1797~1877): 프랑스의 정치가이자 역사가. 1871년 프랑스 대통령에 취임.

부활한다. 요컨대 회색의 프록코트에 작은 모자를 쓴 모습으로 국민을 향해 마음을 열고 서 있는, 병사들의 수수한 황제로 등장한다. 그림은 그 위대한 군대가 겪는 고통과 모범적 행위를 찬양한다. 빅토르 위고[29]는 그를 "서양의 마호메트"로 추앙한다. 모든 인간의 가면을 가차 없이 꿰뚫어보는 의심 많은 베일(Beyle)-스탕달[30]조차도 이렇게 말한다. "베일이 존경하는 이는 딱 한 사람이다. 바로 나폴레옹이다." 심지어는 그가 죽지 않았다고 믿는 사람들도 있었다. 시칠리아의 산골 사람은 그의 귀환을 고대했다. 아랍 사람들은 그 속에 알렉산더 대왕이 들어있다고 생각하면서, 프랑켄 지방의 술탄인 이스칸데르(Iskander)가 그로 귀환했다고 설명한다. 튀링겐 사람들이 하는 말로 하면 키프호이저(Kyffhäuser) 산에는 더 이상 바르바로사(Barbarossa)가 아니라 나폴레옹이 앉아 있다. 그가 어떻게 그토록 이른 시간에 신화의 주인공이 되었는가는 실제 모습과 아주 정반대가 되는 하나의 묘사과정이 잘 말해준다. 페레스(Pérès)라는 사람이 정신박약의 작품인지, 아니면 풍자 작품인지 혹은 예리한 감각을 가진 학자의 작품인지 도통 알 수 없는 그런 어떤 책에서, 나폴레옹이라는 사람이 실제로 살았던 적이 없고 오히려 태양신의 화신일 뿐이라는 점을 증명하려 한다. 이에 따르면 **나폴레옹**(*Napoléon*)이라는 이름은 파괴자이자 태양신을 뜻하는 아폴론(Apollon)을 의미하며, 황제

---

28 P.-J. de Béranger(1780~1857): 프랑스의 시인.

29 Victor Hugo(1802~1885): 프랑스의 시인 · 소설가 · 극작가. 프랑스 낭만파의 대표적인 시인으로 통함.

30 Stendhal(1783~1842): 프랑스의 소설가. 본명은 마리 앙리 베일(Marie Henri Beyle). 예리한 심리분석을 통해 사회를 비판하는 소설의 전통을 세움. 프랑스 근대 소설의 창시자로 통하기도 함. 대표적인 작품 『적(赤)과 흑(黑)』으로 유명함.

의 어머니는 그 이름이 기쁨이나 서광을 의미하는 레티치아다. 그리고 그의 네 형제는 4계절을 나타내며, 그의 12명의 사령관은 태양신의 명령을 기다리는 12궁계의 동물을 뜻하고, 그의 집권 12년은 하루 12시간을 나타내며, 코르시카에서 세인트헬레나 섬에 이르는 그의 인생 노정은 동쪽에서 시작하여 서쪽에서 끝나는 태양의 운행노선과 흡사하다. 여기서 우리는 청렴성을 자랑하는 역사비평이 나아갈 수 있는 교훈적인 사례와 상식을 완전히 벗어났다고까지는 말할 수 없지만 대상에 대한 지나친 친밀성 때문에 대상을 너무 과장하는 사례를 보게 된 셈이다. 이 같은 사례는 프랑스의 저명한 학자 세나르(Sénart)가 불상의 전통 전체를 '태양계의 신화(Solarmythen)'와 연결 짓고, 영민하기 그지없는 카를스루에(Karlsruhe) 출신 철학자 아르투르 드레브스[31]가 예수의 이야기를 '별에 대한 표상(Astral-vorstellung)'으로 소급시키려 한 점, 그리고 베이컨(Bacon)이 셰익스피어의 드라마들을 썼고, 더 단순해서 심할 경우 최근 주장하는 바대로 하면, 『돈키호테』를 썼다고까지 설명하는 엄격한 연구자 그룹이 있다는 점을 고려해보면 이해할 수 있다.

독일에서는 우선 전형적인 독일식 증오심을 갖고 해방전쟁이라는 신선한 인상으로 외국의 압제자를 떠올리게 했다. 정치적 구호는 '자유'·'통일'·'독일풍'이었다. 그러나 여기서 곧 드러난 것은 프랑스식 독재자만 없었을 뿐이었다는 점이다. 1815년 예나에서 최초의 독일 대학생 학우회(Deutsche Burschenschaft)가 생겨났으며, 이어서 3년 뒤에 '독일 대학생 총학우회(Allgemeine Deutsche Burschenschaft)'가 발족되었다. 이는 "형성 중인 독일 민족의 통일과 연관된 독일 청년 학

고풍의
독일 사람들

---

[31] Arthur Drews(1865~1935): 독일의 철학자이자 작가.

생들의 입장에 따라" 적어도 대학생들 사이에서 독일의 통일전선을 구축하려는 시도였다고 할 수 있다. 그 상징색은 류초프[32]의 자유군단이 사용한 깃발의 색깔을 모범으로 삼은 흑색-적색-금색이었다. 임머만[33]이 말하듯, "재단사가 독일식에 비추어 제공한 것에 만족하여" 대학생 학우회는 핵심가치를 '전통 독일풍(altteutsch)'으로 통하는 '학우회 복장'에 두었다. 끈으로 앞을 여미는 재킷, 대개 검은색인 넓게 개방된 셔츠칼라, 다채로운 색의 장식 띠, 깃털로 장식한 챙이 없는 검은 색의 둥근 모자, 황금빛 레이스를 달고 클로버를 수놓은 보랏빛 혹은 붉은빛 우단으로 복장을 갖추었고, 여기에 머리카락을 길게 늘어뜨리고서 해골 표식이 새겨진 공화주의의 검을 허리띠에 차고 다녔다. 그들은 노인을 '노장학우(Nachbursche)', 교수를 '교사학우(Lehrbursche)', 조국을 '학우운동장(Burschenturnplatz)', 대학을 '이성의 운동장(Vernunftturnplatz)'이라고 불렀다. 덤빌 테면 덤벼보라는 식으로 기세등등하게 돌아다니면서 마셔대고 춤을 췄으며, 여자와 유대인을 경멸했다. 어떤 풍으로든 멋을 부린 독일식 복장을 하지 않은 사람을 만나면 그를 반원으로 에워싸고는 "찌질이! 찌질이!" 하고 소리쳤다. 종교개혁과 라이프치히 전투 기념일인 1817년 10월 18일에 바르트부르크(Wartburg) 성 근처에서 열린 축제 때 그들은 불꽃놀이를 하면서 기념행사로 헤센 지방의 변발 모형, 오스트리아 형식의 분대장 지휘봉, 프로이센의 근위병 코르셋과 반동적인 책 몇 권을 불태웠다. 이는 정부로 하여금 아헨(Aachen)에서 열강 회의를 열어 긴급 토론이라도 해야 하는 것이 아닌가 하고 신중히 고민하게 했

---

[32] L. A. W. von Lützow(1782~1834): 프로이센의 장교.
[33] Karl L. Immermann(1796~1840): 독일의 극작가이자 소설가.

다. 그런데 1819년 3월 23일에는 좀 더 심각한 일이 벌어졌다. 카를 루트비히 잔트(Karl Ludwig Sand)라는 이름의 대학생 학우회 회원이 만하임에 있던 코체부³⁴의 저택에 침입하여 "내 칼을 받아라, 이 조국의 배신자!" 하면서 단도로 그의 가슴을 찔렀다. 코체부는 러시아 추밀원이었고, 그래서 당연히 보수적으로 사고한 것이다. 이 사실을 그는 자신이 발행하던 잡지 『문학주간』에서 감추지도 않았다. 그를 살해할 원인을 찾자면 비속하고도 불량한 그의 연극작품들에서도 얼마든지 찾아낼 수 있을 법했다. 잔트가 속했을 법한 음모단체는 밝혀지지 않았다. 그러나 아무튼 신성동맹은 또다시 장관 회담을 통해 유명한 '카를스바트 결의(Karlsbader Beschlüsse)'를 체결할 기회를 잡았다. 서적과 신문이 검열을 받았고, 대학은 심한 감시를 받았으며, 대학생 학우회와 체육인 협회 일체가 금지되었다. 이로써 선동가들에 대한 끔찍한 탄압이 시작된다. 이 탄압기관이 바로 마인츠(Mainz)의 '중앙조사위원회(Zentraluntersuchungskommission)'였다. 이 위원회는 독일 민족운동과 관계를 맺은 사람이면 누구나 만났다. 6년 동안 이 요새에서 저 요새로 끌려 다닌 체육계의 아버지 얀과 같은 천생 애국주의자도 그렇게 당했고, 교수직을 면직당한 철두철미한 군주정체주의자 에른스트 모리츠 아른트(Ernst Moritz Arndt)도 역시 그렇게 당했다. 뛰어난 성서연구자였던 데 베테³⁵도 똑같은 일을 당했다. 그도 그럴 것이 그가 잔트의 어머니에게 조문편지를 써 보냈기 때문이다. 온갖 것이 다 의심을 샀다. 민본적인 콧수염, 카르보나리³⁶ 당원들이 즐겨 쓴 펠트 모자, 혁명적인 철봉 뛰기, 심지어 **잔트**

---

³⁴ A. von Kotzebue(1761~1819): 독일의 극작가이자 정치가.

³⁵ de Wette(1780~1849): 독일의 신학자.

³⁶ Carbonari: 19세기 초 이탈리아에서 독립과 자유를 내세우고 활동한 비밀결

와 같은 색의 머리숱도 의심을 받았다.

독일연방 모든 지역에서 일어났던 '소요'를 진압한 몰상식한 비인간적 탄압방식은 지배 권력의 사회를 사로잡은 일종의 공포 노이로제가 과히 어떠했는가를 말해줄 따름이다. 이를테면 겐츠의 경우 어떤 모임에서 콧수염을 한 사람을 보자 바르르 떨면서, 그 스스로 확신한 바로는 번쩍이는 나이프를 보고 졸도했다고 한다. 그리고 얀 체조 팀을 철없고 교양 없게 내친 것에 대한 불만이 터져 나오기도 했다. 그도 그럴 것이 인류는 모든 것, 이를테면 우둔함, 거짓, 악덕, 심지어 범죄까지도 용서할 수 있지만 단 하나 용서할 수 없는 것은 무례한 짓이었기 때문이다.

남아메리카와
그리스의
해방

아무튼 그러는 사이 곳곳에서 혁명의 기운이 지하에서 계속 부글부글 끓어올랐다. 스페인에서는 자코뱅파 진보주의자들, 기센(Gießen)에서는 '맹신주의자들(Unbedingten)'이 급진적인 공화정을 세우려 했으며, 이탈리아에서는 '숯쟁이'로 통하는 카르보나리 당원들이 "늑대들로부터 숲을 정화하려고" 조합을 결성했고, '헤타이리아필리케'[37]가 고대의 그리스 공화국을 복원하려 했으며, '민족애국회(Nationale Patriotische Gesellschaft)'는 통일된 거대한 자유 폴란드를 요구했다.

최초의 공개적인 소요 사태가 이탈리아 북부와 남부, 즉 피에몬테와 나폴리에서 발생했다. 트로파우[38]와 라이바흐(Laibach)에서 열린 회의는 오스트리아에게 진주할 권한을 부여했고, 오스트리아는

사. 이탈리아어로 '숯 굽는 사람'이란 뜻으로 해석되기도 함.

[37] Hetairia Philike: 오스만투르크 제국으로부터 그리스 독립을 성취하고자 결성한 비밀결사체.

[38] Troppau: 현재 체코 세베로모라프스키 주 오파바(Opava) 시.

즉각 소요 사태를 진압했다. 곧이어 스페인에서도 교활하고 잔인한 페르디난트 7세에 대항한 봉기가 일어났다. 그곳도 외국 군대를 통해 절대주의가 복원되었다. 그런데 이번에는 프랑스 군대를 통해서였다. 베로나(Verona) 회의가 프랑스에 그런 권한을 부여한 것이다. 그러나 "대포로도 그런 결사적인 분파들을 섬멸시킬 수가 없었다." 이 사실은 이미 나폴레옹도 자신을 암살하고자 한 젊은 공모자를 심문하는 가운데 절망적으로 터득했던 것이다. 러시아의 경우 새로운 차르가 즉위식을 행할 때 데카브리스트[39] 반란 혹은 '12월 전사들(Dezembermänner)'의 반란이 있었다. 러시아는 파벨 1세를 이어 장자 알렉산드르 1세가 왕위를 계승한 바 있다. 알렉산드르가 죽었을 때 둘째 아들 콘스탄틴(Konstantin)이 합법적인 군주가 될 수 있었지만, 왕좌를 포기했다. 그래서 니콜라이 1세가 정권을 잡았다. 콘스탄틴의 즉위 포기가 공식적으로 확인되지 않은 사실이 일부 장교단과 근위병들이 쿠데타를 일으킬 빌미를 제공한 셈이다. 물론 이 쿠데타는 실패에 그쳤다. 인민은 불만 세력이 갈망한 '헌법'이 콘스탄틴 대공의 아내를 위한 것이었다는 사실이 문제였다는 점에 대해선 별로 염두에 두지 않았다.

혁명운동이 구체적인 성과를 먼저 이룬 곳은 대양 건너편이었다. 남아메리카 대륙의 스페인령 모든 땅이 모국에서 차례차례 분리·독립해 나갔다. 1810년 우루과이가 독립했으며, 같은 해에 파라과이가, 그다음 해엔 베네수엘라가, 1816년엔 아르헨티나가, 1819년 콜롬비아가, 1820년 칠레가, 1821년 페루가, 1822년 에콰도

---

[39] Dekabrist: 1825년 12월 러시아에서 농노제 폐지와 전제정치 근절을 요구하면서 반란을 일으킨 한 무리의 청년 장교들을 통칭하는 말임. 데카브리스트는 러시아어로 12월을 의미함.

르가, 1825년 볼리비아가 독립했다. 포르투갈의 식민지 브라질도 1822년 독립 황제국으로 헌법을 제정했다. 중부아메리카에서는 돈 아우구스틴 데 이투르비데(Don Augustin de Iturbide) 장군이 멕시코의 황제가 되었음을 선포했다. 물론 2년 뒤 이 멕시코의 정부형태는 공화정이 된다. 다른 중앙아메리카 5개국, 이를테면 과테말라·온두라스·살바도르·니카라과·코스타리카도 독립하여 남부 대륙 전체가 연방을 형성하며, 남아메리카 반도의 북동에 위치한 영국령 가이아나와 네덜란드령 가이아나 그리고 프랑스령 가이아나와 같은 해안 지역들과 과테말라 동부에 위치하는 영국령 온두라스와 같은 작은 지역을 제외하고는 유럽의 지배에서 해방되었음을 선언했다. 이런 해방운동의 중심에는 새로이 제정된 모든 공화국을 거대한 하나의 연방으로 묶을 원대한 계획, 즉 '남아메리카 합중국'이라는 계획을 꿈꾼 시몬 볼리바르(Simon Bolivar)가 서 있었다. 이 목적을 위해 그는 파나마 회의를 소집했지만, 고루한 스페인 사람들과 우둔한 혼혈인들의 사소한 이기심과 정치적 미성숙에 부딪혀 아무것도 성사시킬 수가 없었다. 이후 남아메리카 역사는 거의 끊임없는 민중폭동과 군사반란 및 국경 마찰로 점철된다.

아마 이상의 해방 과정은 앵글로색슨계 두 열강의 지지가 없었더라면 그렇게 빨리 실현되지 않았을지도 모른다. 물론 신성동맹도 신세계에서 구질서를 존속시키고 싶었다. 하지만 북아메리카 합중국은 1823년 자신들의 대통령을 통해 그의 이름을 본뜬 중대한 '먼로 독트린'을 선포한다. 이 독트린에 따르면, 아메리카의 정치적 상황에 대한 유럽의 어떤 간섭도 용인되지 않는다. 캐슬레이의 후계자였던 자유주의자 캐닝 경은 장관으로서 영국의 이름을 빌려 새로운 공화국들을 승인했다. 이때 그를 움직인 것은 부분적으로는 여론이었지만 우선적으로는 상업 정책적 이해관계였다. 그는 당시 성공적이었던 2차 혁명운동을 부추기기도 했다. 그것은 곧 8년간 진행된 그리스 독립투쟁이었다. 이 투쟁은 비밀조직을 통해 오래 준비를 했으며, 1821년에 발발하여 유럽 전체의 낭만주의와 의고전주의로부터 공감을 사기도 했다. 물론 근대 그리스인들은 플라톤과 폴리클레이토스 시대 동향인들과는 유사성이 별로 없다. 키오스(Chios) 섬에서 벌어진 끔찍한 학살과 미솔룽히(Missolunghi) 요새를 사수하려는 영웅적인 투쟁은 일반의 참여를 자극했다. '그리스에 호의적인 사람들'이 의용병으로 자원하여 독일·프랑스·이탈리아로부터 속속 그리스로 들어갔다. 빌헬름 뮐러[40]가 그리스를 노래하는 시를 썼으며, 바이런은 두 척의 배를 이끌고 상륙하지만 질병에 걸리기 쉬운 늪지 풍토에서 열병으로 죽은 주검들을 목도한다. 정부들은 자신들의 보호원칙에 따라 상호 동의를 구하지 않고 우선 그 투쟁을 탄압했다. 마침내 새로운 차르가 개입을 결의했다. 영국과 프랑스 그리고 러시아가 캐닝의 건의에 따라 그리스를 방어할 동맹을 결의하여 나바리노(Navarino) 항구 입구에서 함대시위를 펼쳤다. 그런데 이 함대시위는 사실 두 대륙 국가 중 어느 쪽도 의도하지 않았지만 근대 역사에서 가장 치명적인 해상전투 가운데 하나로 발전하게 된다. 터키-이집트 함대가 완전히 섬멸되었다. 러시아 상륙부대는 도나우 유역 영주들의 성과 아드리아노플(Adrianople)을 점령했고, 아시아에서는 카르스(Kars)와 에르제룸(Erzerum)를 정복했다. 아드리아노플 평화협정에서 터키는 보호령을 두고 있는 열강들이 그리스 독립을 선언하고 바이에른 왕의 아들을 오토 1세로서 그리스 왕으로 추대한

---

[40] Wilhelm Müller(1794~1827): 독일의 서정시인.

다는 런던 회담의 결의에 애초부터 동의했다.

이 전쟁에서 신성동맹은 비록 겉으로는 승리했지만 원칙적으론 패배했다. 이 사실을 카를스바트 결의의 발의자였던 겐츠는 그리스 해방전쟁이 터졌을 때 곧바로 알아봤다. "항상 나는 시대정신이 끝내 더 강하게 살아남을 것이며, (…) 외교력이 물리적인 힘만큼 역사의 수레바퀴를 멈추게 할 수 없다는 점을 의식하고 있었다." 그러나 그도 오스트리아의 전염병에 굴복하고 말았다. 그리고 이 운명을 전 유럽과 공유했다. 그도 그럴 것이 그 시기 대륙의 군주는, 그의 숙부 요제프 2세가 빈 회의에 한 세대 앞서 "기억력은 좋지만 성과는 없고", "진리에 대해 예민하게 소심하며", "우유부단할뿐더러 물렁하기까지 한 데다 행동하는 것과 지시하는 것을 구분하지 못하여", "큰일을 할 수 없는" 인물로 본 프란츠 2세였기 때문이다. 바로 옆과 지극히 구체적인 것 이외 다른 것을 바라보지 못하는 오스트리아 특유의 비좁은 시선이 그를 대표로 하여 각인되어 있었던 셈이다. 그의 낙후성도 바로 거기서 연원한다. 자신의 모든 동향인과 거의 마찬가지로 그도 현실에 완강히 집착했지만, 이 현실은 언제나 낙후했다. 그를 네스트로이[41]의 동향인이자 동시대인으로 인식하게 한 건조하지만 아주 재치 있는 그의 경구들은 좋은 위트라면 모든 것을 눈감아주는 국민 사이에선 그의 계략과 빈곤한 마음을 감추기에 충분했다. 그의 의지의 집행자는 자칭 "거대한 세계 병원의 의사"라고 하는 제후 메테르니히였다. 물론 메테르니히는 당대 영웅 가운데 주목할만한 영웅이었다고 말할 수 있을 것 같다. 그는 민족

---

[41] J. N. Nestroy(1801~1861): 오스트리아의 극작가. 오페라 성악가로 시작하여 연극배우를 거쳐 극작가로 활동함. 흔히 '오스트리아의 셰익스피어'로 통하기도 함.

과 자유 이념의 돌출이 분명 합스부르크가의 군주정을 파멸로 몰아갈 것이라는 사실을 간파했다. 그래서 그는 반동 정책을 다른 국가들에도 한편으론 강요하고 또 한편으론 설득한 것이다. 나라라는 것은 그 주민이 바로 신민들의 집합을 뜻하는 '지형학적 개념'일 뿐이라는 것이었다. 아마도 그는 오스트리아의 수상처럼 행동할 수밖에 없는 처지였던 것 같다. 그러나 다행히도 오스트리아 역사만이 아닌 역사의 공청회 앞에서 그의 '체계'는 얼토당토않은 시도로 비칠 뿐이다. 왜냐하면 그 체계의 건물은 여러 병실 가운데 하나를 거대한 병원을 꿈꾸는 한 환자가 차지하고 있는 꼴이기 때문이다. 그런데 가장 얼토당토않은 일은 그 시도가 성공했다는 사실에 있다.

근본적으로 보자면 그의 국가관은 그 자신의 정신적 근간이기도 한 계몽주의의 때늦은 결실이다. 그의 관점에 따르면 정부는 징후에 따라서가 아니라 외교적으로 처신해야 하고, 청진기를 댈 것이 아니라 처방을 내려야 한다. 이것이 18세기의 절대주의였다. 다만 이때의 절대주의는 마이너스 부호를 앞에 달고 있다. 곧 그것은 강제진보 대신 강제퇴보를 의미한다. 말하자면 그것은 반요제프적인 요제프주의(antijosefinischer Josefinismus)였던 셈이다. 그의 정치관은 극단적인 반(反)낭만주의였다. 이 같은 관점은 인간들의 연합활동에서, 자체의 법칙을 지니며 이 법칙에 따라 유기적으로 발전하는 생물을 보는 것이 아니라, 임의대로 조절할 수 있고 통제할 수 있는 기계를 보는 것이다. 그런데 이는 스스로 '낭만주의적'이라고 말하면서도 이 같은 대립관계를 애써 외면하려는 국가 이론가들이 하는 치명적인 거짓에 해당한다.

심리학적으로 보면 '안정성'에 대한 그의 애정은 사고의 나태를 의미할 따름이다. 한번은 그가 리벤(Lieven) 후작부인에게 이렇게 편지를 썼다. "해가 매년 바뀌는 것이 싫습니다. 나는 이미 알고 있는 것을 앞으로 배워야만 할 것보다 더 좋아하는 경향이 있어서, 내가 쓰는 데 익숙한 네 가지 부호에도 그런 나의 습성을 적용하기도 한답니다." 그래서 탈레랑도 그를 '주간 정치인(Wochenpolitiker)'이라고 부른 모양이다. 그의 체계가 어떠한 것인지는 그의 가장 친밀한 협력자인 겐츠의 유명한 말에 내포되어 있다. "그 체계가 아직도 나와 메테르니히를 견뎌내게 하고 있다." 부정할 수 없는 것은 그가 그 체계를 운용하면서 상당히 높은 수준의 기지와 능숙함, 세련됨과 창의적 재능을 발휘했다는 점이다. 알베르 소렐[42]은 이렇게 말한다. "유럽 연극이 선보인 고도의 술책인 거대한 세계 희극이 이토록 결실 있는 작가와 이토록 완벽한 배우를 만난 적이 없었다." 이 같은 '이주민'이 빈(Wien) 정신의 가장 완전한 구현 가운데 하나였던 셈이다. 오스트리아 영혼의 가장 탁월한 전문가의 한 사람인 페르디난트 퀴른베르거[43]는 다음과 같이 말한다. "이 도시를 독일을 잣대로 하여 가늠하고, 독일 도시처럼 다룬다면, 이 도시에 실로 부당한 일을 범하는 행위가 될 수가 있습니다. 반면 빈을 현재의 모습 그대로, 즉 유럽과 아시아 사이의 경계도시로 보면 모든 것이 밝고 맑게 되고, 쉬울뿐더러 이해가 가며, 올바르고도 적절할 것입니다! (…) 그러니까 오스트리아는 파악하기가 어렵지 않은 것이랍니다. 말하자면 오스트리아를 일종의 아시아로 이해할 수밖에 없는 노릇이죠. 그러나 유럽과 아시아가 의미하는 바는 명확하고도 분명한 개념에 해당합니다. 요컨대 유럽은 법칙이고 아시아는 자의(恣意)이며, 유럽

---

[42] Albert Sorel(1842~1906): 프랑스의 역사가.
[43] Ferdinand Kürnberger(1821~1879): 오스트리아 작가.

은 의무이고 아시아는 기분이며, 유럽은 엄격한 사물과 같고 아시아는 순수한 인격과 같으며, 유럽은 성인과 같고 아시아는 아이와 백발노인과 같습니다." 이것이 메테르니히의 영혼이다. 그것은 곧 법칙으로서의 자의, 의무의 이행으로서의 기분의 이행이며, 개인의 속심을 세계의 문제로 삼는 것이고, 오늘을 어린애처럼 무책임하게 갖고 노는 것이며, 늙은이처럼 상상력도 없이 어제에 매달리는 것이기도 하다. 간단히 말해 그의 본질은 **완벽한 몰염치**다.

'근대적 이념'

평생 메테르니히는 자신으로 하여금 섬멸 욕심으로 들끓게 했던, 눈으로 볼 수 없는 적군을 쫓아다녔다. 그는 그것을 '근대적 이념'이라고 불렀다. 그런데 정치가이고자 하는 사람은, 생각이 있는 사람이면 누구나 그렇듯 '근대적' 이념을 상대로 해서 씨름할 수밖에 없다. 그도 그럴 것이 근대적 이념이 어느 때든 **유일한** 이념이고, 다른 모든 것은 그에 비해 무기력할 뿐만 아니라 실은 머리라고도 할 수 없는, 시력이 약하고 오래전에 벌레 먹은 머리 이외에는 현존하지도 않기 때문 아니겠는가! 그리고 생각하는 사람이면 말할 것도 없고, 특히 정치가라면 꼭 알아야 하듯, 실존하는 것은 단 **하나**, 승리하는 힘뿐이다. 요컨대 이념과 맞붙어 싸워봤자 희망 없는 돈키호테 짝이 나기 십상이며, 이 꼴이 되는 데는 좀 더 빠르거나 늦을 뿐이지 않겠는가! 역사의 동일한 발전국면에서 두 개의 진리란 존재하지 않으며, 오로지 생존 능력이 있고 살아있을 자격이 있는 단 하나만 늘 존재할 뿐이어서, 여타의 이런저런 수많은 것이란 존재하지 않는 것과 다를 바 없다. 합법성과 신의 은총만 있을 뿐이다. 우리는 가장 고상한 개념, 아마도 가장 숭고한 개념 따위밖에 모르지 않는가! 그 내적 진실을 통해 합법화되고, 인류의 불가사의한 교육기획 내의 단계로서 신의 은총을 입는 것은 늘 어디서든 오로지 '근대적 이념’일 뿐이다.

우리가 모던(Modern)한 것(혹은 이와 비슷한 것)으로 규정하는 것은 언제나 지배적인 시대정신(Zeitgeist), 혹은 좀 더 정확히 말하면 지배를 쟁취하려고 싸우는 시대정신을 두고 하는 말이다. 물론 이때는 비방과 칭찬의 의미가 늘 동시에 따라붙는다. 비방의 경우 시대정신은 모든 관습적·정신적·사회적 토대를 뒤흔들기 때문에 부조리하고 기만적이며, 방탕하고 흉측스러우며, 천박하고 도착적인 것, 한마디로 병적인 것으로 취급한다. 그러나 칭찬의 경우 그것은 도덕·예술·개혁·미래로, 간단히 말해 확정적인 이상으로 통한다. 확실히 양쪽 모두 틀렸다. 그때그때 지배적인 복장을 두고서도 ‘유행’이라고 말하지만, 역시 이때도 칭찬과 경멸의 의미가 동시에 들어있다. 한편에서는 미와 합목적성의 극치라고 칭송하지만, 다른 한편에서는 몰취미와 어리석음의 방종이라고 비방하는 것이다. 역시 둘 다 틀렸다. 그도 그럴 것이 유행 현상은 미학적인 범주는 말할 것도 없고 논리학적인 범주에도 집어넣을 수 없기 때문이다. 그런데 특정한 동물군이나 식물군을 특정한 관점에 따라 평가하면서, 가령 캥거루의 체격을 두고 형편없다, 수련(睡蓮)의 꽃잎을 두고 멋지다, 기린의 모습을 보고 부자연스럽다고 하는 식만큼 엉터리 같은 짓도 없을 것이다. 유행은 저마다 이성적이다. 그것은 특정한 신체적 이상과 미적 개념에 딱 맞는 모양을 갖추는 것을 의미한다. 외모를 다듬고 고치며, 감추거나 노출한다는 의미에서 말하면 그것은 자연사가(Naturhistoriker)가 말하는 체형에 비유할 수 있다. 모든 세대가 그러한 것에 대해 알지 못하고 사후에야 비로소 그것이 드러나게 되지만 아무튼 고유한 자세와 태도를 지닌다는 사실도 그 같은 체형과 관련 있는 일이다. 이런 현상에 대해선 꼭두각시놀이를 자신의 은밀한 이상으로 삼았던 바로크 시대의 인간과 같은 특별한 경우를 예로 들어 상세히 설명한 바가 있다. 우리 시대의 시류에서 '자세'에 대한 그 같은 의지의 집행자는 다름 아니라 바로 사진사다. 지금까지 '멋진 사회'치고 자연스러운 자세를 취하지 않은 적이 없었다. 이는 누구나 믿어온 사실이다. 그래서 유행의 법칙을 거부하는 사람은 아주 부자연스럽게 행동하기 마련이었다. 의상의 유행을 무시하는 사람 역시 누구든 우스꽝스럽게 행동하는 법이다. 그런데 대개 그렇게 행동하는 데는 좀 더 심중한 원인이 있다. 말하자면 그런 사람은 자신이 몇몇 "그 날의 무의미한 외적 현상과 우연"에 맞서 싸우고 있다고 믿지만, 사실은 그가 맞서 싸우는 대상은 그 날의 **정신**인 것이다. 그런데 이런 정신에 맞선 싸움은 언제나 우스꽝스럽다. 그래서 남성들보다 대체로 훨씬 더 시대정신을 신뢰하는 쪽에서 있는 여성들이 유행에 거의 저항하지 않는 편이다. 그도 그럴 것이 여성들은 유행이란 재단사에게서 만들어지지 않는 것은 물론이고 각 개인에게서 만들어지는 것도 (가끔 그렇게 만들어지는 것처럼 보이기도 하지만, 소위 취향의 심판자(Arbiter elegantiarum)는 늘 시대정신의 총명한 대리인일 뿐이어서) 아니라는 사실과 실상 부정할 수 없는 명백한 사실에서 보면, 유행이란 역사적인 것으로서, 말하자면 **의상**으로 나타난다는 사정을 잘 알고 있기 때문이다. 이로써 밝혀지는 것은 유행이란 스노비즘(Snobbism)이나 장사치 투기의 자의적인 독재가 아니라 단지 그저 **시대의 양식**(Stil der Zeit)일 뿐이라는 점이다. 어떤 의상을 두고 아름답다 혹은 추하다, 괜찮다 혹은 어울리지 않는다는 식으로 (엄밀히 보면 이 역시 잘못된 시각이긴 하지만) 생각할 수는 있다. 그러나 피라미드 시대에서 포말회사 범람시대[44]에까지 이르는 세계사 전체에서 '양식 없는' 의상이 있었던 적은 단 한 번도 없었다.

낭만주의의
메피스토

그렇다면 세태에 밝고 따지기 좋아하는 영민한 재주꾼이자 노회한 현실주의자인 메테르니히 같은 사람이 그처럼 단순한 관계들을 이해하지 못하고서 자신만을 끝까지 진지하게 믿고는 역사의 법정에서 자신을 웃음거리로 만든 원인은 대체 어디서 비롯된 것일까? 물론 그 원인은 단순한 데 있다. 요컨대 그것은 그가 세계와 그 본질을 마음으로 받아들일 수 없었다는 점, 그리고 불모의 지성을, 말하자면 아무것도 이해하지 못하는 순수오성을 터무니없을 만큼 배타적으로 구현하려 한 점에 있다. 그래서 그를 낭만주의의 메피스토로 불러도 무방할 법하다. 메피스토의 비극 역시 매번 굴복할 수밖에 없는 천재적인 이기심과 극단의 회의심을 가진 단순한 두뇌를 소유한 존재의 비극이기 때문이다. 그는 메피스토와 똑같은 기사였고, 메피스토처럼 재기 넘치는 만담가였다. 말하자면 교양과 예절을 갖춘 악마였던 것이다. 물론 18세기에 등장한 악마였다. 그는 유럽의 낭만주의적인 영혼을 취하려 했지만, 그것을 심연에 빠트리고는 내기에서 지고 말았다.

낭만주의적
학문

낭만주의 정신은 예술과 시의 영역보다 사유와 연구의 부분에서 훨씬 더 큰 성과를 거뒀다. 거의 모든 정신과학이 독창적이면서 풍요로운 사유를 통해 새로이 활기를 띠기 시작했다. 여러 학문분야가 대개 당시에야 비로소 형성되었다. 예컨대 법제사(法制史)가 독일의 법을 처음으로 국민들 사이에 통일적인 전체로서 규명한 카를 프리드리히 아이히호른[45]에 의해 만들어졌다. 아이히호른의 스승은 모

---

[44] Gründerjahre: 포말회사(bubble company)란 갑자기 생겼다가 내일 곧 없어지는 회사를 물거품(포말, 泡沫)에 비유하여 이르는 말로써 프로이센·프랑스 전쟁 직후에 널리 유행함.

든 법은 "지배적인 언어의 관용이 관습법으로 규명하는" 방식, 즉 "입법기관의 자의에 의해서가 아니라 조용히 작동하는 내부의 힘에 의해서" 형성된다는 점을 기본 교의로 삼은 '역사법학파(Historische Rechtsschule)'의 발기자 프리드리히 카를 폰 사비니[46]였다. 이 학파에 따르면 언어관용과 민속신앙 그리고 더는 유추할 수 없을 만큼 자명한 법 감정이 먼저 있고, 그다음에 법률서들과 법률적 형식 및 공식들에서 이미 오래전부터 현전해온 것이 법전이라는 결과적인 산물로 형성된다. 이런 관점에서 보면 법은 일종의 성장한 것, 말하자면 민족정신의 자연스러운 꽃과 결실로 표현되는 풍토의 산물로 비치며, 따라서 시·제식·풍습·언어 등속과 같은 권에 들어있는 셈이다. 같은 의미에서 아담 뮐러[47]도 국가를 유기체이자 살아 있는 개별성, 말하자면 "인간 업무의 총체성"으로 개념 규정한다. "국가란 단순한 수공업 공장이나 목장, 보험회사나 중상주의적인 인간 공동체 따위가 아니다. 그것은 물리적이고 정신적인 풍요 전체, 한 민족의 내적·외적 생활 전체가 무한히 활동하는 대단히 역동적이고 생동적인 전체와 긴밀히 연결된 결합체다." 그런데 이런 관점은 국가를 신격화하고, 국가가 행한 것과 방치한 것 모두를 비준하는 방향으로 쉽게 흘러갈 수 있다. 이는 모든 왕과 영주는 전권자이며, 권력에 복종하는 것이 신이 정하고 신이 원하는 자연 질서이며, 왕과 영주는 국가의 머슴이 아니라 독립적인 주인이고, 살림이 가부

---

[45] Karl Friedrich Eichhorn(1781~1854): 독일의 법학자. 게르만법연구에 몰두한 역사법학파 가운데 한 사람.

[46] Friedrich Karl von Savigny(1779~1861): 독일의 법학자. 법 형성의 주체를 민족정신에서 구하는 '역사법학파'를 창시함.

[47] Adam H. Müller(1779~1829): 독일의 문학 비평가이자 정치경제학자.

장의 것인 것과 마찬가지로 국가는 그들의 재산이며, 국법은 사법 (私法)과 본질적으로 다르지 않다고 규정한 카를 루트비히 폰 할러[48]가 잘 입증해주는 셈이다. 심지어 아담 뮐러는 경제활동을 위한 '신학적 기초의 필요'에 관해 쓰기조차 했다. 그러나 이는 결코 위선을 떠는 짓이 아니었다. 요컨대 시대의 정신은 심히 종교적이었다. 이는 특히 기독교적인 신앙고백에 근접할 때도 드러난다. 말하자면 완전히 경건주의적인 표상 권역에서 살았던 신실한 가톨릭신자들이 적지 않았으며, 다소 가톨릭적인 어투로 말한 엄숙한 프로테스탄트들도 많았던 것이다. 종교개혁 300주년 기념행사 때 프리드리히 빌헬름 3세는 루터파와 칼뱅파를 '복음주의 연맹'으로 통합하려 했는데, 성과가 없었던 것이 아니었다. 할러는 중세의 가부장적 통치를 신의 질서로 칭송한 반면에 라우머[49]는 다소 무미건조한『호엔슈타우펜가의 역사(Geschichte der Hohenstaufen)』에서 옛 독일의 조합제도에 탐닉했으며, 니부어[50]는 자신의 신기원을 이루는 『로마사 (Römische Geschichte)』를 통해 고대 로마가 선보인 농업의 중세적 단계에 심취했다. "로마의 시민이 농민이었고 자신의 밭을 스스로 경작할 때, 그들의 국가에서 이상이 구현되었다. 그런데 현재 국가는 이 이상에서 아주 동떨어져 있다."

완전히 새로운 학문을 카를 리터[51]가 자신의『자연과 인간역사의

---

[48] Karl Ludwig von Haller(1768~1854): 스위스의 법학자. 헤겔이『법철학 비판』에서 신랄하게 비판한 『국가론의 부흥(Restauration der Staatswissenschaften)』의 저자이기도 함.

[49] F. L. G. von Raumer(1781~1873): 역사를 독일에 최초로 대중화한 과학적인 역사가.

[50] B. G. Niebuhr(1776~1831): 독일의 역사가. 근대 역사학의 아버지로 불리기도 함.

관계에서의 지리학(*Die Erdkunde im Verhältnis zur Natur und zur Geschichte des Menschen*)』에서 정초했다. 이때 그는 국가의 형태와 발전을 지리학적 조건들의 기능과 연관 지어 설명하면서, 서서히 진행되는 조용한 발전 속에 합법칙성이 침투하게 하려면 '역시 조용한 영혼'이 필요하다고 한다. 역사의 범위는 예상치 못할 만큼 확장되었다. 게오르크 하인리히 페르츠[52]는 슈타인 남작의 자극을 받아 독일 중세사의 방대한 문헌집인 『게르만 사료 집대성(*Monumenta Germaniae Historica*)』의 기초를 놓았다. 아우구스트 뵈크[53]는 베를린 과학학술원의 주문에 따라 『그리스 비문집(碑文集)(*corpus inscriptionum graecarum*)』을 발간했다. 독일 김나지움의 교사였던 그로테펜트[54]는 페르시아 왕들의 이름을 비명을 통해 접하고서는 오랫동안 사람들이 그저 단순한 장식품으로 취급한 설형문자를 해독했다. 그리고 샹폴리옹[55]은 지금까지 그림 문자로 본 상형문자의 수수께끼를 풀었다. 이집트와 그리스 언어로 된 비문이 새겨진 프톨레마이오스 시대의 한 비석 덕분에 그는 알파벳을 재구성하여 수많은 텍스트로 번역하고, 심지어는 문법에 기본 특색을 부여하기까지 할 수 있었다. 이집트 고고학자인 아돌프 에르만[56]은 이렇게 말한다. "한 개인이 10년 사이에 한 민족 전체를 다시 세계사로 안내한 셈이다." 대체로 동양이 관심의 전면에 떠오른다. 페르시아어 연구에 기초하여 『아시아 세계의 신화사(*Mythen-*

---

[51] Karl Ritter(1779~1859): 독일의 지리학자. 훔볼트와 함께 근대지리학의 창시자로 통하기도 함.
[52] Georg Heinrich Pertz(1795~1876): 독일의 사학자.
[53] August Böckh(1785~1867): 독일 고전주의 학자.
[54] G. F. Grotefend(1775~1853): 독일의 고대 언어학자.
[55] J.-F. Champollion(1790~1832): 프랑스의 이집트 학자.
[56] J. P. Adolf Erman(1854~1937): 독일의 고대 이집트 언어학자.

geschichte der asiatischen Welt)』를 출간한 괴레스는 이렇게 쓴다. "우리의 마음이 어떤 비밀스러운 강제적인 힘에 이끌려 동쪽의 나라로, 요컨대 갠지스 강과 인더스 강 어귀로 끌려가는 느낌을 받는다." 프리드리히 슐레겔[57]의 저작『인도인의 언어와 지혜(*Sprache und Weisheit der Indier)*』는 산스크리트어 연구에 가장 기초적이면서도 가장 유익한 충격을 주었다. 뤼케르트[58]는 중국어 · 페르시아어 · 인도어 · 아랍어로 된 시를 일부 능숙하게 번역했다. 그리고 괴테는 "항상 동양과 연관 지은 독일시 모음집"인『서동 시집(*Westöstlicher Diwan)*』을 펴냈다. 괴테를 포함하여 그림 형제와 샤토브리앙, 그리고 다른 중요한 동시대인의 경우에도 궁정 수기를 발행한 벤체슬라우스 한카[59]에 의한 보헤미아 민족문학의 발견, 좀 더 정확히 하면 창안에 상당한 관심을 보이기도 했다. 한카는 궁정 교회 탑의 천정에서 찾아냈다는 체코 시와 단편 서사시 모음집의 발행자이기도 하다. 그것이 위작이 아닌가 하는 논란이 국수주의자들에 의해 제기되었는데, 70년 뒤 결국 위작으로 판명받았다.

창의적인
민족정신

혹평의 결과물 중 하나가 탁월한 고대 문헌학자 아우구스트 볼프[60]의 호메로스 연구에 기초를 둔 카를 라흐만[61]의『노래이론 (*Liedertheorie)*』이었다. 이미 아베 도비냑[62]이 죽은 지 한참 뒤인 1715년에 출간된 도비냑의 저작『호메로스의 일리아스에 관한 학술적

---

[57] Friedrich Schlegel(1772~1829): 독일 낭만파의 이론적 지도자며 시인이자 역사가.
[58] Friedrich Rückert(1788~1866): 독일의 시인.
[59] Wenzeslaus Hanka(1791~1861): 체코명 Václav Hanka. 보헤미아 문헌학자.
[60] Friedrich August Wolf(1759~1824): 독일의 문헌학자요 비평가.
[61] Karl Lachmann(1793~1851): 독일의 비평가이자 문헌학자.
[62] Abbé d'Aubignac(1604~1676): 프랑스의 작가.

이해 또는 연구(*Conjectures académiques ou dissertation sur l'Iliade d'Homére*)』에서 저자 도비냑은 호메로스라는 이름을 가진 사람은 실존한 적이 없으며, 『일리아스(*Die Ilias*)』는 총서 개념이 아니라 어떤 편집자가 잇대 놓은 개별 작품들의 한 묶음에 불과한 것이라고 주장했다. 물론 볼프의 경우 이 정도로까지 멀리 가진 않는다. 그러나 『일리아스』가 애초 단일한 책이며 저자가 단 한 명뿐이라는 점만큼은 부정한다. 이에 반해 라흐만은 호메로스의 이 서사시의 각 장의 노래들 사이에는 어떤 연관도 없다는 극단적 견해를 피력한 것으로 유명하다. 대신 그는 그 서사시가 어떤 지형학적 · 심리학적 모순을 갖고 있다는 점에 대해 인정하면서, 마치 이 같은 모순을 피하는 것이 작가라면 수행할 주요 의무가 되고, 출판지명을 정확히 하는 것이 서사시가 갖출 핵심적 필요사항이나 되는 듯이 말한다. 라흐만에게서 '창의적인 민족정신'과 관련된 낭만주의 이론의 이면을 엿볼 수 있다. 요컨대 그것은 어떤 현상에 대한 깊은 이해를 의미하지만, 조심성 없게도 '예술작품'이라는 개념의 해체 쪽으로 나아가고 만다. 그리하여 역사적으로 통제할 수 없는 것 일체가 저절로 시로 옮겨질 수 있다고 보는 것이다. 라흐만이 되풀이하는 볼프의 핵심 논거는 고대인의 증언과 관련 있다. 이를테면 페이시스트라토스[63]가 이른바 호메로스 시들(주지하는 바지만 개개의 노래들)을 수집했다는 것이다. 그러나 그는 수집된 시들을 다시 모았을 뿐이다. 음유시인들은 개개 단편의 시들을 음송했고, 오늘 우리가 말하는 식으로 하면 책이나 작품의 장을 음송한 것이다. 아테네에서 이 책들과 장이 다시 묶어져 일종의 '신판'으로 나왔다. 그래서 굳이 말한다면 기껏 재구

---

[63] Peisistratos: 고대 아테네의 참주.

성이라고밖에 말할 수 없다. 그러나 진정 그리스적 돌을새김의 테크닉을 지닌 시인은 그 노래들 하나하나에서 온전한 하나의 예술작품을 만들어냈다. 이렇게 필연적으로 예술작품이 될 수밖에 없었던 것은 그 노래들이 읽을거리로서보다 서창을 통해 확산되었기에 청중을 염두에 두고 작품 전체를 계속 현재화할 필요가 없었기 때문이다. 그러나 감동을 주는 수많은 변주와 원본으로의 회귀, 예견들은 분명 그 같은 예술작품을 참조하고 있다. 이후의 연구는 노래이론에서 드러나는 그 약아빠진 회의론을 자체 운명에 맡기고는 700년경에 『일리아스』를 구성한 모든 시대 중 가장 강력한 서사시의 천재인 스미르나(Smyrna) 출신의 호메로스라는 시인을 다시 믿게 된다. 그러나 열정적 성실성과 전문지식의 조예에 예리한 통찰력까지 투입된 문헌학적 · 고고학적 증거들은 이 문제에서 결정적인 것은 못되며, 오히려 편견 없는 건강한 사람이 갖는 불가피한 감정, 즉 『일리아스』와 같은 작품이 생겨날 수 있었던 것은 오직 어떤 위대한 예술가 덕분일 뿐이라는 감정이 결정적인 것이다. 겉으로 보기엔 아주 단순한 사실일지라도 그 모든 이면에는 여전히 '파헤치고' '해명해야' 할 어떤 것이 있다고 생각하고 그것을 찾아내려고 '바닥까지 깊이 골몰하는 두뇌들'이 어느 시대든 있었다. 그들은 추측상의 배후를 파헤치며 소위 사물이 품고 있음 직한 두 번째 의미를 해명한다. 이제 난감하게도 일 전체가 누구에게든 자명하지 않게 된다. 그런데 '호메로스풍의 전설'은 호메로스 이전부터 이미 있었던 것이지만 유감스럽게도 호메로스는 없지 않았는가! '건축용 돌들'은 예전부터 있었지만 건축가는 예전부터 없었던 것 아닌가! 천재는 카오스에서 코스모스를 만들어낸다. 셰익스피어는 그보다 앞선 이들이 그려낸 모험적이고 상상력이 풍부하지만 어둡고 삭막한 그림

세계(Figurenwelt)의 카오스에서 그의 드라마 세계(Dramenwelt)의 코스모스를 만들어냈다. 그리고 호메로스는 무의식적인 시인들이 읊조린 음유의 단편 시들을 재기발랄하게 정렬한 그의『일리아스』와 같은 의식적인 시문학을 창조했다. 이 같은 발행인들의 행위를 놀란 눈으로 바라보는 대신, 오히려 그들이 실존한 적이 없다고 말하는 이들도 있지 않은가! 마찬가지로 우리가 지금까지 그 존재의 원인을 페이디아스[64]의 탓으로 돌린 제우스도 일단의 석공들과 염색공들의 조합에 의해 창조된 것으로 믿게 할 수도 있다. 만일 괴테에 관한 좀 더 정통한 정보가 어느 날 사라진다면, 그의 이름은 몰락한 한 민족의 화신을 의미하며, 파우스트가 이미 인물의 대명사가 되어 통일성 없이 수많은 모순의 형태를 띠고서 등장하는 바처럼『파우스트』는 사람들이 괴테적인(goethisch)이라는 말을 잘못 불러 생긴 '고트적인(gothisch)' 민속 시들의 단편으로 철해진 것이라고 주장하는 영민한 학자들이 생겨날지도 아마 모를 일이다.

따라서 우리는 지성계에 의해 오늘날도 일부 수용되고 있는, 요컨대『니벨룽겐의 노래(Nibelungenlied)』를 취급하는 라흐만의 두 번째 이론도 제대로 신뢰할 수가 없는 노릇이다. 여기서도 그는『니벨룽겐의 노래』가 소설류 노래로만 묶여 있으며, 그것도 그가 깔끔히 서로 분류한 20개의 노래로만 이루어져 있다고 주장한다. 그런데 라흐만에 동의하여 "니벨룽겐 노래의 저자는 밝혀낼 수 없다"고 단호히 설명하는 빌헬름 셰러[65]는 다음과 같은 논평이 필요하다고 생각한다. "우리의 이 시는 소재에서 에피소드만 끌어내는 것이 아니

---

[64] Phidias(BC. 480년 경~BC. 430): 고대 그리스의 조각가.
[65] Wilhelm Scherer(1841~1886): 독일의 문헌학자.

라 소재까지도 다 길어낸다는 점에서 형식상 일리아스보다 한 차원 높은 통일성을 취하고 있는 셈이다." 그런데 이런 통일성이 어떤 위대한 시인 말고 도대체 누구에게 있을 수 있겠는가? 이번의 경우 라흐만과 그의 학파가 주로 하는 주장이라고는 (호메로스의 경우에는 적용할 수 없는 주장이지만) 니벨룽겐의 노래가 전승된 것이어서 그 속뜻을 읽기가 쉽지 않다는 사실에 입각해서 설명해야 하고, 그래서 아무것도 입증할 수 없는 '졸렬한' 부분들을 담고 있다는 것이다. 그도 그럴 것이 예술가란 멋진 공장이 아니며, 바로 이 '불균일성'이 예술가를 숙련된 기능공과 구분해주기 때문이다. 빌란트[66]보다 실러의 작품에서 더 많은 미완을 볼 수 있다. 마테를링크[67]의 『스틸몬데 시장(Bürgermeister von Stillmonde)』과 같은 형편없는 연극 작품을 루트비히 풀다[68]라면 결코 쓰지 않았을 것이다. 야콥 그림[69]도 라흐만이 타고난 편집자이며, 자신에게 주어진 텍스트를 다루는 새로운 방식과 규칙을 만들어낼 줄 알았다는 점에서 주목을 끌었다고 한 점에서 보면 라흐만에 대한 성격을 아주 적절히 규정한 셈이라고 할 수 있을 것 같다. 모든 문헌학자를 일 때문에 말을 만들어내는 사람과 말 때문에 일을 추진하는 그런 사람으로 나눌 수 있다면, 라흐만은 오해의 여지 없이 후자에 속한다고 볼 수 있다.

유추의
마술지팡이

그림 형제는 전혀 다른 종류의 사람들이었다. 그들은 하나같이

---

[66] Ch. M. Wieland(1733~1813): 독일의 시인이자 문필가. 로코코 시대에 활동. 그의 문학적 스펙트럼은 합리주의와 계몽주의 및 고전주의와 낭만주의를 아우를 만큼 광범위하다.

[67] M. Maeterlinck(1862~1949): 벨기에의 상징파 극작가이자 시인.

[68] Ludwig Fulda(1862~1939): 사회적 문제를 강하게 고발한 독일의 극작가이자 시인.

[69] Jacob Grimm(1785~1863): 독일의 언어학자 · 철학자 · 신화학자.

대상에 가장 따뜻한 감정을 이입했고, 지칠 줄 모르면서 꼼꼼히 취하는 자세와 현미경 같은 정밀함의 태도로 언어의 자극에 가장 민감한 귀를 기울이려 했다. 프리드리히 슐레겔이 비웃었던 그들의 "의미 없는 것에 대한 경건"의 태도는 속물적인 소인배의 그것이 아니라 거의 종교적 원천에서 출발하는 예술가의 그것이었다. 야콥 그림은 자신의 『독일어 문법(Deutsche Grammatik)』에서 아주 진중한 이해심을 갖고 언어형성의 심리학을 연구했다. 그리고 그는 『독일 법제사 자료(Deutsche Rechtsaltertümern)』와 『독일 신화학(Deutsche Mythologie)』에서 민족 생활의 어두운 갱도를 깊이 파헤쳤다. 빌헬름 그림 (Wilhelm Grimm)은 독일의 영웅 전설을 찾아다니면서 고대 덴마크의 발라드, 프라이당크[70], 장미정원, 롤랑(Roland)과 기타 등등의 수많은 노래를 발굴해 내놓았다. 두 형제는 공동 작업으로 유명한 『아동 및 가정 동화(Kinder- und Hausmärchen)』와 아일랜드 요정동화를 펴냈고, 힐데브란트의 노래(Hildebrandslied)와 가련한 하인리히(Armer Heinrich)와 같은 소실된 향토 시문학을 발굴해냈으며, 『독일 대사전(Deutsches Wörtbuch)』과 같은 방대한 작업을 하기 시작했다. 청중이 『독일의 민중본(Die deutschen Volksbücher)』을 알게 된 것은 극단적 몬타누스주의[71] 철학자이자 '가톨릭의 루터'로 통하는 괴레스 덕분이다. 그리고 울란트[72]는 프랑스 음유시인의 시와 발터 폰 데어 포겔바이데(Walther von der Vogelweide)의 시에 애정 깊은 마음으로 심취했다. 이 점이 그의

---

[70] Freidank: 13세기 초 중세 독일의 서정시인.
[71] Montanismus: 창시자 몬타누스(Montanus: ?~170)의 이름에서 유래함. 2세기 후반에 일어난 일종의 묵시록운동. 급진적인 성령주의와 임박한 종말론을 강조한 종교운동.
[72] J. L. Uhland(1787~1862): 독일의 시인이자 문학사가.

시문학보다 그를 더 돋보이게 만들었다.

당시 학문이 모든 봉인을 열고자 할 때 이용한 말은 '비교하다'였다. 이는 퀴비에[73]가 자신의 『비교해부학(Anatomie comparée)』에서 자연사의 대상들에 아주 유용하게 적용한 방법론을 모든 역사에 확대 적용하려는 시도로 보인다. 프란츠 보프[74]는 자신이 알고 있는 모든 옛 언어의 결합방식을 비교함으로써 페르시아어·그리스어·라틴어·고트어가 산스크리트어에서 유래한다는 점을 밝혔다. 이로써 그는 일반 비교언어학의 창시자가 되었다. 야콥 그림은 게르만어의 비교문헌학을, 프리드리히 디츠[75]는 로만어의 비교역사문법을 창시했다. 요컨대 디츠는 로만어가 라틴어에서 파생되었다는 사실을 입증했으며, 빌헬름 폰 훔볼트는 확장된 연구영역에 따라, 말하자면 중국어와 자바의 카위어(Kawisprache)에 근거하여 자신의 글, 『인간 언어구조의 다양성과 인류의 정신적 발전에 미치는 그 영향에 관하여 (*Über die Verschiedenheit des menschlichen Sprachbaues und ihren Einfluß auf die geistige Entwicklung des Menschengeschlechts*)』에서 낭만주의의 언어학적 연구 성과들을 철학적으로 요약했다. 우리가 이미 언급한 바 있는 카를 리터는 비교지리학을, 우리가 곧 들어보게 될 요한네스 뮐러[76]는 비교감각생리학(die vergleichende Sinnesphysiologie)을 창시했으며, 니부어는 로마역사의 퀴비에가 되었다. 그는 퀴비에처럼 현전하는 유물에 맞게 몰락한 세계를 유추하여 잿빛의 고대 화석 세계를 재구성했다. 언어와 마찬가지로 인간 집단정신의 여타 산물도 비교 관찰의 대상이

---

[73] G. L. Cuvier(1769~1832): 프랑스의 고생물학자.
[74] Franz Bopp(1791~1867): 독일의 언어학자.
[75] Friedrich Diez(1794~1876): 독일의 언어학자.
[76] Johannes Müller(1801~1858): 독일의 생물학자.

된다. 이를테면 고대와 근대의 법제도가 개개 입법자의 구성물로서가 아니라 지역 정신의 창조물로서 관찰될 수 있고, 아리아족과 셈족의 신화학은 계몽주의의 믿음처럼 노회한 성직자들의 고안물로서가 아니라, 그리고 헤르더의 생각처럼 민중시(Volkspoesie)의 결정체로서가 아니라 진정한 역사적 상황, 말하자면 실종된 태고의 생활방식에 대한 기억으로서 관찰될 수도 있는 것이다. 이를 간단한 말로 하면, 그것은 곳곳에 있는 이해의 새로운 원천을 흘러가게 하는 '유추의 마술지팡이(Zauberstab der Analogie)'라고 할 수 있다.

우리가 확인하는 바처럼 역사적 시선은 사람들이 낭만주의 하면 오로지 떠올리는 중세에만 고정된 것이 아니었다. 그런데 대부분의 청중은 중세에 대한 관심이 지배적이었다. 라우머가 쓴 『호엔슈타우펜가의 역사』가 크게 성공적이었던 것은 우선 그 소재 덕분이었다. 라우파흐[77]는 자신의 확실한 연극적 감각에서 사람들은 이처럼 원형감옥을 지키는 인물과 같은 사람을 무대에서도 만나고 싶어 한다는 점을 간파한다. 그래서 그는 라우머의 작품을 16일간 저녁 내내 연속물로 극화했다. 이 연극이 무대에 올랐을 때 베를린의 극장 표가 매진되었다. 심지어 그는 다른 이들과 공동 작업으로 하인리히 1세에서 베스트팔렌 평화조약에 이르기까지 전체 독일역사를 각색할 계획까지 세웠다. 그러나 천재적인 작가 그라베[78]도 『붉은 수염의 프리드리히 황제(Kaiser Friedrich Barbarossa)』와 『하인리히 6세 황제(Kaiser Heinrich VI)』를 썼고, 임머만[79]은 『프리드리히 2세』를, 아이헨도르프[80]는 『에첼린(Ezzelin)』을 출판했다. 그리고 레텔[81]은 40대 나

---

[77] Ernst Raupach(1784~1852): 독일의 극작가.
[78] Ch. D. Grabbe(1801~1836): 독일의 극작가.
[79] K. L. Immermann(1796~1840): 독일의 극작가이자 소설가.

이에도 불구하고 역사적 감정이입과 현실감각의 절묘한 결합을 통해 카를 대제(Karl der Große)의 역사를 말해주는 프레스코 기법의 그림을 아헨의 대관식장 벽에 의미심장하고도 힘 있는 필치로 그렸다.

낭만주의
시문학의
탄생

당대의 결정적인 문학작품을 그 핵심적 특징으로 성격을 규정하려 한다면, 아마도 이렇게 말할 수도 있을 것 같다. 즉, 깊이가 있다고 말이다. 그러나 이는 채색된 깊이일 뿐이다. 대표적인 시인들은 일부 경이롭게도 심오한 인간들을 그려낼 수 있었지만, 그들 자신은 심오하지 않았다. 그래서 그 깊이는 바로 '공허의 심연(Tiefe der Leere)'일 뿐이었다.

새로운 세기의 첫해에 낭만적이라는 말을 합당한 의미로 사용해도 될만한 첫 작품이 나왔다. 그것은 인디언에 관한 이야기인 샤토브리앙[82]의 『아탈라(Atala)』였다. 이 작품에는 강렬한 색채의 이국적인 대자연의 풍경과, 달콤한 연애사건과 가톨릭의 경건함이 선명하게 뒤섞여 있다. 물론 다음과 같은 세 가지 요소 모두 진정성은 없다. 풍경의 배경은 장엄한 무대장치이며, 사랑과 종교는 인공의 아편일 뿐이다. 아무튼 샤토브리앙의 이야기는 원시적인 사람이든 데카당스적인 사람이든 모든 이의 머리와 가슴을 감염시켜놓아 극화되고 삽화로 꾸며지기도 하며, 패러디화하기도 하고 밀랍 인형으로 장식장에 진열되기도 했다. 이어 2년 뒤 단편소설 『르네(René)』가 나왔다. 여기서는 형제 자매간 은밀한 애정이 사건줄거리의 중심을 이룬다. 이는 이미 그 시대 문학에서 주인공의 대명사로 등장하는

---

[80] J. F. von Eichendorff(1788~1857): 독일 낭만주의 시대의 유명한 시인이자 소설가.

[81] A. Rethel(1816~1859): 독일의 화가이자 판화가.

[82] Chateaubriand(1768~1848): 프랑스의 작가.

바이런조차 경험하게 된 당시의 문학이 선호한 주제였다.(바이런이 겪는 이별과 영국에서의 도피행각의 원인인 것 같은 그의 배다른 누이 아우구스타(Augusta)와 얽힌 내용이 줄거리인 이 애정소설은 그가 죽은 지 10년이 지나서야 세간의 이목을 엄청 끌면서 빛을 보았으며, 그 후 다시 10년 동안 명망 있는 문학사가들에 의해 저속한 비방의 왕국으로 추방되었다가, 정신분석학적 유행 풍조가 이는 가운데 다시금 복권되기도 한다. 그토록 난처한 스캔들의 사실적인 부분은 결코 '다큐멘터리'가 아니라 성격학에 입각해서만 해명될 수 있을 따름이다. 소위 신화학적으로 보면 근친상간은 바이런과 같이 반쯤 신의 성격을 띠는 걸출한 인물에게나 해당하는 일이라는 본능적 감정을 통해서만 말이다.) 르네에게서 **공상가**(*esprit romanesque*)의 전형이 창조된 셈이다. 말하자면 자아와 세계로 나뉘어 감성과 회의, 부드러움과 반어가 들끓으며, 사랑과 신앙에 대한 동경으로 가득하지만 과실을 따려고 손을 뻗칠 힘이 없으며 과실마다 벌레를 보기만 한다. 르네는 만사가 나에게 허망함을 설파한다고 말한다. 바이런에게서 꽃핀 샤토브리앙의 예술에서 문학은 **독기**가 있는, 말하자면 매혹적일 만큼 화려하게 반짝이는 황금빛 초록의 독초로서 몸을 마비시키는 마취액으로 가득 차 있다.

그러나 낭만주의 정서 안에서도 단순한 색채로 만족하는 본질상 해롭지 않은 분파도 있었다. 이 분파의 가장 저명한 대표자로는 영국의 경우 울창한 녹색 숲의 언덕과 그림 같은 산정호수가 있는 웨스트모어랜드(Westmoreland)의 아름다운 풍경에 고취된 **호반파**(*lake-school*)의 수장이었던 윌리엄 워즈워스[83]가 있고, 이탈리아에는 **낭만**

---

[83] William Wordsworth(1770~1850): 영국 낭만주의의 대표 시인.

주의(*romanticismo*)의 수장이자 유명한 『약혼자(*Promessi sposi*)』의 저자로 알려진 알레산드로 만초니[84] 백작이 있다. 『약혼자』는 (착각이 맹위를 떨치던 시점에 그가 설명하는 바처럼) 오래된 한 필사본에 따라 그가 각색한 17세기 스페인령 밀라노를 배경으로 한 이야기다. 그런데 이탈리아 낭만파는 그 문학 기관지로 밀라노의 『조정자(*Conciliatore*)』를 두었고, 호반파는 그 지도자 가운데 한 사람인 사우디[85]가 계관(桂冠)시인이 된 이후 본래 독재자 일반에 적대감을 품고 있던 호반 시인들(Lakisten)이 전향하여 가담한 토리당(Torypartei)의 잡지 『계간비평(*Quarterly Rewiew*)』을 두고 있었다. 이들에게서 멀리 떨어져 있던 시인들로는 그 시가 격앙된 한여름 밤의 꿈과 같아 묘비에 **코르 코르디움**(*cor cordium*: 마음중의마음)이라는 이름을 달고 있는 셸리[86]가 있다. 그는 아예 무신론자라고 말해도 될 만큼 범신론적이며, 인간에게 적대적이지만 마음만큼은 감성이 대단히 풍부했다. 그리고 로렌스 스턴 가문 출신의 유머 감각이 탁월했던 천재 시인 찰스 램[87]이 있고, 자신도 그 속에 빠져 헤어나질 못할 정도로 세상을 매혹적인 아름다운 시로 바꿔놓은 위대한 시인 레오파르디[88]도 있다. 당시 영어로 작품을 쓴 이들 중 세계적 명성을 얻었던 작가 중에는 미국인 쿠퍼[89]도 마땅히 포함될 수밖에 없다. 호반파가 오래전부터 잊혔지만 그의 가죽양말 이야기는 젊은이들의 가슴을 뜨겁게 달아오르

---

[84] Alessandro Manzoni(1785~1873): 이탈리아의 시인 · 소설가.
[85] Robert Southey(1774~1843): 영국 낭만주의 '호반 시인'의 한 사람.
[86] P. B. Shelley(1792~1822): 영국의 낭만파 시인.
[87] Charles Lamb(1775~1834): 영국의 수필가. 대표작으로는 『엘리아 수필집(Essays of Elia)』이 있음.
[88] C. G. Leopardi(1798~1837): 이탈리아의 시인 · 철학자.
[89] J. Cooper(1789~1851): 미국의 소설가.

게 했기 때문이다.

1814년 웨이벌리[90] 시리즈가 출간되기 시작한다. 8년간 지칠 줄
모르고 연속물로 나왔으며, 화려한 컬러인쇄로 서양의 환상을 채웠
다. 그것은 책의 형태로만이 아니라 연극 · 오페라 · 발레 · 의상축
제 등으로도 활용되었다. 스코트[91]의 소설들은 애초 그가 소중히 다
뤘지만 바이런의 우세한 경쟁력에 밀려 포기했을 뿐인 발라드에서
출발한 것이 분명하다. 그래서 그의 소설들에는 인간적으로 사랑스
럽고 순수하게 세련된 감성과 유머, 토리당의 정신과 민족애, 민속
학과 마이닝겐[92]풍이 어우러져 있다. 그러나 통찰력 있는 칼라일[93]
이 금방 알아보았듯, 그의 소설들은 표피만 묘사할 뿐 심장까지는
육박하지 못한다.

독일 낭만주의는 1806년과 함께 시작된다. 그해 클레멘스 브렌타
노[94]와 아힘 폰 아르님[95]이 편집한 『소년의 마술피리(*Des Knaben
Wunderhorn*)』가 출간되었다. 나중에 브렌타노와 아르님은 "낭만주의
시대의 무당"이었던 베티나[96]를 매개로 서로 친인척 관계를 맺기도
한다. 임머만은 이들의 시파(詩派)를 "음영과 음향을 먹고 사는" 이

---

[90] E. Wayverley: 월터 스코트(Walter Scott)의 동명 소설 『웨이벌리』(1814)의
    주인공.
[91] W. Scott(1771~1832): 영국의 발라드 및 역사소설의 작가.
[92] Meiningen: 독일 중부에 있는 튀링겐 주의 도시. 베라 강을 끼고 있고, 튀링
    거발트와 뢴 강 사이에 위치함.
[93] Th. Carlyle(1795~1881): 영국의 역사가이자 수필가. 괴테를 추앙하여 괴테
    의 『빌헬름 마이스터의 수업시대』를 영어로 번역 · 출판하기도 함. 주요 저
    서로는 『프랑스 혁명』(1837)과 『영웅숭배론』(1841) 등이 있음.
[94] Clemens Brentano(1778~1842): 독일 후기 낭만파 시인.
[95] Achim von Arnim(1781~1831): 독일의 민속학자 · 극작가 · 시인.
[96] Bettina von Arnim(1785~1859): 독일의 여류작가. 브렌타노의 여동생이자
    아르노의 아내.

들이라고 불렀다. 이 시파의 선도자, 요컨대 혼란스럽고 변덕스러우면서도 고매한 브렌타노를 두고 아이헨도르프는 그가 사실 시인이라기보다는 차라리 한 편의 시 자체라고 말한다. 대단히 폭넓은 인기를 누린 시인들로는 『운디네(*Undine*)』를 통해 가장 아름다운 낭만주의 이야기 중 하나를 창작했고, 반세기 동안 수많은 기사소설을 쓰면서 철갑의 '이상적' 중세의 틀을 창조한 푸케[97]와 명료하면서 힘 있는 필치를 발휘했지만 별로 문제적이진 않은 울란트가 있다. 푸케를 두고 브란데스[98]는 악의적이지만 적절하게 평가한다. 요컨대 그의 작품에 등장하는 인간은 박제된 장치에 불과하고, 그가 심리학적으로 통제하는 유일한 것이라고는 말(Pferd)밖에 없다. 그래서 하이네는 좀 더 악의적이지만 더욱 적절하게 이렇게 지적한다. "그가 형상화한 기사들은 철과 기질로만 구성되어 있지 육체와 이성이라고는 없다." 1815년 울란트가 "노래(Lieder)가 우리이며, 우리 아버지가 우리를 이 훤한 세계로 보냈노라"는 문구로 시작되는 자신의 시 초판을 출간했을 때, 치명적인 인쇄 오류가 발생했다. 첫번째 문장이 "가죽(Leder)이 우리이며"로 찍혔던 것이다. 이 같은 '활자상자의 요괴'가 부린 장난에 대한 비판은 다소 신랄했다. 이 비판의 신랄함은 인쇄는 깔끔하게 나왔지만 금칠한 가죽에 새긴 활자가 약간 마모되었다고 생각하라는 사과의 말로 누그러뜨릴 수밖에 없었다. 순수성과 민감성, 그리고 근원성의 측면에서는 그와 견줄 수 있지만 깊이와 보편성 차원에서는 결코 그로서는 따라잡을 수 없는, 낭만파의 천재이자 후기 낭만파의 노발리스로 통하는 이는 바로 아

---

[97] F. H. K. Fouqué(1777~1843): 독일 낭만파 작가.
[98] G. Brandes(1842~1927): 덴마크의 비평가·학자.

이헨도르프였다. 브렌타노와 아르님이 익명의 민요들을 수집하고, 그것들을 문학으로 승화시키려 하는 동안, 아이헨도르프의 시들은 정반대의 길을 걸었다. 요컨대 그의 시들은 예술작품을 넘어서서 민중이 마치 스스로 만든 듯이 널리 부르는 노래가 되었던 것이다. 그렇다면 이제 아이헨도르프와 그의 불멸의 작품 『어느 무위도식자의 생활(Aus dem Leben eines Taugenichts)』의 천재성은 어떤 점에 있는가? 그것은 무위(無爲)의 신성화에 대한 경건한 감정과 신의 피조물에 대한 겸손한 동시에 불손한 쾌감에 있다. 그런데 이 같은 천재성은 일종의 독일식 천재성과 관련이 있다. 토마스 만(Thomas Mann)은 이를 기막힌 혜안으로 표현한 바 있다. "아이헨도르프는 한 사람의 인간이며, 그는 그외 아무것도 되려 하지 않고 또 될 수도 없기 때문에 바로 이 점에서 무위도식자이다. 바로 인간이고자 하는 것 이외 어떤 것도 더는 보증하지 않는다는 점에서 우리는 자명하게도 무위도식자인 셈이다." 무위도식자의 역사에는 완전히 새로운 이탈리아도 살아 움직인다. 이제 그것은 완결 형식의 고전적인 나라, 혹은 거장의 나라나 모범의 나라가 아니라 해체되고 와해된 형식, 분산되고 파열된 형식의 낭만적인 나라이고, 차하리아스 베르너[99]가 부르는 식으로 하면 "폐허와 꽃"의 나라이다. 말하자면 그것은 마법에 걸린 듯 그림같이 아름다우며, 우울할 만큼 무거우면서도 경박한 이탈리아로서, 매혹적인 아름다운 사람들이 살고 푸른 바다와 달빛, 풍상이 있는 교회와 황량한 광장, 향기가 나는 야생의 정원과 그늘진 숲 아래로 졸졸 소리 내며 흐르는 샘, 고요한 낮과 환한 밤이

---

[99] F. L. Zacharias Werner(1768~1823): 독일의 시인이자 극작가. '운명비극 tragedy of fate'의 시대를 연 인물로 널리 알려져 있음.

있는 그런 나라다. 그 나라는 폐허 위에서 잠을 자며 꿈을 꾸는 이탈리아다.

낭만주의 연극론도 있는가? 이때 먼저 떠오르는 것은 소위 '운명극', 이를테면 차하리아스 베르너의 『2월 24일(*Der 24. Februar*)』과 이의 수많은 어설픈 복제품, 예컨대 뮐너[100]의 『빚(*Schuld*)』과 『2월 29일(*Der 29. Februar*)』, 하우발트[101]의 『그림(*Das Bild*)』과 그릴파르처[102]의 『조비(祖妣: *Die Ahnfrau*)』, 그리고 우선 사태의 희극적 계략에서 시작해 비극을 연출하는 재치 있는 팸플릿과 플라텐[103]의 『운명의 포크(*Die verhängnisvolle Gabel*)』 등이다. 문학사가들은 『2월 24일』이 서툴기 짝이 없는 엉터리 작품이라고 평가했고, 이후 100년 동안 다른 사람들의 입에서도 그렇게 오르내렸다. 그러나 사실 이 작품은 아마도 세계문학 가운데 마테를링크에 근접할 정취적인 힘을 지닌 가장 강력하고 암시적인 단막극의 하나일지도 모른다. 아무튼 그 줄거리는 부르주아 확률론의 법칙에 부합하지 않는 셈이다. 베르너의 좀 더 확장된 드라마, 이를테면 성당기사단(Templerorden)의 파국을 묘사한 『계곡의 아들들(*Die Söhne des Thals*)』도 온통 그의 감수성과 혼란, 달콤함과 도착증으로 채워져 있어 무대의 측면장치는 마취하는 마술로 들끓는다. 평가가 좋지 않은 라우파흐의 『뮐러와 그의 자식(*Müller und sein Kind*)』조차도 연극에 문외한인 어떤 거만한 교수가 그에게 할당한 그런 낮은 자리를 차지할 법하지는 않아 보인다. 요컨대 그 작품이 이미 100년 동안 극장의 맨 위층과 1등석을 전율케 했다면 그것은 그만한

---

[100] A. Müllner(1801~1829): 독일의 극작가.
[101] Ch. E. Houwald(1778~1845): 독일의 극작가.
[102] Franz Grillparzer(1791~1872): 오스트리아의 극작가.
[103] A. von Platen(1796~1835): 독일의 시인이자 극작가.

무대의 특질 없이는 가능하지 않았을 것이기 때문이다.

　그릴파르처의 연극은 단지 몇 가지 외형적 특징에서만 낭만주의에 포함될 뿐이며, 오히려 그것은 더는 완전한 생명력을 뿜어내진 않지만 여전히 그 빛을 발하는 바이마르 고전주의의 때늦은 여린 개화라고 할 수 있다. 운율을 선택할 때부터 그릴파르처는 행운이 따르지 않았던 것이다. 왜냐하면 아주 손쉽게 다룰 수 있지만 독일어로 발음하기엔 대단히 밋밋할뿐더러 우스꽝스럽게 작용하는 장단격의 운율(Trochäus)을 칼데론[104]에게서 물려받아 시작했기 때문이다. 더 불행한 일은 그 제목에 있었다. 『거짓말하는 자에게 고통이 있을지니(Weh dem, der lügt)』는 블루멘탈[105]의 희극보다 우위에 있을 수 있으며, 『주인의 성실한 하인(Ein treuer Diener seines Herrn)』은 자허마조흐[106]의 소설보다, 『오토카르 왕의 행운과 최후(König Ottokars Glück und Ende)』는 어떤 순회연극단의 이야기보다 더 나을 수도 있다. 그리고 『바다와 사랑의 물결(Des Meeres und der Liebe Wellen)』과 같이 유치하기 짝이 없는 연극 제목을 보면 아예 인쇄되지 않았을 법도 한 일이다. 그러나 이제 희곡 작품을 창작할 때 제목 문제는 아무것도 아닌 부차적이고 형식적인 문제에 지나지 않는 그런 것이 결코 아니게 된다. 제목을 지을 때 작품 전체의 정신이 명확히 드러난다. 예컨대 입센[107]은 이 점에서도 천재였던 셈이다. 총괄문제의 꼬리표로서는 다음과 같은 제목, 이를테면 『인형의 집(Ein Puppenheim)』, 『사회의 기

---

[104] Calderon(1600~1681): 스페인의 시인이자 극작가.
[105] O. Blumenthal(1852~1917): 독일의 극작가이자 연극 평론가.
[106] Sacher-Masoch(1836~1895): 오스트리아의 소설가. 변태성욕을 뜻하는 마조히즘(Masochism)은 그의 이름으로부터 유래함.
[107] H. Ibsen(1828~1906): 노르웨이의 극작가・시인. 근대극의 창시자로 통하기도 함. 대표적인 작품으로는 『인형의 집』, 『유령들』, 『민중의 적』 등이 있음.

둥(*Die Stützen der Gesellschaft*)』 그리고 노르웨이어로 된 제목 『크론프레텐텐튼(*Kronprätendenten*)』(이는 번역할 수 없는데, 굳이 한다면 『왕의 자질(*Königsmaterie*)』 혹은 『왕의 모습을 한 자태(*Der Ton, aus dem Könige geformt werden*)』로 할 수 있겠지만)과 『겐강에레(*Gengangere*)』(거칠게 번역하면, 『돌아온 영혼들(*Geister, die wiederkehren*)』, 즉 『유령들(*Die Revenants*)』)만큼 더 적합한 표현도 없을 것이다. 그리고 『들오리(*Die Wildente*)』라는 표기는 가히 압도적이다. 이들 가운데 단 하나도 추상적이지 않고, 단 하나도 완전히 명료하지 않거나 분명하지 않은 것이 아니라, 모두가 꽉 찬 동시에 비현실적인 연극일 뿐이다.

그런데 그릴파르처에게서 낭만주의적인, 좀 더 정확히 말하면 오스트리아적인 면모를 읽는다면 그것은 곧 현실을 그가 회피한다는 점뿐이다. 그가 그 어떤 위대한 사고의 에너지도 흉내 낼 수 없는 그런 감성과 직관의 비상한 응집력을 소유하고 있었다는 소문이 있다. 그러나 사실 사정은 정반대였다. 요컨대 그는 오성이 비범해서 어떤 감정 에너지도 감당할 수가 없었다. 진부하게 표현하면, 그에게는 자기 자신에 대한 용기가 결핍되어 있었다. 퀴른베르거[108]는 그릴파르처가 사망한 지 이틀 뒤에 『그릴파르처의 라이프마스크(Grillparzers Lebensmaske)』라는 자신의 에세이에서 그에 대해 결정적인 말을 한다. "그들이 그릴파르처의 데스마스크(Totenmaske)를 주조하는 동안 나는 그의 라이프마스크에 대한 말을 내뱉고 싶었다. (…) 오스트리아의 공기를 정화하고자 번쩍이는 뇌우로 급파된 것이 아닌가 하는 것이 그릴파르처의 라이프마스크이다. 그는 저녁놀의 자줏빛 테를 두른 채 습기를 잔뜩 머금은 검은 구름으로서 오스트리

---

[108] F. Kürnberger(1821~1879): 오스트리아 작가.

아 위를 떠돈다. 그런데 그 구름이 지고 있다, 아래로 (…)! 그의 강렬한 열정, 그의 위대한 재능이 구름을 향해 소리친다. 근심은 이 집트로 날려 보내라! 파라오 앞으로 걸어가, 너의 인민을 대변하고, 그들을 이집트에서 구출하여 축복의 땅으로 안내하라! (…) 그러나 그의 마음 한구석에선 이제 그 오스트리아인이 한숨을 내쉬며 이렇게 한탄하기 시작한다. 주님, 다른 이를 보내소서! 저는 두렵습니다. (…) 차라리 제가 파라오의 추밀원이 되게 하소서! (…) 이 같은 현상이야 비할 데가 없고 오직 오스트리아에서만 있을 수 있는 일 아닌가! 그릴파르처의 전기는 오스트리아의 심리 없이는 있을 수 없는 일이다. 이런 전기야 아무튼 쓰겠지만 **온전한** 진실을 쓰지 않으려는 손은 메마를 수밖에 없을 것이다."

그릴파르처를 평생 범접할 수 없는 이상으로 올려다보면서 그와 나란히 살았던 아주 강인한 인물이 있었는데, 그가 바로 페르디난트 라이문트[109]다. 엄밀히 보면 그도 낭만주의가 아니라 이전의 예술 세계, 즉 바로크에 뿌리를 두고 있다. 그의 요정 왕국은 설탕과 테라코타 모형으로 되어 있어 이탈리아의 모형 상인들이 그의 고향도시에 팔려고 전시해놓은 싸구려 상품들과 그가 어렸을 때 먹고 싶어한 케이크 상점의 반짝이는 달콤한 과자를 연상시키지만, 교외에 사는 사람들의 매혹적인 순진성 덕분에 시선을 사로잡는다. 그의 등장인물이 보이는 코믹한 모습은 그의 고향이 고양 · 변용시킨 전형적인 유형이며, 빈(Wien)의 합사묘(合祀廟) 같은 데서 보게 될 법한 그의 국민적 영웅들은 출중하기까지 하다. 『요정 세계에서 온 처녀,

---

[109] Ferdinand Raimund(1790~1836): 오스트리아 배우이자 극작가. 요정희극의 완성자로 불리기도 함.

또는 백만장자 농부(Das Mädchen aus der Feenweld oder Der Bauer als Millionär)』에서 그랬듯 '높은 제단' 장면, 그리고 그가 자신의 거룻배를 타고 프로트벨(Flottwell)을 따라 바다로 항해하는 것과 꼭 마찬가지로『알프스의 왕과 염세가(Alpenkönig und Menschenfeind)』에서처럼 미치광이를,『낭비가(Der Verschwender)』에서처럼 거지의 성격을 이중화하는 장면 등은 흡사 셰익스피어가 연출하는 듯한 인상을 풍긴다.

클라이스트　　아마 당시 독일에서 가장 강력한 연극적 천재로 통할 법한 하인리히 폰 클라이스트[110]를 두고서는, 그가 레싱과 입센의 모습을 동시에 띠는 가장 예리한 심리학적인 연극의 자연주의자가 아니라고 한다면, 진짜 낭만주의자라고 불러야 할 것이다. 이 같은 역설적 상황이 혼재하는 것은 바로 그의 걸출함의 유일무이함 때문이라고 할 수 있다. 흔히 주장하듯이, 그의 모든 드라마에는 병리학적이기까지 한 비합리적인 요소가 들어있다. 이를테면『홈부르크의 왕자(Prinz von Homburg)』에서 몽유병, 그의 작중인물 가운데 하나인 투스넬다와 펜테질레아가 보이는 사디즘, 케텐(Käthchen)과 슈탈 백작의 환각증세가 목격된다. 그의 드라마들이 직접적인 경이를 포기할 때도 무대의 신비주의 성격을 드러낸다. 관행적으로 통하는 클라이스트의 낭만주의적 주제는 '감정의 뒤죽박죽'이다. 그러나 이외에도 (엄밀히 보면 이는 결코 모순이라고 할 수 없는 것인데) 그는 무한히 세분화되는 근대의 인간을 '심층심리학'의 차원에서 무대에 올린 최초의 인물이다. 클라이스트가 선제후와 같이 단순한 인물을 어떻게 적절히 형상화하는지는『홈부르크의 왕자』단 하나만 보더라도

---

[110] Heinrich von Kleist(1777~1811): 19세기 독일의 뛰어난 극작가. 대표작으로는『깨어진 항아리』가 있음.

알 수 있다. 실러 같았으면 선제후를 두고 아마 엄하지만 결국 성질을 누그러뜨리게 되는 병사들의 영주로 그렸을 테고, 괴테 같았으면 의무를 성실히 이행하는 국가의 고상한 지도자로 묘사했을 터다. 그러나 클라이스트는 그를 "브루투스 콤플렉스(Brutuskomplex)"의 희생양으로 묘사한다. 당연히 선제후가 무릎까지 오는 장화를 신은 브루투스와 같은 자세를 취하려 한다는 것은 생각지도 못할 일이다. 그러나 그럼에도 브루투스와 같은 인물이 실존하지 않았더라면 선제후도 달리 행동했을 것이 아니냐고 할 수 있을 법하다. 왕자가 만일 드라마의 설정 상 (이는 작가의 입에서 나오는 말이 아무리 사소한 것일지라도 강철같이 강한 파토스로 승화될 수 있다는 점을 입증해주는 것인데) 군주의 지위에서 호통을 친다면, 이는 분명 선제후를 제대로 대접하지 않는 꼴이 되고 만다. "그런데 이런 순간에 그가 마치 고대 사람들처럼 나를 엄격하게 대한다면, 그건 내게 유감이고, 그래서 나는 그를 동정할 수밖에 없는 노릇 아닌가!" 그러나 그럼에도 브루투스에 대한 표상은 자신의 유년시절과 꿈, 심지어 아버지와 선조에 대한 기억 심상의 침전물로 여전히 살아 있어 그의 행동에 가장 강력한 계기로 작동한다.

클라이스트가 형식 차원에서도 지극히 근대적이었다는 사실은 그의 희곡 『로베르트 기스카르(Robert Guiscard)』가 잘 보여준다. 이 작품을 두고 빌란트는 이렇게 말한다. "아이스킬로스와 소포클레스의 정신이 셰익스피어와 서로 만나는 지점이 비극을 창작하는 것이라면, 클라이스트가 당시 내게 들려준 이야기와 모든 게 일치하기 때문에 클라이스트의 죽음은 노르만 사람 기스카르의 죽음과 같은 것이다. 이 순간 이후로 내게 결정적인 생각으로 지배한 것은 클라이스트가 태어난 것이 적어도 내 견해로는 실러와 괴테도 채울 수 없었던 우리 문학에 나 있던 큰 틈새를 메우기 위한 것이 아니었겠는가 하는 것이다." 주지하다시피 이 작품은 미완으로 보존됐다고들 한다. 사실 클라이스트가 원고를 불태웠고, 4년 뒤에 초판으로 10개의 장면을 새로 썼던 것이다. 그러나 그것은 결코 미완이 아니라 완결된 하나의 예술작품이다. 이는 그 작품이 고전주의적 의미에서 '완성된' 것이 아니라 그 이상을 뜻한다는 의미에서 그렇다는 것이다. 우리는 몇 안 되는 이 '토르소' 장면들에서 비극적인 감정 해소를 여지없이 경험하면서 클라이스트가 이 복잡한 드라마를 왜 중단하게 되었는지도 이해할 수 있게 된다. 그것도 "우울함이 들끓어서"가 아니라 예술가로서 말이다.

이런 면모를 괴테가 추종할 수도 없었고 추종하려고도 하지 않았다는 점은 잘 알려진 사실이다. 클라이스트의 문학이 그에게 공공연히 모욕감을 준 것은 바로 그 고유성을 형성하고 있는 바의 것, 즉 투시력이 있는 그의 문학적 정신병리학과 내용과 형식에서 비합리성을 강하게 드러내는 의지, 그리고 실물보다 크게 그리는 화법 때문이다. 사람들이 삶을 형태로 바꾸는 일은 세 가지 방식으로 진행된다. 대부분은 삶을 고분고분 따른다. 이때 사람들은 현실보다 더 속없고, 더 바보 같으며, 더 비인격적이다. 그 원인은 그들이 제대로 **보는** 능력이 없다는 점에 있는 것이 아니라 (그들이 삶을 볼 수 있다는 것은 꿈이 증명하고, 세상의 어떤 꿈에도 잘못 그려진 인물은 등장하지 않는다) 단지 그들에겐 번역의 재능이 없다는 점에 있다. 바로 그래서 창작은 하나의 '예술'인 것이다. 누가 오페레타나 지방 신문의 연재소설에 등장하는 인물들만큼이나 천진스럽고 무관심하게 처신할까? 다음으로는 상상을 통해 인간을 거대한 동물, 말하자면 초현실적인 성장에 의해 초현실적인 정신을 지닌 우화 속의 동물로 바꾸어놓는 예술가들이 있다. 단테 · 아이스킬로스 · 셰익스피어 · 미켈란젤로를 떠올릴 수 있다. 그리고 끝으로 가장 자명하면서도 가장 희귀한 일, 말하자면 삶의 척도를 회복하는 일을 성취하는 창작자들이 있다. 이 가운데는 괴테도 포함된다. 그래서 괴테는 실러나 했을 법한 일을 했던 것이다. 또 그래서 그는 서로 양극단인 코체부와 클라이스트에게 반발을 살 수밖에 없었던 모양이다. 말하자면 괴테는 양극단 사이에서 실물에 가깝게 자연스러운 황금률을 내보였던 것이다.

덧붙이면 실러 사후 괴테는 이제 더는 시에 주안점을 두진 않는다. 요컨대 그는 더 이상 '창작'으로 만족하지 않는다. 그는 세계의 한 편람(便覽)이 되어 있었다. 파우스트 2부는 더 이상 드라마가 아니라 우주의 서사시라고 하는 것이 오히려 옳을 법하다. 그러나 여기서 '예술작품'이라는 개념은 제한적으로 사용할 수밖에 없다. 그는 인류의 한 전기이고, 세계의 한 파노라마이며, 철학의 한 중심이고, 영혼의 한 백과전서이며, 흔히 말하는 식으로 하면 하나의 백과사전이기까지 하다. 그런데 괴테에게 노령에 쓴 주요 저작이 무엇인지 묻는다면, 그는 분명 색채론이라고 했을지도 모른다. 그는 이렇게 말한다. "이로써 나는 내가 다른 측면에서 어렵게 조달한 문화에 이르게 된 셈이다." 이 저작의 역사적인 부분은 태고에서 현재에 이르기까지 자연관이 겪어온 변화와 그 본질을 멋지게 그려낸 점에 있다. 그리고 이론적인 부분은 새로운 학문, 즉 생리학적 광학의 기초를 놓은 점이다. 여기서 괴테는 대단히 섬세한 이해를 통해 눈의 속성, 예컨대 대비감성의 본질을 밝혀낸다. 대비감성이 형성되는 것은 어둠이 내리면 밝음이 필요하다는 것, 그 반대도 마찬가지라는 사실, 그리고 모든 색은 보색, 이를테면 노란색은 보라색, 오렌지색은 푸른색, 붉은색은 녹색이 있다는 사실과 관련 있다. 그가 설명하는 것들은 그 자신이 그 책의 서문에서 이미 멋지게 표현했듯이 "빛의 이행과 고통"에 관한 것이다. 물론 그는 자신의 이론에서 거의 당연한 궁극적 추론을 끌어내진 못했다. 그는 색채에서 단순히 눈의 감각만 아니라 늘 '자연현상'도 함께 읽어냈다. 이 점에서 그는 가장 일찍 가장 열광적으로 색채론을 숭배한 사람 중 한 사람인 쇼펜하우어와 마찬가지로 칸트주의자가 될 수밖에 없었던 것 같다. 그러나 쇼펜하우어가 자신의 논문 「관찰과 색채에 관하여(Über das Sehen und die Farben)」를 통해 같은 걸음을 걸었지만 괴테는 이 논문을 거부했다. 여기서 괴테가 취하는 태도는 클라이스트를 대할 때와 흡사하다. 말하자면 이해하려 **하질** 않는다. 아주 다채로운 빛의 세계가 망막의 단순한 자극으로 해체된다면, 기껏 감각에 의해 **대상물로** (gegenständlich) 된 세계상(Weltbild)과 세계지각(Weltempfinden)은 서로 뒤집혀 있는 것일 뿐이라는 것이다. 당연히 그의 연구들은 전문 학계에서는 거부했다. 다만 몇몇 천재적인 학자는 그 연구의 신기원적인 의미를 인정한다. 이 가운데는 실험생리학의 창시자인 푸르키녜[111]와 1826년 『인간과 동물의 시각에 관한 비교생리학(Zur vergleichenden Physiologie des Gesichtssinnes der Menschen und der Tiere)』이라는 글을 발표한 요한네스 뮐러가 포함된다. 뮐러는 이렇게 설명한다. "나 개인으로서는 내가 괴테의 색채론 덕분에 여러모로 많은 자극을 받았다는 사실에 대해선 고백할 생각이 없지만, 여러 해 동안 그 같은 연구가 없었다면 (…) 현재의 연구조사들은 형성되지 못했을 것이라는 점

---

[111] Jan Evangelista Purkynë(1787~1869): 보헤미아의 생물학자. 그의 이름을 따 푸르키녜섬유(purkinje fibres) 혹은 푸르키녜현상(purkinje phenomenon)이라는 말로 유명함.

만큼은 말할 수 있을 것 같다." 이 논문은 소위 '특수한 감각에너지 (spezifische Sinnesenergien)'에 관한 학설도 포함하고 있다.

19세기 말엽에 뮌헨의 한 잡지는 지난 1세기 동안 독일에 있었던 현상 가운데 가장 중요한 것을 꼽는다면 무엇일까 하는 설문조사를 한 적이 있다. 다양한 답이 쏟아져 나왔다. '파우스트', '자라투스트라', '트리스탄', '9번 교향곡' 등등이 나왔지만 제일 많이 나온 것은 빌헬름 황제였다. 그런데 아무도 요한네스 뮐러를 지목하지 않았다는 점은 주목할만한 일이다. 그도 그럴 것이 그가 '특수한 감각에너지'를 발견한 것은 칸트의 철학을 실험으로 증명한 것에 맞먹는 의미가 있기 때문이다. 뮐러는 일련의 예리한 실험을 통해 두 가지 놀라운 근본명제에 이른다. 첫째는 동일한 자극이라도 다양한 감각신경에 영향을 주면 다양한 감정반응을 일으킨다는 것이다. 둘째는 다양한 자극이 같은 감각신경에 영향을 주면 동일한 감정반응을 일으킨다는 것이다. 예컨대 눈에 어떤 충격, 전류 혹은 에테르의 파동을 줘도 눈의 반응효과는 똑같다는 것이다. 눈은 이 세 가지 자극 모두에서 하나의 감광작용으로 반응할 뿐이다. 귀 역시 생각할 수 있는 어떠한 자극에도 늘 음향으로만 반응할 따름이다. 반대로 피부의 경우 동일한 에테르 파동을 주면 체온감정을 만들어내지만, 눈의 경우 감광작용을 일으키며, 그 파동의 길이에 따라 다양한 형태의 색채감정을 형성한다. 동일한 공기 진동도 손에 닿을 땐 윙윙거리는 소리로, 귀로 들으면 그 파장의 길이에 따라 저음이나 고음으로 들리는 법이다. 에테르 파동의 길이와 음향파장 길이의 순수 양적인 차이는 수용 감각에 따라 결정적인 질적 차이로 나타난다. 따라서 "눈에 보이는 빛의 생성은 자극이나 동일한 물리적인 빛을 통해 생성되는 듯이 생각할 수는 없는 노릇이다. 눈에 하나의 동일한 자극을 주면 어떤 주체의 감광작용이 자기 자신의 눈에 일어나는 반응과 동일한 강도로 그 타자 관찰자에게 인식될 수 있는 빛으로 전개되진 않는다. (…) 그러므로 물체는 감성반응을 일으키는 기관 없이도 빛을 발산하며, 감성의 기관은 이미 외부에서 완전하게 형성된 빛이, 그것을 완성된 것으로 받아들이는 망막에 접촉하기만을 기다릴 뿐이라고 말하는 것은 틀린 얘기다. 우리는 빛, 어둠, 색채, 톤, 따뜻함, 차가움, 다양한 냄새와 취향, 한마디로 말해 우리의 오감이 보편적인 인상으로 우리에게 내놓는 모든 것은 외부 사물들의 진리가 아니라 우리 감각의 특질이라는 훈계를 타당한 것으로 받아들이고 싶은 것이다." 물론 이렇게 주장한다고 해서 '바깥에' 어떤 것이 있다는 (칸트도 이를 부정하지 않았듯이) 사실마저 부정할 순 없다. 그런데 그 어떤 것이 무엇인지 우리는 도무지 예측할 수 없는 노릇이다.

전기와
화학의 발견

요한네스 뮐러는 전기이론이 물리학의 핵심 과학으로 전개되기 시작할 즈음에 연구에 맞는 출중한 기구들을 전류와 관련하여 마음껏 다룰 기회가 주어지지 않았다면 자신의 실험을 그렇게 정확히 그리고 변이형태로 구체화할 수 없었을 것이다. 1820년 코펜하겐(Kopenhagen) 대학 물리학교수였던 덴마크의 한스 크리스티안 외르스테드[112]는 전자기현상(Elektromagnetismus)을 발견했다. 이때 그는 전류가 자침(磁針)의 방향을 돌리며, 그것도 물·목재·점토·돌·금속을 통해 전류가 전달될 수 있다는 점을 확신했다. 이 같은 확신을 게이뤼삭[113]은 전류는 자기력 없는 철침(鐵針)을 자기력이 있게 한다

---

[112] Hans Christian Oersted(1771~1851): 덴마크의 물리학자.
[113] Gay-Lussac(1778~1850): 프랑스의 화학자이자 물리학자.

는 사실을 입증함으로써, 그리고 앙페르[114]는 '수영법칙(Schwimmer-regel)'을 통해 보강했다. 예컨대 누군가가 얼굴을 자침 쪽으로 돌린 채 전류가 흐르는 방향으로 수영하고 있다고 가정할 때, 자침의 북극은 왼쪽을 향하게 된다는 것이다. 1823년 제베크[115]는 두 가지의 다른 목적으로 서로 땜질한 상이한 두 금속의 선이 하나의 열전대를 형성한다는 사실을 확인함으로써 열전기를 발견하기에 이른다. 이를테면 두 금속의 선 가운데 하나에 열을 가하여 두 선을 다른 온도 상태에 두더라도 두 선이 형성하는 폐쇄회로 내에서 전류가 형성된다는 것이다. 이로써 입증된 것은 열을 통해서도 전기가 생성된다는 사실이다. 1827년 옴[116]은 자신의 이름을 딴 옴의 법칙을 세운다. 이 법칙은 두 가지 등식과 관련 있다. 즉, 전류의 강도는 전동력에 비례하나 저항에는 반비례하고, 저항은 특수한 저항에 회선의 지름을 곱한 값을 나타낸다. 다시 말하면 (전자기 작용의 양으로 측정되는) 전류의 강도는 이 전류를 흐르게 하는 추동력과 정확히 비례하며, 전류가 만나게 되는 저항과는 바로 반비례한다. 따라서 이러한 저항이 크면 클수록 전류가 흐르는 물질의 특수한 전도력은 그만큼 작아지기 마련이고, 도체(導體)의 길이가 길면 길수록, 그리고 그것이 가늘면 가늘수록, 혹은 전류가 가녀린 회로를 지나갈수록 저항은 그만큼 커지기 마련이다. 이로써 전기현상은 일단 정확히

---

[114] A.-M. Ampère(1775~1836): 프랑스의 물리학자 겸 수학자. 전류의 흐름을 측정하는 방법을 발견함. 전류의 단위로 쓰는 암페어는 그의 이름에서 유래함.

[115] Th. J. Seebeck(1770~1831): 에스토니아 태생의 독일 물리학자. 열전기의 효과를 발견함. 이를 흔히 제베크효과라고 부르기도 함.

[116] G. S. Ohm(1789~1854): 독일의 물리학자. 전류·전압·저항에는 일정한 비율관계가 형성된다는 법칙을 발견함. 이를 통상 그의 이름을 빌려 옴의 법칙이라고 함.

계측할 수 있게 되어, 전체 자연과학 중 하나로 당당하게 분류되기에 이른다.

1828년 카를 에른스트 폰 베어[117]는 『동물의 발전사(*Über die Entwicklungsgeschichte der Tiere*)』라는 저작을 펴냈다. 이 책은 그 부제가 이미 알리는 바, '관찰과 성찰'을 실로 과학적인 방식으로 묶어 발생학 전체의 개요를 잡아내고 있다. 천재적인 광학 전문가 프라운호퍼[118]는 태양 스펙트럼에 형성되는 검은색 띠들을 발견함으로써 스펙트럼 분석의 전제를 마련하여 사람들이 그의 묘비에 **"그대 우리 곁에 별을 더 가까이 가져다주었네!**(*approximavit sidera!*)"라는 비문(碑文)을 새겨 넣을 만큼 획기적으로 망원경의 구조를 개선하기도 했다. 프랑스인 뒤트로세[119]와 영국인 그레이엄[120]은 서로 접하는 가스의 혼합과 분산의 한계 법칙(이때 이들은 분산속도가 특정 무게의 제곱근에 반비례한다는 점을 확신하는데), 그리고 다공성 막을 통한 두 액체의 교류와 침투의 한계 법칙에 대해 연구한다. 액체의 교류와 삼투 과정은 특히 중요한데, 왜냐하면 식물·동물·인간에게 있어 신진대사는 중단 없는 삼투과정과 관련 있기 때문이다. 1827년과 1828년 사이의 겨울, 알렉산더 폰 훔볼트[121]는 명성이 자자한 베를린 대학에서 물리적인 세계묘사에 관한 강의를 했다. 이 강의의 성과로 이전에 아직 한 번도 나온 적이 없고 조만간 되풀이되지도 않을 놀

---

[117] Karl Ernst von Baer(1792~1876): 에스토니아 태생의 독일 인류학자·생물학자. 근대 '발생학'의 개척자.

[118] J. von Fraunhofer(1787~1826): 독일의 물리학자.

[119] R. J. H. Dutrochet(1776~1847): 프랑스의 물리학자·생물학자.

[120] Thomas Graham(1805~1869): 영국의 화학자.

[121] Alexander von Humboldt(1769~1859): 독일의 지리학자. 독일 자연과학의 대부로 통하기도 함.

라운 저술인 그의 저작 『코스모스(*Kosmos*)』가 나왔다. 그것은 세계의 그림, 자연의 보편역사 그 이상도 그 이하도 아니며, 이끼 층에서 성운에 이르기까지, 돌에서 인간 두뇌에 이르기까지 볼 수 있고 연구할 수 있는 것 일체를 망라하면서 이것들이 서로 맺고 있는 가장 아름다운 상태를 주시한다. 그리고 그것은 철학자이기도 한 한 세계 탐험가가 맺은 인생의 결실이며, 그 표현의 빼어난 대중성과 깔끔한 입체성 덕분에 과학사뿐만 아니라 문학사에 포함시켜도 손색이 없다. 그 저작은 11개 언어로 번역되었고, 한 세대 동안 훔볼트는 독일에서 내세울 수 있는 가장 위대한 영예로 통했다.

일련의 매우 독특한 현상이 화학 연구로 이어졌다. 신설된 베를린 대학의 교수였던 클라프로트[122]는 동일한 화학적 결합으로 이루어진 물체들이 완전히 상이한 형태로 나타날 수 있다는 사실, 즉 동질양상형(同質兩象形: Dimorphie)을 발견한다. 이 형태를 그는 우선 방해석(方解石: Kalkspat)과 산석(霰石: Aragonit)에서 목격한다. 이 두 물질은 탄산석회($CaCO_3$)로 구성되어 있다. 이런 유형에서 가장 널리 알려져 있고 가장 눈에 띄는 실례로는 가장 단단한 광물인 다이아몬드와 가장 무른 광물인 흑연을 들 수 있다. 이 두 광물은 결정체가 있는 탄소이다. 우리의 미각신경에서는 매우 다른 물질이 되는 식초와 설탕도 동일한 화학적 구성물로 되어 있다. 청년 리비히[123]는 위험물질인 뇌은(雷銀)과 무해한 시안산 은(zyansaures Silber)도 화학적으로 동일한 물질로 구성되어 있다는 사실을 밝혀냈다. 클라프로트와 리비히의 스승이자 당대의 지도적 화학자였던 스위스 출신 연구자 베

---

[122] M. H. Klaproth(1743~1817): 분석화학을 개척한 독일의 화학자.
[123] Justus von Liebig(1803~1873): 독일의 화학자.

르셀리우스[124]는 (단순한 원소가 문제일 경우 동질이체(Allotrophie)라고 부르기도 하는) 동질양상형과 같은 특수한 현상을 두고 형식상 상이한 물체의 경우 내적 화합이 단지 **상대적으로** 동일할 뿐이며, 개개 분자들은 상이한 수많은 원자로 구성된다는 식으로 설명하려 하면서 대신 '중합(重合: Polymerie)'이라는 용어를 만들어냈다. 그런데 동질양상형을 띠는 물질들이 **절대적으로** 동일하게 구성되어 있는 경우도 있다. 그 같은 물질의 분자들은 동일한 수의 원자들로 구성되어 있다. 이를 위해 베르셀리우스는 그 같은 경우 원자들이 상이한 층위로 배치되어 있을 것이라는 가설을 세운다. 이 같은 원자구성을 두고 그는 '이성체(異性體: Metamerie)'라고 부른다. 그의 제자 가운데 세 번째 제자에 해당하는 프리드리히 뵐러[125]는 (이 같은 모든 현상에 대한 총괄명칭으로서 베르셀리우스가 도입한 말인) 동분이성체(同分異性體: Isomerie)에 관한 실험에서 대단히 주목할만한 결과를 내놓았다. 말하자면 그는 무기적인 물질에서 시안산 암모늄, 즉 $(NH_4)CNO$를 뽑아내는 데 성공한 것이다. 시안산 암모늄은 요소(尿素)를 나타내는 $(NH_2)_2CO$와는 동분이성체가 된다. 그래서 그는 베르셀리우스에게 다음과 같은 식의 편지를 쓸 수 있었다. "제가 선생님께 말씀드려야 할 것은 신장이나 동물 따위가 없이도 제가 요소를 만들 수 있게 되었다는 사실입니다." 이로써 유기화학과 무기화학 사이의 경계가 사라지게 된다. 그러나 흡사 호문쿨루스[126]가 하

---

[124] J. J. Berzelius(1779~1848): 스위스의 화학자.

[125] Friedrich Wöhler(1800~1882): 독일의 화학자. 무기 및 유기 화학을 연구하여 19세기 화학의 발전에 지대한 공을 세움.

[126] Homunculus: 괴테의 『파우스트』에 등장하는 소인(小人). 파우스트 박사의 조수인 연금술사 바그너가 작은 인간 호문쿨루스를 만들어낸다.

듯 이처럼 즐길 수 있는 수없이 많은 결과에 근거해서, 유기체가 내놓는 물질들을 생성하는 데는 특별한 생명 에너지가 필요하다고 가정하는 생기설(生氣說: Vitalismus)마저도 논박할 수 있다고 한 것은 대단히 성급한 결론이었다. 바로 동분이성체가 있다는 사실은 우리가 '현상'이라고 부르는 (광물학자와 화학자로서 그렇게 말하든, 아니면 신학자와 철학자로서 그렇게 말하든 상관없이) 바의 것이 전혀 이해할 수 없다는 점을 말해줄 뿐인 것 같다. 요컨대 시안산 암모늄은 결코 요소가 **아닌** 것이다. 아무튼 구조 가설은 19세기의 신화학인 셈이다. 즉, 그것은 현실의 경이를 시를 창작하듯 해석하려 한 그 시대에 부응한 노력이었다.

'정확히 지정된 정신의 방(punktueller Seelensitz)'이라는 학설, 즉 정신이 두뇌의 특정한 한 지점에 위치한다는 가설은 생기설이 고집하는 것이 아니지만 뇌의 해부를 통해 근대적 '국소부위화이론(Lokal-isationstheorie)'을 정립한 프란츠 요제프 갈[127]에 의해 논박된다. 갈은 두뇌 표피의 각 부위는 각각의 기능이 있다는 점을 밝힌다. 전공 동료들의 시기와 몰이해는 그에 대한 음해로 이어져 그의 교의는 오늘날도 여전히 특정 부류 사이에서 돌팔이 짓이라는 오명 딱지를 달고 있을 정도다. 그러나 그는 자신의 체계를 마무리하도록 한 외골수적인 상상력 때문에 얻은 그런 판결에 맞서 일종의 면허증을 발급하려 했다. 그것은 곧 사무엘 하네만[128]이 1810년에 내놓은 『합리적인 의술 수단(Organon der rationellen Heilkunde)』이라는 글을 통해 그 기초를 다진 유사요법(Homöopathie)과 같은 것이다. "**다른 것으로 다른**

유사요법

---

[127] Franz Josef Gall(1758~1828): 오스트리아 바덴 출신의 신경해부학자이자 생리학자. 골상학의 창시자로 불리기도 함.
[128] Samuel Hahnemann(1755~1843): 독일의 의사. 유사요법의 창시자.

것을 치료한다(*contraria contrariis*)"는 갈레노스[129]의 신조에 반대하여 하네만은 "**같은 것으로 같은 것을 고친다**(*similia similibus*)"는 원칙을 세운다. "어떤 병일지라도 부드럽고 신속하게, 그리고 확실하고 지속적이게 치료하려면 약제가 치료제라고 한다면 자체에 유사 고통(*homoion pathos*)을 유발할 수 있는 그런 약제를 써야 한다." 이와 관련하여 그는 수많은 실용적인 실례를 제시한다. 손발이 동상에 걸렸을 땐 눈으로, 가벼운 화상은 뜨거운 수건으로 다스리고, 두통은 (두통을 일으키게 한) 커피로 치료하고, 천연두는 우두접종으로 예방하라는 것이다. 이외에도 그는 자신이 원기(Potenz)라고 부르는 바의 그것이 특별히 허약해졌을 때에만 약제를 써야 한다고 확신한다. 그는 이 원기 각각에 일련의 효능번호를 매기는데, 그 '번호'가 1000번까지 나간다. 예컨대 소금은 원기 효능 30번에 해당하며, 일하고 싶지 않은 심리상태는 40번, 참을 수 없을 정도의 머리 가려움증은 45번, 귓불 가려움증은 287번, 연애하는 꿈은 1240번, 하는 식으로 분류된다. "같은 것으로 같은 것을 고친다"는 신조에 따라 그는 모든 고통에 대해 그것을 일으킨 원인으로 약제를 처방한다. 이에 따르면 모든 것, 이를테면 질투, 음탕한 꿈, 불행한 사랑, 미숙함, 작시(作詩) 등속에 대한 약제가 있다. 허약하게 하는 것은 한없이 많기에 단순한 느낌으로 치유해야 할 때가 종종 있다는 것이다. 그러나 그럼에도 유사요법은 건강하고도 심오한 생각에 의존한다. 하네만은 이렇게 말한다. "약제 원료들은 보통의 의미대로 죽은 물질이 아니다. 오히려 그 진정한 본질은 역동적이고 정신적이며, 순수 에너지다.

---

[129] C. Galen(129~?199): 고대 로마의 의학자이자 철학자. "의사는 자연의 머슴이다"는 말로 유명함.

유사요법 의술은 그 목적 달성을 위해 정신 유형의 강장제를 발전시킨다." 19세기를 지배한 유물론적 의학은 인간의 몸을 하나의 단순한 화학현상과 메커니즘으로 보며, 그래서 사실은 죽은 어떤 것으로 취급하고, 따라서 약제만을 물리적인 원기소로 보았다. 반면 유사요법은 인간의 몸에는 아집과 목적의식이 담긴 마술적인 힘이 작용한다고 보고, 이에 걸맞게 치료법을 어떤 정신적 요법에서 구한다. 이는 곧 "같은 것으로 같은 것을 고친다"는 이치와 통하는 것이다. 이로써 신비로운 친숙성과 친화성이 치유투쟁을 보조하도록 요청되고, 병을 병으로 다스리는 것이 마땅하다는 생각이 지배하게 된다. 이는 유기체가 자신의 마지막 예비 에너지와 반동력을 동원하는 강화된 비상조치를 통해 질병을 치료한다는 뜻이다. 유사요법이 노발리스와 클라이스트, 피히테와 셸링[130]을 동시대인으로 둔 것도 우연이 아니다. 말하자면 유사요법은 **낭만주의적 의술**(romantische Med-izin)인 셈이다.

낭만주의 정신은 자신의 완전한 표현을 당연히 음악에서만 구했다. 그것은 곧 오직 음악만이 자신의 의지를 비합리적인 형태로 만들 수 있다는 것을 의미했다. 낭만주의 오페라의 독특한 점은 수많은 작품의 소재 선택에서 목격된다. 이들 오페라는 신비로 가득 찬 자연의 본성, 말하자면 음부의 영혼들을 주역으로 삼는다. 이를테면 마르슈너[131]가 「뱀파이어(Der Vampyr)」와 「한스 하일링(Hans Heiling)」을 작곡했고, 콘라딘 크로이처[132]는 「멜루시나(Melusina)」[133]를, 마이어

로시니
베버
슈베르트

---

[130] F. W. Schelling(1775~1854): 독일 고전주의 시대 철학자.
[131] H. Marschner(1795~1861): 독일의 중요한 오페라 작곡가.
[132] Konradin Kreutzer(1780~1849): 독일의 작곡가이자 지휘자.
[133] '멜루시나'는 물의 요정을 뜻함.

베어[134]는 「악마 로베르트(Robert den Teufel)」를, 자신의 재능을 주로 희가극 영역에 두었던 로르칭[135]은 「운디네(Die Undine)」[136]를 작곡했다. 수많은 노래가 아이헨도르프의 시와 동일한 전철을 밟았다. 말하자면 노래들이 오페라 연극에서 출발하여 민요가 된 것이다. 예컨대 「나는 사냥꾼(Ein Schütze bin ich)」이라는 민요는 크로이처의 「그라나다의 야영(Das Nachtlager von Granada)」에서, 「너 거만한 영국이여 기뻐하라(Du stolzes England, freue dich)」는 마르슈너의 「성당기사와 유대 여인(Der Templer und die Jüdin)」에서, 「아 즐거워라, 아직도 아이인 것이(O selig, ein Kind noch zu sein)」는 로르칭의 「황제와 목수(Zar und Zimmermann)」에서 출발했다. 베버[137]의 「내 왼쪽에 차고 있는 그대 검이여(Du Schwert an meiner Linken)」와 「이게 류초프의 무모한 야생 사냥인 걸(Das ist Lützows wilde verwegene Jagd)」, 그리고 슈베르트[138]의 「들장미(Haideröslein)」와 「방랑(Das Wandern)」, 한스 게오르크 네겔리[139]의 「그대들, 인생을 즐기시게(Freut euch des Lebens)」가 폭발적인 대중적 인기를 누렸다. 프리드리히 질허[140]는 모든 이의 입에 오르내리는 그런 유의 노래만 작곡했지만, 정작 그 본인은 까마득히 잊히고 노래들만 남아 있다. 「난

---

[134] G. Meyerbeer(1791~1864): 독일의 작곡가. 야콥 리프만 마이어 베어(Jacob Liebmann Meyer Beer)가 본명임.

[135] G. A. Lortzing(1801~1851): 독일의 작곡가 · 배우 · 가수. 독일 희가극의 주요 대표자 가운데 한 사람.

[136] '운디네' 역시 물의 요정을 뜻함.

[137] Karl Maria von Weber(1786~1826): 독일의 작곡가 · 지휘자 · 피아니스트 · 기타리스트.

[138] F. P. Schubert(1797~1828): 오스트리아의 작곡가. 낭만파 음악의 최고봉의 한 사람.

[139] Hans Georg Nägeli(1773~1836): 스위스의 작곡가이자 작가.

[140] P. Friedrich Silcher(1797~1856) 독일의 작곡가. 하이네가 작사한 유명한 민요 '로렐라이의 언덕'의 작곡가임.

모르겠네, 그것이 무엇을 의미하는지(Ich weiß nicht, was soll es bedeuten)」,
「타라우의 애니(Ännchen von Tharau)」,「내일이면 여길 떠나야 해(Morgen
muß ich fort von hier)」,「나한텐 전우가 하나 있었지(Ich hatt' einen Kameraden)」
가 그런 것들이다.

　사실 로시니[141]의 첫 번째 창작 시기는 로코코에 속하고 두 번째
시기는 프랑스 낭만주의에 포함되지만, 사람들은 그를 낭만파 음악
의 발기인으로 간주하곤 한다. 1816년 로마 무대에 올린 그의 「세비
야의 이발사(Barbiere di Seviglia)」 처녀공연은 휘파람 야유를 받았다. 공
연 후 친구들이 그의 집으로 급히 몰려왔다. 그러나 그는 정신적
우월감에서는 좌절하지 않았다고 생각해서든, 아니면 자기 작품의
궁극적 결과에 지나칠 만큼 확신해서인지는 몰라도, 그때 벌써 잠
이 들어 있었다. 그는 그다음 날 저녁에서야 와자지껄한 소리에 놀
라 잠을 깼다. 그에게 열광적인 환호를 보내는 수백 명의 사람이
그의 집 앞에 몰려와 있었다. 로시니가 지금껏 살았던 사람 중에
가장 위대한 요리사 가운데 한 사람이었던 것도 우연이 아니다. 그
는 자신의 음악에서도 감칠맛 나도록 가장 맛깔스럽게 하여 손님의
마음을 가장 흡족케 할 줄 아는, 생각이 있는 칵테일의 예술가였던
셈이다. 부드러움과 충만, 우아함과 활기참으로 모차르트에 근접하
는 음악을 통해 그는 자신의 인생에서 자신을 특출하게 보이게 만
들 사랑스러운 쾌활함과 자기 반어도 겸비하고 있었다. 그래서 뛰어
난 문화사가인 릴[142]이 그의 음악은 "잠을 자고 꿈을 꾸기 위한 자장

---

[141] G. A. Rossini(1792~1868): 이탈리아의 오페라 작곡가.「세비야의 이발사」
　　로 유명함.
[142] W. H. von Riehl(1823~1897): 독일의 역사학자. 민속학의 체계화에 힘썼고,
　　사회민속학을 창시하여 '독일 민속학의 아버지'로 불리기도 함. 대표적인

가"로만 구성되어 있다고 말한 것은 전혀 틀린 말이 아니다. 그러나 로시니는 「윌리엄 텔 서곡(William Tell Overture)」을 통해 "우아하면서도 육감적이기 짝이 없는 자장가"와는 전혀 다른 음악도 창작할 수 있다는 점을 입증해 보였다.

일상적 병리학과 속물의 비현실성에 대한 절묘한 폭로자이며, 문학사만큼이나 음향예술 및 회화의 역사에도 포함할만한 빼어난 만능천재인 호프만[143]은 (인쇄 예술가, 캐리커처 화가, 장식화가, 성가대 지휘자, 음악 교사이자 음악 평론가였으며, 12개의 오페라와 한 개의 교향곡을 작곡했고, 수많은 단편극을 썼는데) 낭만파의 거의 모든 음악 미학자에게 공감하여 주어진 구체적인 상황, 즉 특정한 감성만을 드러내는 것이 음악의 과제일 수 없다고 설명한다. 낭만주의적 입장에서 보면 이는 이론상 완전히 타당한 말이다. 그러나 실제에서는 그렇게 진행되진 않았다. 요컨대 그 시대 가장 중요한 작곡가 가운데 한 사람인 루이 슈포어[144]는 자신의 교향곡에서 심지어 표제음악(Programmmusik)을 극단으로 밀어붙이기까지 했던 것이다.[145]

독일 후기낭만주의 시대 가장 위대한 음악가일 뿐만 아니라 가장 위대한 화가이자 서정 시인이기도 했던 인물은 카를 마리아 폰 베버이다. 오랫동안 그를 우울하게 한 인물은 훌륭한 듯했지만 허풍이

저서로는 『문화사적 소설』(1856)이 있음.

[143] E. Th. A. Hoffmann(1776~1822): 독일 낭만파 작가.

[144] Louis Spohr(1784~1859): 독일의 작곡가 · 바이올리니스트 · 지휘자.

[145] 낭만주의는 주어진 직접적 상황 너머를 말하려 하므로, 구체적인 강령이나 구호와 같은 프로그램을 경원시하려는 것이 일반적 입장이었다. 그러나 음악에 시와 회화적 요소를 곁들이려는 표제음악의 또 다른 낭만적 운동을 막기까지 할 수는 없었다.

센 가스파레 스폰티니[146]였다. 우선 스폰티니는 나폴레옹의 총아였고 (사실 그도 길들여지지 않은 몰아붙이는 라틴풍의 목적의식성 때문에 연극광과 현실정치의 혼용에 친숙한 편인데), 후에는 (전형적인 프랑스식 '영웅 오페라'의 전통을 구현했음에도) 베를린에서 음악 총감독 및 궁정 작곡가로 활약하면서, 그를 두고 시비를 거는 검열이 일체 금지되어 있을 만큼 독재자의 지위를 누렸다. 극도로 절제했던 베버는 니체가 부르는 식으로 하면 '댄서'라고 할 만큼 다리를 절룩거렸다. 그것은 꼭 불같은 성미의 바이런 경과 뱀장어같이 민첩하게 사고한 탈레랑의 경우와 흡사하다. 여기서 우리는 이 책 앞의 3권 가운데서 본 이와 유사한 수많은 "보충적인 열등성", 이를테면 꼽추 리히텐베르크, 왼손잡이 레오나르도, 말더듬이 데모스테네스, 결핵환자 와토를 떠올리게 된다. 일찍이 사람들은 『마탄의 사수(Der Freischütz)』는 물론이고 『오베론(Oberon)』까지 천재적인 오페레타로 규정했던 것 같다. 이 오페레타로 사냥나팔 · 하프 · 비올라 · 클라리넷 · 오보에가 은은히 매혹적으로 새로이 결정적으로 울리기 시작한다. 얼핏 들으면 혼성곡일 뿐인 그 서곡들은 입체적인 압축판으로 다음 장면을 예감케 하는 완전한 드라마이자 성격묘사이다. 1821년 『마탄의 사수』 초연은 독일 음악사에서 새로운 국면을 열게 된다. 사람들은 유령이 출몰할 듯 으스스한 어둠과 환호하듯 환하게 비치는 햇살을 동시에 품고서, 부드럽게 꿈을 꾸는 초원에 음험하게 숨어 있는 협곡을 갖춘 독일의 숲이 갑자기 음향을 울리면서 웃기도 하고 울기도 하며, 동경하게도 하고 공포를 느끼게도 하며, 살아 있는 정령으로서 불멸의 생명을 얻어 갑자기 깨어나기

---

[146] Gaspare Spontini(1774~1851): 이탈리아의 오페라 작곡가이자 지휘자.

시작한 것 같은 장면을 경이로운 눈빛으로 보게 된 것이다.『마탄의 사수』와『오베론』에서는 모든 존재의 마술적 근원인 자연조차 노래한다. 사람들은 그저 어두운 꽃이나 밝은 꽃처럼 이 근원에서 깨어나기 시작한 셈이다. 의고전주의의 음악극에도 이처럼 '더 높은 힘'이 있었지만, 그곳에선 그 힘의 작용이 고풍적이었다. 말하자면 인위적이고 기계적이며 유형적이었다. 그러나 여기서는 낭만적이다. 곧 그것은 곧 우주적이고 역동적이며 정신적인 것이다.

베버와 슈베르트는 자신들이 이야기를 만들어내는 가장 진정한 낭만주의자이자 가장 독일적인 음악가라는 점에 서로 공감한다. 그러나 베버는 곤궁한 상태에서도 언제나 남작과 기사로 남아 있었지만, 슈베르트는 평생 아이헨도르프식의 무위도식자, 즉 가난을 팔아서라도 자신의 자유를 누리는 마을의 게으른 한스로 남았다. 물론 그는 '무위도식자'처럼 실제로 게을렀던 것이 아니라 대단히 부지런했다. 이를 자기 자신은 의식하지 못했다. 그는 늘 노래했다. 500곡이나 되는 것이 아닌가! 노래는 왼손잡이에 안경을 낀 이 고집불통 시골교사의 유일한 기쁨이고 '목하'의 세계였다. 그가 사람들을 접하게 되었을 때, 그들은 노래가 모름지기 어떤 것인지 알게 되었다. 그림 형제에 의해 독일 동화가 창작되었듯이, 다시 말해 고안된 것이 아니라 예술작품으로 승화되었듯이, 슈베르트는 민요를 고상하게 만들어 최고의 가곡 창작물들과 동등한 위치에 올려놓았다. 그의 의해서 이제 노래는 더 이상 절 단위로 운율이 맞춰지지 않고 연 단위로 작곡되었고, 반주는 노랫소리와 분리됨으로써 거의 핵심이 되기에 이른다. 그는 음악적 표현을 풍부하게 하고 그 깊이를 더하는 두 가지 점에서 신기원을 이뤘다. 사람들이 특히 슈베르트에게서 어떤 특별함과 비범함 같은 인상을 받지 않는다는 점에서 그는 절대적 천재로서도 기록을 남긴 셈이다. 천재적인 사람이 다른 사람들에게 비치는 꼴은 보통의 형상이 기형의 형상에 비치는 그것과 같은 이치이다. **기형**이 '예외적인 경우'이며 천재는 표준일 따름이다. 세상일이 제대로 돌아간다면 모든 사람이 비스마르크와 같은 그런 세계의 시선, 칸트와 같은 그런 두뇌, 부슈[147]와 같은 그런 유머를 가질 것이 틀림없으며, 괴테처럼 살 줄도 알 것이고 슈베르트와 같이 그런 노래들을 부를 수도 있을 것이다. 이 모든 사람에게서 '기교'의 흔적이라고는 찾아볼 수가 없다. 누구도 그들에게서 손장난을 읽어낼 수가 없는 노릇이다. 그도 그럴 것이 그들은 결코 그런 짓을 하지 않았기 때문이다. 신의 축복받은 도구인 들판의 새처럼 슈베르트는 자신의 노래를 울려 퍼지게 했다. 말하자면 낮은 밭고랑에서 솟아오르는 회색의 소박한 종달새를 짧은 여름 한 철 노래하도록 세상에 보냈던 것이다.

슈베르트를 중심으로 모여든 원탁에는 모리츠 폰 슈빈트[148]도 한 자리 차지했다. 그는 슈베르트 음악의 부드러움과 따사로움에 정신적으로 친숙해 있었다. 그가 베버와 공감한 것은 그의 주인공 역시 독일 숲이었다는 점에 있다. 그는 파스텔과 붓을 들고 언제나 같은 톤으로 그러나 지칠 줄 모른 채 변형을 주면서 당대 독일 생활 전모, 그러니까 꿈과 환상의 형태로 나타나는 그 외면적 생활뿐만 아니라 내면적 생활까지도 그려냈다. 순박하고도 수수한 루트비히 리히터[149]도 똑같이 했다. 그는 '하이델베르크 낭만파'처럼 세련된 기교

---

[147] Wilhelm Busch(1832~1908): 독일의 화가 겸 시인. 재치 있고 풍자적인 압운 시가 딸린 드로잉으로 유명함.
[148] Moritz von Schwind(1804~1871): 오스트리아 태생의 독일 화가.
[149] Ludwig Richter(1803~1884): 독일의 풍경화가·판화가.

로 천진난만함을 모방하거나 '나자렛파'[150]처럼 억지로 유치한 세계로 파고들려 한 것이 아니라 그 자신이 80년 동안 어린아이처럼 **지냈다**. 그가 멍한 태도를 보일 때조차도 그에겐 어린아이의 눈으로 웃는 귀여운 빈틈이 있었다. 그는 아무것도 원하지 않았으며, 아무 '양식'도 취하지 않고 오히려 환원적이지만 영원히 지속될 문제없는 세계에 대해 떠벌렸다. 그의 가족과 함께 있는 농부가 그에겐 사회적으로 보이지 않는 것은 물론이고, 민속적이지도 않고 바로 동화의 세계에서 온 인물처럼만 보인다. 초시간적이고 전원적이며 비현실적이지만 아무튼 독일 땅에서 자란 것처럼 보인다. 그의 자그마한 그림들 위에는 시골 대목장 풍경이나 작은 도시의 오후 공연장에서 느껴지는 마법의 기운이 감돌고, 커피 주전자와 담배 파이프, 끈끈한 액이 떨어지는 잣나무와 타닥타닥 소리 나는 난로 속의 섶나무, 깨끗하게 다림질한 세탁물과 갓 구운 케이크 등속에서 나는 고향냄새가 '비더마이어'[151]라는 말에서 피어오르듯 서려 있다.

하인리히 하이네[152]는 이런 문화의 성격을 다음과 같은 말로 정리한다. "사람들은 속세를 멀리하고 수줍어했다. 보이지 않는 것에 대해 몸을 조아렸다. 어두운 곳에서의 키스와 푸른 꽃의 향기를 동경

---

[150] Nazarener: 1809년 독일의 젊은 화가들이 중세의 예술정신으로 되돌아가자는 취지에서 형성한 화파(畵派)를 말함. 일명 종교화파라고도 함.

[151] Biedermeier: 19세기 독일에서 유행한, 시골 풍경과 같이 단순 소박한 삶의 방식을 일컫는 말. 우직·우매·편협·성실 등의 뜻을 담고 있는 '비더마이어'라는 말은 독일 작가 루트비히 아이히로트(Ludwig Eichrodt)의 풍자소설, 『슈바벤의 교사 비더마이어와 그의 친구 호라티우스 트로이헤르츠의 이야기(Die Geschichte des schwebischen Schulmeisters Biedermeier und seines Freundes Horatius Treuherz)』(1850)에서 유래함.

[152] Heinrich Heine(1797~1856): 독일의 민족시인. 장편 풍자시 「독일, 겨울동화(Deutschland, Ein Wintermärchen)」로 유명함.

했다. 체념한 듯 울어댔다." 이 같은 체념에는 정치적 이유뿐만 아니라 경제적인 이유도 있다. 대륙봉쇄 기간 어마어마한 양의 상품이 축적되어 경쟁에서 우위를 점한 영국이 독일의 산업을 일종의 무기력한 가내공업 수준으로 전락시키고 만 것이다. 이런 마당에 영국 정부는 자국 농업을 보호하고자 외국 농산물에 대해 관세를 높였고, 독일 북부와 동부의 농업생산품 재고물량은 유통되지도 않았다. 그 결과 독일의 시민문화는 그 생활방식과 시계(視界) 측면에서 극히 협소해질 수밖에 없었다. 그리하여 고전주의 이전 시대의 생활방식으로 후퇴하는 양상이 벌어졌다. 모호하게 굴면서 엄살을 부리고 위선을 떨면서 사적인 감정을 숭배하는 일에 집중하는 정신적 태도는 감성주의 시대를 연상시킨다. 그 시대의 상징은 독서서클의 교양 원천인 야경꾼과 극장이다. 중산계층이 애호한 읽을거리는 크리스토프 폰 슈미트[153]의 아동 도덕교육, 율리우스 라폰타이네[154]의 감동적인 거짓말 이야기, 당시 유행한 클라우렌[155]의 '외설적인' 재담, 슈핀들러[156]의 식모 이야기 등과 같은 것들이었다. 무대는 1828년 비리히-파이퍼[157]가 『페퍼뢰젤(Pfefferrösel)』 공연으로 최초 폭발적인 성공을 거두기까지 코체부[158]와 이플란트[159]가 장악해왔지만, 이제

[153] Christoph von Schmid(1768~1854): 독일의 아동 작가이자 교육자. 대표작으로는 『꽃바구니(Blumenkörbchen)』가 있음.
[154] A. H. Julius Lafontaine(1758~1831): 독일의 작가.
[155] H. Clauren(1771~1854): 독일의 작가. 본명은 카를 고트리프 사무엘 호인(Carl Gottlieb Samuel Heun)임.
[156] Karl Spindler(1796~1855): 독일의 소설가.
[157] Ch. Birch-Pfeiffer(1800~1868): 독일의 여배우이자 작가.
[158] A. F. F. von Kotzebue(1761~1819): 독일의 보수적인 극작가. 학생동맹 회원인 잔트(K. L. Sand)에게 살해당함.
[159] A. W. Iffland(1759~1814): 독일 극장에 중대한 영향을 끼친 극장의 매니저·

부터는 비리히-파이퍼가 저렴하지만 우아한 감정을 찾는 대중의 욕구를 먼지 쌓인 자신의 잡동사니 창고의 장식품으로 만족하게 했다.

의상에서는 소박함을 추구한 유익한 경향에 따른 부득이한 단순성이 강세를 보였다. 연미복은 밝은 회색, 밤빛 갈색, 짙은 청색, 암녹색과 같이 편안한 색이 선호되었다.(본질적으론 오늘날 르댕고트[160]에 해당하는 '재킷'이 외출을 하거나 사교 모임에 나갈 때 아직은 필수 복장이 아니었다.) 신사복으로 개인의 취향에 맞추어 발전할 수 있었던 유일한 의상은 비단조끼였다. 자보[161]는 넥타이에 서서히 밀려났다. 넥타이를 우아하게 매기가 쉽지 않아 자기만의 매는 방식을 학습해야 했다. 신발의 종류로는 무릎 길이의 (여행용) 장화와 밝은 양말을 신은 발등이 보이도록 만들어진 신발, 즉 '**무도화**(en escarpin)'가 있었다. 몸에 달라붙는 트리코 바지(Trikothose)는 복사뼈까지만 닿았다. 반바지와 양말, 버클 달린 구두는 궁정이나 특별행사를 벌이는 보수적인 사교계에 출입할 때만 여전히 착용했다. 멋쟁이의 필수품은 명주 리본을 맨 자루 달린 안경이었다. 수염을 기르는 것은 아예 금지했고, 허용된다면 기껏 뺨에 붙여 한 선으로 얇게 내리는 정도였다. 취미의 심판자(Arbiter elegantiarum)는 우아함의 본질이란 이목을 끄는 것에 있지 않고 단지 자태로 드러나게 하는 것일 뿐이라는 획기적인 이론을 제시한 조지 브라이언 브룸멜[162]이었다. 그런데 그는 우아하게 보이려고 심혈을 기울였다. 요컨대 그는 세

배우 · 극작가.

[160] Redingote: 18세기 말과 19세기 초에 유행한 오버코트.

[161] Jabot: 여성 블라우스나 남성 셔츠의 앞부분을 가려주는 깃털이나 레이스 장식을 말함.

[162] George Bryan Brummel(1778~1840): 19세기 영국 남성복 패션을 이끈 대표 인물. 일명 '보 브룸멜(Beau Brummel)'로 통하기도 함.

명의 이발사가 있었는데, 한 명에겐 뒷머리를, 또 한 명에겐 이마 쪽 고수머리를, 또 다른 한 명에겐 관자놀이 쪽 머리를 돌보게 했으며, 그리고 그의 장갑의 엄지손가락 부분과 나머지 부분을 따로 주문하려고 여러 제조업자에게 특별히 부탁하기도 했다. 그를 통해 런던은 오늘날까지도 유지되는 신사복 유행의 선도적 위치를 차지하게 되었다.

부인들의 경우 1815년 이후 코르셋이 또다시 유행하기 시작하여, 나폴레옹 제정 시대에 가슴 압박용으로 착용한 흉부 코르셋은 옛날 제 자리로 다시 돌아갔다. 물론 남자들도 몇 겹의 코르셋을 착용했다. 프로이센 근위 장교들에게 코르셋은 멋진 제복으로 통하기까지 했다. 1820년 이후 부인용 의상의 소매가 기괴한 형태를 취한다. 그것은 고래 뼈를 살로 하여 그 형태를 유지할 수 있게 한 '양의 허벅지'와 '코끼리' 모양이었다. 직물은 검사를 받고 온갖 다양한 형태로 나왔다. 오색영롱한 빛깔, 물결무늬(moiré), 빛깔 바림(ombré), 꽃무늬, 장방형 무늬를 박아 넣었다. 특히 두건, 모자, 스커트에서 많이 볼 수 있는 레이스에는 이 같은 무늬와 빛깔이 많이 들어갔다. 큰 통소매 때문에 멋진 외투란 아예 생각할 수가 없었다. 레이스 칼라에 이른바 레이스 깃을 하고 다녔고, 가능한 온갖 소재로 된─가장 인기가 높은 소재는 캐시미어와 크레이프 드 쉰[163]이었는데─숄을 걸쳤다. 그 시기 말엽에는 모피 목도리가 등장한다. 옷소매만큼이나 모험적이었던 것이 일종의 말 두건처럼 생긴 부인용 모자였다. 그것은 눈가리개같이 얼굴을 감쌀 만큼 너무 커서 비실용적이었다. 그것을 쓰면 듣고 보는 것이 방해되었다. 그러나 그럼에도 그것

---

[163] Crêpe de Chine: 비단의 일종.

은 이전이나 이후의 그 어떤 것보다 더 오래갔다. 그 외에도 머리 위로 높은 두건과 동양에서 유행한 이래 나타난 터번[164]도 썼다. 알제[165]가 점령된 이후부터 프랑스에서도 알제리식 부르누스[166]가 유행했다. 루이 18세가 앙리 4세를 두고서 그가 즉위식 때 자신과 유사한 정치적 상황에 직면했었다고 주장하면서 그와 비교하여 파리와 여타 다른 장소에서도 한동안 목 부위에 주름이 들어간 옷깃 장식에 앙리 4세가 쓴 것과 같은 모양의 깃털을 두른 챙 없는 모자를 쓰고 돌아다녔다. 그 시대를 기념하여 나온 유행이 이마 한가운데 얇은 황금사슬을 고정시킨 페로니에르[167]였다. 그밖에도 사람들은 눈에 확 들어오는 장신구를 좋아했다. 이를테면 긴 귀고리, 큼직한 브로치와 벨트 죔쇠, 소매 위에 걸치는 넓은 팔찌가 그런 것들이다.

비더마이어의 가구양식에는 취향이 배어 있다. 물론 제정시대 양식보다 훨씬 더 단순했지만 그렇게 밋밋하지도 않고 과장되지도 않았다. 이 양식은 제정시대 양식에서 매끄러운 평면과 직선, 그리고 소박한 동기들을 이어받았지만 졸부 스타일의 그 질료적 화려함만큼은 피했다. 이 같은 물질적 화려함이 오페라에 대해서는 지나칠 정도로 인색했으며, 고풍의 미술품에는 그 억지가 나타난 반면에 가구에서는 현실적인 양식이 지배한다. 이 양식은 그 시대 전체의 내면적 생활과 정신적 태도의 유기적인 조응의 표현이라고 할 수 있다.

---

[164] Turban: 이슬람교도나 시크교도들이 머리에 둘러 감는 수건.
[165] Algiers: 알제리의 수도.
[166] Burnus: 두건이 달린 외투.
[167] Ferronière: 보석을 사슬이나 끈으로 이마에 두르는 머리장식. 페로니에르는 16세기 프랑수아 1세의 애인 이름임.

당시 베를린에는 진짜 프로이센의 용모와 정신을 발휘하면서 활동한 두 명의 예술가가 있었다. 이들은 검소하면서도 통렬하고, 베일을 드리운 정서적 따사로움과 엄격한 품위를 갖추고 있었다. 그들이 바로 라우흐[168]와 싱켈[169]이다. 라우흐는 프리드리히 대왕과 왕비 루이제(Luise), 요크[170]와 샤른호르스트[171], 블뤼허[172]와 그나이제나우[173]의 모습을 독일 국민에게 영원히 각인시켜 놓았다. 싱켈은 거의 미켈란젤로만큼 수용력이 넓은 두뇌를 갖고 있었다. 이 두뇌 공간에는 완전히 새로운 도시에 대한 복잡한 설계도가 살아 움직였다. 그러나 그는 시간이 모자라 최대 최고의 작품을 실현할 수가 없었다. 비례의 미로 멋을 한껏 살렸지만 지극히 절제한 순수 양식으로 그가 건축한 극장은 그의 수많은 강력한 재능의 극히 일부만을 선보인 셈이다. 여타 독일의 건축물은 도리스식 사원인 레겐스부르크의 발할라(Walhalla) 전당의 건축가이자 '헬레니즘' 양식을 빌린 수많은 화려한 건축물의 창작자인 클렌체[174]의 스타일에서 영향을 많이 받았다. 그런데 클렌체는 '헬레니즘' 양식을 유일하게 진정한 양식으로 간주하고, 기타 양식들은 한갓 '건축방식'에 불과한 것으로 취급했다.

그가 자신이 거주하던 궁정에 데려온 코르넬리우스[175]를 두고 바

---

[168] Ch. D. Rauch(1777~1857): 독일의 조각가. 베를린에서 조각 유파를 형성함.
[169] K. F. Schinkel(1781~1841): 독일의 건축가이자 무대장식가.
[170] Hans D. L. York von Wartenburg(1759~1830): 프로이센의 야전사령관.
[171] G. J. D. von Scharnhorst(1755~~1813): 프로이센의 총사령관.
[172] G. L. Blücher(1742~1819): 프로이센의 장군.
[173] August von Gneisenau(1760~1831): 프로이센의 야전사령관.
[174] Leo von Klenze(1784~1864): 독일의 신고전주의 시대의 건축가이자 화가.
[175] P. von Cornelius(1783~1867): 독일의 화가. 나자렛파의 중심인물 가운데 한

이에른 왕 루트비히 1세는 이렇게 말했다. "그는 그릴 수가 없다." 게넬리[176]도 그릴 수가 없었지만 이를 자랑삼았다. 코르넬리우스의 통 큰 사상의 문학들은 아주 심오해서 듣고 있으면 잠이 올 만큼 진정한 연극적 감흥을 주었지만, 그것은 어디까지나 레제드라마[177]의 차원에 머물렀다. 요제프 안톤 코흐[178]의 자연연구자 몇 겹의 중첩 구성법과 깔끔한 소형작품을 통해서 사람들이 매력적인 등잔 갓을 만들 때 사용하는 '모형 오림 종이(Modellierbogen)'를 다소 연상시켜 한동안 인기를 끌기도 했다. 존 플랙스먼[179]이 건조하게 그려낸 단테와 호메로스 삽화를 보면 그가 본래 조각가였음을 알아볼 수 있다. 프렐러[180]의 오디세우스 풍경화도, 그리고 비록 문학적 착상에서 비롯된 것이기는 하지만 역사적으로 의미 있는 지역, 이를테면 마라톤(Marathon)과 같은 지역을 그림으로 암시하고자 한 로트만[181]의 '추억의 풍경들'도 다소 밋밋해서 기질이 약해 보였다. 애호한 장르는 주로 '역사'나 '영웅'이 등장하는, 즉 기념비로 생각되는 정서를 담은 복고풍 양식의 풍경이었다. 이러한 풍경은 자연 인상의 단순한 재현이 아니라 (자연 인상은 예술성이 없는 날것으로 경멸한 듯한데) 어떤 '이념'을 담아냈다. 그래서 사실 자연스럽게 나타난 것은 상념이 아니라 (당연히 회화에서 '상념'은 다름 아닌 대상의 묘사로 나타나는 것이지만) 추상화였다.

사람.
[176] G. B. Genelli(1798~1868): 독일의 화가.
[177] Lesedrama: 공연보다 주로 읽는 용도로 쓰이는 드라마.
[178] Josef Anton Koch(1768~1839): 오스트리아의 신고전주의 시대의 화가.
[179] John Flaxman(1755~1826): 영국 의고전주의 조각가이자 소묘가.
[180] F. Preller((1804~1878): 독일의 풍경화가.
[181] Carl A. J. Rottmann(1797~1850): 독일의 풍경화가.

로마를 예술의 수도로 보고서 거기서 모든 자극제를 가져오려는 관습이 그대로 남아 있었다. 다만 '독일계 로마 사람'이 두 갈래, 즉 예전과 마찬가지로 고대의 동방 사람들과 이들이 처음 농담 삼아 '나자렛파(Nazarener)'라고 부른 로만 사람들로 나뉘었다. 이들은 일종의 화가 수도회를 결성하여, 나폴레옹이 철폐한 수도원인 로마의 산 이시도로(San Isidoro)에서 '누가 형제단(Lukasbrüderschaft)'으로 살면서 수사들의 독방에서 잠을 자고 수도원 식당에서 공동으로 그림을 그렸다. 그들의 지도자는 프리드리히 오버베크[182]였다. 이 유파의 본질은 지난 300년 동안 인간 시선이 향한 진보 일체를 어찌 보면 자발적으로 포기하는 점에 있었다. 그들의 이상은 독일의 중세 말기와 이탈리아의 초기 르네상스가 내보인 '원시인들(Primitiven)'이었다. 여기에는 페루지노[183], 라파엘로, 한스 멤링[184], 슈테판 로흐너[185]가 포함된다. 그런데 이런 회귀가 강령에 따라 인위적으로 이뤄졌기 때문에, 이 유파의 경우 저들이 취한 그 진정한 원시성을 선보였던 그런 자연성을 살려내는 마술이 약해 설득력이 떨어졌다. 그들과 자신들 사이에 있던 것들을 그들은 경멸했다. 당시 '변발'이라는 용어는 로코코에 적합한 것으로 통했고, '바로크'라는 말은 몰상식·몰취미·과장·과도함의 의미로 받아들여졌다. 이 점에서 그들은 여타 부분에서는 자신들이 격렬하게 맞서 싸운 의고전주의자들과 완전히 의견의 일치를 보였다. 그러나 예술을 창백하게 처리

---

[182] Johann Friedrich Overbeck(1789~1869): 독일의 화가.
[183] P. Perugino(1448~1523): 이탈리아의 르네상스 화가. 르네상스 시대 유명한 화가 라파엘로의 스승.
[184] Hans Memling(1440~1494): 플랑드르의 화가.
[185] Stephan Lochner(1400~1452): 독일 후기 고딕 시대의 화가.

하고 교조적으로 끌고 가는 그 빈혈증과 무기질성에서는 혼동이 일 만큼 서로 빼닮았지만, 근본적으로 그들 둘은 서로 적대적인 형제들 일 뿐이다. 아무튼 그들에게서 또 한 번 전형적인 볼거리가 생겨난 셈이다. 요컨대 모든 '부활'은 자기 자신의 생명을 죽인다는 것을 의미하는 것이었다. 여전히 신을 믿었던 중세 때처럼 나자렛파는 예술가들에게 자신들이 거짓 없는 달콤한 청렴으로 이해한 '경건' 을 요구했다. 그들 가운데 율리우스 슈노르 폰 카롤스펠트[186]는 수 집품형 목재조각품들로 가장 폭넓은 인기를 누렸다. 시민의 집이라 면 도금된 세계를 우선적으로 담고 있는 그런 조각품을 한두 점씩 두지 않은 집이 없었다. 풍속화로서는 소위 생활에서 길어내어 생활 과 더불어 현실로 들어가는 '뒤셀도르프 화풍'이 우세했다. 그러나 이 화풍은 속물적인 그림종이까지 고안하더니만 결국 오늘 우리 시 대의 '마이닝겐 사람' 하면 통하는 식으로 자신의 유파의 이름을 일종의 예술적 모욕 대상으로 만들어놓고 말았다. 아무튼 신뢰할만 한 역사적 사건을 경향소설같이 묘사하는 것, 요컨대 '역사'만이 고 상한 것으로 통했다.

제리코와 생시몽, 그리고 스탕달

그사이에 프랑스에서는 이와 완전히 상반된 예술의 개막을 알렸 다. 1819년 테오도르 제리코[187]는 「메두사의 뗏목(Floß der Medusa)」을 전시했다. 대서양에 떠 있는 난파선, 파도가 당장에라도 집어삼킬 것만 같다. 마지막 순간 아득한 수평선에 구조선이 나타난다. 들라 크루아[188]는 1822년에 「단테의 조각배(Dantebarke)」를 그렸다. 단테와

---

[186] Julius Schnorr von Carolsfeld(1794~1872): 독일의 화가.
[187] Théodore Guéricault(1791~1824): 프랑스의 화가이자 석판공.
[188] E. Delacroix(1798~1863): 프랑스 낭만주의 미술의 시대를 연 프랑스의 대표 적인 화가.

베르길리우스가 스틱스 강[189]을 건너고 있다. 저주받은 영혼들이 조각배에 필사적으로 매달리고 있다. 그리고 1824년엔 아득한 과거의 한 사건을 다룬 「키오스 섬의 학살(Das Gemetzel auf Chios)」을 그려냈다. 물론 『메두사의 뗏목』도 실제의 사건을 다룬 것이다. 1816년 범선 메두사호가 아프리카의 해변에서 좌초하여 그 생존자들이 난파선에 몸을 싣고 12일 동안 표류했다. 이 역시 '역사적' 회화이지만 본질적으로 다른 방식의 회화이다. 요컨대 이 그림은 배운 티가 나거나 감상적인 '추억의 풍경화'가 아니라 가장 잔혹한 현재, 정열에 휩싸인 실제, 극한 분노에 타오르는 빛깔의 현실을 고발하고 있다. 사람들은 「키오스 섬의 학살」을 비꼬는 투로 예술의 학살이라고 불렀다. 그러나 한술 더 떠 낭만주의 세계상 전체의 학살이라고까지 한다. 제리코와 들라크루아에게서 이미 7월 혁명이 끓고 있었다.

1824년에 요절한 제리코에게는 노자(老子)의 다음과 같은 말이 적용될 법하다. "귀공자가 때를 만나면 입신출세를 하지만, 때를 만나지 못하면 물살에 떠내려가는 나뭇잎처럼 사라지게 된다." 동일한 말이 생시몽(Saint-Simon)과 스탕달(Stendhal)에게도 적용될 것 같다. 카를 대제의 후손이자, 루이 14세의 궁정을 기억 속에서 불멸하게 한 생시몽 공작의 손자이며, 달랑베르의 제자이기도 한 클로드 앙리 드 생시몽(Claude Henri de Saint-Simon) 백작은 근대 사회주의의 고안자이다. 그는 '산업인'이라는 개념을 자신의 출발점으로 삼았다. **'산업인**(industriel)'이란 무엇을 뜻하는가? 그것은 곧 인간의 욕구나 향유를 충족시킬 수단을 만들어 내거나 이 수단을 쉽게 쓸 수 있게 하기 위해 노동하는 인간을 뜻한다. 결과적으로 일하는 사람은 **누구나** 산

---

[189] Styx: 그리스 신화에 등장하는 일명 저승의 강.

업인인 셈이다. 그런데 이 산업인들은 사회에서 어느 지위에 있는가? 마지막 지위에 있다. 그렇지만 어떤 지위를 누려야 하는가? 첫번째 지위다. 왜냐하면 누구도 그들만큼 중요하지 않기 때문이다. 그들의 적수는 무노동의 소득을 취하는 유산자, 즉 '현대의 귀족'인 '**부르주아**(*bourgeois*)'다. 이들이 지배하는 한, 혁명은 완성되지 않고 자유도 실현되지 않는다. 이는 오로지 '**산업인의 통치**(*régime industriel*)', 즉 **국가폭력에 대한 노동의 지배**(Herrschaft der Arbeit über die Staatsgewalt)를 통해서만 가능하다. '사회적 물리학'과 같은 이 같은 사변은 그 자신이 부유한 부르주아 혈통 출신인 샤를 푸리에(Charles Fourier)에 의해 더욱 확장되었다. 푸리에는 모든 발전과 모든 자유를 위해 부(富)는 불가피한 전제조건이라고 말한다. 그러나 이런 부는 저절로 생겨나는 것이 아니며, 노동을 통해서이긴 하지만 획득되어야 한다는 것이다. 그래서 이제 누구나 자신이 필요로 하는 만큼만 생산할 수 있을 뿐이라고 가정해보면, 사회의 1/3만 소비를 하면 나머지 1/3은 자신의 욕구를 충족시킬 수 없는 상황에 이르게 된다. 이것이 문명의 근본 결함이다. 결국 자기 결핍의 노예인 한, 자유는 불가능하다. 따라서 자유를 원하는 사람은 **모든 사람**이 부를, 혹은 푸리에가 말하는 '최소치(Minimum)', 즉 누구에게든 완전한 물질적 독립성을 보장할 수 있는 재화의 양을 가지길 원해야 한다. 이 목표는 오로지 노동과 소유권의 사회화를 통해서만 성취될 수 있다. 그도 그럴 것이 이를 통해서만 모두를 풍부하게 하는 데 필요한 고도의 생산성이 확보될 수 있기 때문이다. 그밖에도 원한다면 누구든 일을 할 수 있게 해야 한다. 왜냐하면 사람은 저마다 어떤 활동을 통해서 쾌감을 갖는 것이 사실이기 때문이다. 생시몽과 푸리에의 이 같은 관점은 공산주의와 나중에 사람들이 이해한 사회주의와 부합했지만, 그것은 어디까지나 철학적 원칙에서만 그랬을 뿐이고, 중요한 지점에서는 서로 엇갈렸다. 그도 그럴 것이 우선 그들은 사적 소유가 존속되어야 한다고 보았고, 둘째로 그들은 프롤레타리아트라는 개념을 모르고 수공업자일 필요가 없는 노동자 개념만 알았을 뿐이며, 셋째로 그들은 통치하는 자들의 선의, 유산자계급의 통찰력, 불가피한 평화적 발전에서 모든 것을 기대했기 때문이다.

스탕달[190]을 두고 말하자면, 그는 당시 문학에서 선호한 유형, 즉 '세태의 변화'를 가장 생생하게 구체적으로 그려냈다. 그는 "나는 1900년쯤에 가서나 이해가 될 것입니다"라고 예견하고서 그 날짜까지 예측할 정도였다. 그는 리히텐베르크[191]와 고야[192]의 면모를 많이 닮았다고 할 수 있다. 리히텐베르크와 닮은 면은 그의 형상화의 기본 파토스가 일종의 관객의 열정과 같다는 점에 있으며, 고야와 닮은 면은 그가 인상주의를 선취했다는 점에 있고, 양쪽 모두와 닮은 면모는 그가 동시대인들에게 단순한 풍자작가이자 기인으로 취급된 점에 있다. 그 스스로도 자신이 파스칼과 가장 많이 닮았다고 생각했다. 그러나 그는 깜짝 놀랄 정도의 심리학적 후각 재능과 예리한 분석의 정신을 겸비하고 있었지만, 파스칼 영혼의 절반만을 구체화했을 뿐이다. 물론 나머지 절반은 대지를 향해 있었다. 스탕달은 정신의 해부에서 가장 섬세하고 가장 능숙한 대가 가운데 한

---

[190] Stendhal(1783~1842): 프랑스의 소설가. 본명은 마리 앙리 베일(Marie Henri Beyle). 예리한 심리분석을 통해 사회를 비판하는 소설의 전통을 세움. 프랑스 근대 소설의 창시자로 통하기도 함. 대표적인 작품 『적(赤)과 흑(黑)』으로 유명함.

[191] G. Ch. Lichtenberg(1742~1799): 독일의 계몽주의 사상가이자 비평가.

[192] F. de Goya(1746~1828): 스페인의 화가. 격변하는 스페인의 역사를 사실주의적 화폭에 담아낸 것으로 유명함.

사람이다. 물론 그는 천재적인 생체해부학자로서 이 직업에 필요한 냉정함과 냉혹함도 갖추고 있었다. 그의 유일한 목표는 있는 그대로의 진실을 폭로하는 것이다. 그는 이렇게 말한다. "**문제는 진실, 있는 그대로의 진실이야!**(*la vérité, l'vérité!*)" 프랑스인 중 폭로의 또 다른 대가인 텐[193]과 그는 '**사소한 사실들**(*petits faits*)'에 대한 열정과 엄정하고도 순수한 묘사에 대한 열정, 그리고 환경에 대한 신앙과 사회학적인 관찰방식을 공유했으며, 독일의 또 다른 폭로의 대가 니체와는 철저한 회의주의와 문화적 귀족주의, 그리고 르네상스식의 풍부한 인간에 대한 숭배를 공유했다.

시대의
대명사가 된
영웅

그러나 시대의 대명사가 된 영웅은 이미 우리가 앞서 언급한 바 있는 바이런 경[194]이었다. 유명한 그림 한 장이 조잡한 형태로든 정교한 형태로든, 비싼 값으로든 싼 값으로든, 그럴 듯하게든 날림 품으로든 수천의 복제품으로 확산되면서 유럽은 이 인물의 실제 모습을 어쨌든 멋지게 제대로 겉으로나마 재현하고 싶어 수많은 바이런 복제품으로 들끓었다. 이 시기의 정신적 활동은 온통 그를 겨냥했다. 큰 주화든 작은 주화든, 위조 주화든 룰렛게임용 주화든 모든 주화에 바이런 경의 모습을 새겼다.

바이런이 '세계고(世界苦)'의 고안자라는 정도는 누구나 알고 있다. 이 고통은 세계로 인해 겪게 되는 것이고, 그래서 치유가 불가능하며, 단지 그것을 진정시키려면 아예 세계 자체를 지양할 수밖에 없다. 따라서 이 고통 자체를 동시에 즐기지 않는다면 이 고통은

---

[193] H. Taine(1828~1893): 프랑스 역사가이자 비평가. 그는 『영국문학사』(1864)에서 인종·환경·시대를 문학결정의 본질적인 3요소로 제시할 만큼 문학에 깊은 조예를 갖고 있었다.

[194] Lord G. G. N. Byron(1788~1824): 영국 낭만주의의 대표 시인.

틀림없이 삶을 부정하는 방향으로 나아가기 마련이다. 그래서 불행한 인간과 시인의 고전적 전형으로 통하는 바이런이 실제로도 불행하지 않았는가 하는 질문에 답하기가 그리 녹록지 않은 것이다. 이 물음은 양과 음의 제곱수처럼 이중의 답을 담고 있다. 토르발센[195]이 로마에서 바이런의 흉상을 완성했을 때, 바이런은 짜증 어린 말투로 소리쳤다. "아냐, 닮지를 않았어! 내가 너무 불행한 모습이잖아!" 그러나 사실 그는 평생 행복했다. 아마 그것은 예술가가 누릴 수 있는 최고의 행복이었을 것이다. 그것은 프랑스 사람들의 말로 **"초고속의 인생**(la vie à grande vitesse)"이라고 부른 그런 행복이었다. 그의 삶은 드라마의 연속이었다. 그래서 이렇게 말해도 거의 무방할 법하다. 즉, 그의 인생은 상황의 격변 · 긴장 · 위기 · 반격, 영웅적 활동과 사교계의 승리, 연모와 스캔들을 줄거리로 하는 영화였다고. 그의 경우만큼 한 인간에게서 이토록 강렬한 감정을 엿볼 수 있는 일도 드물 터이다. 영국의 어떤 부인은 예상치도 못한 상황에서 그가 스탈 부인(Madame Stäel)의 집에 들어섰을 때 놀라 실신했다. 또 어떤 부인은 그를 연모하여 그가 죽은 지 10년 되던 해에 자살하기까지 했다. 이는 흡사 비극의 멋진 귀공자인 정복자들, 말하자면 아킬레스와 알렉산더에 대한 기억이 살아난 듯했다. 그 역시 치명적인 발꿈치를 갖고 있었다. 매콜리[196]는 그를 두고 이렇게 말한다. "한 요정을 제외하고 모든 요정이 그의 요람에 초대되었다. 세례식에 참석한 그 모든 하객이 자신들의 천성적 선물들을 아낌없이 흩뿌렸

---

[195] B. Thorvaldsen(1770~1844): 덴마크의 조각가.
[196] Th. B. Macaulay(1800~1859): 영국의 역사가이자 정치가. 17세기 말의 명예혁명을 중심 테마로 하여 『영국사』를 편찬했고, 자유주의 사관에 입각하여 17세기의 진보파로 불리는 휘그당을 지지함.

다. 어떤 요정은 귀족의 신분을, 또 어떤 요정은 천재성을, 또 다른 요정은 미모를 선사했다. 초대받지 못한 짓궂은 요정이 막 안으로 들어왔지만, 자신의 자매들이 이 옥동자에게 벌써 베풀어준 선물들을 취소할 수가 없어, 축복 저마다에 저주를 하나씩 얽어 넣었다. (…) 그는 오래된 귀족 가문 출신이었지만, 이 가문은 일련의 범죄와 어리석음 때문에 쇠락했다. (…) 그는 뛰어난 정신적 재능을 갖고 있었지만, 거기엔 병적인 요소도 달라붙어 있었다. (…) 그는 조각가들이 그대로 모형을 뜨고 싶어 한 그런 얼굴을 하고 있었지만, 길거리 거지들이 흉내를 냈던 절름발이였다." 그렇다. 그는 아킬레스의 발꿈치를 갖고 있었던 것이다. 여기서 우리가 염두에 둔 것은 그의 안짱다리가 아니다. 이 영웅의 상처받기 쉬운 부위는 그의 영혼에 있었다. 그것은 곧 시대의 질병이었다. 그는 즐기면서도 욕망을 좇아 초췌해졌고, 존재에서 비존재를, 한 인간에게서 파우스트와 햄릿을 동시에 감지했다. 명예와 사랑, 부와 미모로 가득한 삶이 그로 하여금 세계를 경멸하게 했다. 운명이 한 인간에게 무엇을 안겨주고, 결국 겪을 수밖에 없는 것을 늘 겪게 되는 것이 아닌가 하는 문제는 별로 중요치 않다. 지렁이는 흙을 먹고 흙속에서 번식한다. 그도 그럴 것이 지렁이는 자신이 필요로 하는 먹이를 죽은 토양에서도 찾아낼 수 있기 때문이다. 이렇듯, 쾌락이 **필요한** 사람은 죽음과 어둠 속에서도 그것을 찾아내기 마련이다. 인간 유기체는 저마다 쾌락과 고통의 특정한 양에 어느 정도 익숙해 있다. 젖소는 섭취한 모든 것에서 우유와 비료를, 꿀벌은 밀랍과 꿀을, 예술가는 아름다움을, 침울한 사람은 비애를 만들어내고, 천재는 모든 것에서 어떤 새로운 것을 만들어낸다. 그러니까 허무(虛無: Nichts)는 외부에 있는 셈이다.

바이런의 이력은, 문예란이라는 말에 부정적 의미를 달지 않는다면, 거대한 문예란으로 규정할 수도 있을 법하다. 그의 행동이 그다지 특별하진 않았다. 그에겐 그것이 불꽃같이 화려한 자신의 모습을 태우게 한 중요치 않지만 필요한 도구였을 뿐이다. 그때까지만 해도 존재한 적이 없었던 놀라운 것은 그의 팔레트였다. 그 팔레트로 그림을 그리는 화가는 늘 그 자신이었다. 바로 조지 고든 노엘 바이런 경 말이다. 그는 낭만주의에서 우수에 젖은 빛나는 사자였다. 흔히 그를 두고서 사람들은 그가 인간과 사물을 너무 어둡게 그렸다고 비난한다. 허나 그게 사실이라면, 그는 광학의 법칙을 거꾸로 뒤집어 놓은 셈이다. 왜냐하면 지금껏 어떤 예술가도 어둠에서 그토록 빛나는 뉘앙스를 풍겨낸 적이 없기 때문이다. 그 자신도 그 같은 이의에 대해 이렇게 응수하곤 한다. "나는 저들이 옳다고 생각도 하지만 동시에 내가 올바르다고 생각하기도 한다." 그는 지식이 살해를 하고, 인식의 나무에 독이 있다는 점을 안다. "**슬픔이 지식이다** (sorrow is knowledge)!" 이는 300년 전 그의 동향 사람이 외친 환호 어린 승리의 구호, 즉 "**아는 것이 힘이다**(wisdom is power)"라는 구호와는 사뭇 다르게 들린다. 베이컨 경[197]과 바이런 경 사이에는 유럽 근대가 걷는 인식의 길이 놓여 있다. 그를 보면 "삶의 곰팡이 병"이라는 생각이 떠오를 법하다. "그렇다면 그대가 알아야 할 것은, 네가 무엇이었든 차라리 존재하지 않았으면 더 나았을 것이라는 점이다." 괴테는 그를 두고 다음과 같은 멋진 말로 성격을 규정짓는다. 그의 본질은 '풍성한 절망'에 있었다. 사람들이 아는 바, 그는 파우스트

---

[197] F. Bacon(1561~1626): 영국 경험론의 초석을 다진 철학자. 극장의 우상·종족의 우상·동굴의 우상·시장의 우상과 같은 네 가지 우상론으로 유명하다.

의 세속적 충동과 헬레네의 미모가 낳은 아들 에우포리온[198]이다. 에우포리온이 공중에서 땅으로 곤두박질쳤을 때, 이 무대를 감독하는 이의 신비로운 말이 울려 퍼진다. "이 주검에서 익히 알고 있는 형상을 볼 수 있으리라." 에우포리온은 근대의 시문학을 의미한다. 이카로스[199] 같으며 생활에는 무능하지만, 생명 에너지가 넘친다. "발가벗었고, 날개 없는 천사이며, 동물성이 없는 호색한 같다."

바이런주의

그 시대는 문자 그대로 바이런주의(Byronismus)에 감염되었다. 그 그림자를 미리 드리우기까지 했다. 이미 샤토브리앙 작품의 주인공 르네는 이렇게 말한다. "나는 모든 것에 지쳤다. 간신히 이 지루함을 끌고 다니고 있으며, 어디서든 따분해서 내 삶에 하품을 보내고 있는 지경이다." 이른바 '과도기적인' 인물을 프랑스 문학에 등장케 한 세낭쿠르[200]의 『오베르만(Obermann)』이 1804년에 출간되었다. 오베르만은 수많은 독자를 자살로 이끌었던 일종의 베르테르였다. 물론 그는 생각 속에서만 삶을 부정할 뿐이다. 그는 르네와는 정반대이지만 베르테르보다는 훨씬 더 진정한 무신론자다. 그의 기본 파토스는 **삶에 대한 환멸**(le désenchantement de la vie)이다. 이어서 유사한 소설이 수없이 많이 나왔다. 그 주인공들은 모두 뱅자맹 콩스탕[201]이 그의 작중 주인공 아돌프를 두고 하는 말 그대로 "에고이즘과 감수성

---

[198] Euphorion: 괴테의 『파우스트』에서 파우스트와 헬레네 사이에서 태어난 아들. 에우포리온은 낭만주의 문학에 대한 알레고리로 흔히 쓰임.

[199] Icaros: 그리스 신화에 나오는 인물. 아버지와 함께 밀랍으로 날개를 몸에 붙이고 미궁을 탈출했으나 아버지의 주의를 잊고 너무 높이 날아 태양열에 밀랍이 녹는 바람에 바다에 떨어져 익사함.

[200] E. P. de Sénancour(1770~1846): 프랑스의 작가.

[201] Benjamin Constant(1767~1830): 프랑스 태생의 스위스 소설가이자 정치작가. 현대 심리소설의 선구적인 작품 『아돌프(Adolphe)』(1816)로 유명함.

의 혼합물이 빚어낸 희생자들"이다. 그 철학은 레오파르디[202]식 철학이었다. "고통과 지루함이 우리의 존재이며, 세계는 진창이다. - 이외엔 아무것도 아니다." **"의미도 없고 결실도 없음이 지천으로 깔렸다**(*uso alcuno, alcun frutto invinar non so*)." 슬라브권 문학은 '넘침'을 즐겼다. 미츠키에비치[203]는 「타데유슈 나리(Pan Tadeusz)」라는 시를 썼으며, 푸쉬킨[204]은 『예브게니 오네긴(*Jewgeni Onjägin*)』이라는 운문소설을 썼고, 레르몬토프[205]는 요새의 장교 페트쇼린(Petschorin)의 이야기를 담은 근대적 발라드 『우리 시대 영웅(*Held unserer Zeit*)』을 써냈다. 메테르니히조차도 장편 서사시 「차일드 헤럴드(Childe Harold)」[206]를 송두리째 외울 정도였다. 모든 세계가 **'시대의 질병**(*maladie du siècle*)'에 감염되었다. 실제로 자살 전염이 발생하여 28살의 샤를로테 슈티글리츠[207]가 감동적인 사건을 통해 남편을 위대한 시인으로 만들 결심으로 단검으로 자살했다. 물론 이 실험은 실패로 그쳤다. 렐링이 얄마르 에크달[208]을 두고 예언한 일이 그대로 일어난 것이다. "그녀가 그에게 그저 아름다운 낭송의 한 주제에 불과하게 되기까지는 아홉 달도 채 걸리지 않았다." 다른 여성 낭만주의자들은 그 정도로까지 나가

---

[202] G. Leopardi(1798~1837): 이탈리아의 시인이자 철학자. "역사상 가장 우수에 젖은 시인"이라는 별명을 얻을 만큼 그의 시 세계는 어두운 환경을 깔고 있음.

[203] Adam Mickiewicz(1798~1855): 폴란드의 시인.

[204] Aleksandr Puschkin(1799~1837): 러시아 민족 시인이자 러시아 문학의 아버지로 통하기도 함.

[205] M. Y. Lermontoff(1814~1841): 러시아 낭만주의 작가·시인·화가.

[206] 바이런의 서사시를 가리킴.

[207] Charlotte Stieglitz(1806~1834): 독일 함부르크 태생의 여성.

[208] 렐링(Relling)과 얄마르 에크달(Hjalmar Ekdal)은 노르웨이의 유명한 극작가 입센의 『들오리』 작품에 등장하는 인물임.

진 않았고, 다만 자신들이 이 세계를 시의 출발점으로 삼지 않는다는 사실을 암시하는 정도로 만족했다. 이 목표를 달성한답시고 그들은 기꺼이 실신도 하고, 편두통을 앓았으며, 육체적 고역이나 쾌락 일체를 멀리했다. 특히 식사는 낭만적이지 못한 것으로 통했다. 예컨대 바이런은 완전히 정신적으로 단련된 모습으로 비치게 하려고 자신만의 굶기 다이어트를 고안해냈다. 그래서 그는 자신이 호감을 가진 한 후작부인이 송아지 갈비를 맛있게 뜯는 것을 보고는 만남을 당장 그만두기까지 했다. 그의 친구 셸리(Shelley)는 물과 빵을 먹고 살았으며, 그의 애인이었던 기콜리(Guiccoli) 백작부인은 대개 아무것도 먹지 않았다. 이런 '두 번째 부류의 섬세한 감정'은 한편으론 첫 번째 부류의 감정보다 그다지 독창적이지는 않은, 말하자면 순전히 문학적인 면모를 지니며, 다른 한편으론 훨씬 더 진지한, 말하자면 대단히 허무주의적이어서 훨씬 더 복잡한 면모를 지닌 듯하다. 임머만은 소설 『아류(*Die Epigone*)』에서 이렇게 말한다. "그것은 마치 인류가 작은 배를 타고서 언제 그칠지 알 수도 없는 뱃멀미를 앓으며 망망대해를 표류하는 것과 같다."

시대의
자의식

다만 바이런주의는 그 시대의 지배권을 헤겔주의(Hegelianismus)와 공유했다. 물론 헤겔주의는 우선 헤겔 학파 안에서만 전권을 행사했다. 헤겔이 직접 가르친 철학은 흔히 주장하는 바처럼 낭만주의에 대응한 최극단이 아니라 오히려 여러 점에서 낭만주의와 공유되는 부분이 있다. 말하자면 보수주의, 발전사상의 강조, 신학적 색채, 역사주의 따위에서 그런 것이다. 헤겔이 취하는 낭만주의와의 관계는 소크라테스가 소피스트 철학과 맺는 그것과 유사하다고 말할 수 있을 것 같다. 소크라테스는 소피스트 철학의 반대자인 동시에 완성자이기도 한 셈이다. 후기 낭만주의에서는 대표적인 철학자를 찾을 수가 없다. 오켄[209]과 슈베르트 그리고 바아더[210]는 피히테와 노발리스 그리고 셸링과 비교가 되지 않는다. 자신들의 주요 자양분을 애써 꾸며낸 모호한 유추에서 끌어내고 있는 산만하고 절충적이며, 뒤죽박죽된 아류적인 착상은 헤겔이 자신의 『역사철학(Geschichte der Philosophie)』에서 부른 바처럼 "막 깨어난 사유의 합성주(合成酒)"와 같이 완전히 2류급이다. 이런 부류의 독일 철학자가 할 수 있는 일이 어떤 것이었던가는 카를 크리스티안 프리드리히 크라우제[211]가 잘 증명해주었다. 그는 그때까지의 철학 용어가 자신에겐 생소하고, 또 충분히 독일어답지도 않았기에 완전히 새로운 어휘를 고안해, '페어아인자츠하이트(Vereinsatzheit, 통합문장단위)', '인베베크(Inbeweg, 내적 운동)', '젤빌덴(Sellbilden, 친구 만들기)', '다스 오다르추레벤데(das Ordarzulebende, 곁붙어살기)' '자인하이트우어아인하이트(Seinheitureinheit, 존재성의 원천 통일성)', '폴베젠글리트바우리히(vollwesengliedbaulich, 완전 본질구성적 구조의)', '아이겐렙우어베그리프리히(eigenleburbegrifflich고유한 삶의 원개념적)' 따위와 같은 용어를 다뤘다. 한번은 그가 "인상이란 말은 **임프레시오**(impressio)의 번역어이며, 작용된 것(Anwirktnis)을 의미해야 마땅하다"고 말했을 때, 이 이상하고 어려운 단어 때문에 머리가 깨질 듯이 아팠던 경험이 있는 사람은 모두가 이처럼 명쾌한 해명을 기쁘게 받아들이면서 그가 인상주의라는 개념을 좀 더 분명하게 번역할 만큼 인상주의를 아직 경험하지 못한 것에 대해 동정했을 뿐이다. 그러나 또 한 번 "새로운 단어는 즉시 자명하게 해명되어야 한다"고 그가 요청했을 때, 사람들은 '페어아인젤프스트간츠베젠인네자

---

[209] Lorenz Oken(1779~1851): 독일의 자연주의자.
[210] F. X von Baader(1765~1841): 독일의 철학자이자 신학자.
[211] Karl Christian Friedrich Krause(1781~1832): 독일의 철학자.

인(Vereinselbstganzweseninnesein, 통합 자체의 완전한 본질 내적 존재)'과 '오렌트-아이겐-베젠암레프하이트(Orend-eigen-Wesenahmlebheit, 정방향의 고유한 본질 섭취활동성)'와 같은 합성어들이 이런 요구를 실제로 완전히 충족시킬 수 있는 것인지 물을 수밖에 없었다.

　모든 시대는 자신의 자의식을 반영할 수 있는 충분히 풍부하고 집중적인 정신, 즉 **만물박사**(*doctor universalis*)가 필요하다. 각 시대는 그 지평과 심도에서 다양한 차이를 보이긴 했지만 공히 자의식을 반영해왔는데, 아리스토텔레스가 그랬으며, 성 토마스 · 쿠자누스 · 베이컨 · 라이프니츠 · 볼테르 · 니체가 그랬다. 그리고 19세기 전반부 초기에는 헤겔이 그랬다. 헤겔의 체계는 사유와 존재의 동일성이라는 가정에 의존한다. 이 체계는 논리 지배적인(logokratisch) 성격을 내포한다. 그러나 그것은 세계통치를 완전히 긍정하므로 어떤 의미에서는 신권적(theokratisch) 요소도 함축하고 있는 셈이다. 이런 측면에서 보면, 헤겔의 체계는 극단적 합리주의로 규정할 수밖에 없다. 그도 그럴 것이 그의 체계는 개념들이란 그저 단순히 사물들의 본질에 **상응하는** 것이 아니라 사물들의 본질**이다**로 가르치기 때문이다. 그래서 헤겔의 유명하면서도 악명 높은 진술, 즉 "현실적인 것이 이성적인 것이며, 이성적인 것이 현실적인 것이다"는 진술은 흔히 곡해되었던 것이다. 특히 반동들이 자신들에게 유리하게 이용한 이 문장과 관련하여 헤겔이 염두에 둔 것은 모든 현상은 존재한다는 것만으로 벌써 이성적인 것으로서 합법화되고, 이로써 모든 우행, 즉 거짓과 불의가 정당하다고 해명된다는 식은 물론 아니었다. 사정은 정반대였다. 모든 현실적인 것이 이성적인 것으로 될 때는 존재가 그것을 실제로 지배하는 특수한 역사적 시점에서일 뿐이며(그러므로 어떠한 반동도 비현실적인 것으로서, 따라서 비이성적인 것으로서 낙인을 받게 되며), 오직 이성적인 것만이 현실적인 것이고 비이성적인 것은 플라톤과 그의 추종자들이 **메온**(*me on*)이라고 부른 비존재(ein Nichtseiendes)로서의 한갓 허깨비일 뿐이라는 것이다. 그러므로 그 문장을 곧이곧대로 받아들인다면 난센스가 될 수밖에 없는 노릇이다. 그럴 경우 모든 비이성적인 것이 이성적인 꼴로 둔갑하게 된다. 심지어 모든 현실적인 것은 인식되는 그 순간, 이를테면 이성적인 것으로 되는 그 순간 실존하기를 중단하게 된다고까지 주장하는 이들도 있다. 말하자면 흔히 사람들이 어떤 것을 현실적인 것으로서 아무렇지도 않게 받아들이는 때는 더 이상 그것을 진지하게 대할 필요가 없을 때, 살 만큼 살았다는 식과 같은 의미로 받아들여질 만큼 그것에 친숙해졌을 때, 관습처럼 되었을 때, 즉 낡았을 때 그렇게 한다는 것이다. 그도 그럴 것이 제도란 언제나 낡은 것으로 취급되기 때문이다. 헤겔 자신도 철학의 역사에서 시대정신을 인식할 것을 강조하면서 이 시대정신이 폐위될 운명에 있다고 말한다. 그것은 스핑크스의 수수께끼가 풀렸을 때 스핑크스가 절벽으로 곤두박질친 것과 같은 이치다. 헤겔은 자신의 법철학에서 가장 멋지고 숭고한 어투로 이렇게 말한다. "철학이 자신에게 회색으로 덧칠하자 삶은 늙은 모습을 띠었다. 철학은 회색 일색으로는 젊어질 수 없으며, 미네르바의 부엉이는 땅거미가 질 무렵에야 비상하기 시작한다는 사실만을 인식하게 할 따름이다."

가장 영민하고 가장 풍부한 결실을 맺은 헤겔의 방법은 이른바 변증법적 방법이다. 이 방법은 세계발전을 추동하는 것은 모순이라는 가정에 근거하고 있다. 하나의 모순을 서로 갖는 두 가지 대립명제의 개념은 좀 더 포괄적이면서 한 단계 높은 진정한 세 번째 개념으로 '지양된다'. 이 지양된다는 개념은 **부정된다**(verneint), **고양된다**

(erhöht), **보존된다**(bewahrt)는 3중의 의미로 쓰인다. 대립명제의 개념들은 각자 절반의 진리만을 내포하는 합당한 계기들로서 세 번째 개념에서도 계속 살아남게 된다. 고양된 이 새로운 개념에 맞서 다시금 또 하나의 대립 명제가 형성되는데, 이는 좀 더 풍부한 진테제를 구성하기 위해서이다. 이런 운동 속에서 매 단계는 중간 역에 불과한 셈이다. 이 운동은 **자동적인**(selbsttätig) 운동이다. 애초부터 각 개념은 대립물로 변하는 경향이 있고, 각 모순은 헤겔이 '더 구체적인' 통일이라고 부르는 그런 통일로 화해되는 경향이 있다. 이 통일이 '더 구체적인' 것은 더 많은 규정을 내포하기 때문이다. 이러한 개념운동은 피히테가 가르치는 대로 주체에게서 산출되는 것이 아니라 객체 자체, 즉 '절대자'에게서 산출된다. 반면 주체는 단순한 구경꾼으로서 이 운동을 따라가면서 자신의 사유 속에서 반복한다. 그런데 이 운동의 목표는 모든 대립적인 계기가 통일되어 지양되는 '절대지(absolutes Wissen)'이다. 이는 곧 헤겔의 철학을 의미하기도 한다. 이를 넘어서는 변증법적 운동은 더 이상 가능하지 않다. 왜냐하면 그 자체로서는 더 이상 모순을 산출할 수 없기 때문이다. 그런데 여기서 헤겔은 길을 잃었다고들 한다.

헤겔은 절대지에 이르는 길인 자신의 방법론을 예나(Jena) 전투가 일어나기 전날 한밤중에 마무리한 『정신현상학(*Die Phänomenologie des Geistes*)』에 담았다. 제목에서 보듯 이 책은 지(知)의 '현상 방식', 즉 가장 낮은 단계에서 가장 높은 단계로 나아가는 의식의 발전 단계를 다룬다. 이런 원칙에 따라 그는 광범위하고도 깔끔하게 분류된, 그리고 엄격하고도 견실하게 구성된 학문체계를 세웠다. 그 핵심계통 혹은 본 층은 논리학·자연철학·법철학·역사철학·예술철학·종교철학·철학사를 구성하고 있다.

앞 세기의 중후반부에서 헤겔은 향유할 수 없는 철학자의 표본으로 통했다. 완전히 타당한 것은 아니다. 왜냐하면 그의 저작의 상당부분, 특히 순수 역사적 저술 부문은 아주 흥미로운 읽을거리가 되기 때문이다. 물론 그의 주저인 『정신현상학』은 지금도 거의 잘 읽히지 않는다. 자연철학에서도 그가 소재를 충분히 지배하고 있는 것 같지는 않아 보인다. 그는 전기에 대해 다음과 같이 정의를 내린다. "전기는 자체로부터 해방되는 형태를 목적으로 취한다. 이 형태는 전기의 무차별성을 지양하기 시작한다. 왜냐하면 전기는 직접적으로 출현했거나 이 형태 비슷한 것에서 나와 이 형태에 의해 조건 지워진 존재이기 때문이다. 그러나 아직은 형태 자체가 용해되진 않고, 양극·음극의 구분이 이 형태를 없애지만 아직은 이 형태를 자신의 조건으로 취하는 피상적 과정에 있다. 이 과정에서 구분되는 전기는 아직 자립적인 단계에 이르지 못한 상태다." 물론 이 예는 악의적으로 선택한 것이다. 하나 헤겔의 고상한 사유세계를 감싼 안개 속에서 종종 독자가 심한 현기증을 느끼게 된다는 것은 부정할 수 없는 사실이다. 기본적으로 헤겔은 가장 명료한 사상가의 한 사람이긴 하지만 이와 별개라곤 말할 수 없는 어법, 그리고 특히 일련의 모호한 전문용어에서만큼은 명료하지 않은 것도 분명하다. 그의 논리학적 천공기가 만들어내는 조밀한 구성의 끝없는 나선을 따라가기가 거의 불가능할 때가 부지기수다. 사고표현의 명료성은 철학적 재능보다는 예술적 재능의 문제에서 대개 훨씬 더 뚜렷해지는 것처럼 보인다. 예술가에게는 모호하지만 창조적인 직관의 능력이 있고, 철학자에게는 명료하게 밝히는 예리한 개념형성의 재능이 있다고 말하면 이는 분명 피상적인 대조를 넘어 엉터리 대조가 될 것이다. 사정은 오히려 그 반대일지 모른다. 진정한 예술가는 사유를 완성해 고전적 형태로 바꿔놓을 수 있다는 점에서 '노련한' 사유의 대가이지만, 반면 순혈통의 철학자는 발화되지 않은 것, 말로 표현할 수 없는 것, 새로운 심층적 사유의 **단순한 착상**에 자신의 전문영역을 더 많이 두고 있는 것이다. 모든 위대한 철학자에게서 신비주의 경향을 볼 수 있으며, 모두가 다의성과 모호성의 경향을 띤다. 세계적 명성이 있는 최초의 서구 철학자 헤라클레이토스는 **기인**(δ σκοτεινος)이라는 별명을 달고 다녔다. 우리가 생각할 수 있는 '기인들', 이를테면 몽테뉴·파스칼·레싱·리히텐베르크·쇼펜하우어·니체, 이들 모두는 철학자라기보다는 오히려 예술가였다. 거꾸로 속세의 뛰어난 모든 시인은 자신들의 사상 구조를 순수하게 간파하고 예리하게 실루엣 처리함으로써 자신을 그려냈다. 이는 역시당연한 것일 터이다. 순수한 사유에 빠져들면 들수록 심연의 암흑과 모호함에 이르게 된다. 반면에 형상에의 근접은 불을 밝혀 분류하고 명료하게 하는 과정을 의미한다. 새로운 이념은 언제나 철학자가먼저 거머쥐지만, 그 이념에서 명료한 형상을 만들어내는 이는 예술가이다.

헤겔은 그 스타일에서 보면 결코 예술가가 아니다. 동시대인들의보고에 따르면 그의 구술 강의도 세련미하고는 거리가 멀다. 그는자신의 청중과 독자들을 사유와 씨름하고 있는 자기 모습의 목격자로 삼고서 그들 앞에 자신의 사유 결과들을 아직 마무리되지 않은상태로 내놓았다. 그러나 그럼에도 그의 언술의 모호함에서 종종가장 아름다운 보석이 빛을 발한다. 가끔 그는 재치를 보이기도 한다. "시종에게는 영웅이 없다"는 잘 알려진 경구가 "후자가 영웅이아니라서가 아니라 전자가 시종으로 남아 있기 때문"에 올바르다는그의 착상이 유명해진 것은 괴테가 그를 인용하고 칼라일이 또 괴테를 인용한 덕분이었다. 그는 『종교철학』에서 철학의 경우 어떤 주체에게서 종교를 산출하는 것이 문제는 아니라고 대구법을 써서 설명한다. "그것은 마치 개에게 인쇄된 활자를 씹어 먹도록 해서 개에게 정신을 집어넣으려는 것만큼이나 어리석은 짓일 것이다." 셸링이 "주체 및 객체와 전혀 상관없는 것"으로 정의를 내린 절대자를 두고 그는 모든 소가 검게 보이는 밤이라고 지적한다. 그리고 프랑스 혁명을 두고서는 "태양이 천공에 있고 행성들이 그 주위를 도는 동안, 사람이 물구나무서서, 즉 사유를 딛고 서서 이에 따라 현실을 건축하는 일을 볼 수 없었던 일"과 같은 것이라고 말한다. 칸트의 철학에 대해서는, 우리의 인식능력이 사물의 본질에 대해 해명할 수 있는지, 있다면 그 범위가 어느 정도인지 탐문하는 것과 관계있다고 한다. 즉, 칸트 철학은 우리 인식능력의 상태와 한계를 시험한다는 것이다. 이러한 시도의 면모에서 칸트는 수영을 배우기까지는 차라리 물에 들어가지 않겠다고 한 스콜라스티쿠스(Scholastikus)를 닮은 것 같다고 말한다. (이에 대해 쿠노 피셔(Kuno Fischer)는 인식을 수영에 비교할 것 같으면, 칸트는 스콜라스티쿠스가 아니라 아르키메데스(Archimedes)에 어울릴 법하다고 재치 있게 논평한 바 있다.) 이 모든 재담 역시 썰렁하다. 이는 간혹 수업에 농담으로 양념을 치면서도 학생들이 웃는 것만큼은 허용하지 않는 선생을 연상시킨다.

헤겔 철학의 정수를 내포하고 있는 것은 『역사철학』이다. 그것은 중국의 고대에서 7월 혁명에 이르기까지의 인류 운명의 길을 펼쳐 보이는 장엄한 파노라마이다. 항상 다양한 외관에서 이념, 즉 '시대정신'으로 파고든다. 때로는 보잘것없는 것을 '내보이고' 사실들을 억압하기도 한다. 그런데 어떤 사상구조든 그렇게 하지 않는가? 이 저작의 핵심 모티브는 다음의 문장에 들어있다. "철학에 동반되는 유일한 사유는 이성이 세계를 지배하며, 세계사도 이성적으로 작동한다는 이성의 단순한 사유이다." 이러한 테제는 선입관적 도그마가 아니라 세계사를 관찰해 나온 선취된 결과일 뿐이다. 요컨대 세계를 이성적으로 보는 사람은 세계도 그를 이성적으로 본다는 것이다. 모든 것을 완전히 지배하는 신의 지혜인 이성은 위인에게든 소인에게든 동일하다. 이러한 한 세계사는 신의 변호를 뜻하는 신정론(Theodizee)이 지배한다. 말하자면 세계사는 정신의 발전이며, 정신의 본질인 실체(Substanz)는 자유이다. 결과적으로 세계사는 자유 의식의 진보에 다름 아니다. 세계사는 "시간 속에서의 정신의 전개이다. 그것은 이념이 자연으로서 공간 안에서 자신을 전개하는 것과 같은 이치다." 철학은 이 정신을 포착하려 하며, 헤겔이 『역사철학』의 결론에서 멋있게 말하듯이 그것은 "오로지 세계사에 반영되는 이념의 빛과 관련 있을 뿐이다."

그러나 헤겔의 신정론은 너무 심오해서 결코 행복론일 수 없는 것처럼 들린다. '진보'는 헤겔의 동시대인 벤담(Bentham)이 제기한 개념인 '만인의 행복'처럼 생활개선과 같은 평범한 자유주의적 개념으로 이해되진 않는다. 오히려 세계사는 행복의 무대가 아니다. "세계사에서 행복의 기간은 백지상태로 남겨져 있다. 왜냐하면 이 기간은 대립이 없는 조화의 기간이기 때문이다." 그렇다고 세계사는 단순히 선의 무대인 것만도 아니며 오히려 그것은 책임의 공간이다. 그런데 바로 여기에 "인간이 감당해야 할 고도의 절대적 숙명의 비밀"이 있다. 요컨대 인간은 무엇이 선이고 무엇이 악인지 알며, 책임을 떠맡을 줄도 안다. 이때 "책임은 단순히 이런저런 혹은 모든 선과 악에 대한 것이 아니라 자신의 개인적 자유와 관련된 선과 악에 대한 것이다." 동물만이 진정 책임질 줄 모른다. 인간은 자신의 역사에서 종교적 현상이다. "종교는 어떤 민족이 진리로 여기는 것에 대한 정의가 정립되는 장소다." 신에 대한 표상은 그 민족의 보편원리를 구성한다는 것이다. 보편원리의 상태가 어떠한 것인가에 따라 국가와 그 헌법의 상태도 정해진다. 그것은 자유 의식의 진보도 규정한다. 세계사는 동쪽에서 서쪽으로 가고 있다. "왜냐하면 유럽은 한갓 세계사의 끝이지만 아시아는 시작이기 때문이다." 동양은 **한 사람**이 자유롭다는 것, 그리스와 로마의 세계는 **소수 사람**이 자유롭다는 것, 게르만의 세계는 **모두**가 자유롭다는 것을 알았을 따름이다. 첫 번째 형식은 전제주의이며, 두 번째 형식은 민주주의와 귀족정치이며, 세 번째 형식은 입헌군주제다. 헤겔의 종교철학은 이 같은 기본 주제의 한 변형이라고 볼 수 있다. 왜냐하면 종교와 철학은 동일한 대상을 취하기 때문이다. 곧 이 대상은 영원한 진리, 즉 "바로 신과 신에 대한 해명"을 의미한다. 철학은 세상에 대한 지혜가 아니라 세속적이지 않은 것(Nichtweltliches)에 대한 지(知)이며, "외형의 덩어리, 경험적 존재와 삶에 대한 인식이 아니라 영원한 것, 즉 신이란 무엇이며, 신의 본성에서 흘러나오는 것은 무엇인가에 대한 인식"이다. 헤겔의 『철학의 역사(Geschichte der Philosophie)』도 『역사철학』과 동일한 도식을 따른다. 말하자면 철학의 역사는 인간 정신에 대한 자기인식의 발전이다. 이 발전의 개별 단계들이 수많은 역사적 철학을 형성하고 있는 셈이다. 모든 것이 더욱더 자기 의식적으로 생성되는 이성의 행보 속에서 한결같이 덧없고 한결같이 필연적이다. "매 단계는 철학의 진정한 체계에서 자신의 고유한 형식을 갖는다. 아무것도 사라지지 않는다. 모든 원칙은 보존되는 것이다. 최후의 철학은 형식들의 총체이기 때문이다." 그러나 이 최후의 철학, 즉 형식들의 총체는 이상적인 요청, 이를테면 칸트가 말하는 '학문의 완공된 왕국'처럼 도달할 수는 없고 다만 우리의 정신이 노력을 하면서 무한히 접근해가야 할 그런 목표가 아니라, 현현하여 게오르크 빌헬름 프리드리히 헤겔에게서 육화되었다.

헤겔에 의한
헤겔의 상환

그러나 헤겔 철학은 헤겔 자신을 통해 진실을 입증할 수밖에 없다. 그도 그럴 것이 그의 철학은 그 자신에게 제대로 맞서기 때문이다. 그의 철학이 보여주는 것은 최종의 진테제는 없고 각 테제는 언제나 또다시 그 대립물로 전환되도록 규정된 하나의 테제일 뿐이라는 점이다. 그는 헤겔주의적이라고 자칭하는 학파를 양산했지만, 그것은 그가 '전도된 모방'이라고 직접 지적한 형태를 취했다. 20년대 말에 지도적 역할을 한 세대가 오랫동안 누적되어온, 그래서 더욱 폭발적인 동력을 갖고서 안티테제를 실현했다. 이 세대는 국가·신앙·예술·생활태도 등에서 나타난 모든 낭만주의와 반동에 맞섰고, '가짜키스(Schattenküsse)'가 이루어지는 세계와 이름뿐인 왕(Schattenkönig)의 세계에 맞섰고, 신성동맹의 그늘에서 유령의 삶을 영위한 순 엉터리 배우들의 연극(Schattenfigurentheater)에 맞섰으며, 헤겔을 가장 강력한 위엄을 가진 마지막 명인으로 모셨던 독일 관념적 낭만주의의 환영(幻影)적 개념(Schattenbegriff)에 맞섰다. 이로써 그가 거꾸러졌다. 그것도 헤겔의 이름으로 말이다.

02
궂은 노래

현재 무시무시한 정치적 이해관계가
다른 모든 것을 집어삼켜버렸다.
— 위기다. 여기서는 한때 가치를 인정받은
그 모든 것이 문제적인 것처럼 비친다.
— 헤겔

19세기의 제2의 국면은 1830년 7월 혁명(Julirevolution)으로 시작하여 1848년 2월 혁명(Februarrevolution)으로 끝이 난다. 이렇게 구분할 수밖에 없는 것은 자명하게도 이런 구분을 적용해볼만한 사서(史書) 하나도 없어 보이기 때문이다. 낭만주의라는 표어가 현실과 동떨어진, 현재와 거리가 먼, 정치와 거리가 먼이라는 뜻으로 쓰였다면, 이제부터는 **리얼리즘**(Realismus)이라는 구호가 울려 퍼진다. 그 시대의 사상과 감정이 뚜렷이 배타적으로 일상의 문제를 둘러싸고 결정화하며, 유럽의 영혼은 수백만 목소리의 정치적 노래를 읊조린다. 이 요란한 투쟁의 노래가 **단연** 돋보이기 마련이었다. 전 대륙에 이 노래가 가득 울려 퍼져 다른 소리는 압도되었다. 그런데 이 노래가 들렸을 때 비인간적이면서도 모호한 수단을 통해 이 노래를 잠재우려는 사람들의 작품이 한발 앞서 있었다. 그 속에선 운명이 노래하고 있었다. 짓궂게 말이다.

　이런 역사적 국면에서 유럽은 처음으로 흉측한 모습을 드러낸다. 이 책의 1권에서 우리는 저마다의 역사적 시·공간은 특정한 낮이나 밤의 빛에 비치기 마련이라고 말한 적이 있다. 그런데 이제 세계는 처음으로 인공조명을 갖기에 이른다. 말하자면 세계가 가스등 불빛 아래 선 것이다. 이 가스등은 나폴레옹이라는 별이 지고 있는 낮에 벌써 런던에서 타오르기 시작하더니만 거의 같은 시기에 부르봉 왕가와 함께 파리에 진출하여 천천히 그러나 집요하게 앞으로 밀고 나가서는 결국 모든 도로와 공공장소를 정복했다. 1840년 무렵, 이 가스등은 곳곳에서, 심지어 빈에서조차 불타올랐다. 쉭쉭 소리를 내면서 흐릿하며, 날카로우면서 가물대고, 평범하면서도 유령같이 펄럭대는 불빛 아래서 소상인이라는 뚱뚱한 쥐며느리들이 분주히 움직였다. 그들의 복장은 기괴하지만 바로 우리의 옷이 거기서 유래하기 때문에 전혀 이상하게 보이지 않을 뿐이다. 몸통 부위가 오늘날의 저녁나들이 의상으로 바뀐 연미복의 헐렁한 연통에 잠겼으며, 목은 멍에같이 생긴 기괴한 칼라에 묻혔다. 개성이 없는 음산한 검은색이 점차 유행하면서 곧 모든 사람이 검은색 차림을 진중한 태도로 이해함으로써 꼭 법무사나 장의사 같은 모양을 취한다. 검은색 외에도 칙칙한 갈색이나 회색만큼은 아직 봐줄만한 것으로 통한다. 조끼는 (장식무늬 하나 없어) 검소함 자체였다. 바지는 우스울 정도로 통이 넓고 격자무늬가 촘촘하게 박혔다. '바지 멜빵'이 일종의 승마복 바지 모양을 흉내 낸 듯 구두 밑에까지 둘러 그 모양이 가관이다. 오늘날 지방 희극배우의 소품과 같은 딱딱하고 높은 칼라가 외투 위로 삐죽 솟아 있고, 빳빳한 주름으로 장식된 앞가슴 부위엔 도무지 그 용도의 영문을 알 수 없는 금빛단추가 두 개 달려 있다. 모양이라고는 모르는 넓적한 검은색 혹은 흰색의 넥타이, 여기에 곁들인 작은 고리로 묶인 두 개의 브로치는 촌스럽기 짝이 없다. 여기에 고수머리로 지진 머리카락은 한몫 더했다. 젊은이들 사이에는 온갖 모양의 기발한 수염 손질이 유행했다. 구레나룻, 선원 스타일의 수염, 바다표범의 수염, 염소수염, 앙리 4세의 수염 모양 등이 그것이다. 역시 새롭게 (적어도 보편 차원에서) 유행하게 된 것은, 신사에겐 없어서는 안 될 것으로 통한 멋없이 넓고 둥근 테의 단안경과, 즐기는 유형에서 본래 멕시코가 그 원조인 형태이지만 파이프와 말아 피우는 담배가 출시되면서 비로소 날개 달린 듯 경쟁을 보인 '시가로(Cigarro)'였다. 프로이센에서는 담배를 두고 처음에는 길거리 흡연을 금지했다가 이후에는 '화재 위험'을 핑계 삼아 경찰령을 동원하여 철망 안에서 피우게 했다. 바이런은 담배를 예찬하지만 하이네는 거부했고 쇼펜하우어는 비방했다. 담배와 파이프의 관계는 빠르게 사유해야 하는 시대의 신경과민이 이전 시대의 여유로움과 사색에 대비되는 것과 같은 맥락에 있다. 두툼한 시가를 물고 있지 않은 근대의 상인을 생각하는 것은 상상할 수 없지만, 파이프를 갖고 있지 않은 상인도 생각할 수 없다. 아무튼 처음엔 시가 흡연이 살롱을 드나들 능력이 있다는 과시용이기도 했지만, 지금까지도 우아한 제스처로 통하는 코담배에 의해 점차 밀려난다.

여성용 의상도 몇 가지 아주 볼품없는 새로움의 특징을 드러낸다. 우선 크리놀린[1]이라고 부르는, 말의 갈기를 넣은 패드로 모양을 잡았기 때문에 맵시가 나지 않은 라이프로크가 다시 유행한다. 몸에 비해 서너 배 이상으로 부풀린 모양은 특히 맵시가 나지 않았다.

---

[1] crinoline: 스커트를 부풀게 하는 페티코트.

라이프로크는 이제 더는 로코코 시대의 '닭의 둥지(Hühnerkorb)'와 같이 이상하지만 고매한 교태의 도구로서가 아니라, 혹은 반종교개혁시대 '정절지킴이(Tugendwächter)'와 같이 뻣뻣하지만 우아하고도 고상한 자세를 유지하기 위한 소품으로서가 아니라 시민화한 근대의 물질적 세계에서 번거롭지만 특별히 맵시내는 형태로 작용한다. 여기에 곁들여 단추를 채워야 하는 의상 같지 않은 긴 장화, 그리고 천연 가죽을 이제 마침내 보편적으로 밀어내게 된 무두질한 장갑이 등장한다. 물론 프랑스에서 고안된 가죽세공은 이미 1700년경에 이주한 위그노파에 의해 유럽으로 확산된 것이다. 이런 가죽을 선호하는 경향은 광택 나는 것이면 무엇이든 좋아한 졸부들에게서 그대로 드러났다. 머리는 별 매력 없이 단조롭게 가르마를 탔다. 뒷머리는 아주 높게 올려 사람들이 '중국풍'이라고 한 큼직한 빗으로 고정하거나 '그리스풍'이라는 식으로 두툼하게 땋거나 불로 지져 귀밑머리로 흘려 내렸다. 얼굴 양쪽으로 길게 흘려 내린 애교머리는 가장 흔한 유행 형태였다. 요컨대 여성의 복장은 남성의 그것만큼 그렇게 튀진 않았다. 그러나 그것은 남성의 복장만큼 그 시대양식의 성격을 말해주진 못한다. 그 이유는 아주 간단하다. 여자는 남자에 의해 만들어진다는 바이닝거[2]의 말처럼 그 확실한 근거는 무엇보다 남자가 그때그때 지배하는 성적 이상(理想)과 더불어 그 복장도 결정하는 반면에 여자는 수동적으로 따라가는 태도를 취한다는 점에서 찾을 수 있기 때문이다. 이 점은 여성 복장의 역사가 크게 변화를 보인 적이 별로 없다는 사실에서도 드러난다. 물론 몇몇의 경우 매우 빠르게 변화하지만, 또다시 그것은 미묘한 변화를 동반한 채 빈번히

---

[2] O. Weininger(1880~1903): 오스트리아의 철학자.

반복될 뿐이었다. 이를테면 긴 옷자락, 높이 올린 헤어스타일, 짧은 소매, 주름잡은 외투, 가슴의 노출, 허리를 바짝 조는 코르셋 따위가 그런 것이다. 오늘날의 소년 헤어스타일만큼이나 혁명적인 그런 유행들조차도 '동일한 것의 영원회귀(ewige Wiederkunft des Gleichen)'의 모양을 취할 따름이다. 15세기 이탈리아와 부르고뉴 왕국의 부인들이나 고대 이집트 왕국의 부인들도 이미 단발머리에 대해 알고 있었다. 사실 스핑크스는 짧은 머리를 하고 있다. 역사를 상상하는 가운데 시대양식을 현재화하려 할 때는 거의 언제나 남성의 외모를 먼저 떠올리기 마련이다. 그도 그럴 것이 이 남성의 외모가 골상학의 양식이 되기 때문이다. 그리고 사실 항상 남성의 외모가 가장 강렬하고도 특색 있게 변모해 왔다. 예컨대 30년 전쟁 때 세계의 모든 사람은 전투적인 용병 모습을 취하거나 투쟁심에 불타는 선동적인 학생티를 내는 것을 영예롭게 생각했다. 50년 뒤, 분노에 찬 노련한 검투사는 품위를 갖춘 소심한 궁정관원이나 대학 학장으로 변신하여 언제라도 유언장을 개봉하거나 토론회에 참석할 듯한 자세를 내비쳤다. 그리고 또 50년 뒤에는 연애밖에 생각하지 않는 듯한 유약하고 부드러운 소년으로 변신해 있었다. 그런데 같은 시기의 여성복을 그 옆에 놔두고 보면, 그 변화의 차이라고는 거의 보이지 않아 간혹 의상 전문가들이나 그 변화를 읽어낼 정도일 뿐이다. 사실 파우더와 가발의 사용만이 결정적 차이를 보이는 것이지만, 이 두 용품도 남성의 고안물이다.

이제 이 '지금 시대의 아들들', 이를테면 "사유의 결과로서 눈에 낀 안경, 동물적인 입에 문 시가로, 외투 대신 등에 멘 배낭"을 쇼펜하우어가 호의적이진 않지만 제대로 적절하게 그 성격을 규정했듯, 몰취향성을 기준으로 해서 보자면 고작 곧바로 다음에 올 것보다 우세할 따름인 하나의 복장으로 볼 경우, 아무튼 우리는 이것들이 매우 함축적인 의미심장한 하나의 양식을 띠고 있다고 말할 수밖에 없다. 그 이유는 우리가 앞 장에서 강조했듯이, 양식 없는 복장이란 없기 때문만이 아니라 외향적인 생활형식의 형태화에서 특별한 힘을 개진하기도 했기 때문이다. 권력을 획득한 대(大)부르주아지가 즉물적으로, 현실적으로 재미없게, 그래서 따분하게, 그리고 꾸밈도 환상도 없이 처신하는 것도 일종의 복장인 셈이다. 금융자본가가 자신의 은행 집무실 바깥에서도 동물적인 성실함을 갖고 실용적으로 서민처럼 행하는 그 모든 것도 복장이며, 연기와 그을음을 먹고 살아가는 날품팔이, 마권(馬券) 장수, 외판원, 그리고 상인과 저널리스트들, 상품유통이나 정보수집의 어설픈 대리인들에게도 나름의 복장이 있었다. 이 복장이 의복으로 변모한 것이다.

기관차 1호

　　사람들이 단순히 의복만 만든 것이 아니라 여타의 생활 모습 전체를 몸짓의 형태와 풍광의 윤곽으로까지 그려낼 때, 모든 것이 실용적이면서 혐오스러운 것(Nützlich-Häßliches)으로 변모했다. 잽싼 검은 왕뱀들이 꽃이 피는 자연 속을 꿈틀거리며 헤집고 나가기 시작하며, 그 목구멍에서 뿜어내는 불쾌한 연기와 수많은 분화구가 하늘을 향해 그 회색빛 목을 내밀었다. 곧 전선도 끝없이 깔리고는 알 수 없는 묘한 숫자 정보들이 윙윙대면서 고요함을 깨트렸다. 1814년, 스티븐슨[3]이 자신의 증기기관차를 개발했다. 그러나 선로를 다지는 기술이 성취된 1820년이 되어서야 그의 증기기관차가 상용화될 수 있었다. 5년 뒤 영국의 더럼(Durham) 백작령에 있는 작은 두 도시, 스톡턴(Stockton)과 달링턴(Darlington) 사이에 최초의 철도 선로가 놓였다.

---

[3]　G. Stephenson(1781~1848): 증기기관의 발명자.

지금도 달링턴 역사에 가면 '기관차 1호'를 볼 수 있다. 이 기관차는 쉭쉭거리는 거대한 육지 괴물의 수백만 종을 탄생시킨 시조에 해당한다. 이어서 5년 뒤에는, 증기기관차가 이미 리버풀(Liverpool)과 맨체스터(Manchester)를 왕래하고 있었다. 말을 타면 쉽게 갈 수도 있고, 아쉬운 대로 걸어서라도 갈 수 있었을 법한 아주 짧은 구간에도 대륙에서는 선로가 깔렸다. 이를테면 1835년 뉘른베르크와 퓌르트(Fürth) 사이, 1837년엔 라이프치히와 드레스덴 사이, 그리고 파리와 생제르맹(Saint-Germain) 사이, 1838년에는 베를린과 포츠담 사이와 빈과 바그람(Wagram) 사이에 철로가 놓였다. 사람들은 이 새로운 풍경을 처음엔 환담거리라는 관점에서만 바라보았을 뿐이다. 그러나 1839년, 아메리카에서는 최초의 침대차가 볼티모어와 필라델피아를 이미 왕래하고 있었다. 대서양 저편에서는 최초의 증기선도 목격되었다. '클레르몽(Clermont)'호가 허드슨(Hudson) 강줄기를 타고 뉴욕에서 출발하여 알바니(Albany)로 운행했다. 뉴욕과 필라델피아를 연결하는 최초의 증기 해양선 '피닉스(Phönix)'도 있었다. 최초의 원양 증기선인 미국의 '서배너(Savannah)'호가 1818년 뉴욕과 리버풀 구간을 스물여섯 날 걸려 돌파했다. 영국도 손 놓고 가만있지 않았다. 빈 회의와 7월 혁명 사이에 여객선의 수를 20척에서 300척 이상으로 끌어올렸고, 1833년에는 최초의 증기 전함을 조선했다. 그러나 독일의 경우 그 기원이 되는 1825년에 증기선들이 라인 강을 누비고 있었다. 같은 해 최초의 영국 증기선이 이미 동인도로 출항했다. 거기에 스크루가 발명되자 이 새로운 교통수단이 거대한 세계의 교통이 된다. 트리스틴(Triestin) 무역회사의 직원이었던 요제프 레셀[4]이

---

[4] Joseph Ressel(1793~1857): 오스트리아의 발명가. 선박의 프로펠러를 최초

1829년에 벌써 스크루를 만들어내는 데 성공했다. 그러나 오스트리아 경찰은 시험운행을 금지했다. 30년대 중반에 영국에서 다시 시도되었다. 레셀의 좌절 후 10년 만에 영국에서 최초의 스크루 증기선이 진수한 것이다. 이제 독일이 서서히 뒤따랐다. 1842년 브레멘과 뉴욕을 잇는 증기선 정기운항의 뱃길이 열렸고, 1847년엔 함부르크-아메리카 노선이 열렸다. 그러나 그 세기 중엽에 가서야 어디서든 증기선이 범선(帆船)을 압도했다. 이 시기에 이르기까지 증기선은 대중의 보수주의와 정부의 나태함에 맞서 몇 곱절 힘들게 싸워야만 했다. 철도를 도입할 때는 훨씬 더 큰 저항에 부딪혔다. 바이에른에서 최초의 독일 선로가 닦였을 때 에어랑엔(Erlangen) 대학의 의과대학 교수진이 증기기관차의 공공운행을 중단해야 한다는 전문가 평가를 내놓은 것이다. 이 평가에 따르면, 급행운행이 여지없이 뇌질환을 일으키며, 바람처럼 빠르게 지나가는 열차를 보는 것만으로도 뇌질환 작용을 일으키므로 철로 양쪽에 적어도 5피트 높이의 판자벽을 세워야 한다고 했다. 라이프치히에서 드레스덴으로 통하는 독일의 두 번째 철도를 상대로 뮐러(Müller)라는 사람이 철도가 일으키는 바람을 차단해달라고 소송을 제기하기도 했다. 그래서 철도 기관이 터널을 뚫겠다고 했을 때, 의료진의 평가는 그런 공사에 반대한다는 것이었다. 그 이유는 노인들이 갑작스러운 공기압의 변화로 쉽게 쇼크를 받을 수 있다는 것이었다. 그런데 페르디난트 황제는 오스트리아 최초의 빈-바덴 노선을 두고 이에 반대하는 입장을 지지했다. 그는 완강하게 터널을 요구했다. 터널 없는 철도는 철도라고 할 수 없다는 식이었다. 프로이센의 우체국 총국장 나글러

로 발명함.

(Nagler)는 베를린과 포츠담을 연결하는 노선 건설에 대해 경고를 보냈다. 왜냐하면 그가 1주일에 그 구간을 4번 왕래하게 한 급행 우편 마차가 거의 절반이 텅 비어 있었고, 왕도 사람들이 몇 시간 안에 포츠담에 도착하는 일을 큰 행운으로 볼 수 없다고 생각했기 때문이다. 그곳에서 왕을 알현하려 한 티크는 철길을 이용하는 것을 꺼리고는 마차를 타고 갔다. 루트비히 리히터도 증기기관차에 대해 적대적 감정을 가졌고, 티에르는 철도 개설이 큰 변화를 별로 몰고 오지 못할 것이라고 예견했다. 러스킨[5]은 이렇게 논평한다. "열차를 타고 가는 것을 나는 더 이상 여행으로 보지 않는다. 쉽게 말하자면 그것은 다른 곳으로 보내지는 것이어서, 꼭 소포를 보낼 때와 하나도 다를 것이 없다." 반면에 안할트-쾨텐(Anhalt-Cöthen)의 영주는 이 새로운 발명품에 대한 열렬한 추종자였다. 그는 이렇게 설명한다. "나는 수천 탈러가 든다 해도 내 영지 안에도 열차 하나쯤은 둬야겠다." 그러나 대략 1845년 이후부터 철도와 증기기관차가 이미 유럽 곳곳에서 목격되었다. 사람들은 논문과 시를 통해 이 새로운 탈것에 대해 찬양했고, 온 세상이 문학적으로도 표현된 진짜 여행 열풍에 휩싸였다. 여행 사진, 여행 편지, 여행 소설이 작가와 독자들이 선호하는 장르였다. 증기력이 수송력을 더 높여주자 더 빠르고 더 빽빽이 태울 수 있는 이 같은 열차가 대부분의 사람이 예고한 것과는 달리 다른 운송 수단을 파괴한 것이 아니라 오히려 간접적으로 촉진하는 영향을 주었다. 특히 독일에서 이 교통수단은 프랑스가 리슐리외[6] 이래 안착시킨 것과 같은 도로 체계를 정비하는 결과를 낳았

---

[5] J. Ruskin(1819~1900): 영국의 평론가이자 사회 사상가.
[6] J. du P. Richelieu(1585~1642): 프랑스의 추기경·정치가.

다. 기술 분야에서 증기선과 증기기관차의 발명과 적어도 대등할 법한 세 번째 중대한 사건은 석탄의 채굴이었다. 이 새로운 물질은 또다시 영국에 가장 유용하게 작용하게 된다. 그도 그럴 것이 영국은 이 연료가 매장된 가장 넓은 탄광지대를 갖고 있었을 뿐만 아니라 이 물질의 가치도 맨 먼저 알았기 때문이다. 이외에도 영국은 처음부터 기계장치의 발전에서 선두에 서 있어서 이 새로운 에너지원을 채굴하는 데 효과적인 도구도 겸비했다. 결과적으로 기계가 늘어나는 만큼 석탄도 그만큼 더 채굴하게 되었고, 점점 더 많이 채굴된 석탄은 더욱더 강한 기계를 생산할 수 있게 하는 상호작용이 일어났다. 1833년 증기 트랙터를 발명한 히스코트[7]와 1842년 최초의 증기 해머를 조립한 네이스미스[8]도 영국인이었다.

고속인쇄기   그러나 그 시대 태어난 가장 중요한 기계는 고속인쇄기였다. 이 인쇄기는 지금까지 수쇄(手刷) 인쇄기로 해온 인쇄를 자동화한 것이며, 인쇄 속도를 몇 배 이상 높여 놓았다. 이 인쇄기가 처음 등장한 때는 1814년이며, 비록 프리드리히 쾨니히[9]라는 독일인의 이름을 달고 나오긴 했지만 실제로 이 인쇄기를 이용한 나라는 역시 영국이었다. 사람의 손을 전혀 빌리지 않고 나오게 된 최초의 신문이 『타임스(The Times)』였다. 그런데 신문이 인쇄기와 결합함으로써 비로소 세계적인 권력의 성격을 갖게 된다. 말하자면 사실이나 거짓의 말이 조용히 매복해 있는 거대한 기계 거미에게 날아들면, 이 거미는 말을 꿀꺽 삼키고는 압착하여 수천 배로 늘려 사람들이 사는 곳이면 어디에서든 토해냈다. 시민들의 거실에도, 농민들이 출입하는

---

[7]   J. Heathcoat(1783~1861): 영국의 발명가.
[8]   James Nasmyth(1787~1831): 스코틀랜드의 기술자.
[9]   Friedrich König(1774~1833): 독일의 발명가. 고속인쇄기 발명으로 유명함.

선술집에도, 병영막사에도, 궁궐에도, 지하 창고에도, 다락방에도 토해냈다. 말이 권력의 언어가 된 것이다.

인쇄기의 개선행렬이 서쪽에서 동쪽으로 천천히 움직여 나간다. 영국 섬에서 우선 프랑스로 이어진다. 프랑스에서 가장 강력한 언론의 군주는 루이 프랑수아 베르탱[10]이었다. 그는 루이 18세의 부르봉 왕가 치하와 샤를 10세의 입헌제, 그리고 루이 필립(Louis Philippe)의 오를레앙 왕가의 지배를 거치는 40년 동안 『논단(Journal des Débats)』의 발행인으로 군림했다. 앵그르[11]가 천재적으로 그린 그의 초상화가 후세에 전해지는데, 이 초상화는 「언론의 권력(die Macht der Presse)」이라는 제목을 달고 있다. 그의 신문을 무시할 수 없는 것은 근대 음악의 프로그램을 예리하게 분석하고 논박하는 베를리오즈[12]의 비판적인 글도 거기에 실렸기 때문이다. 신문업계의 또 다른 거장 한 명은 에밀 드 지라르댕[13]이다. 그는 30년대 중엽에 자신의 기관지 『라 프레스(La Presse)』에서 세 가지 결정적인 혁신을 단행했다. 그 하나는 지금까지 관행적으로 이루어진 비싼 연간예약 판매 대신 부수별 판매 제도를 도입한 것이다. 이로써 신문이 마침내 대상에 접근하고 파고드는 그 본성을 살린 모든 이의 읽을거리가 된다. 그리고 또 하나는 광고영업과 관련된 조처이다. 이로써 시대의 또 다른 보편권력인 중상주의와 결합하게 된 셈이다. 나머지 하나는 문예란에 연재소설을 신게 한 조처다. 이로써 신문이 문학과 융합된다. 사실 이름

---

[10] Louis François Bertin(1766~1841): 프랑스의 저널리스트.
[11] J. A. D. Ingres(1780~1867): 프랑스의 고전파 화가.
[12] L. H. Berlioz(1803~1869): 프랑스의 후기 낭만파 작곡가.
[13] Émile de Girardin(1806~1881): 프랑스의 언론인이자 정치가. '언론의 나폴레옹'으로 통하기도 함.

있는 프랑스의 거의 모든 소설 작가와 영국의 수많은 소설 작가는 신문의 형식을 빌려 작품활동을 시작했으며, 평생 신문에 매달린 이들도 적지 않다. 이는 곧 그들의 작품이 조잡한 긴장 구조와 우연의 건축, 기일 맞추기에 쫓기는 작업과 양식화한 피상적 성격에 노출되어 있었다는 것을 의미한다. 틀림없이 이야기 재능의 수준이 떨어지기 마련이었다. 그러나 다른 한편, 인기를 노린 강제가 행사되기도 하지만 특유의 감흥을 주기도 한다. 예컨대 새커리[14]가 묘사한 세계적으로 유명한 속물 초상화에 담긴 비교 불가능한 신선함은 분명 그 글들이 주간지 『펀치』[15]에 실린 점과 일부 관계가 있는 것이 틀림없다.

독일은 이 영역에서도 발전이 뒤처져 있었다. 독일에는 거의 관제적인 신문밖에 없었다. 그것도 프랑스에서 고안된 것일 뿐이다. 그도 그럴 것이 이런 유의 최초 기관지가 나폴레옹의 『모니퇴르 (Moniteur)』를 대신해 나왔기 때문이다. 이 신문은 객관성의 가면 아래서 황제의 통치를 유용한 것으로 간주하는 그런 의견과 소식만을 내보냈다. 메테르니히도 이런 기관을 관리했다. 그는 모든 주요 도시에서 신문을 활성화시킨다. 그런데 겉으로 보기엔 그 신문들이 독립적인 듯했지만 실은 위에서 지령을 받아 기사를 썼을 뿐이다. 이때 그는 당시 언론의 수많은 재주꾼을 때로는 술책을 통해, 또 때로는 매수를 통해 자신에게 복무하게 할 줄 알았다. 이 같은 강제 정책 외에도 그 신문들은 아무것도 아닌 일상의 풍문만을 취급했다. 호프만 폰 팔러슬레벤[16]은 당시 신문의 전형적 내용을 두고, 비록

---

[14] William M. Thackeray(1811~1863): 영국의 소설가.
[15] Punch: 1841년에 창간된 영국의 화보 정기간행물.
[16] Hoffman von Fallersleben(1798~1874): 독일의 애국시인이자 언어학자. 그의

위해가 되지 않는 무딘 감성으로 표현하고 있지만 하나의 시대의 기록물이라고 볼 수 있는 자신의 시로 풍자했다. "사관후보생이 소위가 되어 있고, 고위직 목사가 훈장을 받고, 하인들은 은빛 장식품을 받고, 지고한 지배자들은 북쪽으로 가고 있다. 때마침 봄이 왔다. – 이 얼마나 흥미로운가! 얼마나 흥미로운가! 신이 사랑하는 조국에 축복하고 계시도다!" 온갖 강제와 거세에도 불구하고, '청년독일'이라는 시인학파의 등장과 더불어 독일연방 지역에서조차도 신문이 그 시대의 성격을 말해주는 현실성과 정치화의 정신을 확산시키기 시작하여, 모든 문을 억지로 뚫고 나가면서 모든 주머니를 더듬고, 흡사 파우스트에게 메피스토가 꼭 그렇듯이 근대의 인간에게 참기 어렵지만 없어서는 안 될 불가피한 동반자의 편재를 인정하기에 이른다.

삽화가 든 신문에 석판화가 갖는 의미는 고속인쇄기가 텍스트 부수에 갖는 의미와 거의 같다. 석판 인쇄술을 발명한 알로이스 제네펠더[17]는 우선 원본을 편리하게 복사하려는 것만 염두에 두고, 이목적을 성취하는 새로운 방법을 1818년에 출간한 자신의 책, 『석판인쇄술의 완전한 교본(*Vollständiges Lehrbuch der Steindruckerei*)』에서 발표했다. 마침내 여타 화가들이 그의 아이디어를 석판화 기술로 개발했다. 이 기술은 말의 속도와 거의 맞먹을 정도로 그리기의 속도를 높여 놓아 시작부터 즉흥·기록·대화·문학의 성격을 담고 있었고, 동시에 그 현장성과 저렴함 덕분에 민주적인 성격까지 담고 있었다. 그것은 일종의 제도용 펜을 이용한 저널 활동으로서 목판화가

석판화

시 「독일, 세계에서 가장 뛰어난 독일(Deutschland, Deutschland über Alles)」은 1차 세계대전 후 독일 애국가로 채택됨.
[17] Aloys Senefelder(1771~1834): 석판화 인쇄술을 발명한 독일의 화가.

종교개혁의 정신을, 동판화가 로코코의 정신을 표현한 것과 같이 그 시대의 급속하고도 정곡을 찌르는 물질주의적인 정신을 그대로 드러냈다. 여기엔 상징적 의미가 있다. 이를테면 깨어나 우뚝 서려 하는 시대의 기대와 사상을 모든 세계에 전달하려는 목판화는 볼록 인쇄술의 방식을 따랐으며, 사멸하면서 함몰되어 가는 시대의 감정을 형상화한 동판화는 오목 인쇄술의 방식을 취한 반면에 석판화는 평판 인쇄술의 처리방식을 택했다. 덧붙이면, 목판 인쇄술의 테크닉도 영국인 토머스 뷰익[18]을 통해 결정적으로 개선된다. (이 같은 복제 방식이 순진한 독일에서 선호되었다는 점은 상기해볼만하다. 1845년에 창간된 『플리겐데 블레터(fliegende Blätter)』라는 잡지는 그 같은 복제 방식의 덕을 본 셈이며, 모양이 아름다운 잡지 『뮌헨의 그림책(Münchener Bilderbogen)』이 나올 수 있었던 것도 그 같은 방식 덕분이었다.) 그 시대 말엽엔 사진술을 통해서도 이미 복제를 할 수 있게 되었다.

도미에

그 시기 고야 · 제리코 · 들라크루아 · 슈빈트 · 멘첼[19]과 같은 세기적인 예술가들은 석판화를 이용했고, 7월 혁명 직후 필리퐁[20]에 의해 발간되어 많은 경외심을 일으키다가 결국 금서가 된 잡지 『캐리커처(Caricature)』와 역시 파리에서 발행된 『샤리바리(Charivari)』 신문도 이용했다. 이 신문은 패션잡지이자 팸플릿이고 연대기인 셈이다. 그것은 예리하고도 재치 넘치며, 때로는 악의적이고 때로는 따뜻하지만, 아양이라고는 모르는 생활의 거울이며, 순박한 이야기에서 파괴적인 풍자에 이르기까지 그릴 수 있는 모든 표현의 가능범주를

---

[18] Thomas Bewick(1753~1828): 영국의 판화가 · 삽화가.
[19] A. von Menzel(1815~1905): 독일의 화가이자 판화가.
[20] Charles Philipon(1800~1861): 프랑스의 석판화가 · 풍자만화가.

관통했다. 그것은 노동과 향유, 동료애와 에로스, 빈곤과 출세에서 그 시대의 전모를 읽어냈고, 궁정과 프롤레타리아트, 변호사와 정치가, 증권투자자와 소시민, 관료와 신사, 고급 창녀와 평론가를 이들이 짓는 미세한 주름살과 제스처에서 간파해냈다. 캐리커처의 라파엘로로 통하는 가바르니[21]는 아주 우화한 여성적인 태도로 자신의 모델에 애정을 쏟아 평론가라기보다는 풍속화가에 가깝게 보였다. 그러나 도미에[22]는 단테의 불같은 펜으로 자신의 세계를 스케치했다. 도비니[23]가 미켈란젤로가 그린 시스티나 성당 천정의 그림 앞에 처음 섰을 때, "도미에" 하면서 중얼거렸다. 도미에의 스케치는 사실 더는 캐리커처가 아니라 보는 사람의 간담을 서늘하게 하는 악몽이자 지옥 풍경이며, 경련이 일어나게 하는 카메라 플래시의 번쩍임 같은 것이다. 그것은 마성에 사로잡힌 파우스트와 함께 웅장하게 고양된 모양을 취하기까지 한다. 이토록 질겁하도록 찌푸린 표정들 속에서 테크닉의 승리가 이를 드러내고 웃고 있지만, 인간은 잃어버린 자신의 영혼 때문에 울고 있다. 이 같은 묵시록적인 공포의 풍경 속에서 모든 문화, 아름다움과 정신력이 집중된 빛줄기, 이를테면 **도시의 불빛**으로 가득 찬 파리가 비치는데, 이와 더불어 세계 전체가 씩씩거리는 불룩한 지갑처럼 보인다. 우리는 이 책 2권에서 네덜란드가 일종의 일상의 신화학을 만들어내는 데 성공적인 재주를 부렸다고 말한 바 있다. 이와 똑같은 일을 도미에가 성취했다.

---

[21] P. Gavarni(1804~1866): 프랑스의 풍자삽화가.

[22] H. Daumier(1808~1879): 프랑스의 화가이자 풍자만화가.

[23] Ch. F. Daubigny(1817~1878): 프랑스의 풍경화가. 19세기의 바르비종(Barbizon) 마을을 배경으로 하여 풍경화를 그린 유파를 두고 바르비종파라고 부르기도 함.

물론 200년 뒤의 일이지만 말이다. 그러나 도미에가 훨씬 더 지성적이고 훨씬 더 신경질적이며, 무신론적인 데다가 대도시를 배경으로 하고 있다.

새로운 신 헤겔은 『종교철학』에서 이렇게 말한다. "우리 시대는 무수한 대상 일체와 그 각각에 대해서는 아주 잘 아는 탁월한 면모를 지녔지만, 신에 대해서만큼은 아무것도 모른다. 과거 정신은 신에 대해 알고 그 본성을 해명하는 일에 최고의 관심사를 두었다. (…) 우리 시대는 이 같은 일로 씨름하고 수고할 필요성을 누그러뜨렸다. 우리가 그럴 준비가 되어 있었던 것이고, 그래서 그렇게 됐다. (…) 내용상 이런 입장은 인간 굴욕의 최후 단계로 봐야만 한다. 그러나 이때도 인간은 이러한 굴욕을 자신의 최고 선택이자 자신의 진정한 숙명이라고 믿을 만큼 여전히 교만하다." 그런데 이 시대는 더 이상 기독교적인 신에 대해 알 필요가 없다. 왜냐하면 이 시대는 이미 새로운 신을 두고 있었기 때문이다. 바로 그 신은 돈이다. 우리가 이 책 1권에서 상기한 것은 근대를 열었던 거대한 사건 중 하나가 자연경제의 몰락이었다는 점이다. 이 몰락의 자리에 화폐경제가, 좀 더 정확히 말하면 황금경제(Goldwirtschaft)가 들어섰다. 그런데 이 황금경제도 양심이 없는 사람들이 오랫동안 운영한 것이다. 망설임조차 점차 사라지고 만다. 로코코 시대까지만 해도 지배 계급은 토지소유에 대해서만 알았고, 돈은 지출과 채무의 관계에서만 만질 정도였다. 장사에 갓 뛰어든 초보들과 딜레탕트들도 사정은 마찬가지였다. 주화의 도입이 인간의 영혼을 균일화하는데, 이는 그것이 인간의 재산과 능력을 임의로 서로 교환할 수 있는 동일한 금속제품의 양과 동일시하게 만들기 때문이라는 점에 대해서도 이미 우리가 지적한 바 있다. 그런데 주화가 된 금전만 해도 비록 천박하긴 했지만 현실적이었다. 이제 그 자리를 대신해서 더 영혼이 없는 것, 즉 은행권이 등장한다. 사실 이 은행권은 숫자놀이의 공허한 허구일 뿐이다. 그런데 아무것도 아닌 바로 이 비존재 앞에 이제 인류가 완전히 무릎을 꿇고 만 것이다. 아무것도 아닌 이 비존재는 양심의 문제뿐만 아니라 끝없는 공명심, 정열적인 사랑, 종교적인 열정 등의 문제까지도 장악하려 한다.

자명한 얘기지만 지폐는 이미 이전에 있었다.(이에 대해서는 존 로[24]식 파산을 기억하기만 하면 될 법하다) 그러나 이제야 비로소 이 지폐가 하루라는 낮과 시간의 주인공이 된다. 현물로서의 사유가 돈으로서의 사유와 맺는 관계는 수공업(손작업: 지상의 가장 위대한 예술가의 작업)이 공장제 생산(기계노동: 모든 생산기기 중에 '번호'를 매기는 가장 비인격적인 생산기기의 노동)과 맺는 관계와 같다. 그것은 생생한 유사성이 죽은 등식과 맺는 관계와 같고, 골상학적 시선으로 유기적 공속관계를 파악하는 예술가와 중세의 유비적 추론이, 기계적으로 나란히 배열된 개별 경우에서 공동체의 척도를 산출하는 과학자와 근세의 귀납적 추론과 맺는 관계와 같다. 간단히 말해 그것은 곧 질과 양의 차이라고 할 수 있다. 돈은 인격적 재산의 최대의 적이다. 왜냐하면 돈은 아무 관계가 없는 형태를 띠기 때문이다. 그래서 공산주의자들은 돈을 폐기하지 않고 오히려 국유화하려 한 모양이다. 그래서 농민은 공산주의의 가장 뿌리 깊은 적수로서 자신의 물욕 가운데 '지폐'에 대해 철저히 불신하며, 그가 소중히 여기는 것도 금속화폐의 압인이 아니라 물질 자체이다. 돈은

---

[24] John Law(1671~1729): 스코틀랜드의 경제학자. 화폐를 교환수단으로만 이해하여 화폐 자체는 부를 창출하지 못하기 때문에 국가의 부는 무역에 의존하기 마련이라는 경제이론을 내세움. '희소성 가치론'의 창시자이기도 함.

모든 대상에게서 그 고유한 상징성을 압수한다. 왜냐하면 돈은 모든 대상에게 공통분모로 등장하여 그 대상들의 일회성과 영혼을 강탈하기 때문이다. 돈은 천박화의 최강의 수단이다. 왜냐하면 등급과 재능에 대한 숭배 없이는 누구도 돈을 수중에 넣을 수 없기 때문이다. 돈은 개성 없는 수천 가지 형태의 프로테우스(Proteus)다. 이 프로테우스는 무엇으로든 변할 수 있다. 그래서 돈은 모든 것에까지 파고들 수 있지만, 자신에게는 아무것도 아닌 인류의 상징이자 우상이 될 수밖에 없는 노릇이다. 인류는 모든 것을 기록하지만 아무것도 사랑하지 않으며, 모든 것을 알고 있지만 돈 이외 아무것도 믿지 않는다.

덧붙이면 화폐경제와 정밀 자연과학을 포함한 근대의 모든 과학 사이에는 밀접한 관계가 있다. 이 둘의 경우에는 '계산적으로' 생각하는 재능과 경향이 있다. 가능하다면 모든 것을 세속적 가치의 추상과 보편개념으로 표현하려 하는 것이다. 모든 것을 오로지 하나의 공식이 되게 하려는 요구를 돈이 상당한 수준에서 충족시켜 돈의 세계지배가 비록 합리주의의 가짜 승리임에도 최대의 승리 가운데 하나가 된 셈이다. 모든 가치와 실재, 가장 내면적이면서 가장 밀착적인 것, 이를테면 행복, 인격, 신의 선물 등속이 돈에 의해 산술적으로 표현된다. (하지만 이때부터 최고의 부자도 가장 행복하고 가장 존경할만한 인물로 여겨지지 않게 되지 않는가? 발자크[25]와 도미에도 그들의 작품은 '돈으로 살 수 없는 것'으로 취급하지 않았던가?) 그런데 이미 우리가 여러 번 강조한 것은 모든 문화는 자신의

---

[25] H. de Balzac(1799~1850): 프랑스의 대표적인 리얼리즘 작가. 『인간희극(La Comédie humaine)』이라는 대작으로 유명함.

문학과 풍습, 전략과 원예, 법학과 연애 기술뿐만 아니라 자연과학
도 형성한다는 점이었다. 이렇듯 당시 부상한 금권정치, 아니 좀 더
정확히 하면 배금주의와 역시 당시 성립된 에너지보존 학설, 이를테
면 빛·온도·운동·전기, 심지어 생활 현상조차도 동일한 중립적
에너지의 형식일 뿐이고, 따라서 서로 뒤섞여 변화될 수 있다는 학
설, 다시 말해 모든 질은 양에 불과하다고 말하는 학설 사이에도
깊은 친화성이 있다. 그리고 사실 모든 가치는 돈으로 표현될 수
있다는 말을 인정하는 바로 그 순간에 인간 사이의 모든 정신적 관
계와 그 운명, 요컨대 행복과 빈궁, 승리와 실패, 축복과 저주가 돈
의 힘의 형식변화로 환원되고 만다. 그 총액은 우주의 에너지자본
(Energiekapital)과 꼭 마찬가지로 고정된 양으로 표현된다.

　게오르크 짐멜(Georg Simmel)은 재치 가득하지만 유감스럽게도 읽
기 쉽지 않은 그의 책 『돈의 철학(*Philosophie des Geldes*)』에서 이렇게
말한다. "수많은 사람에게 돈은 결국 목적론적 대오를 갖추게 하여
사람들 사이에 이해관계의 통일적인 결합을 어느 정도 이루게 한다.
그것은 만족도를 종교적 기관에서 찾을 필요를 줄여주는 생활의 세
부사항을 지배한다는 추상적 수준에서 이루어지고 있다." 신과 돈
을 동시에 믿을 수 없기에 돈이 신을 대신하게 된다. 이처럼 바로
돈이 초현실적 원칙이 되었기 때문에, 다시 말해 종교의 대상이 되
었기 때문에 돈도 자체 목적이 되는 경향을 갖는다. 원시적 수준에
서 종교에 빌 때처럼 돈에서 무엇을 얻으려는 방식으로 더는 돈에
기도하지는 않는다. 사람들이 돈에 기도를 하는 것은 돈이 기도할만
한 가치, 즉 신성이 있기 때문이다. 진짜 돈의 신자는 돈으로 모든
것을 살 수 있어서 돈에 경배하는 것이 아니라 돈이 자신의 최고의
기관이자 북극성이고 자기 존재에 의미를 부여하기에 그렇게 하는

것이다. 이는 물신숭배자들과 순례자들에게서 볼 수 있는 막무가내의 미신이 아니라 숭고한 힘에 대한 믿음에 근거한 우상 숭배이며, 단순한 물질주의가 아니라 악마에게도 그러하듯 **정신적** 신조에 대한 경외를 의미한다고 말할 수밖에 없는 일이다. 이로써 곧 도시에는 막강한 힘을 지닌 주요한 신전들, 이름 하여 증권거래소와 일군의 그 작은 사원과 은행 따위의 신전들이 세워지고 있다. 이 신전에서 보이지 않는 마술 같은 것, 전지전능한 것들이 갈구된다. 소위 신의 계시를 받았다는 성직자들(물론 이들은 대개 무식한들이나 사기꾼들인데)이 자신의 의지를 선포한다. 수많은 신도가 경외심을 품고 낯선 말로 알아들을 수 없는 주문을 중얼대며 희생까지 달갑게 생각하듯 자신의 재물을 갖다 바친다.

발자크   그 시대 사람들의 마음을 끌었던 것은 돈 이외 아무것도 없다. 회화에서조차도 금융 상황, 이를테면 압류·파산·도박·고리짝 행상 등의 장면을 그리길 좋아했다. 콩트[26]는 자신의 미래국가 이론에서 세속적 통치의 선두에 은행가를 내세웠다. 그런데 발자크는 돈의 권력과 관련된 아가서[27]와 호메로스의 서사시를 노래했다. 그의 작품에서 모든 일은 돈을 둘러싸고 벌어지며, 돈은 그의 모든 작품의 주인공이고, 그의 작중 인물들과 그 자신도 진정 병적인 재물 욕구에 포섭되어 있다. 마술의 손으로 그는 이 사악한 거인이 인간의 영혼에 드리운 채 가파른 숨을 몰아쉬고 있는 짙은 그림자를 벽면에 그린 셈이다. 이 작가는 바로 그의 시대의 메가폰일 뿐이기에 외롭고 어두운 망루에서 이런 악마의 교리를 전파할 수밖에

---

[26] A. Comte(1798~1857): 프랑스 철학자. 사회학과 실증주의 철학의 창시자.
[27] Hohelied: 구약 성서 중의 한 편.

없었다. 그는 자신도 이 교리에 따라 삶을 살도록 내몰리고 있다고 까지 느꼈다. 인간의 창조력에서 렘브란트나 셰익스피어에 버금갈 법한 이 시인은 돈의 음유시인이자 예언자였다. 아마 이보다 더 큰 승리를 어떤 배금주의도 취하진 못했을 터다.

그의 작품 거의 모든 장마다 윙윙대는 소리는 계산 · 기회 · 가격 · 비율 · 지참금 · 유산 · 거래 · 소송 따위이며, 이 모든 것이 자세히 구체적으로 그려지고 있다. 그 자신도 평생 온갖 매력적인 사업에 몰두했다. 물론 모두 실패했지만 말이다. 파인애플 양식, 출판 및 인쇄 사업, 프랑스 고전 작품의 대중적 보급, 새로운 펄프의 실험적 도입, 사르데냐 은광 개발, 세느 강가에 매장된 보물의 채취 사업 등이 그런 것이다. 그는 재정가의 풍채도 갖추고 있었다. 이 책 3권에서 우리는 이미 실러가 노동의 계기를 시문학에 도입했다는 점에 대해 지적한 바가 있다. 그런데 실러는 도서관 사서나 다리 건설업자들과 같이 소리 없는 거의 무의식적인 성실함을 갖추고 있었던 반면에, 발자크는 날이면 날마다 파산을 염려하고 밤이면 밤마다 자신의 현금출납부를 열심히 들여다보는 거물 투자가에게서 볼 수 있는 그런 숨 가쁜 필사적인 열정을 갖고 있었다. 그런데 발자크의 현금출납부는 그의 책들이었다. 그는 자신의 텍스트를 아주 오랫동안 손질했기 때문에 초고가 완성되었을 때도 간혹 한 음절의 오자도 없을 때가 있었다. 그의 교정 방식은 식자공에겐 공포의 대상이었다. 말하자면 그는 다섯 번, 여섯 번, 심지어 열 번까지 교정쇄를 요구하기도 했던 것이다. 그 자신은 이렇게 말한다. "예술가가 분화구의 바닥에까지 내려가지 않고, 그리고 매장된 광부처럼 분화구에서 작업하지 않는다면 그것은 자신의 재능을 스스로 죽이는 꼴이다. 이렇듯 시인도 야전사령관이 받는 것과 같은 상장과 월계관에 유혹의 손짓을 받는 것이다." 발자크는 고대의 시인들과는 달리 사제가 아니었으며, 그의 동시대인 괴테처럼 세계정신의 비서도 아니었고, 시인들이 늘 그러하듯 혜안의 예감으로 현실의 비밀을 포착하는, 밤길을 쏘다니는 몽유병 환자가 아니라 마술사의 형식을 빌려 현실의 비밀을 캐고 증류기를 통해 뽑아내려 하는 연금술사이며, 천재적인 재주를 부려 핵심을 포착하는 전략가이다. 그가 드러낸 진리는 신이 그에게 부여한 신탁이 아니라 (왜냐하면 그는 어떤 신도 더는 믿지 않았기에) 오히려 열정 · 계산 · 과학과 집요하고도 치밀한 운송작업의 승리의 결과이다. 그는 하루 16시간, 심하면 23시간 글을 썼으며, 그것도 답답한 점포 안 촛불 아래서 (그도 그럴 것이 이 작가에겐 그의 작업실이 그의 실험실이기 때문에) 그랬다. 이런 작업을 할 때 그는 볼테르처럼 커피를 수십 잔 마셨다. 그런데 이 로코코 시대의 주인공에겐 모카커피가 정신이 번쩍 들게 하고 좀 더 활동적이게 할뿐더러 좀 더 명석하게 하는 일종의 입맛 돋우는 자극제인 반면에, 증권투자 시대의 이 주인공에게 커피는 과도하게 충전된 자신의 몸에서 최후의 활력을 뽑아내는 잔혹한 촉진제일 뿐이다. 전자의 경우 커피는 즐거운 자기 향유로 작용하지만, 후자의 경우 답답한 산업주의로 작용한다. 볼테르는 귀족이며 발자크는 서민 출신이다. 그런데 바로 이 점이 그의 장점의 한 부분을 구성한다. 그도 그럴 것이 그의 서민적인 속성, 말하자면 엄청난 활력, 막힘없는 자세, 타고난 불신적 태도와 운명의 고난으로 단련된 감각 등은 그로 하여금 당시까지만 해도 사람들이 몰라본 그런 삶의 기술자가 될 수 있게 했기 때문이다.

발자크에게서 기계의 시대가 요리되면서 김을 내뿜었다. 그 스스로도 놀랍게 구성된 거대한 하나의 기계일 뿐인 셈이다. 지칠 줄 모르고 증기를 내뿜으면서 쿵덕거리며 빻고, 재료로 재료를 만들어 낸다. 이 천재는 움직이는 영구기관이 된 게 아닌가! 발자크의 거대한 공장은 인간을 모든 장점과 특질을 갖춘 형태로 쉼 없이 대량으로 압연하여 시장에서 토해냈다. 말하자면 그는 '인간 제조공장'의 감독이다. 그의 생산물들은 인상적이긴 하지만 낙심하는 모습이어서 '기적을 만들어내는 공장의 작품'같이 완전히 자신감에 차 있지는 않다. 요컨대 그들은 신을 닮은 형상이 아니라 자연의 경쟁자들이다. 반은 악몽으로, 또 반은 풍자로 고양된 공상예술(Visionskunst)을 그리고 있는 점에서 발자크는 (물론 프랑스의 의미에서일 뿐이지만) 낭만주의자인 셈이다. 이 점에서 그는 정확히 도미에에 견줄만한 소인배다.

발자크는 소설가가 아니라 역사가, 그것도 자연의 역사가가 되고자 했다. 거의 3000명 정도의 인물과 **사생활**, **파리 생활**, **지방 생활**, **선전활동**, **군사활동**, **정치활동**(이에 대한 **철학 연구**와 **분석 연구**가 여전히 계속되고 있는데) 등속과 같은 수백 가지 이야기로 그 시대의 생활 면모 전체를 포괄하는 자신의『인간희극』서문에서 발자크는 뷔퐁[28]이 동물의 왕국을 위해 한 것을 자신은 인간 사회를 위해 하고자 한다고 말한다. "병사 · 노동자 · 학자 · 국가 공무원 · 상인 · 선원 · 시인 · 거지 · 목사는 늑대 · 사자 · 까마귀 · 상어 · 양 등과는 정확히 구분된다." 그런데 뷔퐁이라면 자신의 이 동시대인을 콩트[29]와 같다고 불렀을 법하다. 그도 그럴 것이 그의 사회학에서는

---

[28] Georges-Louis Leclerc, Comte de Buffon(1707~1788): 프랑스의 박물학자. 뷔퐁은 지질의 역사를 시기별로 재구성했으며, 이로써 멸종된 종의 개념을 정립하여 고생물학 발전의 토대를 마련함. 지구가 태양의 충돌에서 떨어져 나온 혜성이라는 '뷔퐁의 충돌설'이 유명함.

인간 사회에 대한 비교 자연사 내지는 그 유형과 법칙에 대한 확신 같은 것이 아른거리기 때문이다. 분명 그 계획은 웅대했으며, 인간의 불완전성이라는 틀에서이긴 하지만 그 수행과정은 경탄할만한 것이기도 하다. 그 계획이 이렇듯 이해될 수 있었던 것은 발자크를 프랑스인이자 19세기의 인간으로 규정하는 중의적인 합리주의에 그 근거를 두고 있기 때문이다. 여기에는 쉼 없이 현실을 작동케 하는 어떤 체계가 있으며, 삶이란 공학의 문제이자 순열계산의 문제라는 확신이 있는 것이다. 언젠가 또 한 번 발자크는 자신을 나폴레옹과 비교한 적이 있다. 그는 자신의 방에 서 있는 작은 나폴레옹 입상에 다음과 같은 말로 낙서를 해놨다. "그가 칼로서 할 수 없는 것을 나는 펜으로 성취할 것이다. 오노레 드 발자크." 이는 적중한 예언이었다. 그는 유럽을 정복했다. 세느 강에서 볼가 강에 이르기까지 유럽은 그의 마술의 펜에 복종했다. 대검으로써는 결코 이렇게 성공할 수 없었을 것이다. 그의 세계는 우선 상상 속에 있다. 그러나 이 상상은 나중에 현실이 된다. 이것이 가능했던 것은 이 상상이 맨 처음부터 현실보다 더 현실적이었기 때문이다. 발자크가 바로 『외제니 그랑데(*Eugénie Grandet*)』를 집필하던 어느 날, 방금 어떤 여행에서 돌아온 쥘 상도[30]가 온갖 신기한 이야기를 들려주었을 때, 발자크는 한참 그 얘기를 듣더니만 이렇게 말했다. "모든 게 아주 재미있지만, 이보시게, 우리 현실로 돌아가 외제니에 대해서나 말해보세." 나는 이 책의 서문에서 세계사에서 행동하는 모든 위대한 인간은 인생에서 빗나간 불우한 예술가였다고 말한 바 있다. 네로는 위

---

[29] A. Comte(1798~1857): 프랑스 철학자. 사회학과 실증주의 철학의 창시자.
[30] Jules Sandeau(1811~1883): 프랑스의 작가.

험스럽고 값비싸지만 분명 저속한 이념 때문에 로마를 불태울 수밖에 없었고, 단테는 화염의 붓으로 수세기에 걸쳐 꺼지지 않고 타오른 지옥 전체에 불을 지폈다. 나폴레옹은 자신의 상상을 현실에 붙박아 두었기 때문에 병사들을 통해 이 현실을 정복하려는 가망 없는 시도를 할 수밖에 없었던 것이다.

생트뵈브[31]는 세상 모든 사람이 발자크처럼 (덧붙이면 발자크와 그 시대 전체의 본성에 해당한다고 할 수 있을 법한 행동, 이를테면 가장 몰취미하게도 부르주아나 신사인 양 과장되게 행동하는 식으로) 살아가는 것을 영예로 여겼다는 점에 대해 지적한다. 그러나 이는 발자크 작품이 끼친 수많은 생생한 영향 가운데 하나일 뿐이다. 이 시대였기에 발자크에게서 구현된 바의 역설적이고도 섬뜩하기까지 한 작가의 그런 유희방식이 탄생할 수 있었으며, 그리고 오로지 발자크에게서야 그 시대는 자신의 마지막 활력과 정신적 합법성 및 삶의 내적 형식을 길어낼 수 있었다. 또다시 우리는 다음과 같은 물음에 직면하게 된다. 즉, 시인이 현실을 만드는가, 아니면 현실이 시인을 만드는가?

이 시기를 한마디로 아주 적절하게 규정할 단어를 찾는다면 그것 7월 왕정 은 곧 '시민 왕정(Bürgerkönigtum)'이 될 것이다. 이제 왕은 제1시민 이외 누구도 아니어서 실로 바로 이 시민이 왕인 셈이다. 7월 왕정(Julikönigtum)은 노동자와 학생, 그리고 나폴레옹의 노병들이 주도한 3일간의 혁명이 만들어낸 결과물이다. 그 직접적인 원인은 샤를 10세가 내린 일련의 칙령, 이를테면 야권의 결정적인 투표 결과를 무효로 선언한 점과 반동적인 새로운 선거법을 공포한 점, 그리고 언

---

[31] Ch. A. Sainte-Beuve(1804~1869): 프랑스의 문학비평가.

론자유를 폐기한 점과 같은 일련의 칙령 조처에 있었다. 이로써 루이 18세가 자신의 동생을 두고 한 재담이 진실임이 입증된다. "그가 루이 16세에 대해 음모를 꾸몄고, 지금은 나에 대해 음모를 꾸미고 있지만, 언젠가는 자기 자신을 두고서도 음모를 꾸밀 것이다." 도시 전체가 바리케이드로 마비되고, 모두가 소총과 포석으로 무장했다. 왕실의 최고사령관 마르몽[32]이 전하는 바로는, 모든 집이 요새였고 모든 창문이 포문이었다. 애초부터 기선을 뺏겨버린 군대는 짤막한 시가전투 끝에 퇴각했다. 왕은 10년 전에 암살당한 아들을 대신해서 손자에게 왕위를 물려주고는 영국으로 망명하고 만다. 그런데 귀족과 대의원 사이의 협정은 부르봉가의 최근 노선을 지지하는 입장에 있던 오를레앙의 루이 필립 공작을 왕위에 추대했다. 이때 그들에게 모델로서 아른거린 것은 1688년의 영국 혁명이었다. 그러나 영국의 혁명은 낡은 왕조를 폐위시키긴 했지만, 그 자리에 반쯤 합법적인, 말하자면 그 왕조의 최측근 혈통을 앉혔다. 40년 전처럼 시민군의 선두에 선 노장 라파예트[33]는 이 같은 방책만이 프랑스를 공화주의에서 보호할 수 있다고 확신했다. 그러나 이로써 혁명 전체를 담당한 제4신분은 혁명의 과실을 탈취당하고 만다. 새로 등극한 왕은 편견이라고는 전혀 모르는 극히 현명한 사람이었다. 그래서 그가 조국에 맞서 싸우지 않았을 때, 심지어 발미(Valmy) 전투와 즈마프(Jemappes) 전투에 참전했을 때도, 그리고 자신에게 주어진 것으로 생각되는 역할을 평소 하던 대로 이행했을 때도 자신의 정치적 명예를 실추시키지 않을 수 있었다. 이민자로서 그는 앞에 나서길 항상 꺼

---

[32] A. de Marmont(1774~1852): 프랑스의 귀족이자 장군.
[33] G. M., marquis de Lafayette(1757~1834): 프랑스의 귀족. 프랑스 혁명 초기, 혁명적 부르주아와 제휴하여 개혁 조치를 취하는 제스처를 취함.

리며, 부르주아적 삶의 방식으로 계속 살아가려 했다. 왕정복고기에도 그는 봉건적 관습으로 돌아가기는커녕 부르주아의 한 사람으로서의 생활형식을 영위했다. 이런 식으로 하여, 산책을 할 때 그가 사용하곤 했던 큼직한 우산이 새로운 왕정의 상징이 되었다. 과거 정권과의 단절을 극명하게 보여주기 위해 그는 자신을 루이 19세 혹은 필립 7세로 부르지 않고 그냥 루이 필립이라고 불렀으며, 그리고 분명 프랑스 전체를 자신의 소유물로 선전한 부르봉 왕가 식의 **프랑스 왕정**(*roi des France*)이 아니라 헌법을 앞에 두고 맹세를 하게 하는 프랑스인들에 의해 선출된 왕이라는 뜻을 담은 **프랑스인의 왕정** (*roi des Français*)을 원했다. 부르봉가의 백합 문양의 국기를 3색의 민족기로 교체했다. 그러나 그가 왕좌에 오른 것은 부유한 은행가들, 정열적인 저널리스트들, 영향력 있는 당내 실력자들의 동맹 덕분이었기 때문에 이 세 세력과 손을 잡는 일 외에 달리 그에게 남은 것은 아무것도 없었다. 그것은 곧 부패와 손을 잡는 것을 의미했다. 이 부패는 그리스와 로마 공화주의자들의 영웅시대 이후로 더 이상 목격된 적이 없는 그런 수준에서 그의 집권 시기에 절정에 도달했다. 그의 시대 현관 입구에는 악명 높은 모토, '꼭 중간을!'(*juste milieu!*)과 '**부자가 되시오!**'(*enrichissez-vous!*)'가 걸려 있었다. 그는 뛰어난 외교관적 재능에도 불구하고 자신의 지위를 결코 완전히 안정적이게 굳힐 수가 없었다. 단 한 순간도 그렇게 할 수 있다고 착각해본 적도 없었다. 공화주의자들과 보나파르트 세력들에게 그는 인민에 적대적인 권력의 찬탈자, 왕정주의자들과 외국의 보수적인 궁정에게는 비합법적인 졸부로 통했다. 그런데도 차르가 무력으로 개입하지 않았던 것은 7월 혁명과 같은 해에 폴란드 혁명이 일어났기 때문이었다. 나폴레옹 1세의 조카이자 후에 나폴레옹 3세가 되는 루이 나폴레옹은 두 번이나 봉기를 일으켰다. 그의 집권 내내 암살기도가 이어졌다. 때로는 권총으로, 때로는 단검으로, 또 때로는 시한폭탄으로 암살당할 뻔했으며, 심지어 한 번에 24발 나가는 기관총으로 무장한 피에쉬(Fieschi)라는 이름의 코르시카 섬 사람에게 살해될 뻔도 했다. 그래서 결국 그는 외출할 엄두도 내지 못할 지경에 이르렀다.

벨기에
폴란드
함바흐

7월 혁명의 직접적인 결과 중 하나가 벨기에의 봉기다. 네덜란드와 벨기에의 인위적인 결합이 온전히 지탱될 수 없다는 것이 입증되었다. 벨기에 남부 절반의 인구를 구성한 왈론 사람들(Wallone)은 로만 민족으로 프랑스어로 말하며, 그 땅의 북부에 거주하는 게르만계 플랑드르 사람들은 가톨릭 신앙을 고백함으로써 네덜란드에서 분리되었으며, 그 대도시에서는 주로 프랑스어를 사용했다. 네덜란드 전 지역에서는 무역과 항해가 지배적이었고, 벨기에는 산업과 농업이 성행했다. 그래서 플랑드르 사람들은 (이들은 이미 앞서 말했듯 그 혈통과 성격 면에서 네덜란드 사람들과 거의 같지만) 언제나 벨기에로 기울었다. 연방에 대한 증오가 너무 강해서 성직자들과 혁명의 자유주의자들이 협력할 정도였다. 브뤼셀에서 혁명이, 어부 마사니엘로(Masaniello)의 지도 아래 일으킨 나폴리 사람들의 봉기를 묘사한 유명한 오페라 「포르티치의 벙어리 아가씨(Die Stumme von Portici)」가 공연되는 중에 발발하여 곧 전국으로 확산되었다. 열강의 런던 회의는 벨기에 국민회의의 독립선언과 작센-코부르크(Sachsen-Coburg)의 왕자 레오폴트가 벨기에 왕으로 선출된 것을 승인하기에 이른다. 레오폴트 왕자는 벨기에 왕으로 등극하여 넓은 안목을 겸비하고 대단히 현명했음을 입증해 보였다. 그는 엄격히 헌법에 입각한 통치를 펼치면서 여러 당파와 화해했으며, 특히 지금도 벨기에의 자랑거리이기도 한 다채로운 철도망을 개설함으로써 나라 전체의 경제를 활성화했다. 그뿐만 아니라 당시까지만 해도 프랑스를 겨냥한 열강의 보증 조약을 통해 벨기에는 영원한 중립국으로 선포되었다.

벨기에의 봉기에 이어 역시 수도에서 시작된 폴란드의 봉기가 일어났다. 본토 군대의 일부가 이 반란에 합류했다. 새로 조각된 임시정부는 차르가 폴란드 왕에서 폐위되었음을 선포하고서 1772년에 설정된 국경선을 요구했다. 아드리아노플(Adrianople)의 정복자 디비치[34] 장군은 러시아 군대를 이끌고 폴란드로 진입해 오스트로웽카(Ostrolenka)에서 치른 몇 번의 가벼운 전투 끝에 승리하지만 얼마 지나지 않아 콜레라에 걸려 죽고 만다. 외국은 폴란드 봉기에 대해 생동적인 공감을 보냈다. 폴란드를 노래하는 시가 그리스를 노래하는 시를 따라잡았다. 라파예트는 프랑스의 선전포고를 촉구했다. 그러나 귀족당과 민주당으로의 내부 분열과 우세한 러시아의 포병대 덕분에 러시아는 바르샤바를 접수하여 봉기를 대대적으로 진압했다. 이때 맺은 '기관 조약'은 폴란드의 자체 헌법을 취하하고, 폴란드를 러시아의 한 지방으로 편입시켰다. 군대·언어·종교·행정이 모스크바의 야만적 폭력을 동원하여 러시아화했다. 그러나 1846년 또다시 폴란드에서 소요사태가 발생한다. 이번에는 포즈난과 크라쿠프에서 일어났다. 이 사태의 결과로 크라쿠프가 자유를 잃고 오스트리아에 통합된다.

1830년 혁명의 해에 스위스에서도 사람들이 들고일어나 그들의 귀족적인 정부 일체를 전복시켜 민주적인 정부로 바꿔놓았다. 이후 스위스는 정치적으로 탄압받는 사람이나 불만세력 모두가 찾는 유럽의 도피처가 된다. 메테르니히는 분노에 찬 채 '도덕적인 위생

---

[34] Ivan Ivanovich Dibich-Zabalkansky(1785~1831): 러시아의 야전사령관.

벽'을 두른 이 '요새화된 하수구'가 모든 혁명적인 독약을 만들어내는 아궁이가 되는 상황을 지켜봐야만 했다. 파르마·모데나·로마냐[35]에서 발생한 봉기가 오스트리아의 개입으로 진압당하자, 이 운동의 정신으로 통했던 청년 마치니[36]는 청년이탈리아, 청년폴란드, 청년독일의 지국들과 함께 베른(Bern)에서 '청년유럽(Junges Europa)'이라는 비밀결사를 조직했다. 작센, 쿠르헤센(Kurhessen), 하노버와 여타의 거의 모든 독일 지역에서 소요의 불길이 높이 타올랐다. 프로이센과 오스트리아만 조용했을 뿐이다. 1832년 5월, 팔츠(Pfalz)령 함바흐(Hambach)의 무너진 성채 잔해 위에서 2,000명 이상 사람들이 모여 민주주의와 통일, 폴란드의 해방과 여성해방이라는 거창한 구호를 내건 인민 시위를 개최했다. 이 대회는 메테르니히로 하여금 카를스바트 결의를 수정하게 만들 정도였다. '청년독일'이라는 문학파도 명확히 정치적 경향을 드러내면서 아주 모호하긴 했지만 정열적인 태도로 '근대적 이념'을 표방했기 때문에, 1835년 메테르니히의 교사로 그 구성원들이 (유일하게 실제로 위험인물로 꼽힌 뵈르네(Börne)를 제외하고는) 독일연방에서 추방되고 많은 사람이 투옥되며, 지금까지 써온 글들뿐만 아니라 장래의 글들도 출판금지 조치를 받았다. 비난할 맥락에서건 경고할 목적에서건 그들의 이름을 인쇄하는 행위 자체를 일절 허용하지 않았다. 사실 그들은 그들과 아무 상관도 없고, 그들이 전혀 알지도 못하는 정치적 비밀결사와 그들이 동일시되는 운명을 겪었던 것이다. 라우베[37]의 첫 소설이 『청년

---

[35] Parma · Modena · Romagna: 이탈리아 북부의 에밀리아-로마냐(Emilia-Romagna) 주의 도시들.

[36] Giuseppe Mazzini(1805~1872): 이탈리아의 혁명가이자 이탈리아 통일운동의 지도자.

유럽(*Das junge Europa*)』이라는 제목을 단 것과 빈바르크[38]가 자신의
『미학 원정(*Ästhetische Feldzüge*)』의 서문에서 "이 글을 노장 독일이 아
니라 그대, 청년독일에 바친다"고 말한 것은 순전히 형식적인 우연
일 뿐이다. 요컨대 그 구성원들이 어떤 공통의 강령도 두지 않았을
뿐더러 서로에 대해 참을 수도 없어 항상 악의적으로 서로 반목하
기도 한 이 유파는 결국 억압자들이 날조해낸 것일 뿐이다. 그러나
5년 뒤, 말하자면 프리드리히 빌헬름 4세가 대선제후 사후 200년이
되는 해이자 프리드리히 대왕 사후 100년이 되는 해에 프로이센 왕
좌에 올라 대사면 조치를 단행했다.

군주 프리드리히 빌헬름 4세는 영민하면서 진취적이고, 배포가
크고도 가슴이 따뜻한 성격을 겸비한 인물임이 확실했다. 그가 고매
한 성격의 인물이고 흥미로운 사람이었다는 것은 그의 적대자들도
부정하지 못하는 사실이다. 그러나 그의 생각이 투명하지 않고 의지
의 박진감이 약했다는 점에 대해선 하인리히 폰 트라이치케[39]와 같
은 궁정 역사가조차도 인정할 수밖에 없었다. 비만으로 보이긴 했지
만 우아하지 않다고 할 수 없는 그의 자태, 느릿한 듯하지만 생동감
있는 몸짓, 산만한 것 같지만 섬세한 감수성이 군인다운 면모가 아
니라 호감을 주는 인상을 풍겼다. 그가 순수한 화려함을 좋아하는
면모에서는 프로이센의 초대 왕 프리드리히 1세를 연상시키며, 그
시대 모든 정신적 조류에 적극적으로 가담하고 풍자적인 성향을 드
러내는 점에서는 프리드리히 대왕을 연상시키며, 사적인 대화에서

왕좌에 오른
낭만주의자

---

[37] H. Laube(1806~1884): 독일의 극작가이자 소설가.
[38] Ch. L. Wienbarg(1802~1872): 독일의 저널리스트이자 문학비평가.
[39] Heinrich von Treitschke(1834~1896): 독일의 역사가 · 정치가. 힘에 의한 외
교정치를 옹호함.

뿐만 아니라 온갖 공식적인 자리에서도 때에 따라선 매우 인상적인 어투로, 또 때에 따라선 기지 넘치면서도 참견하고 싶어 하는 딜레탕트의 말투로 드러나는 수다스러움에서는 빌헬름 2세를 연상시킨다. 그는 알렉산더 폰 훔볼트와 랑케와 가깝게 지냈으며, 뤼케르트와 셸링, 슐레겔과 티크, 멘델스존[40]과 코르넬리우스 등을 포함한 여러 대가를 베를린으로 초청했고, 심지어 독일의 혁명 시인 헤르베크[41]의 알현조차 허용했다. 그의 입에서 나온 수많은 재담이 베를린에서 유행을 탔다. 예컨대 그는 극장 관람석을 나설 때 그를 기다리다가 마룻바닥에서 잠을 자는 하인을 만나면 이렇게 말했다. "경청했나이다!" 또 한 번은 이렇게 말한다. "처음엔 베를린 사람들이 나를 좋아해서 꿀꺽 집어삼키고 싶어 했는데, 지금은 그렇게 하지 않은 것이 천만다행이라고 생각하겠지!" 사실 실제 사정이 그랬다. 감동적인 연설과 흥분에 사로잡혀 내뱉은 약속 뒤엔 깊은 실망이 따랐다. 이로써 드러나는 것은 모든 것이 한갓 충동적인 미사여구일 뿐이고, 이 새로운 왕은 국가를 시대의 요구에 부응하여 혁신할 의향 없이, 거의 중세적인 생활형식에 대한 모호한 시적인 여운에 휩싸여 있었다는 점이다. 그는 가부장적인 권력, 신분의 위계질서, 신하의 충성서약, 기독교 국가, 그리고 이미 오래전에 먼지 덮인 골동품으로 판정된 낭만주의적 유물 따위를 수단으로 하여 통치했다. 지칠 줄 모르고 계속 계획하고 끊임없이 중얼대는 이 왕에게서 이제 관행적으로 더 이상 아무것도 기대하지 않게 되자마자 베를린

---

[40] J. L. F. Mendelssohn(1809~1847): 독일 초기 낭만파 시대의 작곡가이자 피아니스트. 「한여름 밤의 꿈」으로 유명함.
[41] Georg Herwegh(1817~1875): 독일의 시인. 혁명정신에 호소함으로써 당대 젊은 시인들로부터 주목을 받음.

사람들의 위트는 유행하던 그의 어투, 즉 "약속하고 맹세하는 나(das gelobe und schwöre ich)"를 "통 알아듣기가 어려워(dat jlobe ik schwerlich)"라는 말로 바꿔놓았다. 일찍이 구츠코[42]가 자신의 드라마 『네로(Nero)』에서 예술 광기 때문에 백성의 행복을 희생시킨 바이에른의 루트비히 1세를 그렸듯이, 다비드 프리드리히 슈트라우스[43]는 프리드리히 빌헬름을 겨냥하여 "왕좌에 앉아 있는 낭만주의자" 율리아누스 황제의 실화 전기를 썼다. 이 같은 비교가 이 작가가 엮어낸 모든 것처럼 싱겁고 따분하고 성가실 뿐이어서, 인물과 상황이라는 두 측면이 별로 닮은 데가 없다면 이 같은 비교는 좀처럼 생각할 수 없겠지만 아무튼 그에 대한 별명만큼은 살아남았다. 대체로 낭만주의자를 끊임없이 환상을 먹고 사는 사람으로 이해한다면, 프리드리히 빌헬름은 실제로 낭만주의자의 전형이었던 셈이다. 그는 왕좌에 등극한 직후에 메테르니히에게 이렇게 편지를 썼다. "나의 상황은 내게 꿈처럼 보이오. 이 꿈에서 깨어나길 나는 간절히 바라오." 그런데 그는 이 꿈에서 결코 깨어나질 못했다.

그가 왕좌에 오른 그해가 눈에 띄게 주목을 받는 것도 하마터면 유럽이 대규모의 전쟁을 치를 법한 외교적 갈등이 들끓었기 때문이다. 알바니아의 매우 유능한 장교였던 무하마드 알리[44]는 이집트를 이탈리아 해양국가들에서 완전히 독립시키는 데 성공했다. 그런데 이 해양국가들은 그리스 독립전쟁에서 그의 도움을 요청하려고 그

---

[42] K. Gutzkow(1811~1878): 독일의 소설가이자 극작가. 독일 현대 사회소설의 선구자.
[43] David Friedrich Strauß(1808~1874): 독일의 프로테스탄트 철학자이자 전기 작가.
[44] Muhammad Ali(1769~1849): 알바니아 출신 오스만투르크 제국 사령관.

에게 크레타 섬을 양도했을 뿐만 아니라, 몇 년 뒤 그의 사위 이브라힘(Ibrahim)의 결정적 승리 끝에 시리아도 그에게 넘길 수밖에 없었다. 1839년에 또 한 번 전쟁이 터졌다. 이집트가 니시비스(Nisibis) 전투에서 승리를 거두면서 적의 함선이 이집트 수중에 들어갔고, 터키의 존립이 위기에 처한 것처럼 보였다. 그래서 그 다음 해에 영국·러시아·오스트리아·프로이센이 터키의 통합을 방어하기 위해 4국 동맹을 체결했다. 반면 프랑스는 열강에 양보하여 크레타 섬과 시리아를 반환할 수밖에 없었던 무하마드 알리의 편에 섰다. 프랑스는 그 같은 양보를 개인적 굴복으로 간주하고 분노를 표출하면서 라인 강의 경계를 새로이 요구한다. 전쟁의 소음이 그해 겨울 내내 지속된다. 무슨 일에 대해선 늘 보복하기 마련인 프랑스는 다음과 같은 구호를 외쳤다. "**그 잘난 동맹에 복수하자!**(*revanche pour Belle-Alliance!*)" 티에르는 파리와 리옹을 요새화했다. (이는 내부 및 외부 방어라는 이중적 목적을 띠고 있어서 급진주의자들은 '**파리의 바스티유화**(*embastillement de Paris*)'라고 불렀다.) 그런데 호프만 폰 팔러슬레벤은 「독일, 세계에서 가장 뛰어난 독일」을 시로 노래했으며, 라마르틴[45]은 「평화의 마르세예즈(Marseillaise des Friedens)」를, 아른트[46]는 「전 독일이여 프랑스로 진군(All Deutschland in Frankreich hinein)」을, 슈네켄부르거[47]는 「라인 강의 파수꾼(Die Wacht am Rhein)」을, 베커[48]는 라인 강의 노래로서 「라인 강을 내주진 않을 거야(Sie sollen ihn nicht haben)」를 읊었다. 베

---

[45] A. Lamartine(1790~1869): 프랑스의 시인이자 정치가.

[46] E. M. Arndt(1769~1860): 독일의 애국시인. 프랑스에서의 해방을 노래한 시로 유명함.

[47] Max Schneckenburger(1819~1849): 독일의 애국시인.

[48] N. Becker(1809~1845): 독일의 시인이자 변호사.

커의 이 시는 "당신들 독일의 라인 강은 우리의 것(Nous l'avons eu, votre Rhin allemand)"이라는 뮈세[49]의 주장에 대하여 예술성이 뛰어난 시로 화답한 것이다. 그리고 그것은 바이에른 왕 루트비히에게서 받은 영예의 컵에 새겨진 문장에서 힌트를 얻은 것이다. "그대들, 내가 내놓는 황금으로, 은으로 도금한 이 컵을 가지고 종종 마시긴 하겠지만, 들리는 소리가 있을지니, 이 컵을 내주진 않을 거야!" 공화주의자 게오르크 헤르베크조차 비록 사해동포적인 문장, 즉 "단 포도주를 위해서라도"라는 문장을 곁들이고 있지만, "건배하세, 건배하세, 라인 강은, 라인 강은 영원히 독일에 남을 것!"이라고 노래했다. 프랑스가 유럽의 정치적 정신병동이 되어 도발이 자신의 제2의 본성이 된 이 참담한 사실에 대한 증거로는 1840년의 사건보다 더 명증한 것도 없을 것이다. 왜냐하면 바로 그 중동지역의 분쟁이 팔츠 지방을 위협하는 계기가 됐다고는 아무도 주장할 수 없을 것이기 때문이다. 그러나 아무튼 전쟁이 일어나진 않았다. 루이 필립은 자신을 두 화염 사이에 두게 될 처지의 위험성을 간파할 만큼은 충분히 똑똑했다. 그도 그럴 것이 한편에선 차르가 동부 열강의 합법적인 십자군원정에 불길을 당길 수 있고, 다른 한편에선 공화주의자들이 이 전쟁을 당장 혁명에 이용할 것이었기 때문이다.

이러한 위기에서 영국은 다시금 절대적인 주도권자임을 증명해 보였다. 런던에서 4국 동맹 및 터키-이집트 평화조약이 체결되었고, 1841년엔 중요한 해협협정도 체결되었다. 이때 5개 열강 모두 동의한 것은 평화 시기에 외국의 어떤 전함도 보스포루스 해협[50]과 다르

맨체스터

---

[49] A. de Musset(1810~1857): 프랑스 낭만파의 시인이자 소설가.
[50] Bosporus: 흑해와 마르마라 해협 사이의 뱃길로서 터키의 아시아 지역과 유럽 지역을 가르는 해협.

다넬스 해협[51]을 항해할 수 없다는 점이었다. 그러나 이 해협협정은 러시아를 염두에 둔 것이었다. 러시아는 이미 8년 전에 터키에서 러시아의 모든 선박은 보스포루스 해로를 이용할 수 있으며, 다른 나라의 모든 선박은 다르다넬스 해협을 이용할 수 있다는 일괄 타결 협정을 맺은 바가 있었던 것이다. 1837년, 젊은 여왕 빅토리아[52]가 자신의 백부의 뒤를 이어 왕좌에 올랐다. 이로써 여성의 왕위계승을 인정치 않은 하노버와의 동군 연합 관계가 깨어졌다. 1839년, 영국은 홍해로 가는 길목인 아덴(Aden)을 정복함으로써 지브롤터 해양 전술의 요충지를 확보한다. 1840년에는 중국을 상대로 파렴치한 아편전쟁을 일으켰다. 인도에서 아편을 반입시켜 홍콩을 강제로 할양받는다. 이미 이전에 오스트레일리아 서부와 남부에까지 세력을 확장하여 인도차이나 일부까지 차지하더니만, 40년대엔 남아시아 대륙의 펀자브(Pandschab) 지방도 정벌함으로써 아프가니스탄과 러시아를 향한 대단히 귀중한 돌파구를 마련했다. 이미 영국은 기계 산업, 철도건설, 증기선 운항 등에서 대륙을 훨씬 능가하는 모습을 드러냈다. 성냥, 스테아린 양초, 강철 펜 따위와 같은 물건들은 벌써 아득한 동화나라의 이야기와 같은 것이 되어 있었다. 1840년에 로랜드 힐[53]에 의해 풀로 붙이는 우표와 1페니의 단일 우편료로 영국 전역에서 서신교환을 활성화시킨 1페니 우편제도가 도입되었다. 그런데 프로이센 경계 안에서는 당시까지만 해도 우편 배달료가 은화

---

[51] Dardanelles: 마르마라 해협과 에게 해협을 연결하는 유럽 및 아시아 양 대륙 간의 해협.
[52] Victoria(1819~1901): 영국 및 아일랜드 연합 왕국의 왕.
[53] Rowland Hill(1795~1879): 영국의 교사이자 발명가. 우편제도의 혁신에 이바지한 공로가 커서 근대우편제도의 아버지로 통하기도 함.

로 10~20그로셴이나 했다. 독일연방 대부분 지역은 40년대 말엽에 가서야 이 새로운 제도를 도입하기로 결의했으며, 메클렌부르크-슈트렐리츠(Mecklenburg-Strelitz) 영지에서는 1863년이 되어서야 그 같은 제도를 도입하려 했다. 풍부한 자원을 가진 수많은 지역을 기술적 완성도에 힘입어 정복함으로써 당연히 유익한 경제적 결실을 낳았지만, 그것은 어디까지나 유산자계급을 위한 것일 뿐이었다. 뛰어난 생리학자인 영국의 자연연구자 윌리엄 드레이퍼[54]도 사진술을 발전시켜 많은 돈을 벌었다. 나중에 그는 뉴욕 대학에서 '철학' 교수가 되어 미국 남북전쟁의 역사 저술가로 활약하면서 생전에 수많은 사람이 읽었던 『유럽 지성의 발달사(History of the Intellectual Development in Europe)』를 집필했다. 이 책은 버클[55]의 서술방식처럼 순박한 수다스러움으로 채워져 있으며, 과학을 맹신하는 태도로 유럽 지성의 진보를 찬양하고 있다. 여기서 그는 1833년 한 해 동안 영국에서 자아낸 실의 길이가 지구 둘레를 20만 번 이상 감을 만큼 되었다고 설명하면서 이렇게 덧붙인다. "인간이 거의 신과 맞먹을 정도의 일을 해냈다."

1832년의 개혁 법안은 산업 중산계급에게 의회 선거권을 부여했다. 그다음 해에 영국 식민지에서 노예제도가 폐지되었다. 이 조치는 물론 박애정신에 입각한 것이 아니라 상업 정책에 따른 것이었다. 제4신분의 분노가 소요 형태의 (당시엔 아직 조직화된 파업이 없었지만) 노동 거부와 심각한 폭동으로 표현되었다. 1839년 버밍엄(Birmingham)에서 가장 무서운 폭동이 일어났다. 노동자들이 도시

---

[54] William Draper(1811~1882): 영국 태생의 미국 과학자이자 역사가. 사진 전문가.

[55] H. T. Buckle(1821~1862): 영국의 역사가.

전체를 유린하고 주택을 약탈하며 공장을 잿더미로 만들어놓았다. 혁명을 진압한 웰링턴(Wellington) 공작은 상원에서 자신은 도시가 정복되는 광경을 이미 여러 번 목격했지만 이번만큼 끔찍한 공포를 경험한 적이 없다고 설명했다. 무엇보다 실용적인 생활의 모든 문제에서 어느 민족보다 훨씬 더 풍부한 경험적 재화를 갖고 있었던 영국같이 고도의 정치적 지혜를 겸비한 민족이 그 번영 일체에 빚이 있던 그 계층을 넉넉히 배려해야 했다는 점에 대해서 왜 통찰하려 하지 않았는지 이해가 가지 않는다. 그러나 모든 시대가 그렇듯, 특히 당시 영국의 문화 영역에도 자신들의 동향인들의 양심을 일깨우는 일을 스스로 과제로 삼은 품성이 고결한 이상주의자가 몇몇 있었다. 이 가운데 한 사람이 리처드 코브던[56]이다. 그는 대도시 빈곤의 주요 원인을 비싼 빵 값에서 찾았고, 또 빵 값이 오른 원인은 대부분이 지주로 구성된 상원이 근시안적 이기심으로 매달린 곡물관세에 있다는 점을 알고 있었다. 그래서 그는 공장주들도 가담한 (왜냐하면 이들은 말하자면 빵 값이 저렴해지면 임금도 낮출 수 있다는 점을 염두에 두었기 때문에) '**반곡물법 연맹**(*Anti-cornlaw-league*)'을 결성했으며, 10년간의 투쟁 끝에 곡물법 폐지를 관철시키는 데 성공했다. 그가 내세우는 학설과 주장으로부터 면화 산업의 중심지 맨체스터에서 새로운 국민경제학파, 말하자면 자유무역, 즉 보호관세 일체의 폐지를 알리는 이른바 맨체스터 학파(Manchesterschule)가 발전했다. 차티스트 운동(Chartism)의 선구자들이 이 학파와 제휴했다. 이들은 "**인민 헌장**(*the people's chart*)"의 기치 아래 정부에 대한 인민의

---

[56] Richard Cobden(1804~1865): 영국의 정치가. 곡물법 폐지에 앞장섰고 자유무역을 주창한 것으로 유명함.

결정적 간섭을 인민의 권리로 요구했고, 아일랜드의 분리주의자들이 이들과 연대했다. 아일랜드 분리주의자들은 영국에서의 분리, 즉 **'합병 철회 운동**(*the repeal of union*)**'**을 때로는 평화적인 방식으로, 또 때로는 전투를 불사하는 방식으로 격렬하고도 지속적으로 전개했다. 오코넬[57]과 오코너[58]와 같이 역동적이고도 노련한 선동가들에 의해 강화되고 가속화된 이 세 운동이 30년대와 40년대의 영국을 지속적으로 들끓게 했다. 의회에선 토리당과 휘그당이 어느 한쪽도 보편적인 만족을 취하지 못해 서로 갈라섰다. 차티스트 운동가들은 보편·평등 선거권과 비밀투표, 매년 새로 선거할 것을 요구했으며, 그 동맹자들은 무역과 상업에 대한 국가의 어떠한 간섭도 배제할 것을 주창했다. 아일랜드 사람들은 무정부주의적 신조에서 동떨어져 있지 않았다. 이런 혼란 속에서 통찰력이 대단히 뛰어나고 편견과는 아주 거리가 멀며, 대단히 멀리 내다볼 줄 아는 두뇌가 있었는데, 그가 바로 로버트 필 경[59]이다. 그는 처음엔 엄격한 토리당원이었지만 점차 자유주의적 노선을 취했고, 사태에 대한 놀라운 적응력을 발휘하여 극단적 소망과 당의 추진력 사이의 중도를 걸을 줄 알았다. 그는 자신의 강령을 종종 바꾸었는데, 그래서 그의 적대자들에게 의지가 약하고 일관성이 없다고 비난을 받았지만 그것은 어디까지나 경직된 당의 교의에 따른 것이 아니라 그때그때의 상황과 사태에 행보를 맞추는 그의 건강한 현실감에서 비롯된 것이다. 그리하여 그는 아일랜드 문제가 최소한 파국으로 치닫지 않도록 조절하여

---

[57] D. O'Connell(1775~1847): 아일랜드 독립운동의 지도자. 가톨릭교도의 해방에 기여함.

[58] F. E. O'Connor(1794~1855): 아일랜드 태생의 차티스트 운동의 지도자.

[59] Sir Robert Peel(1788~1850): 영국의 정치가.

차티스트 운동을 의회 안건으로 상정했고, 가장 중요한 부문 가운데서 무엇보다 자유무역의 체계가 승리하도록 일조할 수 있었다.

사회적 문제 사회복지사업 부문에서 국가의 지원 하나 없이 최초의 실천적 행보를 보인 인물은 자신의 글을 통해 사회주의라는 어휘를 보편적 용어가 되게 한 (물론 사회주의라는 어휘의 주창자는 생시몽주의자인 피에르 르루[60]였지만) 고상한 로버트 오웬[61]이었다. 다만 오웬은 황제 요제프의 머릿속에 위로부터의 자유주의가 아른거렸듯이 위로부터의 사회주의를 염두에 두었다. 그는 2,000명 이상이 일하는 자신의 공장에서 노동시간을 단축했으며, 실업자 지원정책을 도입하고, 위생적인 노동환경을 조성하면서 환자들에 대한 무상치료를 제공했으며, 주택과 학교 및 소비조합을 세웠고, 개선된 공장 법안과 조합 조직을 염두에 둔 활동적인 선전 작업을 펼쳤다. 또한 그는 공산주의 경제이론을 제시하려고도 했다. 프루동도 그 유명한 언사, 즉 "재산이란 무엇인가? 재산은 도둑질한 것"이라는 언사 덕분에 공산주의자로 통한다. 그런데 이 명제는 국가로부터 비호 받는 재산, 이를테면 지대와 이자, 주택임대와 소작, 봉록과 특권 등속에서 나오는 무노동의 **재산**(Eigentum)만을 염두에 둔 것이지 사적 **소유**(Besitz)를 염두에 둔 것은 아니다. 그는 재산이란 모든 남용의 근원이지만 소유는 (일을 통해서 성취한 것만을 사용하기 때문에) 남용의 가능성 일체를 배제한다고 말한다. 그리고 남용은 인간 사회의 자살 조건이 되며, 따라서 소유는 정당하고 재산은 부당하다고까지 말한다. 이 점에서 그는 사적 소유를 폐기하려 한 것과는 거리가 멀다.

---

[60] Pierre Leroux(1797~1871): 프랑스의 범신론적 철학자 겸 경제학자.
[61] Robert Owen(1771~1858): 웨일스 출신 사업가이자 사회주의적 개혁가.

오히려 그는 사적 소유에서 노동에 대한 필연적 자극과 가족의 기초 및 모든 진보의 근원을 읽어내면서 인간은 저마다 사적 소유자라고까지 주장한다. 그가 보기에 공산주의란 그저 뒤집힌 재산일 뿐이다. 요컨대 재산이란 것이 강자가 약자에게서 취한 착취물이라면 공산주의는 약자가 강자에게서 취한 착취물이므로 이 역시 도둑질한 것이라는 식이다. 이에 따르면 진정한 정의는 소유의 평등이 아니라 봉사의 평등, 즉 '상호주의'에 달려있다. 이런 관점 때문에 마르크스는 그를 부르주아의 한 사람일 뿐이라고 한 것이다. 실제로 프루동은 시종일관한 무정부주의의 최초 대표자였다. 그도 그럴 것이 그는 국가권력을 폭력의 주범으로 보았고, 어떠한 형식을 빌려서라도 그 권력을 지양하려 했기 때문이다. 그러나 루이 블랑[62]은 자유무역주의 학파에 반대한다. 그는 바로 자유 경쟁이 착취를 쉽게 하며, 따라서 국가가 생산 전체의 주인으로 등극해야 한다고 설명한다. 스위스에서 마그데부르크(Magdeburg) 출신 재단사 빌헬름 바이틀링[63]이 기독교적인 색깔을 입힌 공산주의 팸플릿을 독일로 보냈다. 이 팸플릿은 프롤레타리아트 사이에서 수없이 많이 읽혔다. 1844년 슐레지엔 지방의 직조공들이 봉기를 일으켰다. 이 봉기를 하우프트만[64]은 자신의 '40년대의 연극'에서 주제로 다루었다. 절망의 폭발로 이끄는 이 상황에 대해 국민경제학자 알프레트 침머만(Alfred Zimmermann)은 자신의 책『슐레지엔 아마직물 공업의 번영과 몰락

---

[62] Louis Blanc(1811~1882): 프랑스의 공상적 사회주의자.
[63] Wilhelm Weitling(1808~1871): 19세기 유럽의 중요한 급진주의자. 그러나 마르크스와 엥겔스는 그를 '유토피아적 사회주의자'라고 부름.
[64] G. Hauptmann(1862~1946): 독일 사실주의 작가. 대표적인 작품으로는『직조공들』(1892)이 있음.

(*Blüte und Verfall des Leinengewerbes in Schlesien*)』을 통해 이렇게 보고한다. "길가에 노는 애들이라고는 없었다. 아이들은 허약한 힘으로나마 그들 부모의 노동을 도와야만 했다. 보통 여느 마을에서든 들을 수 있는 강아지 짖는 소리조차도 여기서는 들리지 않았다. 개에게 먹일 사료가 없었고, 그 성실한 집 지킴이들은 환영받는 양식으로 소비되었다. (…) 대부분의 가족이 고기라고는 구경도 못 했다. (…) 농부가 가족들에게 탈지유(脫脂乳)나 감자껍질이라도 내놓으면 그것은 하나의 즐거운 사건이었다." 6월 어느 날, 직조공들이 페터스발다우(Peterswaldau)에 위치한 20여 공장과 주택에 침입하여 그것들을 짓부쉈다. "그들은 말 한마디 하지 않고 복수극을 펼쳤다. 들리는 소리라고는 가구와 기계가 부서지는 소리뿐이었다." 그 사이에 도착한 2개 보병 중대가 폭동을 일으킨 사람들 머리 위로 처음으로 사격을 가했다. 폭동을 일으킨 사람들은 돌멩이로 응수했다. 이에 군인들은 두 번째 일제 사격을 가하여 그 공격자 몇 명을 사살했다. 그러나 군중은 전혀 겁먹지 않고 오히려 군인들이 철수하도록 또다시 돌세례를 퍼부었다. 몇몇 건물이 더 파괴되었다. 그런데 갑자기 소요가 잠잠해지더니 모든 것이 예전같이 되었다. 다만 당시 대중 사이에 회자되던, 그 날에 부른 섬뜩한 노래, '피의 심판'만큼은 남아 있었다. "너희 악한 모두, 너희 사탄의 무리, 너희 지옥의 악마들, 그래 너희들, 가난한 이들의 모든 것을 집어 삼켜봐, 저주로 되갚아 주리라!" 그리고 하이네의 직조공들의 노래도 계속 떠돌았다. "왕에게 저주가, 빈곤해서 우리를 참을 수 없게 만드는 배부른 왕에게 저주가 있을 것이니, 우리에게 남은 마지막 한 푼조차 쥐어짜고, 우리를 개처럼 도살하도록 하는 왕에게 저주가 있을지니. 오늘도 우리는 천을 짠다, 천을 짠다!" 당시 독일 전역에서도 이른바 북아

메리카에 유리한 이민법이 제정되었고, '유럽에 싫증난(europamüde)'
이라는 신조어가 인민들 사이에 광범위하게 회자되었다. 어느 정도
의 진보를 의미하는 독일의 유일한 공공기관은 학교였다. 1841년
프뢰벨[65]이 최초의 유치원을 설립했고, 쾨니히스베르크(Königsberg)
대학 철학교수였던 요한 프리드리히 헤르바르트[66]는 자신의 새로운
교육방법을 학습했던 '교육 실습학교'를 창립했다. 이 학교는 그 목
적과 수단에 따른 윤리학과 심리학에 입각하여 전문지식의 도야는
물론이고 특히 인격의 함양을 그 기초로 삼았다. 이 학교는 표상들
의 상호작용, 이를테면 용해와 결합 및 상호 억제, 잠복과 복귀, '상
승'과 '하강' 등에서 정신의 모든 문제를 유추하는 철학도 관장했
다. 물리학적 운동이 수학적으로 표현될 수 있듯이, 헤르바르트도
일련의 심리학적인 역학 공식을 정립하려 했다.

'적색 인터내셔널(die rote Internationale)'이 형편없는 성과를 내놓을
수밖에 없었던 것에 비해 '황금의 인터내셔널(die goldene Internationale)'
은 그만큼 훨씬 더 큰 성과를 내놓은 셈이다. 무엇보다 황금의 인터
내셔널은 관세동맹을 확장하는 형태로 표출되었다. 맨체스터 학파
는 범유럽 관세동맹 이외 아무 조치도 취할 수 없었고, 프랑스는
이미 오래전부터 내국관세를 적용하고 있었다. 40년대 초엽에 벨기
에와 프랑스가 관세동맹을 두고 협상을 벌였지만, 벨기에의 경쟁력
에 대한 프랑스 산업가들의 우려 때문에 실패로 돌아가고 말았다.
독일의 관세동맹은 본질적으로 프리드리히 리스트[67]의 작품이다.
그가 내국관세 폐지에 관한 법안을 의회에 제출하자 그 죄목으로

프리드리히
리스트

---

[65] F. W. A. Fröbel(1782~1852): 독일의 교육자.
[66] Johann Friedrich Herbart(1776~1841): 독일의 철학자이자 교육사상가.
[67] Friedrich List(1789~1846): 독일의 경제학자. 보호무역의 제창자.

구금형을 선고받았고, 아메리카로 이민 갈 것을 약속하고서야 사면을 받았다. 그는 펜실베이니아에서 석탄층을 발굴함으로써 부자가 되었다. 그러나 그가 전하는 바대로 하면, 그는 어떤 어머니가 아들이 신체장애가 심해서 그만큼 더 애틋한 마음을 쏟으며 그 아들을 대할 때처럼 독일을 대했다고 한다. 그는 아메리카 영사로서 라이프치히에 정주하여 그곳에서 자신이 갈망하는 두 가지 이상, 즉 독일의 경제적 통합과 자신의 노동력과 건강 및 재산을 바친 철도망 건설을 위해 쉬지 않고 일했다. 이때 그는 모든 국민경제란 세 단계, 즉 처음엔 농업이 지배적이며, 그다음엔 농업과 상업이, 그리고 마지막으론 농업과 상업 및 무역이 성행하는 단계를 밟는다는 이론에서 출발했다. 이에 따르면, 첫 번째 단계에서 자유무역은 자연스러운 것이다. 왜냐하면 농업은 방해받지 않고 원료를 수출하고, 상업적인 생산물을 수입할 수 있어야 하기 때문이다. 두 번째 단계에서 국가는 어른이 어린아이들과 어린 과실수와 포도나무 줄기를 보호하듯 신생 상업을 보호해야만 한다. 따라서 이 단계에서는 관세제도를 추천해야 하지만 교육제도만큼은 자유롭게 허용해야 한다. 세 번째 단계에서는 관세제도가 다시 필요 없게 된다. 리스트의 관점에 의하면, 당시 스페인과 포르투갈이 첫 번째 단계에 있었고, 독일과 미합중국은 두 번째 단계에, 그리고 영국은 세 번째 단계에 도달해 있었다. 그래서 그는 유럽 민족들은 영국의 무역 패권에 대하여 서로 단합해야 하고, 대륙봉쇄는 영국이 평화적인 방법만이 동등한 길에 이를 수 있다는 점을 이해할 때까지 평화적으로 혁신되어야 한다는 결론을 내렸다. 이런 적대적 태도에도 불구하고 리스트는 독일에서보다 영국에서 훨씬 더 높게 평가를 받고 이해도 더 잘 되었다. 그가 런던을 방문했을 때 영국의 1급 관료들과 의회가 그를 영예롭게 대접했다. 그러나 결국 관세동맹이 체결되었다. 관세동맹의 시작은 프로이센 국가 영역 내 경제동맹을 맺은 1818년으로 거슬러 올라간다. 프로이센 영내 소수민족들도 이 동맹에 결합했으며, 이어서 헤센-다름슈타트, 안할트(Anhalt), 쿠르헤센, 바이에른, 뷔르템베르크, 작센, 튀링겐도 이 동맹에 가세했다. 이들 지역은 일부는 상호 간, 또 일부는 프로이센과 동맹을 맺었다가는 결국 모두가 동시에 프로이센-독일 관세동맹에 합세했다. 1833년, 교황 실베스테르(Silvester) 1세 성인의 축일인 12월 31일 밤, 자정의 타종과 함께 앞으로 독일 제국영토가 되는 4/5 지역에서 관세국경이 대대적인 환호를 받으면서 개방되었다. 그런데 리스트의 생각은 이보다 훨씬 더 멀리까지 나아갔다. 그는 한자 동맹 가입 도시들뿐만 아니라 벨기에와 네덜란드도 프로이센-독일 관세동맹에 가입하길 희망했다. 왜냐하면 그가 말하는 바에 따르면, 라인 강 수문이 없는 독일 관세동맹은 그 문고리를 외국인이 잡고 있는 그런 집과 같기 때문이었다. 나아가 그는 오스트리아와 헝가리 및 터키로 뻗는 동방으로의 확장을 염두에 두고서 독일 함대를 조선(操船)할 것을 요청했다. 그도 그럴 것이 항로 없는 민족은 날개 없는 새, 비늘 없는 물고기, 이빨 없는 사자와 같기 때문이라는 것이다. 그러나 일반의 이해부족, 지속적인 악의적 공격, 재정에 대한 고민과 고통스러운 신경성 두통에 시달린 끝에 그는 1846년 쿠프슈타인(Kufstein)에서 권총 자살하고 말았다.

문학에서 영국은 사회적 색조가 우선적으로 두드러졌다. 이를 잘 살린 대가는 공장운영·학교제도·빈민구제·계급차별 재판의 폐해들을 생물학적 순진무구함과 유머 넘치는 감각으로 묘사한 찰스 디킨스[68]였다. 그런데 그의 고발은 분노의 색채라고는 없이 순수 문학적 형태를 빌림으로써 오히려 가장 깊은 영향력을 발휘하여 불후의 신선함을 지속할 수 있었다. 여타 위대한 작가들은 후세대에게 오락가락하는 찬사를 받지만 이 고상한 아이는 인류의 영원한 총아로 남을지도 모른다. 그런데 이처럼 천사처럼 순결한 정신이 그 시대의 악마의 말을 좇아 황금 채굴업자가 그렇듯 돈벌이가 되는 순회강연의 유혹에 빠져 자신의 풍성한 활동 에너지를 너무 일찍 소비하고 말았다. 그러나 이 혼란스러운 시절에 앵글로색슨 인종 가운데서 당시까지 출현한 적이 없었던 가장 강력한 도덕적 능력이 토머스 칼라일을 통해 나타났다.

사색가로서
의 영웅

칼라일을 비난하기는 아주 쉽지만 칭송하기는 매우 어렵다. 그 이유는 그의 글의 일부만이라도 읽어본 경험이 있는 사람은 수많은 오류와 흠을 쉽게 찾아낼 수 있기 때문이다. 그는 중언부언하며 자가당착적이고 과장해서 말한다. 글은 짜임새 없이 모호하게 쓴다. 그의 파토스는 과열되어 있고, 박자는 불확실하며, 생각은 무질서하고 바로크적이다.

이 모든 결점과 또 다른 수많은 흠도 쉽게 들춰내어 정확히 규명할 수 있다. 그러나 이에 비해 어떤 좋은 성격이 그에게 있는지 찾아내려면 당혹스러울 뿐이다. 예컨대 칼라일은 열정, 예리한 사고, 심리적인 섬세함, 유연한 성품을 가지고 있으며, 독창적이고 매력적이며 기지가 넘친다고 말하고 싶어도 사실 이에 대해선 할 말이 하나도 없다고 해도 무방할 정도다. 분명 이 모든 얘기가 전부 맞는 말일 수 있지만 그를 그대로 말해주는 것은 아니다. 그를 알고 있는 사람

---

[68] Charles Dickens(1812~1870): 영국 빅토리아 시대 사회적 불의를 비판한 리얼리즘 작가.

은 누구든 그 같은 속성으로는 칼라일 현상을 제대로 설명할 길이 없으며, 그 속성은 그와 완전히 무관한 것일 수 있다는 감정을 저버릴 수 없다.

당혹감은 그를 도대체 어떤 문사 범주에 포함시켜야 할지 설명해야 할 순간부터 이미 시작된다. 그는 철학자인가, 역사학자인가, 사회학자인가, 전기작가인가, 미학자인가, 소설가인가? 그는 이 모두이거나 어느 쪽도 아닐 수 있지 않는가? 아니면 고작해야 한 명의 작가에 불과한 것이 아닐까? 그 자신조차도 이런 질문에 부정적으로 대답했다. 그는 다음과 같이 말한다. "내게 뭐 특별한 재능이라고도 할 수 없는 것이 있다면 그것은 바로 문학이다. 아무리 단순한 습작이라도 하나 써낼 방법을 배웠더라면 나는 아마 좀 더 나은 행복한 사람이 되었을 것이다." 10만 권 이상의 책을 펴낸 사람이 이런 식으로 자기평가하는 것 자체가 우선 놀랄 일이다. 그러나 조금만 더 자세히 들여다보면, 당장 이런 평가에는 뭔가 진실된 면이 있음을 깨닫게 된다. 요컨대 작가를 두고 자신이 관찰한 것과 느낌을 유창하고 멋지게 표현할 수 있는 재능이 있는 사람, 자신에게 있는 모든 것을 힘들이지 않고 노련하게 다 말할 방법을 터득한 사람, 간단히 말해 자신이 받은 인상을 각별히 잘 드러낼 수 있는 사람으로 이해한다면, 칼라일은 분명 작가가 아니다. 그에게 문학 작업은 고통과 다름없었다. 작품을 생산할 때 그만큼 장애와 어려움을 겪은 이도 없었다. 어떤 소재로 충만해졌을 때 그는 무거운 짐을 지고 돌아다니는 기분이 들었다고 한다. 그것을 그는 견딜 수 없는 압력으로 느꼈다. 형상화할 때 오는 즐거움이라고는 몰랐던 것이다. 그리고 완성된 작품도 소재와 씨름한 그의 흔적이 역력하다. 그의 글쓰기 방식의 기본 특성은 생동감과 중압감의 기묘한 결합에 있다.

이는 사람들이 그를 두고 성미가 불같은 것이 아닌가, 아니면 어설프기 짝이 없는 것이 아닌가 하고 지속해서 의심하게 만든 스타일이기도 하다. 이런 스타일은 저항하기 어려울 정도로 감동을 주지만 언제나 쉽지 않고 자기 자신과 씨름해야 하고, 급히 서두르다가 다시 절룩거리며 뒷걸음질치게 된다. 그것은 형식이 없으면서 형식적이다. 수백 군데서 보이는 삽입 문장, 괄호 치기, 지움, 뜻밖의 삽입구, 부록과 산발적인 감탄사 따위는 수많은 독자의 의심을 사기에 충분했다. 그런데 바로 이 때문에 칼라일의 산문은 독보적인 리듬을 탔던 것이다.

칼라일의 본성을 단 한마디로 규정하려 한다면, 아마도 그것은 칼라일의 독특한 어법을 빌려 말하면 사색가-영웅(Denkerheld)이라고 부를 수 있을 법하다. 칼라일은 영웅기질에 대한 다양한 어법을 인간의 모든 활동에서 탐색하면서 발굴했다. 그의 관점에 따르면 진실하면서 유능한 사람은 근본적으로 누구나 영웅일 수 있다. 다만 그는 영웅기질에서 하나의 형식만을 개관했다. 그것은 곧 '**사색가로서의 영웅**(hero as thinker)'이다. 그 이유도 아주 단순하다. 말하자면 영웅은 바로 그러한 형식을 구현할 뿐이기 때문이라는 것이다. 요컨대 이 형식을 모든 형태 가운데 가장 포괄적이고 가장 적실한 형식으로 보았다. 이에 따르면 이 같은 사색가는 분명 우주의 영웅이며, 칼라일식의 모든 영웅 형식을 갖추고 있다. 그는 한 몸에 예언가·시인·성직자·작가·조직가의 기질을 품고 있다. 그의 영향력은 가장 오래 보존되고 가장 심오하게 미친다. 그리고 그는 영웅기질의 가장 막강한 형태뿐만 아니라 가장 순수하면서도 인간적으로 가장 위대한 형태를 띠기도 한다. 왜냐하면 바로 그는 구체적인 행위에 자신의 목표를 두지 않기 때문이다. 모든 행위는 일정 정도의 한계와 맹목성 및 부당성을 전제로 하기 마련이다. 그 내용은 단지 특정 순간의 주어진 진리만을 의미할 뿐이다. 그러나 사색가는 완전한 진리를 취하려 한다. 그는 모든 것을 이해하고 꿰뚫어보면서 그 속으로 육박해 들어가며, 그 자신의 개별적 권능으로 모든 것을 인식한다.

그러나 사색가는 기질 없는 무관심의 상태서 모든 것을 허용하기 마련인 것으로는 보이지 않는다. 오히려 정반대다. 요컨대 진정한 사색가는 누구든 열정적인 개혁가다. 그래서 그의 어투는 왕왕 상냥하지 못하고 아주 거칠다. 그는 자신을 위해 자기 나름의 진리를 찾는 것으로 만족하지 않고, 그것을 모든 세상 사람과 공유하고자 하며, 그들의 의지에 반하는 것일지라도 그것을 그들에게 전하려 한다. 그는 바깥으로 막무가내로 밀치고 나가려는 것들을 자신의 가슴에 품고서 모든 사람의 귀에다가 소리치고 모든 문설주에 새겨 넣고 거리 모퉁이마다 포스터를 붙이고 싶어 한다.

칼라일의 창작은 이런 특성을 통해 규정된다. 그는 스스로를 교훈이나 오락을 주는 책의 저술가가 아니라 사명의 전달자로 생각했다. 그에게 그 형식은 아무 의미가 없었다. 그는 자신의 주도 명제를 마치 후렴구처럼 늘 되풀이했다. 왜냐하면 그는 단 한 사람이라도 자신이 말하는 진리를 믿도록 하려면 사람들이 그 진리를 수백 번 떠들게 해야 한다는 사실을 알고 있기 때문이었다. 그는 투박하지만 친절한 학교 선생처럼 과도한 칭찬과 비난을 동시에 받았다. 그는 고의적으로 **항상** 보통 그 이상으로까지 나아갔다. 그런데 진정 깊은 그 모든 감정은 '과장되어' 있고 비대한 상태에 있긴 하지만, 결국 바로 이 때문에 생산적이게 된다. 그래서 이렇게 말해도 거의 무방할 법하다. 실제로 생생한 모든 감성은 실물 이상의 크기를 갖는다고 말이다. 칼라일의 테크닉은 아주 단순한 데 있다. 그것은 그가 자신의 감정을 채우는 강렬한 인상이면 어떤 것에든 극단적으로 시종일관, 혹은 좌충우돌하는 식으로까지 자신을 기꺼이 내맡기는 행태이다. 이는 **모든** 위대한 예술가의 테크닉이기도 하다. 게다가 그는 조정자 역할을 하는 자기반어도 결핍되어 있지 않았다. 조금만 더 신경을 써보면, 가끔 그가 뒷자리에서 자신에 대해서도 진짜 비웃었다는 얘기를 들을 수 있다.

형식에서 참으로 주관적인 형태로 나타난 그의 표현은 생각할 수 있는 가장 예민한 정의감을 토대로 삼고 있다. 그가 매우 자주 자기모순에 빠지는 것은 진실에 대한 그의 애정의 자연스러운 결과일 뿐이다. 그는 사실보다 오히려 자기 자신을 거스르는 길을 택했다. 사실들이 그의 유일한 먹줄인 셈이다. 그도 그럴 것이 그는 극단적인 이상주의자이자 이데올로그인 동시에 가장 실용적이고 가장 냉정하며 가장 즉물적인 현실의 인간이었기 때문이다. 늘 그는 어떤 추상에서 출발하지만 한 치라도 추상적으로 글을 쓰진 않는다. 그는 자신의 관념이 마치 현실의 존재, 즉 개인적인 친구나 적인 양 거기에 생기를 불어넣는 재능까지 겸비했다. 그리고 그는 자신이 '**비전**(vision)'이라고 부르곤 했던 그런 속성까지 갖추고 있었다. 문제가 어떤 영역의 것이든 상관없이 그는 항상 오류 없는 확신으로 문제의 의표를 찔렀다.

이 같은 두뇌의 경우 모든 것이 부득이 그 자신에게서 비롯되어 세계상을 형성하기 마련이다. 사실들은 사실들과의 불가항력적인 친화성을 갖게 되며 완전히 자동적으로 서로 결합한다. 결정적인 것은 **비전**이라는 그 신비한 재능이다. 아마 이런 비전만이 완전한 세계관일 수 있고, 그 이름에 실제로 합당한 유일한 세계관일 수도 있다고 해도 좋을 것이다.

칼라일이 영문학 안에서 차지하는 독특한 위치를 이해하려면, 그 영안이 밝은 사람
가 스코틀랜드, 그것도 고지 스코틀랜드 사람들보다 켈트족의 특성
이 훨씬 희박하고, 영국 사람보다 저지 독일 사람의 기질을 더 강하
게 풍기는 저지 스코틀랜드 출신이라는 점을 예의주시해야 한다.
비록 그가 그의 동향인 번스(Burns)가 그랬던 것처럼 고향의 언어로
글을 쓴 것이 아니라 일상적인 문어체 영어를 이용하긴 했지만, 그
렇다고 해서 그를 영국 작가로 보기엔 다소 곤란한 면이 있다. 그의
화법 전체를 들여다보면 전혀 영국적이지 않다. 여기에는 사유로부
터 내뱉는 판독하기 어려운 모순투성이의 스코틀랜드 민족의 성격
도 들어 있다. 이 같은 성격에는 몽상과 처세술, 변덕스러운 예민함
과 강인한 저항력, 우울함과 유머, 아집과 적응력, 무뚝뚝함과 사교
성이 절묘하게 결합되어 있다. 이 모든 것이 칼라일에게서 볼 수
있고, 천재적인 사람들이 자기 민족의 성격을 구현할 때 흔히 그러
하듯 왕왕 그것은 크게 과장된 형태로 나타난다.

끝으로 잊지 말아야 할 것은 칼라일이 '**천리안**(second sight)'의 재능
을 갖춘 민족 출신이라는 점이다. 물론 이런 재능은 입증될 수도
있고, 안 될 수도 있다. 또 다른 좀 더 고상한 의미에서 그에게는
분명 그런 재능이 있었다. 칼라일의 본질과 의미를 아주 간명하게
요약해서 말한다면 아마 이렇게 말해도 무방할 듯하다. 즉, 그는 영
안이 밝은 사람이었다고 말이다.

칼라일은 자신의 인생 전반부를 독일 문학에 헌신했다. 괴테·실 오직 경뿐
러·노발리스·장 파울을 읽었고, 이때 영국의 세계와는 천양지차
가 있을뿐더러 이 세계보다 역시 하늘만큼 우월한 완전히 새로운
사유 및 형상의 세계가 있음을 깨달았다. 그래서 그는 이 새로운

가치들을 자신의 고향 사람들에게 소개할 결심을 한다. 그러나 여기서 그는 엄청난 저항을 만난다. 영국에서는 이 새로운 독일 문학을 두고 이미 극복된 관점을 다시 유통하려는 시도로 이해한 것이다. 대부분 사람에게 괴테는 이상야릇한 신비주의에 빠진 사람으로 비쳤다. 그의 작품 가운데 알려진 것은 거의 없는데도 사람들은 이렇게 친숙성이 희박한 상태로 더는 확산할 필요가 없다고까지 생각했다. 당시 독보적인 저술이었던 윌리엄 테일러[69]의 『독일문학사』에서 문학 발전의 형국은 코체부에서 정점에 이른 것으로 그려지고 있다. 그런데 역사 및 미학 연구에 대한 관심은 전혀 무시할 수 없는 정도였다. 이는 당시 진지하고도 견실한 평론지가 수없이 많이 쏟아져 나왔다는 사실이 입증해주는 셈이다. 물론 이들 잡지는 칼라일과는 완전히 다른 예술형식을 가꿨다. 말하자면 철저한 학술적 근거와 미적 취향의 표현을 통해 만담의 품격을 높인 것이다. 이의 가장 중요하고도 가장 대중적인 대표자로는 매콜리 경[70]을 꼽을 수 있다. 지속적인 그의 인기는, 우선 그에게는 고대의 작가라면 자명한 것일 수 있지만 현대의 작가에게는 지극히 이상하게 보이는 결합으로 이루어진 두 가지 속성이 공존한다는 사실이 말해준다. 그는 의미 있는 지식을 겸비한 동시에 그것을 공유할 줄 아는 기술을 갖추고 있었다. 그의 가르침은 맛깔스럽기도 했지만 영양가도 높았다. 그의 저작들은 단어의 가장 고상한 의미를 살려 말하면 오락 문학(Unterhaltungsliteratur)에 해당한다. 모든 것, 이를테면 아무리 부드러운 것도, 그리고 아무리 건조한 것도 그의 손에 들어가면 즐길 수 있는

---

[69] William Taylor(1765~1836): 독일 낭만주의 문학을 번역·소개한 영국의 학자.
[70] Lord Th. B. Macaulay(1800~1859): 영국의 역사학자이자 휘그당 정치인.

유익한 것으로 변한다. 이때 그는 어떤 사소한 것도 그냥 지나치지 않는다. 그가 하는 형상화의 섬세함과 인간을 이해하는 정확성은 놀라울 정도이지만 결코 억지 형식이 아니다. 그의 탐구방식은 다면 적이면서 깊이 파고들며, 조용하면서 고상하다. 이때 그의 정신은 활동반경이 엄청나게 광범위하다. 그의 연구에는 철학·종교학·민속학·군사학·정치학·경제사·문헌학·미학·전기·문학비평 및 500년간의 유럽 전체 문화가 포함된다. 매콜리의 글 가운데 어느 것이 최고의 것인지 결정하기란 쉽지 않다. 그 각각은 그의 기묘한 성격을 하나로 묶어 보여준다고 할 수 있다. 그는 거창하면서도 항상 준비된 사유, 돋보이는 결합능력, 무수한 일련의 사실을 단위별로 크게 묶고, 복잡하게 얽힌 연관관계들을 일목요연하게 정리하는 기술, 수천 가지 미세한 세부 특징에서 형형색색의 모자이크 형상을 만들어내는 재능을 보여준다.

매콜리만큼 똑똑한 사상가도 별로 없다. 또 그만큼 빼어난 옷차림새를 한 인물도 거의 없을 것이다. 그는 항상 신사 복장으로 언제나 멋지게 차려입었다. 맵시를 내면서도 정중했다. 말하자면 예의범절이 깍듯했다. 아마도 그는 영어로 글을 쓰는 이 가운데, 그것도 고상한 단순성의 취향을 살린 가장 우아한 멋쟁이 작가였을 법하다. 그에게는 모든 것이 '구비되어 있어' 구색을 갖추고 있다. 어휘는 저마다 적재적소에 있는 듯하다. 그는 말을 너무 많이 하지도 않고 너무 적게 하지도 않았다. 전체가 멋지게 짜인 사물들의 유복한 환경 사이를 거니는 것 같다. 물론 이 같은 사물의 구도는 광활하고도 충만한 가슴보다 잘 정돈된 섬세한 오성에서 나온다. 따라서 그것들은 한갓 가상과 가정에서 나온 것일 따름이다. 그도 그럴 것이 바로 가장 멋진 살롱에서 가장 해로운 몹쓸 짓을 흔히 볼 수 있듯이, 매콜리의 치밀한 교육적인 글의 배후에는 광신적인 휘그당의 악의와 일면성이 적잖게 도사리고 있었다.

이미 앞서 지적한 바 있듯이, 사실 연관관계를 들여다보는 매콜리의 방식은 그 통찰력과 수용력에서 일종의 법률학자의 그것을 닮았다. 물론 그는 (늘 그런 것은 아니지만) 대체로 인간과 사건을 변호사나 검사처럼 대하는 것을 꺼렸지만, 대법관의 객관적 역할을 마다하지도 않았다. 그러나 주지하다시피 그는 항상 특정 집단의 관점을 대변했기에 의장으로서도 전혀 객관적일 수가 없었다. 그는 지극히 편협한 특정한 법을 옹호하는 메가폰으로 남은 것이다. 세계사는 '오늘'의 빛나는 재판에 회부되는 일종의 소송이라는 매콜리의 관점은 예술적 세계관의 욕구도, 고상한 도덕의 요청도 만족시킬 수가 없다. 오히려 그 같은 관점은 모든 부르주아 시대의 특성과 징후를 보이는 자족적이고 옹졸하며 완고한 2류 도덕성을 말해주는 셈이다. 여기서 그는 문명에 자부심이 있는 계몽된 합법적인 자유주의자로서 화학비료와 증기기관차를 소유했을 뿐만 아니라 언론출판의 자유와 선거권도 갖고 있었고, 자신의 판정, 과거 · 현재 · 미래를 자신이 꾸며야 할 조서의 대상으로 쌓아두었다.

간혹 그는 학교에서처럼 시인들과 시를 평가하길 좋아했다. 예컨대 그는 18세기 영국 문학을 두고서 영국 문학에는 "최고급의 시가 없을뿐더러 딱히 2류급에 포함시킬만한 시도 별로 없다"고 말하거나, 근대가 산출한 라틴계 시들을 두고서는 "그 시 가운데 1급 예술품에 들어가는 시가 하나도 없는 것은 물론이고 2급으로 분류할만한 것도 없다"고 평가한다. 매콜리를 간명하게 평가하고 싶다면, 이와 동일한 표현방식을 이용하면서 그나마 그에게 유리한 방식에 기대어, 그는 표현수단에 적합한 펜을 고른 1급 부류에 포함되진 않지만 2급 중에서는 아주 높은 윗자리에 앉아 있다고 말해도 무방할 법하다. 이 사실은 그를 애넌데일(Annandale)의 투박한 농민의 아들인 칼라일과 비교해보면 금방 이해할 수 있을 것이다. 칼라일에겐 형식은 아무것도 아니며 감정이 전부로 통한다. 그 문장들은 계곡을 따라 내려가는 물처럼 돌과 덤불을 휩쓴다. 그의 사상은 이글거리며 타오르는 화산의 분출처럼 강력히 외부로 발산되었다. 그것은 그가 묘사한 대상 이외 다른 어떤 당에 복무하려고도 하지 않으며, 비판을 비난으로서가 아니라 추체험으로 이해했던 것이다. "우리가 어떤 한 사람을 두고 현재 그렇지 않은 그를 비난하기 전에 현재 그가 어떤 사람인지 차라리 분명히 하는 것이 더 바람직할 것이다." 이 말에는 칼라일의 비판 프로그램이 들어 있는 셈이다. 그가 자신의 적수로 느꼈던 볼테르에 관한 논문조차도 그에게는 불식간에 위대한 문사 혁명가에 관한 예술적 그림처럼 되고 만다.

칼라일이 런던으로 이주함으로써 그의 인생은 외면적으로뿐만 아니라 내면적으로도 새로운 국면을 맞게 된다. 지금까지 그의 정신적 창작은 주로 문학적 경향을 드러내 왔다. 그것은 곧 그가 해명과 위로를 받을 것으로 기대한 책의 세계였다. 그가 선별한 바로 그 지도자들, 이를테면 18세기 독일의 시인들과 사상가들이 그가 내심 품고 있었던 순수 이론의 경향을 한층 강화한 것이 틀림없었다. 파우스트처럼 그도 독백자와 골방 학자로서 우선 시작했다. 그러나 이제 그의 정신적 발전은 단호한 태도를 취할 수밖에 없는 경향을 띤다. 이는 물론 그의 성격 저변에 이미 오래전에 깔려 있던 것인지는 몰라도 이때부터 그의 정신활동을 조직해온 원칙과 방법 및 목적이 완전히 변했음을 의미하기도 한다.

그는 이제 유럽에서 가장 활기 넘치고 가장 현대적인 대도시에서 살면서 자신을 둘러싼 현실과 씨름할 수밖에 없다. 이론과 실천을 이등분할 수 없듯이, 그가 자기 내면의 완성에만 몰두하고 외부세계의 완성은 다른 이에게 맡겨 사색가나 예술가의 조용한 실존을 영위하는 식으로 생활과 **따로** 창작활동을 할 수가 없었다. 그는 곤경을 목격했으며, 그래서 그에 대해 말할 수밖에 없고, 그렇게 하는 것을 의무로 느꼈다. 사회 모든 계층에서 변질의 징후를 읽어냈다. 현대의 생활이 그에게는 성실하고 유능한 사람조차도 어쩔 도리 없이 끼워 맞춰 살게 하는 기만의 거대한 하나의 체계로 비칠 뿐이다. 경제 부문에서 이토록 재빠른 발전을 보이지 못한 대륙에선 한참 뒤에야 그 대변자가 나오게 되는 이 같은 현재에 대한 적대적인 경향은 칼라일이 그다음 10년 동안 쓴 모든 글의 기초 음조를 이뤘다. 당시 극소수만 제대로 이해할 수 있었던 그만의 고유성은 편협성이 없는 완전한 공평무사에 있었다. 사람들은 그가 민주주의의 평등원칙에 맞서 싸운다고 그를 토리당원으로 규정했으며, 또 때에 따라선 귀족들을 빌붙어 사는 게으름뱅이로, 고교회파(高敎會派)를 위선적인 기관으로 간주한다고 그를 휘그당원으로 부르기도 했다. 로버트 필과 조화를 이룬다고 해서 필의 추종자로, 노동자 신분의 폐지를 대변한다고 해서 차티스트 운동원으로, 곡물법을 반대하는 글을 썼다고 해서 과격파로, 영국 식민지에서 노예제도의 폐지를 무용한 감상주의로 규정한다고 해서 흑색 반동주의자로 불렀다. 이런 식이라면 사실 온갖 이름을 갖다 붙일 수 있을 것이다. 그의 기준은 언제 어디서든 진실이었다. 그는 이런 진실을 가진 사람으로 보이는 사람의 당을 지지했다. 그러나 대중은 공공연한 현상마다 거기서 특정한 암호를 해독하려 하기에 바로 사태에 적응하는 그의 능력에 의해 혼동과 착각을 일으킨다.

    그의 정치적인 글의 주도동기는 평등화 욕구, '불간섭주의(Laissez faire)', 선동적인 요설과 미사여구로 채워진 유약한 자유주의에 대한 저항이다. 그는 예수회의 정신에서 그 시대 근본적인 결함, 곧 보편적 불의와 기만을 간파한다. 로욜라의 가르침은 형식적으로만 부정될 뿐 실제로는 영국에 사는 모든 사람의 신앙고백으로 통했다. 위선이라는 미세한 독이 전 사회에 파고들었다. 그는 그 치료제가 의회의 개혁정책, 보통선거권 등속에 있다고 보지 않고, 오히려 노동자를 한갓 도구에 불과한 것으로 취급하지 않으면서 미덕에 기초하여 구체적으로 돌봐야 할 대상으로 삼는, 말하자면 인간에게 호의적인 현명한 통치에 있다고 본다. 요컨대 바로 프롤레타리아트를 사회적으로 나 몰라라 하고 방치함으로써 프롤레타리아트는 굶어죽을 자유 그 이상을 허용치 않는 악덕 기업주의 손아귀에 붙들리게 된다는 것이다. 칼라일은 자신의 책, 『과거와 현재(Past and Present)』에서 12세기 영국의 오래된 한 수도원의 연대기에 따라 당시 수도사들의 생활을 낭만주의의 변용 형태로서가 아니라 건강한 리얼리즘의 작용으로서 그려냈다. 이에 따르면 이 같은 중세 사람들만 해도 진정한 노동, 진정한 복종, 진정한 지배가 무엇인지 알고 있었다. 그들은 유복한 자들과 강한 자들의 통치를 기꺼이 묵인했다. 영주와 하인, 봉건 군주와 가신, 지주와 농노의 관계가 우선 착취에 근거한 단순한 물질적 관계가 아니라 상호 간 신의에 입각한 도덕적 관계였다. 인간의 관계가 공급과 수요의 법칙이 아니라 신의 계율에 의해 통치되었다. 물론 이를 현대에 적용한다고 해서 단순히 우리가 그런 시대로 되돌아가야 한다는 뜻은 아니라고 한다. 무엇보다 우리는 그 시대 사람들로부터 두 가지를 배워야 한다는 것이다. 그것은 곧 좀 더 고차적인 것에 대한 믿음과 노동을 신성시하는 태도다. 불평

등은 자연적인 상태를 말해줄 따름이다. 그러므로 좀 더 똑똑하고 좀 더 유능한 사람이 그렇지 못한 다른 사람들을 다스리는 것은 정당하고 올바른 일일 뿐이라는 식이다. 노동도 엽전으로 구매할 수 있는 그런 것이 아니다. 요컨대 모든 진정한 노동은 신과 관련 있다. **일하는 것이 곧 기도이다**(*laborare est orare*).

그가 프랑스 혁명을 이야기할 땐 자신의 동향 사람들에게 하나의 경고성 표본을 보여주고 싶었던 모양이다. 그는 이 '끔찍한 대화재'를 일종의 신의 심판으로 이해했다. 말하자면 실제로 우월성도 없으면서 다른 사람들에게 월권을 행사한 거짓 군주들과 성직자들을 심판하고자 그 같은 '대화재'를 급파했다는 것이다. 그는 잘못 이끌린 사람, 즉 견딜 수 없는 불의 때문에 격노한 사람이 어디로 갈 수 있는지 보여준다. 표현형식도 독특하다. 풍부한 배경에는 천재적인 장식 화가의 테크닉이 광범위하게 묻어난다. 그 무대 앞에서 비현실적인 인형극이 흐릿한 조명을 받으면서 연출된다. 20년 뒤 칼라일은 프리드리히 대왕의 이야기를 다루는 2권 가운데 1권을 출간했다. 물론 그는 프리드리히 대왕을 위대한 신앙인 가운데 한 사람으로 인정하려 하지 않고, 위조지폐가 들끓고 허풍이 판치는 18세기 한가운데서 그럴 수밖에 없었을 땐 늘 다른 사람들을 기만했을 뿐인 그런 인물로만 보려고 한다. 물론 프리드리히 대왕은 스스로를 기만하진 않았으며, 자기 본분에 헌신적인 충정과 지칠 줄 모르는 노동력, 그리고 사물을 실제 그대로 볼 줄 아는 천재적인 재능 덕분에 프로이센을 열강으로 만들어놓은 인물로 보았다. 비스마르크는 칼라일에게 이렇게 편지를 썼다. "귀하께서는 독일 사람들에게 우리의 위대한 프로이센 왕을 꼭 살아있는 입상처럼 온전한 모습으로 그려냈습니다." 사실 영국뿐만 아니라 독일의 경우에도 프리드리히 대왕의 진정한 모습은 칼라일을 통해서야 비로소 창조된 셈이다. 이는 프리드리히 대왕뿐만 아니라 그의 시대 전체를 기념하고 있는 모양새다. 요컨대 그를 둘러싸고 그룹으로 분류된 수많은 군상 일체가 입상의 형태를 취하고 있다. 그것도 서열과 의미에 따라 분류되어 있다. 때로는 세심하게 때로는 날림으로, 때로는 강한 돋을새김으로 또 때로는 약한 돋을새김으로 그려지고 있지만, 어느 것 하나도 망각되어 있진 않다. 이 작품에서 보이는 여러 가지는 예언의 기능을 발동했다. 그도 그럴 것이 바로 그다음 몇 해는 호엔촐레른가의 통치가 '합스부르크가의 망상'을 청산하는 기간이었기 때문이다.

칼라일의 가장 대표적인 작품을 꼽는다면 그것은 아마 『역사에서 영웅과 영웅숭배 및 영웅적인 일에 관하여(*Über Helden, Heldenverehrung und das Heroische in der Geschichte*)』일 것이다. 다른 의미 있는 모든 유익한 책과 마찬가지로 이 저작도 독보적인 위대한 사상을 담지하고 있다. 이 사상을 중심으로 다른 모든 것이 자유로우면서도 강제적인 방식으로 짜여 있다. 그리고 다른 의미 있는 유익한 모든 사상과 마찬가지로 이 사상도 매우 단순하고 명료하다. 지금까지 사람들은 영웅을 특별히 이목을 끄는 빛나는 인물, 즉 일종의 보람 있는 무대의 주인공으로 이해해왔다. 그런데 이제 칼라일은 영웅이란 바로 자신의 수수함을 통해, 말하자면 자신을 채우고 은밀히 앞으로 추동하게 하는 이념을 수행할 때 대가를 바라지 않고 말없이 행함으로써 다른 사람들보다 돋보이게 되는 것이라고 지적한다. 영웅의 핵심적 속성은 영웅이 늘 진리를 말하고 늘 사실에 입각하는 점에 있으며, 다른 모든 특성은 부차적일 뿐이라는 것이다. 영웅은 가장 용감한 사람이지만, 그 용맹성은 눈이 부실 만큼 연극적인 그런 것이 아니다. 그는 용과 마술사를 상대로 온갖 다채롭고 진기한 모험 행위를 하는 것이 아니라 현실을 상대로 몹시 지난한 투쟁을 벌이는 것이다.

이것이 칼라일이 밝히는 독특한 주장이다. 이는 언뜻 들으면 빤할뿐더러 통속적이기까지 한 이야기로 들릴지 모르지만 위대한 인간의 본질과 활동에 대한 개념을 완전히 뒤집는다는 것을 의미한다. 이는 한마디로 말하면, 게르만족의 영웅 이상과 로만 민족의 영웅 이상을 역동적일 만큼 명확히 구분하는 것이다. 로만계의 상상력 속에 살아 있는 영웅은 기사이다. 그는 혀끝엔 감성을 싣고, 칼끝엔 용맹을 싣는다. 그는 명예에 대해선 대단히 감성적인 개념을 취하지만 의무의 개념에 대해서는 다소 무디다. 멋있게 행동할 줄도 알고, 재치 있게 농담을 하면서 여성들과 교제할 줄도 안다. 방정한 태도와 멋있는 관용에 대해서는 대단히 엄격했지만 풍습과 정직의 문제를 두고서도 그만큼 엄격한 것은 아니었다. 그의 삶 전체가 한 권의 소설책이다. 긴장과 화려함, 풍부한 감정 등을 내보였지만 늘 진실한 것은 아니었다. 그는 화려한 현상 자체다. 게르만 민족의 영웅은 이 모든 것과는 정반대이다. 그는 현실적 필연으로 꾸미지 않고 종종 비호감이 들기도 하는 필연이다.

칼라일의 도덕 요청은 아주 짤막한 공식으로 요약할 수 있다. 그것은 곧 신이 부여한 사실의 진리에 대한 믿음이다. 이 계율이 다른 모든 것을 포함한다. 이 계율을 좇는 사람은 저절로 종교적이고 도덕적인 사람, 재능 있고 활동적인 사람, 정직하면서 용감하고 현명한 사람이 된다고 한다. 이 같은 사람은 아름답고도 유용한 삶, 즉 운명 · 자연 · 인간과 조화를 이루는 삶을 영위한다는 것이다.

이 지점에서 지성들이 갈라진다. 그리고 여기서 개별자들의 운명과 그 민족의 운명이 결정된다. 개별자들과 국민이 선택한다. 그들은 칼라일의 단순하고도 명백한 신앙을 고백할 수 있었던 것이다. 그러나 그들은 "칼라일이 미쳤다"고 역시 단순하고 명백히 말한 나폴레옹 3세와도 신앙을 공유할 수 있었다.

다비드
프리드리히
슈트라우스

칼라일은 자신들의 인간성 체계 이외 다른 어떤 체계도 두지 않으므로 결코 노화될 수 없는 그런 사상가에 포함된다. 하지만 동시 대인들에게 미치는 지대한 영향력은 대개 체계를 정립한 자의 몫으로 돌아간다. 이 계열에서 최고의 반열에 오른 인물은 헤겔이다. 헤겔이 1831년에 죽었을 때, 사람들은 그의 세계 패권을 알렉산더의 그것에 비유했다. 그런데 이러한 유사성은 그의 제국이 그가 죽은 직후에 바로 붕괴되어 그 후계자들이 서로 혹독히 싸운 점에서도 서로 통한다. 모든 현실적인 것은 이성적인 것이며, 모든 이성적인 것은 현실적인 것이라는 그의 명제가 이중의 해석을 낳게 만들었다. 전자를 고집하면 일종의 신비주의적인 보수주의를 드러내게 되며, 후자를 강조하면 혁명적인 합리주의에 이르게 된다. 덧붙이자면 헤겔은 본질적으로 철학과 종교를 동일시했는데, 이는 정통파가 취하는 초자연적인 의미로 해석될 수 있다. 그러나 동시에 그는 철학과 종교란 동일한 내용을 상이한 언어로 표현하게 된다고 설명한다. 요컨대 신앙인에게는 일회적인 역사적 사실과 구체적인 교의로 통하는 것이 철학자에게는 초시간적인 상징과 보편적 이념을 의미하게 된다는 것이다. 이 같은 관점은 모든 실증적인 종교를 와해하는 출발점을 형성할 수 있었다. 이로써 헤겔 학파는 다비드 프리드리히 슈트라우스를 필두로 하여 '우파'와 '좌파'로 불리는 적대적인 두 당파로 나뉘게 된다. '노장 헤겔주의자' 그룹인 헤겔 우파는 빛바래져 가는 낭만주의의 사상계와 교회 및 정치의 왕정복고를 고수했고,

'청년 헤겔주의자'로 구성된 헤겔 좌파는 '자유 의식의 진보'를 위해 투쟁했다. 헤겔 좌파는 루게[71]와 에히터마이어[72]가 1838년에 발족하여 유명한 '반낭만주의 선언(Manifest gegen die Romantik)'을 한 『과학과 예술을 위한 할레 연보(Hallische Jahrbücher für Wissenschaft und Kunst)』를 기관지로 삼았다. 좌편향 신학의 중심점은 페르디난트 크리스티안 바우어[73]를 수장으로 한 '튀빙겐 학파'였다. 바우어는 과학적 교의사(敎義史: Dogmengeschichte)의 창시자로서 최초 기독교 300년의 역사를 다루는 자신의 저작에서 가톨릭교회의 형성을 두고 두 안티테제의 진테제, 이를테면 유대의 원시기독교 문화(Urchristentum)와 바울의 이단기독교 문화(Heidenchristentum), 메시아주의와 보편 구제주의의 진테제로 설명하면서 자신의 『요한복음서 비판(Kritik des Johannesevangeliums)』을 통해 이들 후자의 발생과 그 파생적 성격에 대해 논증했다. 포도주 빛 혜성(Kometenwein)으로 유명한 핼리 혜성[74]이 다시 출현한 1835년은 독일의 경우 아주 중요한 몇 가지 사건으로 뜻깊은 시기에 해당한다. 이 해에 최초의 독일 철도가 개통되었고, '청년독일'의 파국이 있었으며, 빌헬름 파트케[75]의 『구약성서의 종교(Die Religion des Alten Testaments)』와 다비드 프리드리히 슈트라우스의 『예수의 생애(Leben Jesu)』가 출간되었다. 구약성서에 대한 새로운 역사적 비평을

---

[71] A. Ruge(1802~1889): 독일의 철학자.
[72] E. Th. Echtermeyer(1805~1844): 독일의 철학자 · 미학자 · 문학사가.
[73] Ferdinand Christian Baur(1792~1860): 독일의 프로테스탄트 신학자.
[74] der Halleysche Komet: 태양의 주위를 도는 주기 혜성의 하나. 타원형의 궤도를 돌며 매우 긴 꼬리를 가지고 있고 출현 주기는 76.2년임. 그 명칭은 영국의 천문학자 에드먼드 핼리(Edmund Halley)가 처음으로 그 궤도와 궤도 주기를 계산한 데서 붙여짐.
[75] Wilhelm Vatke(1806~1882): 독일의 프로테스탄트 신학자.

제시하는 파트케의 저술은 슈트라우스의 그것보다 훨씬 더 진지하고 심오함에도 전혀 주목을 받지 못했다. 물론 슈트라우스의 저술은 전례 없는 주목을 끌었다. 그 작품은 거의 반백년 동안 반론의 글이 쏟아져 나오게 만들어놓았다. 그 가운데 하나로서 1839년 파리에서 출간된 『1839년의 기록, 슈트라우스의 생애(*La vie de Strauß, écrite en 1839*)』는 슈트라우스의 고유한 삶을 각색하여 신화로서 다루었다. 역사적으로 설명하기보다는 변증법적으로 탐구하면서 거의 1,500쪽을 추적해 나가는 『예수의 생애』의 기본 사상은 역시 헤겔주의적인 사상이다. 이때 도입된 신화 개념은 지금까지 해명을 시도해온 두 가지 방식, 즉 직접적인 신의 간섭과 기적에 매달리는 초자연주의적인 방식과 아둔함과는 그 고민과 궤변에서 구분되는 가설을 동원하여, 자연적인 원인을 통해 복음사의 모든 사건을 규명하려는 합리주의적 방식을 종합하려 한다. 합리주의적인 방식은 치유를 어떤 암시로, 부활을 기절로, 표류를 안갯속 착각으로, 기적같이 양식이 불어나는 것을 부잣집 도령이 징병될 징조로, 포도주가 변하는 현상을 재산의 비밀 축적으로 해명하려 한다. 슈트라우스에 따르면, 복음은 계시도 역사도 아니며 오히려 민족정신의 산물이고 공동체 의식의 생산물이며, 모든 종교가 갖는 것과 같은 신화일 뿐이다. 신화란 "하여간 늘 그렇게 형성되는 바처럼 비역사적인 설화인 것이다. 이같은 설화에서 종교적인 공동체는 자신의 신성한 원리의 구성성분을 찾아내면서 그 구성적인 감성과 표상을 절대적으로 드러낸다." "이것이 기독교학 전체의 열쇠가 되는 셈이다. 요컨대 교회가 그리스도에게 부여하는 술어들의 주어로서 개인 대신 어떤 이념, 그것도 칸트의 경우처럼 비현실적이지 않은 실재의 이념이 설정되는 것이다. 생각해보면 한 개인, 즉 어떤 신자에게는 교리가 그리스도의 몫으로 돌리는 그런 속성과 기능이 상충한다. 그러나 유(Gattung)라는 이념 안에서는 조화를 이룬다. **인류**(Menschheit)는 두 가지 본성, 요컨대 유한에 맡기는 무한자, 즉 인간화한 신과 그 무한성을 기억하는 유한한 정신의 통일을 의미한다. 말하자면 인류는 가시적인 어머니와 비가시적인 아버지 사이에서 태어난 **아이**다. 그것은 곧 정신과 자연의 아이인 셈이기도 하다. 그것은 또 **기적을 행하는 자**(Wundertäter)이기도 하다. 이러한 점에서 인간의 역사가 진행되는 동안 정신은 인간 내부 및 외부에서 자연을 점차 완벽히 장악하게 되지만, 자연은 인간 활동의 무기력한 물질로 전락하게 된다. 인류의 발전노정이 흠이 없고, 그 불결함도 늘 한갓 개인에게만 달라붙어 있어 유와 그 역사의 과정에서 지양되는 한, 인류는 **죄가 없는 것**(Unsündlich)이다." 원시 기독교도들이 몽땅 헤겔 교수의 강의를 신청했었다는 전제를 깔고서 이처럼 따분할 만큼 꼬치꼬치 캐묻는 행태의 결과는, 인류가 그 '흠 없는 발전노정' 덕분에 죄가 없는 신자라는 식의 기발한 생각에 이르게 된다. 분명 이 같은 생각은 증권사 중개인, 언론사 사기꾼, 노동자의 착취자 등속과 같은 슈트라우스의 독자층을 크게 안심시킨 것이 틀림없다. 슈트라우스가 이 구세주 현상을 어떤 이해심으로 파악하고 있는지는 그가 자신의 후기 저작 가운데 하나를 구세주에게 헌사하면서 밝힌 다음과 같은 대목에서 잘 드러난다. "신과 이웃에 대한 사랑과 관계하는 모든 것, 말하자면 이 독신자의 마음과 생활의 순수성과 관계하는 모든 것이 완전히 발전한 상태에 있다는 점이 드러난다. 그런데 가족이 없는 바로 이 스승의 경우 **인간 가족의 생활**은 뒷전으로 밀려나 있다. **국가**에 대해 보인 그의 입장은 한갓 수동적인 것으로만 비칠 뿐이다. 그는 자신의 사명 때문에 **벌이**에 무관심했을 뿐만 아니라 눈에 띌 만큼 싫어

하기도 했다. **예술과 멋진 인생의 향락**에 관한 문제는 완전히 그의 시계(視界) 바깥에 놓여 있었다. (…) 그래서 시민으로서의 인간 활동, 즉 벌이와 예술을 통해 삶을 윤택하게 하고 아름답게 하려는 노력을 예수의 지침과 모범에 따라 규정하려는 것은 헛된 일이다."

슈트라우스 작품의 엄청난 영향력은 문학사에서 보기 드문 현상에 해당한다. 만일 그의 저작이 재미있는 통속적 성격이나 신랄한 논쟁적 성격을 담고 있었다면 그 현상은 이해될 법하다. 그런데 그의 저작은 고작 현학적인 전문가가 떠벌린 방대한 논문일 따름이다. 사람들은 이런 성공을 슈트라우스의 '고전적' 스타일 덕분으로 돌리고 싶어 한다. 그렇지만 몇 안 되는 검증이 보여준 바로는 그의 스타일은 그다지 썩 매력적이지도 않고 나무랄 데 없을 만큼 명쾌하지도 않다. 물론 슈트라우스 스타일의 장점은 오히려 그의 후기 저작들에서 드러난다. 이를테면 『그리스도의 교리(*Christliche Glaubens-lehre*)』, 즉 『독일 민족을 위해 개작한 예수의 생애(*Leben Jesu, für das deutsche Volk bearbeitet*)』와 곧 언급할 이후의 책, 즉 『옛 신앙과 새 신앙(*Der alte und der neue Glaube*)』이 그런 것이다. 또 다른 한편, 이 작품들은 진부한 자만심과 아는 체하는 거만한 태도 면에서 그의 처녀작을 뺨치고도 남을 정도였다. 이 작품들에서 그는 율동성 없이 장황한 어투로 말했지만 명료하고도 힘 있는 화법을 구사하는 데 여념이 없었다. 덧붙인 삽화들이 건조할뿐더러 종종 인위적으로 설정한 이미지가 강하긴 했지만 정확하고 산뜻하긴 했다. 그 설명 방식은 김나지움의 어떤 교사가 특별히 성공적으로 행한 축사의 수준 정도라고 할 수 있다.

가톨릭 신학에서도 새로운 경향이 나타났다. 뷔르츠부르크 성당 주임신부로서 마흔한 살의 나이에 사망한 요한 아담 묄러[76]는 1832

가톨릭 신학

년에 출간한 『가톨릭과 프로테스탄트의 교리 차이에 대한 상징적 해의 혹은 설명(*Symbolik oder Darstellung der dogmatischen Gegensätze der Katholiken und Protestanten*)』에서 가톨릭 문화를 예리하면서도 정감 어린 따뜻한 시선으로 변호한다. 그런데 이 변호는 19세기에 가장 강력하면서도 가장 섬세하고도 품격이 가장 높은 것이지만, 이로써 그는 독창적인 성격에서 흔히 볼 수 있듯 어느 쪽도 만족시켜주지 못한다. 말하자면 프로테스탄트도 엄격한 가톨릭도 만족시키지 못하여 양쪽으로부터 이교도라는 죄를 뒤집어쓴 것이다. 그도 그럴 것이 대개 진리란 어느 쪽도 서 있지 않거나 기껏해야 한쪽이 서 있게 되는 중간 지점에서 흔히 목격되곤 하기 때문이다. 양쪽으로부터 생생한 논박이 전개되었다. 그러나 카를 폰 하제[77]가 자신의 저서 『로마-가톨릭 교회에 대한 프로테스탄트 반박문 개요(*Handbuch der protestantischen Polemik gegen die römisch-katholische Kirche*)』에서 확신하듯 그 어떤 논박의 글도 묄러의 저작이 취했던 그런 의미를 취하진 못했다. 30년대 중엽, 영국에서 영국국교회의 가톨릭화를 목표로 한 이른바 옥스퍼드 운동(Oxforder Bewegung)이 펼쳐졌다. 예배의식을 재도입하려 한 그 노력에 이름 하여 의례주의(Ritualismus)라고도 하며, 학설을 유포한 방법이 논문이었음에 이름 하여 논문주의(Traktarianismus)라고도 하며, 그 발기자의 이름을 본떠 퓨지주의[78]라고 부르기도 하는 영국 가톨릭주의(Anglokatholizismus)의 가장 대표적인 인물은 존 헨리 뉴먼[79]이었

---

[76] Johann Adam Möhler(1796~1838): 독일의 로마가톨릭 신학자.

[77] Karl A. von Hase(1800~1890): 독일의 프로테스탄트 신학자이자 교회 역사가.

[78] Puseyism: 영국의 성직자이자 '옥스퍼드 운동'의 핵심 지도자 가운데 한 사람인 에드워드 부베리 퓨지(Edward Bouverie Pusey: 1800~1882)의 이름에서 유래함.

다. 애초 뉴먼은 감리교도로서 교황 제도에 적대했다가 나중에 로마 가톨릭으로 개종하여 추기경이 되었지만, 그가 가장 열렬히 도모한 것은 통합이었다. 말하자면 그는 광범위하게 유포된 자신의 글을 통해 영국국교회의 가톨릭적인 성격을 입증하려고 애쓰는 한편 로마 교회 전통의 숭고성을 제시하려 했던 것이다.

이런 행태를 보인 또 다른 한 명의 신학자를 말한다면, 덴마크인 쇠렌 키르케고르를 꼽을 수 있다. 그는 당대 이목을 가장 많이 끈 가장 독창적인 작가 중 한 사람으로서 자칭 '야누스 비프론스(Janus bifrons)'이다. 말하자면 회의주의자이자 종교인(homo religiosus)이며, 감성주의자이자 냉소주의자이고, 멜랑콜리이스트이자 유머리스트이다. 그의 사유방식은 잠언의 성격을 띤다. "사람들은 내게 이유에 대해서만이 아니라 온갖 걸 다 묻는 게 아닌가! 젊은 아가씨가 이유를 댈 줄 몰라도 용서가 된다나. 왜냐하면 젊은 아가씨란 이유가 아니라 감정을 먹고 살기 때문이란다. 내 사정은 전혀 다르다. 나는 흔히 어떤 이유 때문에 다른 이유를 대지 못하는 모순된 이유를 너무나 많이 갖고 산다." 그 자신뿐만 아니라 세계도 신비화할 만큼 기괴하게 가공한 (종종 그는 어떤 책의 발행인이나 편저인인 척하기도 하고 또 때로는 가명을 쓰기도 하면서) 자신의 글을 통해 그는 심오하면서도 여린 속내를 감추기도 하고 드러내기도 한다. 그는 이렇게 말한다. "젊은 시절부터 나를 움직여온 것은 각 세대마다 다른 세대를 위해 헌신한 두서너 세대가 있었고, 이 세대들은 끔찍한 고통의 대가를 치르면서 다른 세대에 유익한 것을 찾아낸다는

---

79 John Henry Newman(1801~1890): 영국 국교회의 '옥스퍼드 운동'을 이끈 성직자이자 저술가.

생각이었다. 가련하게도 나는 내가 이 같은 일에 적격이라는 점에 내 고유한 본성의 열쇠가 있다고 생각했다." 그가 다른 어디선가 말했듯이, 그 자신은 "직접 계산하지 않고 선생을 속여 산수의 답을 베끼는 학생처럼 인생의 결과를 취하려고 달려간" 그런 인물에 속하지는 않았다. 그는 자신의 심리학적 인식을 외적 본성 못지않게 내적 본성이 되는 힘겨운 고통을 대가로 획득했다. 자신의 정신적 욕구 구조의 결정적 비밀을 해명하고자 하는 온갖 정신적 욕구를 풀어내려는 충동 때문에 그는 늘 불행했다. 그러나 그러한 충동이 그가 장난기어린 반어와 변덕이 담긴 진정한 걸작을 창조하는 일을 방해하진 못했다. 말뿐인 신앙의 태도를 노골적으로 드러내고, 고지식하기 짝이 없게 종교를 해체하는 시절 한가운데서 기독교 사상을 지켜내려는 그의 투쟁은 눈물겹기까지 하다. "루터는 95개의 반박 테제를 갖고 있었지만, 나는 단 **한** 개의 테제를 갖고 있다. 그것은 이제 기독교 정신은 사라졌다는 것이다." "현재 교회의 상황이 기독교가 요청되는 것이 확실한 만큼이나 신약성서는 이제 신도들에게 더는 길잡이가 될 수 없다. 그도 그럴 것이 신약성서가 의존하는 전제, 즉 세상에 대해 취하는 의식적인 대립관계가 **빠져** 있기 때문이다." 그러나 "인간은 예로부터 어려운 문제를 털어내는 해결책을 찾아낼 줄도 알았다. 그 방법은 간단하다. 요컨대 수다쟁이가 되라는 것, 그리고는 모든 어려움이 사라질 때까지 기다리라는 것이다!"

대학시절 유달리 위로 솟아오른 이마(Stirn) 덕분에 별명으로 붙여진 막스 슈티르너(Max Stirner)라는 가명으로 1845년에 『유일자와 그의 소유(Der Einzige und sein Eigentum)』를 출간한 요한 카스파르 슈미트(Johann Kaspar Schmidt)도 아주 기이하게 살았다. 물론 그 작품은 당국도 압수를 외면할 만큼 하나도 진지하게 받아들여지지 않았다. 그 작품이 위험할 수 있다고 보기에는 '너무 터무니가' 없었던 것이다. 그래서 오늘날까지도 여러모로 오해를 받고 있는 실정이다. 어떤 부류는 슈티르너를 바보나 협잡꾼으로 취급하는가 하면, 그를 알리는데 혁혁한 공을 세운 그의 전기작가이자 발행자이기도 한 존 헨리맥케이[80]와 같은 부류는 그를 가장 위대한 철학 천재 가운데 한 사람으로 본다. 『유일자와 그의 소유』에 다시 관심을 보인 최초의 인물은 에두아르트 하르트만[81]이었는데, 그는 이 작품을 두고 그것은 "스타일 면에서는 니체의 글 못지않지만, 철학적 내용 면에서는 그것을 훨씬 능가한다"고 논평할 정도였다. 이 논평은 슈티르너 르네상스가 근 10여 년 동안 니체 철학의 도래와 맞물려 있었다는 점에서 맞는 말이다. 물론 그러한 맞물림은 대단히 피상적인 관계일 따름이다. 니체 자신은 슈티르너를 전혀 알지 못했다. 그렇지 않았다면 아웃사이더 문사들을 편애한 니체로서는 틀림없이 그의 이름을 한 번 이상은 언급했을 터이다. 물론 풍부하고도 생동감 있는 변증법과 갈 때까지 가보는 사유의 저돌적인 힘을 구사하는 『유일자와 그의 소유』가 독보적인 유형을 구현하게 하는 그런 고안물에 들어간다는 것은 의심의 여지라고는 거의 없다고 볼 수 있다. 슈티르너에게는 고독한 개인, 즉 '유일자'만 실존할 뿐이고, 다른 모든 것은 그의 소유물에 불과할 따름이다. 이런 관점이 모든 종교적 · 윤리적 · 정치적 · 사회적 관계를 부정하게 하는 원리로 작동한다. "나에게 핵심 문제는 신적인 것도 인간적인 것도 아니며, 오직 그것은

---

[80] John Henry Mackay(1864~1933): 스코틀랜드 출생의 개인주의적인 무정부주의자.
[81] Eduard Hartmann(1842~1906): 독일의 철학자.

나 자신과 관련된 것일 뿐이다." 이 이상 있을 법하지 않은 이런 유별난 변덕이 이제 영민하고도 대담하게 일관된 방식으로 생활과 지식의 영역 모두에 적용된다. 그런데 이는 한 차원 높은 숭고한 모순을 형성하는 듯, 결국 또 다른 이타주의로 집합하는 꼴이다. 도대체 타자의 인격에 어떤 생생한 관심도 보이지 말아야 하는가 하는 물음에 그는 이렇게 답변한다. "정반대다. 나는 무수한 즐거움을 그에게 기꺼이 헌신적으로 바칠 수 있다. 그리고 **그의** 쾌락을 높여주려고 나는 내 어떤 것도 희생시킬 수 있다. 그가 아니라 내게 가장 값비싼 것, 말하자면 나의 인생과 나의 행복, 그리고 나의 자유도 그를 위해 내다바칠 수 있다. 나를 통해 그의 행복과 그의 쾌락이 원기를 회복하게 하는 것이 나의 쾌락과 나의 행복을 구성하기까지 하는 것이다. 그러나 **나를, 나 자신**을 그에게 바치지 않고 오히려 나는 에고이스트로 남아 – 그를 향유할 것이다." 한편 그는 수많은 다른 발언을 통해 숭고한 유심론(Spiritualismus)을 드러낸다. "기독교도는 **정신적인** 인간이 되는 것이 용납되기 때문에 정신적인 이해관계를 갖는다. 유대인은 사물에 **어떤 가치**도 부가하는 것을 용납하지 않기 때문에 그 같은 정신적 이해관계의 순수성을 결코 이해하지 못한다. (⋯) 이 **정신성의 부재**(Geistlosigkeit)가 언제나 유대인들을 기독교도와 멀어지게 했다. (⋯) 고대의 영민함과 심오함은 기독교 세계의 정신과 영성과는 하늘과 땅 차이만큼 멀었다. 스스로 자유정신으로 느끼는 사람은 이 같은 세계의 사물들에서 어떤 인상도 받지 않고 두려움도 갖지 않는다. 왜냐하면 그런 것을 안중에 두지 않기 때문이다. 그런 것을 두고 여전히 고심해야 한다면 고루하게 짝이 없게 그것을 **중요시**할 수밖에 없을 것이다. (⋯) 저물고 있던 고대가 기독교 세계의 강력한 힘과 '신성'을 파괴하고, 그 무기력함과 '공허함'을 깨닫고서야 비로소 이 세계를 자신의 소유물로 삼은 것이다. 이런 사정은 **정신**의 국면에 부합한다. 요컨대 내가 정신을 일종의 **허깨비**로, 그리고 나를 지배하는 그 힘을 하나의 **서까래**로 전락시켰을 때야 정신은 신성한 것도 거룩한 것도 신과 같은 것도 아닌 모습으로 비쳤으며, 그때서야 **나**는 사람들이 **자연**을 주저하지 않고 원하는 대로 **이용하듯이** 정신을 이용할 수 있게 된 것이다." 이로써 슈티르너는 비록 풍자화가와 같은 심리상태로 고양되긴 했지만 노발리스가 선보인 바 있는 '마술적 관념론(magischer Idealismus)'에 거의 다다랐다.

이른바 소망신학(Wunschtheologie)의 창시자는 유명한 형법학자였던 안젤름 리터 폰 포이어바흐(Anselm Ritter von Feuerbach)의 아들 루트비히 포이어바흐이다. 그는 헤겔의 제자로서 출발했지만 곧 그에게서 등을 돌렸다. 그는 '절대정신'을 헤겔의 철학에서 여전히 유령으로 배회하는 "신학의 고독한 정신"으로 규정한 것이다. 포이어바흐의 철학은 짐짓 신학의 부정으로 보이긴 하지만 실은 그 자체가 신학의 귀환일 따름이다. 그의 주저는 1841년에 출간된 『그리스도교의 본질(Das Wesen des Christentums)』과 1849년으로 넘어가는 1848년의 겨울에 하이델베르크 대학에서 행한 강의가 곧바로 책으로 묶여 나온 『종교의 본질에 관한 강의(Die Vorlesungen über das Wesen der Religion)』이다. 그가 자신의 모든 글에서 지칠 줄 모르고 집요하게 반복한 기본 사상은 다음과 같은 문장에 배어 있다. "자연이 인간 소망과 인간 상상력의 대상이자 본질이긴 하지만 자연종교의 핵을 구성하듯, 인간은 인간 소망과 인간 상상력, 그리고 인간의 추상력의 대상이자 본질이긴 하지만 정신종교, 즉 기독교의 핵을 구성한다." **인간은 인간에게 신이다**(Homo homini deus est). 요컨대 신이 자신의 형상대로 인간을 창조한 것이 아니라 인간이 자신의 형상에 따라 신과 여러 신들을 창조했다는 것이다. 인간은 종교의 시작이자 중심이고 끝이다. 신학의 비밀은 인간학(Anthropologie)이다. 모든 수수께끼를 한방에 날려 보내고 포이어바흐로 하여금 확언하게 하는 아둔할 만큼 단순한 생각이 이렇게 표현된다. "자연의 영역에는 개념파악할 수 없는 것이 여전히 충분히 많지만, 인간에게서 연원하는 종교의 비밀은 결국 간파할 수 있다."

이 새로운 신학에서 흘러나오는 윤리학은 다음과 같다. 즉, 시인이 더는 뮤즈에게 간청할 수 없듯이 환자가 더는 기도가 아니라 의사에게서 치료를 기대하듯, 도덕규범을 신의 계율로 간주하기를 멈춰야 할 시절이 오고 있다는 것이다. 신에 대한 신앙의 자리에 우리 자신에 대한 믿음이 들어선다(여기서 신의 아들이 인간성이라는 슈트라우스의 비유가 등장한다). 태초에 신은 인간의 신앙 속에서 기적을 행하지만, 마침내 인간이 자연을 지배함으로써 스스로 기적을 행한다. 인간성의 유일한 전조가 되는 것은 인간의 형상과 인간의 문화이다. 기독교 문화는 "우리의 화재보험 및 생명보험 회사, 우리의 철도와 증기기관차, 우리의 회화 미술관과 조각 미술관, 우리의 군사학교와 실업학교, 우리의 극장과 박물 표본실과 완전히 상반되는 고정관념"이다. 보다시피, 인간학이 신학을 실제로 대체했다. 종교적인 교화를 탄도학(彈道學)과 기계 제조가 대신했고, 교회를 대신하여 미술관과 갑충 채집 전시관이 들어섰으며, 신의 섭리를 대신하여 전철지기와 보험 대리점이 등장했다.

이런 범속한 태도, 즉(포이어바흐의 다면적인 조예에서 보자면 아마 역설적으로 들릴지 모르지만 지식과 교양의 차이를 무시하는 이에게는 통할 법한) 고지식한 반 푼짜리 교양의 결실은 가장 큰 낟알이라 할 수 있는 감각주의로 정점을 이룬다. "진리, 현실, 감각은 동일하다." "감각적인 것만이 명백하며, 직접적인 지식의 비밀은 감각에 있다." "우리는 우리 감각의 5복음서 외에는 읽지도 공부하지도 말아야 한다." 이 5복음서는 세계관을 두고 하는 다음과 같은 진부한 농담, 즉 "인간은 자신이 먹는 것으로 구성된다"는 농담에서 핵을 취하며, 포이어바흐가 하이델베르크 대학에서 강의할 때 내뱉었던 바처럼 인간을 "신의 친구에서 인간의 친구로, 독경자(讀經者)에서 노동자로, 저승의 지원자에서 현세의 대학생으로, 특유의 신앙고백 덕분에 **절반은 동물**이고 **절반은 천사**인 그리스도에서 인간, 즉 **완연한** 인간으로 만드는 일을" 꾀한다. 공허의 깊이가 있듯이 천박의 심연도 있는 법이다. 그런데 이 같은 심연은 측량할 길이 없다.

그동안 '현세의 연구'는 지속적인 진보를 이뤘다. 1781년 허셜[82]이 천왕성을 발견했을 때, 그 궤도의 운행 편차를 설명할 길이 없다는 사실이 드러났다. 르베리에[83]는 오직 유성 하나가 이런 흐름의 원인자일 수 있고, 이 유성은 천왕성의 맞은편에 위치할 수밖에 없다고 확신했다. 그는 통찰력이 수반된 끈질긴 연구를 통해 가설로 설정한 별자리를 특정한 자료로 정확히 정립할 수 있었으며, 1846년 9월에 베를린 천문대 관측자에게 유성들을 찾아내 줄 것을 요청했을 때, 그 천문대 관측자는 요청 당일 목표로 삼은 유성의 자리를 찾아내고는 기뻐했다. 이는 일종의 순수 추측의 승리였다. 유명한 자연연구자 아라고[84]가 말하듯이 르베리에는 "자신의 펜 끝으로" 새로운 우주를 발견한 것이다. 사람들이 넵튠이라고 부르는 해왕성

넵튠
실현주의
입체경
전기제판

---

[82] Sir William Herschel(1738~1822): 독일 태생의 영국 천문학자.

[83] U. J. J. Leverrier(1811~1877): 프랑스의 천문학자.

[84] F. Arago(1786~1853): 프랑스의 수학자 · 물리학자 · 천문학자 · 정치가.

은 165년이 걸려 태양 주위를 한 바퀴 돌며, 최근까지도 태양계 행성 중 가장 멀리 떨어진 행성으로 통했다. 그러나 분명 훨씬 더 멀리 떨어진 수많은 위성이 있다. 다만 천문학자들이 이런 위성들의 존재를 믿지 않는 것은 그들의 광학 도구의 성능에 의존해서 우주의 상태를 인정하는 특수한 성격을 갖고 있기 때문이다. 1838년에 슐라이덴[85]이 식물세포를 발견했고, 1년 뒤 슈반[86]이 동물세포를 발견했다. 이로써 모든 생물은 매우 유사한 형태를 취하는 원시적 기관들로 구성된 단일 조직을 이루고 있다는 사실이 밝혀졌다. 벌써 이들 두 연구자는 세포의 주요 성분으로서 피막, 액체의 내용물, 핵, 그리고 아주 특이하게 운동을 하면서 알을 만들어내는 특별한 물질을 구분해냈다. 이러한 물질에 대해 좀 더 정밀하게 연구한 탁월한 식물학자 후고 폰 몰[87]은 그 물질에 **원형질**(Protoplasma)이라는 의미 있는 이름을 붙였다.

7월 혁명이 일어난 그해, 찰스 라이엘[88]은 퀴비에의 지질변혁 학설을 논박했다. 이때 그는 지금까지의 지질학적 변화가 지금도 여전히 활동하는 원인, 즉 '**실제 원인들**(actual causes)'로 작용한다고 가정한다. 이렇게 가정할 경우, 우리는 이 시대에도 형성되고 있는 원추형의 모든 화산과 모든 단층, 침강과 융기, 해협과 만곡을 포함한 지난 5000년 지구의 역사를 한눈에 포착할 수 있다. 그리고 우리가 이러한 변성작용이 단 1년 사이에 발생했을 것으로 생각한다면, 재

---

[85] M. J. Schleiden(1804~1881): 세포 이론을 정립한 독일의 생리학자이자 조직학자.

[86] Theodor Schwann(1810~1882): 독일의 생리학자이자 세포학자.

[87] Hugo von Mohl(1805~1872): 독일의 식물학자. 식물 세포의 해부학과 생리학 연구로 유명함.

[88] Charles Lyell(1797~1875): 영국의 지질학자.

앙이 지속적으로 일어나리라 추정할 것이다. 이 같은 오류를 지질학자들이 범해왔다. 그들은 "수천 년의 문제와 관련된 것을 수백 년의 일로, 자연의 언어가 수백만 년을 가리킬 때 수천 년의 일로 처리했다." 1838년 휘트스톤[89]은 반사 입체경을 조립했다. 이 입체경을 통해 그는 쌍안경의 법칙을 좀 더 정확히 연구할 길을 열어놓았다. 여기서는 동일한 대상이 다른 형태로 보이게 된다. 말하자면 오른쪽 눈에는 대상이 그 눈의 위치에 따라 보이는바 입체적 형태로 비치며, 왼쪽 눈에는 그 대상이 왼쪽 눈에 보이는 모양의 형태로 비치게 된다. 이렇게 양쪽 눈에 맺히는 상이 합해져 마치 우리가 3차원의 구체적인 대상을 우리 앞에 둔 듯한 착각이 일어나게 되는 것이다. 그러니까 심층 차원의 관찰은 양 눈으로 볼 때에야 가능한 법이다. 따라서 그림이 **한쪽** 눈의 시점만을 재현할 뿐일 때는 완전한 현실의 환영을 불러일으킬 수가 없다. 1831년 패러데이[90]는 **유도**(Induktion) 현상, 즉 전류가 다른 유도(볼타유도(Voltainduktion)) 작용과 자기(자기 유도(Magnetoinduktion)) 작용으로 생성되는 현상을 발견하고 연구했다. 이 현상은 이미 이전에 목격된 현상, 즉 전류가 철봉을 지나면서 강철 막대에 계속 자력을 만들어낼 수 있다는 현상을 뒤집어놓았다. 여기에 이어 패러데이는 훨씬 더 발전된 기초적인 확신, 즉 액체와 기체까지 포함하여 모든 물질은 자기화할 수 있으므로 자기는 물질의 보편적 속성이 된다는 확신에 이르게 된다. 그뿐만 아니라 그는 전기분해 이론을 제시했다. 주로 전기분해는 물에 녹은 소금에서 관찰되며, 모든 소금은 금속과 (수소가 산과 반응하여 금속으로 대체될

---

[89] Charles Wheatstone(1802~1875): 영국의 과학자이자 발명가.
[90] M. Faraday(1791~1867): 전자기 유도법칙을 발견한 영국의 물리학자이자 화학자.

때 남는) 이른바 잔존 산으로 구성되어 있기 때문에 그는 전류가 용액을 분해할 때 나눌 수 있는 두 성분을 **이온**(Ion)이라고 불렀다. 즉 하나는 **양극판**(Anode)(전원의 양전기와 결합된 전지판)에 나타나는 **음이온**(Anion)이며 다른 하나는 **음극판**(Kathode)(음전기와 결합된 전지판)에 달라붙는 **양이온**(Kation)이다. 이로써 그는 전기분해 때마다 금속은 음극판에서 분리되고, 이때 이 금속은 언제나 양이온이 되며, 가장 강한 산(소금에서 금속을 뺀 산)은 양극판에서 분리되며, 이때 이 산은 언제나 음이온이 된다는 명제를 세웠다. 1837년 야코비[91]는 이를 발전시켜 전기제판 기술을 고안했다. 전류의 전기분해 작용을 이용하여 음극판을 금속으로 덮게 되면, 이때 모든 대상을 구리·은·금·주석·니켈로 도금할 수 있다. 그리하여 황산동이나 질산은, 염화금이나 여타 적합한 합성물을 금속염으로 골라내기에 이르렀다.

에너지법칙   역시 최초로 패러데이는 빛, 온도, 전기와 자기는 동일한 자연력의 상이한 표명일 뿐이라고 주창했으며, 이는 이미 언급한 바 있는 에너지법칙의 발견으로 이어진다. 에너지법칙은 최초 1842년에 로베르트 마이어[92]가 제기했으며, 1년 뒤에는 덴마크인 콜딩[93]이, 그리고 같은 해 영국인 줄[94]이 제기했다. 이들 세 명은 서로 모르는 사이였다. 그런데 우리는 이 책 서문에서 특허를 둘러싼 우선권의 문제에서 중요한 것은 누가 가장 예리하게 공식화하고 가장 명료하

---

[91] M. H. von Jacobi(1801~1874): 오스트리아의 물리학자. 러시아 상트페테르부르크 과학 아카데미 회원.

[92] J. Robert v. Mayer(1814~1878): 독일의 물리학자. 열역학의 기초자 가운데 한 사람.

[93] L. A. Colding(1815~1888): 덴마크의 엔지니어이자 물리학자.

[94] J. P. Joule(1818~1889): 영국의 물리학자.

게 해명했으며, 가장 포괄적이게 응용했는가 하는 점에 있다는 식의 관점을 피력했다. 에너지법칙과 관련해서 그 공로는 마땅히 헤르만 폰 헬름홀츠[95]에게 돌릴 수밖에 없다. 그는 당대 가장 많은 성과를 낸 연구자요 사상이 가장 풍부한 학자이자 가장 탁월한 독일 작가 가운데 한 사람이었다. 슈트라우스와는 정반대로 실제로 문체상 의 고전성의 술어를 주창했던 것이다. 오이겐 뒤링[96]은 자신의 노골적 인 반향 어법으로 쓴 공허한 두 권의 책에서 로베르트 마이어를 순 교자이자 "19세기의 갈릴레이"로 치켜세우려 했다. 그러나 이 책 1권에서 이미 우리가 설명한 바, 갈릴레이의 순교자적 태도가 일종 의 교과서에 나오는 멜로드라마적인 신화라고 한다면, 전문 과학을 통한 소위 마이어 박해의 이야기는 순전히 악의적 궤변술의 산물일 뿐이다. 모든 새로운 인식이 시민적 특허로 통용되기까지 제약을 받는 법적 제약 기한이 끝났을 때, 그는 학계로부터 존경 세례를 받았을 뿐만 아니라 개인적인 귀족의 작위까지 부여받은 것에 비해 (이는 통치 일체의 원칙적 낙후성에서 볼 때, 그가 오해된 면이 전혀 없다는 사실을 각별히 입증해줄 따름인데), 뒤링이 표절자로 폭로 하려 한 바로 그 헬름홀츠는 마이어의 우선권을 확인시켜준 최초의 인물이 된 꼴이었다. 물론 마이어는 독자적인 힘으로 그러한 결과에 이르긴 했다.

에너지법칙은 우주에 현전하는 에너지의 총량은 늘지도 줄지도 않는 항상 동일한 양을 구성하며, 사라지거나 갑자기 출현하는 것처 럼 보이는 에너지는 그저 하나의 현상방식에서 다른 현상방식으로

---

[95] Hermann von Helmholtz(1821~1894): 독일의 생리학자 겸 철학자이자 물리 학자.

[96] Eugen Dühring(1833~1921): 독일의 철학자이자 정치가요 작가.

전환되는 것일 뿐이라는 점을 의미한다. 살아 있는 에너지(또는 활동 중인 에너지)는 잠재적인 에너지(또는 활력으로서의 에너지)로 끊임없이 전환된다. 그 역도 마찬가지다. 그밖에도 모든 에너지 형태는 서로를 변환시킨다. 증기기관은 열에너지를 통해 기계적인 노동을 만들어내고, 충돌이나 마찰과 같은 역학 작용은 열에너지를 생산한다. 열량의 모든 단위는 특정한 노동량의 등가와 일치한다. 1파운드의 물을 온도 1도 높이는 데 필요한 열량은 1파운드의 물을 425m 높이로 들어 올리는 데 필요한 힘과 맞먹는다. 내가 쇠뇌 하나를 당기려면, 잠복한 노동 자본(Arbeitskapital)을 거기에 투입해야 한다. 내가 그 쇠뇌의 시위를 놓게 되면 그것은 노동 자본을 화살에 옮겨놓는 것과 같다. 어떤 물체가 떨어지는 경우 그것을 들어 올리는 데 필요한 노동이 운동으로 전환되는 셈이다. 물레방아가 돌 때, 물의 중력 에너지가 추동력이 되며, 괘종시계의 경우 추의 무게가 추동력이 된다. 기체 상태의 물질이 액체 물질로 전위되고, 액체 물질이 고체 상태로 전위될 때는 열이 필요치 않지만 반대의 경우에는 열이 필요하다. 화학적 반응에서도 열이 소비되거나 열이 발생한다. 에너지는 소멸되지도 새롭게 생성되지도 않고, 일정량이 사라지면 다른 어디에선가 정확히 같은 양이 생겨난다. 자연 전체가 간헐적으로 '충전되었다'가 '방전되는' 거대한 상호계좌를 구성한다고 보는 이 같은 관점은 전적으로 부르주아 권력이 지배하던 시대에만 출현할 수 있을 뿐이다.

우리가 화제로 삼고 있는 시·공간에서 과학은 시류에 아주 적합한 몇 가지 실천적 성과를 성취했다. 최초의 화학 실험실을 운영했고, 1844년 야콥 그림의 감탄마저 자아내게 한 언어 표현의 대작, 『화학 통신(Die Chemische Briefe)』을 출간한 유스투스 폰 리비히는 농화

분화석
물 치료법
모스 전신 키
은판 사진법

학의 원리를 만들어냈다. 이 원리를 만들어낼 때 그는 식물이 성장하려면 빛·습도·온도와 같은 아주 일반적인 조건뿐만 아니라 필수 영양소가 들어있는 적절한 토양도 필요하다는 착상에서 출발했다. 이러한 조건들이 갖춰지지 않았다면, 비료의 형태를 빌려서라도 식물에 그 조건들을 제공해야 한다는 것이다. 암모니아는 모든 식물에 필수적이지만, 어떤 식물은 석회를 잘 받아들이고, 또 어떤 식물은 칼륨을, 또 어떤 식물은 인산을 잘 받아들인다. 그런데 이러한 물질은 공장에서 제조할 수 있다. 곧 농업 실험소가 활기를 띠기 시작하여 비료산업이 발전했다. 인산 공급을 위해 사람들은 칠레에 있는 인산염 매장지대를 찾았다. 그곳은 새똥이 엄청난 양으로 쌓인 분화석이었다. 리비히가 마술을 부리듯 동물에서 가장 아름다운 꽃을 피게 하듯, 1834년 콜타르에서 아닐린을 발견한 프리드리히 페르디난트 룽게[97]는 오물을 가장 현란한 색채로 바꿔놓았다.

동향인 빈센츠 프리스니츠[98]는 총에 맞은 노루 한 마리가 자신의 상처를 치료하고자 연못에 가서 몸을 씻는 것을 목격하고서 질병을 냉수마찰과 온습하게 감싸기, 공기와 식이요법만으로도 처리할 수 있으리라 생각하기에 이른다. 그는 자신의 고향도시 그래펜베르크(Gräfenberg)에 최초 이 같은 방식의 치료기관을 설립했다. 이에 대해 린데비제(Lindewiese)에 살던 그의 이웃이자 불구대천의 원수 요한 슈로트[99]가 몹시도 분개했다. 질투심이 그로 하여금 훨씬 더 원시적이면서도 훨씬 더 합리적인 치료법을 개발하도록 고무했다. 그는 그저 환자들을 굶기고 목마르게 내버려 두었다. 이로써 그는 대단한 성공

---

[97] Friedrich Ferdinand Runge(1795~1867): 독일의 분석 화학자.
[98] Vincenz Prießnitz(1799~1851): 농업인. 독학 자연 치료사.
[99] Johann Schroth(1798~1856): 오스트리아의 자연요법 의사.

을 거두었다. 그도 그럴 것이 사실 질병의 상당 부분은 먹고 마시는 것에서 기인하기 때문이다. 물론 전문 의료계는 사람들이 이 두 농부의 치료법을 기억하는 것을 좋아하지 않는다.

그러나 아무튼 그 시대 가장 특색 있는 두 가지 발명은 전신술과 사진술이다. 전신을 이용하여 서로 교류한 최초의 두 사람은 독일의 유명한 두 학자, 괴팅겐 대학의 교수 가우스[100]와 베버[101]였다. 이들은 전신선으로 각자 실험실을 연결했다. 그러고 나서 슈타인하일[102]이 우연히 발견하게 된 사실은 땅이 귀환도체 역할을 하기 때문에 복선의 전신선을 깔 필요가 전혀 없다는 점이었다. 그러나 전신술의 완성은 책상용 전신기의 고안자 모스[103]를 통해서 1837년에야 성취되었다. 이 전신기는 수신국의 전류가 전자기를 일으키는 원리에 의존한다. 이를테면 전자기는 전류를 통해 회전기를 끌어당기며, 회전기 레버에 달린 추축을 아래로 밀어 내린다. 이런 전자기 운동은 풀리는 종이테이프에 기호를 찍는 데 활용된다. 전류가 아주 짧을 때 점이 생긴다. 이 점이 약간 길어지면 선이 나타난다. 이러한 점과 선의 다양한 조합에서 모스 전신부호가 생겨난다. 이어서 설립된 전신국들은 처음엔 실험적 성격이 강했지만, 40년대 중엽 이후 본격적으로 가동되기 시작하면서 본질상 개선되어 엄청나게 빠른 속도로 확산되었다.

사진술의 처리법, 처음 부른 방식대로 하면, 은판 사진법은 우선 파리의 극장 화가 루이 자크 망데 다게르[104]에 의해 대중화되었다.

---

[100] J. C. F. Gauß(1777~1855): 독일의 수학자이자 과학자.
[101] Wilhelm E. Weber(1804~1891): 독일의 물리학자.
[102] C. A. v. Steinheil(1801~1870): 독일의 물리학자.
[103] S. Morse(1791~1872): 미국의 발명가. 전신기와 모스 부호의 발명자.

다게르는 니세포르 니엡스[105]와 함께 그것을 착안한 것이다. 처음에 그들은 은판에 이미지를 찍어냈다. 헨리 폭스 탤벗[106]이 전지에 질 산은을 입힘으로써 종이 사진술의 창시자가 되었다. 이에 대해 그는 왕실에 보고할 때 이렇게 말한다. "속담처럼 되어버린 상징, 말하자 면 순간의 지속성만을 지닐 뿐 사라져버리고 말 그 모든 덧없는 그 림자와 같은 것을 눈 깜짝할 사이에 새기는 상황으로 영원히 간직 할 수 있게 되었습니다." 1835년 그는 카메라 옵스큐라(Camera obscura) 를 이용하여 자신의 빌라를 촬영했다. 그의 말대로 하면 그 촬영은 고유한 이미지를 그려낸 최초의 사진술이다. 이미 그는 정착(定着) 처리법을 찾아냈던 셈이다.

19세기 독일의 가장 위대한 역사기술자(Geschichtschreiber)인 레오폴 트 폰 랑케는 대개 낭만주의자로 악평을 받고 있지만, 어쨌거나 사 진술과 세계교통이라는 철저한 리얼리즘의 시대에 살았던 것은 분 명하다. 낭만주의와는 그 자신의 몇몇 역사철학적 원칙에서만 관계 가 있을 뿐이다. 그의 사려 깊은 학설에 따르면, 모든 역사적인 시대 제각각의 특유성은 그 시대의 '이념', 즉 삶을 완전히 특정한 방식 으로 구성하고 이끄는 '정신적인 힘'과 관련 있다. 우선 이 힘에 의 해 당대의 내적 통일이 형성된다고 한다. 그러나 "인간의 상황을 정초하게 하는 그러한 이념들은 본래 자신의 근원인 신성과 영원성 을 내포한다. 물론 완벽하게 내포하는 것은 아니다. (…) 시간이 차 면 훨씬 더 풍성하게 할 정신적 내용을 취하려는 노력들이 쇠락하

^{랑케}

<hr>

[104] Louis Jacques Mande Daguerre(1787~1851): 프랑스의 무대장식 화가이자 발명가.
[105] Joseph Nicéphore Niepce(1765~1833): 프랑스의 발명가.
[106] Henry Fox Talbot(1800~1877): 영국의 발명가. 사진술의 선구자.

는 것에서 솟아나면서 결국 이 쇠락하는 것을 완전히 파열시킨다. 이것이 이 세상에 작용하는 신의 섭리다." 그 이념들은 개념으로 표현될 순 없지만 지각되고 '직관될' 수 있다. "그것은 힘이지만 생명을 탄생시키는 창조적인 정신적 힘이며", "도덕적인 에너지이다." 추상화하여 정의할 순 없지만 그 존재의 확실성에 대해선 공감할 수 있다. 그 속엔 세계사의 비밀이 숨어 있다는 것이다. 신의 활동을 인식하는 것이 역사기술자의 과제. 그러나 랑케의 '이념 학설'이 역사기술자에겐 본질적인 것이 아니다. 그로 하여금 완전히 새로운 역사기술의 유형을 창조할 수 있게 한 진기한 특질들이 있다. 여기엔 그의 빼어난 객관성, 칼날처럼 예리한 정치적 판단, 역사적 재료를 섬세하게 가늠하여 독자에게 펼쳐 보이는 그의 리얼리즘적인 심리학적인 재능이 포함된다. 이런 특질이 그를 반낭만주의 진영으로 몰아갔다. 그가 어디선가 말했듯이 그의 목표는 "그 자신을 공평히 일소하는 것"이었다. 이는 역사가에게 이상적인 것이 아닌가 하고 물을 수도 있지만 그럴 수 없는 것이기도 하다. 그도 답을 구하지 못했을 뿐만 아니라 그의 설명에는 그 자신의 개성이 밴 흔적이 역력하기 때문이다. 그럼에도 그가 그렇게 주장할 수 있었던 것은 그의 정신의 독특한 면모에 해당하는 일이다. 정확한 방법과 경험적 관찰을 빌려 외부세계를 정복하는 것, 이는 근대 자연과학의 이상이다. 그것은 물리학에서 승승장구하면서 사실을 누적하는 힘에 대한 믿음을 역사학으로 옮겨가는 것을 의미한다. 문서와 사실자료에 대한 신뢰만을 역사기술의 핵심 파토스로 삼으려 했던 것이다. 여기에 역사의 정치화가 거의 완벽히 작동했다. 이는 곧 랑케를 지극히 비낭만적인 인물로 돌려놓는 동시에 지극히 낭만성을 추구한 인물로 되돌려놓는 형국이다. 그가 '외교술적인' 역사학을 정립한 것은 분명 좀 더 세련되고 좀 더 풍부한 인식으로 가는 중요한 과학적 사실이자 하나의 진보였다. 그러나 한편 그 자신도 자기 전공의 희생양이 되고 말았다. 죽은 특사와 장관, 그리고 국가 통신원과의 항구적인 교류가 그에게 다소 영향을 미치면서 그 자신을 외교관으로 만들어놓은 것이다. 언제나 점잔을 빼고 형식에 얽매이면서, 가슴엔 눈에 띄지 않는 훈장을 달고, '모든 걸 이해합니다' 하는 식으로 행동했다. 대략 말하면 그는 정치사로만 만족치 않고 우선 통치의 역사에 더 큰 관심의 비중을 두었다고 할 수 있다. 그는 통치 활동을 거의 언제나 정당한 것으로 여겼다. 아무리 편견 없는 사람이라 할지라도 통치 행위에는 '객관성'만 작동하는 것이 아니라 궁정 분위기에 공감하면서 그것에 친숙해지게 되기도 한다는 점을 부인할 수 없을 것이다. 우리는 여기서 또 한 번 우세한 정신이 시대정신에 복무할 의무를 지닌다는 점을 확인하게 되는 셈이다. 심리학적인 초상화가라면 실러를, 언어예술가라면 야콥 그림을, 역사 사상가라면 헤겔을 기준으로 가늠할 수 있듯이, 역사를 직관하는 일에서는 따를 자가 없는 그런 역사기술자는 정치의 시대에는 국가의 전기작가가 될 수밖에 없는 노릇이다.

스탕달은 이렇게 말한다. "나는 과도기의 시대에 서 있다고 생각한다. 요컨대 중도의 시대에 말이다." 그런데 이 중용의 정신에 대해 프랑스 낭만파 청년 화가들과 시인들은 맞섰다. 이미 외관상으로도 저항을 표출한다. 폴란드풍 코르셋 조끼, 녹색 바지, 요란한 색이 들어간 저고리를 입었고, 삐죽 솟은 원통 모자와 빨간 펠트 모자를 썼다. 낭만주의는 그 시대의 저항이고 표현이었다. 이는 프랑스 낭만주의를 복합적인 현상으로 만들었다. 무엇보다 명칭 때문에 혼란스러울 수 있다. 프랑스 낭만주의는 반낭만주의적이다. 이를 낭만적

프랑스
낭만주의

이라고 하는 이유는 그 열정이 대단하기 때문이다. 그러나 이런 특징은 삶과 문학과 사상의 출혈이 심하던 시기에조차도 사라지지 않는 프랑스의 일반적 정서이다. 이는 화려한 음악과 장식과 수사법을 편애한 루이 14세 시대와 계몽주의 문학의 다채로움을 떠올려보면 이해가 될 것이다. 합리주의와도 썩 잘 어울린다. 그래서 그것은 논리학적이면서 건축학적으로 분류되는 색채주의로 표현되기도 한다.

이 같은 경향은 겉으로 보기엔 중세로 되돌아간 느낌이다. 그러나 언제나 중요한 것은 소재의 선택이 아니라 통각형식일 뿐이다. 고대의 경향성을 띤 모든 예술 조류를 의고전주의로, 중세에 관심을 둔 모든 예술 조류를 낭만주의로, 현재에 열중하는 모든 예술 조류를 리얼리즘으로 등치시키는 것은 간단한 일이 아니다. '로맨틱(romantisch)'이라는 말은 분명 '로만풍(romanisch)'으로 들리기도 한다. 그러나 로만풍 낭만주의란 없다. 몇 안 되는 진짜 낭만주의라고 할 수 있는 사람들이 프랑스 문학에 딱 한 번 등장한 적이 있다. 그들은 마테를링크를 중심에 두고 모인 시인들이었다. 이들은 순수 게르만계 플랑드르 사람들이었다.

인간의 모든 생활표현의 근거가 되는 근원현상은 신과의 관계이다. 낭만주의자는 종교적이다. 반면 로만인은 로마가톨릭의 지지자이거나 무신론자이다. 물론 슬라브계와 게르만계의 땅에서도 항시 교권 지지자들과 무신론자들이 있었다. 그러나 이들이 민족을 대표하는 의미에까진 이르지 못했다. 그들은 기껏 우발적인 사건에 불과했다. 그러나 반대로 종교적인 인물들, 이를테면 루터와 바흐, 피히테와 칼라일, 도스토옙스키와 니체는 로만계 계통으로서는 상상할 수가 없다.

이미 우리는 모든 프랑스인은 저마다 한 명의 데카르트이고 저마다 한 명의 라틴계 사람이라는 점을 여러 번 지적한 바 있다. 이 점은 프랑스 낭만주의에서도 결코 부정되지 않는다. 프랑스 낭만주의는 의고전주의에 열정적으로 맞섰지만, 실제로 맞선 대상은 엄격히 구분하는 부알로[107]식 궁정에티켓, 즉 3일치 법칙, 비극과 희극의 첨예한 구분, 학술원의 언어독재와 뤼리[108] 전통의 절대주의, 기하학적인 조형구성과 살롱 풍경, 여전히 죽지 않은 **예술의 베르사유** (Versailles der Kunst)뿐이었다. 프랑스 낭만주의는 고전주의적 폐쇄 형식에서 '개방' 형식으로 넘어간다는 점(이는 아무튼 프랑스 사람들에겐 가능한 경우인데)에서 보면 형식상 혁명적이며, 내용상 혁명적인 것은 병적인 것, 혐오스러운 것, 야한 것, 부조화로운 것을 선호했다는 점에 있다. 그리고 무엇보다 이 낭만주의는 독일 낭만주의와는 정반대로 정치에서도 혁명적이었다. 아니, 좀 더 정확히 말하면 프랑스 낭만주의는 정치를 지향했지만, 독일 낭만주의는 전적으로 반정치적이었다. 그도 그럴 것이 극단적으로 반낭만적일 때 그것은 정치적일 수 있기 때문이다. 단지 이 점에서 프랑스 낭만주의는 허보(虛報)로서 자신을 드러냈을 따름이다. 그것은 아주 간단했다. 곧 그것은 그 시대에 대한 번뜩이는 뜨거운 본질적 표현, 즉 리얼리즘이었다. 물론 그것은 모든 예술적 리얼리즘이 그렇듯 변형되고 고양된 리얼리즘이다. 이에 대해 빅토르 위고는 『에르나니(Hernani)』 서문에서 바랄 데 그지없이 명쾌하게 말한다. "낭만주의는 문학 속에 있고, 자유주의는 국가 속에 있다." 들라크루아[109]는 좀 더 간단명료하게 말한다. **"낭만주의란 말은 현대 예술을 의미한다**(qui dit romantisme,

---

107 N. Boileau(1636~1711): 프랑스의 비평가 · 시인.
108 J. B. Lully(1632~1687): 루이 14세 시절 프랑스 궁정 작곡가.
109 F. V. E. Delacroix(1798~1863): 프랑스 낭만주의의 대표적인 화가.

dit art modern)."

위고
뒤마
스크리브
쉬

1830년 2월 25일은 프랑스 낭만파의 출범일로 통한다. 7월 혁명이 터지기 5개월 전인 이 날은 『에르나니』의 초연일로 기억된다. 중대한 모든 첫 공연에서 그렇듯 이때도 극장에서 엄청난 스캔들이 일어났다. 요컨대 테오필 고티에[110]가 그 유명한 붉은 비단 저고리를 입고 등장한 것이다. 그것은 관습에 대한 예술적 증오의 표현이자 정치적 급진주의의 상징으로 비쳤다. 그러나 이미 3년 전에 위고는 자신의 희곡 『크롬웰(*Cromwell*)』 서문에서 - 이 서문을 두고 고티에는 "그것은 시나이(Sinai)산의 계명석(誡命石)처럼 우리 눈앞에서 빛을 발했다"고 말하는데 - 낭만주의에 대한 개념을 정립했다. 곧 낭만주의란 현실적인 것(das Wirkliche)이며, 이 현실적인 것은 숭고한 것과 그로테스크한 것이 교차할 때 생겨나며, 따라서 낭만주의적인 '**드라마**(*drame*)'란 비극과 희극의 통합이라는 것이다. 그러나 위고는 실제로 융합하진 않고 - 이런 융합은 그 세기 말엽 입센과 그의 유파를 통해서 실현되는데 - 그것들을 각각으로 다루었다. 문학적 선언에 대한 이 같은 위고의 편애에서 이미 강령과 규칙성을 좋아하는 갈리아인의 기질을 엿볼 수 있다. 말하자면 합리주의가 훨씬 더 많이 표현되는 셈이다. 섬뜩한 것, 기괴한 것, 반자연적인 것, 광적인 것에 대한 위고의 열광은 한갓 가면일 뿐이다. 이 가면을 통해 그는 자신의 냉정하고도 명료한 구성을 살려내 경향성에 대한 자신의 의식적인 의지를 실현했다. 위고는 평생 이 같은 테제에 매달렸으며, 그의 인생 후반부에 민족의 예언자로 성장했다. 동시에 그를 통해 프랑스적인 장식의 천재성이 정점에 도달하기도 한 것이다.

---

[110] Théophile Gautier(1811~1872): 프랑스의 시인 · 소설가 · 비평가.

그의 시문학은 불타오르는 벽지이고, 마술을 부리는 듯한 화려한 선율이며, 거창한 아틀리에 축제이고, 대가의 총보(總譜)이다. 그의 드라마는 그때까지 쓰인 작품 중 가장 매력적인 가극 대본이며, 얼핏 봐도 오페라 편곡에 적합할 것으로 보인다. 물론 그것이 실제로 편곡에 도움이 되는 것은 아니다. 아무튼 그 드라마의 스타들은 오페라가 살아남기 위해 꼭 필요한 그런 영구적인 인물들이다. 고상한 무법자는 사회에 **대항하여** 살면서 사회가 합법적으로 저지르는 범죄에 복수한다. 고상한 창녀는 사회에 **기생하여**(neben) 살지만 위대한 사랑을 통해 귀족의 일원이 된다. 사건의 흐름은 오페라의 논리를 따른다. 유머는 희가극에서 나온다. 위고의 소설에서 세계는 셰익스피어나 다른 작가들과 마찬가지로 정신병원의 모습으로 비친다. 대단히 주관적이고 편집광적인 면에서 보자면 사디즘적인 열광의 도가니로도 비친다.

위고와 나란히 노년의 뒤마, 그리고 스크리브[111]와 쉬[112]가 가장 폭넓은 대중성을 획득했다. 위고와 이들 사이의 간극은 우리가 느끼는 것처럼 프랑스에서는 별로 강하게 느껴지진 않는다. 그곳에서는 문학적 미학이 시인은 말할 것도 없고 대개 작가도 아닌 교수들에 의해서 구성되는 것이 아니라 바로 예술가들과 사회에 의해 구성된다. 그래서 그곳에서는 다른 기준이 지배한다. 요컨대 사람들은 드라마가 각광을 일으키는 그 방식에 따라 그 가치를 평가하며, 책의 경우 독자에게 최면을 거는 정도에 따라 또 그렇게 평가한다. 뒤마는 250권 이상의 책을 썼다. 공허한 모조품이 많았지만 내용은 맛깔

---

[111] A. E. Scribe(1791~1861): 프랑스의 극작가.
[112] E. Sue(1804~1857): 도시 생활의 비열한 뒷면을 폭로한 프랑스의 작가.

나게 채웠다. 스크리브는 세계에서 가장 인상적인 오페라 텍스트들을 퍼냈다. '포르티치의 벙어리 아가씨', '프라 디아볼로(Fra Diavolo)', '유대 여인', '악마 로베르트', '예언가', '위그노', '아프리카 여인' 등이 그것이다. 그는 근대 간계희극, 즉 '**잘 짜인 극**(pièce bien faite)'의 대가가 되었다. 그는 태양과 달과 같은 자연의 빛이 아니라 눈부신 스포트라이트와 현란한 조명등과 같은 인공의 빛을 통해 세계를 바라보고, 인간을 자연적 존재로서가 아니라 유지 파우더와 가발, 흩날리는 수염을 하고 다니는 인공적 존재로 보는 역설적인 고도의 재능을 겸비했다. 그밖에도 그는 아무 거리낌 없이 드라마를 산업의 품목으로 몰고 간 최초의 인물 가운데 한 사람이었다. 그는 비범할 정도로 시야가 넓고 재치가 넘치는 장신구 공장의 사장이기도 했다. 이 공장에서는 각 부문이 원활하게 작동하고 서로 잘 협력했다. 그의 수많은 작품은 상사(商社)가 만들어낸 결과물이다. 어떤 이는 인물을 착안하고, 또 어떤 이는 사건의 갈등을, 또 어떤 이는 대사를, 또 어떤 이는 재담을 고안해냈다. 이런 재능을 발휘할 때도 그에게는 돈이 항상 일의 중심이었던 것이 분명하다. 다만 그는 발자크보다 자신의 주인공을 훨씬 덜 위태롭고 더 피상적인 인물로만 포착했을 따름이다. 요컨대 그는 자신의 주인공을 그저 모든 것이 그 앞에서 굴복하는 불가항력적인 유혹자로만 그렸을 뿐이다. 악명 높은 외젠 쉬를 두고 말하자면, 그는 우리가 이 책 3권에서 이미 얼핏 암시했듯이 분명 실러를 닮은 점이 있다. 이는 그가 범죄적인 것, 통속적인 것, 흑백 대비의 테크닉을 편애하는 점에서뿐만 아니라 윤리적·사회적 경향을 좇는 취향에서도 드러난다. 그를 평가할 때도 김나지움 작문수업 시간이라면 유죄판결을 내릴 수도 있다. 발자크와 위고는 그를 경쟁자로 받아들인 것이다. 반면 뮈르제[113]가 파리 보헤미안의 생활을 담아냈던 예쁜 채색 인쇄물은 프랑스 외부의 취향으로는 지금도 받아들이기가 어려운 지경이다.

그 시대 프랑스 회화는 문학의 맞수로 통한다. 들라크루아는 **"추가 곧 미다**(*le laid, c'est le beau!*)"라는 표어를 자신의 예술적 신조로 삼았다. 이렇듯 그의 예술은 의고전주의가 취한 소묘의 정확성을 대신해서 황홀한 색채를 사용하여 역겨운 것, 변질된 것, 과도한 것을 살롱의 품위보다 나은 것으로 그려냈다. 소재에서도 이국적인 것을 선호했다. 우선 정치적으로도 경제적으로도 별 의미가 없어 보이는 알제리 정복이 당장 예술적 영향을 드러냈다. 위고가 『동방시집(*Les Orientales*)』을 펴낸 뒤 얼마 지나지 않아 들라크루아는 회화의 대상으로서 동방을 찾았다. 이로써 성서에 등장하는 인물을 묘사하는 데도 변화가 일어났다. 말하자면 이제 더 이상 그림의 모델을 네덜란드의 농부나 피렌체의 공주가 아니라 아랍 사람들에게서 구할 수 있다고 생각하기 시작한 것이다. 이에 들라크루아는 태양이 대상에 대단히 강렬한 빛의 에너지를 부여하여 채색 대비가 아주 뚜렷하게 나타나는 아프리카에서 자신의 현란한 채색의 세계가 진실임을 확인했다. 그는 그림을 스케치하기 전에 먼저 색을 분류하곤 했다. 그가 좋아하는 화가가 루벤스[114]가 아니었던 것도 이유가 없는 것이 아니었다. 루벤스는 대가다운 테크닉, 밀도 있는 채색, 기본적인 활력 차원에서는 여전히 그를 능가했지만, 문제의 정신성, 진동하는 열정, 마성적인 독창성엔 이르지 못했기 때문이다.

낭만파라는 이 새로운 유파의 화가 가운데 들라크루아를 따라잡

---

[113] Henri Murger(1822~1861): 프랑스의 소설가이자 시인.
[114] P. P. Rubens(1577~1640): 벨기에의 화가. 바로크 미술의 대표적인 작가로서 생동적이고 관능적인 표현의 대가였음.

은 사람은 아무도 없었다. 그러나 물론 이 유파도 번득이는 생동감, 피어오르는 풍부한 착상들, 승리감에 도취된 용맹스러운 반정부적인 의지로 들끓었다. 이때 이 유파가 물려받은 유산은 인종적인 면모뿐만 아니라 고전적인 정신에서도 찾을 수 있다. 언제나 취향이 풍부했고, 자기 나름의 수단을 취한 것이다. 혐오스러운 인물 군상에 대한 각별한 편애로 채워져 있었다(이는 한편으론 도착증에서 비롯된 것이지만, 또 한편으로는 시민적인 무감각성을 깨기 위한 것이기도 하다). 프로파간다와 선동성이 넘쳤다(이는 모든 프랑스 사람에게 잠재하는 허풍선이 정신과 관련 있다). 코미디와 연극의 성격이 강했다(물론 고도의 예술적 방식을 빌린 것이다). 병약한 신경쇠약증을 보였다(앵그르에 따르면 그런 증세는 간질병에 가깝다). 그러나 이 모든 것에도 불구하고 분류하고 단층화하면서 구성하는 그들의 감정과 힘에서는 데카르트적인 면모가 보인다. 역사화(歷史畫)와 같은 희소한 장르에서 들라로슈[115]는 최강자였다. 그의 그림은 아버지 뒤마(Dumas père)가 쓴 기지 넘치는 역사소설에 견줄만하다. 그에게는 항상 감상적인 일화가 주제가 된다. 오라스 베르네[116]는 아프리카 원정과 나폴레옹 신화를 그림으로 그렸고, 제복과 무장, 전략과 전술에 대한 세밀한 전문지식을 갖춘 장엄한 군대의 영예로운 역사를 그려 대성공을 거두었다. 그런데 고전파 앵그르는 그 시대와 전혀 어울리지 않았다. 그는 라틴풍의 예술 감정이 아니라 프랑스 사람들에겐 대체로 완전히 낯설었던 그리스풍의 예술 감정에 사로잡혀 있었던 것이다. 그는 고상한 분할선과 순수한 배율,

---

[115] P. Delaroche(1797~1856): 프랑스의 화가.
[116] Horace Vernet(1789~1863): 전쟁 장면의 그림과 초상화로 유명한 프랑스의 화가.

자명한 적나라함과 진정한, 말하자면 이상적인 자연성의 대가였다.

프랑스의 낭만주의 음악은 위트 넘치는 다채로운 풍자를 통해 최고로 성공한 희극 오페라 작곡가로 유명해진 오베르[117]의 「포르티치의 벙어리 아가씨」와 함께 1828년에 시작되었다. 「벙어리 아가씨」의 성공은 벙어리 아가씨를 음악의 여주인공으로 삼은 독창성과 적절한 착안 덕분일 뿐만 아니라 작품에서 화염의 불꽃같이 솟아오르는 혁명적 열정 덕분이기도 하다. 요컨대 이 시대에는 음악까지도 정치적이게 되는 역설의 상황이 벌어졌다. 「벙어리 아가씨」는 7월 혁명을 온전히 선취했을 뿐만 아니라, 이미 언급했듯이 벨기에 혁명에 직접적인 동기가 되기도 했다. 뒤이어 나온 수많은 '자유 오페라'에서 자유주의가 오케스트라를 압도했다. 이 장르에서 가장 유명한 두 모범은, 로마의 지배에 맞선 갈리아 사람들의 투쟁을 그려낸 1832년의 벨리니[118]의 「노르마(Norma)」와 영웅의 자유 파토스와 전원 풍경화를 멋지게 결합할 줄 알았던 1829년의 로시니의 「빌헬름 텔(Wilhelm Tell)」이다. 「악마 로베르(Robert le Diable)」로 1831년 최초로 대성공을 거둔 마이어베어[119]는 엉뚱한 소리로 들릴지는 모르지만, 그림 같은 것, 고양된 것, 도취의 효과가 가득한 것에 대한 그의 열정 때문에 음악의 빅토르 위고라고 할 수 있다. 그는 베를린에서 태어났지만, 베를린 관청에 근무하기도 했고 파리에서 활동하기도 한 자신의 선배격인 이탈리아 출신 스폰티니[120]와 마찬가지로 철저히 프랑스식이었다. 그는 압도적인 중압 효과를 얻기 위해 극장의

---

[117] D. Auber(1782~1871): 프랑스의 희극 오페라 작곡가.

[118] V. Bellini(1801~1835): 이탈리아의 오페라 작곡가.

[119] G. Meyerbeer(1791~1864): 독일 태생의 낭만주의 오페라 작곡가.

[120] G. Spontini(1774~1851): 이탈리아의 오페라 작곡가이자 지휘자.

모든 장치와 오케스트라를 최대한 이용하는 법을 스폰티니에게 배웠지만 풍부한 창의성과 도구 활용의 세련성에서는 그를 훨씬 능가했다. 독일의 시인이자 미학자인 로베르트 그리펜케를[121]은 마이어베어의 오페라를 두고서 "이런 강철 시대의 소리"를 들을 수 있게 한다고 말한 바 있다. 이는 적절한 평가이며, 사람들이 생각하는 만큼 그렇게 무리한 칭송은 아니다. 그도 그럴 것이 그 오페라에는 뻔뻔스럽기까지 할 정도로 음악적인 성공에 대한 강철같이 굳은 의지가 담겨 있기 때문이다. 위고 영혼의 또 다른 절반이라고 할 수 있는 이상한 것, 불합리한 것, 섬뜩할 만큼 그로테스크한 것에 대해 갖는 쾌감은 소리를 거의 사물처럼 보는, 말하자면 질병과 경계에 있는 과도한 음향감각을 지닌 반음계의 천재 베를리오즈를 통해 구현된다. 베를리오즈는 1830년 처음으로 공연된 자신의 〈어느 예술가의 생애(Episode de la vie d'un artiste)〉라는 「환상 교향곡(symphonie fantastique)」과 이의 후속편 〈삶으로의 귀환(Le retour de la vie)〉을 통해 근대 표제음악의 기초를 마련했다. 〈귀환〉은 불행한 사랑 때문에 아편으로 자살을 기도한, 최면상태에 빠진 한 젊은 예술가의 꿈을 그리고 있다. 지배적인 주요 모티프가 극도의 암시적인 방식으로 병적일 단계로까지 고양된다. 이 같은 방식이 고정관념으로 굳어졌다. 프랑스인 이민자와 바르샤바 근교에 살았던 폴란드 여성의 아들로 태어난 쇼팽[122]은 슈베르트가 가곡에서 그랬던 것처럼 무도곡에 깊은 관심을 드러냈다. 그는 지금까지 그저 오락거리로만 취급되어온 이 장르를 고도의 예술로 끌어들였다. 그의 폴로네이즈[123]와 마주르

---

[121] Robert Griepenkerl(1810~1868): 독일의 극작가이자 예술평론가.
[122] F. Chopin(1810~1849): 폴란드 출신 피아노곡 작곡가.
[123] Polonaise: 폴란드의 대표적인 민속 춤곡의 하나임. 쇼팽의 폴로네이즈가 유

카[124]는 유럽 사람들의 귀에 정복당한 폴란드 사람들의 탄식을 들려주었다. 그는 파리에서 가장 위대한 저명인사 가운데 한 사람으로 살았으며, 작곡가로서는 말할 것도 없고 피아노의 대가로서 칭송받았다. 리스트[125], 베를리오즈, 하이네, 발자크를 친구로 두었으며, 여성의 문학 참정권을 집요하게 요구한 조르주 상드[126]와 수년간 연애를 하기도 했다. 역시 상드의 연인이기도 했던 뮈세는 그녀를 두고 "교양 있는 지빠귀의 전형(Typus der gebildeten Amsel)"이라고 했고, 니체는 좀 더 명확히 "글 쓰는 암소(Schreibekuh)"라고 불렀다. 바이올린의 경우 그 시대 혹은 아마 모든 시대를 통틀어 가장 위대한 현상은 마음을 빼앗는 정열적인 연주와 선례 없는 테크닉을 통해 남자들과 여자들을 광분하리만큼 매료시킨 파가니니[127]였다. 그는 악귀 어린 소름 끼치는 행태를 보여 이미 생전에 전설적인 인물이 되어 있었다. 사람들은 그를 두고 최악의 멜로드라마 같은 이야기를 전한다. 이를테면 그가 자신의 어머니를 살해했고, 아내를 교살했으며, 감옥에서 단 하나의 현악기로 자신의 모든 예술작품을 습득했다고 한다. 그런데도 사람들은 그가 진정 마술의 진지함을 알기나 한 것인지 의심한다.

그 시대 독일 음악은 독일 낭만파의 감성계를 따라 움직였기에 그 고차원적인 특질에도 불구하고 꼭 프리드리히 빌헬름 4세가 그렇듯 낙후하여 시대에 어울리지 않는 구식의 특성을 담고 있었다.

멘델스존과 슈만

명함.

[124] Mazurca: 폴란드의 민속 춤곡의 하나임.
[125] Franz Liszt(1811~1886): 헝가리의 작곡가이자 피아니스트.
[126] George Sand(1804~1876): 여성의 권리와 독립을 위해 활동한 프랑스의 여류 작가.
[127] Niccolo Paganini(1782~1840): 이탈리아의 바이올린 연주자이자 작곡가.

이는 빌헬름 4세가 높이 평가하고 촉진시켰던 바이다. 그래서 이때의 독일 음악은 프랑스 낭만파 음악과 쌍벽을 이루지 못했을뿐더러 동시대 독일 문학과도 어울리지 못했다. 이 음악의 대표자로 중요한 두 사람은 누구나 알듯이 멘델스존과 슈만[128]이다. 철학자의 자손인 멘델스존은 완벽한 베를린 공연을 통해 「마태수난곡(Mattäuspassion)」을 망각의 늪에서 건져냈고, 뒤셀도르프(Düsseldorf)에서 임머만의 협력자로서, 그리고 베를린에서 국왕의 총아로서 그 오페라를 새로운 수준으로 끌어올려놓았으며, 런던에서는 객원공연으로 대성공을 거뒀고, 이후 예식장 콘서트의 지휘자로서 라이프치히를 독일에서 음악의 중심도시로 만들어놓았다. 그가 하이네의 시에 자신의 곡을 가장 붙이고 싶어 했듯 그도 하이네처럼 감수성이 여리면서도 영민한 수채화가였다. 물론 오롯한 독창성은 없다. '오라토리오'에서는 헨델과 하이든에게서, 「한여름 밤의 꿈(Sommernachtstraum)」과 '숲의 노래'에서는 베버에게서, '피아노곡'에서는 슈베르트에게서 영향을 받았다. 그러나 개성만큼은 독특하고도 강하다. 변덕스러우면서도 나긋나긋했으며, 감성적이면서도 밝았고, 위트가 탁월했다. 음악에 아주 어울리는 교양을 쌓았지만, 당시로는 보기 드물게도 현학적이지도 않고 꾸미지도 않은 진정 순수한 경건함을 취했다. 멘델스존과 거의 동년배에 아주 독특한 성격인 로베르트 슈만도 역시 라이프치히에서 음향예술에서의 속물에 대항하는 '다비드 결사대(Davidsbündler)' 동맹을 조직했으며, 베를리오즈와 쇼팽, 그리고 청년 브람스[129]를 지지하고 마이어베어에 반대하는 『신음악지(Neue Zeitschrift für

---

[128] Robert A. Schumann(1810~1856): 독일 낭만주의 작곡가.
[129] J. Brahms(1833~1897): 낭만파 시대 독일 음악가.

Musik)』라는 잡지를 발행했다. 그는 유명한 피아노 연주자 클라라 비크(Klara Wieck)와 결혼함으로써 가곡 작가가 되었다. 이로써 그는 괴테의 의미에서 '즉흥시인'이자 자신의 특성을 오롯이 드러낸 서정시인의 진짜 전형임을 입증해 보였다. 그는 여성적이고도 아이처럼 천진난만했으며, 몽유병환자처럼 우울증이 있었다. 순수 피아노 작곡가로는 가장 위대했으며, 전주(前奏: Vorspiel)와 간주(間奏: Zwischen-spiel)를 포함해서 후주(後奏: Nachspiel) 반주의 대가였다. 그런데 그의 경우 이 같은 반주는 한갓 장식이 아니라 오히려 오페라에서 가장 취약한 부분에 해당하는 가장 내밀한 정서적 요소로 작용한다. 독일 비더마이어 양식[130]은 그에게서, 바이올린의 여운처럼 우리 시대까지도 떨림으로 전해질 만큼 신비롭게 울리는 에코를 찾아낸 것이다.

　　이미 우리는 '청년독일'의 작가들은 스스로를 어떤 문학 유파의 일원으로 생각지 않았다는 점에 대해 언급한 바 있다. 그럼에도 그들은 예상했던 것과는 달리 일련의 공통적인 특성을 띠었다. 그 출발점과 목표, 중심 사상과 표현 수단에 있어서 이들만큼 인위적이지 않은 정신적 운동도 없었을 터이다. 우선 이 운동은 전혀 어울리지 않는 간판을 내걸었다. 그도 그럴 것이 그것이 초기 낭만파가 한때 낭만적이었듯 별로 젊지 않았기 때문이다. 물론 이 운동이 서른을 넘기지 않은 시인만을 포함하긴 했지만, 여기에 포함된 대부분의 사람은 아주 늦은 나이에 등단했다. 그들은 노장이 세상에 모습을 드러낼 때처럼 도도하고 박식했으며, 세상일에 무덤덤한 듯한 자세를 취했다. 그들은 반박하기 어려울 만큼 신랄하면서 집요한

---

[130] Das deutsche Biedermeier: 신고전주의와 낭만주의 사이 전환기의 예술양식을 말함.

영특함, 간단히 말해 참아내기 어려운 영특함을 갖고 있었다. 어떤 영역, 어떤 경향에서도 그들은 속지 않았다. 종교에서도 그랬고, 정치에서도 그랬으며, 예술에서도 그랬고 철학에서도 그랬다. 그들은 모든 것을 속임수나 유치한 장난으로 고발하여 남은 것이라고는 올이 촘촘한 유물론뿐이었다. 이때 그들 모두는 그 시작 초기부터 교묘하여 처세에 능했으며, 손재주가 능숙하고 잽쌌으며, 문필의 침착성과 선동의 에너지를 발휘했다. 이는 청년의 특질로는 형성되지 않는 법이다. 그러나 그들이 공감이라고는 얻지 못할 법하거나 열등한 특성을 지녔더라면, 부정할 수 없을 만큼 성취한 정신적인 거대한 성공은 결코 있을 수 없지 않았겠는가! 그들이 발휘한 그 폭넓고 강력한 영향력은 도대체 어떤 환경 덕분인가?

이 물음에 대한 답은 저절로 나온다. 요컨대 그들은 그 시대의 목소리였던 것이다. 그들은 요란하게든 조용히든, 밝든 둔탁하든 자신들이 느낀 것을 표현했다. 물론 이 모든 것을 그들은 완전히 부정적인 형태로 그렇게 했다. 그들은 자신들의 시대에 마법을 걸어놓은 형언할 수 없는 따분함, 감정의 관성, 정신의 경직에 대항했다. 세계 위에 드리운 흐릿한 공기를 분산시켰으며, 인간관계에 빛과 청명함을 끌어들였다. 물론 그것이 청명하고 자명한 것으로서 일상의 처세와 같은 저렴하고 평범한 빛에 불과했지만, 계몽과 해방의 기능을 발휘하기도 했다. 그도 그럴 것이 독일 시민은 자신을 그저 어리둥절하게 만들 뿐인 지금까지의 신비주의와 낭만주의에서, 그리고 자신이 한마디도 이해하지 못한 실로 풍부하고도 심오한 헤겔에게서 무엇인가를 얻어냈기 때문이다. 그런데 이제 비록 활자를 이용해서이긴 해도 완전히 자신의 언어로 유창하면서도 알아듣기 쉽게 쓰기 시작한 사람들이 갑자기 출현한다. 물론 자신의 언어로 쓰지 않을 때에도 그들의 글은 매혹적이면서 영민하고도 다채로웠다. 이는 성공의 두 번째 비결이었다. 그때까지만 해도 독일인들은 정신을 프랑스에서 겨우 구할 수 있는 수입 품목으로만 알았던 것인데, 이제는 자신들의 나라에서 그것을 구했다. 그것은 맥주를 마시는 테이블에서도 퍼뜨릴 수 있는 유쾌한 위트이기도 했고, 일요일 모닝커피를 마시는 자리에서 나눌 수 있는 세세한 문학적 풍문이기도 했다. 간단히 말해 그것은 그때 이후로 우리가 없이 지낼 수 없게 된 문예 오락거리였다.

이미 우리가 여러 번 말한 것은 거의 모든 시대는 맹목적으로 따르기 마련인 유행어, 말하자면 모든 비밀의 열쇠로 통하는 암호를 두게 된다는 점이었다. 청년독일에 마력을 부린 표어가 있었는데, 그것은 곧 '시대정신'이었다. 헤르베크는 "시대란 시인들의 마돈나다"라고 노래했다. 그러나 그 시대는 대낮이었다. 이때 시인들이 염두에 둔 것은 '리얼리즘'이었고, 시인들은 이에 헌신했다. 그것은 당시 신문이 보여주는 바처럼 현실숭배의 독특한 유희 방식이었다. 여기에는 관용구를 현실적인 것으로 받아들이는 어휘-리얼리즘 (Wortrealismus), 그리고 진실이 아닌 것 혹은 절반의 진실을 지루하게 그리고 강력하게 계속 반복하여 실제로 활용되게 함**으로써** 진실로 만들어버리는 거짓-리얼리즘(Lügenrealismus)이 포함된다. 이때 시인들은 문예란의 장르를 실제로 대가답게 다루진 못했다. 이 장르는 점진적으로 단계별로 완성되는데, 양식상에서는 슈파이델(Speidel), 내용상에서는 퀴른베르거[131], 그리고 양식과 내용 모두의 경우 바르 (Bahr)가 이를 성취했다. 다른 곳에서 우리는 근대 저널리즘이 실러

---

[131] F. Kürnberger(1821~1879): 오스트리아의 정치 참여 작가.

에서 출발한다는 관점을 거부한 적이 있다. 그런데 사실 근대 저널리즘은 청년독일에서 기원한다. 보통의 문필가들을 포함해서 보통 사람들 저마다 그 단어를 사용했고, 이로부터 그 단어가 실제로 발전한 것이다. 작가들의 경우 사정은 정반대였다. 언제나 메타포가 먼저였고, 그다음에야 사유가 뒤따랐다. 그리고 메타포도 단순한 말로 되어 있어서 대개 단순하게 묘사되거나 짐짓 꾸민 형태를 띠어 언제나 위로할 길 없을 만큼 무미건조했다. 이는 청년독일 문파의 최고 스타일리스트였던 루트비히 뵈르네[132]에게도 적용된다. 예컨대 그가 "매일의 기사거리로 파도가 되어 밀려오는 여론의 자유로운 물결이 독일의 루비콘 강이다"라고 썼을 때, 그는 교과서적 패러다임을 공허하면서 곡해된 수사법으로 내놓은 셈이었다. 그리고 루돌프 빈바르크가 실러를 두고서 "어떤 아름다운 문장과 어투의 칼자루로도 그에게 해를 끼치지 못함을 알자 하는 수 없이 비극의 단검을 자신들의 가슴에 얹게 된 존경할만한 그 청중에 조응하여, 실러는 감성적이면서 이성적이고, 호의적이면서도 달변가였다"고 말했을 때, 그 자체가 이미 하나의 속임수였다. 그러나 무엇보다 이들의 문체는 불쾌한 몰취미로 손상되어 있었다. 빈바르크가 이미 언급한 바 있는 그의 『미학 원정』의 헌사(獻辭)에서 이렇게 말한 것이다. "대학의 공기와 궁정 공기, 그리고 자유롭고 양지바른 민족들의 낮과는 구분되는 좋지 않은 나쁜 공기를 완전히 피하든지 아니면 짧은 시간이나마 들여 마셔야 한다. 이 같은 상황에서 예컨대 뵈르네가 파리에서 증류한 얼얼한 풍자의 빙초산이 담긴 향료 병을 무시할 수가 없다." 그리고 7월 혁명을 두고서는 이렇게 시를 썼다.

---

[132] C. Ludwig Börne(1786~1837): 독일의 저널리스트. 문학 및 연극 평론가.

"프랑크인은 마르세유 시민을 노래하고 싶어 하며, 그 노래의 샴페인을 들이마시고 싶어 하노라. 그에겐 샴페인 병의 목이 너무 비좁아 코르크 마개가 네바까지 튕겨 날아가게 했다네." 테오도르 문트[133]는 추앙받던 바로 그 '시대정신'의 작용을 두고 다음과 같은 말로 설명한다. "그것은 내 속에서 경련을 일으키고, 소리를 지르며, 소용돌이치면서 개울물처럼 흘러내렸다. 그것은 내 안에서 메추리처럼 맑은 휘파람 소리를 내며, 전쟁의 나팔 소리를 내게 들려주고, 나의 내장 모든 기관으로 하여금 마르세유의 노래를 부르게 하며, 흥을 돋우는 꽹과리로 나의 폐와 간을 요동치게 한다." 그리고 구츠코는 성장하는 세대에게 다음의 시구로 환영의 인사를 들려주었다. "그대 청년 투사들이여, 행복할지니! (⋯) 그대들은 다른 이의 문학을 탐닉할 때 속물의 내장에서 그대들의 현을 뜯어낼 지점을 알고 있으니 행복하여라! (⋯) 그대들은 창끝을 대지에 꽂아도 좋을지니, 그것은 투쟁의 열기가 식으면 잎 무성한 나무가 되어 그대들에게 그늘을 드리우는 지붕이 될 터니 말이다." 나쁜 공기에 대항하여 빙초산이 든 병의 뚜껑을 열고, 파리에서 상트페테르부르크까지 튕겨갈 샴페인 코르크 마개를 따고, 폐부에까지 파고드는 마르세유의 노래를 부르고, 속물의 내장에서 현을 뜯어내고 하는 일 따위는 오늘날 지방신문에서조차 더 이상 볼 수 없는 일이다. 그늘을 제공할 창의 잎사귀란 청년독일파가 바로 막 폐기시킨 기적의 신앙으로의 노골적인 후퇴를 의미한다.

청년독일의 또 다른 표어는 '감각의 해방(Emanzipation der Sinne)'이다. 이때 그들에게 이상으로 아른거린 것은 그리스 문화였다. '밝고 감

---

[133] Theodor Mundt(1808~1861): 독일의 소설가이자 평론가. '청년독일'의 일원.

각적인' 그리스 문화라는 표상은 고전주의적인 것도 낭만주의적인 것도 아니며 오히려 그것은 오페레타에서 유래한다. 이 오페레타는 디오니소스를 식당의 바커스로, 아폴론의 뮤즈를 타이츠를 입은 여자무용수로 만들었다. 문트는 오늘날의 행동주의(Aktivismus)를 어느 정도 연상시키는 '운동 문학'이라는 표어를 주조했다. 이때부터 일상의 정치보다 더 활동적이고 더 시사적인 것은 없으며, 이로써 청년독일은 거의 이해할 수 없을 정도로 예술에 정치를 삼투시키는 일이 일어난다. 그리하여 시사문제에 봉사하지 않는 문학은 존재할 자격이 없다고 주장할 지경에 이른다. 예술의 본질이 기막히게 물구나무서는 꼴이 되었다. 당시 가장 각광받던 배우 중 한 사람이 에슬라이어[134]였다. 그를 염두에 두고 뵈르네는 이렇게 말한다. "나날의 진정한 이야기가 몰리에르[135]의 그것보다 더 기지 넘치며, 셰익스피어의 그것보다 더 고상하다. 몇 개의 램프에 불을 붙이고 신문을 읽는 것, 이보다 에슬라이어에게 더 재미를 줄 수 있는 것이 무엇일까?" 헤르베크는 알프스 산정의 저녁놀을 보았을 때 일리온(Ilion)의 불길을 떠올렸다. 그에게서 시적인 연상 작용이 일어난다. "불타 무너지는 어느 왕의 궁궐이 내 눈앞에 연기를 피워 올렸을 때, 나는 이 땅을 향해 공화국 만세라고 소리쳤지!" 이때 그는 파리풍의 공화주의 말투보다 정서가 더 강했다는 것은 차치하고서도 트로이의 파괴가 반군주정 시위와 아무 관계도 없다는 사실을 까마득히 잊고 있었다. 청년독일의 서정시 전체가 사설인 셈이다. 자유주의적이거나 애국적인 사설이었다(궁극적으로 문제는 극도로 남용된 '라인

---

[134] F. Eßlair(1772~1840): 오스트리아 출신 독일 배우.
[135] Molière(1622~1673): 프랑스 희극작가 겸 배우. 대표작으로는 『인간혐오가』가 있음.

(Rhein)'과 '바인(Wein)'의 압운뿐이었다). 실제로 신문들은 사설을 짐짓 시의 형식을 취하게 할 지경이었다. 덧붙이자면 구츠코는 이 같은 문학이 유례없는 대단한 기형일 수 있다고 예감하기까지 했다. 그는 이렇게 말한다. "뵈르네는 하이네의 경박함을 고발하지만, 이 세기를 오로지 입헌적인 문제로만 환원하는 것만큼 더한 경솔함이 있을까?" 그런데 그는 이 문제를 그저 이론상에서만 생각했기 때문에 실천에서 경향과 정치 이외 다른 것과는 연관 짓지 못했다.

이 세대의 예술적 생산물은 놀라울 정도로 통속적이며, 부자연스럽고 생산성도 없다. 솔직히 말하면 그것은 3류 코미디이고 모조품이며, 광택을 입혀 50페니히 가격으로 바자회에 내놓은 허섭스레기처럼 보인다. 그 가운데 몇몇 작품은 아주 오랫동안 무대에서 자신의 뜻을 관철했다. 구츠코는 저명인사가 등장하는 몇 편의 딱딱한 희곡을 썼다. 여기에는 프리드리히 1세와 에크호프[136]가 등장하는 『변발과 검(Zopf und Schwert)』, 몰리에르가 주인공으로 나오는 『타르튀프의 원형(Das Urbild des Tartüffe)』, 잡지 『관객(The Spectator)』을 발행했던 스틸[137]과 몰리에르의 운명을 다룬 『리처드 사비지(Richard Savage)』, 어린 스피노자가 등장하는 『우리엘 아코스타(Uriel Acosta)』, 청년 괴테가 남자 주인공으로 나오는 『총독(Königsleutnant)』이 포함된다. 그러나 이 같은 저명인사의 등장이 이 극작가에게는 행운을 안겨준 고마운 주제이면서도 이제 위험한 주제가 되기도 한다. 고마운 것은, 이 작가가 처리할 수 있는 여러 유효한 부차적인 표상을 그것이 공진(共振)하게 했기 때문이다. 위험한 것은, 사실에 대해 책임을 져야

---

[136] Konrad Ekhof(1720~1778): 독일의 배우이자 연출가.
[137] Richard Steele(1672~1729): 아일랜드의 작가이자 정치가.

하기 때문이다. 어떤 천재에 대해 묘사하려면 스스로도 반쯤 천재여야 하는 법이다. 그런데 구츠코가 등장시키는 훌륭한 남자들은 순전히 저널리스트일 뿐이지 1급 인물은 아니다. 바로 이런 사정이 역설적으로 작용한다. 화자 스틸이 사비지의 주검을 옆에 두고 결말에서 이렇게 토해낸다. "시대와 풍습이여, 그대들의 희생양을 보라! 오, 모든 편견의 사슬을 깨부수어 폐부 깊이 숨을 들이쉬면서 심장의 맥박이 더 맹렬히 뛰게 하고, 냉혹한 교육과 노예의 법칙이 준동하는 세상에서 자연의 목소리가 주판알을 튕기는 감정에 반응하지 않도록 하라!" 화자는 계속 열변을 토하지만 우리는 더 이상 그의 말에 귀를 기울이지 않고 오히려 〈마음과 세계(Herz und Welt)〉라는 유치한 부제를 달고 있는 이 인기 있는 작품 『베르너(Werner)』가 어떻게 막을 내리는지 알고 싶어 할 따름이다. "줄리, 너를 만나게 하는 그 무언가를 통해 너는 사랑을 맹세하는 연인 이야기를 들여다보고, 우리가 너희 여자들에게 꼭 감추려 하는 부분을 들여다보았지! 우리 시대 수천의 영혼 속에는 세계와 모순된 마음이 고통을 참으며 조용히 숨어서 졸고 있단다. 나처럼 – 너를 통해 이런 모순을 해결할 수 있는 사람은 참으로 다행이란다." 괴테의 복장을 하고 등장한 소프라노 가수가 이렇게 말한다. "너 얼굴을 찌푸리고 있는 벨로나, 세상을 흔들어 너의 경첩에 묶어두고 온 나라를 두루 달려가 보아라. 정신의 씨앗이 꽃을 틔우고, 시인의 소박한 꽃봉오리보다 더 높이 솟은 피로 그린 깃발과 갈라진 창도 보이지 않는 평화가 찾아오리니." 이는 어떤 사람이 다른 사람에게 말을 건네는 그런 말투가 아니라 어설픈 신문기자가 논평하는 어투라는 점을 알 수 있다. 덧붙이자면 구츠코가 자신의 여러 희곡, 이를테면 『베르너』와 『리처드 사비지』, 『엘라 로사(Ella Rosa)』와 같은 작품을 무대에 올릴 때

서로 다른 파국을 선택하게 한 점이 독특하다. 이와 똑같은 형태를 그의 소설, 예컨대 『회의적인 여자, 발리(Wally, die Zweiflerin)』와 같은 소설도 취하고 있다. 이 소설의 한 단면은 다음과 같은 말로 끝을 맺는다. "옛 시절에는 볼 수 없던 저 장면을 보라! 이 장면은 세련되고 다듬어져 있으며, 우리 시대의 파편에서 태어난 것이 아닌가! — 그러나 그것은 두 영혼을 가장 불행한 혼동으로 몰아갈 수 있는 이념의 열광에 부딪히는 이기적인 연애 사건이다."

구츠코는 '핵심 역할'에 관해 기술한 최초의 독일 극작가이다. 희극배우 세대 전체가 우리엘(Uriel) 역의 긴 대사로 영예를 안았으며, 프리드리히 하제[138]는 거의 한 세대 동안 『총독』에 등장하는 기사 토라네(Thorane) 역만을 맡았다. 따라서 구츠코가 장인 기질을 적극적으로 옹호한 것은 이해할만한 일이다. 그는 이렇게 썼다. "'앙상블'이라는 서글픈 말장난은 어중이떠중이들이나 지껄이게 내버려두자. (…) 자이델만[139]과 함께 시작된 것은 연극술의 쇠퇴가 아니라 혁신이다." 자이델만은 시문학과 반주자에게서 개별적인 성공의 가능성을 읽어낸 그런 배우 가운데 최초의 한 사람이었다. 그는 '성격 대역', 객원공연의 고안자이자 『좋은 언론(Gute Presse)』의 창립자였다. 샤일록[140] 역을 맡은 그는 자신의 모습을 끊임없이 다듬는 가운데 그 모습의 변화를 흐뭇해하면서 단검을 바닥에 갈았다. 『타소(Tasso)』의 주인공 안토니오로서 그는 상냥한 태도와 음탕한 시선을 통해 자신과 산비탈레(Sanvitale) 백작부인 사이에는 성적인 관계가 있

---

[138] Friedrich Haase(1827~1911): 독일의 저명한 배우이자 연극 감독.
[139] F. Seydelmann(1748~1806): 독일의 작곡가.
[140] Shylock: 셰익스피어의 희곡 『베니스의 상인』에 등장하는 욕심 많은 유대인 고리대금업자.

음을 은근히 알린다. 또 다른 배역에서 그는 단검으로 자신의 상대방을 위협하지만 상대방이 가진 권총으로 견제 당한다. 그는 초보적인 관객들이 배역의 주인공과 배우를 동일시하리라는 생각 끝에 공연 중에 바로 그 자신이 권총을 뽑아들면 확실히 승리를 거머쥘 것이라고 생각했다. 메피스토 역을 할 때는 긴 손톱에 더벅머리 가발을 썼으며, 사팔뜨기 눈을 하고 턱까지 구부정하게 내려온 코를 했다. 임머만의 보고대로 하면 그는 항상 "소름 돋을 만큼 숨을 꺽꺽 몰아쉬면서 덤벙댔다." 그럼에도 합리적으로 계산하고, 문예란에서 핵심을 찌르고, 신문에 자신을 적절하게 광고할 줄 알며, 중상주의의 탁월한 면모를 드러낸 점에서 그는 영락없이 그의 시대의 아들이었다.

라우베와 하이네

하인리히 라우베[141] 역시 문학사적 전람에 대한 편애를 드러내 보였다. 그는 고트셰트[142]와 겔레르트[143], 그리고 청년 실러를 무대에 올렸다. 그리고 그는 슈트루엔제(Struensee), 에섹스(Essex), 모날데스키(Monaldeschi)와 같은 인물이 얽힌 정실(情實) 드라마를 좋아했다. 그런데 이런 드라마는 아마 현존하는 장르 중 가장 단조로운 장르일지도 모른다. 그래서 그의 희곡들은 생동감이 없다. 물론 구츠코의 작품처럼 장황하진 않다. 그러나 극 전개가 즉흥적으로 억지웃음을 짓게 하는 희극이기까지 할 정도로 진부하고 조야해서 거의 짜 맞춘 듯한 인상을 풍긴다. 아무튼 그의 작품들은 이후 뛰어난 기질을 보이는 이 연극평론가와 감독의 기질을 잘 드러내준다. 그는 배우의

---

[141] Heinrich Laube(1806~1884): 독일의 극작가 · 소설가 · 연극 감독.
[142] J. Ch. Gottsched(1700~1766): 독일 초기 계몽주의의 대표적인 문학평론가이자 극작가.
[143] Ch. F. Gellert(1715~1769): 독일의 극자가 · 소설가 · 시인.

재능을 발굴하고 교육하는 천재적 능력에 힘입어 일련의 장중한 무대를 이끌었을 뿐만 아니라 성내(城內) 극장과 빈 도시 극장, 그리고 북독일 극장에서 활동한 자신의 이력을 여러 권의 책으로 엮어 배우의 재능에 대해 보고하기도 했다. 이 보고는 그 책들을 유용한 전문지식으로서 연극술을 다룬 거의 유일한 걸작으로 바꿔놓았다. 이 책들은 한편으론 연극평의 영역에서 실천적이긴 해도 오직 관객이 원하는 바를 배려하는 그의 속물적인 관점을 드러내지만, 그의 다른 작품과는 반대로 탁월하게 서술되어 있다. 이 관점을 그는 다음과 같이 요약해 보여준다. "가난은 자신이 설칠 수 있을 때 찾아오며, 부가 가난을 날려 보낼 수 없고, 가난을 보내려 하지 않을 때 부는 뒷전으로 밀려나게 된다. 그러면 극장도 찾지 않는 법이다." 스쳐지나가는 사람들에게 구경거리를 제공하지 못하는 극장은 현실의 존립근거를 갖지 못한다는 주장대로라면 지나가거나 서 있는 사람들에게 군사 퍼레이드라도 보여줘야 한다는 식이다.

하이네는 그야말로 자신의 활동 초창기에만 청년독일의 도발행위에 공감했을 뿐이다. 가능하면 그를 이 그룹의 지도자 중 한 사람으로 늘 되풀이하여 셈하려 한 것은 조직 차원의 역사기술이 범한 생각 없는 짓이었다. 구츠코는 하이네의 시를 악의적으로 대했지만 그 성격 규명은 적절했다. 그는 하이네 시의-특히 행운이 없지 않은 모양의-꽃봉오리를 향기 나는 광택제를 입힌 조화에 비유했다. 그리고 또 다른 곳에서 그는 그의 시를 두고 역시 악의가 없진 않지만 정곡을 찌르듯, 냉소와 나이팅게일의 노래, 끈적끈적한 숲의 공기, 음험한 인간에 대한 음험한 풍자, 스캔들, 감수성과 세계사가 혼용되어 있다고 지적한다. 하이네는 낭만주의적 표상세계를 언제나 외형을 빛나게 할 광택제로만 이용했을 뿐이다. 요컨대 본질적으로 그는 합리주의자이자 자연주의자였으며, 심지어 이미 인상주의자이기까지 했다. 그의 시는 감미로운 오르골과 같다. 그의 산문은 순수하고 풍요로우며, 전아하면서 감흥이 넘친다. 위트라고는 가끔만 조금 있을 따름이다. 모든 청년독일과 그를 가장 뚜렷하게 구별지어주는 것은 그의 고도의 음악성이다. 그를 두고서는 쉽게 현실적인 세계관을 말할 수가 없다. 이 세계관은 순수 정치적·문학논쟁적 요소는 차치하고서도 종교적·철학적 초월주의의 피상성에 대해 반은 소설적 유희 투쟁, 반은 저널리즘의 선동 투쟁을 드러내며, 그리고 유물론 입장에서 파리의 가극 각본의 경향을 보이는 현세복음주의를 설파하는 형태를 취했다. 그의 서정시는 시문학예술보다 음향예술을 더 풍요롭게 했다. 반면 그의 산문이 보인 양식적 영향력은 대단히 높게 평가할만하다. 그 영향력은 니체에게까지 미쳤다. 니체는 그 양식적 영향력과 관련해서 그를 두고 총체적 인격으로까지 높이 평가했다. 그밖에도 하이네는 독일 문학에서 양가감정을 최초로 형상화한 인물이다. 그의 경우 비극과 희극, 감성과 반어가 각각 절반의 형태로서가 아니라 한 대상의 전면과 후면의 형태를 취하고 있다. 그 역시 항시 양가감정을 드러냈다. 그래서 사람들은 그를 봐주기 어려운 사람으로 볼 것인지 아니면 마력을 발휘하는 인물로 봐야 할 것인지 늘 망설였다. 그가 바로 이처럼 완전한 불모의 시대에 깊이 연루된 것이 그의 인생의 비극이었다. 요컨대 그는 쇳소리를 내는 구호와 대목장에 보이는 박제한 인형으로 들끓는 세계 한가운데서 현실을 몹시 갈망한 한 인간이었으며, 모든 것을 의심하게 만들어 탈신격화하는 회의주의로 매장하는 것에 위트의 최고 가치를 둔 인간들 사이에서 경모하고 기도하여 신앙을 갖게 하는 것을 가장 깊이 동경한 품성을 지닌 사람이었다. 이렇듯 그는 전형적인 분열의 성격을 갖고 있었다. 물론 이 같은 분열성은 예술가적 성벽을 가진 사람이면 누구나 갖는 기본 속성에 해당한다. 그것이 예술적으로 창조적인 속성이든 아니면 단순히 예술적으로 민감하게 받아들이는 감성적 속성이든 마찬가지다. 따라서 그것은 수많은 여성에게서도 볼 수 있지만 속물에게서만큼은 볼 수 없는 것이다. 그러나 이런 속성도 두 가지 형태를 취할 수 있다. 이를테면 두 영혼이 마주치면 신경질을 부리며 서로 멀리하면서 제약하고 혼란스럽게 하는 양분된(halbiert) 인간이 있는가 하면, 두 영혼을 양극의 전기처럼 서로 끌어당기면서 서로를 장려하고 고양시키는 일종의 마술적인 균형을 유지하는 배가된(verdoppelt) 인간이 있다. 전자의 유형에는 하이네와 바이런이, 후자의 유형에는 괴테와 셰익스피어, 톨스토이와 니체가 포함된다.

그러나 상속권을 잃어버린 이 운명의 그룹을 너무 부당하게 대접하고 싶진 않다. 그도 그럴 것이 그들 모두에게 청년독일은 내면생활에서만큼이나 외면생활에서도 고스란히 작용했기 때문이다. 결국 진리에 대한 열정적 욕구가 그 세대 전체에서 격정적으로 터져 나오면 언제나 어떤 장점도 동반한다. 요컨대 정치적·종교적 위선의 자리에 정직성이, 신비적·알레고리적 마술의 자리에 솔직한 이성이 들어선 것이다. 청년독일 전체 운동도 그러했다. 그러나 때때로 그 진리는 몹시도 진부하며, 그 생명력은 반대 진리가 대단히 부조리하다는 사실에 덕을 입고 있었다. 바로 청년독일의 사정이 그랬다.

그 시대 독일의 회화는 완전히 문사 기질을 풍긴다. 사람들은 예술이 교훈적이고 계몽적인 영향력을 발휘해야 한다는 관점을 품고 있어서, 소설적인 계기를 전면에 드러낼 때, 중요하게 생각하는 이

정치적인
회화

야기뿐만 아니라 역사철학, 심지어 정치를 그려내기까지 했다. 그래서 로마 교황의 전권론(全權論: Ultramontanismus)에 반대하는 논점을 설파한 루터와 후스[144]의 삶을 소재로 한 카를 프리드리히 레싱[145]의 그림들을 관람한 청중은 종교개혁의 입장을 취했기에 그 **내용**에 자극을 받아 격분한 것이다. 유명한 시를 소재로 한 우화도 그림으로 그리길 좋아했다. '리얼리즘'이 주로 복장 · 무기 · 가구 · 식기 · 건축형식 등에 대한 세밀한 연구를 통해 역사화로 표현되었다. 화가는 고고학자와 의상연구자 노릇을 하며, 어떤 그림이 역사적으로 '진실하지 않은' 것으로 판명받으면 실로 미학적 결함이 있는 것으로 취급되었다. 당연히 상황에 대한 해석도 가장 근대적인 역사학의 지위를 누리기 마련이었다. 카울바흐[146]는 철학적 공명심에서는 코르넬리우스를, 역사관에서는 랑케를 닮았을 만큼 최고의 명성을 누렸다. 물론 이들과는 정반대로 그의 명성은 공허하고 가식적이며, 애써 구한 듯 계속 삐걱거리는 인상을 준다. 아헨 지방의 한 대관식장에 프레스코 기법으로 그려진 그림과 관련하여 이미 우리가 언급한 바 있는 알프레트 레텔은 조밀성 있게 완결 형태를 띤 6장의 유색 스케치를 통해 알프스를 넘는 한니발(Hannibal) 장군의 행군을 묘사했으며, 1849년에 그린 「죽음의 무도(Auch ein Totentanz)」라는 연작에서는 지난해의 사건들을 장중한 연극기법으로 상징화했다. 풍속화가들은 가극풍을 살려 온갖 민족을 장면에 담아내는 것을 가장 선호하면서 밀수꾼과 밀렵자, 그리고 이탈리아의 거리풍경을 그렸다. 소재를 보면 카를 슈피츠베크[147]도 이들 부류에 속한다. 그의 독특

---

[144] Jan Hus(1372~1415): 체코의 종교개혁가.
[145] Karl Friedrich Lessing(1808~1880): 독일의 화가.
[146] W. von Kaulbach(1804~1874): 독일의 화가.

함은 본업이 약제사라는 점이다. 그의 예술은 얼기설기 엉켜있어 까다롭고 변덕스러운 면모를 지니고 있다. 그가 가장 즐겨 그린 대상은 감동을 주는 기인들이었다. 여기에는 풋내기 사냥꾼과 민병대장, 서툰 시인과 어설픈 배우, 피리 아마추어와 세레나데 가수, 백면서생과 샌님, 중년의 독신자와 부끄럼 많은 구혼자, 화초 재배자와 골동품상 등이 포함된다. 이 같은 액자를 채운 것은 풍상이 깃든 고즈넉한 독일의 소도시다. 오랫동안 프록코트와 나이트캡에 깊이 파묻혀온 시가 그의 부드럽고도 익살맞은 스냅사진 속에 비할 바 없이 잘 보존되었던 것이다.

게오르크 뷔히너

3월 혁명 이전 시대(Vormärzzeit)에 독일의 연방지역에는 또 다른 세 명의 천재가 살고 있었다. 그들은 알려지지 않았거나 잘못 알려져 있었거나 변장하고 있던 사람들이다. 이들은 뷔히너[148], 그라베[149], 네스트로이다. 집중력이 현저하게 결핍되어 있음에도 무대 감각에서는 왕왕 셰익스피어에 견줄 만큼 탁월함을 보인 그라베는 평생 빈둥거리며 노는 푼수로 취급받았다. 빌헬름 셰러조차 그를 '멍청이'라고 부르면서 '우스꽝스럽기 짝이 없는 허풍쟁이'로 몰아세운다. 게오르크 뷔히너는 우리 시대에 이르러서야 주목을 받았다. 그는 라이프치히 전투가 벌어지는 날 다름슈타트(Darmstadt) 근처에서 태어나 스물네 살이 되던 해인 1837년에 요절하고 말았다. 그는 의학을 공부했고, 독일어로 된 최초의 사회주의 전단지 『헤센의 급사

---

[147] Karl Spitzweg(1808~1885): 독일 낭만파 화가이자 시인.

[148] G. Büchner(1813~1837): 독일의 극작가. 『당통의 죽음』 및 『보이체크』로 유명함.

[149] Ch. D. Grabbe(1801~1836): 독일의 극작가. 표현주의를 비롯한 영화기법의 선구적인 작품을 썼음.

(Der Hessiesche Landbote)』를 발행하여 자신의 고향 농민들 사이에 몰래 전파했지만 별 영향을 끼치진 못했다. 1834년, 급진적 공화정을 수립한다는 목적으로 '인권사회(Gesellschaft der Menschenrechte)'라는 비밀결사를 조직하기도 했다. 그러나 사실 이 결사는 거의 아무런 해도 되지 않는 하나의 정치토론회에 불과했다. 그는 스트라스부르(Straßburg)로 도망감으로써 긴급체포를 모면할 수 있었다. 그곳에서 그는 자신의 해부학 연구를 계속했다. 그 성과로 물고기의 뇌신경구조에 관한 몇 가지 새로운 해명을 담은 「돌잉어의 신경구조에 관하여(Sur le systéme nerveux du barbeau)」라는 논문이 나왔다. 이 논문은 전문가들에게 탁월한 업적으로 평가받았다. 이 논문 덕분에 그는 취리히 대학에서 철학전공 박사학위를 취득하여, 최고조건으로 제시된 수습강의를 받아들임으로써 사강사(Privatdozent)로서의 일자리를 얻었다. 세계에 널리 알려진 책인 『힘과 물질(Kraft und Stoff)』의 저자인 그의 동생[150]은 그를 두고서, 만일 그가 더 오래 살아남아 자기 학문의 길을 계속 걸었다면 아마도 "오늘 우리가 다윈을 두고 경탄할 때처럼 유기적 자연과학 분야에서 그처럼 위대한 혁신자가 되었을지도" 모른다고 말한다. 그의 유고 논문과 스케치에 보이는 철학과 자연과학적 재능의 절묘한 결합을 생각해보면, 그 같은 주장이 과장된 것이 아님을 알 수 있다. 어쨌거나 그가 예술가였기 때문에 다윈보다 더 위대한 일을 한 것일 수 있다는 점도 인정할 수밖에 없는 노릇이다. 한편 이 천재적인 해부학자는 자신의 예술에서도 자제할 줄 몰랐다. 그의 미완의 소설 『렌츠(Lenz)』의 주인공 렌츠는 이렇게 말한다. "사랑하는 신은 세상을 마땅히 그래야 할 것처럼 좋게 만들었지

---

[150] Ludwig Büchner(1824~1899): 독일의 생리학 의사.

만, 우리는 그것을 더 낫게 개선할 순 없고, 그저 우리가 할 수 있는 일이라고는 그를 조금이나마 모방하려는 노력뿐이다. (…) 사람들은 이상적인 인물을 원하지만 내가 거기서 본 모든 것은 목조인형뿐이었다. 이런 이상주의는 인간 성품에 대한 가장 치욕적인 경멸이다. 사람들은 일단 이상적인 것을 동경하지만, 곧 사소하기 짝이 없는 생활 속에 파묻혔다간 다시 몸을 떨면서 변죽을 울리고는 알아차릴 수 없는 아주 미묘한 표정변화를 일으킨다. (…) 누구도 보잘 것없지 않고 누구도 흉측하지 않게 보일 법할 때야 비로소 인간을 이해할 수 있다." 이 문장에는 뷔히너의 고유한 예술론이 숨겨져 있다. 그는 도금된 교과서적 이상주의(plattierter Lesebuchidealismus)와 건조한 신문 현실주의(papierner Zeitungsrealismus) 세계에서 괴테와 마찬가지로 고리키[151]가, 호메로스와 마찬가지로 함순[152]이 포함되는 논박할 수 없는 불멸의 그런 인물 가운데 하나인 자연주의자이다. 그를 질풍노도 문학의 지각생으로 간주하기도 하지만, 이미 그가 베데킨트[153]와 표현주의 전체를 선취하여 극복했다고도 말할 수 있다. 독일어권에서 『보이체크(Woyzek)』만큼 장엄한 민중극도 없으며, 의고전주의 이후의 연극계에서 『당통의 죽음(Dantons Tod)』만큼 생생한 역사극도 없다.

한 세대 동안 자신의 고향 도시에서 네스트로이는 쉼 없이 흔들거리는 사지와 댕그랑댕그랑 쇳소리를 내면서 혓바닥을 내민 곡예사가 등장하는 흥미진진한 코미디, 재치 있는 그럴싸한 즉흥극과 검열에 대해 익살을 부리며 악착같이 맞서는 투쟁, 그리고 끝으로

네스트로이

---

[151] Maxim Gorkij(1868~1936): 러시아의 작가. 작품 『어머니』로 유명함.
[152] Knut Hamsun(1859~1952): 노르웨이의 소설가·극작가·시인.
[153] F. Wedekind(1864~1918): 독일의 배우이자 극작가.

멋지게 구성된 일련의 시리즈 즉흥소극 등을 통해 대대적이면서도 지속적인 대중성을 누렸다. 이는 요한 네스트로이의 모습 중 절반에 해당한다. 그것은 세계, 특히 빈의 세계가 흔히 그리고 기꺼이 전인(全人)으로 대하곤 하는 네스트로이의 겉모습이다. 그러나 이외에도 그의 또 다른 면모가 있다. 그는 진정한 코미디 판타지를 통해 모든 인간적 사물의 도량체계를 그 진정한 차원에서 조명하려고 그 체계를 비틀어놓은 소크라테스와 같은 궤변가, 칸트와 같은 분석가, 셰익스피어같이 고군분투하는 영혼이었다. 동시대인들이 전혀 몰라봤고 그의 사후에야 드러난 창조적인 풍자가로서의 네스트로이는 오늘날까지도 대부분의 사람에게 알려져 있지 않다. 사정이 이러한 것은 우선 이 같은 외골수의 철저한 회의론자가 이런 세계에서 자리를 잡기가 늘 쉽지 않다는 사실 때문이다. 자신들에게 손쉬운 과거의 긴밀한 관계가 소멸되는 것을 원하지 않는 사람들은 그런 회의론자를 본능적으로 그들의 적대자로 받아들이고서, 시대의 모든 정신적 건강함과 성장능력 및 진보적인 힘이 마음껏 다룰 수 있는 수많은 다이너마이트와 관계가 있다는 사실을 애써 망각하려고만 한다. 그러나 거기에는 좀 더 특별한 이유가 있다. 요컨대 네스트로이가 예부터 자신들의 선생들, 즉 진리애로 속을 끓인 모든 사람, 그런 쟁쟁한 대가들을 곡예사와 어릿광대로 전락시킨 도시에서 활동한 것이다.

다른 한편으로 짚고 넘어가야 할 것은 그 본성이 바로크적이라고밖에 달리 말할 수 없는 그런 천재가 유독 빈에서만 나왔다는 점이다. 바로크의 전성시대에 문화 및 예술의 절정을 이루었던 빈은 근본적으로 오늘날에 이르기까지도 아주 독특하면서도 분명하고, 가장 풍요로우면서도 섬세한 생활표현을 보이는 점에서 바로크의 도시로 남아 있는 셈이다. 그리고 네스트로이는 이 도시가 배출한 가장 탁월한, 그것도 유일한 철학자이다. 이를 많은 이가 늘 감안하지 않는 것은 철학자란 모름지기 진지한 사람일 수밖에 없다는 널리 확산된 잘못된 억견에서 비롯된다. 그런데 오히려 정반대로 철학자는 자신과 생활을 심각하게 받아들이는 일을 그만두고서야 비로소 일을 시작하게 된다고 말할 수도 있을 것이다.

네스트로이는 어떤 체계에도 사로잡히지 않았다는 점에서도 철학자이다. 그래서 그는 한 번도 정치적 강령을 채택하지 않았으며, 자유주의자를 암흑의 반동으로 취급한 것과 꼭 마찬가지로 보수주의자도 미심쩍은 체제 전복자로 다루었다. 그러나 우파와 좌파 양쪽 모두에게 적개심을 사는 것이 늘 사물들을 바로 위에서, 말하자면 청명한 올림포스의 고양된 시점에서 조명하는 진짜 코미디 기질을 갖춘 이의 운세가 되기도 한다. 사실 이 같은 시점 앞에서는 좌파와 우파는 각각 한쪽 절반일 뿐이고, 대개 아주 우스꽝스러운 모습을 취하는 이 한 쌍은 인간의 동일한 본성으로 비칠 따름이다. 인간의 품성에 담긴 복합적인 것, 모순투성이인 것, 다의적인 것, 교착된 것과 지양된 것 일체에 대한 네스트로이의 예감, 요컨대 바로 어정쩡하고 혼합적이며 굴절된 영혼의 색채를 자신의 팔레트에 옮겨놓는 그의 천부적 재능은 그를 로렌스 스턴[154]의 상속인이자 계승자로 만들어 놓았으며, 그의 연극 심리학을 와일드[155]나 쇼[156]와 같은 작가가 선보인 근대 색채론에 견줄만한 반열에 들게 했다. 그에게서 이 두 명의 아일랜드 작가가 떠오르는 것도 그가 평범한 유의 연극문학,

---

[154] Lawrence Sterne(1713~1768): 아일랜드 출신 영국 작가.
[155] O. Wilde(1854~1900): 아일랜드의 극작가·소설가·시인.
[156] B. Shaw(1856~1950): 아일랜드의 극작가·소설가·비평가.

이를테면 가족 드라마와 해학 및 익살을 담아낸 희곡 따위를 아무렇지도 않게 선호한 점에 있다. 그러나 이와 동시에 그는 그 같은 희곡에 다채롭게 불꽃 튀는 자신의 성숙한 정신을 투입함으로써 희곡을 극도로 세련되게 만들었다. 물론 아무것도 진지하게 대하지 않았으며, 자기 자신의 작품조차도 진지하게 여기지 않았다. 당연히 연극작업이라는 것이 공허하다는 것을 완전히 간파했으면서도 그는 오래전부터 전해 내려오는 연극적 도구들, 요컨대 메난드로스[157]와 플라우투스[158] 이래 관객에게 웃음을 자아내게 하곤 했던 소도구와 낡아빠진 대도구들을 아무런 편견도 갖지 않고 이용하면서 작업했다. 그 역시 셰익스피어와 몰리에르, 혹은 셰리든[159]과 같이 서슴없이 훔친 것이다. 그밖에도 그는 낭만주의를 해체하고, 모든 파토스를 무자비하게 발굴했으며 삶을 왜곡하는 환영을 파괴했다는 점에서도 쇼를 연상시킨다. 그의 『룸파치바가분두스(Lumpazivagabundus)』는 낭만주의의 **형식**이 연극에서 절멸했음을 의미하며, 그의 후기 작품들은 낭만주의의 **내용**을 파괴했다. 그가 바이런주의(Byronismus)에 대해 『쓸모없는 인간(Der Zerrissene)』으로 행한 것만큼 위험천만한 패러디를 선보인 적은 이전까지 없었다. 그러나 그의 세대가 절실히 필요로 한 위대한 시대 비평가와 사회 풍자가로서 네스트로이를 알아보지 못한 것은 그의 삶에서 하나의 기묘한 희비극이었던 셈이다. 라우베는 "사회적 희극은 연극무대의 진정한 보화다"라고 말하면서, 이 분야에서 독일의 생산성은 프랑스보다 훨씬 빈약하다고 한탄했다. 물론 그는 마치 용암을 내뿜는 분화구가 불꽃장관에 앞서듯이

---

[157] Menandros(B.C. 343?~291?): 그리스의 희극작가.
[158] Plautus(B.C. 254?~184?): 로마의 희극작가.
[159] R. B. Sheridan(1751~1816): 아일랜드 출신의 탁월한 극작가이자 시인.

동시대 프랑스의 희극을 훨씬 능가하는 사회적 희극을 크게 고생하지도 않고 매년 생산하는 작가가 자기 바로 곁에 있다는 것을 알아차리지 못했다.

이 모든 것을 넘어서 네스트로이는 자신의 희극에 자신이 살던 도시와 자체의 고유한 시문학으로, 다시는 그렇게 재현되지 않을 법한 그 시대 분위기를 고스란히 담아냈다. 이로써 그는 희극작가가 감당해야 할 최고의 과제를 완수한 셈이었다. 여기서 보는 바에 따르면, 이 세상엔 천직이란 없다. 대부분의 사람은 금리생활자이거나 당시 빈 사람들이 하는 말대로 하면 연금생활자이다. 프로는 노동을 하지 않는다. 노동을 하지 않는 것이야말로 프로로 통하는 '장인의 능력'을 의미한다. 기술공들의 활동이라고는 그들이 피후견인과 사랑에 빠지는 일이다. 도편수는 아직 한 번도 설계도면을 본 적이 없고, 구두장이는 '어리석음의 깊이'에서 따라잡을 재간이 없는 야콥 뵈메[160]와 같은 신지학적인 구두 수선공이며, 재단사 츠비른(Zwirn)은 새커리가 잊고 있었던 변종된 문맹의 속물이다. 돈은 술값이고, 사회적 문제는 복권 1등 당첨과 지참금, 유산 등으로 해결한다. 그런데 이 나라 왕은 항시 대기하는 문지기이고, 포도주를 마시며 무위도식하려는 완고한 의지로 가득 찬 일종의 게으른 헤라클레스이다. 그는 이 의지로부터 모든 것을 포괄하는 세계관을 조성한다.

네스트로이가 죽은 뒤 15년 만에 문학사가 에밀 쿠[161]는 할름의 시행이 네스트로이를 "미학적으로 보지 못하게 만든다"고 글을 썼

---

[160] Jakob Boehme(1575~1624): 근대 신지학(神智學)을 개척한 독일의 신비주의자이자 신지학자.
[161] Emil Kuh(1828~1876): 오스트리아의 문사이자 문학평론가.

다. 할름과 같은 '전문가의 판단'에 오도되어, 수십 년 동안 대중의 시선은 네스트로이가 완전히 판매 금지된 상품, 즉 철학을 연극화할 속임수의 포장지로 이용한 거친 형식에만 붙들려 있었다. 훈련되지 못한 눈에는 아메리카 가랑잎나비의 보호색이 보이지 않는 법이다. 그러나 이런 구분 불가능성 속에 바로 보호색의 실용적 가치가 숨어 있었다. 향토 연극이라는 네스트로이의 보호색은 생존투쟁의 수단이었다. 이 수단을 통해 그는 자신의 작품이 공연되어 박수갈채를 받으면서 칭송되게 했다. 그러나 지금은, 우리에게 중요한 것은 죽은 잎사귀가 아니라 봄에 살아 움직이는 가랑잎나비라는 사실을 마침내 깨달아, 네스트로이의 연극 사업에 더는 해가 될 수 없는 그런 시대이다.

안데르센   네스트로이에게는 극도의 순수함으로 작가의 전형을 구현한 동시대인이 (그가 그의 동시대인이었다는 점은 특별히 염두에 둘만한 일인데) 있었다. 바로 한스 크리스티안 안데르센[162]이다. 대중이 안데르센을 대한 자세는, 그가 라틴어 하급반에게나 어울릴 글을 썼기에 이 글로 교육했다면 율리우스 케사르조차도 그렇게 위대한 인물이 되기가 불가능했을 것이라고 『비행 잡지(Die Fliegende Blätter)』에 기고한 한 소위의 태도와 흡사하다. 요컨대 안데르센은 아이들까지도 이해하는 그런 위대한 작가였지만 성인들은 그가 자신들을 충분히 배려하지 않는다고 생각했다. 그러나 이 진정한 작가는 미다스[163] 왕이다. 그가 만지는 것은 모두 황금으로 변한다. 황금뿐만 아니라,

---

[162] Hans Christian Andersen(1805~1875): 덴마크의 동화작가이자 소설가.
[163] Midas: 그리스 신화에 등장하는 프리기아 왕. 디오니소스에게서 손에 닿는 모든 것은 황금으로 변하는 능력을 부여받음. 장사수완이 좋은 사람을 두고 '미다스의 손'이라고 부르기도 함.

당나귀 귀도 그의 것, 어린애와 같은 순진무구함도 그의 것이다.

덧붙이면 안데르센의 문학은 이중의 토대를 두고 있다. 외관상으로 보면, 단순히 동화일 뿐으로 보여서 실제로 어린애들에 대해 다룬 것처럼 읽을 수 있다. 그러나 그렇게만 읽어서는 안 될 노릇이다. 왜냐하면 그 깊고 깊은 본질에서 보면 동화의 형식을 빌린 풍자이기 때문이다. 안데르센은 어린이에게 말을 거는 화자의 태도를 취하고 있다. 그런데 이 같은 관점은 그저 꾸며진 것일 뿐이다. 요컨대 그것은 실제 상태로서가 아니라 역할로서의 순진성을 의미할 따름이다. 따라서 이런 예술형식을 두고 이미 소크라테스가 그 단어의 의미를 부여한 바대로 반어적 형식이라고 규정할 수 있다. 원시인과 천재에게만 단순성의 인상을 일깨우는 힘이 있지만, 이 때문에 사람들은 둘을 서로 혼동할 필요가 없고 오히려 인간 표현능력에서 극단의 상극을 이룰 뿐이라고 생각한다. 자신을 표현된 대상들 속에서 완전히 사라지게 만드는 바로 필체의 간결성과 예술적 구체성을 통해 안데르센은 가장 심오하고 가장 영향력 있는 풍자작가의 반열에 오르게 된다.

물론 모든 작가는 근본적으로 저마다 풍자작가이다. 당연히 작가는 편견 없고 명민한 눈으로 세계를 들여다보면서, 그에게 본질적이지만 충분히 관찰되지 못한 것으로 비치거나 그에게 잘못 관찰된 것으로 비치는, 또는 대개 그에게 잘못 비치는 수많은 대상을 폭로한다. 이런 해악의 상태를 가능한 한 명확히 조명함으로써 개선하려는 욕구가 작가에겐 치솟는 것이다. 이에 가장 좋은 수단이 풍자이며, 항상 풍자로 그렇게 해왔다. 심오한 도덕적인 진지함, 개혁적인 호의, 제대로 간파하는 재능, 이러한 것들이 삶을 촉진하는 진정한 문학적 풍자의 뿌리이다.

안데르센의 기본 주제는 속물근성에 대항하고, 정신이 결여된 물질주의, 신물 날 정도의 자만심, 참을 수 없는 고루함, 보통사람의 관성적인 습관감각에 대항하는 천재의 항구적인 투쟁이다. 이런 이야기 속에 인간의 편협성과 허위성, 그리고 이기심의 모든 색채가 반영되어 있다. 다만 이 색채들은 대개 인간이 아니라 동물과 식물, 가계의 살림살이, 일종의 우화 양식에 따른 대상들에게서나 볼 수 있는 빛깔이다. 그런데 누구도 그의 문학을 우화라고 부를 엄두도 내지 못한다. 그도 그럴 것이 우화는 순전히 오성에 어울리는 것이기 때문이다. 우화의 화자가 거위의 우둔함, 공작의 자만, 토끼의 소심함에 대해 말할 때 그는 항상 우리에게 노회한 눈빛으로 말을 거는 것처럼 보인다. 그럴 때 우리는 도대체 누구를 떠올리겠는가? 이때 모든 것이 알레고리일 뿐이라고 생각하기 쉬운 법이다. 반면 안데르센의 작품을 대할 때 사람들은 단지 인간의 생각과 감정을 담고 있는 현상이 문제가 된다는 점을 새카맣게 잊어버린다. 결국 우화 속의 여우는 교활함을 상징하는 것과 다름없다. 말하자면 여우는 특정한 개별 여우가 아님은 말할 것도 없고 실제의 여우도 아니다. 그러나 안데르센의 작품에 등장하는 인물은 의인화한 도덕군자나 무도한자가 아니라 생생한 원판 그대로다. 우리가 거의 확실히 볼 수 있는 인물은 냉정한 장난꾸러기, 과대망상에 사로잡힌 줏대 없는 인간, 거만한 욕심쟁이, 옷깃을 세우고 싶어 하는 허풍쟁이, 공명심 가득한 글쟁이, 말쑥하게 차려입은 새침데기 등이다. 이 모든 상상의 피조물은 문학으로 표현된 현실이며, 개성적으로 잘 알려진 인물이다.

속물의 핵심 특성 가운데 하나는 자신을 세계의 중심으로 여기고, 자신의 과제를 가장 중요한 과제로 여길뿐더러 근본적으로는 유일하게 중요한 과제로 취급하는 점에 있다. 그는 자기 동료의 가치를 얼마나 자신을 닮았는가에 따라 평가하고, 따라서 자신과 다른 모든 것은 열등한 것으로 간주한다. 이렇듯 전문가의 단면적인 어리석은 모습은 안데르센의 작품에서 자주 반복되는 모티프이다. 여기에 이어 두 번째로 친숙한 특징이 나타나는데, 그것은 직업상 떠는 오만한 행태. 안데르센의 대개의 인물들은 자신이 직업을 위해서 그 자리에 있는 것이 아니라 직업이 그들 자신을 위해서 그 자리에 있다는 관점에서 출발하는 진짜 관료들이다. 이 달팽이 가족은 가시 난 식물의 숲은 오로지 그들에게 먹이를 제공해주려고 이 세상에 있는 것이고, 비가 오는 것은 그들에게 드럼 음악을 들려주려는 것일 뿐이라고 거의 확신한다. 그중 어느 하나도 더 이상 요리되지 않아 먹히지 않게 된다면 인류는 사멸할 수밖에 없는 것이 당연지사인 것처럼 그들에겐 비친다. 수고양이가 말해주는 것은 굽힐 줄은 모르고 불꽃만 튀길 줄 아는 인물은 견해를 표현할 자격이 없다는 뜻이다. 말똥구리는 열대를 만났을 때 딱 하나 생각하는 것이 있다. 요컨대 열대에는 비할 데 없는 최고의 식물들이 자라는데, 이 식물들이 썩으면 맛있다는 것 아닌가! 속물적 속성은 이밖에도 더 있다. 이를테면 누구도 자신에게 미리 정해진 자리에 만족하지 않으며, 누구든 자연적 운명을 넘어서려 하면서 현재보다 더 나은 위치에 오르려고 상상한다는 것이다. 짜깁기용 바늘은 처음부터 스스로를 바느질 바늘로 여기다가 나중에는 브로치 핀으로 여기기까지 한다. 다리미는 마차를 끌기 위해 철길 위에 있어야 할 증기기관이라고 착각한다. 외바퀴 손수레는 자신이 바퀴 하나로 달리기 때문에 '1/4륜 마차'라고 설명한다. 흔들목마는 자신이 바로 훈련에 적합한 순수 혈통의 말이라고 강변한다. 누구든 생활하면서 자신만의 특별한 속임수가 있으며, 모두가 생활관계에서 상대를 속여 살아가려 하고 쌀쌀맞게 굴면서 서로의 눈에 모래를 흩뿌리려 한다.

일상생활 전반의 폭넓은 횡단면을 전체로 보여주는 그 같은 유형의 묘사에서 이제 안데르센은 요컨대 인간 품성의 철학 전체를 내포하는 좀 더 고차적인 풍자로 도약한다. 예컨대 우리 모두가 좋은 버터를 넣은 오트밀을 사랑하는 것과 먹을 수 없는 시를 사랑하는 것 사이에 흔들린다면, 동화 『요정과 상인(Der Kobold und der Krämer)』에 등장하는 요정의 상황이 모든 인간의 상황 아니겠는가? 아니면 『임금님의 새 옷(des Kaisers neuen Kleidern)』 이야기는 사회학 전체를 담고 있지 않은가? 임금님이 아무것도 입지 않았음에도 모두가 임금님의 옷을 보았다고 주장했다. 그도 그럴 것이 옷을 보지 못하는 사람은 완전히 바보로 취급되거나 임금님의 공직을 감당할 능력이 없는 자로 찍히기 때문이다. 그리고 못생긴 어린 오리 이야기는 근본적으로 한 천재의 운명과 성장과정을 설명하는 것일 뿐이다. 이 천재는 바로 자신의 단순한 태도 덕분에 다른 모든 이보다 더 돋보인다. 그는 보통 이들보다 다르기 때문에 자신을 보잘것없고, 특히 열등한 존재로 간주하지만 다른 이들은 그를 언제나 놀리면서 적대시하고 따돌린다. 모든 오리가 이구동성으로 말한다. "그놈은 너무 커서 이상해. 그러고 보면 바람을 넣어 부풀린 게 틀림없어." 급기야 그 천재는 세간에 통용되는 오리의 덕성과 미모라고는 갖추고 있지 못하다는 것이 밝혀지기까지 한다. 그도 그럴 것이 그는 한 마리의 백조였기 때문이다. 안데르센의 거의 모든 동화는 긴 설명이 필요하다. 그래서 중국의 학자들이 그의 동화 가운데 하나인 나이팅게일을 두고 해설서를 쓴 것처럼 해석과 관련된 두꺼운 책을 펴낼 수도 있을 법하며, 이로써 사람들은 역시 유용한 작품을 하나쯤 펴내고 싶어 하는 것이다. 그도 그럴 것이 안데르센의 문학은 기본적으로 어떤 '설명'도 담고 있지 않기 때문이다. 그의 문학이 지닌 고도의 매력은 인상에 인상이 겹치도록 하는 묘사가 거의 아무것도 반사해주지 않는 점에 있다. 이해가 필요한 사랑도 단지 그려만 질 따름이다.

안데르센은 사랑을 통해 모든 것을 읽어낼 수 있다. 이는 흡사 그가 마테를링크의 『파랑새(Der blaue Vogel)』에서 취한 요술의 돌을 가지고 있는 꼴이다. 그는 대상들에서 그 정령을 당장 불러내려면 그 돌을 돌리기만 하면 된다. 그러면 고양이의 정령, 강아지의 정령, 심지어 죽은 사물, 즉 우유 · 빵 · 설탕의 정령도 등장한다. 모든 것이 더 아름답고 더 화려하게 변신한다. 시간은 시계를 떠나 서로에게 손을 내민 등불을 든 처녀들로 변한다. 영혼이 없고 생명이 없는 것이 없다. 온 세상이 사유와 감정으로 가득 차 있다. 그저 그것을 읽어낼 수만 있으면 된다. 시인은 그것을 읽어낸다. 그는 나이팅게일의 부드럽고 사랑스러운 생각을, 고양이의 적의가 있는 위선적인 생각을, 장미의 달콤하고 소박한 생각을, 강아지의 고상한 생각을, 양귀비의 오만한 생각을, 두더지의 저속한 생각을 읽어낸다. 그런데 윙윙거리는 팽이, 잉크스탠드, 양복 솔, 탁상시계, 찻잔, 이 모든 것도 우리가 해독할 수 있는 갖가지의 감정을 지니고 있다.

어린 틸틸[164]처럼 이 시인은 마냥 자신의 돌을 돌리기만 하면 된다. 그러면 그는 죽은 이들을 만나게 되는 과거의 왕국에 가 있다. 여기서는 그들이 더 이상 죽은 상태로 있지 않다. 그들은 대문 앞에 모여 앉아 즐겁게 수다를 떨고 있다. 그리고 그는 아직 태어나지

---

[164] Tyltyl: 동화 『파랑새』에 등장하는 한 주인공. 한국어 번역판에서는 일본식 번역으로 치르치르로 알려져 있음.

않은 정령들이 있는 미래의 왕국으로 올라간다. 그들은 활기에 차서 그에게 대답까지 한다. 그가 곳곳에서 찾으려 하는 것은 바로 파랑 새이다. 그도 그럴 것이 파랑새를 얻게 되면 사물들의 마지막 비밀이 풀리기 때문이다. 그러나 이 파랑새는 틸틸이 그렇듯 안데르센도 구하지 못한 유일한 것이다. 그에 앞선 시인들도 그랬고 그 후의 시인들도 마찬가지다. 안데르센은 계속 이 파랑새를 찾아다닌다. 오 직 이 파랑새 때문에 형성되는 모든 왕국을 돌아다니며 모든 사물의 영혼을 만난다. 물론 그는 결코 파랑새를 얻지 못할 것이다. 이는 어쩌면 잘된 일인지도 모른다. 왜냐하면 파랑새를 얻는다면 그는 더 이상 아무것도 추구하려 하지 않을 것이기 때문이다.

03
헛짓

오직 세계해석만이 정당할 뿐이다.
세고 계산하고 저울질하며, 보고 장악하고
더 이상 아무것도 허용하지 않는 것,
이는 정신병인 백치가 없다고 가정하면
투박함과 순박함으로 통할 법하다.
— 『즐거운 학문』

모든 사상은 반복된다. 물론 좀 더 치밀해진다. 좀 더 고차원적인 **후렴** 모든 의식의 단계는 앞선 일련의 표상이 본질상 압착되고 결정화한 형태로 재생산된 것들이다. 응집이 고양 발전하는 문화의 특질이다. 정신적 진보가 있다면 여기서는 그것을 탐색할 수 있을 것이다. 그러나 점점 더 강한 응집 상태로 이행되는 과정은 늘 질적 변화를 의미하기도 한다. 따라서 사상은 결코 반복되는 것이 아니라고 말해도 무방할 법하다. 얼음이 그 구성성분에서 물과 동일하지만 그 현상의 성격은 완전히 다르듯이, 사유의 응축 과정도 변화를 의미하는 것이다. 즉 정신활동의 좀 더 강한 구성과 정련 과정은 동시에 그것의 경직과 응결과 노화를 의미하기도 한다.

이런 집적과정의 속도가 빨라졌음은 지난 마지막 세기의 역사에서 명확히 추적할 수 있다. 왕정복고기에 유럽 사람들은 중세의 사유체계와 예술형식 및 생활감정을 혁신하려 했다. 이 장에서 우리가 다루는 1848년과 1870년 시기에 유럽 사람들은 계몽의 전체 과제를 간단한 수업과정을 통해 단번에 마무리했다. **실증주의**(Positivismus)라는 이름으로 말이다. 프랑스와 전쟁을 치른 후 독일에서는 한동안 일종의 신고전주의가 자리를 잡았다. 이 문학 운동은 80년대 말엽 베를린에서 모습을 드러내어, 분명 초기 자연주의의 성격을 지녔던 질풍노도를 그 강령과 실천에서 아주 뚜렷이 연상시키며, 동시대의 회화를 로코코의 초기 인상주의와 연결시켰다. 19세기 전반부의 발전이 그 시작 시기에서부터 빠른 속도로 또다시 되풀이되었다. 세기 말엔 곳곳에서 신낭만주의 조류가 지배했으며, 우리 세기의 첫 10년 동안에는 비더마이어 양식으로 되돌아갔고, 두 번째 20년 동안에는 표현주의와 행동주의자들은 청년독일의 거의 모든 관점을 반복했다. 진보의 응축성이 확연하다는 점을 당장 확인하려면 마테를링크의 단막극을 낭만주의의 운명극(Schicksalsdrama)과 비교하거나 전후시기의 경향극을 구츠코의 희곡과 비교하는 것으로 충분할 것이다.

정치사와 관련하여 헤겔은 모든 의미 있는 역사적 정세는 두 번 일어난다는 명제를 정립했다. 여기서 이 위대한 역사 사상가는 단순히 '과거로 돌아선 예언가'만은 아님을 입증해 보인 셈이다. 그도 그럴 것이 이 세기의 중반 이후 20년간은 이 같은 주장을 확연하게 확인시켜주었기 때문이다. 이 시기에 프랑스는, 2월 혁명에서는 잠시 영향을 미쳤고 스당(Sedan) 전투 이후에는 지속적으로 영향을 미친 공화정 정부 형태를 두 번이나 단념했다. 이탈리아 인민은 오스트리아 군대의 통치에 두 번 저항했다. 1848년의 저항은 헛된 것이었지만 1859년엔 성공했다. 슐레스비히-홀슈타인 독일 공국을 덴마크에서 분리하려는 시도는 첫 번째인 1849년엔 실패했고 두 번째인 1864년엔 성공했다. 두 독일 세력[1] 사이의 잠재적 갈등은 두 번 첨예하게 부딪혔다. 1850년엔 전쟁 위기로 치달았다가 프로이센의 외교적 굴복으로 끝났으며, 1860년엔 전쟁으로 표출되었다가 오스트리아의 군사적 패배로 종결되었다. 독일 황제 즉위식이 프로이센 왕을 주인공으로 두 번 준비되었다. 1849년엔 프로이센 왕이 즉위식을 거절했고, 1871년엔 받아들였다. 후렴을 노래할 때처럼 이 같은 멜로디는 늘 두 번 나타나지만 반복되면 비로소 감명을 준다.

2월 혁명

1848년 유럽의 가장 넓은 지역을 휩쓴 대화재의 신호탄은 거의 늘 그렇듯이 프랑스가 쏘아 올렸다. 파리 2월 혁명의 직접적 원인은 자신의 정책에서뿐만 아니라 자신이 쓴 고도의 학술적인 사서(史書)에서도 지독히 편협하여 노도와 같이 요청된 선거 개혁을 완강히 거부한 수상 기조[2]에 대항한 캠페인이었다. 내적 원인은 로렌츠 폰 슈타인[3]이 자신의 저서 『프랑스 사회운동사(*Die Geschichte der sozialen Bewegung in Frankreich*)』 제3권에서 경탄할만한 놀라운 깊은 통찰력으로 설명한 바 있다. 그 책에서 그는 이렇게 말한다. "교육을 받은 지배적인 사회계급이 국가권력을 전유해야 한다. 이 계급이 국가권력을 장악할 수밖에 없는 까닭은 권력을 유용하고 현명한 것으로 취급하기 때문이 아니다. 이 계급이 국가권력을 장악할 수밖에 없는 것은 이 계급이 원해서도 아니고 그렇게 하는 것이 쉬워서도 아니라 그것이 권력의 **불가피한 속성**이기 때문이다. (…) 따라서 실제로

---

[1] 프로이센-독일과 오스트리아가 형제임을 암시.
[2] F. Guizot(1787~1874): 프랑스의 역사가이자 정치가.
[3] Lorenz von Stein(1815~1890): 독일의 사회학자이자 법학자. 행정학의 창시자로 통기기도 함.

지배적인 사회계급이 있고, 그럼에도 국가권력이 이 계급을 무시할 때에는 이 둘 사이에 투쟁이 일어나고 일어날 수밖에 없다." 왕권은 단순히 굴복하거나 유산계급을 절멸할 선택만 갖고 있었다. 전자는 원하지 않은 것이며 후자는 할 수가 없었다. 슈타인은 계속 이어나 간다. "그렇다면 왕권은 유산계급에 대해서는 자신이 없었지만 **사회적** 혁명에는 공포가 있었기에 **정치적** 혁명에 대해선 자신이 있었 는가?" 그는 아주 노련하게 대답한다. "어떤 생물이 바로 사건이 자신의 실존에 가져올 결과가 두려워서 자신의 본성을 **확실히** 촉진 할 요소를 단념하리라 생각하는 것은 틀렸다." 이 표현으로 슈타인 은 이른바 모든 '내부 정치'에서 거의 풀 수 없었던 매듭을 폭로한 셈이다. 사실 모든 국가제도에서 언제나 단 하나의 유일한 계급만이 지배한다. 요컨대 이 계급은 부당하게 지배하는 것이다. 이 계급은 이 사실을 어렴풋이 짐작하고 있다. 좀 더 유능한 두뇌일수록 그 사실을 아주 명확히 알고 있다. 이 계급은 영민한 변증법이나 격렬 한 연설을 통해 자신의 국가제도를 변론하고, 빛나는 행동과 미덕, 사적인 성실과 온건한 실천을 통해 부드럽게 지배하려 한다. 그러다 가 드물지 않게 **고통을 당하기까지** 한다. 그러나 어쩔 도리가 없다. 이 계급은 불의의 지배가 자신의 몰락을 의미한다고 느낀다. 그도 그럴 것이 모든 불의 속에는 몰락의 맹아가 졸고 있기 때문이다. 물론 이 졸음은 종종 수백 년 지속되기도 한다. 그러나 이 맹아는 계급보다 더 강하다. 인간의 본성 속에 깊이 뿌리 내린, 말하자면 자신의 비행을 결코 인정하지 않으려는 마음의 타성과 정신의 비겁 함은 모든 사회에 감추어진 은밀한 질병이며, 누구든 부패하게 만든 다. 이 질병 때문에 봉건적인 프랑스의 자비로운 귀족정체도 혁명적 인 프랑스의 인간 형제애적인 민주정체와 마찬가지로 무너진 것이다. 그 질병은 자유주의와 교권주의(敎權主義), 금권정치와 프롤레타리아트 독재를 집어삼킬 공통의 구렁텅이다. 이런 불의의 저주에서의 온전한 구원은 오로지 **그리스도의 나라**(Christlicher Staat)에서만 가능할 뿐이다. 그런데 이 같은 나라는 아직 한 번도 있어본 적이 없다.

슈타인은 다음과 같은 말로 끝을 맺는다. "돌연, 단 하룻밤 사이에, 별다른 수고도 준비도 없이, 꼭 기적같이 온 것이 아닌가! 일부 투쟁가들이 의식하지도 못한 채 바로 그 싸움의 끝에서 돌연 일이 터졌던 것이다. 파리가 들썩였고, 18년의 작품인 인간 지혜의 아름다운 건축물이 돌풍을 맞은 듯 날아갔다. (…) 사건들이 인간 활동의 위대한 법칙을 명료하고도 단호하게 입증해줄 정도로 의미가 있다면, 2월 혁명은 유럽의 근대사 전체에서 가장 의미 있는 사건에 해당한다." 시민의 왕은 제1신분이 된 제3신분의 권력 욕망에 대응할 때 잘못 대응한 동시에 제대로 대응한 셈이기도 하다. 왜냐하면 자신의 자연적 욕구의 본성을 포기한 왕권은 현실의 환경적 힘에 굴복한 이보다 더 비참한 것이다.

본 전투가 시작되기 전에 벌어진 3일간의 가두전투에서 이미 승패가 실제로 결정되어 있었다. 왜냐하면 왕을 지지하는 세력은 군대 내에도 없었기 때문이다. 루이 필립은 영국으로 도망하여 선임자들과 완전히 똑같이 자기 손자의 안전을 위해서 왕위를 사퇴했다. 자신의 운명 역시 거의 아랑곳하지 않았다. 왕관이 바스티유 광장에서 불태워졌고, 국민입법의회는 공화정을 선포했다. 그 날의 영웅은 3개월간 이름을 떨친 시인 라마르틴이었다. 이전에 이미 그는 기조에 대항하는 집단의 지도자로, 그리고 지극히 경향적이지만 매력적이고 대담한, 최고의 감각을 살린 소설 같은 『지롱드당사(*Historie des Girondins*)』의 작가로 엄청난 대중적 인기를 누렸으며, 이제는 외교부

장관이자 탁월한 대중연설가로서, 그리고 선동적인 선언문의 작성자로서 최고의 명성을 얻었다. 그에게 제안된 대통령직을 공화정의 이데올로기 문제 때문에 거절함으로써 그는 영예와 몰락 측면에서 나폴레옹 3세의 이력을 닮지 않았다고 할 수 없을 경력을 포기했다. 한 명의 시인을 유럽의 최선두에 세우려던 시도는 아마도 숙명처럼 좌절되었지만, 심리학적 실험으로서는 극히 흥미로운 일이었던 것이 틀림없다.

국민작업장

정치적 혁명이 사회적 혁명으로 변하지 않을까 하는 공포가 사실임은 단기간에 확인되었다. 제4신분의 정신적 지도자는 루이 블랑이었다. 그는 『10년사(Histoire de dix ans)』에서 루이 필립 정부의 최초 10년간을 인상 깊은 입체감에 비수같이 예리한 논점을 살려 그려냈고, 자신의 저술 『노동자 조직(Organisation du travail)』을 통해 자신의 국민경제학 프로그램을 설명했다. 그가 핵심적으로 주장하는 내용은 국가의 지원을 받는 노동자 생산협동조합이었다. 그는 이미 우리가 언급한 바 있듯이 맨체스터 자유무역주의를 가장 신랄하게 비판하는 적대자의 한 사람이다. 그의 관점에 따르면 자유경쟁은 노동자의 빈곤과 무역의 위기 및 전쟁 따위와 같은 모든 사회적 패악의 원인이다. 따라서 그 반대쪽, 즉 연합으로 손을 뻗어야 한다는 것이다. 그가 제의한 '사회적 작업장(Soziale Werkstätte)'은 세분화되어 있다. 요컨대 그것은 노동자만큼은 언제나 같은 전문 업종으로 통합하고, 필요자본은 정부가 조달하며, 임금은 누구나 동일하고, 노동지도부의 임명은 선거에 의하며, 매년 얻게 되는 흑자는 상여금과 양로제도 및 사업의 확장에 이용한다는 것이다. 간단히 말해, 블랑이 아주 정확히 표현한 바에 따르면 국가는 "가난한 사람들의 은행가"여야 한다는 것이다. 이 프로젝트는 혁명 이후 '임시 정부'에 의해 파리에 도입되었다. 모든 시민에게 임금과 일을 제공할 '**국민작업장** (*ateliers nationaux*)'이 설치된 것이다. 여기에는 온갖 종류의 구직자로 넘쳐났다. 그러나 결과적으로 국가는 그들에게 충분한 임금은 고사하고 극소수에게도 충분한 일자리를 제공할 수가 없었다. 결국 그들을 일하지 않는 상태로 두지 않으려고 불필요하기 짝이 없는 토굴 작업에 투입했다. 국민작업장이라는 이념은 그때 이후로 모든 부르주아 경제이론가들이 기고만장한 웃음거리로 삼았던 비참한 패배를 맛보았다. 그러나 꼭 짚고 넘어가야 할 것은 그러한 실험이 블랑이 구상한 일과는 완전히 달랐다는 점이다. 그 실험이 이용한 대상은 자격을 갖춘 노동자가 아니라 무리지어 모여 있는 실직자들이었다. 그것은 잘 계획된 연합원리에 따른 조직이 아니라 프롤레타리아트를 혁명에서 떼어놓으려는 정부의 필사적인 수단으로 전락했다. 그러나 프롤레타리아트 역시 말을 듣지 않았다. 그도 그럴 것이 몇 달 지나지 않아 노동자들이 '6월 폭동'을 일으켰기 때문이다. 이 '폭동'을 국민입법의회에게서 독재적인 전권을 위임받은 카베냐크[4] 장군이 유혈진압 했다. 정부군에 의해 대략 만 명의 사람들이 살해되었다. 자유주의 부르주아가 현실의 권력을 잡은 곳 곳곳에서 (사실이는 영국과 프랑스에만 해당하는 일이지만) 부르주아는 혁명운동을 저지하려는 잔인성을 앞장서서 내보였다. 반동적 절대주의도 이런 잔인성을 가끔 내보이긴 했지만 부르주아를 능가하진 않았다. 그런데 역사적 필연의 관점에서 보면 제4신분에 대한 부르주아의 승리는 왕에 대한 승리만큼이나 당연하다.

그러나 독일과 오스트리아에서 발생한 1848년의 혁명이 프랑스

---

[4]   L.-E. Cavaignac(1802~1857): 프랑스의 장군이자 최고 행정관.

와는 다르게 진행된 까닭은 무엇인가? 이 경과는 로렌츠 폰 슈타인의 탁월한 설명에 반하는 '부정적 심급과정'을 의미하는가? 그 대답은 "아니다"이다. 그도 그럴 것이 독일의 토양에서 왕권이 승리할 수 있었던 것은 왕권이 건재했기 때문이 아니라 시민계급이 없었기 때문이었다. 만일 시민계급이 있었다면 왕권이 패배했을 법하다. 여기서 우리가 또다시 깨달은 이치는 언제 어디서든 결정적인 것은 물질적인 힘이 아니라 정신이라는 사실이다. 프랑스에서도 군주는 군대와 경찰조직 및 행정기구를 장악하고 있었다. 그러나 정신을 장악한 것은 부르주아였다. 그럼에도 이런 시대정신을 지금도 매우 낮게 평가하곤 한다. 그것을 두고 진부하다, 상업적이다, 천박하다, 정신적이지 못하다는 식으로 생각하는 것이다. 그러나 그것은 지금 우리 앞에 있는 유일한 정신이다. 이런 시대정신을 독일의 교수들과 서정시인들, 그리고 순회 연설가들은 지니질 못했다. 그래서 그들은 혁명을 시도할 수가 없었던 것이다.

그러나 아무튼 1848년은 전 유럽의 헌법 운영에서 가장 중요한 세기에 들어간다. 우리는 1장에서 빈 회의 이후 대륙의 국가체제가 더 이상 지금까지처럼 외교정책에서 전선이 나뉘는 것이 아니라 신성동맹으로 통합됨으로써 국내정치에서, 즉 인민과 정부로 전선이 나뉘게 되었다고 말한 바 있다. 이제는 돌연 인민의 총전선(General-front)이 형성된 것이다. 이 전선이 이미 정부에 통합된 영국과 겨우 지하에서 비밀리에 존재한 러시아를 제외하고는 거의 모든 나라에서 형성되어 있었다. 비록 구세력이 곳곳에서 다시 복귀했지만 무기력했다. 1848년 이래로 절대주의는 외적 가능성은 남아 있었지만 내적 가능성이라고는 없었기 때문이다.

3월   누구나 알고 있듯 결정적인 달은 3월이었다. 오스트리아의 수도 빈에서 메테르니히를 축출하고 민병대를 건설하는 일로 3월은 시작된다. 며칠 지나지 않아 베를린에 바리케이드가 쳐졌다. 결정적이지도 않은 가두전투 끝에 왕의 사적인 희망에 따라 군대가 도시에서 철수했다. 나중에 왕은 이렇게 털어놓았다. "당시 우리는 모두 배를 대고 엎드려 있었다." 프로이센의 의회와 오스트리아 제국의회, 독일의 국민의회가 즉시 열렸다. 핵심 요구 사항은 언론자유, 단결권, 배심재판, 인민의 무장 등의 인정과 새로운 제국헌법의 입법이었다. 오스트리아가 배제된 프로이센 지도하에 있던 국민의회의 '소독일(kleindeutsch)' 그룹이 염두에 둔 것은 국가 연합(Staatenbund)이 아니라 연방 국가(Bundesstaat)였다. 반면 '대독일(großdeutsch)'을 주창한 분파는 프로이센 중심이 아니라 오스트리아를 중심으로 병합하길 원했다. 프랑크푸르트 암 마인의 베드로 교회에서 가진 집회에는 독일의 수많은 권위자도 참석했다. 여기에는 세계적인 저명인사인 야콥 그림과 루트비히 울란트[5], 노장독일의 아른트와 얀, 청년독일의 라우베와 루게, 역사가 드로이젠[6]과 둥커[7], 문학사가 필마르[8]와 게르비누스[9], 시인 빌헬름 요르단[10]과 아나스타지우스 그륀[11], 탁월한 『독일 역사 문헌학(Quellenkunde der deutschen Geschichte)』 발행인인 달만[12]과 바이츠[13], 예술철학자 피셔[14]와 고고학자 벨커[15], 신유물론(Neomaterial-

---

[5] Ludwig Uhland(1787~1862): 독일의 낭만파 시인이자 문학사가.

[6] J. G. Droysen(1808~1884): 독일의 정치가이자 역사학자.

[7] M. W. Duncker(1811~1886): 독일의 역사가이자 정치가.

[8] A. F. Ch. Vilmar(1800~1868): 독일의 신학자이자 문학사가.

[9] G. G. Gervinus(1805~1871): 독일의 정치 및 문학 역사가.

[10] Wilhelm Jordan(1819~1904): 독일의 작가이자 정치가.

[11] Anastasius Grün(1806~1876): 독일의 정치가이자 서정시인.

[12] F. Ch. Dahlmann(1785~1860): 독일의 역사가이자 정치가.

ismus)의 대변자 카를 포크트[16]와 고-가톨릭교회(Altkatholismus) 설립자 이크나츠 될링거[17]도 있다. 그런데 이들은 하나같이 자신의 전공분야에는 해박했지만 정치에는 아는 바가 없었다. 독일 황제로 선출된 프리드리히 빌헬름 4세는 독일의 다른 모든 영주가 찬성해야만 즉위할 수 있다고 선언했지만, 그것은 단지 핑계였을 뿐이다. 왜냐하면 그가 왕위를 싫어한 것은 그것이 그가 표현한 대로 "혁명의 썩은 고기냄새"가 배어 있어서가 아니기 때문이다. 독일연방의 대다수 군주도 왕위를 거절하는 태도를 취했다. 뮌헨에서도 루트비히 1세가 아들을 위해 퇴위하는 결과를 가져온 3월 소요사태가 있었다. 그곳에서 벌어진 '체제 갈등'의 실제 원인은 왕이 엄청난 미모의 혼혈 여성 무용수인 로라 몬테즈[18]와 얽힌 관계에 있었다. 이 스캔들 때문에 몬테즈는 미국으로 이주할 수밖에 없었고, 그곳에서 자신과 왕이 주인공으로 등장하는 연극을 무대에 올리기도 했다. 분명 예술적 소질이 있고 지독히 독창적인 개성을 지닌 그 왕은 뮌헨의 우매한 사람들조차도 매우 분개할 정도의 국가적 사태를 아무렇지도 않게 받아들였다. 자신이 퇴위하던 날 그는 이렇게 썼다. "아마 오늘이 뮌헨으로서는 가장 쾌청한 날일 거야."

슬라브 민족의 영토에서는 프로이센이 지배하는 포즈난과 오스트리아가 지배하는 크라쿠프의 폴란드인들이, 그리고 프라하의 체

---

[13] G. Waitz(1813~1886): 독일의 역사가이자 정치가.
[14] F. Th. von Vischer(1807~1887): 독일의 미학자이자 문학비평가.
[15] F. G. Welcker(1784~1868): 독일의 고전 문헌학자이고 고고학자.
[16] Karl Vogt(1817~1895): 독일의 자연과학자이자 철학자.
[17] Ignaz Döllinger(1799~1890): 교회 역사가이자 신학자.
[18] Lola Montez(1818~1861): 본명은 Marie Dolores Eliza Rosanna Gilbert. 아일랜드 출신 무용수.

코인들이 들고일어났다. 이들 지역에서 자신의 민족을 위해 보헤미아 왕좌의 이념을 대변한 보헤미아 영토 역사가인 프란츠 팔라키[19]는 러시아의 무정부주의자 바쿠닌도 참석한 범슬라브 회의를 소집했다. 이미 그곳에서 북쪽 지역에서는 독립 '체코', 남쪽 지역에서는 독립 '슬로베니아'에 대한 열망이 솟아올랐다. 이외에도 폴란드의 완전한 수복도 당연히 요구되었다. 슬라브 민족들이 주시한 합스부르크 국가에서의 분리는 헝가리에서 실제가 되었다. 제국의회는 왕조의 폐지를 선포했고, 루트비히 코슈트[20]가 독재자로서 마자르 정부의 최고지위에 올랐다. 같은 날 베를린에서와 마찬가지로 사르데냐 왕국의 지도 아래 롬바르디아의 수도에서 봉기가 일어났다. 1813년부터 오스트리아의 총참모총장직을 수행해온 여든두 살의 야전사령관 라데츠키 백작[21]이 민치오[22] 강 건너편으로 철수해야만 했고, 베네치아에서는 오스트리아 군대가 더 이상 주둔할 수 없었으며, 트리엔트(Trentino) 지방에서는 이탈리아 의용병이 출현하기도 했다.

그러나 그해 가을과 함께 반동적인 반격이 시작된다. 빈디쉬그레츠[23] 영주가 황제의 군대를 지휘하면서 헝가리 혁명군에서 제때 지원을 받지 못한 프라하와 빈을 정복했다. 왕가 정통의 승리는 수많은 시민을 학살하는 오명을 남겼다. 여기에는 위험인물이 아니었던 프랑크푸르트 의회의 의원 로베르트 블룸[24]도 포함되어 있다. 나중

격변

---

[19] Franz Palacky(1798~1876): 체코의 역사가이자 정치가.
[20] Ludwig Kossuth(1802~1894): 헝가리의 변호사이자 정치가. 1848~1849년의 혁명기에 헝가리 왕국의 섭정 대통령.
[21] Joseph Radetzky(1766~1858): 오스트리아의 육군 원수.
[22] Mincio: 북이탈리아 롬바르디아 지방의 강 이름.
[23] Windischgrätz(1787~1862): 오스트리아의 원수.

에 '대부 브랑겔(Papa Wrangel)'로 널리 알려진 브랑겔[25] 장군이 별 저항 없이 시내로 진입하여 민병대의 무장을 해제시킨 베를린 주둔군은 예전 못지않은 권력을 행사했다. 이탈리아에서는 라데츠키 백작이 자신의 '사각요새'에서 돌연 뛰쳐나와 그 신하들이 **소심한 왕**(*il re tentenna*)이라고 부른 사르데냐 왕 카를로 알베르토를 굴복시키고는 쿠스토차(Custoza)에 이어 모르타라(Mortara)와 노바라(Novara)를 정복한 뒤 알베르토 왕으로 하여금 그 아들 비토리오 에마누엘레(Vittorio Emanuele)에게 왕위를 물려주도록 압력을 넣었다. 헝가리 혁명에 대항해서 러시아의 차르는 국제 정치에서는 보기 어려운, ─ 물론 그 실제 배경은 모든 자유운동에 대한 그의 병적인 적개심에서 기인한 것이지만 ─ 사욕을 비운 태도를 취하면서 군대 파병을 허가했다. 러시아의 두 부대가 헝가리로 진입하여 마자르의 주력군을 빌라고스(Vilagós) 전투에서 굴복시켰다. 하이에나라고 불린 오스트리아의 사령관 하이나우[26] 남작은 앞서 롬바르디아에서도 그랬듯이 정복지 사람들을 악명을 떨칠 정도로 야만스럽게 다루었다. 그래서 그는 이후 브뤼셀과 런던에 체류하는 사이에 폭행을 당하는 모욕을 겪어야 했다. 국민들 사이에 황제 페르디난트 1세가 성 심플리치오(Simplicius) 추모일에 등극한 것이 우연한 일이 아니라는 농담이 돌게 했던 황제는 그 사이에 왕좌를 포기하고 자신의 조카 프란츠 요제프 1세를 등극시켰다. 이는 자신이 건재한 한 왕권을 그만큼 오래 유지하기 위한 계략에서였다. 오스트리아는 예전과 다를 바 없이 절대주의가 지배했다. 관료들은 또다시 좋았던 오스트리아의 옛날

---

[24] Robert Blum(1807~1848): 독일의 민주적 정치가 · 언론인 · 시인.
[25] F. H. E. von Wrangel(1784~1877): 프로이센의 최고 야전사령관.
[26] Julius Jacob von Haynau(1786~1853): 오스트리아의 장군.

습관에 따라 움직였다. 그것은 악의와 나태함이 독특하게 뒤섞인 형태였다. 모든 편지는 우체국에 검열당했다. 그래서 사람들은 대개 암호로 말했지만 수많은 편지가 몽땅 강탈당하기 일쑤였다. 검열이 너무 까다로워 빈의 부르크 국립극장에서는 귀족과 시민 사이의 결혼이 거행되는 내용을 담은 연극작품 공연을 금지할 정도였다. 얼굴 전체를 가리는 혁명적인 덥수룩한 수염은 늘 감시의 대상이었다. 공직자의 경우 깔끔하게 정리한 콧수염과 구레나룻만 허용했다. 그것도 '지나치지 않게 한다'는 조건에서만 그랬다.

프로이센에서 왕은 의회의 협력 없이 자신의 절대적 권력에 근거한 헌법을 국가에 적용했다. 그래서 이 헌법은 '수락된 헌법'으로 불렸다. 이는 입법 권력이, 책임 있는 장관을 임명하지만 실제로는 책임을 지지 않는 왕과 지방의회의 양 의원, 이를테면 왕에 의해 지명되고 세습되기도 하는 귀족 출신 상원과 3급 선거제[27]에 의해 대표로 선출된 하원에 의해 행사될 수 있다는 것을 의미한다. 하원은 예비선거의 선거권자가 선거인단을 지명하고, 이 선거인단이 하원을 선출하는 형식을 취했다. 선거인단의 숫자는 과세 정도에 따라 세 등급으로 구분되었다. 그 결과 1급의 가장 부유한 부류는 2급의 중산층과 3급의 최소 소득층을 합한 수만큼의 선거인단을 구성했다. 프로이센에서 공화정을 실현하기까지 유지된 이 같은 선거권은 평등 · 직접 · 비밀의 형태를 취하지도 않았다.

독일에서는 연방의회가 정비되었다. 연방의회를 두고서도 메테르니히의 후계자인 슈바르첸베르크[28] 영주와 같은 반동 정치가는

올뮈츠

---

[27] Dreiklassenwahlsystem: 상당한 세금 이상을 내는 상류층 유산계급에게 선거권을 부여한 선거제도. 19세기 중엽 프랑스의 경우 3000만 명의 인구 중 선거권을 부여받은 유산계급은 대략 16만 정도에 불과했음.

"너덜너덜하게 해진 저고리", "현재 상황에서 전혀 쓸모없을 만큼 낡아 빠진 둔중한 도구", "온통 삐거덕거리면서 몹시 흔들거리고", 그래서 "심히 덜거덕거리는 구멍가게"라고 조롱했다. 1850년 쿠르헤센에서 터진 헌법 갈등은 이 같은 경고가 사실임을 보여주는 듯했다. 지방의회는 곧 전국에 도입될 세금 납부를 거부했다. 이에 대해 정부가 전국에 전운이 감돌게 했을 때, 공무원들은 불복종했고, 거의 모든 장교가 자신들에 대한 해임 명령을 받아들였다. 이에 연방의회는 납세거부가 불법 행위라고 선포하고 강제징수를 결의했다. 그러나 이는 프로이센 관할지역에 대한 간섭이 되었다. 왜냐하면 쿠르헤센은 두 나라를 구분하는 경계에서 양쪽에 절반씩 걸쳐 있었기 때문이다. 갈등 분출이 불가피한 듯했을 때, 브레겐츠 (Bregenz)의 프란츠 요제프 황제는 프로이센을 상대로 뷔르템베르크와 바이에른 왕과 군사동맹을 맺었다. 러시아의 차르도 바르샤바 회동에서 황제를 안심시키는 확약을 했다. 쿠르헤센에서 벌인 프로이센의 군사적 시위에 대해선 바이에른이 동일한 조처로 대응했다. 풀다(Fulda) 가까이에 있는 브론첼(Bronnzell)에서 전초전이 벌어졌지만 겨우 백마 한 마리가 희생되는 정도로 그쳤다. 오스트리아 군대가 보헤미아와 모라비아로 진군했고, 프로이센은 예비군에 총동원령을 내렸다. 이탈리아 전투에서 그랬듯이 그의 병참감 헤스(Heinrich von Heß)의 제안으로 입안한 라데츠키의 전략 계획은 작센과 연합해서 베를린 성문 앞에서 결정적인 공격전투를 감행하는 것이었다. 이 전투가 전망이 없지는 않은 듯했다. 그도 그럴 것이 프로이센의 병력이 독일 중부와 북부 사이에서 나뉘어 있었기 때문이다. 그러나

---

28 F. von Schwarzenberg(1800~1852): 오스트리아의 정치가.

그때까지도 프로이센 왕자였던 빌헬름 황제는 오스트리아가 보이스트(Beust) 전투에서의 위기 이후 베를린으로 쉽게 진출하게 되었지만 형편이 더 나아졌는지는 의심스럽다고 말했다. 두서너 번의 전선을 형성한 끝에 전쟁을 생각할 수밖에 없었던 프로이센의 절망적인 외교 상황은 러시아의 입장도 아주 불확실했기 때문에 결국 평화협정을 체결하기에 이른다. 올뮈츠(Olmütz)에서 거행된 즉위식 귀빈실에서 기념할만한 합의가 이루어졌다. 프로이센이 이미 선언한 바대로 군대를 헤센에서 철수하면서 무장을 완전히 해제하고, 새로운 형태의 독일이라는 명목으로 입안된 모든 계획을 포기한 것이다. "먼저 프로이센을 굴복시키고, 그다음 절멸시킨다"는 슈바르첸베르크의 프로그램 가운데 첫 번째 목표는 실현된 셈이다. 승인된 것은 독일에서의 합스부르크가의 패권만이 아니었다. 중부유럽 전체에 대한 차르 니콜라이의 중재권도 약해졌다. 그도 그럴 것이 차르는 1년 전에 혁명에 대해 승리를 결정지을 때처럼 또다시, 물론 이번에는 가장 경직된 반동적 계기에서 프로이센의 퇴각을 강제했기 때문이다. 그의 관심사는 독일 문제의 조정이 아니라, 순전히 개인적인 체면을 살리려는 동기에서 비롯된 것이기는 하지만, 프로이센이 납세 거부자들 편에 서는 상황뿐이었다. 비스마르크는 자신의 『사유와 기억(Gedanken und Erinnerungen)』에서 이렇게 말한다. "그의 정부 아래서 우리는 러시아의 신하로서 살았다."

그러나 곧이어 패권이 서구로 넘어갔다. 물론 잘 준비했겠지만 완전히 예상 밖으로 무대에 모습을 드러낸 아주 노련한 한 남자에 의해 그렇게 된 것이다. 그가 대통령으로 선출된 것은 민주적 군사독재로 치닫는 사회적 전복에 대한 유산자계급의 공포, 그 자신이 현명한 관계를 유지하고 있던 성직자계급, 그의 유일한 실제 경쟁자

나폴레옹 3세

카베냐크 장군을 능가할 수 있도록 한 나폴레옹 숭배 덕분이었다. 이것이 그가 권력을 장악해 들어가기 시작한 첫 번째 단계였다. 두 번째와 세 번째 단계도 정확히 그의 백부의 모델을 따라 성취했다. 1851년 12월 2일에 일으킨 쿠데타 때 그는 브뤼메르 18일을 모범으로 삼았다. 그는 당시 나폴레옹이 500인으로 구성된 평의회를 해산시킨 것처럼 국민입법의회를 해산시켰으며, 나폴레옹이 10년간 제1집정관으로 등극했듯이 10년간 대통령직을 수행했다. 1년 뒤(역시 12월 2일, 즉 나폴레옹 1세의 즉위 기념일이자 아우스터리츠(Austerlitz) 전투 승전 기념일이기도 하고, 프란츠 요제프의 등극일이기도 한 12월 2일에) 그는 프랑스 황제의 지위에 올랐다. 이때 그는 또다시 선임자와 꼭 마찬가지로 교묘하게 연출된 '국민투표'라는 코미디에 의존했다. 그가 공포한 선언문에 따르면 모든 국민은 유일한 주권으로서 투표를 통해 헌법을 결정한다고 한다. 본질적으로 국민의 주권은 절대적인 정권을 선택할 권리에 근거하지만, 사실은 칼과 돈 자루의 동맹이 있었을 뿐이다. 빅토르 위고가 숨을 조이게 하는 한 저주의 시에서 비웃으며 읊듯이 프랑스는 "협잡과 산탄을 통해 구원을 받았던" 것이다. 부르주아 당파는 제정(帝政)이 그저 조금 해로울 뿐이라고 생각했고, 이를 전혀 감추지도 않았다. 다른 국가들은 이처럼 새로운 정부를 서슴없이 받아들였다. 단지 차르만은 이 졸부를 두고 '**형제 전하**(monsieur mon frère)'로서가 아니라 한갓 '**친구**(bon ami)'로만 부르고 싶다는 식의 다소 못마땅한 유보적 태도를 취했으며, 프로이센 왕은 한동안 빈 회의의 결정에 역행하는 신호를 보내 곤란을 겪었다. 그도 그럴 것이 라이히슈타트(Reichstadt) 공작[29]이 열강에게 나폴레옹 2세로서 인정받지 못했기 때문이다.

나폴레옹 3세는 모든 '이데올로기'를 경멸하고 세계사의 진정한

동력인 풍습의 힘을 제대로 평가하지 못한 점을 제외하고는 닮은 점이라고는 도무지 없는 그의 백부에 종종 비유되기도 한다. 물론 그의 경우 그 닮은 면모는 전혀 다른 원천에서 비롯된다. 요컨대 프랑스 첫 황제의 허무주의는 자신을 실제보다 훨씬 크게 보고 인간을 경멸하는 마성적인 태도에서 나오지만, 그의 조카의 허무주의는 그의 평범함과 인간을 얕잡아보는 데카당스적인 태도에서 나온다. 나폴레옹 1세는 지진처럼 비도덕적이지만 나폴레옹 3세는 증권 시세 조작자처럼 부도덕하다. 전자의 경우 풍습이라고는 모르는 파괴적인 원천성 충동이 약동하며, 후자의 경우 풍습이라고는 더 이상 아랑곳하지 않으려는 해체적 후천성 본능이 준동한다. 전자는 자연적 재앙이라면 후자는 문명의 우발적 사고에 해당한다.

비스마르크는 늘 핵을 꿰뚫는 기지 넘치는 재담을 발휘하여 그를 두고 **"진가를 인정받지 못하는 무능한 사람**(*une incapacité méconnue*)"이라고 불렀다. 우리가 나폴레옹 3세를 단지 정치가로서만 포착한다면 그는 자신의 상대역이라고 할 수 있는 비스마르크와 분명히 구분된다. 이들 둘은 인품으로서는 서로 비교할 수가 없다. 나폴레옹 3세는 자신의 기획 면모에서는 대단히 활달하면서 방랑벽이 심했고, 카멜레온처럼 변장을 잘하면서 음흉했다. 그러나 결단과 이행, 전환의 면모에서는 몹시 주저하고 불확실하며, 정신이 결여된 듯 목전의 일에 집요하게 매달렸다. 그가 관계를 맺고 있던 또 다른 탁월한 정치가 카보우르[30]도 유연성과 강력한 의지력에서 그를 능가했다. 몰트케[31]는 나폴레옹의 모습을 두고 이렇게 말한다. "그가 보이는

---

[29] 나폴레옹 1세와 마리 루이즈 사이에 난 아들.
[30] C. B. Cavour(1810~1861): 이탈리아 통일 운동 지도자이자 정치가.
[31] H. von Moltke(1800~1891): 독일의 군인.

요지부동의 태도, 그리고 이는 내가 꼭 말하고 싶은 것인데, 그의 흐리멍덩한 눈이 내겐 눈에 띄었다. 친절하면서 온화하기까지 한 웃음이 그의 모습을 지배했다. 이는 나폴레옹적인 면모와는 거리가 멀었다. 그는 대개 앉아 지냈으며, 상체를 약간 옆으로 기울인 채 앉아 있었다. 조용히 그렇게 앉아 지냈다. 그런데 바로 이 평정의 자세는 위태로운 순간에도 버리지 않았는데, 이것이 활달한 프랑스 사람들을 감동시킨 것이 아닐까 싶다." 그의 본질에는 일종의 침투할 수 없는 무감각한 액체 면사포가 덮고 있는 듯하다. 그래서 종종 사람들은 그를 산업계의 거물이나 금융재벌로 취급하기도 하는 것이다. 그러나 그의 외무장관이자 확실한 보나파르트주의자로서 그를 측근에서 알고 지냈던 드루앵 드 뤼[32]는 이렇게 말한다. "그를 탐구하기 어렵게 만든 것은 그의 행동을 유발할 동기가 없었기 때문이다." 안전성이 의심스럽지만 눈부신 프로젝트를 쉼 없이 즉흥적으로 만들어내는 그의 테크닉, 하루같이 노련하게 구멍을 메우는 기술, 요행을 꿈꾸는 자와 증권투기업자의 모습을 연상시키는 일로써 잠재적인 파산을 그럴싸한 호경기로 옮겨 적는 아연실색하게 하는 재능 따위는 그가 깊이 고민하고 계산하는 사람인 듯한 신비로운 인상을 풍기게 했다. 덧붙이면, 그의 집권 마지막 몇 년 동안 그는 종종 그를 무기력 상태로 몰고 간 아주 심각한 전립선 통증 때문에 움직이는 데 방해를 받기도 했다.

문명   그는 "**제국은 평화다**(*l'empire c'est la paix*)"라는 구호를 내세웠다. 그러나 여기서 곧바로 "**제국은 검이다**(*l'empire c'est l'épée*)"라는 풍자가 나오기도 한다. 심성에서는 아마도 그는 군국주의자가 아니었을지 모른

---

[32]   Drouyn de Lhuys(1805~1881): 프랑스의 정치가이자 외교관.

다. 그러나 신을 닮은 태양왕조차도 대규모의 전쟁으로만 자신의 명성을 유지할 수 있었듯 이 모호한 '왕좌의 탕아(Thronescroqueur)'에게는 처음부터 영예에 굶주린 프랑스인 특유의 근성에 대한 충동과 포만이 교차하고 있었다. 그의 외교정책은 어정쩡하기 짝이 없고, 그래서 공허하기도 짝이 없는 그런 체계였다. 이를테면 이탈리아와 마찬가지로 독일도 통합되게 하지만 강력한 민족국가로서가 아니라 무용한 국가연합으로 남게 하고, 공개적으로든 은밀하게 하든 가능한 한 프랑스의 보호 아래 둔다는 것이다. 말하자면 이들 두 민족을 대할 때 그 통일의 경향을 촉구함으로써 친구 관계로 남거나 아니면 그들의 분열을 이용하면서 그들을 계속 무기력한 상태에 빠뜨리는 어느 한 쪽을 시도할 수도 있었다. 그러나 한 번에 두 가지를 모두 취하려는 것은 자신만 잘난 줄 아는 어떤 모험적인 투기꾼의 생각에 불과했다. 통찰력이 예리한 정치가는 이런 사정을 간파한다. 디즈레일리[33]는 제2제정을 희비극이라고 규정했다. 비스마르크와 카보우르와는 반대로 나폴레옹 3세에게 없었던 것은 바로 노선이었다. 그는 국내정치에서도 노선이 실종되게 만들었다. 한편으로 그는 자신의 통치가 민주적인 정권으로 비치게 했으며, 그리고 실제로 군대와 대중 및 신분이 낮은 성직자들에 의존했다. 다른 한편으로는 칼날 같은 법으로 사회운동을, 언론과 연극 및 노동조합에 대한 엄혹한 감시를 통해선 여론을, 노골적인 선거개입을 통해서는 헌법에 기초한 인민의 권리를 억압했다. 오르시니[34]의 암살기도 사건 이후 그는 어떤 혐의자든 임의대로 검거할 권리를 경찰에게 부

---

[33] B. Disraeli(1804~1881): 영국의 정치가이자 소설가.
[34] Felice Orsini(1819~1858): 이탈리아의 혁명가.

여하는 '사회안전법'을 선포했다. 이는 꼭 루이 대왕[35]이 자신의 이름으로 공포 분위기를 조성하게 한 **체포영장**(*lettres de cachet*) 시대 같았다. 그 집행이 너무 엄혹해서 '**선동성 있는 침묵**(*un silence séditieux*)'조차도 개입의 구실이 될 정도였다. 자코뱅파의 공포정치를 그대로 연상시킨 것이다. 정부에 적대적인 언론인은 구금과 벌금의 위협을 늘 가까이서 느꼈다. 물론 이런 위협도 언론의 공박, 특히 가장 신랄한 면모를 선보인 로슈포르[36]의 잡지 『등불』과 『마르세유』가 현란한 독소를 쏟아내는 것을 막진 못했다. 트라이치케는 막힘없지만 의미심장한 자신의 글 중 하나에서 이렇게 말한다. "그 체제는 군주정체의 사회주의다." 그러나 황제는 자신의 교권주의 때문에 지탱할 수 없는 모순에 빠져 있었다. 말하자면 한편으로는 정통파의 당을 샤를 10세의 손자에게서 떼어내어 자신을 지지하게 하려 했고, 다른 한편으로는 20년 동안 유럽의 유행을 주도하는 왕비의 역할을 한 몽티조(Montijo) 가계의 적통 여백작인 황후 외제니[37]를 맹신했다. 황후 외제니는 이전의 마리 앙투아네트[38]를 몹시 닮았다. 물론 더 아름다웠지만 그만큼 더 간교하고 천박했다. 황제가 로마 교황령에 약속한 비호는 자신의 이탈리아 통일정책과 꼬였다. 그리고 학교와 대학, 문학과 사적인 생활에 대한 지배권을 교회에 부여함으로써 그는 자신의 권력의 진정한 토대를 이루고 있었던 막강한 부르주아 자유주의와 부딪혔다.

---

[35] Louis le Grand: 일명 태양왕으로 불리는 루이 14세를 칭함.
[36] V. Henri Rochefort(1831~1913): 프랑스의 정치가이자 언론인.
[37] Eugéne(1826~1920): 스페인 태생의 나폴레옹 3세의 왕비. 정식 이름은 Eugénie Marie de Montijo de Guzman임.
[38] Marie Antoinette(1755~1793): 프랑스 루이 16세의 왕비. 프랑스 혁명 때 처형됨.

사실 **제2제정**(*second empire*)에서만큼 근대의 금권정치가 대규모로 빛을 발한 적이 없었다. 나폴레옹은 루이 필립보다 훨씬 더 증권투기 전문가의 면모를 발휘했다. 금융 관련 사건은 그가 집권하는 내내 매일 이목을 끈 일이었다. 1852년에 벌써 포르투갈 출신 두 유대인, 프레르 형제[39]가 최초의 근대적인 대형은행인 '크레디트 모빌리에'(*Crédit mobilier*)'를 설립했다. 이 은행을 두고 사람들은 유럽에서 가장 거대한 도박지옥(Spielhölle)이라고 했다. 이 은행은 사람들로 하여금 막무가내로 모든 것에 투자하게 만들었다. 그래서 철도·호텔·식민지·운하·광산·극장에 투기 붐이 일어났다. 그러나 이 은행은 15년 뒤 완전히 파산하기에 이른다. 공공생활에서 새로운 인물이 하나 등장하는데, 그가 바로 **돈 많은 이국인**(*rastacouère*)이다. 그는 폼만 잡지 몰취미에 교양이 없었으며, 돈은 파리에서 썼다. 그러나 시간이 지나면서 말뜻이 변한 덕분에 곧 그는 항상 고등사기꾼 노릇을 해도 벌이가 괜찮은 통 큰 인물로 통하게 된다. 아무튼 전체 면모를 보자면, 나폴레옹 치하에서 사회생활은 시민 왕의 치하보다 훨씬 더 부패했을 뿐만 아니라 훨씬 더 개 같고 물질적이었다. 물론 훨씬 더 정열적이고 다채로우며 영민하긴 했다. 시민 왕의 시대는 억센 힘과 활력을 보여줬다면 여기서는 흥미로울 만큼 힘을 소진하는 과장과 관리된 인광성(燐光性)을 드러낸다. 이는 일종의 제3신분의 로코코인 셈이다.

나폴레옹이 제시한 구호에 따라 프랑스는 "문명에 앞장서서" 행군할 수밖에 없었던 것 같다. 그래서 맨 먼저 그의 도지사 오스망[40]

---

[39] Péreire brothers: 19세기 프랑스의 유명한 금융가들인 에밀 프레르(Émile Péreire:1800~1875)와 이자크 프레르(Isaac Péreire: 1806~1880)를 두고 하는 말.

이 도로망과 광장과 정원을 대규모로 정비하고, 의사당을 화려하게 장식하고 전 구역을 개조함으로써 제2제국을 반영한 충실한 모형으로서의 새로운 파리를 창조했다. 그것도 전면적으로 요란하게, 졸부티를 내는 인공미를 살려 그랬다. 1855년에 최초의 파리 세계박람회가 열렸다. 이 박람회는 4년 전에 '최초의 유럽 신사'로 알려진 영국 빅토리아 여왕의 부군 앨버트의 제의에 따라 실제로 최초의 박람회였던 '**런던에 대한 답례**(*revanche pour Londre*)'로서 개최된 것이다. 오늘날도 런던 박람회는 유리와 철의 구조물을 최초로 만들어내려 한 팩스턴[41]의 '크리스털 궁전(Kristallpalast)'을 통해 기억되고 있다. 제국 시대에 파리에서 제2회 세계박람회가 1867년에 또 한 번 열렸다. 새롭게 발견한 이집트 예술로 각광을 받았으며, 유럽의 거의 모든 군주가 방문했다. 한 폴란드인은 이 박람회를 차르 암살의 기회로 이용하기도 했다. 1862년에 개최된 제2회 런던 세계박람회도 동양 예술- 특히 중국 예술- 을 알리는데 여념이 없었지만 달갑지 않은 부수현상을 동반하기도 했다. 요컨대 그 비밀 수장을 카를 마르크스로 둔 최초의 '국제노동자연합(internationale Arbeiterassoziation)'이 발족한 것이다. 1869년, 수에즈운하가 개통되었다. 이는 프랑스 문명의 위대한 승리를 의미했다. 이미 3000년 전에 배가 다닐 수 있었지만, 그 뒤 뱃길이 쇠락했다가 그리스도가 탄생하기 500년 전에 페르시아 사람들에 의해 다시 열렸으며, 그 후 또다시 트라야누스[42]

---

[40] Georges-Eugène Haussmann(1809~1891): 프랑스의 관리. 제2제정 시대 근대화라는 이름으로 도시 파리를 개조하는 데 앞장섬. 1853년에서 1865년 사이에 기획된 오스망의 근대화 프로젝트로 유명함.

[41] Joseph Paxton(1801~1865): 영국의 건축가.

[42] Trajan(53~117): 라틴어명으로 Marcus Ulpius Trajanus가 됨.

가 쌓은 모래벽으로 차단되어 중세 이후 완전히 이용할 수 없게 되었다. 그러나 라이프니츠가 루이 14세에게 보낸 한 진정서에서 그 뱃길의 의미를 알리고, 보나파르트가 이집트 원정 때 예비 작업의 초석을 다짐으로써, 이집트 정부로부터 관할권을 확보한 파리의 '만국수에즈운하회사(Compagnie universelle du canal maritime de Suez)'를 통한 10년간의 정비작업 끝에 마침내 그 길이 다시 열리게 되었다. 이 길은 유럽에서 인도로 여행하는 여행객에게 행로를 대략 40% 줄여주는 효과를 가져왔다. 이 운하 덕분에 지금까지 남부유럽의 내륙호에 불과했던 지중해가 세계의 두 대양을 연결해주는 해협이 된 것이다.

제2제정 시대는 나폴레옹에게 외교정책에서도 두각을 드러낼 기회가 되었다. 그 동기가 된 것은 차르가 오래전부터 눈독을 들여온 발칸반도로의 팽창 열기였다. 니콜라이 1세는 반동의 나라들이 경험한 군주 가운데 가장 반동적인 군주였다. 그의 즉위식 때 터진 데카브리스트 반란[43]은 그로 하여금 러시아에서는 테러를 통해서만 통치할 수 있다는 확신을 심어주었다. 그의 치하에서 대학들은 수도원처럼 감독을 받았고, 도서는 엄격한 종교재판소가 검열했다. 그러나 이런 조처는 세련됨에서 백과전서파의 기술을 능가하는 은밀한 변죽의 테크닉만 늘게 했을 뿐이다. 차르는 서구 자유주의 독소의 감염을 최대한 억제하려고 그 백성들의 외국 여행을 허용하지 않거나 출국세를 아주 높여 여행하기 어렵게 만들어놓았다. 물론 그가 '책 읽는 사람들'을 투옥시킨 17세기의 선임자들 정도는 아니

---

[43] Dekabristenaufstand: 흔히 '12월 당원의 난'으로 알려진 데카브리스트 반란은 입헌군주제의 실현을 바란 러시아 청년 장교들이 일으킨 난을 말함.

었지만, 작가와 페트로파블로프스크 요새[44]도 당시 친숙한 개념일 뿐만 아니라 거의 불가분의 연동관계까지 맺어졌다. 아마도 몇 백 년 동안 사람들이 그에 대해 아는 것이라고는 고작, 그의 통치 아래 도스토옙스키가 교수형을 선고받았다는 점뿐인 것 같다. 그러나 인민의 권리를 조금이라도 연상시키는 것이면 무엇이든 혐오하는 그의 태도 때문에 그가 베를린을 방문했을 때 베를린 지방의회는 혁명적인 연출을 통해 그에게 모욕을 주지 않으려고 폐회를 선언했다.

그로부터 술탄은 '유럽의 병자'라는 말이 회자되었다. 차르가 기독교도 발칸 인민들의 해방운동을 지지했지만, 이는 물론 자신의 체제 전체에 모순되는 듯한 그곳 인민들의 해방을 위한 실제적인 관심사에서 비롯된 것이 아니라 단지 러시아의 보호령을 관리하려는 목적에서 그랬던 것이다. 그가 바로 1853년에 이런 경향을 지지한다는 의도가 담긴 새로운 요구들을 들고 나왔을 때, 당시 콘스탄티노플 점령 400주년이라는 사정이 그의 주장에 공감대를 형성할 수 있었다. 그러나 대개 세계사는 이런 기념비적인 시간에 영향을 받지 않곤 한다.

터키 정부가 거부하는 태도를 취하자 러시아 군대가 프루트(Pruth) 강을 건너 몰다우와 왈라키아(Walachei)를 점령했다. 러시아의 승리를 프랑스는 자국의 시리아 이권이, 영국은 인도의 이권이 위협받을 것으로 이해했다. 그래서 두 열강은 나중에 작은 섬나라 사르데냐도 가담하는 동맹을 터키와 맺었다. 사르데냐의 동참은 카보우르[45]의

---

[44] Peter-Pauls-Festung: 차르 표트르 대제가 상트페테르부르크에 세운 요새. 처음에는 외부 적에서 왕족을 지킬 목적으로 사용되었으나 나중에는 정치범을 격리하는 요새로 이용함.

[45] C. B. Cavour(1810~1861): 이탈리아 통일 운동 지도자이자 정치가.

현명한 정치적 조처였다. 영국-프랑스 연합 함대가 발트 해에 출현했지만 크론슈타트(Kronstadt) 공격을 감행하진 않았다. 오스트리아도 위협적인 입장을 취했다. 이 때문에 차르는 '전술상' 도나우 공국에서 철병을 지시해야 한다고 생각했다. 이때부터 도나우 공국은 점차 오스트리아 군대가 점령하게 된다. 전투는 남부 러시아에 위치한 크림(Krim) 반도에 집중되었다. 러시아 군대가 알마 근교 잉케르만(Inkerman)과 체르나야(Tschernaja) 전투에서 패배했다. 그러나 주요 요새인 세바스토폴(Sewastopol) 요새는 수로와 육로에서 공격을 받았음에도 탁월한 방어조직과 쿠를란트(Kurland) 출신 토틀레벤[46]의 공훈 덕분에 거의 만 1년을 버텼다. 마침내 도시가 한눈에 내려다보이는 말라코프 탑(Malakowturm) 공습이 결정되었다. 러시아의 경우 오스트리아와 스웨덴의 참전 위협과 허술한 군대와 관청 조직 때문에, 그리고 서구 열강의 경우 콜레라로 인한 끔찍한 인명 손실과 멀고도 불안정한 해로를 택할 수밖에 없었던 군수품 보급의 어려움 때문에 평화협정의 분위기가 일어났다. 물론 평화협정은 1856년 봄에 파리에서 맺어졌다. 그러나 이 협정으로도 상황은 별로 달라지지 않았다. 프랑스의 한 외교관이 이 협정에서는 누가 승자이고 패자인지 알 수 없다고 말한 것은 타당하다. 전쟁 배상금은 포기되었다. 영토 변화는 러시아가 도나우 강 어귀와 베사라비아(Bessarabia)의 작은 해안선을 도나우 공국으로 귀속시키는 정도로 그쳤다. 도나우 공국은 형식상 터키의 통치권 아래 그대로 두는 동시에 중립지역으로 선포되었으며, 1859년 알렉산더 쿠자[47]로 스스로 군주를 선출해 데려온

---

[46] F. E. I. Totleben(1818~1884): 러시아 제국의 장군.
[47] Alexander Cuza(1820~1873): 몰다비아 출신 왕자.

루마니아 제후국으로 합병되었다. 물론 이 군주는 이미 1866년에 재정 실패로 사임 압박을 받고는 호엔촐레른-지크마링겐(Hohenzollern -Sigmaringen) 가문 출신 카를 왕자에게 자리를 넘겨주었다. 해협조약이 명시적으로 정비되었다. 흑해가 중립구역으로 선포되었고, 모든 전함은 운항이 중단되었다. 기독교도와 회교도에게 동등한 권리를 보장한 터키는 그 화음을 결코 높이지 못한 유럽 열강의 콘서트 홀로 받아들여졌다.

그러나 크림 전쟁 결과로 나타난 외교적 변화는 대단히 중요하다. 사르데냐는 이때 동맹에 가담함으로써 정치적 인자가 되었다. 말하자면 평화회의에 참석할 자격을 부여받은 것이다. 이 자격을 프로이센은 전쟁 기간에 우유부단하게 오락가락하는 태도를 취했기 때문에 비스마르크가 지적하듯, '대기실에 한참 기다린 끝에'서야 얻을 수 있었다. 프랑스가 러시아를 대신해서 헤게모니를 잡았고, 러시아는 1812년 '보복'당했다. 말하자면 나폴레옹이 유럽에서 제1인자였으며, 평화조약이 체결되던 해에 왕권이 그에게 양위되었던 만큼 그의 왕좌는 흔들림 하나 없이 안전한 듯했다. 오스트리아는 가장 굴욕적이고 가장 불리한 신세가 되고 말았다. 라데츠키는 진정서를 통해 황제에게 터키 분할을 전제로 러시아와 동맹을 맺을 것을 추천했다. 그러나 사람들은 오스트리아가 그 배은망덕한 태도 때문에 세상을 또 한 번 놀라게 할 것이라고 말한 슈바르첸베르크의 정책 노선을 따르길 더 좋아했다. 라데츠키는 이러한 예언이 진실임을 확인시켜주는 데까지는 나아가지 않았지만, 그의 후계자가 슈바르첸베르크의 유언을 집행했다. 비스마르크의 반대를 무릅쓰고 공수동맹(Schutz-und-Trutz-Bündnis)을 통해 프로이센에 동의하여 프로이센을 후원한 오스트리아는 이미 언급했듯이 도나우 공국 지역을 점유하지 못했을 뿐만 아니라 갈리치아와 부코비나(Bukowina), 지벤뷔르거(Siebenbürger)에 감시군까지 두게 만들어놓았다. 그래서 러시아는 이웃나라를 상대로 크림 전쟁 때에 비해 그 두 배가 되는 대대를 동원해야 했지만 그 이동작전에서는 완전히 제약을 받고 있음을 깨닫게 된다. 이런 상황을 두고 차르 니콜라이가 오스트리아 특사에게 분통을 터뜨리면서 다음과 같이 말한 것도 까닭이 없는 것이 아니었다. "폴란드 출신의 가장 어리석은 두 명의 왕이 있다면 그들이 누군지 아시겠습니까? 바로 소비에스키[48]와 나요." 이들 둘은 오스트리아를 구했지만 대신 돌아온 것은 배은망덕이었다. 그때 이후로 러시아에서 회자된 말은 콘스탄티노플로 가는 길은 빈을 둘러서 간다고 할 정도였다. 이때부터 러시아-오스트리아의 적대관계가 시작된다. 이런 적대관계가 없었다면 세계대전이 가능하지 않았을 테지만, 다른 한편 독일의 통일이 없었더라면 역시 세계대전이 발발하지 않았을 것이다.

그러나 음흉함의 정치(사실 이 명칭은 동어반복적인 면이 없지 않은데)에 대해 한 번 더 예의주시해보면, 이런 정치가 적어도 역동적으로 작용할 수밖에 없었던 것임을 알게 될 것이다. 오스트리아는 그 우유부단함 때문에 서구 열강에게도 불신을 샀다. 요컨대 '칼로 찌르는' 용기를 발휘하진 못하고 그냥 그 칼로 허세만 부렸을 뿐이며, 비용이 많이 드는 군사시위로 재정을 파탄 냈고, 전쟁보다 콜레라로 더 많은 병사를 잃어버렸다. 1853년 비스마르크는 한 편지에서 이렇게 말한다. "착한 오스트리아인들은 꼭 '한여름 밤의 꿈'에 등장하는 베버 체텔(Weber Zettel)과 같은 사람들입니다." 요제프 2세

---

[48] J. Sobieski(1629~1696): 폴란드 왕.

이후로 모든 것을 자기 호주머니에 넣길 원하고, 어디서든 참칭하지만 연적에겐 아무것도 내주지 않으려는 술책이 전통이 되어버렸다. 러시아가 발칸반도에서, 프로이센이 독일에서, 프랑스가 이탈리아에서 가장 주도적인 역할을 하는 것을 허용하지 않으려 했지만, 세 나라 모두 그 역할을 하려 한 것이다.

해방자
차르 평화협정이 비교적 빠른 속도로 성사된 이유 중 하나는 1855년에 일어난 러시아의 왕권교체였다. 니콜라이 1세가 갑작스레 사망하고, 당시 가장 고상하면서 가장 현명한 군주로서 '해방자 차르(Zarbefreier)'로 통한 알렉산드르 2세가 그 뒤를 이었다. 그는 대대적인 사면조치를 취했고, 군대조직을 감축했으며, 철도망 증축에 활력을 불어넣고, 사법제도를 개혁했으며, 고등학교를 교회의 감독에서 제외시켰고, 인민에게 **두마**[49]나 시의회, 젬스트보[50] 혹은 지역구에서 선출된 지방의회를 통한 일종의 자치행정을 허용했다. 그러나 그가 취한 가장 위대한 조치는 1861년 2,100만 명 이상의 농민들이 자유를 얻을 수 있도록 농노제도를 폐지한 것이었다. 이때까지 대략 500만 명의 농노가 '영혼이 있는 사람'으로 격상되었을 뿐이었다. 그가 이런 조치를 취할 수 있었던 것은 감성만큼이나 오성의 판단에 따랐기 때문이다. 그는 이렇게 말한다. "그런 조치는 아래로부터 일어나는 것보다는 우리가 위에서부터 그렇게 할 때 훨씬 더 잘 되는 것이다." 그러나 1863년에 일어난 대단히 현명치 못한 폴란드 봉기는 그로 하여금 또다시 옛 러시아의 당파에 더 가까이 가게 만들었다. 당시 프로이센은 러시아가 폴란드를 국경으로 막고 있어서

---

[49] *duma*: 선거를 통해 구성된 러시아의 입법기구.
[50] *Semstwo*: 러시아 제정시대의 지방 자치 단체.

덕을 보고 있었던 셈이다. 아무튼 그는 제국 전체에 적용할 헌법을 구상했다. 하지만 이 구상은 1881년 자신이 희생양이 되는 폭탄 암살기도에 의해 좌절되고 말았다. 여기서 생각하게 하는 것은 바로 끊임없이 일을 도모하는 이 같은 차르에게 돌아온 것은 허무주의가 아니었을까 하는 것이다. 이는 테러가 러시아의 정신활동에서 난해한 성분이 된다는 점을 잘 보여준다.

이는 러시아의 영혼이 유럽인들에게 수수께끼같이 보이는 여러 원인 중 하나이다. 그래서 러시아인은 **두** 눈으로 세계를 직관할 수 없고, 따라서 진리란 항상 거듭 살핀 끝에 나온다는 사실을 깨달을 수 없다는 말이 공공연하다. 러시아인에게는 입체적인 시선이 결여되어 있고, 그래서 결코 사물을 **온전하게**(rund) 볼 수 없다고 한다. 말하자면 앞과 뒤에서 살필 수 없다는 것이다. 그는 신의 의지가 담긴 자신의 삶의 절반이 그 나머지 절반과 결합할 때 비로소 결실을 맺는 것처럼 모든 도그마는 대항도그마(Gegendogma)가 필요하다는 점을 이해하지 못한다. 그래서 헤겔이 러시아에서도 한동안 아주 지대한 영향력을 발휘했음에도 그곳엔 헤겔주의자가 없는 것이다. 슈펭글러[51]는 자신의 어느 저술 제2권의 한 각주에서 다음과 같이 대단히 의미심장한 말을 한다. "러시아인 그 누가 천문학자일 수 있을까? 그는 별은 보지 않고 지평선만 바라본다. 천궁이 아니라 하늘의 비탈에 대해서 말한다. (…) 러시아인들의 신비주의적인 사랑은 평면의 사랑이다. 말하자면 늘 지면을 따라 걷는 사랑인 것이다." 그는 세계를 궁륭으로 구상할 수 없다. 그의 시선은 늘 평면을 따라 움직인다. 물론 이는 그가 평면적이라는 뜻은 아니다. 여기에

러시아의 영혼

----

[51] O. Spengler(1880~1936): 독일의 현대 철학자.

그가 헤겔주의자도 아닐뿐더러 결코 철학자이지도 못한 까닭이 있는 것이다. 블라디미르 솔로비요프[52]는 자기 조국의 철학적 문헌을 두고 이렇게 말한다. "이런 저작들에서 철학적인 것 일체는 전혀 러시아적인 것이 아니며, 실제로 러시아적 특색을 담고 있는 것은 철학과 닮은꼴이라고는 없다. 가끔 그런 것은 아무 의미도 없는 것으로 통한다. (⋯) 사람들은 간략히 그린 스케치를 고수하거나 캐리커처로 처리된 투박한 형식에서 극단으로 밀려난 이런저런 유럽 정신의 일면적 사고를 재현한다." 그리고 또 다른 한편, 바로 여기에 러시아에서 거의 모든 사람이 예술가인 까닭과, 유럽 어디에서도 이르지 못한 소단위의 카바레 예술과 연극문화 및 소설문학이 발전한 연유가 있다. 이처럼 러시아인이 바로 주관적인 만큼 그의 사유는 곧바로 시문학으로 전환될 수 있었던 셈이다. 사람이 자신의 세계관에 충실한 강렬한 이미지를 취하려 한다면, 그것은 사변적인 산문이 아니라 서사적인 산문에서밖에 구할 수 없다. 러시아의 예술계에는 러시아식 허무주의의 가장 내밀한 감성도 담겨 있는 듯하다. 그도 그럴 것이 이 둘은 현실 부정과는 다른 것이기 때문이다. 한쪽은 증오하는 파괴욕구이고, 다른 한쪽은 사랑하는 형상화 충동이 아닌 무엇이겠는가? 시인도 현실이 틀렸고, 수정이 필요하며, **운율의 짜임이 없다**(ungereimt)고 생각한다. 바로 그래서 그는 시를 짓는 법이다.

슬라브파와 서구파

러시아에서 이 세기 내내 화해 불가능한 형태로 서로 대립한 중요한 두 경향이 있었다. 그것은 곧 정교(正敎)와 옛 러시아식 문화

---

[52] Vladimir Sergeyevich Solovyov(1853~1900): 러시아의 철학자 · 신학자 · 시인 · 문학평론가.

및 원시적인 농민정서 등을 보존하려는 보수적인 슬라브파(Slawo-phile)와 유물론과 계몽 및 대도시문화 등을 선전한 자유주의적인 **자파드니키**(*zapadniki*)나 **인텔리겐치아**(*raznotschintzy*)로 불리기도 한 서구파를 의미한다. 이는 곧 교회 · 모스크바 · 귀족정체와 과학 · 상트페테르부르크 · 민주정체의 대립을 말한다. 다만 '인민'에 대한 사랑만큼은 양쪽에 공통적이다. 그도 그럴 것이 이 사랑이 러시아의 보편적인 특성이기 때문이다. 슬라브파의 프로그램에 대해 이반 키레예프스키[53]는 자신이 발족한 잡지 『모스크브스키 스보르니크(Moskowski Sbornik)』 제1호(1852년)에 실었던 「유럽 문명의 특징과 러시아 문명과의 관계에 관하여(Über den Charakter der Zivilisation Europas und ihr Verhältnis zur Zivilisation Rußlands)」라는 한 '공개편지'에서 설명한 바 있다. 여기서 그는 러시아의 정신을 서구를 지배하는 '로마'의 정신과 구분한다. 서구의 특색은 사물들에 대한 개념과 표상의 논리적인 외형적 질서가 사물들 자체의 본질보다 더 본질적이며, 정신의 조화는 인공적으로 균형을 맞춘 논리적 내용과 동등한 의미로 통한다는 점에 있다. 따라서 서구에서 신학은 추상적 · 합리주의적인 영역에 속하는 반면에 정교의 세계에서 신학은 "인간의 정신이란 본래 불가분의 전체로서 내적인 완결성을 취한다는 관점"에 기반을 두고 있다. "서구 유럽인은 자신의 관습적 행태에 대체로 만족한다. 반면에 슬라브인에게 예외 없이 따라붙는 것은 자신의 불완전성에 대한 분명한 의식이다. 그래서 그 관습적인 수준이 높으면 높을수록, 그리고 그 자신이 요구하는 바가 고상하면 할수록 그만큼 더 그는 자신에게 만족하지 못하는 법이다." "서구에서는 논리적인 개념의 연결

---

[53] Ivan Vasilyevich Kireyevsky(1806~1856): 러시아의 언론인이자 철학자.

을 통해 진리에 관여하려는 노력이 우세한 반면에, 슬라브인의 세계에서는 몰아적인 자기인식을 통해서, 즉 정신의 원천에 침잠함으로써 진리에 접근하려는 충동이 우세하다. 서구에서 최고의 진리는 학교에서 구할 수 있는 합리주의적인 지식과 관계하지만, 이 세계에서 최고의 진리는 가장 고유한 자신만의 생활감정에서 행복감을 취하게 하는 대상일 뿐이다. 서구에서는 사적 소유가 모든 사회적 관계의 원리가 되지만, 이곳에서 그것은 개개인들 간의 관계에 대한 외적 표현일 따름이다. 그곳에는 외적인 정확성(Korrektheit)이 우세하고, 이곳에서는 내적인 정직성(Gerechtigkeit)이 우세하다. 거기서는 풍조가 지배하는 반면에 이곳에선 전통이 관장한다." 하나의 이론을 제시한 비사리온 벨린스키[54]는 최초의 의미 있는 서구파이다. 그의 동향인들은 그를 자신들의 가장 탁월한 비평가, 이를테면 일종의 러시아의 레싱으로 간주했다. 그는 이렇게 가르친다. "세계는 성년에 접어들었다. 이제 세계는 더 이상 상상이라는 형형색색의 만화경이 아니라 멀리 있는 것을 가까이 가져오고, 볼 수 없는 것을 보게 하는 망원경과 현미경이 필요하다. 현실, 이것이 바로 우리 동시대의 세계가 내뱉는 파롤이자 최근에 유행하는 말 아니겠는가!" 그는 새처럼 노래하는 시인을 경멸한다. "그저 한 마리의 새가 노래할 따름이다. 왜냐하면 그는 자기 새 동족의 고통과 희열에 공감하지 않은 채 한갓 노래하고 싶은 기분만 있을 뿐이기 때문이다." 드미트리 피사레프[55]는 현실문학에 대한 생각을 훨씬 더 급진적으로 피력한다. "시인이 아니어도 얼마든지 리얼리스트나 유용한 노동자가

---

[54] Vissarion Belinsky(1811~1848): 서구적 경향을 띤 러시아의 문학평론가.
[55] Dmitri I. Pissarew(1840~1868): 러시아의 문학 및 사회 비평가이자 철학자. 러시아 허무주의 사상의 가장 중요한 선두주자로 통하기도 함.

될 수 있다. 그러나 시인이 심오한 의식적인 리얼리스트가 아닌 것은 도무지 불가능하다. 리얼리스트가 아닌 자는 시인이 아니다. 그는 한갓 재능 있는 무식한이거나 교활한 협잡꾼, 아니면 보잘것없는 공허한 곤충에 불과할 뿐이다. 이런 뻔뻔한 모든 피조물에서 리얼리즘적 비평은 독자 대중의 정신과 지갑을 잘 지켜내야 한다." '리얼리즘적 비평'의 요청 사항을 실현한 최초의 인물은 '자연주의 학파'의 발기자인 고골[56]이었다. 그의 걸작 소설 『외투(Der Mantel)』를 두고 도스토옙스키는 이렇게 말한다. "우리는 모두 '외투'에서 왔다." 그의 희곡 『감찰관(Revisor)』은 세계문학의 최고 희극으로 평가해도 될 법하다. 이 희극은 배꼽 잡게 하는 웃음으로 서글픈 현상을 폭로하며, 모든 사회영역과 모든 시대, 모든 민족의 으스스한 심연을 통해 비참한 현실을 폭로한다. 이때 그는 악마적인 메커니즘을 수단으로 그 인물들에게 달각거리는 유령과 같은 꼭두각시의 비현실성을 부여한다. 이런 비현실성은 몰리에르의 희극에서나 볼 수 있지만, 그것이 심리학과 맺는 관계는 대수표(對數表)가 계산기와 맺는 관계와 같다. '리얼리즘'의 출현은 그리고로비치[57]와 빼어난 대가 투르게네프[58]가 그 대담한 창조자인 '농촌문학'을 탄생시키기도 했다. 여기서 러시아 극단주의가 지금까지 그렇게 높이 본 적이 없었던 인간 존재를 성인으로 고양시켰다. 그 상대역은 수세기 동안 농노에게 저지른 불의를 자책하면서 연민의 정을 품은 '개전의 정이 있는 귀족'이다. 이 같은 정서가 러시아 사람들 심중 깊숙이 뿌리를 내렸다.

---

[56] N. V. Gogol(1809~1852): 러시아의 작가이자 극작가. 러시아 리얼리즘의 시조로 통함.
[57] Dimitrij W. Grigorovich(1822~1899): 러시아의 소설가.
[58] Ivan Turgenev(1818~1883): 러시아의 소설가.

그도 그럴 것이 사실 이런 정서는 옛부터 농민들 사이에서 러시아인의 성품에 해당하는 일로서 농민들을 러시아인과 동떨어진 존재로 보지 않게 되었기 때문이다. 사람들이 착취하고 악용하기도 하며 심지어 학대하기까지 하는 가축도 여기서는 신뢰를 주는 사랑스러운 가족의 일부로 받아들여졌다. 러시아에서는 제1계급, 제2계급 사람들, 말하자면 그 사회적 지위를 통해 급수가 다른 구성원에 속한 듯 보이게 하는 더 높은 존재, 요컨대 프랑스의 카발리에(Kavalier), 스페인의 이달고(Hidalgo), 일본의 다이묘(Daimyo), 영국의 젠틀맨(Gentleman), 프로이센의 융커(Junker)와 같은 계급의 인간이 존재한 적이 없었다. 이는 유럽인에 비해 러시아인의 엄청난 우월성을 보여주는 대목이다. 러시아인은 대개 기독교 정신을 거스르면서 살아왔지만 그 교리를 잊은 적은 없었다.

오블로모프

문학상에서 허무주의는 현존재에 대한 체념과 같이 정치적으로 무해한 형식으로 표현되기도 한다. '잉여인간'의 형상은 개전의 정이 있는 귀족의 유형을 닮았다. 헤르첸[59]은 이런 인물을 『누가 책임이 있는가?(*Wer ist schuld?*)』에서 처음으로 그려냈다. 투르게네프는 『루딘(*Rudin*)』을 통해 그런 인물을 널리 알렸다. 1858년 러시아 문학에서 가장 감동적이고 가장 독특한 작품 가운데 하나가 출간되었다. 이반 곤차로프[60]의 『오블로모프(*Oblomow*)』가 그것이다. 이 작품은 『돈키호테(*Don Quixote*)』에서 간신히 실현됐던 (그리고 이때 적어도 파우스트와 로빈슨을 생각할 수 있을 법한) 것을 성취했다. 말하자면 문학의 상징을 빌려 국민적 영웅을 전 인민에게 선사한 것이다.

---

[59] A. I. Herzen(1812~1870): 러시아의 언론인이자 정치가. 사회주의 사상가.
[60] Iwan Gontscharow(1812~1891): 러시아의 소설가.

오블로모프는 불멸의 인간 그 이상을 의미한다. 요컨대 그는 한 인종의 도표인 셈이다. 그는 **현존한다**(ist). 무시무시한 사태의 업보가 그로 하여금 행동할 수 없게 하는 방식으로 그를 짓누른다. 여기서 러시아인들의 영혼의 기본선율이 얼마나 깊이 표현되는지는 「무위(*Das Nichtstun*)」라는 제목을 달고 있는 톨스토이의 글이 여러 유사한 표현으로 보여준다. 그는 이렇게 적고 있다. "노동이 사람을 선량하게 만든다고들 한다. 그러나 나는 늘 그 반대를 목격해왔다. 노동과 노동에 대한 자부심은 인간을 개미로 만들 뿐만 아니라 끔찍하게 만들기도 한다. 우화에서도 선에 대한 욕구와 오성이 결여된 존재인 개미는 노동을 미덕으로 간주하고 그것을 자랑삼기까지 한다. 노동은 미덕이 아닐뿐더러 특히 잘못 조직된 우리의 사회에서는 도덕적인 감성능력을 압살하는 수단이 되기도 한다. (…) 식사는 이미 마련되어 있고, 벌써 오래전에 누구나 이 식사 시간에 초대를 받은 상태다. 어떤 사람은 땅을 사거나 황소를 팔려고 한다. 또 어떤 사람은 결혼을 하고, 또 어떤 사람은 철도를 건설하거나 공장을 세우고, 또 어떤 사람은 설교를 하면서 인도나 일본에서 선교 사업을 하고, 또 어떤 사람은 법안을 통과시키거나 그것의 부결에 동의하고, 또 어떤 사람은 시험을 보고, 학술논문을 쓰며 시를 쓰고 소설을 쓴다. 모두가 생각할 시간이 없다. 자신의 내면으로 들어가서 자신과 세계에 대해 깊이 생각하면서 이렇게 질문할 시간도 없다. 내가 무엇을 하고 있지? 무엇을 위해 내가 이렇게 하고 있지?"

　이로써 오블로모프는 부정적인 형태로 그 성격을 규정받게 된다. 그는 어떤 문화의 공식인 셈이다. 그런데 이 공식이 꽃을 피우고 숨을 쉰다. 그는 노련한 보통사람이고 빛을 내는 이상적 전형이다. 그는 극히 보기 드물게도 유독 예술에서만 성공하는 살아 있는 개념과 같다. 그는 우리가 적극적으로 관여하는 일에서는 극도의 무관심을 드러낸다. 아무것도 하지 않을 때는 잊히지 않을 방식으로 한다. 그는 우리가 개인적으로 알고 있는 모든 사람 가운데 가장 고루하고, 가장 귀족적이며, 가장 우울하고, 가장 순박한 사람이다. 이 작품의 목적은 **오블로모프 기질**(oblomowschtschina)을 폭로하는 것에 있다. 작가는 경고하고 탄핵하며, 자극하고 싶어 하지만 성공하지 못한다. 우리는 오블로모프를 사랑하며, 거의 부러워하기까지 한다. 오블로모프 기질의 감동적인 담시가 다음과 같이 끝을 맺는다. "어느 날 정오쯤에 두 명의 신사가 비보르크스카야(Wiborgskaja) 거리의 목재 보도 위를 걸어왔다. 그들 뒤를 마차 하나가 천천히 따라왔다. 그들 중 한 사람은 오블로모프의 친구인 슈톨츠였고, 다른 한 사람은 무표정한 얼굴과 흡사 졸리는 듯 생각에 잠긴 눈매를 한, 신체가 상당히 건장한 작가였다. '그런데 여기 이 일야 일리치(Ilja Iljitsch)는 누구지?'라고 작가가 물었다. '그는 내가 자네에게 여러 번 말한 오블로모프야. 그는 파산했어. 까닭도 없이 그랬던 거야.' 슈톨츠가 한숨을 내쉬고는 생각에 잠겼다. '그래도 그는 다른 많은 사람보다 더 어리석진 않았어. 영혼은 유리만큼 순수하고 투명했고, 그 자신 고상하고 부드러웠지만 파산한 거야!' '도대체 왜?' '이유가 뭘까?' '오블로모프의 기질 때문일까!' 슈톨츠가 말했다. '오블로모프의 기질 때문이라니?' 작가가 놀란 듯이 반복하며 물었다. '그게 뭐지?' '내가 당장 설명해줄 테니, 내 감정과 기억을 추스를 시간을 좀 줘. 내가 일단 이걸 기록해놓으면 아마 누구든 그걸 이용할 수 있을 거야.' 그리고 그는 거기에 기록할 이야기를 그에게 들려주었다."

오블로모프는 팔스타프[61]와 흡사한 경로를 거친다. 그는 작가의 손길을 거치면서 징글징글한 인물(béte noire)에서 세계 사람의 총아가 된다. 물론 오블로모프는 팔스타프처럼 거의 일하지 않고, 그렇게 많이 먹고 마셔대는데도 팔스타프는 아니다. 그는 러시아판 햄릿이다. 그리고 생활의 안정이 지닌 온갖 천박성을 간파한 셰익스피어의 영혼이 호레이쇼나 포틴브라스가 아니라 햄릿에게서 살아 움직이듯, 곤차로프의 심장도 유능하고 활동적이며 달변인 친구 슈톨츠가 아니라 오블로모프에게서 뛰고 있다. 그리고 호레이쇼가 햄릿의 주검을 앞에 두고 들려주는 이야기도 그에게는 비문(碑文)처럼 들릴 수 있다. "그러면 천사 무리가 그대의 평안을 노래할지니!"

솔페리노

　러시아 문학은 19세기에서 가장 현대적인 문학이었다. 그것은 새로운 내용의 형태를 구비하도록 한 최초의 문학이었다. 그것은 그 나라가 취한 거의 완결된 폐쇄성을 고려할 때 참으로 이목을 끄는 현상이다. 이는 시대정신은 아무래도 억누를 수 없다는 사실을 다시 한 번 확인시켜주는 셈이다. 요컨대 정신은 시대와 더불어 태어나는 법이다. 그러나 러시아 리얼리즘은 자신의 위대한 유럽적 의미를 한참 뒤에야 성취했다. 우선 유럽은 정치・예술・세계관에서 완전히 프랑스적 경향을 드러냈다. 나폴레옹은 크림 전쟁에서 얻은 자신의 성과를 몇 년 지나지 않은 두 번째 전쟁을 통해 더욱 빛나게 했다. 『오블로모프』가 출간된 그해에 마치니 추종자 펠리체 오르시니는 황제 나폴레옹 3세가 한 유명한 오페라에 참석하려고 궁정의 의전마차를 타고 갈 때 수많은 사람을 죽음으로 몰고 간 가공할만한 폭탄 암살을 기도했다. 물론 그의 기획은 실패로 돌아갔다. 사형이 집행되기 전에 그는 나폴레옹에게 편지를 한 통 썼다. 이 편지에서 그는 나폴레옹에게 이탈리아에 대해 취할 그의 의무를 상기시켰다.

61　Falstaff: 베르디의 오페라와 셰익스피어의 희곡에 등장하는 주인공.

이 사건에서 깊은 감명을 받은 나폴레옹은 카보우르와 플롱비에르(Plombières)에서 회합을 하기로 약속했고, 이 회합에서 이탈리아의 통일에 쓰일 잠정적 비용 일부를 지불하기로 합의했다. 여기에는 사르데냐 왕을 중심으로 한 북이탈리아 모든 지방의 통일과 나폴리에서의 뮈라(Murat) 왕조의 복위도 포함되었다. 1859년 1월 1일, 나폴레옹은 외국 사절을 접견하는 자리에서 오스트리아 대사에게 이렇게 말한다. "나의 정부와 오스트리아 정부와의 관계가 더 이상 예전만큼 그렇게 좋지 못해서 유감으로 생각합니다. 그러나 귀하의 황제에 대한 내 개인적인 감정만큼은 달라진 점이 없다는 사실을 꼭 황제에게 전해주셨으면 합니다." 이런 어법은 당시의 외교적 관례상 당장 증권 시세 전반의 폭락에도 막중한 영향을 미칠 전쟁선포나 다름없었다. 그리고 1월 10일, 다음과 같은 말로 의회를 열었던 비토리오 에마누엘레[62]의 어조는 더 명확했다. "새 해가 솟아오르고 있는 수평선은 아직 완전히 밝은 것이 아닙니다. 이탈리아의 수많은 지역에서 우리를 향해 외치는 저 고통의 절규에 대해 우리는 무감각하지 않습니다." 반도의 전 지역에서 의용병이 쇄도했다. 오스트리아와 접경 지역임에도 밀라노와 베네치아에서까지도 의용병이 몰려들었다. 이런 상황에서도 오스트리아가 내보인 우둔한 아집과 터무니없는 만용을 두고서 당시 독일에서 가장 현명하고 가장 사려 깊은 정치 사상가 가운데 한 사람인 파울 데 라가르데[63]는 이미 1853년의 한 강연에서 그 성격을 이렇게 규정했다. "베네치아와 롬바르디아가 일찍이 피에몬테(Piemont)에서 분리되지 않은 것이 오스

---

[62] Vittorio Emanuele(1820~1878): 사르데냐 왕이자 초대 이탈리아 왕.
[63] Paul A. de Lagarde(1827~1891): 독일의 프로테스탄트 신학자이자 동양학자.

트리아의 권위 있는 부류의 정치적 무능을 굳히기에 충분했습니다. 왜냐하면 이탈리아가 멀지 않은 장래에 이런저런 방식을 빌려 하나의 민족국가로 통합될 것이기 때문입니다. 이는 지금 우리가 할레(Halle) 시로 통하는 라니(Ranni) 도로에 서 있다고 내가 확신하는 것만큼이나 확실하다고 장담할 수 있습니다. 이런 이탈리아는 당연히 롬바르디아와 베네치아를 자신의 영토라고 주창할 것입니다. 아무튼 오스트리아가 이 지역을 다시 내놓아야 한다는 말을 듣게 되면, 오스트리아는 체면 때문에라도 전쟁을 일으킬 수밖에 없죠. 제가 지적하고 있는 이 체면이라는 것은 목적 없이 전쟁을 수행하면서 피의 강물을 쏟아내게 하고, 수백 명의 인명을 살해해도 되는 것처럼 여기는 것입니다. 이는 예전에는 사람들이 이득을 위해 그렇게 할 수 있었던 것을 이제는 하는 수 없어 하는 꼴이랍니다." 영국과 러시아가 회의를 제안했고, 나폴레옹이 동의했으며, 이탈리아의 애국지사들은 절망의 상태에 빠졌다. 왜냐하면 그렇게 될 경우 만사가 허사로 돌아갈 수 있었기 때문이다. 그러나 이런 위기 상황에서 이들을 구해준 것은 즉각적인 무장해제와 3일 안에 답변이라는 최후통첩을 토리노(Turin)에서 결정한 오스트리아의 어리석음이었다. 카보우르는 그에 대해 할 말이 없다고 응수했다. 이는 세계대전이 터지기 전에 일어났던 자질구레한 그런 일과 같은 것이었다. 그러나 이런 비극적인 어릿광대짓에 비해 진짜 오스트리아의 급소는 이제 군대가 싸움을 시작하려 하지 않는다는 점에 있었다. 외교술의 무모한 열성에 이어 아주 무능한 군의 수뇌인 최고사령관 줄라이[64] 백작

---

[64] Ferenc Gyulay(1798~1868): 헝가리 출신 귀족으로서 롬바르디아-베네치아를 관리한 오스트리아의 총독.

의 미지근한 이동전술이 뒤따랐다. 그는 우세한 병력으로 피에몬테 사람들을 공격할 수 있었지만, 이들이 프랑스인들과 제휴할 때까지도 주저했다. 마젠타(Magenta) 전투에서 오스트리아 주력군이 말을 듣지 않았다. 주력군이 너무 경솔하게 지휘를 받아서 병력의 1/3이 전투에 투입될 수 없는 지경에 이르렀다. 때마침 저녁 무렵 마크마옹[65]이 오스트리아 군대 우익에 승리를 거두었고 이로써 후일 마젠타 백작으로 임명되었다. 오스트리아인들은 민치오(Mincio) 강에 이르기까지의 모든 진지를 없애버렸다. 나폴레옹과 비토리오 에마누엘레는 엄청난 환호를 받으면서 밀라노로 행군해 들어갔다. 프란츠 요제프 황제는 줄라이를 해임시키고 몸소 최고사령관직을 맡아 헤스(Heß) 남작을 최고 참모장으로 삼아 조언을 구했다. 이들 오스트리아인에게는 마젠타 전투가 결정적인 것으로 보이지 않았다. 실제로도 그것은 파국적인 패배가 아니라 오스트리아 군대의 굼뜬 기동력에 대한 프랑스 군대의 비약적인 돌진의 승리였을 뿐이다. 그래서 그들은 솔페리노(Solferino)의 처참한 혈전의 날로 이어질 새로운 돌격을 결심하기에 이른다. 베네데크[66]는 군의 우측 선두에 서서 산 마르티노(San Martino) 전투에서 피에몬테 군대를 격퇴시켰다. 그러나 좌측 병력이 전혀 말을 듣지 않았다. 프랑스의 정예부대가 오스트리아의 결정적인 진지인 솔페리노를 접수하고서는 천둥번개가 칠 때를 이용하여 기습적으로 화포를 쏟아부어 이중의 공포를 가함으로써 합스부르크의 전 병력을 후퇴하게 만들었다. 그러나 이번에도 돌이킬 수 없는 결정이 선포될 순 없었다. 그사이에 모호한 애국적인

---

[65] C. de MacMahon(1808~1893): 프랑스의 군인이자 정치가.
[66] L. von Benedek(1804~1881): 오스트리아의 장군.

구호에 이끌리고 있던 독일에서도 전쟁의 열기에 불이 붙은 것이다. 요컨대 포 강[67]과 만나는 라인 강을 사수해야 한다는 것이었다. 그러나 비스마르크는 이 상황을 좀 더 냉정하고도 예리하게 평가한다. "라인 강에서의 첫 총성과 함께 독일의 전쟁은 중대한 국면을 맞게 될 것이다. 왜냐하면 그것이 파리를 위협하는 꼴이 될 수 있기 때문이다. 오스트리아는 한숨 돌리면서 우리를 돕는 척하며 영예의 역할을 하려고 그 여유를 이용하려 할 것이다." 그는 천재적인 화법을 동원하여 오스트리아가 그들 스스로 프로이센을 모방한 1813년대로 돌아가 흠뻑 취하게 해야 한다고 경고하면서, 그 적절한 시점은 위협적인 무장을 통해 독일 문제에서 합스부르크가를 굴복시키도록 압력을 넣는 때로 보았다. 정신질환을 앓고 있던 자신의 형을 대신해서 1858년 이후부터 섭정을 해온 빌헬름 왕자도 프랑스를 상대로 동원령을 내렸다. 이는 나폴레옹에게 상당히 위협적이었다. 그러나 전쟁을 직접 수행해온 프란츠 요제프와 나폴레옹은 전쟁의 공포를 가까이서 목격해왔기 때문에 모두 동요했다. 그래서 이들은 빌라프란카(Villafranca) 회담에서 교황의 주재로 롬바르디아를 프랑스에 양보하고, 그동안 폐위되어 있던 토스카나(Toscana)와 모데나(Modena)의 군주들과 베네치아를 포함한 오스트리아가 포함될 이탈리아 국가연합을 승인한다는 조건으로 합의를 봤다. 이 협정은 반년 뒤 취리히에서 평화조약으로 공식 인준되었다. 폐위된 황제 페르디난트는 프라하에서 이렇게 말했다. "내가 그렇게 조약을 맺었으면 좋았을 것을!"

이 결정이 알려졌을 때 이탈리아 전역에서 격분이 극도로 들끓었 천의 용사들

---

[67] Po: 이탈리아 북부의 강.

다. 그 결정을 알리는 벽보가 너덜너덜하게 찢어졌다. 카보우르는 책임감 때문에 사임했으며, 토스카나·파르마·모데나는 국민투표를 통해 사르데냐와 합병했다. 한때 유럽에서 가장 유명한 인물이었던 가리발디[68]는 '**붉은 셔츠단**(la camicia rossa)'으로 널리 알려진 자신의 '천의 용사들(Tausend)'과 함께 시칠리아에 상륙했다. 당시 붉은 셔츠는 이탈리아 밖에서도 여성들이 즐겨 입었던 유행복이었다. 의용병과 왕의 군대가 나폴리와 교황 영지를 모두 점령했다. 1860년이 저물기도 전에 베네치아와 교황령(로마 도시 일대)을 포함하여 모든 지방이 해방되었다. 1861년 비토리오 에마누엘레는 '이탈리아 왕'이라는 직위를 수락하고는 피렌체를 수도로 삼았다. 나폴레옹 3세는 이 일련의 과정에 제대로 대응하지 못했다. 나폴레옹의 정치 행각을 두고 비스마르크가 팁 정치(Trinkgeldpolitik)라고 놀린 바 있는데, 나폴레옹은 평소 일상적으로 봐왔던 그런 전술을 좇아가면서 고작 그 '보상'으로서 사르데냐 왕조의 본국이고 가리발디의 출생지인 사보이(Savoyen)와 니스를 합병하는 데 머무른 것이다. 그런데 가리발디는 니스 사람들이 언제나 친프랑스적인 행태를 보였고, 프로방스 말투와 아주 비슷한 어투의 이탈리아어를 쓴 것에 대해 용납한 적이 없었다.

카나유 장르

　물론 이로써 나폴레옹이 프랑스에게는 아름다울 뿐만 아니라 전략상 대단히 중요한 두 지역을 확보했지만, 그의 정치적 체계 전체에서 보면 그 결과는 반쪽짜리 승리였을 뿐이다. 말하자면 '아드리아[69]에 이르기까지 이탈리아를 해방시킨다!'고 자신이 선언한 바의

---

[68] Giuseppe Garibaldi(1807~1882): 이탈리아 민족 및 통일 운동에 헌신한 장군이자 정치가.
[69] Adria: 이탈리아 북부 베네토 지방 로비고 주에 있는 도시.

약속을 지키지 못한 것이다. 게다가 여전히 이탈리아의 수도는 프랑스 군대의 비호를 받는 교황의 수중에 들어 있었다. 이는 이탈리아 사람들의 눈에도 해방군으로서의 그의 역할을 옹색하게 만들 수밖에 없었다. 당시 프랑스 제국은 늘 유럽의 최첨단에 서 있었다. 그것은 단지 정치영역에서만 그랬던 것이 아니다. 유행을 이끈 왕비는 말할 것도 없이 황후 외제니였다. 그의 첫 번째 통치행위 가운데 하나는 황후가 자신의 스페인 고향에서 가져온 레이스가 달린 만틸라[70]를 일반에 보급한 일이었다. 의상에서는 의식적으로 강조한 듯 평민적 성격이 지배했다. 게르만 민족이 침략하던 시대에 로마의 여성들 사이에서는 큼직한 금발의 가발을 쓰는 것이 유행했다. 그들은 당시 관심의 중심에 있었던 야만인을 겉모습으로라도 닮고 싶어서 머리를 이른바 **독일풍으로**(*alla tedesca*) 손질했다. 이와 유사한 일이 당시 프랑스에서도 일어났다. 다만 침입이 외부에서가 아니라 아래에서 시작됐을 뿐이다. 졸부들이 살롱으로 밀려들었다. 이들은 정복자의 행동거지를 답습할 준비가 되어 있었다. 유행은 늘 지배자 앞에서 머리를 조아리기 마련이다. 그 시대가 기도의 대상으로 삼은 두 여신은 여성과 돈주머니였다. 그런데 상업의 정신이 성욕의 정신과 동침하고 있다. 말하자면 돈벌이가 거의 감각적 열정의 대상이 되고, 사랑이 금전의 문제가 되는 것이다. 프랑스 낭만주의 시대에 에로틱한 이상은 몸을 선사하듯 내주는 바람기 있는 젊은 여성(Grisette)이며, 지금은 몸을 파는 창부(Lorette)이다. 우리가 앞서 언급한 바 있듯이, 이 같은 생활양식은 일종의 부르주아적 로코코 양식이었

---

[70] Mantilla: 스페인 여성들이 대개 의례적으로 머리에 쓰고 어깨에 두르는 베일이나 스카프.

던 셈이다. 이제 **로카유 장르**[71]를 **카나유 장르**[72]가 대신하게 된다. 이 양식은 이른바 품위 있는 부인과 창녀를 구분하는 것을 거의 불가능하게 할 만큼 의상과 언어에 뻔뻔하고 대담한 장식을 곁들인다. 그래서 악동적인 뉘앙스가 유행했다. 부인들이 칼라와 넥타이를 했고, 반코트, 연미복 같이 단정한 저고리(베르테르 시대 유행한 복고풍의 여성용 저고리), 주아보재킷[73], 장교들의 흉의(胸衣)를 입었으며, 산책용 지팡이와 단안경을 소지했다. 선명하게 대비되는 야한 색을 선호했다. 머리색도 마찬가지였다. 불같이 붉은 머리카락이 인기를 많이 끌었다. 로코코 시대에는 양을 치는 여자 목동인 양 행동하는 것이 기품 있어 보였고, 캉캉[74]과 '아름다운 헬레나' 시대에는 화류계를 흉내 내는 것이 세련된 것으로 보였다. 고급 창녀같이 노는 귀부인이 유행의 모범처럼 대접받았다. 선호한 옷감은 실크나 이를 일부 새로 마감한 호박직(琥珀織), 물결무늬 천, 거즈 외에도 가볍고 부드러우며 향긋한 직물, 이를테면 견직물과 망사직물, 면사, 면직물, 오건디 등이었다. 부르주아는 요정과 같이 꾸몄다. 대략 1860년 이후부터 머리카락은 **브러시 모양**(à la vergette)으로 뒤로 빗어 넘겼다. 쪽진 가발에는 열매나 리본, 조화, 금가루 등으로 장식했다. 역시 가발인 긴 곱슬머리는 큰 귓밥처럼 목까지 늘어뜨렸다. 장식의

---

[71] *genre rocaille*: 서양 건축과 장식예술에서 18세기에 널리 쓰인 조개·바위·소용돌이 모양의 정교한 무늬를 중심으로 한 장식요소.

[72] *genre canaille*: 19세기 관료들이 폭동을 일으키는 하층민을 비하해서 부르는 말로 쓰였음. 악한, 하층민, 서민 등과 같은 뜻을 지닌 만큼 꾸밈없는 투박한 생활양식을 가리킴.

[73] Zuavenjäckchen: 아라비아 복장을 한 알제리의 프랑스 보병, 주아보가 입었던 의상.

[74] Cancan: 1830년경부터 파리의 댄스홀에서 유행한 활달한 사교춤.

대미는 발등까지 흔들거리며 늘어뜨린 베일을 단 자그마한 모자다. 바람에 떨리는 깃을 늘 빼딱하게 꽂고 있는 승마용 여성모자도 잠시 유행했다. 50년대 초, 팔꿈치까지는 꽉 조이고 그 아래 전박 부분은 통이 아주 넓게 트인 '파고다 소매(Pagodenärmel)'가 출현한다. 1856년에는 황후가 디자인한 새로운 모양의 라이프로크가 등장한다. 이 라이프로크는 불룩한 모형을 잡아주었던 말총을 철심으로 대체했으며, 이로써 훨씬 더 가벼워졌다. 또다시 가장자리에 박아 넣은 벌집 모양의 주름과 리본과 레이스를 달아 붙인 수많은 장식품으로 모양을 냈다. 60년대 초, 라이프로크는 통이 엄청나게 넓어서 풍자만화 잡지들이 파리의 도로가 그것 때문에 넓혀지고 있다고 풍자할 정도였다. 라이프로크가 풍자의 단골메뉴가 되었으니 당연히 그럴 만도 했다. 프리드리히 테오도르 피셔는 라이프로크가 미학적 요물임을 증명해 보였다. 물론 완전히 성공적이지는 못했다. 그것은 완전히 로코코풍의 '닭의 둥지'처럼 어디서든 볼 수 있었다. 농민과 부엌데기들, 심지어 축제 때 어린아이들, 그리고 역사적 의상들이 동원된 연극무대에서도 만날 수 있었다. **파니에**[75]를 착용한 나우시카[76]로서의 클레롱[77]이 당시에 그랬듯, 지금은 크리스티네 헤벨[78]이 크리놀린[79]을 착용한 크림힐트[80]로 등장한다. 지난 3세기

---

[75] *panier*: 바구니라는 뜻으로, 스커트를 부풀리거나 넓히기 위해 허리에 넣는 일종의 후프.

[76] Nausikaa: 호메로스의 『오디세이』에 등장하는 인물.

[77] La Clairon(1723~1803): 프랑스의 여배우. 본명은 Clair Josèphe Hippolyte Leris임.

[78] Christine Hebbel(1817~1910): 독일의 여배우. 독일의 극작가 프리드리히 헤벨의 아내.

[79] Crinoline: 빳빳한 옷감들을 끼워 넣어 품을 넓게 만든 19세기 여성용 스커트.

에 걸쳐 유럽에 세 번이나 유행한 이 기괴한 복장은 근절할 수 없는 것처럼 보이며, 비록 야회복일망정 우리 시대에도 다시 등장할 수 있다는 점도 전혀 배제할 수 없을 것이다. 그것은 로코코 시대의 경우에서와 마찬가지로 제2제국에서도 감추는 일에 유효하다. 그러나 이때 중요한 것은 능숙하게 방향전환을 하면서 교묘히 속옷을 드러내 보이는 세련된 테크닉의 문제이다. 캉캉은 방탕한 방식으로 이 목적을 성취한다. 다만 로코코 시대에는 미끄러지듯 우아한 몸동작으로 그렇게 했다면, 여기서는 둔중한 육감을 그대로 살려서 그렇게 했다. 로코코는 억제된 반면에 제국은 적극적이다. 당시 민망할 정도로 가슴을 노출하는 풍습을 유곽문화로 보기 위해서는 도덕론자일 필요가 없다. 준보석도 장신구로서 애호를 많이 받는 법이다. 사실 이런 준보석이 그 사치스러운 시절 단지 그 크기 덕분에 선택되었던 진짜 보석보다 훨씬 더 아름답고 더 진기하기도 했다. 무대 스타들이 가능한 한 많은 장신구를 달고 다니기 위해서라도 준보석이 필요했다. 마이어베어의 작품에 등장하는 주인공 농민의 딸 디노라(Dinorah)는 염소를 대동하고 마름모꼴 인조보석에 공단(貢緞)을 두르고, 꽃무지 껍질로 만든 부츠를 신고 등장한다. 황후 엘리자베트처럼 현실의 귀족 부인들이 발목까지 오는 몸에 달라붙는 스커트, 블라우스, 평평한 신발과 같은 이른바 '영국식 복장'을 선호하면서 좀 더 섬세한 취향을 내보였을 때, 이는 분수에 넘치는 짓으로 비쳤다. 남성복은 아무튼 이제 거의 기성복처럼 되어서 앞선 세대의 그것과 거의 구별되지 않았다. 이 또한 다른 일을 생각할 수밖

---

80 Kriemhild: 중세의 대표적인 문학 장르인 '니벨룽겐의 노래(Nibelungenlied)'에 등장하는 여자 주인공.

에 없는 부르주아 지배의 한 결과인 셈이다. 속물적인 프록코트, 볼품없는 반장화, 넥타이처럼 비좁은 모양을 한 지독히 빳빳하게 세운 칼라가 우세하게 지배했다. 실크해트 외에도 부드러운 펠트 모자와 보기 흉한 '멜론'을 쓰기도 했고, 여름에는 바람에 팔락이는 리본을 달아맨 엉성하게 짠 둥근 밀짚모자를 썼다. 취코쉬[81]의 모자를 연상시키는 이 모자는 '헝가리풍 모자(ungarischer Hut)'로 불리기도 했다. 민주주의의 승리 이후 아래 얼굴을 온통 뒤덮은 수염을 하고서도 살롱 출입이 가능해졌으며, 프랑스에서 나폴레옹은 자신의 직함을 따서 이름 지은 팔자수염을 유행시켰다. 요컨대 프란츠 요제프와 알렉산드르 2세, 그리고 빌헬름 1세가 하고 다녔던 이 '황제수염'도 사람들이 열심히 흉내를 냈다. 면도행위는 거의 완전히 사라졌으며, 쇼펜하우어가 말하듯 남성의 용모에서 "무성한 조야함의 외형적 징후"가 강조되었다. "얼굴 한가운데서 드러나는 이 같은 성적 표시는 동물들과 공유하고 있는 근육을 **인간성**(Humanität)보다 더 선호한다는 것을 말해준다. 말하자면 우선 **근육질**(mas)의 한 **남자**(Mann)이고자 하며, 바로 그리고 나서야 한 **인간**(Mensch)이고자 한다는 것이다."

당시 유행한 가장 야생적인 두 가지 춤 형태, 즉 갈로프[82]와 캉캉은 이미 이전에 고안된 것이지만 비로소 이제야 완전히 힘을 얻어 그 극단의 면모를 보여줬다. 반면, 빈에서부터 왈츠가 란너[83]와 요한 슈트라우스[84], 그리고 그 아들 슈트라우스에 의해 개선행렬을 벌

오펜바흐

---

[81] Csikós: 헝가리의 말 기르는 목동.
[82] Galopp: 19세기 유럽 각지에서 성행한 춤(곡). 독일에서 발생한 겹 세 도막 형식의 경쾌한 춤을 말함.
[83] J. Lanner(1801~1843): 오스트리아 춤곡 작곡가.

였다. 활동할 당시 이미 세계적 명성을 얻고 있던 파리의 무희 리골보슈(Rigolboche)는 캉캉에 대해 이렇게 기술했다. "단번에 미친 듯이 광분하고 날뛰기 위해 이유도 모른 채 정해진 순간에 침울해지고 우울해져야만 한다. 그것도 필요할 때 이 모든 것을 동시에 해야 한다. 한마디로 리골보슈가 되어야 하는 것이다. 캉캉은 다리의 미친 짓이다." 인류가 진짜 댄스 광기에 사로잡힌 셈이다. 연극무대에서도 요란한 무대장치 기술과 혼탁한 대중소비를 통해 '몽환극(Féerie)'으로까지 고양된 발레가 지배한다. 이 발레는 간극이 넓은 막간극으로서 오페라로 치닫는다. 그러나 그 시대의 아주 독특한 창작물은 오페레타이다. 이는 본래 18세기의 가극의 명칭이었다. 그것을 두고선 **그랜드 오페라**(*grand opéra*)와는 반대로 형식과 내용이 단순한 '작은 오페라'로서 무엇보다 노래와 대화의 교차 작용이 일어나는 점에서 그랜드 오페라와 구분된다고들 한다. 본질적으로 그것은 음악을 삽입한 희극이었다. 에르베[85]를 창시자로 둔 이 새로운 장르는 이전의 장르와 연관되어 오페라 부파(*opéra bouffe*)로 불렸는데, 대중에게서 '**음악극장**(*musiquette*)'이라는 독특한 명칭을 얻었다. 이 장르의 가장 탁월한 거장은 최초로 단막극을 (가극도 애초에는 단막극으로 되어 있었는데) 들고 나온 자크 오펜바흐[86]이다. 1858년에 「지옥의 오르페우스(Orphée aux enfers)」, 1864년엔 「아름다운 헬레나(la belle Hélène)」, 1866년에는 「푸른 수염(Barbe-Bleue)」과 「파리의 생활(La vie parisienne)」, 1867년엔 「젤로스텡 대공비(La grande-duchesse de

---

[84]　Johann Strauß(1804~1849): 오스트리아 왈츠 작곡가.
[85]　F. Hervé(1825~1892): 프랑스의 가수이자 작곡가.
[86]　Jacques Offenbach(1819~1880): 수많은 오페레타와 오페라를 남긴 프랑스의 작곡가.

Gerolstein)」가 선을 보였다. 복잡하게 짜인 고급예술의 정선된 보석과 같은 이런 작품에는, 마치 와토[87]가 로코코 시대의 파리를 위해서 꼭 그렇게 했듯이, **빛의 도시**(ville lumière)가 뿜어내는 방향이 강한 여운으로 오래 남아 있는 향기처럼 정제되어 있다. 물론 훨씬 더 얼얼하고 짜릿하게 쏘는 듯한 느낌을 준다. 그 작품들은 고대와 중세와 현재를 조롱하지만, 실제로는 늘 현재를 조롱할 따름이다. 그것들은 한 세대 뒤에야 비로소 세력을 드러낸 빈의 오페레타와는 반대로 악취미 · 도덕 · 감성과는 거리가 완전히 멀었고, 소시민적인 멜로 드라마의 성격도 없었으며, 오히려 지독히 회의적이고 육감적 노출증이 강하여 바로 허무주의적이기까지 했다. 심리학적인 논리와 예술적인 역동성에 구애를 받지 않았던 오펜바흐가 실은 그저 '막간극'을 소개했을 뿐이라는 (이는 그가 비난을 받을 때 종종 듣게 되는 말인데) 점도 고유한 예술의 법칙마저도 비웃는 지독히 미학적인 냉소주의와 회의론을 비롯한 자기 패러디의 발로와 관련 있다. 그러나 그가 깊고 부드러운 심성도 가졌다는 사실은 그의 마지막 작품 「호프만의 이야기(Contes d'Hoffmann)」에 나오는 '뱃노래(Barkarole)'만 해도 잘 보여주는 셈이다. 이 '뱃노래'에 힘입어 독일 낭만주의는 파리의 데카당스를 정련함으로써 예술적으로 고상하게 다듬어진 경이롭고 감동적인 노래를 뿜어낼 수 있었다. 이 '뱃노래'에서 근대 세계시민의 근본주의는 사라져버린 사랑을 애석해한다. 이제는 여자가 인형이나 창녀가 되었고, 진실로 사랑하는 여자가 죽음에 직면해 있다는 것이다. 이는 마치 오펜바흐가 그의 고별의 노래를 공쿠르[88]의 일기에서 문장을 취해 편곡한 것 같은 인상을 준다.

---

[87] A. Watteau(1684~1721): 프랑스의 화가 및 판화가.

"아, 너무 속속들이 알고 보니 믿을 것이라고는 아무것도 없을 수밖에. 여자만이 진실한 것을." 그러나 이 마지막의 진실조차도 거짓으로 드러난다.

구노   구노[89]의 (독일에서는 좀 더 정확히 「마르가레트(Margarethe)」로 통하는) 「파우스트(Faust)」는 그 시대의 전면을 아주 의미심장하게 반영한다. 이 작품은 1859년에 처음 테아트르 리리크(Théâtre lyrique)에서 선을 보였고, 10년 뒤에 (지금까지 들어본 적이 없는 경우로서) 그랜드 오페라로 전수되어 이때부터 유럽으로 개선행렬을 했다. 구노는 독일의 정서에는 기괴하고 외설적인 것으로 비칠 수밖에 없는 방식으로 애정행각의 에피소드를 파우스트 비극에서 떼어내어, 오직 프랑스인이나 할 수 있는 식으로 달콤하게 만들어 더욱 감성적이게 했다. 이런 식으로 해서 그는 아주 오래된 작품들을 이용하여 이를테면 「파우스트」 같이 보기 드문 감탄할만한 작품을 창작한 것이다. 이 때문에 그는 손풍금으로 남아 있는 황금빛 칠현금의 오르간으로 연주했다. 오펜바흐의 상대역에 해당하는 인물은 조각가 장 밥티스트 카르포[90]였다. 그는 감각이 예민하고 재치가 있었다. 자극적이었고 대단히 빛나는 활동력을 보이면서 대리석에 거품이 일게 하여 관능을 자극하는 예술작품을 만들어냈다. 그의 반(反)고전주의가 너무 자극적이어서 그랜드 오페라가 공연되는 극장 정면에 설치

---

[88] E. de Goncourt(1822~1896): 프랑스의 작가이자 비평가. 동생 쥘 드 공쿠르(Jules de Goncourt: 1830~1870)와 합작품을 많이 씀. 동생과 함께 쓴『공쿠르의 일기』(전9권)는 19세기 후반의 풍속을 담고 있어서 귀중한 자료로 쓰임. 일기문학의 걸작으로 통용됨.

[89] C. F. Gounod(1818~1893): 프랑스의 작곡가. 오페라 「파우스트」와 「로미오와 줄리엣」으로 유명함.

[90] Jean Baptiste Carpeaux(1827~1875): 프랑스의 조각가.

한 그의 주요 작품, 춤추는 군상이 공격을 받기도 했다.

우리가 기억하듯, 18세기 프랑스에서 절정을 경험한 바 있는 부르주아의 멜로드라마가 풍성하고도 극히 다채로운 변형과정을 거쳐 나타난 '풍속극(Sittenstück)'이 극장에서 각광을 받았다. 이미 뒤마 페레는 30년대에 여러 번 공연된 희곡을 통해 사회적 위선에 낙인을 찍고 정열의 정당성을 설파했다. 이 영웅은 프랑스 낭만주의 양식에서 보자면 악마 같고 혁명적이어서 적통과는 거리가 아주 멀었다. 역시 이 시인의 서출 아들인 알렉상드르 뒤마 피스[91]는 이 분야에서 대가의 반열에 오른 인물이다. 뒤마 페레의 막간극을 끼워 넣어 공연한 초연에서 그가 성공을 거두자 누군가가 "선생께서도 몇 가지 기여하신 점은 있군요"라고 말했을 때, 그는 이렇게 대꾸했다. "핵심은 제가 그 작품의 작가라는 점이지요." 아들 뒤마의 희곡도 거의 언제나 사회적 문제, 이를테면 서모와 같은 **첩**(*femme entretenue*)의 문제나 사회적 '테제'를 다룬다. 그 여자는 벌을 받아 마땅한가? 그 아가씨가 발을 잘못 들여놓은 것을 인정해야만 할까? 윤락녀는 정조가 있을 수 있을까? 그의 매력적인 소품들은 모두 깁스를 한 형태다. 말하자면 속은 텅 비었지만 겉은 한껏 멋스럽게 도금되어 있다. 그것들은 같은 공장에서 나온 제품임을 보여준다. 이는 특히 후기 작품에서 두드러진 형태를 띤다. 그의 수많은 다른 작품 외에도, 공명심 많은 졸부 '푸아리에 씨(Monsieur Poirier)'와 매수할 수는 있지만 자기 가족에게 헌신적인 기자인 '지부아예(Giboyer)'를 통해 인상적인 두 명의 배우 유형을 만들어낸 에밀 오지에[92]와 같은 경쟁자가

---

[91] Alexandre Duma fils(1824~1895): 프랑스의 극작가이자 소설가.
[92] Émile Augier(1820~1889): 프랑스의 극작가.

성장하고 있었다. 그는 빅토르 클렘퍼러[93]가 자신의 『프랑스 문학사(Geschichte der französischen Literatur)』에서 "고대의 합창과 고전주의에 정통한, 그리고 근대의 연사 사이의 중개자"로 썩 잘 규정한 바로 그 작품해설자(Raisonneur)의 창안자이기도 하다. 그런데 이 새로운 인물은 자신의 세 친척에게서 극적이지 않은 요소만을 취하고 있다. 합창에서는 틀에서 벗어나 관객에게 말 걸기를, 고전적 정통에서는 숙명의 지배를 벗어난 환영을, 근대적 연사에서는 해설자가 등장인물이 아니라 잠언의 매개자라는 사실을 취한 것이다. 작품해설자는 연극무대에서 아주 오래 살아남아 왔다. 그도 그럴 것이 그를 자신과 동일시하는 관객은 똑똑한 척하려면 늘 그렇게 동일시하길 좋아하기 때문이다. 오지에는 뒤마보다 훨씬 더 명확히 계몽 드라마에 근거를 둔다. 그는 둔감한 동시에 세련된 디드로[94]이지만 그의 도덕론은 (분명 대부분 무의식적이지만) 위선적이라는 점에서 디드로와 다르다. 당시 시민계급은 도덕 및 정신적으로 부상하는 미래의 계급이었지만 이제는 비단벌레빛깔을 내는 기름기 도는 강탈적인 늪지 난초가 되었다. 그에게서는 개량하려는 노력과 구제하려는 노력이 극히 전치된 작용을 일으킨다.

콩트주의　　그러나 당시 파리에서 전 유럽에 자신의 빛을 쏟아 부은 가장 중요한 정신적인 현상은 콩트주의(Comtismus) 혹은 실증주의(Positivismus)다. 콩트주의는 이 장의 첫머리에서 본 잠언에서 니체가 병적인 것으로 그 특성을 규정한 특별한 확신에 근거를 두고 있다. 요컨대 그것은 감각의 세계, 즉 보고, 듣고, 만지고, 사진 찍을 수 있고,

---

[93] Viktor Klemperer(1881~1960): 폴란드 태생의 수필가.
[94] D. Diderot(1713~1783): 프랑스 계몽주의를 이끈 프랑스 계몽사상가.

다시 영화로 만들 수도 있는 붙잡을 수 있으며, 숨을 쉴 수 있고, 냄새 맡고 맛볼 수 있는 세계만 있을 뿐이라는 가정에 입각한 것이다. 간단히 말해 현실(Realität)이 실제로, 그것도 유일하게 실재하는 것일 뿐이라는 것이다. 이는 우리가 매일 취급하는 이 세상이 확실한 것, 꽉 찬 것, 실재적인 것일 수 없다는 생각을 공공연히 용납하지 않았던 부르주아에겐 피할 수 없는 필연적인 세계관이다. 우리가 현실이라고 부르는 기업이 업체의 모든 주주에 의해 암묵적으로 진짜라고 받아들여지는 허구, 이른바 헛짓(Luftgeschäft)일 뿐이라는 현상론의 가설은 상인 기질이 있는 사회로서는 받아들일 수 없는 일이었다. 그런 가설은 온통 가치로 가득한 물질, 즉 견실한 사실, 명확한 추론, 완전한 묘사, 정확한 실험 등으로 이루어지는 실증주의를 통해 회피된 것 같다. 그러나 유감스럽게도 그런 현실 가치 일체는 단지 인쇄된 종이에 불과하고, 실증주의는 언젠가 인류를 희생양으로 삼을 가장 거대한 바람의 장난으로 밝혀졌다.

죽은 뒤에야 유럽 차원에 그 영향력을 드리운 오귀스트 콩트[95]는 데카르트적 열정을 **명료한 것**(clarté)으로, 건축술을 지배적인 파토스로 구성하는 고상한 지성이었다. 그에게는 경험을 통해 주어진 것, 즉 실증적인 것에 국한하는 것이 모든 사유와 삶의 기본원리로 통한다. 그의 이 같은 경향은 완전히 반형이상학적이며 반종교적이다. 이에 따르면 제1원인과 최종 목적은 탐구될 수 없다. 따라서 이것들은 그 과제를 해명이 아니라 개별 사실 기술에 둔 과학과는 아무 상관이 없다. 과학은 개별 사실들에서 무수히 많은 동일형태를 관찰함으로써 그것을 '법칙'으로 묶어낼 자격을 갖추고 있다는 것이다.

---

[95] A. Comte(1798~1857): 프랑스 철학자. 사회학과 실증주의 철학의 창시자.

인류는 그 문화의 발전을 세 단계에 걸쳐 이룬다고 한다. 첫 번째 단계는 종교적인 단계로서 자연력의 인격화를 믿는 단계이다. 물론 이 인격화 과정에는 일련의 형식, 이를테면 물신숭배(Fetischismus) · 다신교(Polytheismus) · 일신교(Monotheismus)가 포함된다. 두 번째 단계는 형이상학적인 단계로서 좀 더 세련된 신인동형설(神人同形說)에 불과한 추상적 원리를 고백하는 단계이다. 세 번째 단계는 실증주의적인 단계로서 과학이 지배하는 단계이다. 물론 신앙의 대상을 인간성에서 찾고, 후세의 추모를 통한 존속을 불멸로 이해하는 일종의 실증주의적 종교도 있다. 이 종교도 숭배의 개념을 갖기까지 한다. 그것은 곧 인류 자신이기도 한 **위대한 존재**(Grand Être)에 대한 숭배이다. 말하자면 도덕적인 성직신분과 성인의 위계직분 같은 것이 있다는 것이다. 이 직분은 실증주의적 달력에서 그 직위에 따라 대축제일과 작은 기념일과 평일로 기림을 받는 사람들이 갖게 된다고 한다. 이런 변덕스러운 장난보다 더 재미있는 것이 콩트가 나누는 학문의 위계다. 이 위계체계는 개별 학문을 그 복잡성 정도에 따라 분류한다. 가장 단순한 학문은 순수 기하학인 수학이다. 그다음으로 천문학, 물리학, 화학, 생물학이 이어진다. 마지막으로 콩트에 의해 그 토대가 놓인 사회학이 있다. 콩트는 이 사회학(Gesellschaftslehre)을 두고 이후 일반적으로 통용된 그리스어와 라틴어의 혼성 언어인 사회학(Soziologie)이라고 불렀다. 착종화 현상은 역시 불확실성의 심화를 야기했다. 수학이나 천문학의 법칙보다 생물학이나 사회학의 법칙을 세우는 것이 훨씬 더 어려운 법이다. 동시에 이런 심화과정은 역사발전의 그것과 부합한다. 이렇듯 갈릴레이, 뉴턴, 라부아지에[96],

---

[96] A. L. Lavoisier(1743~1794): 프랑스의 화학자. 근대 화학의 시조로 통함.

퀴비에, 콩트로 이어지는 것이다. 사회학은 보편적인 조건을 확립해야 하는 정역학(靜力學)과 보편적인 법칙, 즉 사회생활의 발전의 법칙을 확립해야 하는 동역학(動力學)으로 분류된다. 이 보편적인 법칙은 인간적인 충동을 통해 동물적 충동의 진보적 극복 과정을 보여주며, 산업적인 이해관계를 통해 호전적인 이해관계의 극복 과정을, 민주적인 정부형태를 통해 과두적인 정부형태의 극복 과정을, 과학적인 세계관을 통해 신학적인 세계관의 극복 과정을 보여준다.

스펜서와 버클

이 사회학과 밀접한 친화성을 갖는 것이 동시대의 영국 철학이다. 제임스 밀[97]은 이 같은 인식론을 환경과 감정, 그리고 이의 결합에서 정신의 연상 작용을 재구성해야 하는 **'정신 화학**(mental chemistry)'으로 규정한다. 그의 아들인 유명한 존 스튜어트 밀[98]은 경험을 인식의 유일한 원천으로, 귀납법을 유용한 유일한 방법론으로 설명한다. 요컨대 모든 보편적 판단은 개별 관찰의 요약이며, 모든 인식은 종합화이고, 최고의 종합판단은 지금까지의 모든 경험에서 끌어낸 것이기 때문에 인과율(Kausalgesetz)이라는 것이다. 이에 비해 스스로 주조한 용어를 빌려 '불가지론(Agnostizismus)'의 세계관을 고백한 토머스 헉슬리[99]는 한 차원 높은 입장을 취한다. 말하자면 진리와 현실은 인식할 수 없으며, 과학은 고작 현상만 다룰 뿐이라는 것이다. 스펜서[100]도 **'알 수 없음**(unknowable)' 혹은 '인식할 수 없음'을 시인했

---

[97] James Mill(1773~1836): 영국의 경제학자이자 역사학자 겸 철학자.
[98] John Stuart Mill(1806~1873): 영국의 철학자·정치경제학자. 19세기 대표적인 자유주의 사상가.
[99] Thomas H. Huxley(1825~1895): 영국의 생물학자. 다윈의 진화론을 적극 옹호한 대가로 '다윈의 불도그(Darwin's Bulldog)'라는 별명을 가지게 됨.
[100] Herbert Spencer(1820~1903): 영국의 사회학자이자 철학자. 인간 사회에 '적자생존 법칙'을 적용함으로써 영국 사회학의 창시자로 통함.

다. 이에 대해 루트비히 뷔히너[101]가 분노에 찬 논평을 가했다. "미지의 것에 대한 공포나 수치가 자연의 원시인을 지배했고, 오늘날까지도 그것이 야생 혹은 미개의 인간을 지배한다면, 교양인이나 문화인의 경우 이와 똑같지는 않을 터다. 빛이 있을지어다!" 스펜서에 따르면 진리의 기준은 대립을 생각할 수 없다는 점에 있다. 요컨대 우리의 선험적 인식 형태들은 인류가 환경 적응을 통해 점차적으로 취해온 것이라고 한다. 이후 유용한 것에 대한 유적 경험의 사건으로서 확신이 이 선험적 인식 형태를 대신하게 된다. 스펜서 철학의 전체 구조물은 본질상 다원주의로 손질된 콩트주의인 셈이다. 이 구조물을 그는 경탄을 자아낼 만큼 박식하지만 참기 어려울 정도로 지루한 일련의 전집 형태의 화려한 시리즈물, 이를테면 제1원리, 생물학의 원리, 심리학의 원리, 사회학의 원리, 도덕 원리 등으로 드러냈다. 아무튼 이 '종합적 철학체계'의 기본 사상은 다음과 같다. 즉, 물질과 운동 이외 아무것도 없다. 그리고 이 물질과 운동은 항상 두 가지 대립적인 과정을 겪는다. 그것은 곧 **진화**(evolution) 또는 **발전**(Entwicklung)과 **해산**(dissolution) 또는 **해체**(Auflösung)를 말한다. 늘 진화는 물질의 **통합**(Integration, Zusammenschluß)인 동시에 운동의 **확산**(Dissipation, Ausbreitung)이다. 해산은 물질의 **분해**(Disintegration)와 운동의 **흡수**(Absorption)와 동일한 의미를 갖는다. 그밖에도 분산된 물질은 **동질의**(homogen) 상태에, 그리고 응축된 물질은 **이질의**(heterogen) 상태에 있게 된다. 따라서 발전은 언제나 **차별화**(Differenzierung)를 의미한다. 물질세계를 움직이는 밀고 당김이 우주 전체의 리듬을 지배하는

---

[101] Ludwig Büchner(1824~1899): 독일의 의사이자 철학자. 『당통의 죽음』으로 유명한 독일의 극작가, 게오르크 뷔히너(Georg Büchner)의 동생.

법칙의 표현이다. 정신적 활동은 의식상황의 항구적인 통합과 차별화의 과정이라고 할 수 있다. 그 용어의 수다스러운 복잡성에도 불구하고 극히 초보적인 이처럼 따분한 도식성은 사물들을 그 실재상태보다 더 단순하게 보여줌으로써 자신의 탁월한 실용적인 재능을 작동시키려 하는 영국인의 전형적 경향을 잘 웅변해주는 셈이다. 그도 그럴 것이 온갖 모순과 미묘함과 심오함 일체를 무시하는 손에 잡히는 A-b-c의 공식보다 더 생활에 유용한 것도, 세계 지배에 더 필요한 것도 없기 때문이다.

이 같은 공식을 헨리 토머스 버클[102]도 우리가 이 책 1권 서문에서 말한 바 있는 그의 『영국 문명사』에서 만들어냈다. 이미 그곳에서 언급했듯이, 이 책은 고유한 주제를 담고 있지 못하며 단지 일반적인 강령만을 담고 있을 따름이다. 버클은 이렇게 말한다. "인간의 역사를 위해서 나는 자연과학에서 여타 연구자가 성취한 것과 동일한 일, 아니면 그와 유사한 일을 해내고 싶다. 겉으로 보기에 자연에서 일어나는 일이 도무지 불규칙해서 아무래도 이해되지 않을 것 같은 경위들이 해명되면서 그것들이 불변의 특정한 보편적인 법칙들과 조화를 이루고 있는 형편이다. 이것이 성취된 것은 재능 있는 사람들, 특히 지칠 줄 모르는 끈기 있는 지성을 겸비한 사람들이 자연의 법칙을 밝히려는 목적에서 자연의 현상들을 연구해왔기 때문이다. 이제 우리가 인간 세계의 경위들을 그와 비슷한 관찰방식으로 탐구한다면 우리는 모두 그와 비슷한 성공의 전망을 거머쥐게 될 것이다." 그는 이 같은 방법의 도움을 빌려 다음과 같은 결론에 이른다. "1. 인류의 진보는 현상의 법칙성을 탐구하는 수준과 이러

---

[102] Henry Thomas Buckle(1821~1862): 영국의 역사가.

한 법칙의 지식을 전파하는 범위에 달려있다. 2. 그러한 연구가 시작되기 전에 먼저 이 연구를 촉진하고, 그다음에 이 연구에 의해 촉진될 회의주의의 정신이 출현해야 한다. 3. 이러한 방식에서 취해질 탐험은 지적 진실의 영향력을 강화한다. 4. 이러한 운동의 주요 적, 결과적으로 문명의 주요 적은 후견인 행세를 하는 정신이다." 이를 그대로 받아들일 순 없지만, 이는 실제로 이 작가에게 어렵거나 역설적으로 보였을 그 책 2권의 전체 철학적 내용을 이룬다. 그래서 그는 그 내용을 해명하고 증거자료를 제시하려고 거의 1400쪽이나 되는 본문을 쓰고, 900개 이상의 각주를 달아야 했던 모양이다. 그러나 이처럼 둔중하고 조야하지만 사교적이고 친절한 이 철학자의 요괴에서 건질 수 있는 값진 것은 도구이다. 이 도구는 아주 교묘하게 분류해 일목요연하게 정리한 넘쳐나는 메모들을 제공한다. 그것은 역사적인 자료들을 전시하는 대형 백화점 같다. 여기에는 영국과 프랑스 혁명, 루이 14세와 펠리페 2세의 시대, 아이슬란드와 아일랜드, 인도와 멕시코, 법제사와 식물학, 기상학과 도덕 통계학, 신학과 시형(詩形), 식품화학과 지진학 등이 포함된다. 이 모든 것이 산뜻하면서 다채롭게 전시되어 있다. 이는 인간이 좀 더 영리할 때 그만큼 더 인간은 분별력 있게 된다는 점을 보여주기 위해서다.

다윈   이상의 영국 사상가 모두는 역시 당시 베이컨에 뿌리를 두고 있던 로크와 흄에 근거한다. 성가실 정도로 반복되는 이들의 주도 모티브는 '경험'을 모든 진리를 담은 일종의 성서처럼 숭배하며, 그리고 일종의 좀 더 꼼꼼한 통계학일 뿐인 '빈틈없는 귀납법'을 떠받드는 것, 모든 형이상학을 환영(幻影: Truggespinst)이나 무시해도 좋을 하찮은 것(quantité négligeable)으로 배격하는 것, 모든 인류학적 현상을 순응과 관습으로, 도덕 일체를 이해할만한 이기주의로 설명하는 것이다. 이를 흄은 어디선가 바랄 데 없이 명료하게 표현한 바 있다. "멋진 신학적인 혹은 형이상학적인 저작 하나를 손에 거머쥐고 이렇게 물어보자. 그것은 양이나 수에 대한 어떤 이론적 연구를 포함하고 있는가? 아니다. 경험적 사실에 대한 어떤 실험적 연구를 담고 있는가? 그렇지 않다. 자, 그렇다면 그것을 불에 던져 넣자. 왜냐하면 그것은 고작 궤변과 기만만 담고 있을 뿐이기 때문이다." 이것이 영국식 통각형식(Apperzeptionsform)이다. 그런데 19세기 중후반에 이르면 이 형식은 유럽의 통각형식이 된다. 물론 그것은 다윈주의를 통해서였다. 다윈주의는 유명론이 근세 전 시대에 지녔던 의미와 유사한 의미가 19세기 중후반에 있었다. 그것은 말의 가장 온전한 의미 그대로 바로 그 시대를 **만들었고**, 그 형태를 잡고 조종했다. 말하자면 그 시대 정신활동의 가장 은밀하고 가장 외진 통로에까지 파고든 것이다.

추종자들에게 '유기적 세계의 코페르니쿠스'라는 도도한 수사까지 부여받은 찰스 다윈은 빼어난 학자이자 지칠 줄 모르는 지식욕을 진정한 신사의 검소함과 참된 기독교도의 겸손과 결합할 줄 아는 순진무구한 지성이었다. 그는 자신이 관찰한 바를 1859년에 출간한 한 기념비적인 저작에 담아냈다. 그 온전한 제목은 이렇다. 『자연선택에 의한 종의 기원, 혹은 생존투쟁에서 유리한 종족의 존속에 관하여(*On the origin of species by means of natural selection; the preservation of favoured races in the struggle for life*)』. 사실 그의 다른 저작들은 이에 대한 해설이고 보충이며 확장일 뿐이다. 실제로 그의 기본 사상은 이 책의 제목에 담겨 있다. 이 책은 오로지 풍부한 실물 학습 자료를 통해서만 그의 기본 사상의 사실을 입증해 나간다. 결코 철학자가 아니라 단지 자연연구자로만 통하는 다윈은 현명한 자기비판에서 발원하는 고귀한 겸양의 태도를 보이면서 사실에 집중하고, 이 사실에 신중한 몇 가지 가설을 결부시켜왔다. 그의 선배로는 린네[103], 퀴비에, 라마르크[104]가 있다. 우리가 기억하듯 린네는 동물과 식물을 종·속·유로 정확히 분류했고, 인간을 포유동물에 편성했으면서도 또 다른 곳에서 이렇게 주장한다. "무한존재가 태초에 창조한 만큼 수많은 종이 존재한다." 퀴비에는 이미 훨씬 더 멀리 나아갔다. 요컨대 그는 창조의 교리를 고수하면서도, 규칙적인 천재지변에 의해 제약을 받지만 각 지질학적 풍토에 적합한 새로운 식물계와 동물계를 구성하는 여러 피조물이 생성된다는 점을 가정했다. 퀴비에에 응수하여 라마르크는 자신의 『동물철학(Philosophie zoologique)』에서 다양한 생활조건에 따른 동물계의 발전, 이를테면 무엇보다 기관의 사용 여부에 따른 발전에 대해 설명한다. 이와 비슷한 이론을 조프루아 생틸레르[105]도 주장한다. 다만 그는 반대로 항구적으로 변하는 **'환경**(monde ambiant)' 요소를 중요시한다. 이를 두고 그가 퀴비에와 논쟁을 벌였을 때 괴테는 그의 편을 들었다. 그러나 18세기 말엽에 벌써 다윈의 할아버지 에라스무스 다윈[106]은 자신의 저술 『주노미아, 혹은 유기적 생명체의 법칙(Zoonomia, or the laws of organic life)』에서 적응·유전·생존투쟁·자기방어를 진화의 원리로 제시했다. 이런 점에서 다윈주의도 유전 자체와 관련 있던 것처럼 보인다. 그러나 결정적인 자극을 다윈은 자연과학과 별 관계가 없었던 한 작가에게

---

[103] C. von Linné(1707~1778): 생물의 학명의 근대적 체계를 제안한 스웨덴의 식물학자.

[104] J. B. Lamarck(1744~1829): 프랑스의 진화론적 동물학자.

[105] Geoffroy de Saint-Hilaire(1772~1844): 프랑스의 박물학자.

[106] Erasmus Darwin(1731~1802): 영국의 의사이자 자연철학자.

받았다. 곧 그는 산술급수적으로 늘어나는 식량경작지와 기하급수적으로 증가하는 인구 사이의 불균형이 부단한 생존투쟁을 조건 짓게 한다고 가르친 맬서스[107]였다. 그밖에도 시대정신에 대한 바로 인간적 적응의 한 산물인 다윈주의가 여운을 감돌게 했다. 요컨대 1858년, 탐험가 알프레드 월리스[108]는 그 생각이 '종의 계통' 사고와 세부사항에까지 일치하는 한 논문을 발표했고, 스펜서는 벌써 50년대 초반에 진화론의 초안을 그려냈으며, 몇 년 지나지 않아 헨리 베이츠[109]는 보호색(Mimikry) 학설을 내놓았다. 이 같은 상황은 급기야 다윈으로 하여금 20년 이상 준비해온 작업을 자신의 저술로 출판하게 만들었다. 만일 이렇게도 하지 않았더라면 그의 남다른 겸양적인 양심 때문에 그 저술은 그의 생전에 아마 출판되지 못했을 것이다.

다윈주의의 테제가 말하는 것은 종이란 항상 형성되는 변종이고, 변종들은 곧 구성될 종이며, 새로운 종족의 발생은 생존투쟁의 산물이라는 점이다. 그런데 이 생존투쟁은 앞서 스펜서가 적자생존으로 규정한 바 있는 것과 같이 일종의 자연도태와 관계있는 것으로서 특정한 표본에 유리하게 작용한다. 이 같은 표상방식은 자연을 하나의 조직으로 만든다. 여기서는 일이 **영국식으로**(englisch) 진행된다. 말하자면, 첫째 그것은 경쟁이 지배적인 **자유무역주의**(freihändlerisch)의 형태를 취한다. 둘째, 그것은 **바른**(korrekt) 자세를 견지한다. 그도 그럴 것이 충격을 가장 작게 일으키는 것, 즉 가장 잘 적응하는 것만 살아남기 때문이다. 셋째, **자유주의적**(liberal)이다. 왜냐하면 '진보'가

---

[107] Th. R. Malthus(1766~1834): 영국의 경제학자.
[108] Alfred R. Wallace(1823~1913): 영국의 자연주의자이자 탐험가.
[109] Henry W. Bates(1825~1892): 영국의 자연과학자 겸 탐험가.

지배적이고, 새로운 것이 늘 동시에 개선을 의미하기 때문이다. 그러나 넷째, 역시 동시에 **보수적**(konservativ)이다. 왜냐하면 진보투쟁은 '유기적'으로 진행되기 때문이다. 말하자면 다수의 승리를 통해 더디게 변화과정을 밟는 것이다. 순진하게도 인위도태를 자연도태와 동일하게 취급하는 것도 영국식이며, 지구를 거대한 동물농장과 채소밭으로 구상하는 식민지표상도 영국식이고, 과거를 현재와 완전히 다른 것으로 생각하는 무능도 영국식이다. 이 모든 것이 오늘날과 '그렇게도 유사하게' 이뤄지는 꼴을 취하고 있다. 적어도 동일하게 변형하는 힘을 이용하는 꼴에서 그렇다. 이런 시점에서 다윈주의는 불식간에 작용하는 **실제 원인들**(actual causes)로 모든 것을 환원하는 라이엘[110] 지질학의 생물학적 상대역인 셈이다. 이는 영웅이 필요 없는 시대, 즉 학식이 있는 근시 및 마이크로파일의 시대, 그리고 세계를 지배하는 저널리즘과 정치적 의회를 숭배하는 시대에서 보자면 참으로 독특한 것이다.

이 모든 것을 감안할 때 다윈의 이론이 얼마나 막대한 영향력을 발휘했을지는 아주 쉽게 짐작 갈 법하다. 그것은 인간정신을 어떤 미학적·논리학적 욕구로 들뜨게 할 정도다. 요컨대 생물계의 위계질서라는 정교한 대성당을 구축한 것이다. 여기에는 개별 원충류와 혼성이지만 정착해 있는 식충류, 운동은 하지만 무른 벌레들로부터 아직 사지는 없는 극피동물, 여전히 척추 없이 지내는 절족동물, 아가미로 호흡하는 물고기, 아가미와 허파로 동시에 호흡하는 양서류, 단순히 허파로만 호흡하면서 기어 다니는 파충류, 온혈의 조류, 모유의 포유동물, 손을 쓰고 이성을 사용할 줄 아는 재능을 타고난

---

[110] C. Lyell(1797~1875): 스코틀랜드의 지질학자.

영장류이자 영장류 중의 영예로서 이미 다윈주의의 능력을 겸비한 인간이 포함된다. 눈과 사유를 솔깃하게 하는 이 같은 허구는 순전히 개념적 창작물, 말하자면 '규정적 이데아'일 뿐이지만 그 아름답고 깔끔한 건축술 덕분에 고도의 매혹적인 자극을 일으킨다. 그것은 세계를 온통 빛으로 더 밝게 채우고, 좀 더 정확히 분류하며, 좀 더 리드미컬하게 하고, 좀 더 구성적이게 만든다.

다윈의 저작이 출판되자마자 누리게 된 그 수용을 두고서 헉슬리는 매력적인 유머로 이렇게 표현했다. "누구나 그것을 읽었거나 적어도 그 공로와 결점에 대해 평가해왔다. 양성의 나이에 이른 노부인들은 그 작품을 대단히 위험한 책으로 생각한다. 그런데 진짜 기자는 자신이 비판할 이 책에서 자신의 지식을 길어내는 데 아주 익숙해져 있다. 이는 꼭 에티오피아인이 자기가 타던 황소에게서 비프스테이크를 얻는 꼴과 같다. 그는 단지 소양이 부족해서 심오하게 파고드는 과학 저작을 평가할 수가 없는 노릇이다." 그러나 다윈주의를 인정하기를 꺼린 대단히 진지한 자연연구자가 처음부터 아예 없었던 것은 아니다. 뒤부아 레몽[111]은 헤켈[112]의 중요한 처녀작인 『일반 형태론(Generelle Morphologie)』을 두고서 호메로스파 시인들의 방식을 좇아 황당한 계통수에 근거하여 조탁된 질 낮은 소설이라고 했다. 스위스 출신의 탁월한 동물학자인 루이 아가시[113]는 이렇게 말한다. "다윈주의는 사실에 대한 하나의 희화화이다." 식물학자 요하네스 라인케[114]는 그의 뛰어난 작품, 『이론 생물학 입문(Einleitung

---

[111] E. Dubois-Reymond(1818~1896): 독일의 물리학자이자 생리학자.

[112] E. Häckel(1834~1919): 독일의 동물학자 · 진화론자.

[113] Louis Agassiz(1807~1873): 스위스 태생의 미국 자연과학자. 화석 물고기 연구로 유명함.

in die theoretische Biologie)』에서 이렇게 설명한다. "과학적 가치에서 볼 때 유기체의 계통발생학은 인류의 역사가 아니라 선사에서만 견줄 만한 것이다." 최근 10년 사이에 자신의 철학 저술을 널리 보급한 '신생기론(Neovitalismus)'의 대표주자 한스 드리슈[115]는 모든 다윈주의자는 뇌연화증[116]을 앓았다고 주장하기까지 한다.

안티-다윈 사실 다윈주의의 전체 입장은 여러 측면에서 공격을 받을 수 있다. 우선 자연도태를 두고 말하자면, 인위도태의 산물들은 **생존투쟁** (*struggle for life*)에 더 잘 적응하지도 못할뿐더러 더 잘못 적응하기까지 한다. 배양의 경우, 예컨대 네 갈래로 갈라진 꼬리지느러미가 있는 일본산 금붕어나 2m 길이의 꼬리 깃을 가진 일본산 봉황새처럼 희귀종으로 퇴화했거나, 수많은 비대한 종족, 혹은 그 이름이 이미 암시하듯 자유로운 자연 속에서의 생활이 불가능할 가축들과 같이 투쟁력이 없는 영양 과잉의 동물로 전락하고 말았다. 경쟁에서 살아남은 집오리와 닭과 거위가 야생의 변종들보다 불리한 상황에 처한 것은 분명해 보인다. 길들인 귀족의 생산품들, 이를테면 경주마 · 그레이하운드 · 페르시아 고양이 · 카나리아 등도 마찬가지다. 특히 노래하는 카나리아의 경우 그 정도가 더 심하다. 그러니까 인위도태는 유사성으로서 자연도태에 적합하지 않은 것이다. 그리고 성의 도태에도 다윈주의가 가정하는 것보다 훨씬 더 복잡한 수수께끼가 들어 있다. 이를테면 여성이 항상 가장 멋있고 가장 강한 표본을 선택하는 것은 결코 아니다. 이는 남성들 사이에서도 성적 매력은

---

[114] Johannes Reinke(1841~1931): 독일의 식물학자이자 철학자.
[115] A. E. Hans Driesch(1867~1941): 독일의 동물학자이자 철학자.
[116] 腦軟化症(Gehirnerweichung): 뇌에 혈액을 보내는 동맥이 막혀 혈액이 흐르지 못하거나 방해를 받아 그 앞쪽의 뇌 조직이 괴사하는 병.

오히려 상극의 법칙에 의해 결정되는 것과 같아 보이는 이치다. 종종 아름다운 부인들이 못생긴 남자들에게 끌리는 느낌을 받으며, 거구의 남자들이 왜소한 여자들을 선호하는 일은 흔히 있는 일이다. 게다가 진화론이 맞다고 한다면, 지금도 종들이 계속 변종의 물결을 타고 있어야 할 것이다. 아무리 우리에 의해 통제될 수 있는 시대라고 할지라도 적어도 생산적인 적응의 사건이 단 하나라도 있었어야 할 터이다. 그러나 그와 같은 일을 도무지 본 적이 없다. 오히려 퇴화만을 확신시켜줄 뿐이다. 아무튼 다윈주의는 라이엘의 현실설과 마찬가지로 광범위한 시·공간의 보조수단에 손을 뻗었다. 그런데 눈여겨볼만한 것은 지구의 과거를 연구하는 고생물학이 지금의 수많은 계층에 대해 확신하지 못할뿐더러, 여러 종이 차례차례 형성되고, 그 사이에 중간 종들이 사멸했다면 일어날 수밖에 없는 단 하나의 새로운 계층에 대해서도 확신하지 못한다는 사실이다. 다윈주의를 가장 먼저 가장 정열적으로 이끈 선구자 중 한 사람인 헉슬리는 1862년에 행한 한 강의에서 이렇게 말했다. "우리는 200가지 식물목(Pflanzenordnung)을 알고 있지만, 그 가운데 화석 상태에서 만날 수 있는 목은 하나도 없습니다. 어떤 동물화석도 현재 살아 있는 다양한 동물과 닮은 것이 없으므로 우리가 그것을 보존하려면 완전히 새로운 등급을 만들 수밖에 없는 노릇입니다." 여기서 가장 중요한 것은 이 모든 화석이 극히 복잡해서 전문적으로 취급되며, 그것들은 지금의 생물보다 더 단순하지 않다는 점이다. 다른 한편, 역시 수수께끼와 같다는 것이다. 그렇다고 해서 화석의 생물들이 비결정적인 중간 형태라고는 결코 말할 순 없다. 아무튼 우리는 발견한 화석 생물에 관대하게 명칭을 부여해왔다. 그러나 다윈주의의 선조 숭배 학설에 따르자면 '척추동물의 시조'인 가련하게 퇴화한 물고기, 요컨대 불쌍한 **창고기**(*amphioxus*)는 외면해야 하는 마당이다. 분명이 물고기는 아주 특별한 경우에 해당한다. 말하자면 그것은 두뇌와 등뼈가 없는 척추동물이다. 그래서 그것은 한갓 고생물학적 동물원의 자랑거리로만 남아 있는 것이다. 여기에는 '시조새(Urvogel)'로 숭배되고 있는 **아르카에오프테릭스 리토그라피카**(*archaeopteryx lithographica*)도 포함된다. 이 새는 반금류(攀禽類)의 비둘기로서 톱니모양의 이빨이 달린 턱과 쓸모가 거의 없는 양 날개에 '공룡 꼬리' 형태의 긴 깃을 하고 있다. 이 꼬리 깃은 분명 방향키 역할에 아마 낙하산으로 이용되었을 것이다. 아마도 이 새가 가금(家禽)의 기원을 이루는 것은 틀림없겠지만, 도마뱀과는 거리가 아주 멀뿐더러 그 중간단계에 있는 것도 결코 아니다. 오히려 그것은 일찍이 지질학의 영상에 활기를 불어넣은 동물군상 전체의 뚜렷한 건축형태를 띤 아마도 그 군상의 대표급인 셈이다. 말하자면 그것은 익룡(翼龍) 시대에 출현한 '새의 수장(Vogelbesetzung)'이었을 따름이다.

"자연에는 비약이 없다"는 명제는 당시 믿었던 명제 가운데 가장 왜곡된 명제이다. 자연에는 **오직 비약**(Sprünge)만 있을 뿐이다. 빌헬름 플리스[117]는 인간의 개별 생활에서 모든 발전의 추진력은 '갑작스레' 일어난다는 사실을 수많은 예증을 통해 입증해 보였다. 우리의 유적 존재의 생활에서도 그렇기는 마찬가지다. 결정적인 역사적 사건은 늘 불현듯 불쑥 폭발하는 형태로 출현한다. 사후에 파고들어 해석하면서 만들어낸 말인 "신중히 해온 준비"란 말 많은 학자들이 보이는 게으른 사회적 놀이이다. 민족대이동, 이슬람, 독일의 종교

---

[117] Wilhelm Fließ(1858~1928): 베를린의 외과의사. 생명 리듬의 주기이론으로 유명함. 이는 프로이트가 과학적 심리학을 구상하게 되는 계기가 됨.

개혁, 영국 및 프랑스 혁명은 **갑자기** 일어난 일이다. 이 법칙이 입증된 것으로 보려면 우리 자신의 오늘날 현재를 들여다보면 충분할 것이다. 새로운 시대는 일격에 터졌다. 이 새로운 시대가 "좋았던 옛 시절"보다 더 좋은 것인지 더 나쁜 것인지 논구하고 싶진 않다. 아무튼 그것은 완전히 다른 것이다. 우리는 새로운 예술관, 새로운 사회형태, 새로운 정치생활, 새로운 세계상을 가지게 되었지만, 1914년까지 이에 대해 아무런 예고도 받지 못했다. '미세 변천'이라는 모호한 학설은 자신들의 박진감 없는 정신활동과 타성에 젖은 교류에 근거해서 자연과 역사의 생활을 추론하는 자유주의 교수들이 만들어내는 안갯속 그림자와 같은 것이다. 네덜란드의 생물학자 위고 드 브리스[118]도 벌써 우리 세기의 벽두에 식물을 실험하다가 모든 변종은 '비약적인 방식으로' 출현한다는 점을 입증하는 '돌연변이설'을 전개했다. '충격'에 의해 눈에 띄는 행동의 변화가 완전히 저절로 일어나고, 이로부터 드 브리스가 추측한 대로 새로운 종이 생겨났던 것이다.

다윈주의는 종들은 서로 친화성이 있다는 암묵적인 가정으로 종을 서로 구별해낸다. 요컨대 계통진화론은 논증되지 않은 대전제로서의 선조를 이미 전제하고 있는 셈이다. 다윈주의의 도태는 선발 자격이 있는 특정한 능력을 이미 갖춘 개별자에게 적합한 일이다. 요컨대 이는 선별이 선별을 전제로 하는 꼴이다. 적응은 이미 적응의 소질을 발달시켜온 존재의 형태를 만든다. 말하자면 적응은 적응을 전제로 한다.

---

[118] Hugo de Vries(1848~1935): 네덜란드의 생물학자. 달맞이꽃 한 품종에서 12계통의 신품종을 얻어내는 과정에서 '돌연변이설'을 제창하게 됨.

오늘 현전하는 종이 있다는 사실성은 다윈주의와 이중의 모순 관계를 이룬다. 왜냐하면 다윈주의가 참이라면 현전하는 종이 너무 적거나 너무 많을 수 있기 때문이다. 그런데 너무 적다면 다음과 같은 문제가 생겨나기 마련이다. 도대체 뭣 때문에 첨예하게 나뉘는 그룹, 이른바 '세부 전공자들'이 있는가? 요컨대 모두가 서로 친화성이 있다면, 그렇게 편협할 만큼 뚜렷한 등급차이로 나누지 않고도 서로 구별될 것이기 때문이다. 너무 많다면 이런 질문을 받게 될 것이다. 어떻게 아직도 곳곳에 살아남은 수없이 많은 고대적 형태, 이른바 '비근대적인 것(Unmoderne)'이 존재할 수 있는가? 그도 그럴 것이 자연도태가 실제로 규정적인 원리라고 한다면, 고등 발달한 유형이 오래전에 생존투쟁에서 승리를 거둬 한참 더 아래에 있는 유형들을 압살했을 것이기 때문이다. 이 두 가지 물음에 대한 답변은 이미 문제를 처리한 퀴비에가 일부 정당할 것 같다는 말로 대신할 수 있을 것 같다. 이에 따르면, 인간의 역사에서와 꼭 흡사하게 동물 및 식물의 역사에서도 여러 시대는 서로 교대를 한다. 각 시대에 특별한 창조 이념이 그 고유한 특성, 이를테면 건축양식·의상·생활리듬을 담은 시기를 만들어낸다. 그래서 모든 것은 신을 닮았고, 모든 것이 불멸한다는 것이다. 우리 인류의 역사에서도 우리는 그 개별 일람표를 그저 놀란 눈으로 바라볼 순 있지만 그 신비스러운 부침에 대해 설명할 길은 없는 셈이다.

최고 부적응아의 생존에 대해 예부터 많이 이야기된 점에 대해서는 이 책 1권에서 이미 상세히 설명한 바 있다. 그도 그럴 것이 발전의 담지자는 '정상'의 유기체가 아니라 자극에 병적일 만큼 민감하고, 특정한 점에서는 질병일 만큼 영양이 과잉된 유기체이기 때문이다. 인간의 역사에서 새로운 역사적 변종은 지금까지의 생활조건에 적응을 통해서가 아니라 그것에 대한 반동을 통해서 생성된다. 이에 대해서는 근대를 탄생시킨 경위들을 기억하는 것만으로도 충분할 것이다. '새로운 속성의 획득'은 기계적인 과정이 아님은 말할 것도 없고 생리학적인 과정도 아니다. 그것은 **정신적인** 과정이다. 1835년 쇼펜하우어는 자신의 논문 「자연 속 의지에 관하여(Über den Willen in der Natur)」에서 각 기관은 "확고한 갈망, 어떤 의지활동"의 표현으로, "개별자가 아니라 종"의 표현으로 볼 수 있다고 말한다. 예컨대 살고자 하는 의지를 "나무 위에서 살고, 그 가지들에 매달리고, 그 잎사귀를 먹고 싶어 하는 갈망이 채운다. 이는 땅을 밟으면서 다른 동물들과 싸우지 않기 위해서다. 이러한 욕구가 무한한 시간을 거치는 가운데 나무늘보의 형태(플라톤적 이데아)로 나타났다." "먹이를 구하기 위해 이 동물이 영위하려는 생활방식은 자신의 사냥터를 미리 정하는 것이다. (…) 이는 사냥꾼과 다르지 않다. 사냥꾼은 사냥을 떠나기 전에 모든 사냥 장비, 이를테면 엽총·산탄·화약·사냥포대·엽도 등을 포함해서 자신이 누비고 다닐 숲에 어울리는 옷을 고른다. 그는 엽총을 들고 있기 때문에 야생 멧돼지를 쏘는 것이 아니라, 야생 멧돼지를 노렸기 때문에 새총이 아니라 엽총을 준비한다. 그리고 황소도 바로 뿔이 있기 때문에 들이박는 것이 아니라 들이박으려는 의지 때문에 뿔을 갖고 있는 것이다." 이렇듯 몸을 만드는 것은 바로 정신이다. 이 얘기를 우리가 되풀이해서 자주 써먹을 수는 없는 노릇이다. 아무튼 인간이 실제로 원숭이에서 기원한다면, 그가 바로 인간의 속성을 가지게 된 것이 '더 잘 적응했기' 때문이 아니다. 그렇다면 그 속성을 도대체 무엇에서 취했을까? 그것은 바로 갈망의 마력을 통해서다. 원숭이들은 말을 할 수도 없고 웃을 수도 없다. 왜냐하면 그들은 이것을 대수롭지 않게 여기기 때문이다. 대신 그들의 성미에 맞는 흉내 내기와 재주 부리기는 아주 멋지게 구사한다.

다윈주의의 바울

다윈주의는 수많은 그 제자와 대개 얕게 연결되어 있을 뿐이다. 그도 그럴 것이 그 스승에 대해 써놓은 자그마한 논문집들이, 아주 편협하고 그래서 유달리 거만한 지성들에 의해 틀린 데다 재미까지 없는 체계로 구축되어 있기 때문이다. 많은 사례 가운데 세 가지만 들어보기로 하겠다. 빌헬름 루[119]가 그 대표격인, 이른바 '발전메커니즘'에 따르면, '합목적적인 것'만 스스로를 관철하면서 계속 성장해 나갈 수 있고, 목적에 맞지 않는 것은 쇠약해지다가 사멸하게 (이때 정통 자연과학의 목적론이 웃음거리가 되는데) 된다. 그런데 이는 목적추구의 원인자에 의한 것이 아니라 순전히 기계적인 원인자로부터 비롯된다고 한다. 요컨대 이때의 합목적성은 목적이 없다는 것이다. 그러나 반대로 네겔리[120]의 『기계적 · 생리학적 진화론 (*Mechnisch-physiologische Abstammungslehre*)』에 따르면, 형태변화를 일으키는 것은 다윈주의의 사용원리(Nützlichkeitsprinzip)가 아니라 '완성원리 (Vervollkommnungsprinzip)'다. 이를테면 유기체는 목표를 향한 원리가 그 내부에 작동하기 때문에 완성단계로 나아간다는 것이다. 이는 그 자체로 스콜라철학의 냄새를 그대로 풍기며, 완성원리를 '고기를 골고루 굽기' 위한 회전구이 기구의 작동이라고 설명한 마르티누스 스크리블레루스[121]의 명쾌한 정의보다 더 나을 것도 없다. 또 다른

---

[119] Wilhelm Roux(1850~1924): 독일의 동물학자. 실험발생학의 창시자.

[120] K. W. von Nägeli(1817~1891): 스위스의 식물학자.

[121] Martinus Scriblerus: 주로 아버스노트(J. Abuthnot)가 쓰고 스위프트(Swift)와 포프(Pope) 등이 가필하기까지 한 당대의 저속한 취미를 풍자한 책, 『마르티누스 스크리블레루스의 회고록(Memoirs of Martinus Scriblerus)』의 필명.

한편 바이스만[122]의 원형질 이론(Keimplasmatheorie)은 획득형질유전론을 부정한다. 하지만 사람들은 이렇게 묻기도 한다. 만일 유전되는 획득형질이 아니라면 도대체 선택은 무엇에 의존한단 말인가? 그러나 다윈주의의 의미에서 적응은 개체가 살아갈 때 변화를 일으키도록 영향을 주는 외부의 자극을 통해서만 일어날 수 있는 일이다. 변종이 원형질로 전이될 수 없다면, 변종들은 개체의 죽음과 함께 사라질 수밖에 없다. 여기서 이제 바이스만은 터무니없게도 자연선택은 "생식세포 안에 잠복하고 있는 유용한 형질의 맹아"에 의존한다는 식으로 설명하기에 이른다. 말하자면 "이미 원형질 속에 잠재적으로 내포된 유용한 변이 맹아"가 들어 있다는 것이다. 이 맹아가 자연선택 때 이용된다고 한다. 그런데 바로 이 생식세포 속에 어떻게 그런 맹아가 들어가게 되는가 하는 것은 수수께끼로 남아 있다. 그의 원형질 이론에 따르면, 선택의 기능은 이미 형질이 이롭게 변화되어 있기 때문에 이롭게 변화를 일으킨다는 점에 국한되어 있다. 이렇듯 동어반복의 속 빈 지푸라기 대롱을 갖고 노는 것이 모든 신학과 형이상학을 무익한 억지 부리기와 말장난으로 치부하는 '정밀과학'이라는 것이다.

그러나 우리가 보았듯이 실제로 다윈주의도 변증법적 구조를 갖추고 있으며, 잘 다듬어진 신화학과 교의를 갖춘 일종의 종교이다. 이 종교의 바울은 에른스트 헤켈이었다. 전형적인 영국식 변덕과 고정관념을 빌려 영국식 사고의 전형적인 집요함과 광대함이 방법론적 학문체계를 만들어냈다. 헤켈은 이렇게 고집불통으로 지어진 모난 체계의 건물에 마음을 끄는 투명하고 밝게 과장된 건축술을

---

[122] August Weismann(1834~1914): 독일의 생물학자.

발휘하여 접근성을 좋게 하고 실내를 훤하게 함으로써 거의 거주할 만한 공간으로 만든 인물이었다. 보브나그르[123]가 "**위대한 생각은 마음에서 나온다**(*les grandes pensées viennent du coeur*)"고 말했다면, 사람들은 다윈주의에 기대어 "**위대한 생각은 엉덩이에서 나온다**(*les grandes pensées viennent du cul*)"고 말할 수 있을 법도 했다. 이렇듯 영국식 자연철학의 사상은 진땀을 빼 시효를 거둔 지 오래된 모양을 취했다. 반면에 헤켈에게 이 새로운 학설은 자신의 강인한 심장의 원기로 맞이해야 할 신성한 사명이자 매 순간 순교를 각오하고 설교를 하면서 온 세상으로 전파해야 할 복음이었다. 그는 다윈을 대중화시킨 단순한 전도사였던 것만 아니라 다윈의 이론을 새로운 면모로 발전시키고, 새로운 영역에 응용했으며, 새로운 법칙으로 포착하기까지 했다. 그런데 그가 추가한 이 새로움에서 (이에 대해 다윈은 대개 동의하지 않는다는 점을 표한 바 있지만) 그는 시인의 면모를 보여줬다. 이를테면 생생한 시적 감각을 지닌 인간만이 '발생 반복 원칙'을 수립할 수 있다는 식이다. 이 원칙은 모든 인간은 생물이 그 종족사의 수백만 년 동안 겪어온 모든 단계를 모성애를 통해 다시 한 번 겪는다고 가르친다. 우리는 우리가 세상의 빛을 보기 전에 이미 한 번 잠시 모든 것, 이를테면 원충 · 벌레 · 물고기 · 양서류 · 포유류 등으로 존재한 적이 있어서, 우리의 별에서 최초로 생명의 불꽃이 튄 이후로 바로 현세의 어떤 생물이 느껴온 모든 정신적 감흥의 유전자를, 모두가 신뢰하고 모두에게 친숙하며 모두와 동질감을 느끼게 하는 작은 편람처럼 숨을 내쉬는 우리 모든 피조물이 지니고 있다는 생각만큼 더 멋지고 더 위안이 되는 것이 있을까? 그러나 헤켈에 의하

---

[123] M. de Vauvenargues(1715~1747): 프랑스의 도덕가.

면, 바로 이 생명체도 어떤 갑작스러운 사건으로 생성된 것이 아니라 근본적으로 그렇게 항상 존재하고 있었다. 그것은 점차 더 자유로워지면서 환경의 제약에서 벗어나기 위해 더욱 독자적으로 고군분투하여 그 무렵 최정상, 즉 인간적인 자의식에까지 이르지만, 모든 생물, 심지어 죽어 있는 것처럼 보이는 생물 속에서도 졸고 있었다는 식이다. 이 또한 시인들이 하는 생각과 같은 꼴이다. 헤켈은 자신의 최후 저작에서 미와 균형을 통해 사람들에게 경탄을 자아내게 한 놀라운 크리스털 조형물조차도 영혼과 같은 것을 지니고 있어 영양을 섭취하고 분비물을 배출하며, 이 분비물에서 확연한 중독 증세를 관찰할 수 있고, 특정한 온도에서는 이 조형물들이 살아 움직이기도 하며, 심지어 그들 사이에서 일종의 짝짓기가 일어나기도 한다는 점을 입증하려는 일에만 온통 매달렸다. 놀랍게도 우리는 인류의 유치한 태곳적 신앙을 만나고 있는 셈이다. 바람과 구름, 강물과 불길이 신비주의자에 의해 생기를 얻고, 가장 근대적인 연구에 의해 논증되고 있는 모양이다. 이는 여든넷이라는 고령의 거장이 우리 앞에 다가와 꼭 현명한 고대의 어떤 마술사가 자신의 마술지팡이로 지금까지 완전히 죽은 것 같은 사람들을 살려내는 것과 똑같은 인상을 주었다. 그가 세상 사람들을 즐겁게 해준 개별 작품은 꼭 수정같이 속을 들여다볼 수 있었다. 요컨대 예리하게 깎고 멋지게 각을 잡아 조망도 좋고 간파하기도 좋다. 다만 철학만큼은 그가 다루기가 벅찼던 모양이다. 그러나 누구나 들고 다니는 그의 일원론 교리 입문서에 해당하는 『우주의 수수께끼(Die Welträtsel)』, 『생명의 불가사의(Die Lebenswunder)』, 『자연의 창조사(Die natürliche Schöpfungs-geschichte)』와 같은 작품들은 존재의 메커니즘을 꼭 장난감처럼 뗐다가 붙일 수 있는 조립품으로 믿는 그 어린애 같은 순진무구함 덕분에 약간의 감동을 주기는 한다. 여기에는 멋지게 분류하여 물처럼 투명하게 빛나는 교육 자료들이 넘쳐나기 때문에 그의 작품들은 그 보잘것없는 철학적 재질에도 불구하고 눈감고 넘어가줄만한 예술 작품과 같이 작용한다.

알 수 없음

그러나 대개, 그것도 가장 탁월한 독일의 자연연구자들의 경우 벌써 그 시대만 해도 온통 실증주의자 일색은 아니었다. 헬름홀츠는 요한네스 뮐러 경향의 칸트주의를 대변했다. 그는 총장 취임연설에서 다음과 같이 연설하는 것도 주저하지 않았다. "저로서는 인생을 꿈으로 관찰하려 했던 가장 극단적 주관적 관념론의 체계를 논박할 수 있는 일인지 모르겠습니다. 인생이란 생각하는 만큼 그렇게 개연적이지도 않고 충분히 이해되는 것도 아니라고 할 수 있을 법하기 때문입니다. ― 저는 이런 맥락에서 가장 완강하게 부정하는 쪽에 동의하고 싶습니다. ― 그러나 인생은 끝까지 살아볼만한 일이기는 합니다. 이 사실에 주목하는 것이 저는 대단히 중요하다고 생각합니다. (…) 우리는 현실론적 주장을 대단히 유용하고 정확한 가설 그 이상을 의미한다고 여길 수는 없습니다. 우리가 그런 가설에 필연적인 진리를 부여할 수는 없는 노릇입니다. (…) 인과법칙의 유용성을 보장할 길은 그것의 성과뿐인 것입니다." 이 때문에 그는 대노한 뷔히너 부류의 아파치들에 의해 '몽매인'으로 규정되기까지 했다. 그리고 논쟁적인 문학의 두꺼운 꼬리표를 달게 된 뒤부아 레몽의 유명한 연설, '자연인식의 한계에 대하여'는 훨씬 더한 분노를 일으켰다. 무엇보다 그는 그 연설에서 이렇게 말했다. "운동은 운동만을 야기할 수 있을 뿐입니다. (…) 기계적인 원인은 한갓 기계적인 결과만 낳을 따름입니다. 그러므로 물질적인 경위와 더불어 두뇌에서 동시에 일어나는 정신적 경위는 우리의 오성에 충분한 근거가 되지 못합니다. 그것들은 인과법칙 외부에 있으며, 그렇기에 이해할 수가 없는 일이지요. (…) 바로 그래서 탄소 원자·수소 원자·질소 원자·산소 원자의 수에 무감각할 수 없다고 말해도 늘 전혀 먹혀들지 않은 것입니다. 그것들이 어떻게 놓여 있고 어떻게 운동하며, 그것들이 어떻게 놓였고 어떻게 운동했는지, 그것들이 어떻게 놓이고 어떻게 운동할지 알 수가 없는 일입니다. 그것들의 공동작용에서 의식이 형성될 수 있는지 간파할 수 없습니다. (…) 물질세계의 신비를 대할 때 자연연구자들은 아무렇지도 않게 자신을 '무지한'이라고 말하는 데 오랫동안 익숙해져 왔습니다. (…) 그런데 물질과 에너지가 무엇이며, 그것들을 어떻게 생각할 수 있는지와 같은 수수께끼 앞에서 그는 어렵게 고민한 끝에 내놓을 평결에 단박 따르지 않을 재간이 없습니다. 그 평결이 바로 '알 수 없음(Ignorabismus)'입니다."

구스타프 폰 붕에[124]는 자신의 책, 『생리학 교본(*Lehrbuch der Physiologie*)』에서 자신의 물리학교수는 전기에 관한 강의를 다음과 같은 말로 시작했다고 소개한다. "전기와 자기는 이에 대해 아무것도 이해하지 못하는 사람들이 마음대로 설명할 수 있는 그런 자연의 에너지입니다." 이런 상황을 뒤부아 레몽은 자신의 전문영역인 생리학에서 정리했다. 그는 인간과 동물의 신체가 전기를 함유하고 있다면, 이 전기는 여타 자연의 물체에 들어 있는 전기와 마찬가지로 정확히 증명할 수 있고 측량할 수 있을 것이며, 그러한 한 전기는 과학의 대상일 수 있다고 스스로에게 말하곤 했다. 그러는 가운데 그는 이제 그 같은 생각을 아주 면밀한 방식을 빌려 (근육 및 신경의 전기 작용에 관한 연구에서 그는 5000코일을 감은 배율기를 사용했

---

[124] Gustav von Bunge(1844~1920): 독일의 생리학자.

는데) 실행함으로써 물리학의 정밀한 방법을 자신의 전공분야에 도입한 최초의 생리학자가 된다. 그 영향력의 파장이 실로 엄청났다. 그도 그럴 것이 그로써 인간 신체를 대상으로 한 엄정한 과학적 실험에 헤아릴 수 없을 정도로 넓은 활동 영역을 열어준 셈이기 때문이다. 그런데 동시에 그는 바로 그러한 실험을 통해 동물 유기체에는 전기 에너지가 전반적으로 확산되어 있을 것이라는 이전 시대의 예견들이 실제 근거가 있는 사실임을 처음으로 반론의 여지가 없게 입증해 보였다. 자연과학의 역사에서 흔히 볼 수 있는 사실은 어떤 인식이 비교적 일찍이 이뤄졌다가는 곧 다시 버려지기 일쑤라는 것이다. 그 이유는 단순하다. 요컨대 새로 발견한 현상에 대한 **해명**(Erklärung)이 틀렸기 때문이라는 것이다. 그러나 나중에 가서 깨닫게 되는바, 사실이 완전히 옳은 것일 때가 있다. 동물 전기의 경우도 사정이 마찬가지였다. 이 책 3권에서 갈바니가 갓 박제된 개구리의 뒷다리가 그 근처에서 전기가 방출될 때마다 경련을 일으킨다는 사실을 관찰했음을 설명한 바 있다. 이 관찰을 통해 그는 개구리 뒷다리에는 전기가 흐른다고 주장하게 되었던 것이다. 이에 대해 볼타는 개구리 뒷다리는 민감한 검전기 역할만 할 뿐이라는 사실을 입증했다. 이것이 맞는 주장이지만, 갈바니의 주장도 옳았다. 다만 그는 그 역할을 잘못 논증했을 뿐이었다. 덧붙이면 이미 8년 전에 존 월시[125]는 전기가오리가 완전히 특정한 기관에서 전기를 만들어내며, 그리고 그 기관을 통해 강력한 감전 작용을 일으킬 수도 있고, 이때 발생한 전기를 철사로 유도할 수 있다는 놀라운 사실을 발견하기도 했다. 뒤부아 레몽은 여기에서 실마리를 찾았다. 그는 이 같은 어종

---

[125] John Walsch(1726~1795): 영국의 과학자.

이 물을 통해 전도되는 전기 유도감전에 면역성이 있다는 점을 확인해주면서 인간의 근육에도 소위 '동작 전류(Aktionsstrom)'가 발생한다는 사실을 입증했다. 그는 신경계에서도 동일한 성공을 거뒀다.

이런 성공의 인상을 풍기는 가운데 뒤부아 레몽은 모든 생명활동을 특정한 힘, 즉 **생명력**(vis vitalis)으로 환원시키는 이론, 이른바 생기설(Vitalismus)의 핵심 선구자가 된다. 화학자 뒤마[126]가 모든 생명 현상의 진정한 원인은 '**신비적인 힘**(force hypermécanique)'에서 찾을 수 있다는 명제를 수립한 이후 이름난 거의 모든 연구자가 개인마다 조금씩 다르긴 하지만 그와 같은 동일한 관점을 대변했다. 리비히는 당시 온 세상 사람이 열렬히 읽은 그의 책 『화학 통신』에서 어떤 설탕 미립자도 그 분자들을 통해 인공적으로 구성할 수 없으며, 그것을 형성하려면 특별한 생명력이 필요하다고 말한다. 그러나 뒤부아 레몽이 물리적으로 설명할 수 없는 생명 현상이란 있을 수 없다는 입장을 (이는 이미 라마르크가 주창했지만 이를 따르는 이라고는 얻지 못한 관점인데) 취했을 땐 당연히 너무 멀리까지 나간 꼴이 되고 말았다. 그러나 이때 그는 물리학의 법칙만을 좇은 것은 아니었다. 말하자면 그 반동의 법칙도 따른 것이다. 그런데 자연철학자들은 이 같은 반격을 두고 기껏 있을 수 있는 일로 치부할 정도로 자신들의 신비적인 '생명력'을 갖고 놀았다. 하지만 오늘날 대부분의 생리학자는 중개적인 관점을 취하는 경향이 있다. 이런 관점은 클로드 베르나르[127]가 생명 현상에 대한 자신의 고전적 연구를 마무리한 다음과 같은 요약에 포함되어 있다. "**현상의 최종 요소는 물리**

---

[126] J. B. Dumas(1800~1884): 프랑스의 화학자.
[127] Claude Bernard(1813~1878): 프랑스의 생리학자. 생물체는 여러 물질로 구성된다고 주창함.

학이며, 그것을 배열하는 것은 생명이다(*l'élément ultime du phénomène est physique, l'arrangement est vital*)." 그러나 적지 않은 연구자가 생기설로 되돌아가기도 했다. 예컨대 지능을 갖고 태어난 '우성인자'를 생명현상의 원인자로 간주하는 요하네스 라인케가 그렇고, 개별 세포에 영혼을 부여하는 카를 루트비히 슐라이히[128]도 그렇다. 붕에도 기계론적 학파에 대해 완전히 의심하는 태도를 보였다. 뒤부아 레몽 역시 우리가 살펴보았듯이 그 같은 학파에 대한 회의론자였다. 그는 자신의 학문의 궁극적 물음에 대한 최종 판단을 내리진 않고, 인식마다 새로운 문제가 있기 마련이라고만 여겼다.

스펙트럼 분석

또 다른 분야에서도 자연과학은 이론 및 실천적 진보를 내보였다. 1868년 염료 식물의 색소인 알리자린을 본래 식물 자체에서 추출할 때보다 훨씬 더 순수한 형태로 드러내는 합성 기술을 성취하기에 이른다. 50년대 말엽부터 지칠 줄 모르고 바다 건너편으로 무선 타전의 가능성을 타진하면서 (구타페르카[129]로 절연 처리된) 동선(銅線)을 깔았다. 그러나 곧 다시 피복이 벗겨졌다. 1866년에 이르러서야 미국과 영국을 잇는 영구적인 케이블을 설치하는 데 성공할 수 있었다. 그리고 영국은 이때부터 자신의 식민지로 연결할 해양횡단 전신망을 경쟁적으로 확장 구축해 나갔다. 사진술도 무엇보다 천문학에도 유용하게 쓰일 바로 건판(乾板)이 발명된 이후로 비약적 발전을 보였다. 그도 그럴 것이 건판은 육안보다 훨씬 풍부한 빛의 인상을 집적할 수 있어 천체사진을 일종의 시간현미경처럼 만들어줌으로써 '눈에 보이지 않는' 수많은 항성과 혜성 및 성운을 사진으로

---

[128] Karl Ludwig Schleich(1859~1922): 독일의 외과 의사이자 작가.
[129] Guttapercha: 말레이시아 지방산으로서 구타페르카 나무의 유액을 건조시킨 수지. 절연체로 이용됨.

포착할 수 있게 했기 때문이다. 그러나 천체 연구에서 신기원을 이룬 것은 스펙트럼 분석이었다. 우리는 프라운호퍼가 그 형태를 정확히 그려낸 바 있는 태양 스펙트럼에 형성되는 검은색 띠를 발견했음을 이미 언급한 바 있다. 그 역시 수많은 항성이 다른 스펙트럼을 형성한다는 점을 알았던 것 같다. 여기에 이어 키르히호프[130]와 분젠이 1860년에 모든 물체는 저마다 자체 발산한 광선을 흡수한다는 사실에 의거하는 이른바 **스펙트럼의 전회**(Umkehrung des Spektrums) 방법을 이해하기에 이른다. 예컨대 나트륨 불꽃은 노란색을 발산하면서 탄다는 것이다. 주지하다시피 전체 색으로 이루어진 백색 빛을 나트륨 불꽃으로 통과시키면, 분광되지만 연속 스펙트럼을 형성한다는 사실을 알 수 있다. 물론 이때는 검은색 띠가 노란색 띠를 대신한다. 이런 방식으로 해서 단순 기체는 물론이고 복합 기체의 화학적 성분도 스펙트럼의 띠의 수와 위치에 따라 규정할 수 있게 된다. 그것도 대단히 정확히 말이다. 나트륨의 경우 대략 30만 분의 1밀리그램으로까지 분광할 수 있다. 벌써 같은 해에 분젠은 이 같은 방식을 통해 지금까지 알려지지 않은 두 가지 원소를 발견했다. 그것은 곧 세슘과 루비듐이다. 한편 키르히호프는 태양의 대기를 탐구하면서 무엇보다 이 별의 금속 성분에 대한 지금까지의 추측을 실험으로 증명하는 철의 투지를 내보였다. 이를 통해 달은 태양과 정확히 동일한 스펙트럼을 내보이기 때문에 대기가 없고, 자체 발산하는 빛을 가지고 있지도 않으며, 금성·화성·목성·토성이 지구와 아주 유사한 대기에 둘러싸여 있다는 가정도 사실로 입증된다. 이 항성들

---

[130] G. R. Kirchhoff(1824~1887): 독일의 물리학자. 분젠과 함께 분광 분석의 기초를 다짐.

은 여러 스펙트럼을 발산한다. 어떤 것은 지구와는 다른 성분임을 말해주는 띠를 형성하고 있다. 그래서 그 항성들을 세 부류로 정리할 수 있었던 모양이다. 요컨대 태양 유형의 이른바 적색별과 황색별, 천랑성(天狼星: Sirius) 유형의 백색별이 그것이다. 이들 사이에 수많은 그 중간색의 별이 있다. 스펙트럼 분석의 도움을 빌려 별의 운동을 측량하는 데 성공하기까지 했다. 이는 물론 도플러[131]의 원리에 의존한 것이긴 하다. 이 원리에 따르면, 광원이 관측자 가까이 다가오면 시간의 단위에서 상당히 높은 빛의 파동수가 관측자의 눈에 닿게 되고, 멀어지면 그만큼 더 낮은 파동수와 접하게 된다. 그 색깔이 전자의 경우 보랏빛으로 나타나고, 후자의 경우 붉은빛으로 변한다. 왜냐하면 보랏빛 광선은 가장 미세한 파장을 가지는 반면, 붉은빛 광선은 가장 큰 파장을 갖기 때문이다.

생명의 형성

스펙트럼 분석이 있던 그해 파스퇴르[132]는 당시까지 공기 중 산소에 의해 작용할 것으로 추측해온 발효와 부패가 미생물이 일으키는 분열과 관계있다는 사실을 밝혔다. 그는 생명 출현의 수수께끼도 풀려고 했다. 생명이 어떻게 형성되는가 하는 물음에 대해서 주지하다시피 1,500년 동안 유럽에서 과학적 권위로 통한 아리스토텔레스도 습기가 차는 모든 건조한 물체와 건조되는 모든 축축한 물체가 동물을 생산한다고 설명하는 정도 외에 다른 대답을 제시하진 못했다. 그의 관점에 따르면, 꽃등에는 꽃에 맺힌 이슬에서, 나무좀벌레

---

[131] Ch. J. Doppler(1803~1853): 오스트리아의 물리학자이자 수학자. 그의 이름을 본떠 '도플러 효과'라는 원리로 유명함. '도플러 효과'란 파동을 일으키는 파원과 그 파동을 관측하는 관측자 중 하나 이상이 운동하고 있을 때 발생하는 효과를 말함.

[132] Louis Pasteur(1822~1895): 프랑스의 화학자·세균학자.

는 나무에서, 내장 기생충은 장의 내용물에서 생겨난다. 고대 시문학은 이 같은 관점을 전수받았다. 베르길리우스[133]는 『농경시(農耕詩, Georgica)』에서 썩어가는 고기에서 어떻게 애벌레가 생겨나는지 묘사한다. 과거의 수많은 편견을 청산한 종교개혁 시기의 인문주의자들도 이 점에서는 별로 혁신을 보이지는 못했다. 17세기의 가장 중요한 자연연구자 중 한 사람인 반 헬몰트(van Helmolt)는 밀가루와 더러운 셔츠가 담겨 있는 항아리에서 쥐가 생겨날 수 있다고 주장했다. 또 다른 자연연구자들은 사람들이 늪의 진창에서 개구리를, 강물에서 뱀장어를 어떻게 만들어낼 수 있는지 가르쳐줬다. 소위 생명이 완전히 자체적으로 생겨나는 과정을 자연발생(Urzeugung)이라고 규정지을 수 있다. 그러나 그 세기의 중엽 이후 이탈리아의 학술원 회원 레디[134]는 고기가 썩을 때 나타나는 구더기는 파리가 거기에 앉아 낳은 알에서 생겨난다는 사실을 입증해 보였다. 이때 그는 아주 간단한 도구를 이용한다. 고기를 고운 거즈로 감싸 구더기가 끓지 못하도록 했다. 이로써 점차 사람들은 그와 비슷한 모든 경우에서 원인과 결과가 뒤바뀌어 있다는 사실을 일반적으로 깨닫게 된다. 요컨대 썩은 사과에 벌레가 우글거릴 때, 부패가 벌레를 생기게 하는 것이 아니라 벌레가 부패하게 한 것이다. 그러나 현미경의 발명 이후 달인 액체(유기물에 물을 부어 달여 만든 액체 – 배양액을 말하는데)마다 매우 짧은 시간에 수없이 많은 미생물이 생겨난다는 사실을 발견했을 때 또 한 번 자연발생설이 고개를 쳐들었다. 뷔퐁처럼 탁월한 과학 천재와 같은 사람조차도 이 같은 학설을 두둔했

---

[133] Vergilius(BC 70~BC 19): 고대 로마의 최고 시인. 본명은 Publius Vergilius Maro.
[134] F. Redi(1626~1697): 이탈리아의 의사이자 시인.

다. 이 학설을 논박하려고 신부 스팔란차니[135]는 식물을 달인 액체를 플라스크에 부어 봉하고는 그것을 끓는 물 속에 집어넣었다. 그러고 나서 한 달 동안 플라스크를 그렇게 봉한 채로 눕혀 놓았다. 그리고 개봉했을 때 그 속에는 생명의 흔적이라고는 없었다. 이로써 적충류[136]가 공기에서 기원한다는 증거가 제시된 듯했다. 그리하여 끓이면 현존하는 맹아 상태의 생명이 파괴된다는 사실과 공기의 차단은 새로운 맹아의 출입을 차단하게 된다는 사실이 공공연해졌다. 그러나 게이뤼삭은 이런 주장에 이의를 제기하면서 플라스크에는 공기가 처음부터 거의 없었고, 그래서 적충류에게 필요한 산소가 결핍되어 있었으며, 이것이 적충류의 자연발생적 성장을 방해했다고 주장한다. 19세기 전반기 내내 다수의 자연연구자가 생명의 자연발생을 여전히 믿었다. 1859년만 해도 루앙(Rouen)에 있는 박물학 박물관의 관장이었던 푸셰[137]는 이 분야와 관련된 저서를 하나 출간했다. 그 책은 다음과 같은 말로 시작된다. "숙고와 실험 끝에 내게 완전히 분명해진 것은 자연발생이란 자연이 새로운 생명체의 생성을 위해 이용하는 수단 중 하나라는 사실이다." 적어도 가장 공평무사한 학자들조차도 이 문제는 풀 수 없는 일이라는 관점을 내비쳤다. 파스퇴르가 이 문제를 다루고 있다는 자신의 견해를 밝혔을 때, 그의 스승인 유명한 화학자 뒤마는 그에게 이렇게 말한다. "그 문제를 붙잡고 너무 오래 씨름하지 말기를 권하고 싶네." 그러나 그럼에도 파스퇴르는 대단히 의미심장한 실험을 통해 공기에서 적충류의

---

[135] Lazaro Spallanzani(1729~1799): 이탈리아의 생리학자.
[136] 滴蟲類: 건초 따위에서 스며 나오는 액체 속에서 나타나는 작은 벌레를 말하며, '원생동물 섬모충강'이라고도 함.
[137] F. A. Pouchet(1800~1872): 프랑스의 생물학자.

맹아가 탄생하도록 하는 데 누가 봐도 인정할만한 확실한 성공을 거뒀다. 이때 이후로 적충류의 맹아가 다른 모든 유기물과 유사한 방식으로 탄생한다는 사실에 대해 더 이상 의심하는 사람이 없었다.

그러나 이로써도 이 문제가 세상에서 완전히 사라진 것은 아니었다. 왜냐하면 다음과 같은 문제가 남아 있었기 때문이다. 즉, 지구에서 **최초의** 생물이 어떻게 생겼는가? 일련의 저명한 연구자에 포함되는 이들은 이렇게 응수한다. 언젠가 일어난 자연발생을 통해서라고 말이다. 이에 대한 견해들도 전과 다름없이 첨예하게 대립한다. 파스퇴르가 자신의 연구 결과를 두고 "자연발생설은 우화다"라는 말로 요약했을 때, 네겔리 교수는 이렇게 응수한다. "자연발생을 부정하는 것은 기적을 선전하는 것과 같은 일이다." 뒤부아 레몽은 이렇게 말한다. "지구에 생물의 최초 출현은 참으로 까다로운 기계론적인 문제이다."

이 같은 문제를 해소할 방법에 대해 생리학자 에두아르트 플뤼거[138]는 좀 더 정확히 설명한 바 있다. 플뤼거는 주지하다시피 모든 유기물을 구성하는 살아 있는 단백질과 죽은 단백질을 구분한다. 그의 관점에 따르면 살아 있는 단백질의 성분은 각각으로서가 아니라 결합 형태로서만 볼 수 있고, 칼륨과 결합하여 누구나 청산가리로 알고 있는 물질인 탄소 원자와 질소 원자로 구성된 시안(CN)이다. 이제 특별히 의미 있는 것은 실험실에서 인공적으로 할 수 있는 시안의 모든 결합이 우리 지구가 한때 발산한 그 온도에 버금가는 백열로도 가능하게 되었다는 사실이다. 플뤼거는 이렇게 말한다. "그러니까 생명은 불에서 시작된 것이다." 지구 표면이 냉각되어온 측

---

[138] Eduard Pflüger(1829~1910): 독일의 생리학자.

량할 수 없을 만큼 오랜 시간 시안은 다중 인자의 형성(원자결합)의 그 강력한 경향을 드러내면서, 산소와 물과 소금의 동시 작용 아래서 살아 있는 물질인 바로 그 단백질로 변화를 일으킬 기회가 수없이 많았다. 적어도 이 이론을 통해서, 말하자면 지금과는 완전히 상반된 조건이 지배한 시대에 생명이 어떻게 가능했던가 하는 **하나의** 까다로운 물음이 해소되었다는 점을 인정할 수밖에 없게 되었다. 요컨대 생명은 늘 어디서든 가능하다는 것이다. 따라서 천문학자들이 다른 대부분의 천체는 불편할 것으로 추측하는 일만으로 그곳에는 생물이 살 수 없다고 명백히 주장했을 때, 이는 유치하기 짝이 없는 일로 비치게 된다.

작열하는 시안결합의 또 다른 운명에 대해 헤켈은 좀 더 상세하게 설명한다. 그의 가설에 따르면 먼저 좀 더 큰 분자 무리가 형성되고, 그리고 이 무리는 또다시 훨씬 더 광범위한 집합체로 응집하려하는 가운데 동질의 알갱이 형질을 구성하게 된다. 이 알갱이 형질이 밀도가 높아지면 구형의 형질로 변한다. 이 구형 형질은 표피의 팽창이나 화학적 원인에 의해 껍질 층과 핵 알갱이로 분화한다. 이로써 세포 모양을 한 최초의 생물이 생겨난다. 생물이 이 같은 방식의 더 진척된 발전 과정을 밟았을 것이라는 가정이 다윈으로 이어진다. 그러나 다윈은 우리가 언급하지 않을 수 없었듯 생명의 발생 문제와 관련하여 어떻게든 확정적으로 표현하는 것을 명확히 거부해왔다.

그러는 사이에 매우 탁월한 자연연구자들은 자연발생설에 명확히 반대했다. 이를테면 여기에는 예컨대 유기적인 물질과 무기적인 물질은 둘 다 영원히 같은 것이라고 설명하는 헬름홀츠와 유기적인 것이 무기적인 것보다 더 오래되었을 것이라는 가설을 세운 페히너[139]도 포함된다. 그리고 뛰어난 스웨덴의 천문학자 스반테 아레니우스[140] 역시 자연발생설에 반대되는, 이른바 '범종설'[141]이라는 이름으로 알려진 이론을 새로이 발전시켰다. 이 학설에 따르면 생명의 씨앗들이 전 우주로 분산되어, 그것들이 성장할 환경이 되는 어떤 천체에 도달하기까지 무한한 공간 안에서 이리저리 둥둥 떠다녔다. 아레니우스는 이 유기체들이 태양의 복사압만으로도 우주 공간으로 떠밀어내기에 충분할 만큼 작다고 생각한다. 이로써 생명의 형성에 대한 물음이 지구로부터 우주로 옮겨갔다. 이 같은 문제에 대해 유일하게 올바른 태도 표명은 뛰어난 고생물학자 에드가르 다케[142]의 최근 작품에 잘 기술되어 있다. "그러한 물음에 대해 외형적·피상적인 대답이 아니라 실로 진지한 대답을 찾다보면 형이상학으로 넘어갈 수밖에 없다."

세포 이론은 요한네스 뮐러의 제자 중 하나인 에른스트 브뤼케[143]에 의해 발전적으로 구성된다. 그는 이렇게 설명한다. "나는 세포를 우리가 이제 더 이상 나눌 수 없는 물체를 원소라고 부를 때처럼 원소 유기체라고 부른다." 그러나 여기에 그는 조심스럽게 덧붙인다. "원소는 쪼갤 수 없다는 것이 거의 증명되지 않은 만큼 아마 세포들 자체가 더 작은 다른 유기물들로 구성되어 있을 가능성 역시 거의 부정할 수 없다. 더 작은 유기물들이 세포들과 맺는 관계는 세포들이 유기체 몸통과 갖는 그것과 흡사하다. 그러나 지금까지

세포병리학
과
정신물리학

---

[139] G. Th. Fechner(1801~1887): 독일의 물리학자·심리학자.
[140] Svante Arrhenius(1859~1927): 스웨덴의 물리학자.
[141] 汎種說(Panspermie): 포자 가설 또는 배종 발달설이라고도 함. 생명체가 어느 행성에서 다른 행성으로 전파되어 발생했다는 학설.
[142] Edgar Dacqué(1878~1945): 독일의 고생물학자 겸 신지학자.
[143] Ernst Brücke(1819~1892): 독일의 생리학자.

우리는 이것을 가정할 어떤 근거도 마련하지 못했다." 그는 세포를 '미세한 동물 신체'로 규정하고는 세포내용(Zellinhalt)은 '가장 정교한 구조'를 하고 있다고 확신한다. 그 응집상태를 두고서 그는 이렇게 말한다. "세포내용이 액체 상태에 있지 않다고 생각하는 우리가 그것이 고체 상태에 있다고 믿는 것이 아닌가 하고 묻는다면, 우리는 그렇지 않다고 말할 것이다. 그렇다면 그것이 액체 상태에 있느냐고 묻는다면 이때도 역시 우리는 그렇지 않다고 대답할 것이다. 물리학에서 통하는 방식의 고체와 액체 상태라는 명칭이 우리가 여기서 다루는 이 형상물에는 적용할 수가 없다." 엄밀히 말해, 이 같은 확신에 따르면 세포를 마지막 단위의 원소라고 더 이상 말할 수 없는 일이다. 그러나 그럼에도 세포 이론이 매우 유익한 연구 가설이라는 사실이 입증되었다. 이에 대한 가장 빛나는 증거를 제시한 것이 1858년 루돌프 비르초프[144]가 정립한 세포병리학(Zellularpathologie)이다. 그에게는 모든 동물이 "생기가 들어 있는 단위의 총합"으로 비쳤다. "그 단위들 각각은 완전한 생명의 속성을 담고 있다." 그것은 "일종의 사회조직, 말하자면 개개 실존들의 덩어리가 서로에게 의존하는 일종의 사회적 유기체"인 것이다. "그러므로 실제로 실존하는 신체의 좀 더 중요한 부분, 요컨대 '제3신분'에 해당하는 것이 있다는 사실을 인정해야 한다는 주장은 결코 불합리한 것이 아니다. 그리고 이렇게 인정할 때 신경은 전체를 조직하는 단순한 장치로, 혈액을 단순한 액체 물질로 단순히 보는 관점으로 만족하지 않고 피와 신경조직 안에도 무수한 양으로 미세하게 활동하는 핵이 있다는 사실을 인정하기 마련이다." "이 모든 경우에서 혈관의 특수한

---

[144] Rudolf Virchow(1821~1902): 독일의 인류학자이자 병리학자.

활동보다 원소들의 특수한 활동에 우세한 의미를 부여하고, 신경의 본질적 부위에 따른 국부적 과정에 대한 연구를 이 같은 활동 작용에 대한 연구로 방향을 잡는 것이 내게는 필연적인 것으로 보인다." 이런 민주적인 생리학은 유기체 전체의 생명을 결정적으로 규정하는 이른바 개별 '지부동맹'과 '노동조합'에 주목함으로써 의학에서 방향을 완전히 새롭게 수립하고 대단히 유익한 결과를 끌어내는 그 시기를 앞당겼다. 그러나 그것도 모든 새로운 교의가 그렇듯 인간 유기체 역시 엄격한 군주정처럼 위계적으로 조직되어 있다는 사실을 망각함으로써 일면성을 드러냈다.

당시 실용의술 분야에서 이룩한 가장 의미 있는 두 가지 성과를 꼽는다면 그것은 검안경과 방부제다. 전자의 경우를 두고 그 발명가 헬름홀츠는 이렇게 말한다. "검안경은 내가 김나지움 시절에 광학에 대해 배운 것보다 더 넓은 지식을 요구하는 것이 아니었다. 그래서 다른 사람들이나 나 자신이 검안경을 좀 더 일찍 발명하지 못할 만큼 우매했음을 생각해보면 지금은 웃음이 터질 것만 같다. 말하자면 중요한 것은 어두운 후안방을 밝게 볼 수 있게 하는 동시에 망막의 모든 것을 자세히 볼 수 있게 하는 렌즈의 조립이다. 이로써 확대경 없이 눈의 피막 부위를 볼 때보다 눈을 훨씬 더 자세히 들여다볼 수 있게 된 셈이다. 그도 그럴 것이 투시력 있는 렌즈가 20배 확대경을 대신했기 때문이다." 방부제는 파스퇴르가 부패균을 발견한 것의 직접적인 결과였다. 이로부터 영국의 외과의사 조셉 리스터[145]는 성공적인 외상치료에 필요한 가장 중요한 조치는 세심한 살균일 것

---

[145] Joseph Lister(1827~1912): 영국의 외과의사. 소독을 통한 외과수술의 선구자로 통함.

이라고 생각했다. 이를 위해 그는 수술부위 전체에 석탄산 가루를 발랐다. 이 수술을 위해 그는 특수한 분말기, '탄소 스프레이(Karbol-spray)'를 제작하기도 했다. 단기간에 '리스터 제품'이 널리 보급되었으며, 이로써 수많은 수술에서 지금까지 생명에 위험했던 요소를 제거했다.

그 시절 자연과학의 새로운 전문 분야가 하나 생겼는데, 그것이 바로 실험심리학이다. 그 창시자는 에른스트 하인리히 베버[146]다. 그는 가까이 있는 사물을 만질 때 일어나는 촉각과 관련하여 신체 피부가 받는 감각 차이에 대해 최초로 정밀하게 연구하여 아래로 내려가는 감각의 등급 체계, 이를테면 혀끝·입술·손끝·손바닥·악수·팔·허벅지·몸통 등의 체계를 세웠다. 그는 압력 및 온도의 차이도 측량하여 다음과 같은 일반적인 결론을 끌어내기도 한다. 즉, 자극이 크면 클수록 자극에 의한 변화도 실제로 느껴지는 것보다 훨씬 더 크다. 예컨대 무게 40g을 들었다가 다음에 41g을 들었을 때는 그 차이를 겨우 확신할 수 있을 따름이다. 무게가 늘어났음을 확실히 인지하려면 400g의 경우 10g이, 800g의 경우 20g이 더 필요하다. 자극과 그것의 변동을 느낄 수 있게 하는 무게 증가 사이의 관계는 모든 경우 상수를 갖는다. 이 상수는 임의의 자극을 β로, 무게 변화를 $d\beta$로 표시한다면, 다음과 같은 공식 $d\beta : \beta =$상수로 표현할 수 있다. 이 같은 연구는 다른 분야에서 독창적인 철학자였던 구스타프 테오도르 페히너에 의해 더욱 진척된다. 그는 식물의 정신활동을 연구하면서 두뇌를 신과 인간 사이의 중간단계에 있는 의식적인 존재로 이해한다. 그의 기본 저서에 해당하는『정신물리

---

[146] Ernst Heinrich Weber(1795~1878): 영국의 물리학자이자 생리학자.

학의 기초(*Elemente der Psychophysik*)』에서 그는 감각역치 법칙을 수립한다. 이 법칙에 따르면, 첫째 모든 자극은 **감각역치**(Empfindungsschwelle)를 넘어서는 일정한 힘을 가질 때에 비로소 의식되며, 둘째 이 자극은 **차이역치**(Unterschiedschwelle) 때문에 다른 자극들과 확실히 구분된다. 그는 베버의 법칙을 다음과 같이 공식화한다. 감각의 강도는 등차급수를, 자극의 강도는 기하급수를 형성한다. 다시 말하면, 감각강도는 자극강도의 대수(Logarithmus)와 동일한 관계를 맺는다. 요컨대 감각은 최소 한계치를 단위로 볼 때 자극의 대수에 비례한다. 이러한 공식을 헬름홀츠는 수정을 통해 보완했다. 이를테면 그것은 매우 강렬한 자극이 가해지면 일정 수준의 상위 역치에 다다라 더 이상 감각의 차이를 느끼지 못하는 단계에 도달하기도 한다는 것이다.

코르티[147] 후작은 '달팽이'에는 청각신경의 섬유들로 연결되어 있는 수많은 미세한 금속판이 있음을 알아냈다. 눈이 사진기를 닮았 듯이, 귀는 피아노와 유사한 구조를 갖고 있다는 것이다. 이에 기초하여 헬름홀츠는 『음향감각론(Lehre von den Tonempfindung)』을 내세웠다. 이의 기본 사상은 우리가 듣는 것이 단순한 음향이 아니라 주도적인 기본음과의 협화음이라는 점과 관련 있다. 우리가 부르는 음색이라는 것은 공명하는 상음(上音)을 통해서 형성된다고 한다. 그는 여기에 음조의 세부적인 생리학적 심리학, 즉 화음의 미학 법칙과 다양한 역사적 · 민속적 조건에 의해 구성된 음악체계의 생리학적 심리학을 결합하여, 이 같은 분야에서 일찍이 찾아낸 표현을 가장 심오하고 가장 포괄적이게 만들었다. 브렘[148]의 동물생활도 일종의 실

---

[147] E. C. Corti(1886~1953): 크로아티아 출신 역사가이자 작가.
[148] A. E. Brehm(1829~1884): 독일의 동물학자이자 삽화작가.

험심리학이다. 1864년과 1869년 사이에 총 6권으로 출간된 그 작품은 독일인이어야 감행할 수 있는 인내심과 정확성, 애정과 완결성을 담고 있다. 에발트 헤링[149]은 모든 조직화된 물질은 원초적 유전 능력을 지니며, 여기에 본능 형성의 주요 원인이 있다고 보는 기억이론을 통해, 그리고 멘델[150] 목사는 식물이 선조의 형질을 전수 · 배척 · 혼합하는 매우 일정한 법칙을 갖고 있다는 사실을 보여주는 식물의 교배실험을 통해 다윈주의를 보완했다.

환경론　　다윈주의는 이폴리트 텐을 통해 문학에서 막강한 힘을 발휘했다. 텐은 자신의 새로운 방법을 이미 상당히 명확히 예고해준 라퐁텐과 리비우스에 관한 영민한 논문과 19세기 철학자들을 다루는 책으로 데뷔했다. 이 책은 지배력을 발휘하고 있던 유심론적인 절충주의와 그 지도자 빅토르 쿠쟁[151]을 상대하여 다채로운 풍자로 맞서고 있다. 1863년에 그의 『영국 문학사(Histoire de la littérature anglaise)』가 3권으로 출간되었고, 1년 뒤 그것의 결론에 해당하는 책, 『현대(Les contemporains)』가 나왔다. 통상적인 의미로 보자면 그것은 문학사라기보다는 영국인을 다루는 심리학에 가까운데, 화려하게 채색된 초상을 통해 위대한 시인들과 문인들을 예시하고 있다. 1864년 그는 파리 미술학교(École des Beaux-Arts) 미학교수로 임명되었다. 그곳에서 행한 그의 강연 요강이 『예술철학(Philosophie de l'art)』이다. 이 작품은 그리스 · 이탈리아 · 네덜란드의 문화를 담고 있는 매력적인 원정(遠征)

---

[149] Ewald Hering(1834~1918): 독일의 생리학자. 보색이론을 정립함.
[150] G. Mendel(1822~1884): 오스트리아의 식물학자. 완두콩의 교배실험을 통해 '우성'과 '분리' 및 '분리독립'의 '법칙'과 같은 이른바 '멘델의 법칙'을 만들어냄.
[151] Victor Cousin(1792~1867): 프랑스의 철학자이자 교육개혁가.

회화를 통해 증거 자료를 보강하고 생기를 더해주는, 말하자면 위대한 예술시대의 발흥과 본질 및 가치를 다룬 강령의 형식을 빌리고 있다. 그는 자신의 『피레네 산맥 탐험(Pyrenänreise)』과 『영국 통신(Briefen über England)』을 통해 그 민족과 그 나라의 돋보이는 독창적 성격을 그려낸다. 그러나 그의 모든 작품에서 그의 실제 모습을 읽어낸다면 그는 무엇보다 천재적인 여행 소묘가인 셈이다. 1875년 그의 『현대 프랑스의 기원(Les Origines de la France contemporaine)』, 제1권인 『앙시앵 레짐(L'ancien régime)』이 출간되었고, 이어서 혁명과 나폴레옹에 관한 2, 3권이 나왔다. 그는 서문에서 이렇게 말한다. "현대 프랑스의 사정이 어떠한지 이해하려면 그것이 어떻게 형성되었는지 알아야만 한다. 앞 세기의 끝자락에서 프랑스는 꼭 허물을 벗는 곤충처럼 변태(變態)를 경험했다. (…) 세 단계, 즉 낡은 정권과 혁명, 그리고 현대적인 정권, 이에 대해 나는 역사 해부학자로서 정확히 묘사하고자 한다. 다른 목적을 추구하진 않을 것이다. 나는 나의 대상을 자연연구자가 곤충을 다루듯 다룰 것이다." 그러나 역사를 부흥시키는 마력에서는 이미 자신이 능가했지만 그가 자신의 모범으로 삼은 탁월한 인물은 알렉시스 드 토크빌[152]이었다. 토크빌은 1856년에 출간한 자신의 저서, 『앙시앵 레짐과 혁명(L'ancien régime et la révolution)』에서 경탄을 자아내게 하는 사회심리학적인 판단과 투시력 있는 풍부한 직관을 통해 최초로 프랑스 혁명에 대한 병적 원인과 진단을 소명하려 했다. 그는 이렇게 말했다. "나는 환자를 죽게 만드는 질병에 대해서만 연구하려 한 것이 아니라 그를 죽음에서

---

[152] Alexis de Tocqueville(1805~1859): 프랑스의 정치 철학자이자 역사가. "모든 나라는 자신의 수준에 맞는 정부를 갖는다"는 명언으로 유명함.

구원했을 법한 처방에 대해서도 연구하고 싶었다. 그래서 나는 죽은 기관에서 생명의 법칙을 탐색하는 그런 의사들처럼 처방을 탐색한 것이다. 나의 목표는 충실한 동시에 교훈적일 수 있는 형상을 그려내는 것에 있다." 이것이 토크빌과 텐 사이에 있는 공통점이다. 이들은 둘 다 교육적인 의도를 추구한다. 물론 그것은 수사학이라는 보조수단을 통해서가 아니라 생물학과 일종의 정신화학을 통해서 이루어진다. 텐은 말한다. "심리분석에서 모든 영역의 성분을 인식하려고 애쓰다보면, 서로 유사한 분자들이 각개 레토르트에 모인다는 점을 발견하게 된다. (…) 자연연구자는 한 동물의 상이한 기관들이 서로 의존한다는 사실을 목격해왔다. 비슷한 방식으로 역사가들은 한 개인, 한 인종, 한 시대의 상이한 성향들과 경향들이 서로 교류한다고 확신할 수 있다. (…) 자연연구자들은 동물왕국의 특정한 집단에서 모든 유에 따라 동일한 조직화 기획이 재발견된다는 사실을 확인시켜준다. 이를테면 개의 앞발, 말의 발, 박쥐의 날개, 인간의 팔, 고래의 지느러미는 해부학적으로 동일한 사지에 해당한다는 것이다. 이 사지는 가장 상이한 과제를 수행하기에 적합하도록 어떤 변형의 과정을 거쳤다고 한다. 비슷한 방법으로 역사가들은 같은 학파, 같은 세기, 같은 민족의 경우에서 사람들이 자신들의 상황·혈통·교육·성격과 관련하여 상반된 입장에 서 있을 때에도 모두가 하나의 공통적인 유형, 즉 타고난 재능과 성향의 핵을 드러낸다. 이런 재능과 성향은 확연히 구별되는 방식으로 요약되거나 발전된, 혹은 혼성적인 형태를 취하면서 그 집단의 전체성을 다종 형태로 구현한다." 그러니 "누구도 왜가리의 길고 가녀린 다리, 마른 몸통, 움직임 없는 그 태평스러운 자세를 두고 비난하지 않으며, 누구도 군함새[153]의 거대한 날개와 구부러진 발을 흠잡지 않는다.

왜가리에겐 마른 몸통이 아름다움이고, 군함새에겐 균형의 결핍이 아름다움이다. 전자나 후자의 특징들은 자연의 이념을 드러내고 있는 것이며, 따라서 자연연구자의 과제는 그것을 이해하는 일이지 비웃는 일이 아니다. 그는 그들의 다양한 모양을 인정하고, 어떤 모양도 비난하지 않으며, 그 모양을 모두 자세히 기술한다." 텐은 네 가지의 대수학적인 요소, 즉 인종학적 · 사회학적 · 역사적 · 생물학적 요소, 다시 말해 '**인종**(*race*)' · '**환경**(*milieu*)' · '**계기**(*moment*)' · '**애인의 능력**(*faculté maîtresse*)'에서 자신의 문화심리학적 등식을 구성했다. "악덕과 미덕은 다같이 황산염과 설탕처럼 화합물이다"라는 그 유명한 문장은 그가 오직 갈리아 민족의 신앙고백만을 공식화한 꼴이었기에 프랑스에서 비록 극도로 부당하긴 했지만 심한 원성을 산 『영국 문학사』 서문에 나오는 말이다. 사실 텐은 데카르트 정신을 애인의 능력으로 이해하는 인종이 취한 극단적인 정신적 승리 가운데 하나를 그려내고 있는 셈이다. 여기서 데카르트 정신의 냉혹함으로 치장한 철학의 베르사유 궁전이 또 한 번 온전한 모습을 드러낸다. 곧 그것은 잘게 써는 해부와 조립하는 건축술의 정신이다. 이것이 머리카락만큼 예리하게 다루는 도구는 논리학자의 외과용 메스와 측량사의 컴퍼스다. 환경론이 프랑스에서만 태동할 수 있었던 또 다른 이유가 있었다. 이 학설을 어느 정도 정당하게 취급하는 막강한 사회적 환경이 프랑스에서만 조성된 것이다. 레오폴트 치글러[154]는 한 빼어난 에세이에서 이렇게 말한다. "현실의 어떤 사실을 두고 프랑스인들 사이에 횡행하는 관습적 관점은 우리 독일인들의

---

[153] 군함조과에 속한 새. 열대바다에 살며 크기가 약 1~2.5m에 달하는 큰 새.
[154] Leopold Ziegler(1881~1958): 독일의 철학자.

습성과는 정반대다. (…) 관습에 기원한 것이든 어쨌든 모든 현실에 대한 그러한 타고난 재능은 확장된 개념의 의미에서 사회화의 현상, 요컨대 개인들과 사물들을 묶어주는, 말하자면 이들에겐 공동체적 삶의 근거이자 조건을 의미하는 그 모든 것에 대한 시선을 점차 더욱 예리하게 다듬어준 듯해 보인다." 근본적으로 보면 이 역시 데카르트의 합리주의에서 흘러나오는 소리일 뿐이다. 이를 확인하려면 데카르트가 자신의 철학에서만큼 자신의 사적인 생활에서도 교회와 국가와 사회를 늘 상위의 권력으로 숭배해온 점을 상기하는 것만으로도 충분할 것이다. 프랑스에서는 인간의 동등한 모습, 말하자면 인간이 같은 주형틀에서 탄생했다는 점에 대한 신앙이나 미신이 항상 생활감정을 규정해왔다. 이 점에서 리슐리외와 로베스피에르, 라신과 루소가 완전히 하나가 되었다. 그러나 서로 완전히 다른 이 같은 인간 변종들이 보인 이런 암묵적인 동의는 다른 한편 이들에게 문화의 최고 업적을 성취할 능력을 부여한 원인이기도 했다. 이 프랑스인은 평생 단일 제복을 입고 다녔다. 물론 그 제복은 눈부시게 빛나는 유니폼이었다.

다윈주의가 정신의 본성을 폭로했다면, 텐은 불가피한 그 두 번째 걸음을 내디딘 셈이다. 그는 정신을 자연 현상으로, 도덕을 물리학으로 만들었다. 민족·문화·예술창작·천재의 형성은 기계적 계산 또는 기하학적 계산이 얽힌 복잡한 문제에 불과했다. 장치의 부품을 이해하면 도구를 모방해서 조립할 수 있으며, 방정식을 알면 도형을 그릴 수 있다는 것이다. 다른 모든 경우에도 이런 도깨비장난 같은 도식이 삭막하기 그지없는 우중충한 칠판에 쓰인 공식마냥 남아 있다. 그러나 텐의 양손에는 살과 피, 즙액과 태양, 색채와 광채가 넘쳐났다. 그는 문학적 인상주의의 철학자일 뿐만 아니라 인상주의의 가장 완벽한 대표 작가 가운데 한 사람이기도 하다. 그리고 프랑스에서만 가능한 일이 그에게 일어났다. 말하자면 소심하기 짝이 없는 외곬의 학자가 직관력이 가장 뛰어난 인간군의 형상과 동시에 언어마술사의 모습을 취한 것이다. 그리고 그에게서 볼 수 있는 또 하나의 면모는 예술에서 중요한 것은 지속성이 아니라 오로지 비전을 제시하는 힘이라는 관점이다. 그는 자신의 녹슨 네 개의 열쇠로 어떤 의심도 잠재울 매혹적인 광채를 뿜는 공상의 입상이 서 있는 방문을 열어 구경꾼을 깜짝 놀라게 했다.

이미 말했듯이 그의 문학창작 방법은 인상주의적 방식이다. 그것은 아주 강렬한 시선과 색감으로 집약된 수많은 '**의미심장한 작은 것**(*petits faits significatifs*)'을 교묘하게 구성한다. 이는 플로베르[155]가 취급한 방식과 같은 것이다. 플로베르는 본래 낭만주의에서 출발한다. 그의 감정의 전체 골격을 이루는 것은 '**삶에 대한 환멸**(*désenchantement de la vie*)'이다. 이것이 오로지 소소한 것들만 숭배하게 하는 무신론으로 얼어붙게 한 모양이다. 어두운 배경을 깔고 있는 그의 주제는 인간의 어리석음이고, 그의 예술작품은 거대한 해설집이며, 모든 식물과 동물의 표본실이고, 현세의 모든 제약성을 포괄하는 웅대한 형태학·생물학·생태학과 같다. 미완에 그친 그의 마지막 작품조차 그 체계적 형식에서 보면 오로지 이와 같은 것들을 다룬 듯하지만, 그는 여기서도 낭만주의에 대한 극단적인 상극의 모습을 취한다. 요컨대 그는 현실에 대한 일체의 양식화·미화·광내기, 말하

플로베르

---

[155] G. Flaubert(1821~1880): 프랑스의 소설가. 정확하고 치밀한 표현으로 프랑스 사실주의 문학의 창시자로 통함. 동의어는 존재하지 않으며 어떤 사물이나 현상을 정확히 표현하는 말은 오직 하나밖에 없다고 봄. 대표작으로 당대 부르주아 계층의 생활을 사실주의적으로 묘사한 『보바리 부인』이 유명함.

자면 현란한 색유리 일체를 단념하고, 인간을 보잘것없이 사소하고 관습에 사로잡혀 경멸스럽기까지 한 모습으로 그려낸다. 그의 작품 주인공들은 더 이상 영웅이 아니다. 그는 마치 곤충학자가 개미집이나 벌집을 설명할 때와 똑같이 자신의 세계를 과학적 논거에 입각해서 냉정한 태도로 그려냈다. 그는 단 한 줄의 주관적 묘사도 허용하지 않는다. 이를 두고 그 자신도 이렇게 말한 바 있다. "작가는 신이 우주에서 하는 것처럼 해야 한다. 여기서는 어디서든 현재이고 볼 수 없는 것이라고는 어디에도 없는 법이다." 그런데 작가는 아버지가 아들을 통해 살아가듯 자신의 창작물을 통해 살아간다는 점에서도 신을 닮지 않았는가? 이는 의심의 여지가 없다. 플로베르의 경우도 사정이 다르지 않다. 전대미문의 새로움, 즉 해부하는 비감성적인 그의 관찰방식 때문에 모든 예술가가 그렇듯 그의 경우에도 이해의 애정이 창작의 원리로 작동한다는 점에 대해 그의 동시대인들뿐만 아니라 그 자신조차도 몰랐던 것이다. 그의 부드러운 시적 영혼은 그의 작품의 눈부신 얼음궁전에 박혀 있었다. 꼭 그것은 곤충이 투명한 호박(琥珀)에, 건조된 밀이 왕의 무덤에, 유충이 빙산의 눈 속에 들어있는 것과 같은 모양이다. 그의 묘사가 이전이나 이후의 그 어떤 것보다 썩 더 객관적이지는 않다. 단지 그것은 순수 묘사가 훈계조의 서정주의 맥락에서 갖는 그런 상대적 객관성을 취하고 있을 따름이다. 니체는 그를 두고 이렇게 말했다. "그는 울림 현상이 있는 현란한 프랑스어를 고양했다." 이 말을 통해 니체는 비록 공격의 창끝을 겨누고 있긴 하지만, 빼어난 회화성과 음악성을 플로베르의 문학적 능력의 기본 특질로 치켜세웠다. 그의 산문은 지금까지 선례가 없는 어휘의 섬세함과 풍부함으로 짜여 있다. 그는 유럽 문학에서 최초의 위대한 외광파[156] 화가인 셈이다. 예컨대 그는 다음과 같이 말한다. "비둘기 빛깔의 명주로 만든 우산은 햇빛을 받아 반짝이며, 스치는 미광을 흩뿌리면서 그녀 얼굴의 하얀 피부를 밝게 비추었다. 그녀는 우산 아래서 온화한 자태로 미소를 지었다. 그리고 물방울이 팽팽하게 늘어난 물체에 한 방울씩 차례로 떨어지는 소리가 들렸다." 혹은 이런 문장도 있다. "가로수에는 무성한 잎의 물기를 머금은 푸른빛이 그녀가 딛는 걸음에 눌려 바사삭 소리를 내는 장밋빛 이끼를 밝게 비췄다. 태양이 저물고 있었다. 하늘의 놀이 나뭇가지들 사이에서 붉게 타오르고, 수평으로 심어놓은 듯 비슷한 키로 솟아오른 나무 둥치들이 금빛 바탕에 서 있는 갈색의 입상들처럼 보였다." 밤낮으로 몰두하게 한 그의 우상은 산문의 '**완전무결함**(*impeccabilité*)'이었다. 그는 매일 한두 장을 썼지만 종종 한두 문장만 쓸 수 있을 뿐이었다. 이 문장을 쓰고 다듬느라고 늘 번번이 땀을 흘렸다. 어떤 때는 단 한 쪽을 마무리한답시고 4시간을 씨름했으며, 잠자리에 들기 전에 끝내고 기쁜 마음으로 잠을 자고 싶어하기도 했다. 그러나 문장이 좋지 않다는 생각이 들면 잠자리에서 벌떡 일어나 문장을 다듬느라고 셔츠바람으로 겨울의 찬바람을 맞으며 밤을 꼬박 새웠다. 지칠 줄 모르고 그는 자유 수도원의 밀실에서 자신을 학대할 정도로 애를 썼다. 파게[157]가 이렇게 부른 바 있는 이 문학의 수도승은 전문 학자처럼 예비 작업도 현재의 일로 삼아 탐방여행을 일삼았다. 지역을 탐방하기 위해 만화 잡지, 재판기록, 풍자잡지, 여성잡지, 광고지, 주소록, 도로 지도 등을 샅샅이 뒤졌다.

---

[156] 外光派(Freilicht): 햇빛에 비추어진 자연의 색채를 직접 묘사하고자 옥외에서 제작하는 화파(畫派)를 통틀어 이르는 말. 인상파 화가가 자연광을 살리기 위해 옥외에서 그림을 그리면서 나온 말임.

[157] E. Faguet(1847~1916): 프랑스의 작가이자 문학 평론가.

그는 퇴고와 퇴고의 퇴고로도 만족하지 않았다. 그에게 작품이란 서서히 '완전해질 수 있는 것'처럼 보인 모양이다. 그래서 그는 감각적 음향효과를 실험하기 위해 작품을 혼자 큰 소리로 읽기도 했다. 분명 그는 지나칠 정도로 예술적 섬세함을 추구했다. 표현의 변화무쌍함을 심히 엄격하게 살핀 탓에 같은 면에 동일한 어휘가 두 번 나오는 적이 없고, 한 문장에 같은 철자가 두 번 나오는 경우가 없다. 그의 엄격한 화음론과 강약법은 일종의 음성 장식과 어휘 모자이크 효과를 종종 불러일으킨다. 그것은 비잔틴 시대의 화려한 유리장식 효과와 같은 것이다. 그에게는 발자크에게서 볼 수 있는 것과 똑같은 일에 대한 열광이 있다. 물론 이때의 열광은 귀족티가 나며, 놀이나 취미와 같은 자체 목적으로 승화되어 있다. 그와 이 천재 평민을 비유하면 부드러운 고급승용차와 꺽꺽대는 증기동력 쟁기와 같다. 7월 왕정의 사회와 제2제정의 사회 사이에는 이미 눈에 띄는 차이가 있다.

부도덕한
작가

　　현존재에 만족하지 못해 간부(姦婦)가 된 한 시골아낙의 전기로서 1857년에 출간된 플로베르의 처녀작 『보바리 부인(Madame Bovary)』은 그 음란성 때문에 작가가 고발당한다. 그러나 실은 그의 은폐된 도덕론이 폭로하려 한 것은 소시민성이었다. 이 작품이 야기한 분노는 그의 광학이 보인 새로움에 근거할 때에만 설명할 수 있다. 여기에, 정말이지 바로 여기에 플로베르의 '부도덕함'이 있었다. 세계를 보는 근본적으로 새로운 관점이 '분해하는' 작용을 일으키면서 긴밀한 연대성을 쪼개고, 친숙한 관계들을 갈라놓았다. 그가 더 이상 필요하지 않은 후대의 시대들은 과거의 작가를 썩 잘 평가하곤 하면서, 학교에서 그를 배우게 하고, 그를 통해 살아 있는 작가들을 때려잡으려 한다. 그러나 그가 필요한 그의 동시대인들은 그를 분해하는 자라고 불렀다. 실제로도 그는 모든 효소가 그렇듯 그렇게 했다. 그의 예리한 질문은 '목하(Jetztzeit)'가 편안하게 기거하고 있는 정신적 토대의 금과 균열 사이로 파고들어 그것을 부드럽게 침식하면서 붕괴시키고 갈라놓는다. 아무튼 이 작가는 시대의 소금이라고 말해도 무방할 법하다.

마네[158]는 아스파라거스 한 묶음을 그림으로 그렸다. 당장 욕설과 협박, 저주가 분수처럼 쏟아졌다. 완전히 비참한 아스파라거스 꼴이 된 것이라고 인정할 수밖에 없다. 그러나 그가 야기한 증오와 분노와 경멸의 폭발을 두고 뭐라고 설명할 수 있을까? 채소 하나도 마음대로 그릴 수 없다면 인류의 가장 성스러운 자산에서 무엇이 손상을 입었다고 할 수 있을까? 입센의 작품들도 『유령들』에서 보이는 마비증세 같은 것을 예외로 하면 '과도한' 장면이라고는 없는데도 일부 금지 조치되기도 했다. 그런데 그것이 실러·단테·셰익스피어의 조야함에 비할 바나 되었던가? 여기서 보게 되는 것은 천재의 작품이 누구에게나 미치는 그 비밀스러운 영향이다. 그것은 사람을 끌기도 하고 반발을 사기도 하지만, 두 경우 동일한 마력을 일으키는 셈이다. 속물들도 농락을 당하여, 여기서 보이는 이 같은 발전이 새로운 강력한 동력을 받아왔을 것이라는 점을 본능적으로 느꼈지만, 기껏 충격만 감지했을 뿐 황망한 듯 화를 내고 비틀대며 뒷걸음질쳤다. 그들이 주장하는 대로 인상파 그림들이 실제로 조야하고 꼴사나운 색채덩어리에 불과했다면, 우산을 들고 그것에 덤벼들기보다 간단히 넘겨버렸을 것이다. 입센이 주더만[159]이 말하는 식으로

---

[158] É. Manet(1832~1883): 프랑스의 인상파 화가.
[159] Hermann Sudermann(1857~1928): 독일의 극작가이자 소설가.

혁명가였다면, 그는 모든 것을 감행했을 것이고, 그랬다면 주더만처럼 순간이나마 환대를 받았을 터다. 『민중의 적』 파리 초연이 끝난 직후에 당시 파리 문학의 교황으로 통한 프랑시스크 사르세[160]와 쥘 르메트르[161]가 커피집에 앉아 있었다. 갑자기 사르세가 말했다. "그렇죠, 난 이런 입센이 우스꽝스럽고 재능도 없다고 생각합니다. 그래서 선생은 나를 늙은 멍청이로 여기지요. 그런데 **선생**은 이런 직함을 내가 죽고 난 뒤에나 얻을 수 있을 게요." 이로써 선량한 늙은이 사르세는 자신이 예견한 것보다 좀 더 정확한 사실을 말한 셈이었다. 말하자면 '늙은 멍청이(altes Rindvieh)'란 청중을 새로운 것으로 안내하는 소위 지도적인 비평가라면 필히 얻는 직함처럼 보인다. 아마 작가 플로베르는 우리가 그 앞에서는 모두 늙은 멍청이를 따르는 무리로 보이게 할 요량으로 그렇게 태어났던 모양이다.

플로베르의 처녀작보다 훨씬 더 놀라움을 불러일으킨 것은 1862년에 나온 그의 위대한 역사소설 『살랑보(*Salammbô*)』이다. 이 소설은 카르타고 용병전쟁 시절을 배경으로 하고 있다. 기본적으로 여기서는 『보바리 부인』에서와 동일한 방법이 적용되고 있다. 그것은 곧 '**다큐멘터리의 정확도**(*exactitude documentaire*)'를 의미한다. 다만 여기서는 이국적인 소재가 좀 더 눈에 띌 뿐이다. 여타 사람들은 역사를 현재 인간의 관점에서 관찰했지만, 플로베르는 현재조차도 역사가의 시선으로 들여다봤다. 고통스러울 만큼 정확히 관찰하는 연대기 작가로서 그렇게 했고, 잊힌 관계들의 재구성자로서, 막힌 생명원천과 멀어진 존재형식, 그리고 생매장된 영혼 골동품의 재발견자로

---

[160] Francisque Sarcey(1827~1899): 프랑스의 저널리스트이자 희곡 평론가.
[161] Jules Lemaître(1853~1914): 프랑스의 극작가이자 평론가.

서 그렇게 했다. 세 번째 소설, 즉 여러 해 동안 고백하지 못한 사랑의 이야기로서 그 시작이 40년대로 옮겨와 있는 1869년의 『감정교육(L'Éducation sentimentale)』에서 그는 일상어를 유행어와 통속어로, 어투의 강약과 감성의 억양을 살린 이른바 '음역'이 있는 언어로 단한 세대 안에 조용히 바꿔내는 재주를 부렸다. 그러면서도 고루함의 경계에까지 여러 번 갈 만큼 섬세함을 고수했다. 『살랑보』에서도 매서운 눈길은 이따금 현미경이 되고, 무대는 박물관이 된다. 그러나 분석적인 멋진 심리학의 극치를 그는 1874년에 출간된 『성 앙투안의 유혹(La Tentation de Saint-Antoine)』에서 선보였다. 이는 실로 거창한 모노드라마이다. 성자 안토니우스의 몽상이 밤사이에 펼쳐지는 것이다. 이는 그처럼 순수한 창작자에게 전혀 어울리지 않을 법한 일이지만, 이를 근거로 그가 이 작품에서 종교의 실패를 상징화하려했다는 주장은 틀린 말이다. 플로베르는 무신론자다. 물론 이를 그가 밝힌 것은 아니다. 그의 관심은 오로지 정신이상 증세를 보이는 '환자'를 묘사하는 일에 가 있을 뿐이다. 생각할 수 있다면 추구해보려는 모든 면모가 단식과 철야기도와 자학으로 과민해진 이 은둔자 곁을 스치고 지나간다. 육욕·잔혹함·탐닉·권력욕 등등, 이모든 것이 신앙과는 먼 형태다. 여기에는 성서에 대한 의심, 이단, 다신교, 범신론이 작동한다. 결국 이런 현상 중 하나로부터 듣는 소리는 이렇다. "나의 왕국은 세상만큼 넓어서 내 욕망은 한계가 없다. 나는 계속 갈 길을 가면서 지성들을 해방시키고 세상을 저울질해볼 것이다. 두려움 없이, 연민도 없이, 사랑도 없이, 신도 없이 그렇게 할 셈이다. 사람들은 나를 두고 과학이라고 한다." 그러나이 악마는 더 나쁜 것도 말할 줄 안다. "세상이란 그저 사물들과 사건들의 영원한 흐름일 뿐이고, 가상이 유일한 참이며, 환영이 유일한 현실인지 아닌지 누가 알겠는가!" 마침내 밤이 끝난다. 낮이 솟아오르며, 황금빛 구름 사이로 태양의 창유리가 빛을 낸다. 그것은 그리스도의 모습을 하고 있다. 이 은둔자는 십자표를 그리고는 잠시 멈췄던 기도를 하러 되돌아간다.

1880년, 플로베르는 거의 누구에게도 애도를 받지 못한 채 죽었다. 많은 이는 그를 바보로 여겼고, 또 많은 이는 선생으로 간주했으며, 또 많은 이는 해로운 인물로 취급하기도 했지만, 그를 두고 모든 사람이 하나같이 생각한 것은 따분하다는 것이었다. 그런데 따분하다는 것은 프랑스에서는 사형선고나 다름없는 말이다.

르낭 예술과 과학 사이의 경계를 지워버린 것이 새로운 실증주의적 문학이 보인 아주 독특한 고유성이라고 할 수 있다. 플로베르가 일종의 역사연구자였던 반면에 (그의 『살랑보』는 학술적 주해를 포함하고 있는데) 에르네스트 르낭[162]은 일종의 소설가였다. 그의 주저는 텐의 그것처럼 '기원(origines)'에 대해서 다룬다. 그러나 이번에는 동시대의 프랑스가 아니라 기독교의 기원과 관련된 것이다. 이에 대해 그는 이렇게 말한다. "기독교 발생의 역사는 암흑의 시기, 이른바 지하활동의 시기까지 포함할 수밖에 없다. 그 시기는 이 종교의 최초 움직임에서 그 실존이 공공연한 것으로서 누구나 알고 있을 만큼 분명한 사실이 된 시점까지 이르는 영역이다. 이 같은 역사는 4부로 편성할만하다. 내가 이로써 출판하고자 하는 제1부는 새로운 숭배를 그 출발점으로 삼아온 사건을 다룬다. 그래서 1부는 오직 그 창시자인 숭고한 인물에 대해서만 다루고자 한다. 제2부는 사도들과 그 직접적인 제자들과 관련해서 다룰 것이다. 제3부는 기독교

---

[162] Ernest Renan(1823~1892): 프랑스의 언어학자 · 철학자 · 비평가.

가 서서히 발전하여 로마를 상대로 거의 항구적인 싸움을 벌이게
되는 안토니우스 치하의 기독교에 대해 설명할 것이다. 끝으로 제4
부에서는 시리아에 대한 황제의 섭정이 시작될 무렵 기독교가 이룬
의미 있는 진보에 대해 다루면서 안토니우스 시대의 교육체계가 어
떻게 붕괴되고, 고대문화의 붕괴가 어째서 불가피한 일이었는지 설
명해 보고자 한다." 그런데 그는 이 거대한 계획을 실제로 실행에
옮기기도 한다. 말하자면 『예수의 생애(*Vie de Jésus*)』에 이어 『사도들
(*Les apôtres*)』, 『성 바울(*Saint-Paul*)』, 『적그리스도(*L'Antéchrist*)』, 『복음서
혹은 기독교도 제2세대(*Les Évangiles ou la seconde génération chrétienne*)』, 『기
독교도의 교회(*L'Église*)』, 『마르쿠스 아우렐리우스와 고대 세계의 종
말(*Marc-Aurèle et la fin du monde antique*)』 같은 작품이 연이어 나온 것이다.
심지어 그는 다섯 권짜리 『이스라엘 민족사(*Histoire du peuple Israël*)』를
통해 기독교 역사에 기념비적인 초석을 놓기도 했다.

　슈트라우스의 작품보다 훨씬 더 큰 명성을 가져다준 그의 『예수
의 생애』는 1863년에 출간되었다. 그러나 같은 해에 그는 파리 대학
히브리어학과 교수직에서 해임되었다. 그것은 그가 앞서 2년 동안
수행해온 고대 페니키아 연구를 위한 과학탐방의 결과였다. 그는
직접 이렇게 설명한다. "내가 보기에 그곳에선 고대의 성담(聖譚)이
나를 아연실색하게 할 정도의 형태와 내용을 갖추고 있었다. 텍스트
와 장소의 놀라운 일치, 복음서의 이념과 여기에 틀로서 봉사하는
지방의 경이로운 조화도 내게 계시 같은 감동을 주었다. 그곳에서
나는 제5복음서를 본 것이다. 물론 너덜너덜했지만 읽을 수는 있을
정도였다. 내가 목격한 것은 사람들이 실제로 존재하진 않으리라
생각한 바의 추상적 존재가 아니라 살아 활동한 참으로 경이로운
인간의 모습이었다." 사실 이전까지 신약성서에서 지목하는 지역이

이토록 깔끔하고 풍부하게, 친근하고 다채롭게 그려진 적이 없었다. 그렇다고 그의 작품은 악의가 있는 비전문가들이 오늘날까지도 주장하는 것처럼 '통속적인 것'이 결코 아니다. 오히려 그것은 대단히 과학적이며, 심지어 슈트라우스의 작품보다 더 과학적이다. 그도 그럴 것이 그의 작품은 훨씬 더 보편적인 교양에 바탕을 두기 때문이다. 르낭은 텍스트 조각들을 찾아 맞추는 비교연구자도 아니고 골방에서 램프를 켜놓고 책을 편찬하는 논쟁적인 헤겔주의자도 아니었다. 그는 말의 가장 넓은 의미에서 동양어문학자였다. 요컨대 그는 소아시아 언어, 종교적 방언과 생활형태의 전문가 · 고고학자 · 지리학자 · 민속학자 · 민담연구자일 뿐만 아니라 특히 심리학자이기도 했다. 여기에다 대단히 탁월한 예술적 감각까지 겸비하고 있었다. 슈트라우스의 업적이 문헌학적 방언의 모래더미라면, 그의 업적은 도자기값으로 매길 수 있을 법하다. 전자가 목사의 흥얼거리는 소리라면 후자는 실내악인 셈이다. 르낭은 자신의 예술가적 성격 덕분에 구세주의 모습을 조야하고 우매한 통속성의 관점으로 보는 일을 피할 수 있었다. 이런 통속성에 대해서 이미 우리는 앞 장에서 슈트라우스를 다룰 때 알아본 바 있다. 르낭이 예수의 죽음을 다루는 장의 멋진 발문은 유명하다. "고귀하신 선구자시여, 이제 당신의 영광과 함께 고이 잠드소서! 당신의 일이 모두 이루어졌나이다. 해체될 위험에서 벗어나시어 평화로운 하느님의 높은 보좌에서 당신이 하신 일의 끝없는 작용을 내려다보실 것입니다. 당신의 위대한 영혼을 결코 건드리지 못한 그 몇 시간의 고통을 대가로 당신께서는 가장 완전한 불멸을 얻으셨나이다. 수천 년을 지나는 동안 세상은 당신을 통해 위로를 받을 것입니다. 우리 모순의 징조들 때문에 가장 격렬한 전쟁이 터질 때 당신은 군기(軍旗)가 되어주실 것입니다. 당신께서 살아 있을 때보다 죽은 이후 수천 번 살아서 수천 배 더 사랑을 받고 있나이다. 당신께서 세상이 그 토대까지 흔들릴 수밖에 없을 정도로 인류의 지주가 되시어서 사람들은 세상에서 당신의 이름을 구별하고 싶어 합니다. 당신과 하느님이 더 이상 구분되지 않으실 것입니다. 죽음을 이기신 분이시여, 당신의 왕국을 소유하소서! 이 왕국을 향해 기도하는 수세기가 당신이 가리키신 그 숭고한 길을 따라갈 것입니다." 그러나 이 같은 문장에서 우리는 르낭 역시 칭송받을만한 그 결기에도 불구하고 제2제정 시대 파리의 살롱철학자에게도 쉽게 요구할 수 없었던 그런 대상을 제대로 포착한 것과는 거리가 아주 멀었다는 점을 읽어낼 수 있다. 그의 책은 정교한 보석세공과 같다. 수난의 역사에서 '**아늑한 전원시**(*une délicieuse pastorale*)'를 만들어냈던 것이다. 그런데 이야기의 마법이 때로는 경박할 정도로 자연주의 색채를 띤다. 르낭에게 예루살렘은 대부르주아와 성직계급, 견유주의와 타락, 회의와 향락욕구가 싸우는 장소다. 간단히 말해 도시 파리다. 우리 눈에 보이는 것은 두 근원의 세계, 즉 말로써는 이해할 수 없는 야훼와 하느님의 아들 간의 다툼이 아니라 정체와 진보, 반동과 자유 사이의 투쟁이다. 생명을 잃을 수밖에 없다는 사실을 전해준 복음의 사자는 **개선된** 생명의 스승, 즉 '혁신자'로 등장한다. 하느님의 고유한 아들, 하느님의 비밀을 가장 깊이 알고 있는 소식통, 세계의 극을 뒤바꾸고 모든 것을 완전히 뒤엎어 지구의 모양을 완전히 바꾼 하느님의 뜻의 최고 대리인, 바로 그는 르낭이 보기에 사랑스러운 순회 설교자, 영혼의 순수한 목자, 민중의 명랑한 친구로 비친다. "그는 진정한 자유주의와 진정한 문명화의 기초를 놓았다." 이 같은 주도동기를 깔고 있는 문장을 빌려 나폴레옹 체제에 맞서 복음의 진리를 외치는 이 작품은 나폴레옹 체제에 대한 단순한 부정의 복제품으로 실체를 드러낸다. 그것은 곧 제2제정에 반대하는 제2제국이 아니겠는가!

기독교가 그 발원지에서 멀어져 세상의 조류 속으로 깊이 들어가면 갈수록 그만큼 더 그것은 르낭의 세속적 필치에 어울리는 대상이 되었다. 그는 사도의 시대를 아주 특별하게 생각한다. "단언컨대, 기독교가 이런 선량한 사람들의 수중에 머물렀다면, 그러니까 등불을 든 사람들의 비밀회합에 유폐되어 있었다면, 에세네파[163]처럼 기념할만한 강한 흔적을 남기지도 않은 채 사라지고 말았을 것이다. 불굴의 바울은 기독교에 명예와 명성을 안겨주기 위해 온갖 위험을 무릅쓰고 높은 파도가 이는 바다를 헤치면서 용감하게 노를 저어나갔다. 프로테스탄티즘은 예수 사망 후 5년 사이에 이미 실존했다. 바울은 그 고결한 창립자이다. 분명 예수는 그 같은 제자들을 예견하지 못했다. 그러나 그들은 예수의 업적이 계속 살아 움직이도록 하는 일에 늘 헌신했을 뿐만 아니라 그 업적에 영원성을 담보하려고도 했다." 이런 관점은 모든 종교적 감정을 손상시키기 마련인 편의주의를 말해주는 꼴이다. 비록 이런 편의주의가 별로 적개심 없는 형태로 표현될지라도 말이다. 그러나 바로 그렇기 때문에 여하한 종교적 감정을 손상시킬 수밖에 없는 노릇이다. 르낭에겐 그 같은 편의주의의 환경이 좋았다. 그래서 그는 흥미로운 문명 현상들을 네로, 적그리스도, 마르쿠스 아우렐리우스[164], 파리가 또다시 그 꼴이 된 퇴폐적인 로마로 묘사할 수 있었다. 그는 종합적인 인물

---

[163] Essenismus: BC 2세기경부터 AD 1세기말까지 팔레스타인에서 활동한 종파. 이 종파의 신도들은 대개 성전예배에 참석하지 않고 은둔지에서 육체노동을 하면서 금욕생활을 하는 것으로 만족했다.
[164] Marcus Aurelius(121~180): 로마의 황제.

(Gesamtpersönlichkeit)로서 예술과 과학에 대해선 대식가다운 지식을 갖춘 아주 친근한 태도를 보였지만, 종교에 대해선 어떤 태도도, 심지어 의심의 태도조차 취하지 않았던, 르네상스 시대 최고급 교양을 겸비한 온화하면서 반어적인 우아한 고위 성직자처럼 활동했다.

30년 동안 샤를 오귀스탱 생트뵈브[165]는 매주 『월요한담(Causeries du lundi)』을 썼다. "월요일 정오에 나는 한 시간 동안 긴 호흡을 내쉬면서 휴식을 취한다. 그러고 나서 창살문을 다시 닫고 일곱 시간 동안 감방 같은 곳에 앉아 있었다." 실증주의 시대에는 한담조차도 일종의 과학적 고역이 되는 일이 공공연했다. 사람들은 생트뵈브를 '비평의 영주'라고 불렀고, 실제로 생트뵈브도 그런 면모의 전형적인 특성 일체를 갖추고 있었다. 마치 스타일을 추구하는 금세공인처럼 문장 하나하나를 저울에 올려놓은 것이다. 형용사 갈무리의 숭배자이자 그 명인이었고, 번쩍이는 명언 메달의 주조자였으며, 파묻힌 미와 미의 결점을 예리하게 찾아내는 장인이었다. 그러나 인격의 전모와 본성에 대해선 본능적 직감력이 전혀 없었다. 전도유망한 것과 독창적인 것, 전진하는 것이 무엇인지 예민한 후각으로 식별하긴 했지만, 온몸을 천으로 삼아 그것을 덮진 못했다. 이미 등록된 위인들의 경우에도 늘 파스텔을 입힌다. 그는 영웅적인 것을 항상 통속적인 것으로 원자화할 만큼, 천재성을 겸비한 영웅적인 면모에 대해선 일말의 감성조차 없다. 이는 심리학적인 현미경을 동원해 생기가 도는 피부가 아니라 주름이 많은 가죽 한쪽을 보여주려는 극도로 미세한 성격묘사에 의한 거의 불가피한 결과인 셈이다.

---

[165] Charles Augustin Saint-Beuve(1804~1869): 프랑스의 시인·소설가·비평가.

텐과 플로베르, 르낭과 생트뵈브의 작품들은 한가로움과 기분 내킴이 아니라 하나같이 일과 훈련에 덕을 입고 있다. 그것들은 꼭 값비싼 히아신스 재배지역처럼 균형 있는 모양, 강한 향기, 밤에는 보이지 않는 섬세한 색채로 채워져 있다. 한마디로 온실재배의 식물로 가득한 꼴이다.

고답파의
시인들

그 시절에는 서정시가 '객관적으로', 자아를 빼고(ichlos), 과학적으로, 무신론적으로 되고자 했던 역설적 상황이 발생하기까지 했다. 이는 그야말로 서정시의 가장 내밀한 본질을 거역하는 특질이기도 하다. 그래서 서정시의 과제로 그나마 살아남을 수 있었던 것이라고는 형식에 대한 차가운 숭배뿐이었다. 그것은 황금빛을 발하는 말의 공을 교묘히 다루는 놀이일 뿐이다. 게다가 염세주의와 혁명의 결기까지 있는 이 같은 경향은 '고답파 시인들'[166]이 대표했다. 그 명칭은 처음엔 농담조로 불린 것이지만 나중에는 『현대 고답시집(Le Parnasse contemporain)』이라는 잡지를 중심으로 형성된 그 모임조직의 이름이 되었다. 지도자는 르콩트 드 릴[167]이었다. 그는 '**무감정**(impassibilité)'을 시적 이상으로 선언하고, 멋없이 수다로 자신들의 영혼을 내보이는 '**기능공들**(montreurs)'을 비웃으면서 서정시인에게 모든 것을 엄격히 '즉물적으로' 취급하는 철학 · 민속학 · 문화사 · 풍경화 · 초상 등만을 객관적인 것으로 허용했다. 그들 중 가장 강렬한 재능을 보인 인물은 포[168]를 번역한 이이자 마네와 바그너의 선

---

[166] Parnassiens: 19세기 프랑스의 한 시파(詩派). '고답파(高踏派)'로 번역되는 '파르나스'는 그리스 신화의 아폴로와 뮤즈가 살았다는 파르나소스산(山)에서 딴 명칭임.

[167] Leconte de Lisle(1818~1894): 프랑스의 시인.

[168] E. A. Poe(1809~1849): 미국 낭만주의 대표 시인.

구자이며, 아편 흡연자이자 알코올 중독자이고 멋쟁이이자 메저키스트였던 보들레르[169]다. 그는 근대 최초의 위대한 데카당스라고 할 수 있다. 그의 생명은 환각·탐닉·이국취미·우울증, 그리고 '수프 접시같이 큰 눈'을 하고 있어 '검은 비너스(schwarze Venus)'로 통하기도 한 카바레 출신 흑백혼혈아와 '타르와 사향(麝香), 야자유' 향내, 그리고 어느 은행가의 닳고 닳은 부드러운 애인 마담 사바티에(Madame Sabatier)라는 그의 '마돈나' 사이를 헤매는 애정 순교로 쇠약해져 갔다. 그는 딱 두 편의 장중한 작품을 썼다. 그것은 『악의 꽃(Fleurs du mal)』과 대마 향유의 황홀과 공포와 관련된 산문의 송가(頌歌), 『인공낙원(Les Paradis artificiels)』을 말한다. 그의 시는 전혀 객관적이지 않으며, 오히려 주관의 정점이다. 말하자면 병적이고 도착적이다. 그러나 이때 방종과 과도함을 아연실색하게 할 정도로 배열하는 마력이 번개처럼 관류한다. 고답파 작품에는 빌리에 드 릴라당[170]의 『잔혹한 이야기(Contes cruels)』도 포함할 수 있다. 이 작품은 한 새디스트적인 공상가의 특별호라고 할만하다. 그리고 바르베 도르빌리[171]의 단편소설 『디아볼릭(Les diaboliques)』도 고답파 작품에 해당한다. 이 작품의 주인공들은 자극적인 향수 냄새를 풍기고 노출이 과도하며, 온갖 악마 같은 짓거리를 다 보여준다. 그러나 그 과장된 자유사상과 세속적인 회의는 실제로 18세기의 때늦은 꽃으로 피어나기도 했던 바다. 벨기에의 펠리시앙 롭스[172]도 도안가로서 역시 고답파

---

[169] Ch.-P. Baudelaire(1821~1867): 프랑스의 시인. 외설적인 문투와 신성을 모독하는 표현으로 기소당하기도 했음. 대표작으로는 『악의 꽃』이 있다.
[170] Villiers de l'Isle-Adam(1838~1889): 프랑스의 상징주의 작가.
[171] J. A. Barbey d'Aurevilly(1808~1889): 프랑스의 작가.
[172] Félicien Rops(1833~1898): 벨기에의 화가이자 판화제작자.

작가에 포함된다. 방탕함과 관음증을 보여주는 그의 작품은 오늘날
도 수집 대상으로 약간씩 찍혀 나오기도 한다.

러스킨　고답파의 예술관은 **예술을 위한 예술**(*l'art pour l'art*) 이론과 맞닿아
있다. 이미 테오필 고티에는 이 이론과 관련해서 이렇게 알린 바
있다. "유용한 것은 흉측하고 저속하며, 집에서 가장 유용한 것은
하수구이다." 포는 예술의 목적은 '**미의 창조**'이며, 쾌감과 행복감
역시 공포 · 비애 · 신비 · 광기를 통해서 생겨나는 것이지 결코 도
덕이나 진리를 통해서 생겨나는 것은 아니라고 설명한다. 이 같은
고백을 오스카 와일드는 1882년에 한 에세이에서 가장 명쾌하게 공
식화했다. "그림은 우리에게 푸른 기와 그 이상을 더 이상 의미하지
않는다. 말하자면 그것은 아름답게 색칠한 표면일 뿐이지 다른 것이
아니다. 그것이 우리에게 감동을 주는 것은 철학에서 훔친 이념이나
문학에서 낚아챈 파토스가 아니라 말할 수 없는 그 고유한 예술적
진실이다. 이 특수한 진실의 형식을 우리는 스타일이라고 부르는
것이다." 이 지점에서 청년 세대는 지금까지 저술가이자 예술전문
가로 자신들이 존경해온 러스킨[173]과 정반대의 위치에 서게 된다.
러스킨은 라파엘로를 그 전범으로 본 냉정한 고전주의의 열렬한 전
사로서, 그리고 그 스스로는 터너[174]를 그 기초자로 본 근대적 그리
기 방식의 최초의 선구자로서 동물과 식물, 돌과 구름과 같은 (이것
들은 그에게 생물을 의미했기 때문에) 미학적 생물학의 창시자, 이
를테면 예술가를 위한 자연사의 창시자가 되었다. 그러나 모든 예술
적 기교를 인정할 때도 그는 예술에는 도덕적 과제가 있다는 점을

---

[173] J. Ruskin(1819~1900): 영국의 평론가이자 사회 사상가.
[174] William Turner(1775~1851): 영국의 낭만파 화가. 19세기 최고의 풍경화가
　　로 통하기도 함.

강조한다. 그리고 자신의 국민경제학적 교의에서도 그는 윤리학자이자 동시에 미학자의 모습으로 등장한다. 또 한편 그는 누구에게도 타인의 노동이나 죽은 노동, 혹은 예전에 행해진 노동을 통해 먹고 살게 해서는 안 된다고 주장하면서도 다른 한편으로는 모든 노동은 수공업자나 예술가가 같은 의미를 지녔던 중세에서처럼 다시금 예술적이게 될 때 고상해지기 마련이라고 강변하면서 기계장치를 저주한다. 칼라일은 러스킨에게 자신이 이제 두 목소리를 내는[175] 소수파에 속한다는 사실을 알게 되어 기쁘다고 편지를 썼다.

러스킨은 라파엘로전파(Präraffaelismus)의 사도였다. 「야곱과 라헬 라파엘로전파(Jakob und Rahel)」이라는 매혹적인 그림의 창작자인 윌리엄 다이스[176]가 그 '대부'로 통한다. 다이스는 로마에서 오버베크와 교류를 했는데, 이 교류를 통해 초기 라파엘로파와 나자렛파 사이에 일정한 교류노선이 형성되었다. 실제로 이런 유형의 첫 예술가가 1827년에 사망한 화가이자 시인인 윌리엄 블레이크[177]다. 그는 자신의 신비주의적인 시에 거의 물리지 않게 우아한 다채로운 부식 동판화를 삽화로 넣었다. 스윈번[178]은 이런 맥락을 느끼면서 그에 관한 자서전을 썼다. 1848년에 **라파엘로전파 형제단**(P. R. B.: *Pre-Raphaelite Brotherhood*)이 발족되었는데, 여기에는 무엇보다 단테 가브리엘 로세티[179], 홀

---

[175] 예술적 기교와 도덕성을 동시에 주장한다는 뜻.

[176] William Dyce(1806~1864): 스코틀랜드의 화가. 영국 미술교육의 선구자로 통함.

[177] William Blake(1757~1827): 영국의 시인·화가·판화가·신비주의자. 삽화를 그려 넣은 일련의 서정시와 서사시를 남김으로써 유럽 문화전통에서 독창적인 예술활동의 신기원을 이룸.

[178] A. Ch. Swinburne(1837~1909): 영국의 시인이자 평론가.

[179] Dante Gabriel Rossetti(1828~1882): 영국의 화가이자 시인. 라파엘로전파 지도자의 한 사람.

만 헌트[180], 존 에버렛 밀레이[181], 그리고 나중에 가입한 에드워드 번존스[182]와 윌리엄 모리스[183]도 속한다. 비록 형제단의 구성원은 아니었지만 이 유파에서 최고의 명성을 누린 대표자는 로버트 브라우닝[184]이었다. 그의 부인 엘리자베스 배렛[185]의 인생소설이 유명하다. 아버지 집에서의 도피와 몰래 한 결혼, 애인과의 편지교환과 자신의 사랑 이야기를 들려주는 14행의 시가 그것이다. 죽음에 내맡겨졌을 때에도 남편에게서 받은 일종의 정신적 치료가 폐결핵 고통을 덜어줘 여러 해를 더 살다가 죽었다. 하지만 투명하고 영적이며 2차원적인 연극작품들과 동화 속 어두운 숲만큼이나 헷갈리게 하는 근거 없는 신비주의 색채를 드러내는 수많은 시는 브라우닝에게서 비롯된 것이다. 그를 몹시 찬미하는 와일드는 그가 수천의 혀로 흥얼거릴 줄 알았다고 말한다. 브라우닝과 비슷한 애정사건을 단테 가브리엘 로세티도 폐결핵을 앓고 있는 여성 모델, 엘리자베스 시달[186]과 함께 겪었다. 그녀는 황갈색의 머릿결, 긴 속눈썹, 푸른 눈의 궁정적 미모를 갖추고 있었다. 그는 자신의 소네트 연작시 『생명의 집(The House of Life)』에서 그들 영혼의 관계 이야기를 묘사한다. 그녀

---

[180] W. Holman Hunt(1827~1910): 영국의 화가. 라파엘로전파 형제단의 주요 구성원.
[181] John Everett Millais(1829~1876): 영국의 화가이자 삽화가. 라파엘로전파 형제단 창립의 주요 구성원.
[182] Edward Burne-Jones(1833~1898): 영국의 화가이자 디자이너.
[183] William Morris(1834~1896): 영국의 섬유 디자이너이자 예술가. 영국의 라파엘로전파 형제단을 마르크스주의와 접목시킨 작가.
[184] Robert Browning(1812~1889): 영국의 시인이자 극작가. 뛰어난 극적 독백과 심리묘사로 유명함.
[185] Elisabeth Barrett(1806~1861): 영국 빅토리아 시대의 탁월한 시인.
[186] Elisabeth Siddal(1829~1862): 영국의 모델.

는 자신의 영원한 모델이자 그가 단순히 이름만 같다고 느끼지 않은 어떤 시인을 기억하면서 그녀를 그릴 때의 주인공인 자신의 베아트리체였다. 그는 라파엘로전파 가운데 유일한 관능 시인이었다. 그의 작품에 등장하는 여성 주인공은 조예 깊고 섬세한 감각을 겸비한 인물로 비친다. 반면에 그의 제자 번존스가 만들어낸 고딕화한 화려한 패널 그림은 정신성이 물씬 풍길 정도로 고블랭[187]과 장식으로 꾸며져 있어 거의 공예에 가깝다. 거기서 풍기는 달콤한 방향은 늘 두통의 원인이 된다.

윌리엄 모리스와 라파엘로전파 전체 기교의 독특함은 모리스가 자신의 유명한 시문학 작품에서 후기 중세의 관점을 빌려 고대의 소재를 모방하여 형상화한 점에 있다. 변덕스러운 이중가면극과 단순한 속임수의 카드마술이 그것이다. 그의 영향은 아주 의미심장했다. 요컨대 그는 제안서와 그 자신의 색유리 · 카펫 · 가구 · 타일 공장 설립을 통해, 그리고 나중에는 예술제본을 도입함으로써 장식 예술 분야를 결정적으로 혁신했다. 그의 핵심 작업동료는 기막힌 양탄자 · 부엌유리 · 꽃장식 · 면지를 구상한 번존스였다. 포드 매독스 브라운[188]도 이 작업에 동참했다. 그는 아주 독창적인 화가로서 도안 · 색채 · 입체에서 고풍 양식을 취했다. 원초적이고도 자극적이며, 목석같이 차분하면서도 들떠있다. 그가 취하는 매혹적으로 영혼을 불어넣으려는 충동은 이탈리아의 콰트로첸토보다 플랑드르의 콰트로첸토에 더 많이 연결되어 있다. 홀만 헌트는 팔레스타인에서 행한 진중한 연구 끝에 종교적인 기호학으로 선회함으로써 라파

---

[187] Goblin: 여러 가지 색깔의 실로 무늬를 짜 넣어 만든 장식용 벽걸이 천.
[188] Ford Madox Brown(1823~1893): 풍속과 역사를 주제로 그린 영국의 화가.

엘로전파의 모든 이 가운데 제일 먼저 나자렛파를 상기시킨다. 물론 이때 그는 자신과 나자렛파와 달리 아주 때늦은 정통의 방식을 빌려 그렇게 했던 것이다. 조지 프레더릭 워츠[189]는 도덕적인 우화를 몰취미하지 않게, 혹은 극적인 맛이 없지 않게 그려내는 진기한 재주를 발휘했다.

라파엘로전파는 모든 르네상스의 내적 모순을 앓았다. 요컨대 유일한 현실의 생명, 말하자면 현실의 활동을 이전 존재의 죽은 형식에 담아내려는 자살을 기도한 것이다. 무엇보다 이 전파에는 나자렛파 정신의 순수한 푸른 눈이 완전히 결여되어 있었다. 유치증(幼稚症)을 드러내고 그것으로 장식된 퇴폐적인 기이함을 담고 있었다는 바로 그 사실 때문에 라파엘로전파는 자기 시대에 묶일 수밖에 없었다. 특히 나자렛파의 콰트로첸토가 처음부터 잘못 이해되었던 것이다. 말하자면 나자렛파는 자신들 스스로가 원시적이기 때문에 콰트로첸토를 원시적인 것으로 취급한다는 식이다. 그러나 사실 콰트로첸토는 전아하고도 특별한 세계, 귀족적이면서 빈혈증이 있는 세계, 감각적으로 승화되고 심미적으로 정련된 세계였다. 물론 라파엘로전파는 승승장구하는 대중적 현실성에 대한 혐오에서 비롯된 현실기피증과 생활에서 보인 흥미로운 무능함 차원에서 나자렛파와 진정한 친화성과 공통성을 느낀 것이다. 그러나 400년 더 젊었던 그 시대의 권태는 봄의 나른함일 뿐이었다. '부활한 자들', 이를테면 가을의 자식들은 우울증을 병약함으로, 고도문화를 과대발육으로, 우아함을 권태로움으로, 능력을 예술유희로 고양시켜 놓았다. 그들

---

[189] George Frederick Watts(1817~1904): 주로 우화적인 주제를 다룬 영국의 화가이자 조각가.

은 삶을 황금의 아라베스크로, 예술을 비단카펫으로 만들어놓았다.

이 유파의 이상은 '**화가시인**(*Painter-Poet*)'이 되는 것이었다. 이는 피상적으로만 생각된 것이 아니다. 예술가에게 요구된 것은 예술가라면 화가이기도 하고 시인이기도 해야 할뿐더러 한 작품에 그 두 가지가 동시에 녹아 있어야 한다는 것이기도 했다. 그래서 모든 시는 색채 심포니여야 하고, 모든 그림은 시적인 표명이어야 한다는 것이었다. 덧붙이면, 라파엘로전파의 거의 모든 창작물은 음악성을 전유하고 있었다. 기본적으로 보자면 모든 기교의 혼용은 과거 낭만주의의 요구사항이었다. 그러나 그때는 인공적 탕약만 형성되었을 뿐이다. 반면에 라파엘로전파는 흔들어 교묘하게 뒤섞을 값비싼 낱낱의 알약을 손에 들고 있었다. 한번은 로세티가 한 폭의 그림과 이 그림에 시로 적어 넣을 소네트를 두고 애쓰면서 동시에 작업하고 있을 때, 휘슬러[190]가 그에게 이렇게 말했다. "제가 선생님이라면 액자에서 이 그림을 떼 내고 차라리 이 소네트를 집어넣겠습니다." 들라크루아는 라파엘로전파를 '**건조 학파**(*l'école sèche*)'라고 불렀다. 엄밀히 말하면 라파엘로전파는 예술사가 아니라 미학사에 포함된다. 그들은 그 윤리적·종교적 경향에도 불구하고 지고한 의미에서 보자면 전혀 진지하지 않고 오히려 스노비즘(snobismus)의 경계에 밀착되어 있다. 그러나 인간 정신사의 행보가 흑막에 가려 있고 모순투성이이듯, 라파엘로전파는 뜻밖에 그 시대를 지배했다. 갈바니 전류에 의해 부활한 보티첼리 유형이 생활 속으로 파고들었다. 여성들이 가슴과 엉덩이와 붉은 뺨을 잃어버렸다. 곳곳에서 목격되는 것은 꿈같이 깨어지기 쉬운 인간의 형상들이다. 그 창백한 얼굴은 시든

---

[190] Mc Neill Whistler(1834~1903): 미국의 화가.

꽃봉오리처럼 지친 육체의 허약한 뼈대 위에 얹혀서 비탄에 젖은 모습을 취하고 있다. 도대체 어떤 허위가 이 같은 힘을 발휘할 수 있을까?

'심미주의자'라는 말은 사람들이 흔히 하는 식으로 말하면 아첨이나 모욕을 의미할 수 있는 어휘에 포함된다. 우리 입장에서 말하면 그 말은 모욕을 뜻한다고 말하고 싶다. 실제로 심미주의자만큼 더 심미적이지 않은 것도 없기 때문이다. 그렇다면 도대체 심미적이라는 것이 무엇인가? 자기 유기체의 법칙과의 일치성이 그것이다. 따라서 자연은 늘 미적인 것이다. 벌새와 불나방, 연꽃과 해파리가 미적인 것은 그것들이 고상하고 색이 현란하며 특이하기 때문이 아니라 자신의 본성을 실현하기 때문이다. 이런 까닭에 황소개구리, 늪지상추, 불꽃을 뿜어내는 분화구의 오물과 불씨도 고유한 미를 가진 셈이다. 그러나 심미주의자의 특수성은 다름 아니라 창조계획에서 자신에게 정해진 것과는 다른 것이 되고자 하는 점에 있는 것이다. 그는 신이 그에게 기대하는 것과는 다른 인물이다. 그에게 실존하도록 은혜를 베푼 하늘의 뜻이 그의 현세적 기능과 조응하지 않는 것이다. 그는 자신 속에 거하지 않는 어떤 힘의 형태가 마치 자신에게 있는 듯 그것을 그럴싸하게 보여준다. 그는 인공눈에 밀랍의 손을 하고 있다.

그러나 다른 한편 심미주의자는 사람들이 상상할 수 있는 이상주의자의 가장 극단적 유형의 스노브이기까지 하다고 의심해볼 수밖에 없다. 그는 열렬한 소망을 담아 자신이 닮고자 하는 형상을 자신 앞에 세워놓고는 마침내 실제로 그 형상이 되려고 한다. 그는 '자기 이상의 배우'인 셈이다. 우리가 어떤 배우를 두고 그가 거짓말을 하는 것이 아닌가 하고 묻지 않듯이, 그가 충분한 열정과 분장 능력을 겸비했을 땐 그는 스스로 기껏 낯선 복장을 하고 있다는 사실도 망각하기 마련이다. 그가 자신이 열망하는 대상을 완벽하게 모방할 때 (열망은 물론 모방의 전제조건이 되는 것이지만), 다른 누군가가 인간적 변형태의 수많은 윤곽 가운데 하나를 구현할 때와 마찬가지로 그는 오로지 환상 속에서 살고 있는 인간의 플라톤적 이데아를 잘 구현하는 셈이 된다. 현재 자신의 모습이라고 생각하면서 그가 행하고 허용하는 그 어떤 것도 실은 사실이 아니다. 말하자면 그는 **삶을 시로 만들기**(dichtet) 때문이다. 현실의 실재는 그에게 중요하지 않다. 왜냐하면 그는 현실의 실재를 자신의 것으로 만들기 때문이다. 그는 작은 군주, 그것도 대개 형편없이 빈궁한 군주이지만 우리가 그에게 감동받는 일을 막을 재간이 없다. 생명의 불꽃이 되는 이 같은 삶의 기만 문제는 주지하다시피 입센이 불멸의 형태로 형상화한 것이다. 그러나 우리가 바닥까지 들여다보려 할 때, 사실 그 희곡의 주인공은 얄마르[191]가 아니라 제목에서도 비치듯 늙은 에크달[192]이라는 사실을 알 수 있다. 입센은 동경의 힘을 통해 다락방을 숲으로, 들오리들을 모든 사냥놀이의 상징으로 둔갑시켜놓았다. 그와 '사냥꾼' 사이의 차이는 물체와 이의 투영이 측량사의 두뇌에서 그렇듯 정신 앞에서 동일한 가치를 갖는 두 가지 관점의 차이일 뿐일까? 그는 왕인가 바보인가? 스노브인가 시인인가? 우리가 이런 식으로 관찰한다면 밀랍의 손과 의안조차도 생명을 취할 수 있다. 말하자면 우리가 그렇게 받아들이는 순간 바로 그렇게 되는 것이다. 그래서 예술인들이 심미주의자에게 악담을 퍼붓지 않고 그저 너그

---

[191] Hjalmar: 입센의 희곡 『들오리』에 등장하는 한 주인공.
[192] Ekdal: 입센의 『들오리』에 등장하는 주인공.

럽게 웃어주는 것도 흔히 있을 법해 보인다.

대서양 건너편의 앵글로색슨계도 새로운 유형의 형식을 만들어 냈다. 아메리카 세계를 고유한 화음으로 노래한 최초의 시인은 기름진 자연 상태의 땅에서 아무도 돌봐주지 않은 상태로 오랫동안 주목받지 않은 채 불쑥 솟아오른 거구의 거친 야생식물과 같은 월트 휘트먼[193]이었다. 휘트먼은 순수 미국인으로서 온갖 직업을 가졌다가 아무 직업도 가지지 않기도 했다. 그는 사환, 인쇄공, 마을학교 교사, 목수, 법률사무소 조수, 편집원, 남북전쟁 당시 지원 간호사를 거쳤다. 1855년에 출간된 『풀잎(Leaves of Grass)』은 그가 직접 엮어 담녹색으로 묶었던 노트였다. 이 노트는 분량이 백 쪽도 채 되지 않지만, 나중에 그의 명성을 높이는 밑거름이 되었다. 그 제목의 의미와 내용이 어떤 것일지는 다음의 얘기가 말해준다. "나는 풀줄기가 별들이 하루 작업한 결과 이외 아무것도 아니라고 생각한다." 성서의 시편이 시들로 이루어져 있듯, 그 노트는 시로 채워져 있는 것 같다. 감정이 분출되는 이 시는 그 본성의 힘을 드러낸다. "카메라도(Camerado), 이건 책이 아니야! 이걸 만지는 사람은 바로 사람을 만지는 것이란다!" 이 시구는 그 힘을 완전히 새로운 음조에서 길어낸다. 그것은 형식과 논리의 장애라고는 모르는 아주 신선한 무교양에서 비롯된다. 그 기본감정에는 일종의 광폭한 범신론과 발을 구르면서 트럼펫을 부는 낙관론이 묻어있다. "어떻게 존재하든 나는 존재한다. 세상 누구도 몰라봐도 나는 만족한 채 저기에 앉아 있고, 온 세상이 알아볼 때도 나는 만족한 채 저기에 앉아 있는 것이다!" "내게는 빛과 어둠의 시간 일체도 기적이며, 1cm³의 공간도 기적이고,

---

[193] Walt Whitman(1819~1892): 미국의 시인이자 에세이스트.

1m²의 땅에도 기적이 묻혀 있으며, 1피트의 땅속도 기적으로 채워져 있다." 그를 두고 말한다면, 모습과 행동거지가 코끼리를 닮았다고 할 수 있을 것 같다. 이렇듯 그는 또한 시인이기도 하다. 원시인처럼 선량하고 현명하며, 유머감각이 넘친다. 방이 필요 없을 만큼 거구다.

북아메리카의 정신적 중심지는 매사추세츠(Massachusetts)였다. 그곳에서 벌써 18세기 초반에 목사 조나단 에드워즈[194]는 아우구스티누스[195]와 말브랑슈[196]를 계승하여 모든 사건을 '**신의 연기**(God's actings)'로 보는 자신의 철학을 통해 삶의 방향을 제시하는 활동을 했다. 그는 우리가 오직 신을 통해서만 그리고 신 안에서만 모든 것을 이해할 수 있다고 가르쳤다. 그곳에는 콩코드(Concord)에서 남쪽으로 1.5마일 떨어진 곳에 있는 월든(Walden) 호숫가 바로 곁에 가문비나무로 손수 지은 통나무집에서 처음에는 목동으로, 그리고 나중에는 연필 생산자로서 살았던 헨리 데이비드 소로우[197]도 있었다. 새들이 그의 손에 날아 앉았고, 다람쥐들이 그의 접시에서 먹이를 물고 갔으며, 뱀들이 그의 다리 주변을 감아 돌아갔고, 물고기들이 호수에서 그가 주는 먹이를 얻어갔으며, 야생동물들이 그의 거처에서 피난처를 찾았다. 이런 면모에서 그는 속임수를 모르는 정직한 사람들이 동물들과 형제애를 나누며 살았다고 해서 성담(聖譚)의 왕국으로 데려간 아시시의 프란체스코[198]를 연상시킨다. 그러나 여기

---

[194] Jonathan Edwards(1703~1758): 미국의 사상가이자 철학자.

[195] Augustinus(354~430): 로마 주교이자 성인(聖人). 교부철학의 집대성자로 널리 알려져 있음.

[196] N. de Malebranche(1638~1715): 기회원인론을 제창한 프랑스의 철학자.

[197] Henry David Thoreau(1817~1862): 미국의 철학자이자 시인이며 수필가.

[198] Franz von Assisi(1182~1226): 로마가톨릭의 수도사.

기관총이 등장하고 어음교환과 생체해부가 이뤄지는 대명천지의 시대 한가운데서도 조금만 덜 먹고 덜 욕심을 내면 분명 여러모로 떠들게 할 수 있는 그와 아주 유사한 경우를 우리는 목격한다. 이 2년간의 자연과의 결속의 결과가 소로우의 책, 『월든, 또는 숲속 생활(Walden, or life in the woods)』이다. **"월든 숲 바로 이곳에서 사는 것보다 나는 신과 천국에 더 가까이 갈 수가 없노라**(I cannot come nearer to God and Heaven than I live in Walden even)"라는 시는 그에게 좌우명으로 작용한다. 소로우는 이렇게 말한다. "나는 저기 호수 위를 날면서 크게 웃는 아비새보다 더 외롭지 않으며, 월든 호수 자체보다도 더 외롭지 않다. 도대체 이 고독한 호수는 어떤 사회인가? 침울함이 비치는 것이 아니라 하늘의 청명함이 청람색 물결에 비친다. 태양은 혼자이고, 신도 혼자이지만 악마는 분명 혼자가 아니다. 그는 많은 동료를 거느리고 있는 것이 아닌가! 외인부대가 그것이다! 나는 홀로 서 있는 현삼(玄蔘)보다, 초원의 민들레보다, 콩잎ㆍ승아ㆍ말파리ㆍ호박벌보다 더 외롭지 않다." 자연의 생물이 그의 지인, 아니 절친한 우리의 지인인 양 생물의 성격학을 파고드는 소로우의 타고난 재능은 경이롭기 그지없다. "황금색 자작나무는 흑색 자작나무와 마찬가지로 달콤한 딸기향이 나며, 카누용 자작나무처럼 술이 벗겨지는 솔이 성기게 붙은 껍질을 하고 있다. 우듬지는 흑색 자작나무처럼 솔 모양을 하고 있으며, 껍질은 신비로울 정도로 부드러운 황금빛을 발하며, 수직으로 깎은 듯한 둥치의 속통 공간은 꼭 위쪽으로 대패질한 것처럼 매끄럽다. 이 나무들의 모양은 캘리포니아산 황금보다 더 나를 감동시킨다. 황금빛 자작나무는 까만 술 머릿결을 한 흑색 자작나무의 언니로 아마 빛깔에 금발의 고수머리를 하고 있다. 이 나무는 당차게 자리를 잡고서 늪지 바닥을 뿌리로 움켜잡고 있다. 평상복 차림의 나무 한 그루가 서 있다. 그 옆에는 짙은 포도주 빛깔의 습지 속에 가라앉아 있는 녹슨 철색 모래 위로 실개천이 부르고뉴 산 포도주 빛을 내면서 흐르고 있다." "어린 고양이 한 마리가 너무 민첩하게 놀아서 꼭 두 마리 같다. 꽁지 부분은 머리 쪽이 갖고 놀고 있는 또 한 마리의 작은 고양이처럼 보인다. 그놈은 자신의 꼬리를 밟고서야 그것이 자기 것인 줄 안다. 의자에 폴짝 뛰어올라 창밖을 보려고 뒷다리로 서고서는 가까이 있는 대상과 멀리 있는 대상을 가만히 관찰한다. 처음에는 이쪽으로, 그러고는 저쪽으로 머리를 갸웃거리며 살핀다. 꼭 여자들이 그러듯이 창밖을 내다보길 좋아하기 때문이다. 방에서 무슨 일이 있나 엿들으려고 여기저기서 귀를 뒤로 쫑긋 세운다. 한참 시간을 그렇게 보내고는 관찰이 성공해서 진척을 보았다는 듯이 능변의 꼬리로 신호를 보낸다."

소로우는 모든 전통을 경멸한다. 그는 이렇게 말한다. "많은 사람 에머슨 은 우리의 귀에 대고 우리는 미국인이라고 소리친다. 그렇다, 고대 나 단순히 엘리자베스 시대와만 비교해보더라도 우리 근대인은 하나같이 정신적인 난쟁이인 것은 분명하다. 그러나 난쟁이 부류에 속한다고 해서 목매달고 죽어야만 하는가? 아니면 가능한 데도 가장 위대한 난쟁이가 되려고 애써서는 안 되는 일인가? (…) 사람이 사과나무처럼 성숙하든 참나무처럼 성숙하든 그건 완전히 똑같은 일이다. 왜 그는 자신의 봄을 여름으로 만들어야 하는가? 우리는 그가 준비되었다고 해서, 그를 통해 그저 진짜 하늘의 에테르를 쳐다보기 위해, 말할 수 없는 노력을 기울여 파란 창공을 꼭 우리 머리 위에 올려놓아야 하는가?" 여기서 그는 평소 자기 자신의 사상을 역시 '숲의 자식들(Kinder des Waldes)'이라고 부른 그의 후원자 에머슨[199]과 만난다. 거주민들이 1775년 영국인들을 상대로 최초의 무장 저항을 해서 해방전쟁의 신호탄을 쏘아올림으로써 미합중국에서 유명해진 도시인 소로우의 고향도시 콩코드는 에머슨의 활동에서 핵심역할을 한 장소이기도 했다. 비록 에머슨이 그곳에서 태어나진 않았지만 그의 가문은 그곳 출신이었으며(그의 할아버지는 반란을 일으킨 자 가운데 포함되어 있었는데), 그는 자기 인생의 절반 이상을 그곳에서 보냈다. 에머슨 역시 도그마와 전통을 고수하지 않는다. 그는 하나의 사태를 두고 참이거나 거짓이라는 식으로 확정짓고 싶지 않으며, 반대로 아무것도 확정짓지 않고 오히려 모든 것을 어지럽혀 놓고 싶다고 말한다. 여기서도 역시 그는 자신의 입장을 견지하여 느슨한 표현형식을 택한다. 이를테면 피상적인 일상적 견해들의 베일을 뚫고 모든 생활관계의 진정한 의미 가까이로 육박해 들어가려는 열정적 충동과 그 어법의 현실성에서 자신과 공통성을 지닌 몽테뉴를 참조한 것이다. 『명상록(Essays)』이라는 첫 작품을 내놓은 직후 그는 마치 그것을 전생(前生)에서 쓴 것 같은 기분이 든다고 말했다. 그러나 묵과해서는 안 될 것은 니체가 '선한 유럽인'으로 이해한 바대로 몽테뉴는 지고한 의미를 지닌다는 점과 에머슨은 결코 소문으로만 알려지지는 않았다는 점이다. 종종 그는 칼라일과 함께 거명되곤 하는데, 외형적인 건축술에까지 닿아 있는 그 유사성을 쉽게 간파하려면 사실 그의 『위인전(Representative men)』과 칼라일의 『영웅숭배론』을 비교하는 것만으로도 충분할 것이다. 그러나 큰 차이도 존재한다. 에머슨은 조화롭고 원만하지만 유약하고 흡수되는 성격이었다. 두 사람은 자연적인 힘의 방식에 따라 활동하지만,

---

199 R. W. Emerson(1803~1882): 미국 시인 겸 사상가. 영국의 청교도주의와 독일의 이상주의를 고취하여 미국의 사상계에 많은 영향을 끼침.

다만 칼라일의 기본 추진력은 자신의 해안을 덮치면서 모든 것을 함께 휩쓸어가는 거친 물살에 비유할 수 있다면, 에머슨의 정신적 리듬은 서서히 평화롭게 하천의 바닥을 잠식하는 부드럽게 흘러가는 초원의 강물 줄기를 연상시킨다. 둘 다 설교자의 기질을 갖고 있다. 그러나 에머슨은 칼라일처럼 광포하게 분노를 뿜어내는 예언가가 아니라 온화하게 권유하는 목사인 셈이다. 칼라일이 자신의 인생 말년에서 규명하곤 했듯이 에머슨의 유화적인 낙관주의에는 드물지 않게, 특히 후기의 글들에서 볼 수 있는 일종의 '달빛'과 같은 것이 담겨 있다. 그는 칼라일처럼 자신이 말하는 바의 것에 여러 관계가 있는 무한의 성격을 멋지게 부여할 줄 알았다. 그러나 그를 대할 때 우리가 처하게 되는 경계가 없는 대양엔 대체로 소금이 너무 적어서 우리는 담수(淡水)의 바다에서 헤엄치는 꼴이다. 칼라일은 1841년 에머슨의 『명상록』에 붙여 쓴 서문에서 이 '명상록'을 '**진정한 영혼의 독백**'이라고 말했다. 칼라일의 글은 어느 것도 독백이라고 말할 수 없지만, 에머슨은 늘 허구의 군중에게 말을 건다.

에머슨의 철학을 재현하거나 해명하려는 것은 무익할뿐더러 불가능한 일이기도 하다. 왜냐하면 그가 대상을 수정이나 풍경같이 묘사하면서 직접 주해를 달고 있기 때문이다. 그의 문장들은 느닷없이 불쑥 나타나서 논의를 할 수 없게 만든다. 그것은 안개 자욱한 바다 한가운데에서 이루어지는 선원들의 신호 같다. 그는 미국이 완전히 미국화할 위험에 이미 직면한 시기에 등장하여 기계의 현실에 대항하여 마음의 현실을 내세웠다. 그러나 애써 성취한 모든 현실을 사상과 신앙의 법정에 소환하는 사람이라면 증기제분, 냉동육, 전화기, 라이노타이프의 대용품으로서 가련하기 짝이 없는 몇몇 공중누각을 제시하는 몽상가가 될 수 없는 법이며, 오히려 현실생활의 실재를 넘어서서 좀 더 고차원적이고 좀 더 풍요로운 세계관을 발전시켜야만 할 것이다. 이는 에머슨의 골상에 특별한 성격을 부여하는 일이다. 그는 미국인이며, 자수성가한 인민을 위해 글을 쓴다. 그는 '신세계'의 철학자이다. 그는 습득된 전통을 아랑곳하지 않고 청년의 두뇌를 위해 생각하는 인간의 건강한 직관적 시선으로 사물들을 직시한다. 그는 결코 추상적이지 않고 오히려 자신이 바닥까지 알고 있는 풍부한 일상생활에서 예시와 비유를 끌어낸다. 그의 언어는 관념을 추구하지 않는 사람이 지닌 심상의 힘을 담고 있다.

에머슨이 한층 더 관념론자, 혹은 한층 더 자연주의자였다고 말하기는 어렵다. 그에게서 나오는 모든 철학적 조류는 대개 '선험주의(Transzentalismus)'로 일컬어진다. 이 명칭은 칸트 이후 지녀온 그 특수한 의미를 생각하지 않는다면 받아들일 수 있다. 왜냐하면 인식의 문제에 대해선 대체로 에머슨이 별로 염두에 두지 않았기 때문이다. 예술가 기질을 지닌 사람들은 대개 이 문제를 묵과하곤 한다. 주지하다시피 괴테조차도 이 문제를 두고선 크게 고심하지 않았다. 그렇긴 하지만 에머슨이 철학적 관념론자였다고 말해도 무방할 법하다. 말하자면 그는 '선험적 기관'이라고 이름 붙일 수 있는 바의 성격을 지녔다. 한층 더 깊은 곳에 다다른 모든 자연인이 느끼는 대로 실재란 인간이 도달할 수 없는 어떤 것이 된다는 점을 그는 알고 느꼈다. 그런데 그가 이런 세계관을 취한 것은 과학적 탐구를 통해서가 아니라 감정에 근거해서였다. 그의 에세이 『경험(Experience)』에 나오는 아주 멋진 구절 중 하나는 다음과 같다. "내가 틀리지 않다면, 물체의 본질은 결코 만져지지 않는다는 사실을 밝혀낸 사람은 보슈코비치[200]다. 그러니 영혼도 그 대상을 결코 만질 수 없다고 할 수 있다. 무한히 넓은 바다는 우리가 교류하면서 다가가고자 하는 사물들과 우리 사이에 고요한 파랑을 일으킨다. 고통조차도 세계의 관념성을 우리에게 가르쳐준다. 2년 전 내 아들 가운데 한 아이가 죽었다. 그런데 지금 내게는 그것이 당시 내가 아름다운 영지를 하나 잃어버린 것이지 그 이상은 아닌 것처럼 비치는 것이다. 나는 그 사태에 더는 더 가까이 다가설 수가 없는 노릇이다. 나의 모든 불행한 사고도 마찬가지다. 그 사고들이 내게 직접 와 닿지 않는다. 나는 근심이 내게 아무것도 가르쳐줄 수 없고, 자연의 비밀 속으로 나를 한 발자국도 인도하지 않지 않느냐는 염려에 푹 잠겨 있다. 한 아메리카 인디언이 자신에게는 바람도 불어주지 않을 것이고, 물도 흐르지 않을 것이며, 불도 붙지 않을 것이라는 저주의 압박에 시달리고 있다. 이 인디언의 경우가 우리의 경우다. 가장 소중한 우리의 체험은 여름비이고, 우리는 물방울을 아래로 떨어지게 하는 방수 처리된 외투와 같다. 주검 외에 우리에게 남겨진 것이라고는 아무것도 없다. 그것을 우리는 어떤 격분을 위안 삼아 혼잣말로 이렇게 말하는 것이다. 저기에 우리를 속이지 않을 실증적인 어떤 것이 한때 있었지 하고 말이다.”

칸트는 결코 이런 식으로 말하지 않았다. 그가 현상론의 기초를 너무나 확실히 다져놓아 아무도 달려들어 그것을 다시 허물 수가 없을 정도다. 그러나 그가 이 사업을 강단지게 철저히 준비했을 때는 꼭 철두철미한 어떤 실증주의자처럼 자신의 과학적인 일에 조용히 몰두했다. 말하자면 그는 스스로를 ‘구원했을’ 따름이다. 에머슨은 관념론을 이론적으로 정립해야겠다고 생각한 적이 없다. 그러나

200 R. J. Boscovich(1711~1187): 유고슬라비아 출신 물리학자 · 천문학자 · 수학자 · 철학자.

칸트에 비교하면 그저 순진한 경험론자에 불과하더라도, 그의 모든 글을 관류하는 것은 현상론적인 깊은 저음이다. 자명한 그의 주장들에조차도 일련의 은밀한 회의가 배어있음을 읽어낼 수 있다.

그는 스타일과 구성법과 사상에서 영락없는 절대적인 인상파다. 자기 생각을 특정한 논리나 예술적 구조로 제시하지 않고 바로 자신의 머릿속에 두고 있는 자연적, 그것도 흔히 우연적 배열에 따라 드러낸다. 그는 일시적인 견해와 순간 진리만을 알 뿐이다. 개개 어휘와 문장의 진리나 전체 건축술에 흐르는 사유의 진리를 결코 희생시키지 않는다. '배치'·'도입'·'과도' 따위와 같은 개념은 안중에도 없다. 그는 어떤 의향을 전개하는 일에서 시작한다. 그래서 사람들은 그가 그것을 체계적으로 계속 조직해나갈 것이고, 모든 방향에서 조명하면서 가능한 모든 이의를 차단하려 할 것으로 생각한다. 그런데 갑자기 어떤 낯선 표상과 비유와 경구, 또는 그에게 막 떠오른 착상이 사유사슬의 한가운데로 불쑥 뛰어오른다. 그래서 이제부터 주제는 전혀 다른 대상들 주변을 맴돈다. 그는 자신의 여러 명상록 중 하나에 「도중에 떠오른 생각들(considerations by the way)」이라는 제목을 붙였다. 그런데 그가 쓴 모든 글에도 그런 식으로 제목을 달 수 있을 법하다. 그의 사유의 형식과 맥락은 그에게 중요하지 않다. 그에게 오로지 중요한 것은 자신 속에서 외치는 영혼의 목소리뿐이다. 에머슨에게 항변해봤자 소용이 없다. 왜냐하면 그가 확신하는 그 힘은 바로 그가 모든 것을 그의 내면의 명령에서 길어 올리는 것으로서 거기에 아무것도 덧붙이지 않는다는 점에 근거하기 때문이다. 그는 가만히 멈춘 채 자신의 심장에 귀 기울이고는 쓰기 시작한다.

유물론 　에머슨 유형의 개성이 대륙에는 없었다. 특히 독일에는 아주 굵은 철사로 휘감은 유물론이 지배했다. 48년대의 책상 이데올로기는 파산했다. 이런 공황에서 시대정신은 지금까지의 독일 문화의 모든 전통을 벗어던졌다. 요컨대 낭만주의, 바이마르, 칸트, 헤겔이 무분별하게 비난을 받았다. 단지 실러만, 그것도 고작 자유주의 논설위원이라는 직함 정도에서만 명성을 얻었을 따름이다. 이미 우리는 세기적 재능을 갖춘 거의 모든 자연연구자는 단순한 기계적 자연 해명을 거부했다는 점에 대해 논한 바가 있다. 그러나 다윈, 콩트, 포이어바흐와 백과전서파를 들먹이면서 진부하기 그지없는 빤한 문투를 과학의 광택을 입혀 건강한 오성의 철학으로 둔갑시킨 문예란의 얼치기 학자 그룹이 대중을 장악했다. 독일에서 잡화상이 유물론자로 통한 것도 그냥 그런 것이 아니었다. 잡화상의 처세술이 실제로 작동했다. 1852년 야콥 몰레쇼트[201]는 이미 언급한 바 있듯, 단호한 생기론자였던 "리비히의『화학 통신』에 대한 생리학적인 대응"에 해당하는 그의 유명한『생명의 순환(*Kreislauf*)』을 출간했다. 몰레쇼트는 다음과 같은 추론을 통해 현상론을 논박한다. "푸르다는 것은 우리 눈이 갖는 빛의 관계와는 다른 어떤 것 아니겠는가? 만일 다른 어떤 것이 아니라면, 푸른 이파리는 바로 우리 눈에만 푸르므로 자체로 푸른 것은 아니지 않는가? 만약 자체로 푸르다면 우리에 대한 사물과 물 자체 사이의 격막은 뚫려 있는 셈이다." 대중의 관심을 받는 자에게서 이례적으로 보이는 이런 식의 뜻밖의 불명확한 문장은 그것이 모호한 만큼 적어도 아주 심오해 보이기 마련이다. 그러나 그것을 번역할 땐 그것이 평이할 뿐만 아니라 논리가 박약하다는 점이 드러난다. 요컨대 몰레쇼트는 이파리가 실제

---

[201] Jacob Moleschott(1822~1893): 네덜란드의 생리학자 겸 철학자.

로 푸른빛을 발산하지 않는다면, 우리 눈에는 그 이파리가 푸른색으로 감각될 수 없다고 생각한다. 다시 말해, 푸른빛을 내는 것은 모두가 푸르다고 생각하는 것이다. 이는 의심할 수 없는 확신에 찬 형이상학적 증명방식이지만, 날개가 달린 모든 것은 난다는 식의 결론 그 이상으로 나아가긴 어려운 법이다.

1854년에 소위 '유물론 논쟁(Materilalismusstreit)'이 일어났다. 대담하게도 생리학자 루돌프 바그너[202]는 한 자연연구자 회의에서 과학은 영혼의 본성에 대한 물음에 답할 만큼 아직 성숙되진 않았다고 주장한다. 이에 대해 카를 포크트[203]는 수없이 많이 읽힌 자신의 저술, 『맹신과 과학(*Köhlerglaube und Wissenschaft*)』을 통해 응수한다. 여기서 포크트는 선술집에 앉아 맥주를 마실 때 하는 식의 거친 농담과 실습생들에게 자신 있게 강의하는 투의 지식을 동원하여 상대를 풍자적으로 제압하려 한다. 여기에는 위가 소화액을, 간장이 담즙을 분비하듯 두뇌가 생각을 분비한다고 하는 식의 인용문도 왕왕 등장한다. 이 인용문은 포크트가 카바니스[204]에게서 빌려온 것인데, 단지 덧붙인 것은 자신의 취향을 살려 넣은 소변과 신장 사진뿐이다. 로코코 시대의 이 프랑스인이 장난기를 발동시켜 부린 익살을 포크트는 유머도 없이 신조처럼 널리 확산시켰다. 상품 포장지 글씨체만큼 큼직한 독일어로 편집된 형태에 험담 기질이 있는 대머리 교장 선생의 잔소리와 같은 말을 담고 있는 루트비히 뷔히너의 『힘과 물질』이 1855년에 출간되었다. 그런데 그 잔소리는 "헤겔과 그 일당들"과

---

[202] Rudolf Wagner(1805~1864): 독일의 해부학자 겸 생리학자.
[203] Karl Vogt(1817~1895): 독일의 자연과학자 겸 철학자. 기계론적 유물론자로 통하기도 함.
[204] P. J. G. Cabanis(1757~1808): 프랑스의 생리학자.

"칸트의 속임수"를 겨냥했다. "모든 인식은 경험과 더불어 시작되지만 꼭 경험에서 기인하는 것은 아니라고 한 그 유명한 문장은 모호하고 불합리하기 짝이 없다. (…) 칸트가 인식을 선험적 인식과 경험 후의 인식으로 불행하게 나눈 것은 경험과 인식의 개념을 일목요연하게 미리 정립하지 못한 그의 태만에서 비롯된 필연적 결과다. (…) 칸트는 살면서 변명할 시간도 가지지 못했다. 그도 그럴 것이 아포리즘에 대해 전쟁을 선포한 로크와 흄, 그리고 수많은 이가 그보다 앞서 살았기 때문이다."

유물론적 경향은 세 부류로 나눠볼 수 있다. 그런데 그중 누구도 독창성을 내세우지 않고 모두가 자신의 모델을 평이하고도 조잡하게 만들었다. 첫 번째 유형은 방금 위에서 그 성격을 보여준 좁은 의미에서의 유물론으로서 **물질**(Stoff)의 절대주의를 가르친다. 이는 올바크[205]에게서 유래한다. 두 번째 유형은 감성주의로서 **감각**(Empfindung)의 절대주의를 가르친다. 이 유형의 유물론은 그 선조로 콩디야크[206]를 두고 있으며, 독일의 핵심 대표로는 포이어바흐가 있다. 하나의 본질적인 영화(靈化)를 의미하면서 물리학적인 회한을 곁들인 유심론으로 규정할 수 있는 세 번째 유형은 **힘**(Kraft)의 절대주의를 가르친다. 이 유형은 라이프니츠에게서 기원하여, 가장 일관된 형태를 보여주는 화학자 빌헬름 오스트발트[207]의 '에너지론'으로 확대된다. 오스트발트에게 물질은 "더 이상 제1개념으로 현전하지" 않는다. 오히려 그것은 "어떤 에너지 형태들과 공존하는 2차적 현상으로서" 형성된다. 유물론의 이 같은 용해 형태는 한 세대 뒤에나

---

[205] P. H. d'Holbach(1723~1789): 프랑스의 유물론주의 철학자.
[206] E. B. de Condillac(1715~1780): 프랑스의 철학자. 감각론의 대표자로 통함.
[207] Wilhelm Ostwald(1853~1932): 독일의 물리학자.

두드러진 모습을 드러낸다. '뷔히너와 그 일당들'에게는 **오직** 물질**만** 있고, 힘은 그저 이 물질의 속성이자 표현으로서만 물질에 귀속될 따름이다. 그것은 흔들림이 나무줄기에, 불어대는 것이 바람에 속하는 것과 같은 이치다. 엄밀히 말해 이런 세계관은 주술사가 미친 듯 똑같은 소리를 지를 때 보이는 물신주의와 아무 차이도 없다.

마르크스주의   유물론적 조류와 흔히 동반하는 현상이라고 할 수 있는 일정한 경제적 도약이 비록 프랑스와 영국의 정도만큼 그렇게 길게 가진 않았지만 당시 독일에서도 목격되었다. 새로운 철도노선과 뱃길이 열렸고, 채광장과 공장이 세워졌다. 특히 대형 은행건물이 들어서고 주식회사가 설립되었다. 이와 더불어 사회주의의 발전도 이루어진다. 사회주의는 진짜 자본주의와 거의 동시에 세상에 등장하여 꼭 거지근성이 거만한 플로트벨(Flottwell)을 늘 따라붙어 다니듯 자본주의를 따라붙어 다녔다. 누구나 알고 있듯, 사회주의의 가장 강력한 두 대표는 마르크스와 라살(Lassalle)이었다. 양쪽 모두 확실한 부르주아적 환경을 배경으로 하고 있다. 마르크스는 다윈과 나란히 가장 많은 영향력을 발휘한 19세기 학자였다. 물론 그도 다윈만큼이나 철학자이지는 못했다. 생전에는 단지 제1권만 출간되었던 그의 주저 『자본(*Das Kapital*)』은 프롤레타리아트뿐만 아니라 보통의 교양시민 대부분도 접근하기 어려워 마르크스주의자란 마르크스가 제대로 읽어내지 못한 그런 사람이 아니냐는 식의 다소 과장된 주장이 나오게 할 만큼 추상적 정의와 추론형태를 동원해서 인위적으로 교묘하게 죄어놓은 대단히 복잡한 체계이다. 그러나 이런 식의 신비로운 정신적 빛의 발산을 통해 그의 학설은 전 세계 속으로 파고들었다. 이 새로운 교의의 입문서는 1848년 1월에 독일어 · 프랑스어 · 이탈리아어 · 플랑드르어 · 덴마크어로 동시에 출간된 마르크스와 엥겔스의 『공산당선언(*Manifest der Kommunistischen Partei*)』에 담겨 있다. 『공산당선언』은 "종교적 · 정치적 환영으로 은폐된 착취를 대신하여 노골적으로 뻔뻔스럽게 직접적으로 막무가내로 착취했던" 부르주아 계급을 겨냥했다. 선언은 프롤레타리아트로 하여금 사유재산제도를 폐지하게 하여 "모든 생산도구를 국가의 수중에, 즉 지배계급으로 조직화한 프롤레타리아트의 수중에 집중하게" 함으로써 기존 사회의 새로운 10분의 9를 위해 사유재산제도를 폐지하려 했다. "지배계급이 공산주의혁명 앞에서 떨게 하자. 프롤레타리아트는 자신의 족쇄 이외 잃을 것이 없다. 프롤레타리아트가 얻을 것은 세계이다. 만국의 프롤레타리아트여, 단결하라!" 마르크스는 이전의 모든 사회주의적 이론을 거부하고, 스스로를 어떤 감정이나 도덕적 고민에도 호소하지 않고 오직 실제 상태와 이의 불가피한 발전을 제시하는 '과학적 사회주의'를 최초로 대표하는 인물로 선언했다. 이때 그는 발전이 어떠해야 할 것이 아니라 어떻게 되어갈 것이라는 점을 확신했다. 그는 이렇게 가르친다. "가치로서 상품은 결정화한 노동 이외 아무것도 아니다." 상품은 정확히 이러한 노동을 함유하고 있는 정도만큼 가치가 있으며, 따라서 가치의 척도는 상품을 생산할 때 사용된 노동시간의 양에 해당하는 만큼 아주 단순하다. 이러한 노동의 비용은 노동자가 생산력을 지속적으로 유지하는 데 필요한 생계의 총합에 의해 결정된다. 이것이 '소비된' 가치이다. 그러나 노동자가 생산하는 가치는 항상 이 소비된 가치보다 훨씬 더 높다. 마르크스가 **잉여가치**(Mehrwert)라고 부르는 이 나머지는 기업가의 이윤으로 돌아간다. 노동자가 소비된 가치에 상응하는 임금만을 받을 때, 비록 외관상 그는 자신의 몫을 받는 것처럼 보이긴 해도 실제로는 사취(詐取)를 당하는 것이다. 요컨대 그는 잉여노동을 수행하고 있는 셈이다. 노동시간이 길면 길수록 그만큼 잉여노동의 양도 많아진다. 예컨대 노동자가 자신의 생계를 유지하는 데 5시간의 노동이 필요하다면, 1일 10시간 노동하면 8시간 노동했을 때보다 기업가의 이윤은 훨씬 더 많아지는 법이기 때문이다. 당연히 있을 법한 항변, 특히 카를 옌취(Karl Jentsch)가 잉여가치는 "공장을 세울 때 공장주에게 부지를 빌려주는 대지임대인, 제품을 팔아주는 상인, 돈을 빌려주는 자본가 등과" 나눠야 하므로 공장주의 순이익이 아니라고 제기하는 항변은 마르크스의 의미에서 보면 설득력이 없다. 그도 그럴 것이 지대 · 중개수수료 · 대출이자와 같은 공제액 일체도 착취계급에게 이득이 되는 것이며, 이득을 보는 자가 기업가 자신인가 아니면 또 다른 자본가인가 하는 것은 원칙상 특별한 의미가 없기 때문이다. 어쨌든 대지소유자와 백화점 소유주 및 은행가는 잉여노동으로 보상을 받는 셈이다.

마르크스에 따르면, 자본은 다른 사람의 노동을 통해 얻게 되는 소득이 낳는 이자이다. 따라서 엄격한 의미에서 말하면 중세 때만 해도 자본은 존재하지 않았다. 왜냐하면 대부분의 노동자는 아직은 자신이 생산수단의 소유자였기 때문이다. 근대가 진행되는 과정에서 일련의 어떤 원인 때문에 그 같은 진짜 자본이 형성될 뿐만 아니라 그것이 소수자의 수중에 점점 더 집약적으로 축적되는 동시에 다른 모든 사람을 착취하는 일도 발생한다. 예전에는 수공업자들이 자신의 **제작물**(Produkt)을 팔았지만 지금은 **자기 자신**(sich selbt)을 팔도록 강요받고 있는 것이다. 이는 대량의 프롤레타리아트가 형성되게 했다. 그러나 이로써 부르주아는 "부르주아 자신을 묻어줄 사람들을 양산한" 것이다. 여기에 자본주의의 본질이 있다. 요컨대 자본주의는 점점 더 첨예하게 나타나는, 이를테면 주기적으로 반복되는 상업공황으로 가기 마련이라는 것이다. 이 공황으로 매번 수많은 유산자가 파산하게 되며, 그럴수록 자본은 점점 더 소수의 수중에 집중된다. 반면 대중의 참상은 더욱 고조되고, 사라져가는 소수 착취자의 재산도 강제 몰수되기 마련이다.

마르크스주의는 파국의 학설이 아니라 소위 자체의 변화법칙에 따라 방향을 설정하면서 스스로를 실현해가는 유기적 형태변화를 가정하는 점과 과학적으로 통제 가능한 사건의 법칙이 대체로 있다고 보는 점에서 다윈주의와 공통점이 있다. 라살은 마르크스를 "경제학자가 된 헤겔"이라고 부른 적이 있다. 사실 마르크스주의 체계의 본질과 근본 결함은 사회적 발전이 논리·계산·연역의 문제라고 전제하는, 한마디로 헤겔의 도식을 따른다고 자명하게 전제하는 그 합리주의에 있다. 그러나 인간은 종종, 그것도 자신의 정점에서 논리적이지 않게, 또는 논리를 뛰어넘어 행동한다는 점에서 무엇보다 동물과 구분되는 것이다. 인간은 국가를 구성하는 곤충과는 다른 모양새를 취하고 있다. 지금까지도 역사는 마르크스주의 교의를 따르지 않았다. 이를테면 바로 자본주의가 가장 취약하게 발전한 러시아에서도 프롤레타리아트 독재는 없었고, 자본의 집중이 예상하지 못할 정도로 이루어진 미국에서는 공산주의는 눈곱만큼의 기회도 얻지 못한 형편이다.

사회주의의 집단적 기본사상은 단순하고도 정의롭다. 그 사상은 땅과 토지, 모든 생산수단과 모든 교통수단은 공동 소유여야 한다고 주장한다. 대지와 이의 생산물, 그리고 인류가 공동으로 창작한 도구 역시 바로 인류 공동의 것이어야 한다는 것은 지당한 요구다. 그런데 이 같은 요구는 오늘날 공원과 롤러로 다져진 인도, 온천장과 놀이동산, 도서관과 박물관, 학교와 양로원 등과 같이 다양한 형태를 빌려 이미 관철되고 있다. 이 같은 형편은 어마어마한 시설 장치에도 불구하고 거의 무료로 이루어지는 우편운송과 상하수도 상태에서도 확인되며, 무료입장권을 소지한 사람들로 채워지는 극장에서도 볼 수 있다. 이 같은 체계가 조명과 난방, 운송수단과 주거지로 확대되는 일은 그저 10여 년 걸리는 시간의 문제일 뿐일 수 있다. 요컨대 그러한 체계가 의복 및 식품 제공으로까지 뻗치는 데는 조직과 선한 의지의 문제일 뿐이다. 물론 이러한 집단주의는 권리와 의무의 동등, 노동 규모와 소득의 동등을 의미하는 것이 아니다. 그도 그럴 것이 모든 인간은 동등하다고 전제하는 어떤 가정도 경박한 난센스에 불과하기 때문이다. 마르크스주의는 이렇게 주장한다. "지금까지의 모든 사회의 역사는 계급투쟁의 역사다." 이 주장이 참이라면, 계급투쟁은 영원한 일이다. 왜냐하면 인간들 사이에는 다양한 능력과 목적을 지닌 부류가 늘 있을 것이고, 그들 각각은 자신이 가장 고결하고 가장 중요하다고 늘 주장할 것이기 때문이다. 누구도 어떤 선원에게 별은 그의 항로를 정해주는 것을 유일한 목표로 두고 있진 않다는 식으로 설득할 수 없을 것이며, 어떤 천문학자에게도 별은 그가 망원경으로 관측하는 이외 다른 무엇을 위해서도 존재할 수 있다고 설득할 수 없는 일이다. 달리 생각하는 선원이나 천문학자가 있다면 오히려 그는 **재능이 없는**(talentlos) 셈이다. 이에 따라 선원과 천문학자 사이에는, 비록 이들 중 누구도 잉여가치를 독차지하지 않지만, 계급투쟁이 불붙기 마련이다. 그러나 이는 전혀 마르크스주의적 관점이 아니다. 오히려 마르크스주의는 집단주의가 "계급 자체도 소멸되게 할 것이기" 때문에 부르주아와 프롤레타리아트 사이의 계급투쟁은 궁극적인 투쟁이라고 주장한다. 그렇지만 어떻게 가능한가? 단 하나의 유일한 계급의 독재를 통해서! 이는 그것이 아무리 무의식적이지 않은 것이라 해도 아주 교활한 궤변일 수 있다. 마르크스주의가 참칭할 뿐만 아니라 불가분의 물리학적인 확신으로 제시하기까지 하는 그 이상적인 최종 상태는 항구적인 것으로 선언된 단일 계급의 독재일 수 있다. 그것은 가장 질 낮은 독재 가운데 하나일 수 있기 때문에 지금까지 역사에 등장한 어느 독재보다 더 부당할 수도 있는 것이다. 프롤레타리아트만 존재한다는 궤변은 고삐 풀린 폭력을 통해서만 고수할 수 있을 따름이다. 말하자면 그것은 다른 계급에 속한 모든 구성원을 근절하거나 프롤레타리아트로 거세한다는 뜻이다. 여기서 마르크스주의는 곤충 국가들에서 봄 직한 인간 이하의 강철 논리를 너무 비싼 값으로 책정한 꼴을 취한다. 그도 그럴 것이 곤충 국가들조차도 단 하나의 유일한 계급으로 구성되어 있지 않기 때문이다. 벌들도 무위도식하는 사치스러운 소비계급을 두고 있고, 아마존의 개미들은 '기사' 급에 해당하는 전투계급을 두고 있다. 이 전투계급에게 일개미들은 식량을 끌어다줄 뿐만 아니라 바로 입에 넣어주기까지 한다. 흰개미들은 엄격히 구분된 신분국가를 형성한다. 그런데 이들 세 곤충들은 모두 여왕이나 왕을 두고 있다.

마르크스가 교수직 없이 가르친 교수였다면 라살은 그 충만한 감 라살성적 재치에서 보면 약간 하이네를 연상시키는 예술가인 셈이다. 하이네도 그의 뛰어난 재능을 알아보고서 1류급의 한 사람으로 간주하면서 그를 두고 새로운 또 한 사람의 미라보[208]라고 부를 정도였다. 청동갑옷을 입은 이 프로방스의 영주와, 히스테리 증세가 있는 브레슬라우의 비단도매상 아들 라살은, 정치를 연기로 간주한

---

[208] C. de Mirabeau(1749~1791): 프랑스의 정치가. 입헌군주제를 지지함.

점에서는 적어도 조금 닮은 점이 없진 않다. 그는 연극을 통해 자신의 연극적 본능과 자기현시 충동을 충족시키려 했다. 비스마르크는 제국의회 연설에서 그를 두고 그는 자신이 지금까지 교류해온 사람 가운데 가장 재치 있고 가장 매력적인 인물 가운데 한 사람이지만 "결코 공화주의자는 아니었다"고 말한다. 그러나 비스마르크의 또 다른 얘기에 따르면, 허영은 대개의 정치적 소질에 부과되는 저당권이 된다는 사실은 그에게 적용하기에 딱 좋을 법하다고 한다. 그가 실제로 요구한 핵심 사항은 보통 · 평등 · 비밀 · 직접 선거권과 노동자의 이익배당을 포함하는 국가 차원의 생산조합 결성이었다. 그는 착취자를 보호하는 일 이외 다른 어떤 것도 허용하지 않는 현재 국가의 '야경꾼 역할'을 비웃었다. 1863년 그는 그의 유명한 '임금 철칙(ehernes Lohngesetz)'을 내세웠다. 물론 이 개념은 이미 리카도[209]에게서 볼 수 있지만 그 명칭과 함축적인 의미는 그에게서 나온다. 이 철칙에 따르면 "평균 노동임금은 인민들 사이의 관습상 생존을 연장하고 지속하는 데에 필요한 필수적인 생계비용으로 늘 환산된다. 이것이 실제의 일당이 늘 진자운동을 하게 만드는 지점이다." 이 철칙의 영향에서 벗어나려면 노동자가 자신의 신분을 스스로 기업주로 바꾸게 해야 한다는 것이다. 그러나 확실히 라살은 '최저생활비' 자체가 양적인 가변성을 지닌다는 사실을 충분히 고려하지 않았다. 이를테면 오늘날 보수가 상당히 좋은 노동자, 특히 영국의 노동자가 민족 대이동 시기의 영주가 누린 것보다 훨씬 더 깨끗한 위생 상태와 안락한 환경을 즐기고 있는 셈이다.

몸젠 주지하다시피 사회의 경제적 구조가 "사회적 · 정치적 · 정신적

---

[209] D. Ricardo(1772~1823): 영국의 국민경제학자.

생활과정 일반"을 조건 짓는다는 '유물론적 역사관'도 마르크스주의에서 유래한다. 야만스러울 만큼 진부한 이런 관점은 벌써 당시만해도 실제적인 역사가라면 누구도 진지하게 받아들이진 않았지만, 그 시대 유물론적 정신은 역사학이 고루한 배타성에 사로잡혀 관심의 초점을 순전히 정치사에만 국한시켰을 뿐만 아니라 이 정치사도당의 정책에 복무하도록 하는 일에만 제한할 만큼 완전히 정치화한점에서 역사학에도 영향을 미쳤다. 요한 구스타프 드로이젠은 합스부르크가를 반대하는 자신의 대작, 『프로이센 정치사(*Geschichte der preußischen Politik*)』에서 대선제후 브란덴부르크가가 독일의 사안들을마음대로 처분하면서 2세기 이후 독일의 역사는 작은 독일로 해체되는 경향을 띠었다는 사실을 입증하려 했다. 하인리히 폰 지벨[210]은 중세의 역사를 통해 거대한 독일 제국은 독일로서는 그릇된 이념이자 불행이었다는 점을 증명하려 했다. 부지런히 수집한 문서자료에 대한 정치적 해석의 지루한 나열로 볼 수도 있는 그의 『1789~1800년 프랑스 혁명사(*Geschichte der Revolutionszeit 1789~1800*)』는 헌법투쟁, 군대의 이동, 외교적 음모 등에 관한 이야기일 뿐이다. 프랑스뿐만 아니라 대륙 전체의 나라들도 망라한다. 그러나 유럽 전체를 전경으로 보여주려 한 나머지 끝도 없는 세부사항에 힘을 빼면서 장절만 늘였을 뿐이다. 드로이젠은 전설과 일화(逸話)를 사료에 포함시키는 반면에 지벨은 구전된 보고서 일체를 불신하고, 손에 넣을 수있는 문서 일체를 샅샅이 뒤지는 습관에서 서류를 정리하는 법원서기의 현실주의를 추구한다. 네스트로이의 다음과 같은 말은 꼭 그의방법을 겨냥한 듯하다. "인간은 애초 너무 아둔해서 손에 거머쥔

---

[210] Heinrich von Sybel(1817~1895): 독일의 역사가.

고작 증명서 한 장을 진리로 취급할 정도다." 한번은 비스마르크가
역사가에는 두 부류가 있다고 말한 적이 있다. "한 부류는 과거의
물을 맑게 하는가 하면, 다른 한 부류는 흐리게 만든다. 전자에는
텐이 속하고, 후자에는 지벨이 포함된다." 자체만으로도 탁월한 드
로이젠의『헬레니즘의 역사(*Geschichte des Hellenismus*)』에서는 마케도니
아가 프로이센이고, 데모스테네스는 페르시아(오스트리아)에 매수된
분리독립주의자로 등장한다. 그런데 그의 경우에서 보는 이런 역사
학도 지벨의 경우에서처럼 그렇게 모욕적일 만큼 대충 서술하는 식
으로 작동하지는 않는다. 그도 그럴 것이 그가 훨씬 더 생생하고
훨씬 더 인간적인 개성을 지녔기 때문이다. 쿠르티우스[211]의『그리
스 역사(*Griechische Geschichte*)』도 이 같은 유의 경향을 띤 작품이다. 그
도 그럴 것이 이 작품은 고전적인 고대의 도그마를 확실히 옹호하
고 있기 때문이다. 이 작품은 이른바 마지막 남은 고전주의의 후렴
구인 셈이지만 선율이 살아 있는 매우 감동적인 후렴구에 해당한다.
　거의 같은 시기에『로마사(*Römische Geschichte*)』를 출간하기 시작한
몸젠[212]도 거명되는 모든 사람 덕분에 가장 눈에 띄는 근대화한 모
습을 취한다. 여기서 카토는 '십자신문 당'[213] 출신 보수주의자로 등
장하고, 키케로는 티에르처럼 문사 출신 변호사이자 의원으로 등장
하며, 크라수스는 루이 필립처럼 증권가의 제왕으로, 그라쿠스 형
제들은 사회주의 영주들로, 세습 귀족들은 융커로, 그라이쿨리[214]

---

[211] E. Curtius(1814~1896): 독일의 고고학자이자 역사가.

[212] Th. Mommsen(1817~1903): 독일의 고전주의 학자이자 역사가 및 고고학자.

[213] Kreuzzeitungspartei: 1848~1939년까지 베를린에서 발행된 프로이센의 보수
적인 신문 '십자신문(Kreuzzeitung)'을 중심으로 모여 1851년 경 만든 당을
말함.

[214] Graeculi: '오만하고 작은 그리스 놈'이라는 뜻의 이 말은 로마의 키케로가

는 파리의 집시로, 갈리아 사람들은 아메리카 인디언으로 등장한다. 그래서 사람들은 이 분야에서 그가 당시 고고학적 소설로 많이 읽은 일종의 게오르크 에버스[215]나 다름없다고 생각할 정도였다. 그런데 여기서 또다시 확인되는 것은 예술에서 결정적인 것은 무엇이 아니라 언제나 오직 어떻게라는 점, 즉 개성이라는 점이다. 몸젠은 역사를 현재 속으로 끌어들이는 반면에 에버스는 그것을 현재 쪽으로 끌어당겨 내린다. 몸젠은 자신의 관찰방식을 빌려 역사를 부각한다면, 에버스는 같은 방식을 빌지만 역사를 알아볼 수 없을 정도로까지 닦아 내놓는다. 몸젠은 가르치는 일을 예술로 만들지만 에버스는 예술을 가르치는 일에 한정한다. 그런데 이 모든 차이는 아주 단순하게도 이 두 역사학자의 **현재**(Gegenwart)가 서로 달랐다는 점에서 기인한다. 말하자면 몸젠의 현재는 등급이 있고 풍부하고 독창적이지만, 에버스의 현재는 단음에 단면적이고 편협하다.

사람들은 몸젠이 처음부터 그랬지만 점차 늘 저널리즘에 매몰되어 진정한 사태를 완전히 왜곡했다고 비난해왔다. 도대체 저널리즘이란 무엇인가? 여기에는 허위 에토스와 경험되지 않은 파토스, 허공을 달음박질하는 듯 반복되는 동일한 업무와 만들어낸 문투, '동시대인'의 눈을 통해 보는 관습적 시선과 아래의 입장에서 드러내는 외람된 주석, 임의적인 주제 선택, 설문조사, '통신자료'에 대한 정신없는 과대평가 등이 포함된다. 물론 정확히 이 모든 것도 전문적인 일이기는 하다. 그러나 이 모두의 공통점은 **무교양**(Unbildung)이다. 평균지식의 생산물 가운데 문헌학을 (이 단어를 가장 넓은 의미

그리스 사람을 얕잡아 표현한 데서 유래함.
[215] Georg Ebers(1837~1898): 독일의 이집트 전문 학자이자 소설가.

에서 받아들여서) 빼고 나면 따분한 저널리즘 이외 남는 것이라고
는 아무것도 없다. 그 같은 생산물과 저널리즘이 구분되는 것은 세
계대전 전의 궁정극장이 요란하게 꾸민 유랑극단과 다를 바 없듯이
그 호사스러운 장식의 정도에 차이가 날 뿐이다.

그러나 저널리즘을 버나드 쇼[216]가 그랬듯이 이상적인 의미로 받
아들이면 몸젠은 저널리스트이다. 쇼는 자신의 한 에세이에서 이렇
게 말한다. "당시 아테네에서 이성이 청동빛을 띠게 하려 했던 플라
톤과 아리스토텔레스, 동일한 아테네를 엘리자베스 시대의 음모책
동과 수공업자들로 붐비게 만들었던 셰익스피어, 노르웨이 교구 교
회의 임원과 의사들을 사진으로 찍어냈던 입센, 성 우르술라[217]가
마치 길 건너편 도로에 살고 있거나 한 듯이 그의 생애를 완벽히
그려낸 카르파초[218], 이들 모두는 아직도 어디서든 살아 현전한다.
곧 그들은 평생 순간적인 것을 포착하려는 저널리스트의 공통된 관
습을 도도하게 회피한 수천의 사람들, 이를테면 과학과 예술 분야에
서 고통스러울 정도로 정확성을 추구하는 고고학적으로 치밀한 학
술적인 수천의 사람들이 분주하게 일으키는 재와 먼지더미 한가운
데 여전히 서 있다. 나 역시 저널리스트이며, 이 점을 자랑스럽게
생각한다. 그래서 나는 저널리즘이 아닌 것은 모두 내 작업에서 미
리 지워 없애면서, 저널리즘이 아닌 것은 그 어떤 것도 문학으로서
오래 살아남을 수 없다고 확신한다. 내가 어떤 역사적 인물을 다룬

---

[216] G. Bernard Shaw(1856~1950): 아일랜드의 극작가 겸 소설가 및 비평가.
[217] Saint Ursula: 영국의 전설적인 순교자. 4세기에 쾰른에서 훈족을 위해
11,000인의 처녀와 함께 살해되었다고 함.
[218] V. Carpaccio(1460경~1525경): 이탈리아 베네치아파의 화가. 르네상스 초기
에 이야기 형식의 그림을 그린 것으로 유명함.

다면, 나도 그 일부일 수 있는 부분만 다룰 따름이다. 이 부분도 그 인물의 고작 9/10 혹은 1/100에 불과할 수 있다.(그러한 한 나는 그보다 전혀 더 위대하지 못한 형편이다) 그러나 어쨌든 이 같은 부분은 그 영혼에서 내가 경험할 수 있는 전부인 셈이다. 자기 자신과 자신의 시대에 대해 글을 쓰는 사람은 모든 인간과 모든 시대에 대해 글을 쓰는 유일한 사람이다. 그래서 여타 사람들은 그런 행위를 언제나 오로지 문학이라고 부르고 싶어 하곤 한다. 그런데 나한텐 그것이 저널리즘이다!" 사실 쇼의 케사르 이미지도 몸젠에게서 빌린 것이다. 놀랍게도 이 두 작가는 천재란 가장 인간적인 인간과 다름없다는 영원한 진리를 번쩍이는 새로운 조명 아래 옮겨 놓았다.

우리가 말하고 있는 그 시·공간에서 몸젠 교수는 전에 없던 형태로 독일 문화생활 전체를 지배했다. 그는 다수 사람을 정치가·화가·시인으로 배출했다. 그는 살롱의 귀감으로 통했다. 말하자면 한 세대 전의 '격정적 불운아'와 같은 전형적 소설의 주인공이자 한 세대 이후 처녀들의 이상이었던 장교와 같은 인물이었다. 그는 바이에른 왕 막시밀리안 2세 노릇을 할 정도였다. 비텔스바흐 (Wittelsbach) 왕통의 가문은 건강하고 명석하며, 재치 있는 부르주아적 견실성에 복잡성과 외고집, 병적일 정도의 예민한 감수성과 넘치는 공상이 혼합된 기묘한 왕가였다. 그런데 거의 이 같은 성격이 이 천재의 모양새를 가꾸고 있는 듯해 보인다. 그것은 곧 역사의 진열장에 서 있는 프리드리히 대왕, 괴테, 쇼펜하우어, 입센, 비스마르크, 칼라일과 같은 위인을 조각품으로 빚어내게 만든 목재와 같은 것이다. 다만 유감인 것은 그 두 가지 상이한 성벽이 비텔스바흐 왕가에 늘 짐으로 작용한 점이다. 요컨대 극단의 민감한 공상은 루트비히 2세를 통해 구현되었고, 또 다른 극단의 냉정한 교활함은 그의 아버지 막시밀리안 2세를 통해 구현되었던 것이다. 몸젠 스스로 자신은 언제나 역사교수로 먹고살 수 있기에 폐위를 하나도 두려워하지 않는다고 말한다. 실제로 그는 정교수의 품위에 어울리지 않는 일도 아랑곳하지 않았다고 한다. 위대한 리비히를 비롯하여 역사가 지벨과 기제브레히트[219], 법률학자 블룬칠리[220]와 빈트샤이트[221]를 초빙하여 일종의 문학 세미나를 개최하려 했다. 그는 많은 작가를 뮌헨으로 불러 결코 일시적인 충동이 아니라 정기적인 회합, 즉 '심포지엄'을 통해 규합했다. 사람들은 이 문학그룹을 두고 즉각 '뮌헨파' 내지는 관념론자들이라고 부르기까지 했다. 그들의 구호는 청년독일과는 정반대로 '경향으로부터의 이반, 예술로의 귀향(Abkehr von der Tendenz, Rückkehr zur Kunst)'이었다. 그러나 그들 자신은 그것을 순진한 아류로 이해했다. 그것은 곧 광택을 입힌 공허하고 창백한 '고전적' 형식과 '낭만주의적' 역사주의와 감상주의를 의미했다. 그들에 대응하는 건축양식은 '막시밀리안 양식(Maximilianstil)'이었다. 이 양식은 아주 세련되고 고고한 모양을 취했지만 비인격적이어서 생동감이 없었다. 이는 모든 시대의 귀중품은 기계적으로 합금될 때 그 가치가 특별히 올라간다는 믿음에서 비롯되었다.

이 '고전 작가들'이 진정한 고전 작가들과 구분되는 것은 그들이 자신들의 고유한 길을 걷지 않았으며, 그들의 작품은 발전의 성과, 이를테면 어렵게 성취한 결과물이 아니라는 점에 있다. 그들은 그들 시대 바로 곁에 서 있었으면서도 그 시대 너머에 서 있다고 망상했다. 관념론은 현실 너머를 보는 것에 있고, 아름다운 것은 추한 것을

---

[219] W. von Giesebrecht(1814~1889): 독일의 역사가.

[220] J. K. Bluntschli(1808~1881): 스위스 출신 독일 국제법학자.

[221] B. Windscheid(1817~1892): 독일의 법률학자.

배제한 곳에 있다고 믿었다. 유감스럽게도 그들은 타고난 고전 작가였지만 바로 그런 이유에서 고전 작가가 아니었던 셈이다. 예컨대 가이벨[222]은 교양 높은 화랑화가였다. 그의 핵심 특질은 취향에 따른 복제에 있다. 그는 '따뜻한 색감'과 '아름다운 아틀리에 색조'를 띤 학술원 회원이었다. 보덴슈테트[223]의 유명한 시집,『미르차 샤피의 노래(Lieder des Mirza Schaffy)』는 페르시아 복장을 하고서 부르주아 무도회에 들락거리는 한 명랑한 순수문학 청년의 재담인 셈이다. 하이네가 '터키 병사의 음악(Janitscharenmusik)'이라는 적절한 말을 만들어 붙인 프라일리그라트[224]의 시는 당시 등장한 전경을 떠올리게 한다. 그것은 전경이 없는 무대 뒤편에서 일어나는 풍경이지만 그림같이 아름다운 매력이 없진 않았다. 지칠 줄 모르는 하이제[225]의 펜에서 소네트 · 단편소설 · 장편소설 · 서사시 · 비망록 · 격언 · 사회극 · 사극과 8행시 · 3행시 · 6운각 시 · 억양격의 시가 꼭 산문처럼 흘러나왔다. 그러나 그의 단장격(Jambus) 희곡『사비니 여인의 약탈(Raub der Sabinerinnen)』은 쉔탄[226]이 쓴 같은 제목의 소극보다 생명력이 훨씬 짧았다. 다소 정확히 말하자면 하이제는 시민들이 시인이라고 떠올리는 그런 모습의 작가이다. 늘 벨벳 재킷을 걸치고 다니는 지독히 흥미로운 시인이었다. 물론 그런 문사도 있기 마련이다. 그런데 하이제를 참아내기 어려운 것은 잔소리 퍼붓는 고모 같은 도덕관념과 탐욕의 '관능적 쾌락'이 뒤섞인 신맛 때문이다. 에로스의

---

[222] E. von Geibel(1815~1884): 독일의 시인이자 극작가.

[223] F. von Bodenstedt(1819~1892): 독일의 작가.

[224] F. Freiligrath(1810~1876): 독일의 혁명적인 시인.

[225] Paul Heyse(1830~1914): 독일의 작가.

[226] Franz von Schönthan(1849~1913): 오스트리아의 저널리스트이자 배우.

문제를 다룰 때도 마치 입주 가정교사가 하는 듯이 조금만 예의바르지 않아도 도덕적이지 못하다는 식으로 주제넘게 참견한다. 또 한편 빌헬름 요르단 역시 '근대적인 음유시인', 즉 니벨룽겐의 노래를 부른 가수였다. 그는 이 노래를 때로는 무리할 정도로 고풍스럽게, 또 때로는 대단히 시사적인 방식으로, 말하자면 다원주의의 형태로 개작하여 직접 강연을 하기도 했다. 이때 고대풍 음유시인의 가면이 그에게 도움이 되었다. 그리고 좀 더 성숙한 청년들, 이를테면 이미 알코올을 복용할 수 있는 나이의 청년들이 애호한 빅토르 폰 셰펠[227]이 있다. 그의 학생 노래집은 고무적인 벽화처럼 오래된 고급 식당에 비치되었고, 당시에 벌써 엄청난 인기를 끈 그의 『투명화(Diaphanien)』와 같은 서사 작품은 눈부시도록 현란하게 색칠된, 쾌적하고 깔끔한 채색유리의 이미지를 풍긴다. 그런데 이처럼 고전적이면서 독일의 중세 분위기를 풍기고, 동양적이면서 근대적인 의상을 입힌 이 모든 시풍의 작품 가운데 남은 것은 무엇인가? 프랑크푸르트의 정신과 의사 하인리히 호프만[228]의 『더벅머리 피터(Struwwelpeter)』가 그것이다.

마르리트 　극장에는 프리드리히 할름[229]의 귀여운 밀랍 인형극과 로데리히 베네딕스[230]의 코믹한 가면극이 유행했다. 비록 이 작품들이 재치라곤 없고 상투적이었지만, 그 창작자가 탁월한 편집자 겸 배우로서 낭독 기예를 발휘하여 연극무대의 정통한 전문가임은 드러내주었다. 이외에도 바우에른펠트[231]가 활약했다. 그는 다소 색 바랜 소박

---

[227] Victor von Scheffel(1826~1886): 독일의 시인이자 소설가.
[228] Heinrich Hoffmann(1809~1894): 독일의 정신과 의사이자 단편 작가.
[229] Friedrich Halm(1806~1871): 오스트리아의 시인·소설가·극작가.
[230] Roderich Benedix(1811~1873): 독일의 극작가.

한 크레용으로 사회를 스케치하려 하면서 심지어 좌담과 같은 것을 무대에 올리기까지 했다. 물론 명확한 개별화라고는 없었다. 그의 연극작품들은 실제로 성공한 문예오락물처럼 '잘 쓴' 것이긴 했다. 그러나 문예오락물은 당시에 이미 너무 흔해 빠진 것이었다. 이런 문예오락물 자체를 두고 말하자면, 당시 독일에서도 간행물을 연재 소설로 채우려는 관행이 생겨났다. 이 관행은 그 자체로 소설가의 예능에 해로운 것이었지만 가족 난이라는 그 성격 때문에 신문 생산에도 유해하게 작용했다. 이 장르의 성격은 장르개념으로 발전한 '가르텐라우베'[232]라는 말로 충분히 규명된 셈이다. 그 여성 대가가 오이게니에 마르리트[233]였다. 그녀는 사회와 현실의 실재를 견실하면서 사고력이 풍부하게 그려내는 시대소설(Zeitroman) 한가운데 서 있는 야생식물과 같았기에 정당하게도 불멸의 작가로 남은 것이다. 요컨대 그녀는 자신의 주인공들이 수련(睡蓮)과 같은 귀여운 둔감함, 혹은 꽃무지 같은 확실한 악취미로 무엇인가를 길러내는 장밋빛 허구가 있다고 믿었다. 베르톨트 아우어바흐[234]의 경우를 두고서는 똑같이 말할 순 없을 것 같다. 그는 네카어(Neckar) 강 어귀의 어느 마을 출신 유대인인데, 그에게 엄청난 성공을 안겨준 『슈바르츠발트 숲 속 마을 이야기(*Schwarzwälder Dorfgeschichten*)』에 등장하는 인물들은 농민으로 분장한 유대계 3류 떠돌이 배우들이다. 그런데 이들은 『스

---

[231] E. von Bauernfeld(1802~1890): 오스트리아의 극작가.

[232] Gartenlaube: 1853년에 발행된 독일 최초의 대중잡지. 화보잡지의 전신. 가정의 정원(Garten)을 배경으로 한 가족잡지에서 그 이름이 유래함.

[233] Eugenie Marlitt(1825~1887): 독일의 여류작가. Friederieke Henriette Christiane Eugenie John이 본명임.

[234] Berthold Auerbach(1812~1882): 유대계 독일의 시인이자 작가. 독일 '경향소설'의 창안자.

피노자에게서 나오는 빛(*Lichtstrahlen aus Spinoza*)』을 벌써 읽은 뒤였다. 코르넬리우스 구르리트[235]는 자신의 『19세기 독일 예술(*Die deutsche Kunst des neunzehnten Jahrhunderts*)』에서 슈빈트가 아우어바흐에 대해 다음과 같이 말했다고 설명한다. "촌티가 나는 것이면 무엇에든 온갖 열정을 쏟았지만, 이 모든 사회적·공산주의적 형상이 정확히 은행가와 멋쟁이 신사들의 살롱을 염두에 둔 것이라는 사실을 몰랐다. 내 머리로서는 도무지 이해가 가지 않는다!" 이는 곧 진정한 낭만주의자가 그릇된 리얼리스트보다 자연에 훨씬 더 긴밀하게 결합되어 있다는 점을 다시 한 번 확인해주는 발언이다. 그리고 리하르트 M. 마이어[236]는 자신의 『독일의 양식론(*Deutsche Stilistik*)』을 빌어 아우어바흐가 그의 소설 『스피노자(*Spinoza*)』에서 랍비 이자크(Isaak)를 일단은 붉은 수염에 초췌한 모습으로 그렸다가는 이내 검은 수염에 살찐 인물로 바꿔 그렸다는 점을 지적한다. 이런 오락가락함은 이 저술의 서문에서 말하듯 수긍 가는 불가피한 그런 모순으로 분류될 수 있는 것이 아니라 작가라면 쉽게 용납할 수 없는 일이다. 왜냐하면 그런 불일치는 풍부한 직관이 아니라 직관의 완전한 결핍에서 기인하는 것이기 때문이다. 따라서 그의 오락가락함은 그가 자신의 주인공들을 본 적이 없다는 점을 말해주는 셈이다. 덧붙이면 이런 악취미는 내적인 긴밀한 관계를 전혀 고려하지 않고 무조건 그리고 보자는 식에서 기인한다. 이는 당시 고전주의 삽화가들에게서 흔히 볼 수 있다. 그들에게서는 레카(Recha)와 루이제(Louise)와 그레치헨(Gretchen)이 그릴 때마다 다른 모습이다. 이는 결코 '사소한 일'이 아

---

[235] Cornelius Gurlitt(1850~1938): 독일의 예술사가.
[236] Richard M. Meyer(1860~1914): 독일의 언어학자이자 문학사가.

니라 재능이 전혀 없다는 사실을 말해주거나 대중을 노골적으로 얕
잡아보는 행위이다.

구츠코는 자신의 『정신의 기사들(Die Ritter vom Geist)』에서 그가 부른
바의 '병렬 소설(Roman des Nebeneinander)'을 모색했다. 그러나 그것은
실제로 단순한 병렬, 말하자면 기계적 혼합이었지 유기적인 결합은
고사하고 화학적인 결합도 되지 못했다. 그가 실제로 계획한 것은
그 시대 전체의 정신적·사회적 층위를 가르는 횡단면이었지만, 저
널리스트에게 그것은 전망 없는 모험일 뿐이었다. 그에 비해 구스타
프 프라이타크[237]가 『차변과 대변(Soll und Haben)』에서 설정한 목표들
은 훨씬 더 소박한 편이었다. 루트비히 슈파이델[238]은 자신이 쓴 문
예란의 글 가운데 하나에서 '영양가 높은 향내'를 지목하면서, 그
작품이 "프라이팬에서 신선한 냄새를 풍겼을 때" 독일 전국으로 그
향내를 확산시켰다고 말한다. 그것은 믿을만한 순수 양념이 빚어낸
훌륭한 요리였지만 입맛을 돋우는 요리비법이 영양가 있게 버무린
결과일 뿐이다. 프라이타크는 자신이 연극에는 별 소질이 없다는
점을, 거의 모든 사람이 손을 내저은 그의 연극작품을 통해서뿐만
아니라, 반세기 동안 모든 독일어 교사에게 원기를 불어넣기도 했지
만 김나지움의 모든 상급반 학생을 공포에 떨게 한 그의 『드라마
기법(Technik des Dramas)』을 통해서도 보여주었다. 바로 이 작품은 잘못
된 드라마 저술을 보여주는 지침으로 거명되곤 한다. 여기서는 『괴
츠(Götz)』[239]가 "무대에 올리기에 적합하지 않는 작품"이며, 에우리
피데스는 "양심이라고는 없는" 인물로 통하고 육친 살해자와 흑기

---

[237] Gustav Freytag(1816~1895): 독일의 작가.
[238] Ludwig Speidel(1830~1906): 독일의 작가. 음악·연극·문학 평론가.
[239] 괴테의 희곡 『Götz von Berlichingen』을 말함.

사는 등장시킬 필요가 없는 인물로 정리된다. 이 세 가지 예만 보더라도 그의 연극론을 흙손과 목공연필로 작업하는 수공예로 이해할 수 있다. 이에 따르면 모든 드라마는 '5부' '3장'으로 전개되어야 한다. 즉, 그것은 "1) 발단, 2) 상승, 3) 절정, 4) 하강 또는 반전, 5) 파국"과 "도발적 순간, 비극적인 순간, 결정적 긴장의 순간"을 말한다. 프라이타크 자신도 딱 한 번 비양심적이게 개작한 바 있다. 불필요한 에피소드를 끼워 넣고, 어떤 '순간'도 고려하지 않은 것이다. 그런데 이 희곡이 유일하게 성공한 그의 작품이다. 작품 『기자들(Die Journalisten)』은 참신하고 매력적이며 독창적인 희극으로서 인물들을 너무 생생하게 보여주기 때문에 주인공 기자 가운데 두 명은 유개념이 될 법할 정도이다. 볼츠(Bolz)와 슈모크(Schmock)가 그들이다. 그러나 그들의 행각이 오늘날 우리가 납득하기 어렵다고 생각할 (언론의 완전한 타락이 '허위보도'가 드러나는 지점에서 확인되는) 만큼 해롭지는 않으며, 실제로 발자크의 시대만 해도 분명히 이해하지 못했을 정도까지 유해하지도 않다. 그러나 프라이타크의 가장 두드러진 결점은 바로 부도덕함 자체가 난무하는 세상을 비극적이지 않다는 듯 만족하는 태도와 속물에 버금갈 정도로 문제를 제기하지 않는 그의 이성적 성격이다. 그래서 그는 형상화에는 성공하지 못하고, 늘 성공적인 것은 고작 그림을 곁들여 넣는 일뿐이다. 그래서 역시 가장 멋지고 가장 성숙한 그의 작품은 고전적 작품 유형인 문화사적인 『독일의 과거상(Bilder aus der deutschen Vergangenheit)』이다. 흔히 말해 역사학적인 작가로서 치자면 그는 기껏 세미나에 참석한 학생에 불과하며, 작가적인 역사학자로서 보자면 가장 섬세한 파스텔 화가의 한 사람인 셈이다.

전체적으로 볼 때, 당시 독일 문학은 외국 문학에 비해 놀라울 정도로 최하수준을 드러낸다. 슈필하겐[240]의 『**문제의 성격**(*Problematische Naturen*)』이 나오기 2년 앞서 문제 있는 성격의 러시아판 『**오블로모프**(*Oblomow*)』[241]가 출간되었다. 그리고 에버스의 『**이집트 공주**(*Ägytische Königtochter*)』가 출간되기 2년 전에 플로베르는 자신의 고대 동양을 『**살랑보**』로 그려냈으며, 동시대 시민의 심리학이라고 할 수 있는 『**차변과 대변**』이 나오고 2년 뒤에 같은 주제의 프랑스판 『**보바리 부인**』이 빛을 봤다. 그리고 보들레르가 『**악의 꽃**』을 창작했을 때 셰펠은 자신의 **학생 노래집**(Gaudeamuslieder)을 확산시키기 시작한 것이다.

그 시기에 초록의 하인리히[242]도 세상에 등장했지만, 그가 라스콜리니코프[243]와 동시대인이라는 사실을 생각하면 다소 빛이 바랜다. 켈러의 고유한 영역은 생동적인 소형 조각이었다. 그래서 그의 모든 장편소설은 단편소설을 연작으로 배열해 구성되어 있다. 겉으로 보기에 그렇지 않은 경우에도 그것은 마찬가지다. 한번은 그가 하이제에게 글로 표현하지 않은 코미디가 자신의 모든 서사시를 관통하고 있다고 편지를 썼다. 사실 그의 문학적 본질에는 항상 웃음을 자아내는 반어의 섬세한 주름이 잡혀 있다. 사물에 대해 이미 얘기된 것에서가 아니라 그것에 대한 직접적 직관과 고유한 마음의 개별적 진실에서 길어내는 그의 관습적이지 않은 심리학적 리얼리즘, 그리고 생생해서 긴장을 쉽게 풀어놓게 할 만큼 충분히 자연스러움을

---

[240] F. Spielhagen(1829~1911): 독일의 대중작가.
[241] 러시아 작가 이반 알렉산드로비치 곤차로프(1812~1891)의 소설.
[242] Der Grüne Heinrich: 스위스의 소설가 고트프리트 켈러(Gottfried Keller: 1819~1890)의 교양소설 『초록의 하인리히(Der Grüne Heinrich)』의 주인공.
[243] Raskolnikow: 러시아의 대문호 도스토옙스키의 장편소설 『죄와 벌(Crime and Punishment)』에 등장하는 주인공을 말함.

유지하면서 약간 다듬은 형태의 휴머니즘에서와 마찬가지로, 초록의 하인리히에서도 그는 그의 동향인 부르크하르트를 연상시킨다. 그러나 부르크하르트의 특징을 말해주는 세계시선의 보편성이 그에게는 없다. 그는 삶과 인식의 궁극적 심연 앞에서 의도적으로 뒷걸음질하는, 영락없이 슈비츠(Schwyz) 주라는 지역에 갇혀 있는 정서를 벗어나지 못했다. 그는 졸라에게서 '속물'을 보고, 게오르크 뷔히너에게서 엿볼 수 있는 뻔뻔스러움을 감탄할만한 것으로 여긴다. 주지하다시피 그는 수년을 취리히(Zürich) 시청에서 서기 생활을 했으며, 작가로서도 그 비슷하게 보냈다. 말하자면 생활의 사소한 부분을 성실하고 투명하게 그려내는 해박한 연대기 작가였던 것이다.

헤벨과 오토 루트비히

그런데 우리는 문학사에서 불가분의 개념 쌍을 이루는 인물, 이를테면 플라우투스[244]와 테렌티우스[245], 피히테와 셸링, 라이문트와 네스트로이, 하이네와 뵈르네 등과 같이 이른바 문학교수가 수업할 때 칠판에 언제나 동시에 등장한 헤벨[246]과 오토 루트비히[247]를 지금껏 잊고 있었다. 물론 전자들은 공통점이 그렇게 많지 않은 반면에 후자의 둘 사이에는 실제로 어떤 유사성이 있다. 이들 둘이 라이프치히 전투가 벌어지던 그해에 태어나 오늘날까지도 성공을 거두지 못한 『아그네스 베르나우어(Agnes Bernauer)』를 유고로 남겼다는 사실은 피상적인 것일 뿐이다. 좀 더 특징적인 점은 은연중 경쟁심을 내보이며 실러에 대해 그들이 평생 적대감을 가졌다는 사실이다.

---

[244] T. M. Plautus(BC 254~BC 184): 로마의 희극작가.

[245] P. Terentius(BC 190~BC 159): 로마의 희극작가.

[246] F. Hebbel(1813~1863): 독일의 극작가. 근대 사실주의의 선구가 되는 비극을 남겼음.

[247] Otto Ludwig(1813~1865): 독일의 소설가・극작가・비평가.

루트비히는『발렌슈타인』과『마리아 슈투아르트』[248]를 계획했으며, 헤벨은『요한나』와『데메트리우스』[249]를 개작하여 4.5막의 희곡을 만들려고 했다. 루트비히의 리얼리즘도 그렇지만 헤벨의 합리주의도 치환된 실러식 낭만주의였다. 이는 곧 실러의 고전주의에 대한 그들 나름의 시적 형식인 셈이다. 그러는 사이에 그들에게서 실러에 대한 일종의 오이디푸스 콤플렉스(Ödipuskomplex)가 발전하게 되었다. 그들 작품의 일치된 특징은 엄정한 묘사, 냉담한 지성주의, 분위기의 결핍, (실러 작품에서 그렇듯) 원기를 돋우는 통속성이 아니라 연극적 골동품 전시실에 대한 차가운 병리학적인 편애, 그리고 이 같은 맥락에서 들어간 과장된 동기화 따위다. 이런 과장된 동기화는 극적인 관점에서 보자면 오히려 동기화의 저하라고 할 수 있다. 왜냐하면 지나치게 예민해진 심리학은 병리학으로 넘어가기 마련이기 때문이다. 이는 특히 루트비히의『세습 산림지기(Erbförster)』에서 확연히 확인된다. 물론 이 작품은 헤벨이 결코 조성할 수 없었고, 루트비히도 여기서만 조성할 수 있었던 그런 또 다른 면모가 있기는 하다. 향토색과 마술적인 숙명적 분위기가 그것이다.『마카베오가 사람들(Die Makkabäer)』역시 헤벨의 모든 희곡 가운데 최하의 작품이다. 효과라고는 늘 수사법에 의존할 뿐이며, 여러 부분에서 이제 더 이상 실러가 아니라 실러의 대용물, 즉 구츠코가 전체 틀을 만들어가는 모양새다. 이 모든 특성이 말해주는 것은 이들 둘이 그들 필치의 대작을 성취한 분야는 철학적 사변과 문예학적 분석 부문이라는 점이다. 루트비히의『셰익스피어 연구(Shakespearestudien)』와

---

[248] 스코틀랜드 여왕 메리 스튜어트를 소재로 한 극.
[249] 『발렌슈타인』(1800~1801)을 포함해서『데메트리우스(Demetrius)』(1805)까지 모두 실러의 공식 작품임.

헤벨의 『일기(*Tagebücher*)』는 진정 인식의 보물 창고에 해당한다.

헤벨의 외모를 두고 그의 친구인 예술비평가 펠릭스 밤베르크(Felix Bamberg)는 이렇게 말한다. "그의 사지는 머리 덕분에 아주 부드러운 모습을 취했으며, 그리고 바로 이 머리를 이고 다니기 위해서만 있는 듯했다." 이는 그의 전체 본질을 말해주는 하나의 상징인 셈이다. 지금껏 헤벨만큼 사유놀이를 그렇게 열정적으로 즐긴 사람은 없었던 것 같고, 또 이 사유놀이가 이들에게 그렇게 부담으로 작용한 일도 없었던 것 같다. 극작가가 있듯이 긴장감 넘치는 사상가도 있다. 그런데 헤벨은 양쪽에 다 속했다. 좀 더 정확히 말하면, 그는 비극적인 사상가였다. 이 개념을 가장 단순한 공식으로 치환하고 싶다면, 아마 이렇게 말할 수 있을 것 같다. 즉, 인식에서 출발한 세계관은 비극적이라고 말이다. 개별 실존은 죄업이고, 모든 개인화는 원조일자(Urein)로부터의 탈격을 의미한다. 전체 세계가 오로지 이 개인화에 의한 다양성으로 이루어지기 때문에 그것은 거대한 유일한 타락체인 셈이다. 이러한 세계상이 아낙시만드로스[250]에게서 유래하는 유일한 파편에 고착되어 있다는 점을 우리는 각별히 명쾌하게 확인할 수 있다. "만물은 자신이 떠나온 그곳으로 사멸을 향해 돌아가기 마련이다. 그렇게 하려는 것은 법칙이다. 그도 그럴 것이 현전하는 불의에 참회를 해야 하기 때문이다." 헤벨도 시인이자 사상가로서 이 같은 세계관을 구현했다. 요컨대 인간은 실존 자체만으로 이미 비극적인 피조물이라는 것이다. 이에 따르면 모든 개인은 이데아에서의 분리를 뜻한다. 다시 이데아로 상승하려면 자신을 해

---

[250] Anaximandros(BC 611~BC 547): 그리스 밀레토스의 철학자. 세계가 아페이론(apeiron)으로 이루어져 있다고 주창함.

체해야만 한다. 이런 침울한 주제를 헤벨은 지칠 줄 모르고 변용했다. 이론 차원에서는 자신의 논문으로, 실천 차원에서는 자신의 드라마로 그러했다.

덧붙이면 이 같은 사상에서 어떤 형식에 집착하지 않고 깊은 통찰을 하려는 철학자라면, 그리고 인간 실존의 형이상학적 뿌리에까지 육박하려는 사상가라면 그를 모른 체하고 지나칠 수 있는 사람은 없었다. 이런 철학자나 사상가가 지속적으로 그의 최면에 걸리지 않을까 하는 질문이 나올 법하다. 헤겔은 좀 더 자신에 찬 변증법을 통해 이 같은 사상을 극복했고, 괴테는 경건한 자세로 자연에 침잠함으로써 극복했으며, 피히테는 의기양양한 자신의 윤리적 파토스를 통해, 소포클레스는 자신의 이교도적인 파토스를 통해, 칼데론[251]은 가톨릭의 경건함을 통해, 니체는 자신의 미래신앙을 통해, 에머슨은 철학적인 것이 아니라 생리학적인 면이 다소 강해 자연과 통하는 그의 즐거운 개성에서 비롯된 논박할 수 없는 낙관론을 통해 그것을 극복한 것이다.

그러나 생리학적인 것은 헤벨의 염세주의와도 통한다. 이런 규정된 유기적 구조에 매달리다보면 염세주의자가 되는 법이다. 생명의 운명을 거스르는 경우와 같은 피상적인 근거들만으로 박사학위 논문거리가 된다고 주장하는 것은 납득하기 어려운 일일 것이다. 한 작가의 세계상은 섭취한 식사와 접수한 원고의 수만으로 구성되는 것이 아니다. 헤벨은 아직 스물다섯도 채 되지 않은 나이임에도 자신의 애인 엘리제 렌징(Elise Lensing)에게 이렇게 편지를 썼다. "너는 내게 무슨 치명적인 병이 있는지 물었지, 그렇지? 그런데 이봐, 하

---

[251] P. Calderón(1600~1681): 스페인의 극작가.

나의 죽음과 하나의 치명적인 병만 있을 뿐이야. 그래서 따로 이름을 붙일 수가 없어. 그러나 괴테의 파우스트가 악마에게 자신을 맡길 수밖에 없게 한 병이 있고, 괴테에게 파우스트를 쓸 능력을 부여하여 그것에 몰입하게 만든 병이 있는 거란다. 유머를 낳는 병도 있지. 피를 뜨겁게 하는 동시에 굳어지게 만드는 병도 있어. 모든 사물에 내재하는 완전한 모순 감정도 있는 거야. 한마디로 네가 이해하지 못할 병이 있지. 그 때문에 네가 내게 물었던 게지. 그런데 이 병에 치료제가 있는지 어떤지는 나도 몰라. 다만 내가 아는 것은 나를 치료하려는 의사는 (아마 지금 그는 저 별 너머에 있거나 나 자신의 한가운데에 서 있는지 모르지만) 먼저 전 세계를 치료해야 하며, 그러면 나도 동시에 치료를 받는 형편이 될 것이라는 점이야. 모든 고뇌는 단 하나의 가슴에 모여 있는 거지. 희망 없는 구원충동이 있고, 그래서 끝없는 고통이 있는 것이지." 이는 가련한 엘리제보다 더 똑똑한 사람도 제대로 이해하지 못했을 법한 모호한 말이지만, 동시대 사람들에게는 진부한 꼴로 오해받기도 하고, 후세대 사람들에겐 지나치게 존경을 샀던, 그래서 아무튼 이 두 경우에 그가 그들을 가만 놔두지 않을 만큼은 영향을 끼친 바로 그의 핵심과 본질을 밝혀주는 셈이다. 그는 시인이 되고자 고군분투한 사람만큼 시인이 되고자 열렬하고 집요했지만, 시인과는 완벽한 상극을 이루었다. 시인이긴 했지만, 악마가 천사인 것과 같은 모습이었다. 그도 그럴 것이 그는 세상을 사랑하지 않았기 때문이다.

"모든 사물에 내재하는 완전한 모순 감정"은 사실 예술 · 철학 · 종교, 간단히 말해 모든 창조적 행위가 발판으로 삼는 근거이기도 하다. 그것은 확실히 청년 괴테의 문제성이 생겨나게 하는 뿌리이고, 파우스트가 악마에게 자신을 맡길 수밖에 없게 만드는 확실한 원천이다. 그것이 유머를 낳는다는 것도 분명 맞는 말이다. 그러나 그것이 헤벨의 영혼에서는 마침내 병, 그것도 치명적인 병으로 변한 것이다. 그의 경우 감정은 유머를 낳지 않았다. 헤벨이 유머를 부린다면, 언제나 그것은 흡사 하이에나가 앞발을 내밀 때와 꼭 같은 인상을 풍겼을 터이다. 유머는 향기이고 은총이다. 헤벨의 작품에는 향기도 은총도 없다. 그는 슈티프터[252]의 『늦여름(Nachsommer)』을 비평하는 한 글에서 이렇게 썼다. "두꺼운 세 권짜리 책! 예술비평가로서 이렇게 할 의무는 없겠지만, 이 책을 통독했다는 사실을 입증할 수 있는 사람에겐 폴란드의 월계관을 약속하겠다고 해도 별로 무모한 짓이라고 우리는 생각하지 않는다. (…) 재산목록은 그만큼 흥미롭긴 하다." 이 같은 몰이해는 충분히 이해할 수 있다. 슈티프터는 헤벨에게 거부된 모든 것을 갖고 있었기 때문이다. 여기에는 음악, 발뢰르[253]용 붓, 자연과의 친밀성, 신앙, 조화로움, 사소한 것을 경건하게 대하는 해맑은 태도 등이 포함된다. 헤벨 자신도 이런 사실을 수많은 계기 속에서 충분히 잘 느끼고 있었다. "우리는 영원히 타오르면서 휘감는 것이면 무엇이든 소진시켜 감싸 안을 수 없는 불길이 아닌가?" 그러나 그의 운명은 그보다 더 강인했다.

그의 작품 하나하나를 그 사건의 리듬에 따라 관찰해보면, 그를 연극계의 헤겔이라고 생각해도 될 듯하다. 이를테면 이 점은 『헤로데와 마리암네(Herodes und Mariamne)』에서 확연히 눈에 띈다. 여기서는 테제-안티테제 도식이 한 번뿐만 아니라 정확히 동일한 문맥에서도 한 차원 높은 나선선회에 또 한 번 활용되고 있기 때문이다. 그러나

---

[252] A. Stifter(1805~1868): 오스트리아의 작가.
[253] Valeur: 각 빛깔마다 지니고 있는 명도·채도 따위가 서로 어울려 아름다움을 이루게 하는 일.

좀 더 면밀히 들여다보면, 그는 스승의 변증법적 과정 전체를 반복할만한 능력이 없었고, 그렇게 할 마음도 없는 한 명의 헤겔주의자일 뿐이라는 점을 알 수 있다. 그도 그럴 것이 그는 테제와 안티테제를 비철학적인 표현을 빌려 사랑이라고 부르는 바의 진테제로 끌어올리는 화해를 시키지 않았기 때문이다. 이는 어떤 정신적 소화불량 탓이기도 하지만 좀 더 정확히 말하면 그의 본질에 깊이 뿌리박고 있는, 말하자면 그의 천성으로 철저히 굳어진 심술기 탓이기도하다.

오토 루트비히는 『셰익스피어 연구』에서 다음과 같이 꼼꼼하게 논평한다. "셰익스피어의 작품에 등장하는 주인공들은 쉴 틈을 갖고 있으며, 그들의 가장 고유한 성격은 상황의 도전을 받을 때에만 드러난다. 반면에 헤벨의 등장인물들은 밤낮으로 방패를 들고 설치기에 바쁘다. 인물들 각자 고유한 캐릭터의 특성을 좇느라고 여념이 없다. 각자의 배역이 편집증으로까지 고양된 꼴이다. 그들 모두는 자신을 그 배역의 적격자로 알고 있어서 결코 다른 역으로는 등장하고 싶어 하지 않는다." 이 점은 헤벨이 형상화한 최초의 위대한 인물, 홀로페르네스(Holofernes)에서 가장 잘 드러난다. 이 인물의 경우 실러가 자신의 주인공 프란츠 모어에게 고수했던 '인간 배역의 생략(Überhüpfen)'은커녕 인간의 역할이 회전축이 되는 우스운 양상이 벌어진다. 이 같은 일은 실러의 경우 연극적 본능에 의해 일정한 수준에서만 허용될 뿐 적합한 시점에서는 바로 단호히 회피할 대상이다. 게다가 『유디트(Judith)』는 네스트로이의 천재적 패러디에 의해 태어날 때 이미 질식사당하는 불행을 겪었다. 다른 한편, 그의 드라마 가운데 어느 것에든 화려한 세목들과 (예컨대 『헤로데와 마리암네』의 웅대한 결말을 떠올림직한데) 가장 근대적인 심리상태에 대한 아연실색하게 할 정도의 놀라운 예감이 없진 않다. 칸다울레스[254]의 데카당스에서는 세기말이 예견되고, 『마리아 마그달레나 (Maria Magdalena)』의 도덕 문제에서는 입센이, 헤로데의 성애에서는 스트린드베리[255]가, 골로[256]에게서는 니체가 예견된다. 그러나 이미 설명했듯이 그를 가장 돋보이게 하는 것은 이론적인 작품들이다. 아마 헤벨의 사상은 뚫고 파 뒤집고, 가끔은 선동까지 하는 정신분석이자 마술을 부리듯 타오르는 이념의 불꽃과 같은 것일 것이다. 이 불꽃은 금세 다시 스며드는 어둠 때문에 신비적인 작용을 일으키며, 그의 드라마가 거대한 자연석 건축물과 같은 역사적 매력을 취하게 될 어느 시대에 사방으로 뻗는 그의 예술관찰이 또 한 번 생명을 얻게 하는 작용을 일으키기도 한다.

헤벨과 루트비히와 일정한 유사성을 가진 인물은 역시 항상 둘이 동시에 거명되는 포이어바흐와 마레다. 안젤름 포이어바흐[257]는 외관상 근사하게 보이게 하려고 늘 '여송연'을 입에 물고 등장하는 배우 같았다. 그의 속에서는 집요하게 깜박거리다가 이내 뒤집어질 명예욕이 들끓었다. 그것은 곧 자유로운 창작 일체의 죽음을 의미하기도 했다. 그는 (가장 고상한 의미에서이긴 하지만) 실내 장식가였고, 비록 그의 시대는 그를 그 시대의 반동자로 봤지만 실내장식에서와 마찬가지로 그의 창백한 사유와 교양 허영에서도 그는 영락없

포이어바흐
와 마레

---

[254] Kandaules: 헤벨의 희곡 『헤로데와 마리암네』의 극중 인물.

[255] J. A. Strindberg(1849~1912): 스웨덴의 극작가·소설가·평론가. 심리학과 자연주의를 결합하여 새로운 형태의 드라마를 만듦. 대표적인 작품으로는 『아버지』(1887)와 『유령 소나타』(1907) 등이 있음.

[256] Golo: 헤벨의 희곡 『게노베바(Genoveva)』에 등장하는 악당.

[257] Anselm Feuerbach(1829~1880): 독일의 화가. 19세기 독일 고전파를 이끈 대표 가운데 한 사람.

는 그 시대 화가였다. 그와 정확히 같은 이름을 쓰는 그의 할아버지와 아버지는 유명한 교수였다. 할아버지는 바이에른의 형사소송법 개혁가이자 이른바 포이어바흐 학설 혹은 위협설(Abschreckungstheorie)의 발의자였고, 아버지는 고고학자이자 벨베데레 궁전(Belvedere)의 아폴로 조각상에 대한 유명한 저술의 저자이다. 아버지의 동생은 철학자 루트비히 포이어바흐다. 이 가족 가운데 다섯 번째 저명인사가 아직 남았다. 그는 그의 이름을 본떠 포이어바흐의 원 혹은 구점원(Neunpunktekreis)으로 유명한 수학자 카를 빌헬름 포이어바흐(Karl Wilhelm Feuerbach)다. 소년 시절 막내둥이 포이어바흐는 석고 모형과 정선된 동판화, 그리고 고대 그리스 시대에 유행한 6운각 시에 둘러싸여 있었다. 성장기에 그는 당시 회화를 주도하던 레텔, 프랑스인 쿠튀르[258], 벨기에 출신 바페르스[259], 그리고 베네치아와 피렌체 화가들 등등의 그림을 탁월한 방식으로 베껴 그렸다. 로마에서 그는 이탈리아의 우아한 미인 나나(Nana)를 만났다. 그녀는 그의 아내가 되어 메데아(Medea)와 이피게네이아(Iphigenie) 역할을 했다. 이는 그의 의고전주의를 배가시키는 계기가 되었다. 그의 영혼은 이제 더 이상 그리스를 찾지 않고 오히려 그의 방식의 동경이 그리스를 찾은 사람들에게도 먹혀들었다. 그는 천성적으로 대단히 다채로운 재능을 타고났지만, 그의 시대와 더불어 점차 그는 모든 것을 황폐한 색깔, 즉 우울한 회색과 부패한 폼페이풍의 적색으로 덮어버리는 지경까지 이른다. 이제 그는 위대한 예술이면 절대 하지 않는 일, 이를테면 '대중성'도 '환상'도 의도적으로 기피하면서 고상을 떠는 도도한 전

---

[258] Th. Couture(1815~1879): 프랑스의 화가.
[259] E. Ch. G. Wappers(1803~1874): 벨기에의 화가.

문가 관념론(Connoisseuridealismus)의 수장 역할을 했다. 그런데 모차르트와 베버, 『괴츠』와 『군도』, 안데르센과 부슈는 누구든 알고 있다. 그리스 사람들을 두고 말하자면, 그들은 대중성 개념 자체를 몰랐다. 왜냐하면 그들은 그 대응개념을 아예 몰랐기 때문이다. 이 개념은 알렉산더격의 시행이 유행하던 시대에야 처음으로 등장했다. '비교(秘敎)'를 전수받은 '전문감정사'는 진정한 창작물에 대해서 늘 부엉이인 셈이다. 그런데 어떤 고급예술이 일찍이 환상을 경멸한 적이 있던가? 고대의 극장과 파르테논 신전, 그리고 페리클레스 시대의 자유의 여신상이 아마도 판옵티콘에 아주 가까운 기능을 한 것 같다. 의고전주의가 자신의 모범에서 그것이 표방하는 것과는 상반된 원칙을 읽어냈다는 사실은 모든 예술은 자기표현이라는 점만으로도 입증된다.

한스 폰 마레[260]도 독일에서 늘 반복적으로 출현하는 고상한 교의주의자, 이를테면 카르스텐스[261]와 코르넬리우스, 그리고 회화에 반대하면서 회화 없이 그림을 그리려 했던 독일식 로마풍 화가들과 같은 부류에 속한다. 그는 의고전주의의 승산 없는 퇴각투쟁에서 마지막 영웅의 한 사람으로서 모든 색채주의와 루미니즘[262]에 맞서 싸웠고, 순수 형식을 지지하면서 작품 구성에서 거의 기하학적 시점을 견지했다. 그는 모든 회화 예술을 추상적인 유동 모티브, 이를테면 일종의 좌표기호와 플라톤적 이데아를 선전하는 유형의 형상화로 환원하려 했다. 이 같은 진정한 독일적 괴벽 없이 그가 할 수

---

[260] Hans von Marées(1837~1887): 독일의 화가.
[261] A. J. Carstens(1754~1798): 덴마크 출신 독일 화가.
[262] Luminismus: 19세기 중반 미국에서 시작된 풍경화 양식. 바다 풍경화가 주류를 이룸.

있었을 법한 것이 무엇이었는지는, 나폴리에 있는 동물연구소의 도서관 로비에 그린 화려한 프레스코 벽화가 잘 말해준다. 그런데 이 벽화를 그 자신은 보잘것없는 것으로 평가했다.

이와 정반대가 되는, 역시 그릇된 극단을 대변한 것은 필로티 유파(Pilotyschule)였다. 이 유파는 그림을 바탕에 깐 인쇄전지(全紙)를 만들었다. 뮌헨 학술원 교수였던 카를 폰 필로티[263]는 묵직하고도 거창하면서 화려한 역사적 소재, 이를테면 알렉산더의 죽음, 케사르의 암살, 게르마니쿠스의 승리, 감옥에 갇힌 갈릴레이, 발렌슈타인과 제니, 로마를 불태우는 네로, 사형선고를 받는 메리 스튜어트 등을 그렸다. 한번은 슈빈트가 농담조로 그에게 이렇게 물었다. "교수님, 아무튼 교수님께서는 올해도 불운을 그리실 작정이죠?" 그의 대형 그림에는 제2계급의 궁정배우들이 제1계급 복장을 하고 등장한다. 우선 그는 자신의 제자들에게 자신이 능숙한 대중장악 방식과 효과적인 입장으로 이해했던 '구성법'을 요구했다. 이외에도 풍속화는 계속 번창을 누렸다. 이때의 풍속화가 가장 선호한 주제는 무엇보다 어린아이와 동물의 세계가 보여주는 해맑고 감동적인 상황이었다. 여기에는 마을의 꼬마 왕자, 1등품 여송연, 넘어진 병, 행복한 모습을 한 어머니, 아이와 고양이, 대담한 참새 등이 포함된다. 이의 가장 걸출한 대표자는 어떤 훌륭한 일화 작가도 못했던 재미있는 익살까지 덧붙여 자신의 그림을 설명한 루트비히 크나우스[264]였다. 1850년경에 프랑스에서 이미 인상주의가 시작됐다고 생각하고 필로티를 들라크루아와 비교하면, 회화에서도 독일의 대차대조표는

---

[263] Karl von Piloty(1826~1886): 독일의 사실주의 화가.
[264] Ludwig Knaus(1829~1890): 독일의 풍속화가.

아주 불리한 결과로 나타난다. 그러면 당시 독일은 '유럽의 심장'이 아니었다는 사실도 드러날 듯하다.

세계가 원기를 얻는 데 도움이 되었다고들 하는 독일적 본질이라는 말은 적절하지 않은 문맥에 과도하게 인용되는 가운데서 적지 않은 반감을 동반했다. 이 반감은 세계 전쟁에서 독일에 불리하게 작용하기도 했다. 물론 그 말의 진실을 깨달으려고 고집불통의 국수주의자가 될 필요는 없다. 그 의미는 당시 사람들이 믿었던 대로 유럽이 독일의 식민지가 될 것이라는 그런 의미가 물론 아니다. 독일이 다른 민족을 지배해서는 안 될 말이었다. 그도 그럴 것이 그렇게 할 수 있다면 그것은 자신의 영혼을 희생하는 대가를 치르고서야 가능할 일이었기 때문이었다. 그러나 유럽이 그때까지만 해도 하나의 미래를 두고 있었다면, 그 정신적 · 도덕적 미래는 사실 독일에 기대고 있었다. 러시아는 카오스의 상태에서 유럽에 속하지도 않았고, 프랑스는 완만하지만 멈추지 않고 진행되는 몰락의 과정에 있었으며, 이탈리아는 단지 경제적 · 정치적 비약만 실현하고 있는 상태에 처해 있었다. 영국을 여기에 계산해 넣지 않은 이유에 대해선 다시 언급할 필요가 없을 것이다. 피히테가 『독일 국민에게 고함』에서 한 말은 참인 것으로 남아 있다. "동일한 기대를 거머쥘 수 있게 하는 민족이 있다는 것을 우리가 알고 있는가? 나는 누구든 이 물음에 부정의 답을 내놓으리라 생각한다." 이 점은 우리가 관찰하는 시대의 단면에서도 드러난다. 그 시대 불투명한 안갯속에서 또렷하게 알아볼 수 있는 두 윤곽이 환하게 모습을 드러냈다. 그 둘은 철학자 비스마르크와 쇼펜하우어이다.

쇼펜하우어의 주저는 1819년에 이미 출간되었지만, 1851년의 『소품(Parerga)』이 나오고서야 비로소 그는 광범위한 부류 사이에 알려지게 된다. 50년대 중엽 그의 철학은 이미 크게 유행했다. 1857년에 바그너는 트리스탄을 시로 지었다. 같은 해 본(Bonn)과 브레슬라우(Breslau), 예나 대학에서 그에 관한 강좌가 개설되었으며, 예나에서는 근대 철학의 가장 탁월한 해설가인 쿠노 피셔가 강의를 하기도 했다. 쇼펜하우어가 비록 때가 아주 늦었지만 그만큼 특별한 영향력을 발휘하기 시작했다는 것은 1848년 이후의 시대형식(Zeitform)이 변했음을 말해준다. 1848년 이후의 시대형식은 이전의 형식과는 반대로 주의주의(Voluntarismus)와 염세주의(Pessimismus)의 독특한 혼합을 보여준다. 광범위한 대중에게 쇼펜하우어는 헤겔 이데올로기에 욕을 먹인 저승사자이자 반동시대의 정치적 회한(悔恨)의 메가폰으로 통했다. 그러나 그 역시 피히테 · 셸링 · 헤겔과 마찬가지로 칸트 관념론의 제자이며, 그의 염세주의는 아주 보기 드문, 그러나 부차적일 뿐인 하나의 장식품에 불과하다는 사실을 사람들은 완전히 간과해왔다. 따라서 문제는 이처럼 **제대로 이해되지 않고서도 인정받는 성공**의 경우이다. 이는 슈펭글러의 경우와 흡사하다. 슈펭글러의 작품 역시 그 진기한 독창성과 타당성을 통해서가 아니라 겪어본 실패에 대한 일종의 필사적인 위로를 서구의 몰락에서 찾는 전후시대의 분위기를 타고 성공한 셈이다. 이 두 경우가 우리에게 보여주는 것은 신기원을 형성하는 사상체계는 대개 당국의 허가를 받은 직업 철학자들에서 결코 비롯되는 것이 아니라는 점이다. 이는 철학 전체 역사를 통해 추적해볼 수 있는 사실이다. 역사적으로 영향력을 발휘한 사상가들이 그리스에서는 소크라테스와 프로타고라스와 디오게네스처럼 게으름뱅이였고, 영국에서는 베이컨과 로크와 흄과 같이 공직자였으며, 프랑스에서는 몽테뉴와 데카르트와 라로슈푸코처럼 귀족이었지 교수가 아니었다. 독일 고전주의 시대만큼은 예외이다.

왜냐하면 당시 대학운영이 정신화한 상태였거나 철학운영이 조합화되어 있었기 때문이다. 우리는 전자를 가정하는 것이 나으리라 생각한다. 덧붙이면, 진정한 철학은 문외한들에 의해 창조될 뿐만 아니라 우선 그들에 의해 발견되고 수용되기도 한다. 전문철학은 이들에 대해 늘 가능한 한 오랫동안 적극적·소극적 저항의 입장을 취해왔으며, 결국 그들을 인정할 수밖에 없을 때도 그 사이에 출현한 최신 철학을 불신케 하는 데 그것을 이용할 따름이다. 쿠노 피셔 같이 훌륭한 교수조차도 쇼펜하우어와 니체를 반목시켜 이득을 챙기는 기회를 마다하지 않았다. 『순수이성비판』이 출간되고 나서 10년이 되는 해인 1791년에 베를린 왕실 과학아카데미는 라이프니츠와 볼프 이후 독일에서 형이상학이 어떤 부문에서 실제로 진보를 성취했는가 하는 문제와 관련하여 현상공모를 했다. 튀빙겐 대학의 슈바프(Schwab)라는 교수가 한 중요한 논문을 통해 **어떤 진보도** 성취하지 못했다는 사실을 입증함으로써 수상했다.

쇼펜하우어는 『천재에 관하여(Vom Genie)』라는 자신의 논문에서 이렇게 말한다. "무슨 일에서든 모든 위대한 이론적 업적은 그 발의자가 자기 정신의 모든 힘을 집결시킬 수 있는 **한** 점을 목표로 삼아, 다른 모든 세계가 그 순간 그에게서 사라지고 그가 목표로 정한 대상이 모든 실재를 그에게 충분히 채워줄 정도로 온 힘을 오직 그 **한** 점에 강렬하고도 집요하게 집중할 수 있을 때에 성취할 수 있다." "**인재**(Talent)는 여타 사람들의 실행력을 넘어서기는 하지만 이해력을 넘어서지는 않는 그런 일을 수행할 수 있다. 그래서 인재는 자신을 평가해줄 사람을 즉각 만나게 된다. 반면에 **천재**(Genie)의 수행력은 다른 사람들의 실행력뿐만 아니라 이해력도 넘어선다. 그래서 이들은 그를 직접적으로 이해하지 못한다. 인재는 여타 사람들이

할 수 없는 자신의 타깃을 맞히는 사수와 같고, 천재는 여타 사람들이 아예 보지 못하는 그런 타깃을 맞히는 사수와 같다. 그래서 여타 사람들은 오로지 간접적으로만, 그것도 나중에 천재에 관한 정보를 얻게 되며, 이 정보도 성실과 신의에 근거해서만 받아들일 수 있을 따름이다." "뇌와 신경계의 상태란 모성의 유전적 속성이 강하다. 그러나 이런 속성은 부성의 유전자로써 활동적이고 정열적인 기질이 덧붙지 않는다면 천재가 나타나기에는 대단히 불충분할 수밖에 없다. (…) 부성에서 비롯되는 조건이 결여되면, 모성에서 시작되는 뇌에 유리한 요소는 막 생성되기 시작한 점액에서 영양을 공급받는 기껏 섬세한 오성, 즉 인재만을 낳게 한다. 그런데 이런 점액질로써는 천재가 불가능하다." "따라서 모든 천재는 어린아이다. 왜냐하면 세상을 늘 낯선 대상으로 들여다보기 때문이다. (…) 평생 어느 정도 위대한 아이로 남는 것이 아니라, 철저히 계획하는 진지하고 말짱하며 이성적인 사람으로 살려 하는 이는 이 세상에서 아주 쓸모 있는 유능한 시민일 수 있다. 그러나 결코 천재가 되지는 못한다." 위의 문장들은 쇼펜하우어의 성격의 진면목을 담고 있다. 그가 천재를 염두에 두고 강조한 모든 특징은 그에게서도 목격되는 일이다. 요컨대 존재 일체를 자신의 실재를 대신해 줄 단 하나의 대상에 집중시키는 것, 세상이 뒤늦게 받아들이는 것, 그것도 성실과 신의에 근거해서만 그렇게 한다는 것, 평생 자신의 본질 속으로 파고들어 자신의 작품을 대단히 매혹적이게 만들어준 어느 정도의 유치함과 심할 경우에 드러나는 비이성적 성격도 바로 그 자신을 말해주는 셈이다. 그의 유전성을 봐도 일치성이 나타난다. 그 시절 아주 유명한 여류소설가였던 그의 어머니는 분명 확실한 오성을 겸비하고 있었으며, 그의 아버지는 교양이 풍부하고 개성이 넘쳤지만 성질이 괴팍한 사람이었다. 말년에는 정신 착란을 일으키기도 했다. 그것은 아무리 봐도 유전성 때문인 것 같았다. 그도 그럴 것이 그의 어머니가 정신이상자였고, 형제 가운데 한 명이 정신박약아였기 때문이다. 그의 아들은 분명 그에게서 병적인 도발의 기질을 물려받은 모양이다. 사실 이런 기질이 없다면 천재는 불가능한 일이기도 하다. 쇼펜하우어가 그의 활동의 모든 측면에서 견줄 바 없는 위대한 작가의 자화상을 자신의 기괴한 원칙론과 다혈질적인 추적망상, 그의 이론적 처세술과 세상물정에 대한 실천적 순진함, 감동적인 괴팍함과 바보 같은 선입견, 비극적인 천재성 고독과 여자를 좋아하지만 아내로 삼기는 싫어하는 희극적인 성벽을 통해 생생하게 보여주듯, 그는 문학작품에 등장하는 불멸의 주인공과 같아 보인다. 물론 이런 주인공은 입센의 작품에서는 한창때나 겨우 행복을 누릴 따름이다. 이쯤에서 우리는 도발적인 관념론으로 무장하고서 '빈틈없는 다수'를 상대로 싸우는 슈토크만[265]과 흔들림 없는 신념을 갖고서 대규모의 복권을 기대하는 보르크만[266]을, 그리고 어느 정도는 베그리펜펠트 박사[267]를 떠올리기 마련이다.

사람들은 그의 경험적 성격에서 이렇듯 다소 과장된 성벽을 희귀한 크기와 깊이와 순수함을 지닌 그의 '지성적 성격' 일체, 즉 그의 전체 개성에 불리하게 이용하려 하기까지 했다. 그 증거로써 사람들은 그가 그의 어머니에게 온순한 아들이 아니었고, 인기를 끄는 신문의 사설란을 열심히 찾아다녔으며, 오찬을 즐기면서 난간을 오르는 시녀들에게 추파를 던졌다는 점을 제시한다. 이는 늙은 교장 선

---

[265] Stockmann: 입센의 드라마 『민중의 적』에 등장하는 인물.
[266] Borkman: 입센의 희곡작품 『존 가브리엘 보르크만』의 주인공.
[267] Doktor Begriffenfeldt: 입센의 드라마 『페르 귄트』에 등장하는 인물.

생의 방식이다. 그래서 '특색들'을 모아 종합성적을 낸다. 요컨대 성적은 우수하나 도덕 행동은 별로 만족스럽지 못하다는 식이다. 이는 마치 얼굴의 반점이라면 당연히 황갈색이고, 모든 그림에서 연분홍빛이라면 특별한 색감이라는 듯이 모든 사람에게서 한 가지 '특징'이 그의 성격 전체를 나타내는 것이라고 말하는 꼴 아닌가! 그리고 이런 식의 이중 평가는 무식한 교육자의 머리에서 나오지 않고서야 달리 어디에서 나오겠는가! 생활과 창작은 결코 분리되는 일이 아니다. 이는 이미 우리가 살펴본 바다. 예컨대 루소의 꼴사납 고 병적인 성격은 고도의 재능을 발휘하지만 속임수와 술수 및 과 도한 자극이 숨겨진 글로 정확히 옮겨졌다. 그리고 베이컨은 철학자 답지 않게 외적인 명예와 재산을 좇고, 그래서 한갓 2류 철학자가 되어 현세적인 것이 그의 영혼에서 승리를 구현하듯 현세적인 것이 전적으로 승리를 구가하는 체계를 세웠다. 어느 날 사람들이 난리법 석을 떨면서 리하르트 바그너의 여생에서 들추어낸 이기적인 자기 현시 욕망은 훨씬 이전의 그의 오페라에서도 찾아낼 수 있다. 좀 더 들어보면, 입센은 말수가 적고 무뚝뚝하고 냉혹한 사람이었다고 한다. 그런데 이처럼 커피집에서나 들음 직한 잡담이 우리에게 무슨 소용이란 말인가? 여기 그의 작품들이 있다. 입센의 마음을 헤아리 려는 사람은 아마 어린 헤드비그 에크달[268]에게 물으면 될 것이다. 만일 쇼펜하우어가 사람들에게 비난을 산 원인인 자신의 전기와 자 신의 도덕론 사이의 모순을 지양하려 했더라면 자신의 고상한 기도 서를 쓰기에 적합한 틈과 명상에 시간을 할애하기보다는 구세군 회 원이 되었을 것이 틀림없다.

---

[268] Hedwig Ekdal: 입센의 희곡 『들오리』에 등장하는 주인공.

쇼펜하우어의 진정한 전기는 그가 '스물셋의 나이'에 빌란트에게 한 말에 담겨 있다. "인생이란 참 묘한 것이죠. 인생에 대해 곰곰이 생각하느라 인생을 허비하는 꼴이 되었으니까 하는 말입니다." 7년 뒤 그는 출판업자 브로크하우스(Brockhaus)에게 이렇게 편지를 썼다. "제 저술은 새로운 철학체계입니다. 그것은 단어의 완전한 의미에서 새로운 것입니다. 그것은 이미 현존하는 것에 대한 새로운 설명이 아니라 지금까지 어떤 인간의 머리에도 떠오른 적이 없는 최고 수준에서 결합한 사상의 구조랍니다. 제가 다른 사람들에게 이 구조를 이해시키려 시작한 이 힘든 일을 마무리해서 내놓은 이 책은 확신하건대 향후 수백 권의 다른 책들의 자료와 자극제가 될 도서 가운데 하나가 될 것입니다. (…) 진술된 내용은 현대 철학 학파가 하는 식의 허공에서 울리는 공허하고 무의미한 과장된 이야기와는 아주 거리가 멀며, 칸트 이전 시대의 장황하고 번지르르한 수다와도 거리가 멉니다. 그것은 지극히 명료해서 이해하기 쉬우며, 그러면서도 박진감이 있습니다. 미화한 감이 없진 않지만, 진짜 고유한 사상을 가진 사람만이 진정한 양식을 갖는다고 말하고 싶습니다." 적절하다고는 거의 생각할 수 없는 자기 성격 묘사를 또다시 보는 셈이다. 이 '겸손하지' 못한 행태는 아마 쇼펜하우어의 가장 두드러진 면모를 형성하는 속일 줄 모름에서 기인한다고 할 수 있다.

쇼펜하우어는 칸트를 자신의 출발선으로 삼았다. 칸트의 철학적 공적을 두고 그는 자신의 『칸트 철학 비판(Kritik der Kantischen Philosophie)』에서 일목요연하면서도 상세하게 그 성격을 규명한다. "그는 객관 세계가 마술처럼 보이게 하는 우리 인식능력의 전체 장치를 놀라울 정도로 신중하고도 능숙하게 분해하여 부품 하나하나 제시해 보였다." 그리고 또 다른 곳(『보편철학에 관하여(Über die Universitätsphilosophie)』라는 자신의 논문)에서 이렇게 덧붙인다. "즉각 사람들은 우리가 빠져 있는 꿈같은 존재에서 놀랍게도 떨어져 나와 스스로 낯설게 느끼고 있다. 존재 각각의 원소를 자신의 손에 거머쥐고 있다고 생각하면서, 이제 시간·공간·인과율이 모든 현상에 대한 통각의 종합적 통일에 의해 연결되어, 경험에 부합하는 전체의 복합화와 이의 변화과정을 어떻게 가능하게 하는지 살핀다. 그런데 이 변화과정은 바로 오성을 통해 조건 지어진 우리의 세계를 의미한다. 바로 그래서 이 세계는 한갓 현상에 불과한 것이다." 무조건적인 현상론의 관점에서 쇼펜하우어는 칸트와 의견이 완전히 일치한다. "세계는 나의 표상이다." 이 문장으로 그의 주저는 시작한다. 객관존재란 주체에 의해 표상된(vorgestellt) 것을 의미한다. 표상된 사물은 표상과 다름없다. 그러나 그는 선험적 능력을 좀 더 면밀히 학습하는 중에 칸트에서 멀어졌다. 12범주 가운데 인과율만 인정한다. 나머지 11 범주를 그는 '맹창(blinde Fenster)'이라고 부른다. 그런데 그에게 표상은 범주, 즉 오성의 개념이 아니라 직관의 한 형식, 그것도 직관의 유일한 형식으로 통한다. 그도 그럴 것이 공간과 시간도 인과율이기 때문이다. 사물들은 시·공간을 통해 합법칙적으로 서로 연결되고, 또한 서로 원인을 유발하는 것으로 현상한다. 그것들은 상황의 관계에 놓여 있거나 결과의 관계에 놓여 있는 것이다. 객관존재, 즉 표상된 것은 확정된 것(Begründetsein), 즉 필연존재(Notwendigsein)를 의미한다. 그러나 이 필연성은 자명하지만 현상의 성격만 지닐 뿐이다. "죽음을 통해서도 우리의 진정한 본질은 해체될 수 없다는 학설"을 고찰한 바에 따르면, 세계의 환영(Illusion)이 일어나는 것은 "우리로 하여금 어떤 사물을 볼 수 있게 해주는 바로 그 잘 연마된 두 개의 유리(두뇌기능) 도구 때문이다. 그 도구는 시간과 공간, 그리고 이들이 서로 관류하는 인과율을 의미한다." 물질을 쇼펜하우어는 독창적일 만큼 단순히 "시간과 공간의 지각력" 혹은 "객관화한 인과율"로 정의한다. 물론 우리가 물 자체(Ding an sich)에 도달할 길은 표상의 과정에서가 아니라 흡사 음모를 통해 요새의 문을 우리에게 열어주는 것과 같은 또 다른 길을 통해서다. 이 음모자는 우리의 자의식이다. 우리의 몸은 두 가지 형태로 우리에게 주어져 있다. 하나는 외부로부터 주어진 표상이고, 다른 하나는 내부로부터 주어진 의지이다. 그래서 세계는 의지와 표상이다. 의지는 사물의 **본질**(Wesen)이고, 이의 모든 속성상 현상에 반대되는 것이다. 의지는 다양하고 순간적이며, 인과율을 따른다. 그것은 나눌 수 없고 영원하며, 편재하고 자유롭다. 의지는 즉자(即自)로서 세계의 실체이지만, 지력(Intellekt)은 우연이고 부차적인 산물일 뿐이다. 지력으로 우리는 **인식하고**(erkennen), 의지로 **존재한다**(sein). 지력은 한갓 도구일 뿐이다. 무인식의 의지가 지력과 맺는 관계는 나무의 뿌리가 수관(樹冠)과 맺는 관계와 같다. 모든 것을 요약해주는 비유를 들어 말하면, 그 관계는 장님이 절름발이를 목말 태워 걷는 꼴과 같다. 자연은 생명에 대한 의지의 가시화이고, 의지의 객관화의 단층을 형성한다. 말하자면 떨어지려는 의지가 있는 돌로부터 사유하려는 의지가 있는 두뇌에 이르는 단층이 있다. 가장 낮은 단계에 있는 의지는 "기계적·화학적·물리적 원인"으로 현상하며, 식물에서는 '자극'으로, 동물에서는 '직관적 동기'로, 인간에게서는 '추상적으로 사유된 동기'로 현상한다. 쇼펜하우어의 의지는 스콜라철학의 원리도 아니고, **'지성적 존재자**(ens rationis)'도 아니며, '오락가락하는 불확실한 의미의 단어'도 아니다. 쇼펜하우어는 이렇게 말한다. "오히려 그것이 무엇인지 내게 묻는 사람에게 나는 그 자신의 내면을 들여다볼 것을 권할 것이다. 그의 내면에서 그는 그것을 거대한 규모의 진정한 **실재 존재자**(*ens realissimum*)로서 온전하게 목도할 터이다. 그래서 나는 세계를 미지의 것이라고 말하지 않고, 오히려 존재하는 가장 친숙한 것이라고 설명해온 것이다. 이것은 여타 모든 것과는 다른 방식으로 우리에게 친숙한 것이다."

그런데 이 의지의 왕국은 고통과 죽음, 실망과 지루함과 같은 음울한 권세가 지배한다. 반면 기쁨과 재물은 한갓 환영에 불과할 따름이다. 결국 죽음이 승리하기 마련이다. 왜냐하면 우리는 출생을 통해 이미 죽음에 귀속된 상태에 있기 때문이다. 죽음은 자신의 노획물을 삼키기 전까지 잠시 그것을 갖고 놀 따름이다. 그 사이에 우리는 수많은 일에 가담하면서 극히 조심스럽게 가능하면 오래 우리의 생명을 지속시키는 것이다. 꼭 그것은 비눗방울을 가능한 한 오래 크게 불려는 것과 같은 꼴이다. 물론 그것이 언젠가 팡 터지리라는 것을 확신하곤 있다. 대개 인간의 삶은 속절없는 동경과 고통이며, 꿈을 꾸면서 네 단계의 인생길을 가로질러 죽음을 향해 비틀거리며 걷는 발걸음으로, 일련의 사소한 사념을 동반한다. 그것은 이유는 모르면서 정해진 방향으로 가는 시계장치를 닮았다. 야만인들은 서로를 잡아먹고, 길들여진 자들은 서로를 기망한다. 이를 두고 세상사라고들 한다. 무대에서 어떤 이는 영주나 장군 역할을 하며, 또 어떤 이는 머슴과 병사 역할을 한다. 그러나 그 차이는 겉으로만 있을 뿐이며, 본질상에서는 똑같은 셈이다. 가련한 희극배우가 고생하면서 궁핍을 당할 뿐이다. 인생도 그렇고 그런 것이다. 온갖 부귀영화도 화려한 극장 장식처럼 한갓 가상에 불과하다. 고작 우리가 하는 기쁨의 표현은 대개 기쁨의 상형문자이자 암호이고 간판일 뿐이다. 그 목적은 다른 사람이 그렇게 믿도록 하는 것뿐이다. 여기에 기쁨이 기숙하고 있는 셈이지만, 기일(忌日)만큼은 그 기쁨도 사절된다. 이런 무상과 번뇌의 비극 한가운데서도 우리는 딱 한 가지 유형의 행복한 사람만큼은 보게 된다. 연인이 그들이다. 그런데 그들의 시선은 왜 그토록 은밀히 두려운 듯 훔치듯 서로 만날까? "왜냐하면 연인들은 온갖 궁핍과 노고를 은밀히 영속화하려고 획책하는 음모자들이기 때문이다. 그런데 그렇지 않으면 당장 종말에 이를 수 있는 것이다."

이런 비탄에서 벗어날 방법은 단 두 길뿐이다. 천재의 순수한 직관과 성인이 하는 식의 의지의 부정이 그것이다. 관행적인 관찰방식을 제쳐놓고, 온전히 평온한 명상에 잠겨, 의미심장한 독일식 화법으로 말하면, 자신의 대상 속에서 자신은 '버리고', 즉 자신의 개체와 자신의 의지를 버리고, 오로지 객체의 맑은 거울로서만 자신을 내세울 때, 이런 방식에서 인식되는 것은 더 이상 개별 사물이 아니라 **이데아**(Idee)이다. 하지만 "자연의 생산품"인 일상의 인간은 이처럼 완전히 무관심한 관찰을 견지할 능력이 없다. "일상의 인간에게 인식능력은 자신의 길을 밝혀주는 등불이지만 천재에게 그것은 그 길을 훤하게 드러내는 태양이다." "개개의 사물에서 각자는 단지 이런 보편자, 혹은 유의 최고 보편자에까지 도달할 정도의 보편자를 생각하는 것이 아니라, 바로 길을 직시하는 그 수준이 천재에 근접하는 척도이다." 그런데 천재가 지성의 길에서 성취하는 것을 고행자는 도덕의 길에서 성취한다. "자기 자신의 본성에 맞서 수없이 벌인 쓰라린 투쟁 끝에 마침내 자신을 극복한 사람만이 순수한 인식 존재, 즉 자연의 맑은 거울로 남게 된다. (…) 이제 그는 한때 자신의 마음을 동요시키면서 고통을 줬지만 지금은 게임을 마친 뒤 세워놓은 장기판의 말들처럼, 혹은 사육제의 밤에 우리를 우롱하고 불안하게 했던, 아침에 보게 되는 벗어놓은 가면무도회의 복장처럼 자신 앞에 아무렇지도 않게 서 있는 세상의 도깨비 형상들을 평온한 마음으로 미소를 지으면서 바라본다."

고전적
낭만주의자 쇼펜하우어가 추단한 것이 드러내 보이는 수많은 '모순'이 기본 입장에서든 세부 항목별로든 다양하게 논의되어 왔다. 쿠노 피셔는 마치 보병들이 종렬을 지어 지나갈 때처럼 그 모순들을 가장 알기 쉽고 가장 상세하게 나누어 정렬했다. 어떤 돌도 다른 것으로 남지 않는다는 결론을 이끌어낸 루돌프 하임[269]도 그랬다. 에두아르트 첼러[270]는 자신의 빼어난 저술, 『라이프니츠 이후의 독일 철학사 (*Geschichte der deutschen Philosophie seit Leibniz*)』에서 쇼펜하우어는 자신의 변덕스러운 성벽의 모든 모순과 망상을 그의 체계로 바꾸어놓았다고 설명한다. 그러나 이런 식의 교열은 늘 불필요한 일이 되고 만다. 왜냐하면 그 같은 모순은 어떤 실제적인 사유구조물에서도 불가피하게 예외 없이 나타나기 때문이다. 특히 쇼펜하우어의 경우 교열이란 더더욱 어울리지 않은 일이다. 그도 그럴 것이 그의 철학은 겉으로 보기엔 이론적인 체계이지만 실제로는 하나의 예술작품이어서 사람들이 그것을 온통으로 받아들이거나 온통으로 부정할 수밖에 없기 때문이다. 쇼펜하우어는 니체가 즉각 알아본 바처럼 한 사람의 교육자이다. 그의 글들은 내용상에서는 『그리스도를 본받아(Imitatio Christi)』, 혹은 아우구스티누스의 신앙고백, 혹은 마르쿠스 아우렐리우스와 몽테뉴가 했던 식의 자기성찰 유형에 속하는 글이며, 형식상에서는 산문 회화의 걸작에 포함된다. 스타일 면에서 보자면 그는

---

[269] Rudolf Haym(1821~1901): 독일의 철학자.
[270] Eduard Zeller(1814~1908): 독일의 철학자 겸 신학자.

고대의 작가와 비교해볼 수 있을 법하다. 어떤 혁신가도 유연성을 간결함으로, 기질을 품위로, 장식을 자연스러움으로 그만큼 잘 묶어낼 수는 없을 것이다. 한번은 쇼펜하우어가 직업작가를 두고서 (물론 이때도 자기 자신을 염두에 두었던 것인데) 그는 **실제로** 독자에게 말을 걸면서 그림을 제공하는 반면에 일상의 글쟁이는 틀에 의존해서 그릴 뿐이라고 말했다. 사실 그의 말투는 독자와의 지극히 개인적인 생생한 소통같이 들린다. 그의 모든 문장은 구조와 리듬을 갖고 있으며, 모든 개개 어휘의 선별과 배치에서 일회적인 개성을 품고 있다. 모든 메타포와 안티테제, 심지어 모든 인용문까지도 내적으로 경험된 것들이다. 단어의 이중적 의미에서 그의 언어는 전혀 인상주의적이지 않고 '고전적'이다. 말하자면 그리스 시대에는 저편에 있었던 대중성과 교훈성을 지녔던 것이다. 반면에 그의 철학은 칸트와 고전주의자들보다 오히려 '허풍선이' 피히테와 '허울 좋은 엉터리 문사' 셸링과 훨씬 더 많이 연루되어 있다. 요컨대 그의 철학은 이들의 비합리주의와 염세주의, 심미주의와 귀족주의, 천재숭배와 (은밀한) 가톨릭사상을 풍토로 해서 가장 화창하고 가장 풍요롭게 드러낸 낭만주의의 꽃인 셈이다.

비스마르크와 프리드리히 대왕

비스마르크도 그의 본질의 절반을 3월 혁명 이전(Vormärz)에 뿌리를 두고 있다. 어떤 특성에서 보자면 오히려 18세기에 뿌리를 내리고 있었다고도 할 수 있다. 그의 시대 정치가라면, 자유주의 아니면 반동, 민주주의자 아니면 절대주의자, 실증주의 아니면 정통, 하는 식으로 어느 한쪽만을 선택했다. 비스마르크에겐 이 모든 것이 부질없다. 왜냐하면 그는 양쪽 모두를 공유했기 때문이다. 말하자면 그는 로코코 시대의 영주였다. 그래서 그의 영혼에는 정통파와 혁명가, 자유사상가와 경건주의자, 시투아앵[271]과 봉건영주가 그의 시대

다른 누구에게서도 불가능한 방식으로 공존했다. 그런데 이것이 바로 방금 말한 그의 본질의 절반을 형성하며, 다른 절반은 과거도 현재도 아닌 미래에 속한다. 그의 내면에는 이미 우리 시대를 지배하는 **민주독재**(demokratische Diktatur)와 **범유럽적 국가체계**(paneuropäisches Staatensystem) 사상이 살아 움직였다. 그가 창조적인 신기한 야누스의 모습으로 두 시대의 갈림길에 서 있었다는 점과 그의 삶 전체가 일종의 이 악마(그리고 자기 자신)와의 싸움이었다는 점은 루터를 많이 닮았다. 그러나 그는 오히려 프리드리히 대왕과 가장 진한 친화성을 가지고 있었다. 이 대왕을 두고 우리가 부각시킨 거의 모든 특성을 그에게서도 다시 목격하게 된다. 우선 프로이센 왕을 그토록 유능한 정치가로 만들어놓은 현실주의와 이상주의, 적응력 있는 유연성과 흔들림 없는 원칙고수와 같은 역설적인 혼합이 그에게도 있었다. 그리고 진실에 대해 두 사람이 취한 역설적인 태도도 마찬가지다. 요컨대 겉으로 보면 둘은 가끔 사람들을 기만하는 듯했지만(덧붙이자면 비스마르크는 극히 드물게 그랬지만) 그것은 단지 직무상의 언어(隱語)에서 비롯된 것일 뿐이며, 내면을 들여다보면 그들은 생각해볼 수 있는 한 가장 정직한 사람들이었다. 대개 사람들은 겉으로 보기엔 평생 진실을 말해온 것 같지만, 그 속엔 신마저도 저주한 사기꾼과 화폐위조자의 영혼이 배어있는 경우가 허다하다. 『회상록(Gedanken und Erinnerungen)』 몇 단원만 읽고서도 이 배후에는 모든 인간과 사물과 사건의 진면목을 읽어내면서도 그 진정한 모습을 제시하려는 열정적 충동의 근본 파토스를 이루는 정령이 자리 잡고

---

[271] Citoyen: 어떤 역사적 사건을 단순히 수동적 자세로 지켜보는 사람을 보통의 시민(citizen)이라고 한다면 사건에 직접 개입해서 능동적 적극 간섭하는 주체를 두고 부르는 말로 citoyen이라고 함.

있다는 점, 그리고 그 속엔 수정 같은 영혼, 이를테면 산정호수 같이 헤아릴 길 없이 깊고 맑은 영혼이 반영되고 있다는 점을 감지하지 못하는 이는 대개 진리에 대한 기관이 없거나 애써 외면하려 하는 사람이다. 『회상록』의 관점에서 비스마르크는 프리드리히 대왕보다 한 수 위인 셈이다. 물론 프리드리히 대왕도 분명 그런 영혼을 지녔고, 대단히 훌륭한 저술가임은 틀림없다. 아무튼 대단히 재치 있고, 늘 가벼운 반어용법을 동반하여 묘하게 끼워 넣은 경구와 번뜩이게 연마한 반립 명제, 그리고 노련한 인용문구의 착상을 작동시키는 비스마르크의 관찰방식은 완전히 18세기의 그것을 빼닮았으며, 이는 그의 통속적 이미지를 생각하면 아주 역설적이게 들리는데, 꼭 프리드리히 대왕의 관찰방식처럼 프랑스적 성격을 지니고 있기도 하다. 반면에 프랑스적 성격과는 완전히 동떨어진 형태는 그의 깊은 종교심과 정서와 유머 감각이다. 그리고 그가 대륙에 지배력을 행사한 모든 인물 가운데 가장 공명심이 없는 사람 가운데 한 사람이었다는 점에서도 프리드리히 대왕과 또다시 공통성을 지닌 셈이다. 확실히 우리는 이 점에서 그를 프리드리히 대왕에 견줄 수 있지만, 비스마르크 역시 진지한 사람이 아니었다는 사실은 덧붙여야겠다. 이에 대해 제시할 수 있는 수없이 많은 증거가 있지만, 어떤 일화보다 더 많은 것을 말해주는 단 하나의 증거, 즉 황제 프리드리히[272]가 말년에 쓴 일기장의 한 구절을 끌어오면 충분할 것이다. 이 황제(당시의 왕세자)와 비스마르크, 그리고 론[273]과 몰트케가 1870년 7월 15일, 엠스(Ems)에서 베를린으로 이동한 프로이센 왕

---

[272] 빌헬름 1세(1797~1888), 즉 Wilhelm Friedrich Ludwig를 말함.
[273] A. von Roon(1803~1879): 프로이센의 장군이자 정치가.

빌헬름[274]을 브란덴부르크까지 마중 나갔다. 도중에 비스마르크가 유럽의 상황을 간단하게 브리핑했고, 이에 왕세자가 이렇게 덧붙였다. "그가 평소 즐겨하던 농담을 섞지 않아 아주 명료했고, 품위에 어울리게 진지했습니다." 이 상황을 상상해봄 직하다. 요컨대 엠스의 급보와 총동원령이 떨어진 그 사이에 북독일연방의 재상이 왕과 왕세자, 국방장관과 참모총장 앞에 중대한 관점을 피력하면서 대단히 진지한 태도를 보였으며, 단 한마디의 농담도 하지 않았다. 훗날 황제는 이런 놀라운 사실을 자신의 일기에 메모했다.

이런 유사성이야 아주 세세한 부분까지 계속 드러내 보여 줄 수 있다. 그런데 내가 보기에 특히 주목해볼만한 일은 – 비록 사람들이 흔히 이와는 반대로 주장하곤 하지만 – 비스마르크도 **결코** 군국주의자가 **아니었다**는 점이다. 그도 그럴 것이 그 역시 전쟁을 '구토제'로만 여겼기 때문이다. 그러나 전쟁이 불가피하다고 생각하면 가장 유리한 시점에 치르려 했다. 그래서 그는 도발자로 비쳤다. 또 한 가지 주목할만한 사실은 그 역시 군주제주의자(Monarchist)가 아니었다는 점이다. 말하자면 그는 왕정주의자였다. 물론 이때의 왕정주의는 그가 의존한 왕조의 그것과 동일한 것은 아니다. 왕조에 대한 그의 의존성은 **그의** 가문의 봉건적 전통에 뿌리를 두었으며, 호엔촐레른가에 대한 그의 입장은 늘 지하 프롱드 당의 그것과 동일했다. 그러나 가장 놀라운 점은 그가 '신체적 열등성'까지도 프리드리히 대왕과 공유했다는 사실이다. 그는 국민들이 생각한 것처럼 롤랑마냥 돌같이 강건하지 않고 오히려 데카당스 유형이었다. 특히 주기적으로 그에게 일어난 정신적 발작이 신체적 발작으로 변한 점에서

---

[274] 황제 빌헬름 1세의 아버지 Friedrich Wilhelm III(1770~1840)를 지칭함.

그는 바로 노이로제환자의 전형이었던 셈이다. 예컨대 분노와 실망이 3차신경통으로 전이된 것이다. 세기말의 어떤 악성질병도 3차신경통만큼 신경망을 예민하게 하고 불안하게 하는 것은 없었다. 자신의 의지를 관철시킬 수 없을 때 체읍경련을 일으킨 '철의 재상'이란 두 번의 전투를 치르는 사이에 프랑스풍 알렉산더격의 시를 지은 '독일의 영웅적인 왕'만큼이나 그 양태가 아주 특이한 현상이다. 결국 이 두 인물은 죽음에 이르는 길과 죽은 이후도 완전히 유사한 운명을 맞이했다. 그들은 생의 말년에 비현실적일 정도로까지 정신화되어 그 후세에게 오늘날까지 거친 논란을 일으키고 있다. 때로는 반쯤 신으로 추앙받고, 때로는 악인으로, 심하면 범죄자로 낙인찍힌다.

　자연이 자신의 모든 피조물을 고유한 방식으로 탄생시키는 것은 그 개별 기관이 자신의 공간 및 힘의 팽창에서 극한에 도달할 때 수행할 수 있는 일이 무엇인지 보여주고자 할 때일 뿐이라고 말할 수 있다. 호랑이는 갈기갈기 찢는 이를 하고 있고, 코끼리는 감고 더듬는 긴 코를 하고 있으며, 소는 돌아다니며 씹고 소화하는 위를 두고 있으며, 개는 냄새 맡는 코를 하고 있다. 인류의 경우도 이 같은 일이 천재의 창작이 이루어지는 **정신적인** 영역에서 반복된다. 모든 천재는 정신적 생식력이 깜짝 놀랄 만큼의 비만 상태에 이르렀음을 의미한다. 셰익스피어는 상상력이 완전히 비만 상태였고, 괴테는 시력이 엄청나게 좋은 내면의 눈과 같은 직관이 꼭 그랬으며, 칸트의 경우 상세히 보여준 바가 있듯, 실제 이상으로 어마어마할 정도로 크게 개진된 능력, 즉 **이론적**(theoretisch) 오성이 그랬다. 비스마르크의 경우 **실천적**(praktisch) 오성이 그랬다. 이것이 무엇인지는 쇼펜하우어의 다음 진술이 말해준다. "재능이 있는 사람은 여타 사람보다 더 빨리 좀 더 제대로 생각한다. 반면에 천재는 그들 앞에도 놓여 있는 세계를 더 깊이 들여다보는 것일 뿐일지라도 그들 모두와는 다른 세계를 직관한다. 그도 그럴 것이 천재의 머릿속에서 그 세계는 좀 더 객관적으로, 그래서 더욱 명확하고도 더욱 깔끔하게 나타나기 때문이다." 칼라일은 똑같은 사정을 두고서 좀 더 단순하게 표현한다. "우리 무식한 늙은 선생은 신참 선생이 자기한테 오면 늘 이렇게 물었다. '그렇지만 선생님도 천재란 바보가 아니라고 확신하고 있죠?' 이제, 같은 물음을 각자의 일상생활을 하는 모든 사람에게 제기하여 이 물음을 꼭 필요한 유일한 연구거리로 간주할 수도 있다. 선생님께서는 천재가 바보가 아니라고 확신하시죠? 그러면 사실 이렇게 말할 수밖에 없다. 즉, 한 인간 속에서 살아 있는 직관의 총합은 그의 인간성에 대한 정확한 각도기가 된다고 말이다. 모든 사람에게 우선 우리는 이렇게 말할 것이다. '이봐요! 볼 수만 있다면, 아무튼 행위와 사유 속에 당신을 위한 희망이 있다는 것을 볼 수 있을 것입니다.'" 모든 사람이 비스마르크와 유사하게 순수하고 맑고 자연적인 오성을 겸비했다면, 부덕과 오류로부터 완전히 자유롭지 않다고(비스마르크 역시 오류가 없는 교황도 아니었고 흠결 없는 성자도 아니었기 때문에) 해도, 그 부덕과 오류가 자신과 여타 사람들에게 해가 되지는 않을 터이다. 말하자면 그것이 지혜와 이해와 정신으로 용해되기 때문이다.

지금까지 누구도 비스마르크의 오성을 제대로 부정하진 못했다. 그러나 많은 사람은 그가 오성과 관련해서 '부도덕'했다고 주장한다. 마치 고차원의 오성과 부도덕이 결합할 수 있다는 식이 아닌가! 땅 투기꾼, 은행 대리, 극장 에이전시는 사기꾼일 수 있고, 그의 업무 전체가 사기행각이라는 단순한 이유 때문에 자신의 전문 분야에서 '노련할' 법도 하다. 그러나 원예가와 안경 연마공과 오르간 제작자라면 어느 정도 예법을 지녀야 한다. 어떤 물건을 만들려면 그 물건에 대해서 알아야 하며, 그 물건에 대해 알려면 그 심중을 꿰뚫어봐야 한다. 다시 말해 그 물건과 일정한 도덕적 관계를 맺어야 하는 것이다. 비겁한 자와 이기적인 자, 혹은 교만한 자는 사물의 신뢰를 얻지 못한다. 사실 오로지 이 신뢰를 통해서만 사물의 진리를 해명할 수 있다.

인간을 좀 더 찬찬히 좀 더 정확히 관찰하다보면 깜짝 놀랄 사실을 차츰 깨닫게 된다. 그것은 인간이란 원칙상 서로 별 차이가 없다는 점이다. 거의 모든 사람은 '올바른 것'이 어떤 것인지 일반적으로 그리고 특별하게 상당히 잘 알고 있다. 그러나 올바르게 행동하지는 않는다. 인간의 경우 아는 것과 행동은 두 개로 완전히 나뉜 구역이자 거의 서로 소통되지 않는 작은 두 개의 방이다. 인간이 **의식적으로** 자신의 원칙을 부정하는 것은 사정이 간단치 않아서 그런 것이 아니다. 천연덕스럽게 그렇게 하는 것이다. 행동할 땐 자신의 원칙을 쉽게 **망각해** 버린 것이다. 그래서 그가 평소 늘 주장하는 것과 딴판으로 산다고 그를 비난하면 오히려 그것이 이상하게 보일 따름이다. 꼭 그 모양은 실행으로 옮길 사람을 구하지는 못하고 칙서만 갖고 있는 꼴이다. 이념과 모델과 원칙은 그저 그렇게 있을 뿐이다. 거의 모든 사람은 이렇게 살기라도 해야 하는 듯이 이론상 신비를 지니고 있지만, 각자 구현해야 할 위대하면서 유일한 착상이 거의 실현되지 않는 법이다. 그런데 이는 바로 기독교가 인간에게 본질적인 것은 앎이 아니라 존재라고 가르친 바처럼 위대하고도 새로운 의미를 지닌다. 알고 있는 단 몇 가지 진리가 아무리 보잘것없더라도 그것을 삶으로 실천하는 사람이야말로 신이 부여한 삶을 영위하는 셈이다. 세계의 모든 진리를 소유한 자라고 할지라도 그것을 죽은 프로그램으로서 자신의 머릿속에만 둔다면, 늘 그렇듯 그는 완전히 악마의 손아귀에 붙잡힐 수 있다.

이런 의미에서 비스마르크는 위대한 기독교도다. 그는 대담하고도 현명한 생각을 갖고 있었지만, 이런 생각쯤이야 다른 사람들도 가졌던 바의 것이다. 그러나 그는 자신의 거침없고 활력 있는 융커의 혈기로 그 생각을 실행하면서 살았다. 그는 근대가 목격한 마지막 영웅이었던 셈이다.

남북전쟁 　비스마르크가 영향을 끼쳐 일어난 일을 역사적으로 파악하려면 아메리카까지 시선을 돌려보아야 할 것이다. 그곳에선 반 세대 동안 행운을 누린 프랑스 황제권이 최초로 심히 흔들리는 일이 일어났던 것이다. 미국 독립과 더불어 이미 활기찬 발전이 이루어지고 있던 그 신대륙은 그 세기 중엽 이후로 놀라울 정도의 경제적 도약을 선보였다. 당시 **"가자 서쪽으로**!(*westward ho!*)"라는 구호가 전기가 흐르듯 번져나갔다. 유럽과는 완전히 딴판으로 새로운 개척 지역을 잇는 철도건설이 **앞서** 갔다. 그즈음 뮌헨과 빈을 연결하는 교통수단은 아직도 우편마차였던 데 반해, 아메리카에서는 사람이라고는 보이지 않는 그 광활한 구역으로 이미 철도 선로가 달리고 있었던 것이다. 1845년 텍사스가 연방에 편입되었고, 1848년 멕시코가 자기 땅의 절반에 해당하는 뉴멕시코와 캘리포니아를 아메리카 합중국에 양도할 수밖에 없었다. 벌써 그해에 또 다른 경보발령이 울려 퍼졌다. 황금을 찾아 캘리포니아로! 어마어마한 이주민의 해류가 서쪽으로 밀려들었다. 그들을 유혹한 것은 오직 황금만이 아니었다. 구리와 기름과 석탄과 같은 풍부한 또 다른 지하자원과 과일, 채소, 밀, 가축 사료 등을 들도 보도 못한 우량의 품질로 제공할 멋진 식물들도 사람들을 유혹한 것이다. 그러는 사이에 북부연합과 남부연합 사이에 심각한 대립이 형성되었다. 남부연합에는 생산성이 풍부한 대농장에 기반을 둔 귀족 농장주들이 흑인보다 거의 나을 것이 없는 '가난한 백인들'을 옆에 두고, 혹은 그 위에 군림하면서 살았다. 주요 생산물은 쌀 · 설탕 · 담배, 특히 목화였다. 남부에서 회자되는 말은 이랬다. **"면화가 왕이다!**(*cotton is king!*)" 남부의 정치적 · 경제적 우위는 그 풍요에 의존했고, 이 풍요는 노예제도에 의존한 반면에 농업과 공업이 우세했던 북부에서는 흑인이 별로 없었고, 기후 조건 때문에도 그들을 충분히 이용할 수도 없는 지경이었다. 이런 점에서 노예제도 철폐라는 갈등의 뿌리는 따지고 보면 경제적인 문제였던 셈이다. 아메리카는 지금까지의 그 역사에서 세 번의 큰 전쟁을 치렀는데, 매번 원인은 돈 문제였다. 그렇다면 도대체 1775년의 영예로운 해방투쟁은 무엇을 둘러싸고 일어났던가? 그것은 설탕 상표를 둘러싼 투쟁이었다. 아메리카 합중국이 정치적으로 그야말로 무관심했던 세계대전에 개입했을 때도 오직 목적은 차관으로 빌려준 돈을 회수하려는 것뿐이었다. 물론 도덕적인 이유에서 흑인해방을 촉구한 기독교적인 이상주의자들이 없었던 것은 아니라는 사실을 두고 침묵할 필요는 없는 일이다. 당시 아메리카의 거의 모든 정신적 위인처럼 매사추세츠에서 태어난 윌리엄 로이드 개리슨[275]은 흑인해방을 목적으로 이미 1831년에 『해방운동가(The Liberator)』라는 잡지를 발행했고, 1833년에는 『미국 노예제폐지협회(American Antislavery Society)』를 발족시키기도 했다. 자유 지성으로서 조직화에 대해 별로 달가워하지 않았던 에머슨도 이 같은 운동에 대해선 인

---

[275] William Lloyd Garrison(1805~1879): 미국의 언론인이자 개혁운동가.

정했다. 그는 이렇게 적고 있다. "지금이 우리의 사악한 번영이 그 끝을 봐야 할 바로 그때이다." 한번은 그의 아이들이 다음번 학교의 작문 주제가 '집의 구조'에 관한 것이라고 얘기했을 때, 그는 이렇게 말한다. "도망 중인 노예 한 명이 안전하게 몸을 숨길 구석방이 아직 없어 지금도 집이 완성되지 않았다고 써야 할 거야." 1852년 문명세계 전체가 해리엇 비처 스토[276]의 소설 『톰 아저씨의 오두막 (Uncle Tom's cabin)』으로 흔들렸다. 비록 이 소설은 감상적인 데다가 투박한 오일 인화법으로 처리된 거친 종이를 쓰고 있지만 작가의 고상한 경향 덕분에 인류로부터 영원한 찬사를 얻고 있다. 노예제도 문제를 둘러싼 갈등은 공화당과 민주당 사이의 대립으로 이어졌다. 북부연합에서 우세를 보인 공화당은 각 주의 자치성을 강조했고, 노예주 연합에서 세력을 과시한 민주당은 개별 연합의 주권 확장을 촉구했다. 1861년에 갈등이 터졌다. 11개 주로 구성된 남부연합이 연맹에서 탈퇴를 선언하고 자체 대통령을 두자는 분리파를 결성했다. 이로써 4년간의 전쟁이 터졌다. 이를 사람들은 남북전쟁이라고 부른다. 연맹과 연방, 워싱턴(Washington)과 리치먼드(Richmond)가 철천지원수같이 대립했다. 이 전쟁은 내부 노선에서 장·단점을 안고 있던 남부연합 지역에서 주로 치러졌다. 가장 격렬하고 처절한 전투가 벌어진 곳은 전선 지역에 해당하는 버지니아 주였다. 버지니아 주 북단과 메릴랜드(Maryland) 주 남단이 맞닿는 경계가 전선을 형성했다. 대부분의 유럽 정부는 남부연합에 공감했다. 파머스턴[277]도 나폴레옹도 아메리카 합중국의 붕괴를 바랐다. 그도 그럴 것이 나폴

---

[276] Harriet Beecher-Stowe(1811~1896): 미국의 여류소설가. 흑인노예의 애절한 삶을 그려 노예해방의 자극제가 됨.
[277] H. J. T. Palmerston(1784~1865): 영국의 정치가.

레옹은 프랑스에 의존하는 멕시코 제국을 발족시킴으로써 먼로주의[278]를 깨뜨리고 싶었고, 파머스턴은 대양 건너편에서 경쟁세력이 부상하는 것이 염려되기도 했지만, 영국이 면화의 주요 소비국인데다가 자신의 재임 기간에 아메리카 식민지가 영국을 멀리하게 된다는 것에 원한감정을 가졌기 때문이다. 반면에 유럽의 여론은 도덕적 정당성이 북부연합 측에 있다는 점에 대해 거의 하나같았다.

남북전쟁은 명확히 최초의 현대전이었다. 그것은 프로이센·프랑스 전쟁을 많이 닮았을뿐더러 러일 전쟁을 방불케 할 정도였다. 이는 특히 전대미문의 규모로 희생된 전사자와 광범위하게 확장된 전장, 새로운 기술 수단이 해낸 역할을 생각해보면 이해할 수 있다. 병사들의 수가 점차 300만 이상으로 늘어났으며, 그 절반 이상이 쓰러지거나 사망했다. 전쟁 비용은 300만 달러에 달했다. 증기력이 처음으로 전략적 의미를 갖게 되었다. 이미 중무장한 장갑열차, 야전철도와 장갑 프리깃함을 이용하고 있었다. 프리깃함 유형의 최초 모형이 남부연합이 건조한 '메리맥 함선(Merrimac)'이었다. 그것은 갑판이 흘수선[279] 기능을 했고, 로마가 1차 포에니 전투 때 사용한 일종의 배의 부리와 같은 충각(衝角) 장치를 하고 있었다. 이에 대응해서 북부연합은 메리맥 함대와 아주 유사한 구조를 갖췄으면서도 여기에 고성능 화포가 장착된 회전 가능한 장갑 포탑을 설치한 '모니터 함선(Monitor)'을 건조했다. 그 모형을 본떠 사람들이 이름을 붙인

---

[278] Monroedoktrin: 미국의 제5대 대통령 먼로(J. Monroe: 1758~1831)가 '유럽에 대한 미국의 불간섭 원칙, 미국 대륙에 대한 유럽의 불간섭 원칙, 유럽 제국에 의한 식민지건설의 배격 원칙'을 미국 의회에서 연두교서로 제출한 것이 계기가 됨.

[279] 吃水線: 배에서 물에 잠기는 부분과 잠기지 않는 부분을 가르는 선.

바의 모니터 함선 유형의 전투력이 아주 높았기 때문에 곧 전 세계가 그것을 본떴다. 야전 전신도 상용되었고, 부착용 송수화기를 통해 적의 전보를 읽어내는 것도 가능했다. 남부군은 아주 노련한 지휘자와 확고한 군인정신을 갖추고 있었던 반면에 북부군은 숫자상 압도적인 우세를 보였다. 그러나 이 같은 장점도 북부연합 안에서조차 분리독립을 생각하면서 전쟁엔 반대하고 노예제도엔 찬성하는 무리가 있었던 것 때문에 상쇄되었다. 게다가 국방부 장관이라는 작자가 전쟁이 터지자마자 소총과 화포 상당 부분을 남부군의 손에 넘기기까지 했다. 남부연합의 뛰어난 최고사령관 리[280] 장군은 내부 전선에서 교묘한 작전을 써서 소기의 성과를 거뒀지만, 북부 군대는 전쟁에 적응하는 가운데 더욱 단련되고 공포의 봉쇄전술을 발휘해 감에 따라 점차 강한 위세를 떨치기 시작했다. 전쟁 첫해는 분리파 군대가 메릴랜드와 버지니아를 나누는 포토맥(Potomac) 강의 지류 불-런(Bull-Run) 강 전투에서 승리를 거뒀다. 이들은 이듬해에는 북부연합의 수도인 워싱턴까지 위협하는 7일간의 리치먼드 전투에서 또다시 승리를 했다. 그러나 가을엔 앤티텀(Antietam) 전투에서 패배했다. 그러나 바로 그해가 끝나기도 전에 프레드릭스버그(Fredericksburg)에서 치른 전투의 승리를 통해 그 패배를 다시 만회하고서 리 장군은 포토맥 강을 건넜다. 1863년 1월 1일, 미합중국 대통령 아브라함 링컨(Abraham Lincoln)이 모든 노예가 자유롭다고 노예해방을 선언했다. 그해에 리 장군은 이 전쟁에서 가장 피비린내 나는 전투였던, 7월 1일부터 7월 3일까지 치러진 펜실베이니아 주의 게티즈버그 전투에서 격퇴되었고, 7월 4일에는 더 결정적인 패배를 경험했다. 결

---

[280] R. E. Lee(1807~1870): 미국 남북전쟁 때 남부군을 지휘한 최고사령관.

국 북부군에서 유능한 사령관으로 지목한 그랜트[281] 장군이 빅스버그(Vicksburg)를 접수해 미시시피를 북부연합의 수중에 들게 함으로써 동맹을 맺고 있던 텍사스와 중립국 멕시코를 빌려 서부의 남부연합을 봉쇄하는 데 성공하게 된다. 이로써 지금까지 여러 번 뚫린 봉쇄의 원이 완벽하게 쳐진 셈이었다. 그도 그럴 것이 남부연합은 북부에서는 북부연합에 저지당했고, 동부와 남부에서는 바다에 막혔기 때문이다. 곧 압박의 여러 결실이 나타나기 시작했다. 의료 약품과 피복 원단, 단열재와 건축 자재, 군량과 탄약 등의 부족 현상이 나타나기 시작한 것이다. (노예제도를 유지하려는) 전투에 가담한 모든 흑인에게 해방을 선언한 남부 정부의 기괴한 조처조차도 이 운명을 바꿀 수가 없었다. 1865년 4월 3일, 핵심 도시였던 리치먼드가 3일간의 전투 끝에 넘어갔으며, 4월 10일 리 장군은 나머지 군대와 함께 항복했다. 나흘 뒤, 고결한 아브라함 링컨이 한 어리석은 광신자의 손에 암살되었다. 이 광신자는 유명한 비극배우[282]의 동생인 배우 부스[283]였다. 그는 평화 수립을 축하하기 위해 열릴 예정이었던 축하 공연장에 깃발장식으로 꾸며진 대통령 특별석에 잠입했다. 아브라함 링컨은 훤칠한 모습에 진짜 아메리카인의 용모를 하고 있었고, 솔직하면서도 원칙을 고수했으며, 냉정하면서도 선량했다. 살인적인 내전이 한창일 때 그는 감동적인 시민이었다. 그는 꼭 마케도니아의 필리포스와 케사르, 그리고 앙리 대왕처럼 활동의 정상에 섰을 때 맹목적인 음모에 의해 쓰러진 것이다. 그런데 그들은 알렉산더와 아우구스투스와 리슐리외와 같은 유언집행인이 있었지

---

[281] U. S. Grant(1822~1885): 미국의 장군이자 18대 대통령.
[282] 19세기 미국의 유명한 배우 에드윈 부스(Edwin Booth: 1833~1893)를 말함.
[283] J. W. Booth(1838~1865): 미국의 배우이자 아브라함 링컨의 암살자.

만, 링컨은 유언집행인이 필요치 않았다. 왜냐하면 그의 업무가 완성되었기 때문이다.

우리 유럽인은 이런 결과를 두고 복합적인 감정으로 바라본다. 요컨대 흑인이 해방되었다는 것, 그건 잘 된 일이다. 그들이 인간으로 보이게 된 것, 그건 아마 더 잘 된 일일 것이다. 서로 원수가 된 형제들이 화해하고 새로이 평화를 도모하면서 하나가 된 것, 그건 바람직한 일이다. 그러나 공동으로 탄생시킨 그 창작품이 이 행성을 집어삼킬 듯한 흉측한 공포의 리바이어던이 된 것, 이를테면 경제의 상피병(象皮病), 과잉기술, 메가폰의 잡음, 정신분석학 따위로 뒤섞인 카오스 상태가 된 것, 그건 별로 바람직한 일이 아니다.

후아레스와
막시밀리안

링컨이 암살되고 난 2년 뒤, 이 대륙 한가운데서 또 다른 비극이 일어났다. 남북전쟁은 나폴레옹이 무모한 짓을 도모하도록 용기를 북돋운 셈이다. 프랑스 군대가 국제법을 들먹이면서 멕시코에 상륙하여 내륙으로 밀고 들어가 수도를 점령했다. 그곳에서 소집된, 요컨대 돈으로 매수한 대역들로 구성된 국민회의가 오스트리아 황제 프란츠 요제프의 동생인 막시밀리안(Maximilian) 대공을 멕시코 황제로 선출했다. '자유주의' 합스부르크 가문 출신의 이 대공은 요제프 2세 타입의 모호한 초보 이상주의자였지만, 그 자신을 좋아해서가 아니라 바젠[284] 휘하 프랑스인들의 지원을 받아 '반란군'과 그때까지의 대통령 후아레스[285]에 대항해 싸운 원주민들에게 친근하게 접근할 만큼 충분히 자유주의적이지는 못했다. 아메리카 북부에서 체결된 평화협정으로 모든 것이 끝이 났다. 미합중국이 이의를 제기했

---

[284] F. A. Bazaine(1811~1888): 프랑스의 장군.
[285] Benfito P. Juárez(1806~1872): 멕시코의 국민적 영웅이자 대통령.

고, 나폴레옹은 예상 밖의 일에 직면하여 미합중국과 전쟁이라도 치러야 할 판이었다. 나폴레옹은 자신의 군대를 철수시켰다. 이런 도주를 비웃을 만큼 용감했지만 어리석었던 막시밀리안은 군사재판에 회부되어 총살당했다. 이는 나폴레옹의 체면을 직접 구기는 충격적인 사건이었다.

그러나 앞서 나폴레옹은 좀 더 간접적이었지만 그의 명성이 분명 약화되는 일을 이미 경험했다. 그것은 덴마크와의 협상에서 생긴 일이었다. 이 갈등은 덴마크와 사적인 동맹을 맺고 있던 두 세습 공국, 즉 슐레스비히(Schleswig)와 홀슈타인(Holstein) 공국을 둘러싸고 일어났다. 덴마크 왕 프리드리히 7세는 아이가 없었고, 두 공국을 상속할 상속권이 덴마크에도 있었기 때문에, 이제 이 두 지역은 왕이 죽으면 다른 왕조, 즉 존더부르크-아우구스텐부르크의 크리스티안[286] 공작에게 양도될 판국이었다. 다만 홀슈타인은 독일연방에 속했다. 그래서 '아이더 강 덴마크(Eiderdänen)' 당은 (당명을 이렇게 지은 데에는 아이더 강 유역 사람들이 그 강이 덴마크 국경선이 되길 바랐기 때문인데) 덴마크와 슐레스비히의 합병을 추진했다. 그것도 1848년 3월 바로 그 혁명의 달에 그랬다. 결과는 두 공국 내에서 일어난 저항이었다. 이 저항은 프로이센과 또 다른 독일연방 군대의 지원을 받고 있었다. 그러나 바닷길과 엘베 강 입구, 그리고 베저(Weser) 강과 오데르(Oder) 강을 장악한 덴마크 군함의 봉쇄 작전과 영국과 러시아의 외교적 압력은 전쟁을 절름발이로 만들어놓았다. 오스트리아도 덴마크 편에 서서, 1850년 러시아 차르의 적극적인

슐레스비하
홀슈타인

---

[286] Christian von Sonderburg-Augustenburg(1831~1917): 올덴부르크(Oldenburg) 가문의 덴마크 왕세자.

지지를 받으면서 이미 설명한 바 있는 올뮈츠(Olmütz) 회담을 통해 슐레스비히-홀슈타인 공국 문제에 대해 프로이센이 일체의 간섭도 하지 말 것을 강요했다. 그런데 이 사건 이후에도 합스부르크 연방 국가의 '독일적 사명'을 떠드는 사람이 여전히 있었다는 것은 하나 의 수수께끼이다. 요컨대 합스부르크가의 연방국가는 단지 프로이 센이 슐레스비히-홀슈타인 공국을 취하지 못하도록 할 수 있다면 피지 섬 사람들에게라도 이 공국을 주겠다고 공언할 태세였던 것이 다. 1852년, 다섯 열강을 포함하여 스웨덴과 덴마크가 채택한 '런던 의정서'를 통해 합의를 본 사실은 프리드리히 7세 유고 시에는 존더 부르크-**글뤽스부르크**(Sonderburg-Glücksburg) 왕세자 크리스티안이 덴마 크의 전권을 상속한다는 것이었다. 존더부르크-**아우구스텐부르크**의 크리스티안 공작은 자신은 새로운 질서에 맞서지 않을 것이라고 선 언했지만, 나중에 가서 슐레스비히-홀슈타인 공국에 대한 자신의 상속 청구권을 아들 **프리드리히**에게 양도했다. 이로써 대혼란이 야 기된다.

1863년, 프리드리히 7세는 슐레스비히를 홀슈타인과 분리해 덴 마크와 통합하겠다는 특별 담화문을 발표했다. 그러고는 그해에 죽 고 말았다. 그의 후임 정부가 첫 번째로 처리한 행정은 슐레스비히 와 덴마크를 아우르는 헌법의 비준이었다. 이어서 홀슈타인에서 아 우구스텐부르크의 프리드리히가 공작에 임명되며, 프로이센은 전 쟁을 선포한다. 이 전쟁에 오스트리아도 가담한다. 그 이유는 오스 트리아가 나중에 매우 쓴 경험을 맛볼 벨기에의 방식을 따라 북부 에 일종의 식민지를 두고 싶어 했거나, 적어도 연방분립주의 형태의 새로운 프로이센 소공국을 건설함으로써 프로이센 영향권 내에 불 균형을 확산시키고 싶었기 때문이다. 동맹군 병사는 6만 명이었던 반면에 덴마크는 4만 명에 불과했다. 그러나 요새의 지형이 탁월하게 앞섰다. 프로이센은 전통 군사학교의 전략가이자 주로 기병 연대에서 활약한 장군 '파파 브랑겔'의 지휘를 받았다. 반면 몰트케는 전투작전에는 별 영향력을 행사하지 못했다. 플렌스부르크(Flensburg)에서 덴마크군의 퇴로를 차단하고 포위함으로써 그 군대를 절멸시키려 한 그의 절묘한 작전은 실현되지 못했다. 가블렌츠[287]의 탁월한 지도 아래 돌격전술 교육을 잘 받아 기습전에서 용맹을 떨친 오스트리아군은 나중에 그들에게 부과될 임무와는 다른 보잘것없는 임무를 떠맡은 것에 미루어볼 때 프로이센에 대한 자신들의 군사적 역학관계를 기망하려 한 것이 틀림없다. 프로이센이 감행한 뒤펠(Düppel) 요새에 대한 그 유명한 기습작전 끝에 동맹군은 유틀란트(Jütland)를 완전히 점령했다. 그러나 이로써도 아직 결정적인 것은 얻지 못했다. 그도 그럴 것이 덴마크 사람들은 그들에게 멋진 요새 역할을 해주는 그들의 반도로 전쟁을 유도해서 장기적으로 계속 끌고 갈 수 있었기 때문이다. 그래서 헤르바르트 폰 비텐펠트[288]의 지휘 아래 프로이센 군대가 전광석화같이 취해나간 진군은 알젠(Alsen) 섬에서 멈출 수밖에 없었다. 몇몇 다른 작은 섬이 점령된 끝에서야 휴전이 이뤄졌다. 빈 평화협정에서 덴마크는 슐레스비히와 홀슈타인, 그리고 라우엔부르크(Lauenburg)를 오스트리아와 프로이센에 양도했다. 이 두 나라는 그곳에 공동정부를 세웠다. 그러나 이는 서로의 의중을 노골적으로 드러낸 하나의 해결책이었다. 오스트리아는 아우구스텐부르크 사람이 통치하기를 바란 반면에 비스마르크는

---

[287] L. K. W. von Gablenz(1814~1874): 오스트리아의 기병대 장군.
[288] Herwarth von Bittenfeld(1796~1884): 프로이센의 야전사령관.

일종의 프로이센 보호령을 요구한 것이다. 긴장을 해소하기 위해 1865년 두 열강은 가슈타인(Gastein) 협정을 맺었다. 여기서 두 공국에 대한 공동 주권은 유보하기로 한다. 대신 당분간 홀슈타인에 대해서는 그 관리를 오스트리아가 맡고, 슐레스비히의 관리는 프로이센이 맡기로 한다. 그리고 라우엔부르크 공국은 금전배상을 통해 최종적으로 프로이센에 넘기기로 한다. 이를 계기로 비스마르크는 백작 작위를 얻게 되지만 그 협정에 매료되지는 않았다. 그런 협정을 두고 그는 "구조물에 생긴 금 메우기"라고 했다.

1866년   실제로 이 상황은 오래갈 수가 없었다. 슐레스비히-홀슈타인이라는 공동 정부는 실천적으로 당장 불가능한 것으로 드러나지만, 그것은 기껏 부차적인 문제일 뿐이고 파열의 외적 계기가 될 뿐이었다. 진짜 전쟁의 원인은 우스꽝스러운 독일연방에 있었다. 낡아빠진 몰록 시대의 국가(Morlakenstaat) 형태가 독일 국민을 지배할 권리가 있는 듯 행세하고, 사소한 경쟁의식과 증오에 찬 아집 때문에 정평 나 있는 독일의 우세한 힘이 국내외 정치에서 왕성한 활동을 펼치는 것 일체에서 방해받는 것은 더 이상 계속 견뎌낼 수 있는 일이 아니었다. 공동 정부가 시작된 그 날 이후 그 체제의 붕괴는 역사적 필연이었던 셈이다. 정확히 반년 만에 이 필연성이 나타나기 시작한다. 역사는 종종 어지간히 긴 시간도 참아낸다. 그러나 키메라같이 꼬인 생각과 자연에 반하는 사취한 주장, 즉 거짓으로 연명하는 그 어떤 것도 세상에서 영원을 담보할 수는 없다. 사실 1866년 독일의 전쟁은 북부와 남부 사이의 대결이 아니라 독일식 혁명을 의미했다. 가장 효력 있는 혁명들이 위에서 내려온 것이듯, 이번 독일의 경우도 정치활동에서 아주 보기 드문 현상인 혜안과 열정의 통합적인 힘을 지닌 단 한 인물에 의해 취해졌다. 비스마르크는 이렇게 말한다.

"오스트리아와의 전쟁 이전에 치러진 프로이센의 다른 모든 전쟁은 순전히 실탄 낭비였다." 그의 탁월함은 나폴레옹과는 반대로 그가 흔들린 적이 없고 늘 같은 것을 원했으며, 어떤 반쪽짜리 해결책도 거부한 점에 있다. 예컨대 오스트리아를 세습영지에 한정시키고, 남부 독일을 바이에른 지배하에, 북부 독일을 프로이센 지배하에 두는 독일식 삼각편대를 형성하자는 바이에른의 제안을 묵살한 것이다. 비스마르크는—여기서도 프리드리히 대왕과 동일한 기질을 또다시 드러내 보이는데—고갈을 모르는 그의 힘의 창고를 이루는 단 하나의 위대한 사상을 평생 품고 다녔다. 이에 반해 나폴레옹은 그저 수많은 '이념들'을 지니고 다녔다. 어떤 모험적인 사건의 방식과 그날그날에 따라 다른 착상을 시도한다. 그것은 이런 이념으로 저런 이념을 압살하는 식이다. 그의 실제적인 '왕에 대한 이념 (Königsgedanke)'은 어떤 대가를 치르든, 그리고 아무리 모순될지라도 취할 수 있다면 온갖 수단으로 자신의 사업에 도움이 되게 하는 것이었다. 이런 단순한 생각을 나폴레옹의 국민은 받아들였다. 사업이 번영하는 동안 실제로 그들은 그와 동일시하기도 했다. 그러나 비스마르크의 사상을 그의 국민들은 이해하지 못했다. 비스마르크를 암살하려는 기도가 있었던 1866년 5월, 가벼운 상처를 입어 세간의 동정을 얻긴 했어도, 전 독일에서 가장 미움을 사는 인물이 되어 있었다.

나폴레옹은 이런 위태로운 상황에서도 예견력은 말할 것도 없고 어떤 예리한 정치적 시선도 내보이지 못했다. 그는 고작 프로이센과 이탈리아의 동맹 체결을 촉구했다. 왜냐하면 오스트리아가 더 강하다고 여겼기 (이는 어떤 군대든 약간의 수고만 곁들이면 프랑스의 힘을 업고 승리를 구현할 수 있어, 다른 모든 세계보다 분명 우세할 수밖에 없다는 한편의 민족적 허영심에서 기인한 것이지만) 때문이며, 그리고 베네치아 해방이 그의 이탈리아 통일구상의 노선에 포함되어 있었기 때문이고, 또 그가 확실히 염두에 둔 '보상정책'이 그의 명성을 다시금 높여줄 것이라고 생각했기 때문이다. 그는 벨기에가 팔츠와 라인 주를 (이 두 지역은 자칫하면 프랑스의 보호령 아래둘 수 있는 공국이기 때문에), 아니면 적어도 자르브뤼켄(Saarbrücken)의 탄광지역을 손에 넣기를 바랐다. 이 모든 것은 '**회수**(revendication)'라는 명목으로 취해졌다. 그도 그럴 것이 프랑스에서는 당시 프랑스군대에 의해 점유된 모든 것은 **위대한 민족**(grande nation)의 것이며, 언제든 반환을 청구할 수 있다는 관점이 팽배했기 때문이다. 그밖에도 그는 일종의 라인 동맹을 역시 자연스럽게 프랑스의 영향 아래둠으로써 북부에서 프로이센의 헤게모니를 충분히 필적할 법한 '제**3의 독일**(troisième Allemagne)'의 가능성을 믿기도 했다. 당시 의회의 야당 지도자였던 티에르도 나폴레옹보다 훨씬 더 깊이 통찰했다. 요컨대 그는 네 시간에 걸친 의회 연설을 통해 프랑스는 통일된 독일과이탈리아를 위험한 라이벌로만 두게 될 것이며, 따라서 유일한 민족정책은 리슐리외와 루이 14세의 노선을 따라야 한다고 연설한 것이다. 그런데 나폴레옹을 두고 그가 정치적 천재가 아니었다고 비난한다면, 전쟁이 터지기 전 오스트리아 정부가 취한 외교정책은 정신박약아의 수준이었다고 말할 수 있을 것 같다. 사실 오스트리아 정부는 베네치아 사람들을 상대로 늘 중립적인 입장을 취하고, 경우에 따라선 이탈리아와 동맹을 맺을 수도 있었다. 그러나 그러기는커녕 그 같은 종류의 어떠한 제안도 도도하게 뿌리쳤다가 프로이센의공격 위험이 임박해지자 그때서야 불현듯이 그 모든 것에 응하려한 것이다. 그러나 이미 때가 한참 늦었다. 프로이센과 이탈리아가

조약을 체결한 지 벌써 석 달이 지나고 말았다. 이는 이후에 프랑스 군주가 트리엔트(Trentino)에서의 철수를 두고 오랜 시간 오락가락하는 사이에 결국 이탈리아가 조약의 의무를 이행하기에 이르는 1915년 초의 상황과 정확히 똑같은 꼴이었다. 아무튼 나폴레옹은 베네치아 양도를 두고 중립을 지키겠다는 제안서를 피렌체 정부에 전달한다. 피렌체로서는 이 제안을 받아들이기만 하면 원한다면 전쟁을 치르지 않고도 베네치아를 얻을 수 있었던 셈이다. 그러나 이 정부는 조약을 깨지 않으려는 명예심이 있었다. 게다가 국민 정서가 너무 달아올라 더 이상 양보는 불가능할 정도였다. 그러나 이로써도 충분치 않았던 모양이다. 6월 12일, 오스트리아는 나폴레옹과 비밀협약을 체결한다. 이 협약에서 오스트리아가 의무로써 이행해야 할 사항은 독일에서 프랑스의 동의 없이는 어떤 정치 및 영토 변경도 계획하지 않으며, 슐레지엔을 수복하면 라인 강 좌측 해안을 프랑스에 양도하고, 어떤 조건으로도(이탈리아에 대한 승리 이후에도) 베네치아를 포기한다는 것이었다. 이런 협정의 몽매함이나 불성실성에 대해 더 이상 놀랄 필요가 있을지 의심해볼 일이다. 아헨과 퀼른, 마인츠와 팔츠를 (특히 뒤의 두 지역은 아직 독일연방에 귀속되어 있었는데) 프랑스 제정에 헌납하는 국가는 더 이상 독일의 선두에 설 자격이 없다는 사실을 이미 충분히 입증한 셈이었다. 당시 작센 주에서 공직 생활을 하고 있었고, 가장 분노에 찬 프로이센 탐식가 가운데 한 사람이었던 오스트리아 장관 보이스트[289]조차도 자신이 나중에 그 협약서를 알게 되었을 때, 그것은 자신의 발 아래 밀려든 서류 가운데 가장 믿을 수 없는 종잇조각이었다고 말하기까지 한다.

---

[289] F. F. von Beust(1809~1886): 오스트리아의 정치가.

하노버와 남부 독일 전체가 당장 오스트리아 편을 들었다. 그러나 프로이센도 마찬가지로 전쟁도 불사할 판이었다. 탄원서가 빗발친 것이다. 슐레지엔과 라인 주에서는 가톨릭교회의 선동까지 가세했다. 궁정조차도 필요하면 전쟁을 시작한다는 입장이었다. 왕세자는 분명 전쟁 반대론자였고, 적어도 왕은 염세주의자였음에도 그랬다. 왕은 패배하면 자리에서 물러나겠다고 선언했다. 그의 청중이 그에게 사령부를 접수하길 간청하자 그는 이렇게 대꾸한다. "무엇 때문에? 하여간 포츠담에서 그로스베렌(Großbeeren)까지 말을 타고 횡단하고 싶단 말씀인가?" 또 다른 청중은 제2의 30년 전쟁을 거론하기까지 한다. 이들의 말이 완전히 틀린 것은 아니었다. 그도 그럴 것이 30년 전쟁은 우리가 알고 있는 모든 대전 가운데 가장 단기적인 전쟁이었기 때문이다. 결정적인 군사행동은 1주일간 지속되었고, 최초의 프로이센-오스트리아 전투에서 휴전까지는 정확히 한 달 걸렸다. 오스트리아에서는 낙관적인 분위기가 지배했다. 그러나 프랑스 국수주의처럼 완고한 자만심에서가 아니라 아무 개념 없는 뻔뻔함에서 비롯되어, 패배하면 이내 자기경멸도 마다치 않을 그런 흔해빠진 유치한 국수주의가 만들어낸 구호는 프로이센에게 "젖은 넝마조각을 입혀" 집으로 쫓아버린다는 것이었다. 그런데 이렇게 자신만만할 근거라고는 아무것도 없었다. 오스트리아 병사는 아주 용감했지만 지식이라고는 몰랐다. 그도 그럴 것이 중학교를 졸업했거나 '1,000굴덴'을 내고 의무병역을 겨우 면제받을 수 있을 정도였던 그들 모두는 거의 하나같이 중산층이었기 때문이다. 장교단은 교육받은 귀족과 신병 군사훈련을 마친 사관생도로 구성되어 있었지만, 이 두 집단도 깊은 전문지식과 정신적 지평이 대개 결여되어 있었다. 반면 프로이센 군대에서는 의무 초등학교 교육을 마쳤고,

하사관의 지능이 월등히 높아 중대장급이면 독자적인 명령하달도 가능할 정도였다. 최소한 전쟁 물자를 두고 말하자면 오스트리아 포병대가 프로이센의 그것보다 뛰어났다. 오스트리아는 거의 모두가 나선형 화포를 갖추었던 반면에 프로이센의 경우 2/5가 매끈한 화통의 화포였다. 대신 프로이센은 오스트리아 전장총보다 3배 빠르게 사격할 수 있는 격침발사 총을 구비하고 있었다. 그래서 몰트케는 화력전을 우선시한 반면에, 오스트리아군은 이탈리아 전투에서 프랑스군에게서 배운 바 있는 날 선 총검돌격을 가장 중요한 전술로 간주했다. 그 외에도 몰트케는 폐쇄된 참호에서 지휘하는 낡은 돌격전술에 맞서 포위 공격이 가능하게 하는 유연한 산개전투를 택했다.

독일은 프로이센에 의해서 곁달린 전쟁터 취급을 받았다. 프로이센은 우선 하노버와 쿠르헤센을 점령해야만 했다. 하노버와 쿠르헤센의 병력이 위험한 쐐기로서 프로이센 지역으로 밀고 들어온 것이다. 그러나 서부 부대는 이틀 만에 이 지역을 회복했다. 곧이어 이 부대는 하노버의 전 병력을 랑엔잘차(Langensalza) 전투에서 굴복시키고 바이에른을 점령한 뒤 프랑크푸르트까지 밀고 들어갔다. 이들과는 8월 2일 휴전협정을 맺었다.

몰트케는 이탈리아에 다음과 같은 작전을 제시한다. 4각 요충지 를 포위하고 빈으로 진군. 달마티아에 상륙하여 헝가리를 선동함. 그런데 이런 빛나는 작전을 수행하려면 대단히 역동적이면서도 용의주도한 지도력을 마음껏 발휘할 수 있어야 했다. 오스트리아 남부 군대를 인솔한 이는 합스부르크가가 배출한 가장 탁월한 군사적 재능을 지닌 카를 대공의 아들 알브레히트(Albrecht) 대공이었다. 그의 총참모총장은 오스트리아군에서 가장 강인하면서도 아마 유일한

쿠스토차

전략의 대가였을 법한 욘(John) 남작이었다. 그에게서 오스트리아군이 비록 손실이 크긴 했지만 적의 중심을 뚫고 나가는 데 성공한 쿠스토차(Custozza) 전투 계획이 나왔다. 물론 이 결정적인 승리의 절반은 막강한 위세를 떨친 이탈리아 최고사령부가 아둔하게도 병력을 나눈 그 어리석음 덕분이다.

핵심 전장에서는 적들이 서로 거의 대등하게 강했다. 프로이센과 오스트리아는 25만의 병력을 운용했다. 그러나 여러 가지 원인 때문에 오스트리아는 아예 처음부터 수세에 몰려 자기 땅에서 전투를 치르게 된다. 예비군 동원은 그들이 제국 전역에 흩어져 있어서 아주 느리게 진행되었다. 프로이센은 행군을 위해 다섯 철로를 장악한 반면에 오스트리아는 기껏 빈과 프라하를 잇는 선로만을 확보했을 뿐이다. 도보 행군도 포장되지 않은 험한 길을 따라 이루어졌기에 말할 수 없을 정도로 지체되었다. 게다가 군수품 보급도 곧 어려운 지경에 이른다. 북부 부대의 최고사령관 루트비히 폰 베네데크 남작은 산 마르티노(San Martino) 전투의 승리자로서 명성이 자자했지만, 단호한 군단장일 뿐 전략가는 되지 못했다. 다만 이탈리아의 지형에 대해서만큼은 빠삭했다. 아무튼 그는 자리에 어울리지 않는 보직을 맡은 오스트리아의 전형적인 인물에 속한다. 처음에는 그도 최고사령관직을 맡기를 주저한다. 그는 황제에게 자신은 상부 이탈리아에서는 밀라노에 이르기까지 나무 한 그루조차 어떤지 꿰뚫고 있지만 보헤미아에서는 엘베 강이 어디서 시작하는지조차도 모르며, 바이올린으로는 연주할 순 있지만 플루트는 불 줄 모른다고 솔직하게 설명한다. 이에 응하여 황제 프란츠 요제프의 작전 부관은 베네데크의 왕실에 대한 충성심에 호소한다. 요컨대 그는 여론이 그를 요청하고 있고, 만일 군대가 다른 장군의 지휘로 타격을 입게 되면 황제

가 퇴위할 수밖에 없는 일이라는 말로써 그를 설득했다. 쾨니히그레
츠(Königgrätz) 전투를 끝낸 열흘 뒤 그는 자신의 부인에게 이렇게 썼
다. "솔직히 말해서 독일 전장에서 나는 당나귀가 된 기분이오." 군
사학의 관점에서 보자면 그의 역할이 충분히 귀감이 되지 못하는
한갓 고참병에 불과했으므로, 그는 전략 고문을 하나 골라야 했다.
이때 또 한 번 그는 덩치가 한참 더 큰 당나귀 신세가 되는 불운을
겪는다. 알브레히트 대공이 그에게 추천한 인물이 크리스마니치[290]
장군이었던 것이다. 베네데크와 크리스마니치 사이는 블뤼허와 그
나이제나우 사이의 관계와 아주 유사하다. 다만 차이가 있다면 그나
이제나우는 천재였다는 점이다. 크리스마니치는 나폴레옹 이전 시
대의 군사학교에서 진지 전략가로 활동하면서, 전쟁에서 중요한 것
은 유리한 '진지'를 점유하는 것이라는 점을 진심으로 믿었다. 그는
프리드리히 대왕의 보헤미아 작전을 정확히 연구하여, 이 작전에서
승리하는 데 필요한 모든 지령을 길어낼 수 있다는 관점을 취했다.
그 같은 방법은 군사학교에서 '순대 전략(Wurststrategie)'이라는 별명
을 얻게 하기도 한다. 그도 그럴 것이 그의 '군사지도'에는 프리드리
히 대왕 시절 순대 모양의 출정 형태에 근거한 모든 진지를 그려
넣어 놓았기 때문이다. 이 같은 체계가 진정 오스트리아다운 모양새
다. 과거에 대한 그의 반동적 숭배, 지도로 최면을 건 그의 관료주의,
반복 가능성을 믿는 그의 상상력 부재의 태도 따위가 그런 것이다.
　　반면에 몰트케는 다음과 같은 사실에 주목한다. "전략이란 상식
을 교전에 활용하는 것이다." 이는 모든 것을 말해준다. "산개해서
행군하고, 하나가 되어 친다"는 그의 작전 원칙은 지휘관들에게 작

---

[290] G. Krismanič(1817~1876): 오스트리아의 군인.

전 지휘 특권을 가능한 한 오래 보장한다는 의미를 갖는다. 이때 그의 작전을 뒷받침해준 것은 새로운 기술적 보조물, 이를테면 신속하고도 기습적인 위치변동을 가능하게 하는 철도와 전신기였다. 그는 독일의 군사적 약점을 정확히 인식하고서, 오스트리아군을 상대하여 보헤미아로 세 방향에서 진군해 들어가도록 한 프로이센 군대의 6/7을 기친(Gitschin) 공격에 집중하도록 명령을 하달했다. 이 작전의 성공과 함께 전쟁은 사실 이미 결판난 것과 다름없었다. 왜냐하면 이로써 오스트리아군은 그들이 유리할 내부 전선으로 결집했기 때문이다. 그러나 이 장점도 충분히 넓은 작전 공간을 활용할 수 있을 때, 그리고 나폴레옹 혹은 프리드리히 대왕 시절의 감흥과 의 연함이 있을 때나 유용하게 쓰이는 법이다. 덧붙이면, 셰익스피어에서 부슈에 이르는 모든 위대한 작가는 평판이란 우연한 외관이 아니라 운명의 신비로운 표식이라는 점을 이미 오래전부터 간파해온 셈이다. 이에 짐작건대 몰트케라고 할만한 사람이 크리스마니치라고 할만한 사람에게 굴복당하진 않을 것 같다.

퀴니히그레츠 　전쟁은 겉으로 보기에 오스트리아에 승산이 있을 것처럼 시작되었다. 6월 27일, 오스트리아군은 트라우테나우(Trautenau) 전투에서 프로이센 군단에 승리를 거뒀다. 같은 날 나호트(Nachod) 전투에서 겪은 패배도 빈에는 승리했다고 타전되었다. 그러나 그 다음 날 벌어진 소르(Soor), 슈칼리츠(Skalitz), 트라우테나우, 쾨니긴호프(Königin-hof), 슈바인쉐델(Schweinschädel)과 뮌헨그레츠(Münchengrätz) 전투에서는 퇴각했고, 이미 부딪힌 프로이센의 제1군과 제3군에 의해 결국 기친 전투에서도 후퇴하게 된다. 베네데크 장군은 프란츠 요제프 황제에게 타전했다. "전하, 긴박합니다. 어떻게 해서든 평화협정을 체결하셔야 합니다. 군의 파멸이 불가피합니다." 황제는 이렇게 답변했다. "평화협정 체결은 불가하오. 후퇴가 필요하면 하면 될 것이오. 그런데 전투가 벌어지기라도 했소?" 합스부르크가의 이 말을 번역하면, 어떤 경우든 왕조의 체면은 결전을 요구한다는 것이다.

라이프치히 연합 전투[291] 때보다 더 많은 인원이 출정한 1866년 7월 3일의 쾨니히그레츠 전투는 그 세기 최대의 전투인 동시에 몰트케의 새로운 전술을 최초로 시험한 무대로서 지금까지의 역사가 목격한 가장 강력한 포위 전투이기도 했다. 몰트케는 그가 취한 것보다 훨씬 더 큰 그물, 이를테면 스당(Sedan) 전투에서처럼 완벽한 '쥐덫'을 놓으려 했지만, 작전에서 일부 차질이 빚어졌다. 왜냐하면 한편으론 하급 지휘관들이 그의 계획의 독창성과 대담성을 전혀 이해하지 못했고, 그래서 그의 계획을 온전히 실행할 수 없었기 때문이며, 다른 한편으로는 그에게 절대적인 지휘권이 주어지지 않았으며 (그는 어디까지나 참모총장일 뿐이어서) 왕이 그 전쟁을 극단적일 만큼 강력하게 밀어붙여야겠다고 결단을 내리지 못했기 때문이다. 그 이유는 한편으로 기사도 정신과 양심의 가책이 그의 속에서 들끓었고, 다른 한편으로는 노인의 조심성과 이전 세대의 생각에 사로잡혀 있었기 때문이다. 무엇보다 왕은 공격자라는 이름만큼은 어떤 식으로든 피하고 싶었기 때문에 이득이라고는 거의 없는 방식으로써라도 동원령을 내리길 주저했다. 이는 그의 청교도적인 책임의식의 발로였지만, 인간적인 관점에서 보자면 그에게는 최고의 명예가 걸린 문제였던 셈이다.

전장은 3시간이면 서로 닿을 수 있는 거리인 자도바(Sadowa) 마을

---

[291] 1813년 나폴레옹을 상대로 오스트리아-프로이센 연합군이 치른 전투를 말함.

에서 쾨니히그레츠 요새까지 뻗어 있었다. 쾨니히그레츠 요새는 엘베 강 뒤편에 위치했고, 건너편 해안은 여섯 개의 다리로 연결되어 있다. 이 다리에서 공격과 반격이 여섯 차례나 되풀이된다. 확신 없이 이 전투에 참여한 베네데크는 애초부터 퇴각 가능성을 염두에 두고 있었다. 이미 언급했듯이 군사력은 서로 비슷하게 막강했지만, 프로이센군은 가용한 23만 명 가운데 대략 17만 명 정도만 전투에 투입했다. 실제로 패권에서 이미 승리를 거머쥔 셈이었다. 오스트리아 사령부는 엘베 강의 한 줄기인 비스트리츠(Bistritz) 강 뒤편의 클룸 (Chlum) 언덕에 500문 이상의 대포로 무장한 진지를 구축했다. 그 뒤쪽에는 예비사단이 배치되어 있었다. 프로이센군은 오스트리아 사령부와 정면으로 마주보는 곳에 프리드리히 카를 왕자가 이끄는 **제 1군**이 편재된 사령부를 두었다. **제3군** 혹은 **엘베 강 부대**(Elbarmee)가 포진된 우측 날개는 헤르바르트 폰 비텐펠트 장군이 이끌었으며, **제2군** 혹은 **슐레지엔 부대**(schlesische Armee)의 좌측 날개는 왕세자가 이끌었다. 물론 이 부대는 7월 3일 밤까지만 해도 아직 진지까지 하루 행군을 더 해야 닿을 수 있는 거리에 있었고, 전투가 시작된 아침에야 출정 준비를 마쳤다. 엘베 강 부대가 주로 작센 사람들로 구성된 적의 좌측 날개를 상대로 오전 전투에서 우위를 점하는 동안 제1군은 치열한 자도바 전투를 치르고도 전진을 하지 못했다. 그 사이에 정오 시간대의 상황은 겉으로 보기엔 베네데크에게 유리한 듯했다. 그래서 그는 프로이센 사령부로 바로 치고 들어갈까 말까 고민했다. 그러나 그랬다면 그것은 오스트리아군의 전멸을 의미했을지도 모른다. 왜냐하면 오스트리아군의 우세함은 오직 그 견고한 진지에 의존하고 있었기 때문이다. 만일 진지를 벗어나는 공격을 감행했다면, 개활지에서 선보일 수 있는 프로이센의 모든 우세한 화력과 전술, 이를테면 격침발사 총, 산개전술, 전략적 포위 등이 효력을 발휘했을 터이다. 그러나 그는 그 계획을 포기한다. 왜냐하면 왕세자의 군대가 이미 지척에 다다랐다는 정보를 그가 프로이센 사령부보다 2시간 먼저 받았기 때문이다. 비에 흠뻑 젖은 땅에서 경탄할 법한 행군이라고 할 수 있는 프로이센군의 이 같은 전진은 결정판을 형성한다. 이 부대는 오후 2시에 출현하여 오스트리아군 우측 날개를 기습하고서는 사령부로 밀고 들어가 오스트리아군 전체 진지의 핵심에 해당하는 클룸 마을을 정복했다. 베네데크가 예비부대를 이끌고 감행한 대응공세는 좌절한다. 때를 같이해 좌측 날개마저도 패배하자 베네데크는 후퇴할 도리밖에 없었다. 이미 군대는 후면에서도 위협을 받아 혼비백산하여 도주한다. 프로이센군에는 강력한 예비부대가 있었지만 충분히 뒤쫓진 않았다. 그 이유는 여전히 건재한 오스트리아 포병대의 작전수행 능력과도 관련 있으며, 무엇보다 대성공을 과소평가하는 프로이센 장교들의 승리감의 결여와 같은 관습과도 관련이 있다. 이런 관습에도 분명 프로이센 왕의 노블리스(Noblesse)가 작용했음이 틀림없다.

쾨니히그레츠의 파국은 전 유럽에 대단히 충격적인 사건이었다. 로마 교황청 차관 안토넬리(Antonelli) 추기경은 패전 소식을 접하고는 이렇게 외쳤다. "**세상이 말세로다**!(*il mondo cassa!*)" 『타임』지(誌)는 사태를 완전히 오인하고서 표제어를 이런 식으로 달았다. "**후장총이 왕이 되다**!(*needle gun is king!*)" 나폴레옹은 즉각 프로이센에 '위로금을 청구하겠다'고 통지했다. 패배의 원인은 빈 사람들의 입에 오르내리는 다음과 같은 해학 형식의 시구에서 가장 명료하게 드러난다. "의용병은 단추(Knopf)가 없고, 장군은 머리(Kopf)가 없으며, 장관들은 뇌(Hirn)가 없어, 우린 모든 것을 잃을 수밖에 없었네." 프란츠 요제프 황제가 마리아힐퍼(Mariahilfer) 거리를 지나 쇤브룬(Schönbrunn)으로 마차를 타고 갈 때 군중이 외쳤다. "막시밀리안 황제 만세!" 합스부르크가에서 인기가 거의 늘 동생에게 있었다는 사실은 눈여겨볼만한 일이다. 이는 펠리페 2세 때부터 이미 시작된다. 그의 이복형제 돈 후안(Don Juan)은 그 시대 영웅이었다. 나중에 레오폴트 2세가 되는 토스카나의 레오폴트는 이른바 그토록 존경받는 황제 요제프보다 더 인기가 좋았다. 황제 프란츠의 동생 카를 대공은 군대의 우상이었다. 멕시코의 막시밀리안은 오늘날까지도 일종의 낭만주의 색채의 여운을 드리우고 모습을 드러낸다. 이를테면 프란츠 베르펠[292]이 아주 흥미로운 한 극작품에서 그렇게 그린 것이다.

리사   분쇄된 오스트리아 북부 부대는 올뮈츠(Olmütz)에서 다시 어느 정도 정비를 한다. 승리를 구가하던 남부 부대 대부분은 빈 방어를 위해 이탈리아에서 철군했다. 알브레히트 대공이 전군을 지휘하는 최고사령관직을 맡았다. 여세를 몰아 추격하는 프로이센군은 프라하와 브르노(Brünn)를 점령한 다음, 모라비아(Mähren)의 토바코프(Tovacov) 전투에서 베네데크 부대를 격퇴했다. 이 때문에 베네데크는 정해진 행군로를 포기하고 헝가리로 퇴각할 수밖에 없었다. 프로이센군이 도나우 강 도강을 강행한 7월 22일, 프레스부르크(Preßburg)에서 멀리 떨어지지 않은 블루메나우(Blumenau)에서 벌어진 교전은 이미 프로이센군이 유리한 입장에서 모든 것을 결정할 수 있음을 알리기 시작했다. 12시 정각에 5일간의 전투중지가 선포되었을 때, 이 전투중지는 시간이 지나면서 휴전으로 확대되기까지 한다. 그런데 이틀 전, 오스트리아군은 리사(Lissa) 섬의 해전에서 예상치 못한

---

[292] Franz Werfel(1890~1945): 오스트리아-보헤미아 출신 소설가이자 극작가.

대승을 거둔 바 있다. 이탈리아 함대는 장비 면에서 적의 함대를 훨씬 능가했다. 병력뿐만 아니라 철갑선과 대형 구경에 현대식 구조의 화포까지 갖추고 있었다. 그러나 베스트팔렌 태생의 뛰어난 제독 테게트호프[293]는 이 같은 불리한 조건을 놀라울 정도의 노련함과 대담함으로 보충한다. 그는 절멸적인 적의 포화를 헤치고 나가 기막힌 항로변경을 통해 아군 함선의 충각 공격 각도를 확보했다. 이 공격으로 이탈리아의 대형 전함 가운데 두 척이 침몰했고, 두 척은 전력을 상실하게 된다. 그는 직접 제독의 증기선을 지휘하여 적의 함선을 격침했다. 그 같은 승리를 두고 근대 역사에서는 그의 공훈을 고작 넬슨[294] 제독의 그것과 비교하는 정도로 차갑게 대했지만, 때 이른 사망 이후 그는 이목을 끄는 어마어마한 기념비를 통해 찬사를 받고 있다. 이 전투는 당시 (쾨니히그레츠 전투가 끝난 뒤 하루가 지난 7월 4일, 오스트리아가 공식적으로 베네치아를 나폴레옹에게 양도했기 때문에) 이미 이탈리아의 신하였던 수많은 베네치아 선원의 도움 덕분에 승리할 수 있었다. 바로 여기가 혼란스러운 전쟁의 먹구름 사이로 광기의 불빛이 번뜩 가로지르면서 인간의 싸움은 그 자체가 근본적으로 야만적인 목적 자체라는 사실을 깨닫게 하는 그런 지점 가운데 하나가 된다. 그 해전의 승리는 적의 병사들이 이미 영광스러운 승리를 거둔 꼴이었는데도 그것을 거머쥐겠다고 서로 나뉘어 아등바등 싸운 결과인 셈이다.

이탈리아에 대한 오스트리아 내륙 전선의 현저한 취약성 덕분에 니콜스부르크
가리발디는 가끔 퇴각도 하지만 트리엔트를 지속적으로 위협한 자

---

[293] Wilhelm von Tegetthoff(1827~1871): 오스트리아의 해군 대장.
[294] H. Nelson(1758~1805): 영국의 제독. 트라팔가르 해전에서 스페인 무적함대를 무찌른 것으로 유명함.

신의 의용부대와 함께 남부 티롤(Südtirol)을 돌파할 수 있게 된다. 베네데크 부대는 그 사이에 때마침 만난 알브레히트 대공의 군단과 프레스부르크 일대에서 통합했다. 그러나 이렇게 눈에 띄게 강화된 군사력도 어떤 전망에서 보더라도 프로이센군의 그것을 넘진 못했다. 게다가 비스마르크는 클라프카[295] 장군을 통해 헝가리를 선동할 목적으로 헝가리 포로들로 구성된 군단을 만드는 일도 주저하지 않았다. 유일한 희망은 나폴레옹의 적극적인 개입뿐이었다. 물론 나폴레옹도 즉각 앞으로 나선다. 그러나 이는 오스트리아를 엄호하려는 단견에서 비롯된 것이 아니라 혹시 있을지 모를 독일 분할 때에 몇몇 지역을 확보하려는 조치에 따른 것이다. 그는 강한 어투로써가 아니라 모호하게 일정 정도의 수준에서 서부 독일, 이를테면 마인츠·팔츠·자르루이(Saarlouis)·자르브뤼켄(Saarbrücken)을 보상대상으로서 매일 요구했다. 이때 그의 눈앞에 모델로서 아른거린 것은 그가 니스와 사보이 통합에 동의하면서 이득을 취한 1859년의 그의 이탈리아 정책이었다. 비스마르크는 '지연' 작전을 빌려 니콜스부르크(Nikolsburg) 평화조약을 위한 예비 협상안에 서명할 때까지 그를 오래 붙들어 둘 줄 알았다. 물론 프로이센의 경우 프랑스의 독일 지역 합병에 대한 인준은 생각할 수도 없었다. 만일 그랬다면 독일에서 모든 신뢰를 잃어버렸을 것이다. 그러나 1년 뒤 비스마르크는 나폴레옹이 보헤미아 전쟁 때 벨기에를 담보로 잡는 일을 주저함으로써 중대한 오류를 범했다고 말한다. 덧붙이면 당시 프랑스는 승리를 예상하면서 프로이센과 맞설 수 있는 형편이 아니었다. 멕시코의 모험으로 쇠약해진 상태라서 1859년 이탈리아에서 그랬던 것처럼

---

[295] Georg Klapka(1820~1892): 헝가리의 군인.

라인 강 유역에 막강한 군대를 배치할 수가 없었다. 그랬다면 이제는 이탈리아라도 몇 주 안에 철군을 요구할 수 있었을 것이다. 반면 프로이센군은 동원력도 좋아 매일 새로운 징병으로 군사력을 보강했다. 몰트케도 자신은 한꺼번에 세 전선의 전투도 감당할 수 있을 것 같은 느낌이 들었다고 자신만만하게 설명한다.

아무튼 최대한 신속히 맺은 평화조약 체결은 많은 것을 말해주는 셈이다. 프랑스뿐만 아니라 중립국들의 간섭 위험도 매일 고조되었다. 차르 알렉산드르가 이미 회합을 거론한 바 있다. 콜레라가 프로이센 군대 내에 확산되었고, 오스트리아가 패전과 베네치아 양도 이후에도 이탈리아를 두고 계속 씨름할 사정도 아니었다. 오스트리아가 전투를 필사적으로 밀고 갈 경우 얼마나 분기탱천할 수 있을지 가늠할 길도 없었다. 오스트리아가 바로 격퇴된 적으로서 위험할 수 있다는 점은 나폴레옹 전쟁이 여러 번 입증한 셈이다. 몰트케조차도 자신의 부인에게 이렇게 썼다. "정말이지 피할 수만 있다면 이미 성취한 결과를 걸고 도박하고 싶진 않소."

그러나 문제의 핵심은 아무튼 당시 예상 가능했던 오스트리아의 붕괴에 프로이센이 전혀 관심을 두지 않았다는 점에 있다. 비스마르크가 이 중요한 적을 위해 생각할 수 있는 한 가장 관대한 조건을 집요하고도 신중하게 관철한 것은 주지의 사실이다. 프로이센 왕의 소원은 나폴레옹 1세에게 바이에른 전투에서 격퇴당한 바 있는 호엔촐레른가의 본산 바이로이트(Bayreuth)와 안스바흐(Ansbach), 오스트리아 관할하의 슐레지엔과 에게르(Eger) · 카를스바트 · 테플리츠(Teplitz) · 라이헨베르크(Reichenberg)를 포함한 독일 관내의 보헤미아 북서 경계 지역 수복, 그리고 나아가 젠틀맨이었던 프란츠 요제프까지도 마치 자기 영토가 할양되는 듯이나 완강히 반대한 작센 전체의 병합을 염두에 두고 있었다. 결국 왕은 비스마르크의 제안에 동의하긴 했지만 문서화되지 않은 다음과 같은 비통한 말을 덧붙였다. "나의 수상이 나를 적 앞에 세워놓고 있어서 당장 그를 교체할 수가 없다. (…) 짐의 군대가 이렇게 빛나는 승리를 거두었음에도 짐은 맛이 간 사과를 물고서 이렇듯 굴욕적인 평화조약을 받아들여야 하다니 고통스럽기 짝이 없다." 이 평화조약에서 오스트리아는 독일 연방 해체를 승인하고, 독일 재편에 동의하면서 슐레스비히-홀슈타인에 행사해온 자신의 권리를 프로이센에 양도하고, 하노버·쿠르헤센·나사우(Nassau)·프랑크푸르트 합병을 인준했다. 이 같은 방식으로 1/4배가량 영토가 더 넓어진 프로이센은 북독일 연방, 이를테면 튀링겐 공국과 마인(Main) 강 북부에 위치한 여타 공국을 포함하는 작센·메클렌부르크·올덴부르크·브라운슈바이크·오버헤센을 대표하게 된다.

헝가리의
조정

　　오스트리아의 패배로 가장 큰 이득을 챙긴 것은 헝가리였다. 1867년 프란츠 데아크[296]가 오스트리아의 수상 보이스트와의 '조정'을 끌어냈다. 이 '조정'에 근거해서 '오스트리아-헝가리 군주정체'가 구성되었다. 이때부터 프란츠 요제프는 오스트리아의 황제이자 '헝가리의 사도왕'[297]으로 불리게 된다. 그리고 헝가리는 자체의 의회와 내각을 두었다. 다만 이때부터도 공통으로 적용된 것은 외교정책, 군대, 국책, 화폐 및 관세 제도였다. 왕의 즉위식이 오펜(Ofen)

---

[296] Franz Deák(1803~1876): 헝가리의 정치가. 법무부 장관. 헝가리에서 '민족의 현인'으로 통함.
[297] Apostolischer König von Ungarn: 로마 교황청에서 임명한 오스트리아 황제 겸 헝가리 왕을 칭할 때 쓰는 명칭. 신의 부름을 좇는다는 사도(使徒)와 왕(王)의 결합어가 '사도왕'임.

에서 다채롭고 화려한 의식으로 거행되었다. 오랫동안 억눌려온 헝가리가 이제 오스트리아-헝가리 제국의 절반을 이루는 일원들, 요컨대 독일인 · 루마니아인 · 슬로바키아인 · 세르비아인 · 크로아티아인 등을 이끌면서 강력하게 마자르화(magyarisieren)하려고 한다. 반면에 종파적 소수파, 이를테면 프로테스탄트와 그리스 정교도 및 유대교는 정중하게 대접받았다. 유럽에서 가장 풍부한 곡창지대의 하나인 헝가리는 곧 의미 있는 경제적 도약을 이룬다. 반면 사회 및 문화의 차원에서 괄목할만한 발전은 내보이진 않았다. 요컨대 대지주들은 농민계층을 억압했으며, 세기전환기까지만 해도 제2신분인 헝가리인은 누구나 문맹이었다. 수도 부다페스트(Budapest)는 비록 바자회풍의 어지러운 장관을 연출했지만 눈부신 발전을 선보였다. 지방에도 헌법이 허용되었지만 정부를 이끈 것은 '부르주아 각료'였다. 이런 발전의 성격을 두고 비스마르크는 프로이센 의회에서 명쾌한 말로 규정한다. "오스트리아는 너무 오랫동안 억압된 상태로 지내왔기 때문에 우리의 경우 핵심 사안으로 이미 20년 전에, 그리고 대부분의 사안으로는 이미 50년 전에 극복된 관점인 그 자유주의로 이제야 진입하는 상황에 이르렀던 것입니다."

그 비스마르크가 1867년 카를 슈르츠[298]에게 이렇게 말한다. "이제 프랑스 차례죠. (…) 그래요, 우리가 전쟁을 치를 것이고, 프랑스의 황제도 직접 전쟁을 시작할 것입니다. 나는 나폴레옹 3세가 개인적으로는 평화 애호가여서 자진해서 우리를 공격하진 않을 것이라고 알고 있습니다. 그러나 황제의 위신을 지켜야 하는 필연성 때문에 전쟁을 강요받을 것입니다. 우리의 승리가 프랑스 사람들이 보는

---

[298] Karl Schurz(1829~1906): 독일의 개혁가.

앞에서 그 위신을 사정없이 끌어내린 것이죠. 이 사실을 그가 알고 있으며, 프랑스 제국이 그의 위신을 재빨리 회복시키지 못하면 제국을 잃게 될 것이라는 사실도 그는 알고 있습니다. 우리의 계산에 따르면 2년 안에 전쟁이 터집니다. 우리는 이를 준비해야 하고, 준비하는 중이기도 하죠. 우리는 승리할 것이며, 결과는 바로 나폴레옹이 원하는 것과는 정반대가 될 것입니다. 독일은 오스트리아를 제쳐놓고 통합을 실현할 것이고, 그러면 나폴레옹 스스로 무너지고 말 것입니다." 정확히 그렇게 됐다. 전쟁이 끝난 직후에 이런 구호가 떠돌았다. **"자도바 전투에 대한 복수!**(*revanche pour Sadowa!*)" 프랑스 사람들은 분명 쾨니히그레츠라는 지명을 발음할 수가 없어 자도바라는 이름을 붙인 것이다. 나폴레옹은 이 상황을 충분히 이용하지 못했지만, 한편으로는 들끓는 여론에 뭔가를 제공해야만 한다는 사실을 깨닫고서, 벨기에는 놓쳤지만 룩셈부르크는 합병한다는 아주 조촐한 요구를 들고 나왔다. 실제로 그는 네덜란드 왕에게서 매매계약을 확보하는 데 성공했다. 그러나 비스마르크는 이에 반대했다. 1867년 런던에 소집된 - 이때 이후로 이탈리아도 포함되었던 - 열강 회의는 룩셈부르크가 계속 독립적인 대공국이어야 하고, 이 대공국의 중립은 열강이 공동으로 보증한다는 점에 동의했다. 프로이센의 이 같은 외교적 성공은 전쟁이 위협적일 만큼 지척에 와 있음을 말해줬다. 특히 나폴레옹은 결전의 위기를 확실히 알고 있었다. 그는 이렇게 말한다. "우리는 동맹 다발을 한 움큼 들고서도 고작 다가오는 전쟁을 마주보고만 있을 수 있을 따름이다." 이 전쟁을 두고 1868년에서 1870년까지 교섭이 이루어졌다. 알브레히트 대공이 파리에 나타나 군사조약 회담을 열어나갔다. 또다시 논의에 오른 것은 오스트리아가 슐레지엔을 확보하고, 남부 독일에 대한 패권을 가질 경우 라인 강 왼쪽 해안선은 프랑스에게 제공되어야 한다는 것이었다. 역시 이탈리아를 자기편으로 끌어들이기 위해 많이들 애를 썼다. 오스트리아는 이탈리아에게 남부 티롤과 이손초(Isonzo) 강의 경계를 약속했고, 프랑스는 니스와 튀니스(Tunis)에다가 통 크게 스위스의 티치노(Tessin)를 덤으로 주겠다고 약속했다. 그러나 3국 동맹의 핵심 걸림돌은 오스트리아도 프랑스도 교황의 처분에 맡겨두고 싶었던 로마였다. 비스마르크가 말하듯, 남부 독일에서도 "라인 동맹에 대한 추억"에 젖어 프랑스에 대한 동정심이 일었는가 하면, 뷔르템베르크에서는 민주주의적 경향과 바이에른에서는 로마가톨릭의 경향 때문에 프로이센에 대한 반감이 더 컸다. 그러나 다른 한편 비스마르크는 자신에 반하는 나폴레옹의 합병 계획을 공고함으로써 남부에서도 분위기를 조성할 줄 알았고, 1866년 8월에 이미 바덴과 바이에른, 그리고 뷔르템베르크와 공수 동맹을 체결했다. 이를 그는 1867년에 공표토록 했다. 이는 분명 평화를 의도하는 것이었다. 어쨌든 오스트리아가 무장하기 시작했으며, 이탈리아가 분명 관여했을 것이고 덴마크가 어떤 상황에서도 가입했을 법한 동맹 생각이 오스트리아에서 들끓었다. 이러한 가능성들은 오스트리아가 재무장할 수 있도록 그 시간을 허용한 한 해 한 해가 지나는 사이에 더욱 개연성이 높아만 갔다. 반면에 러시아는 프로이센에 우호적이고 의무도 짊어지고 있었으므로 자신들이 오랜 기간 원수처럼 대했던 오스트리아와 프랑스 때문에 중부유럽이 쪼개지는 사태를 수수방관할 개연성은 더더욱 없어졌다. 그래서 비스마르크가 결코 도발적이지는 않지만 확고한 태도를 보여 전쟁의 발발을 연기시키진 못했지만, 다만 거의 불가피했던 전면전을 줄여 지역화함으로써 유럽 전체의 재앙만큼은 막은 셈이다.

　　대부분의 큰 전쟁에 뒤따르는 배상 문제는 늘 논점이 되지만, 누구에게든 공평한 입장을 보인 판단자 비스마르크 앞에서는 그 문제의 대답도 명쾌하게 나왔다. 1868년 스페인 여왕이 봉기로 왕위에서 물러난다. 의회는 호엔촐레른-지크마링겐(Hohenzollern-Sigmaringen)가의 레오폴트 왕세자가 왕위를 계승하도록 결정했다. 이 왕세자는 가톨릭 계통으로서 부계 쪽으로는 뮈라[299]의 손자이고, 모계 쪽으로는 나폴레옹 1세의 양녀인 스테파니 보아르네(Stephanie Beauharnais)의 외손자였다. 게다가 그의 형의 루마니아 왕위 임명에 대해 나폴레옹이 묵인했을 뿐만 아니라 심지어 후원하기까지도 했다. 이렇듯 왕세자는 곤란이라곤 없었다. 비스마르크도 그 같은 인준에 동의한다. 그것이 독일의 무역 및 외교 정책에 이득이 될 것으로 기대했기 때문이다. 그는 이 같은 정세가 "나폴레옹의 목에 달라붙어 있는 스페인의 파리"를 의미하는 것으로 보았다. 그러나 이 같은 복잡한 판세에서 비스마르크가 전쟁을 유리한 시점으로 유도하고, 프랑스가 평화 파괴자로 비치게 할 원인을 마련하는 환영할만한 호기를 포착한 것이라는 추측마저 배격할 수는 없는 노릇이었다. 사실 이 '스페인의 폭탄'이 파리에서 엄청난 소동을 일으켰다. 전형적인 외교관으로서 자만심이 강하고 무식하면서 미사여구에 능했던, 비스마르크가 단순하게 말한 바로는 멍청이라고 할 수 있는 외무장관 그라몽[300] 공작은 입법부에서 프랑스는 호엔촐레른가의 인사를 카를루스 5세로 등극시켜 유럽의 평형을 어지럽히고 프랑스의 명예를 실추시키는 사태를 묵과하지 않을 것이라고 설명한다. 그는 이렇게

---

[299] J. Murat(1767~1815): 프랑스의 군인.
[300] Antoine A. Agénor de Gramont(1819~1880). 프랑스의 외교관이자 정치가.

결론을 내린다. "그렇지 않다면, 우리는 주저하지도 머뭇거리지도 말고 우리의 의무를 수행해야 할 것입니다." 이런 말이 오가고 있을 때에 회의실에 들어선 티에르가 놀란 듯 소리쳤다. **"아니, 그건 어리석은 짓이오!**(*mais c'est une folie!*)" 그러나 그의 항의는 열광적인 박수갈채가 집어삼키고 말았다. 7월 9일, 프랑스 대사 베네데티[301]가 엠스 온천장에 와 있던 빌헬름 왕에게 "호엔촐레른가의 왕자가 스페인 왕좌를 인수하는 것을 금할 것"을 요구한다. 왕은 그의 발언을 철회하도록 하려고 그에게 자신의 권위를 내세울 생각은 없지만, 다른 한편 그 왕자가 보위에 오르는 일을 만류하지도 않을 것이라고 대응한다. 프로이센도 이해할 수 없을 만큼 침착했던 이 같은 왕의 태도를 놓고 파리의 신문들이 크게 분개했다. 이런 표제어가 나돌기도 했다. **"프로이센 꽁무니를 빼다!**(*La Prusse cane!*)" 『페이(Pays)』지(誌)는 이렇게 보도한다. "프로이센이 그 아래서 굴복할 옥죄는 멍에가 이미 준비되었다. (…) 만일 우리가 프로이센에게 약속했듯이 프로이센도 우리에게 약속해줬더라면 아마 우리는 벌써 오래전에 멍에를 포기했을 것이다." 그리고 『리베르테(Liberté)』지는 이렇게 설명한다. "프로이센이 전투에 가담하길 주저할까? 가담하기만 하면 우리는 등에 총대를 메고 프로이센이 라인 강 건너편으로 도주해서 강좌안을 우리에게 내놓도록 강제할 것이다." 비스마르크는 이 같은 소란을 매우 흡족해했다. 그는 로타르 부허[302]에게 이렇게 말한다. "내게 중요한 것은 우리가 도전을 받고 있는 상태라는 사실입니다. 이 점에 나는 벌써 학생 때부터 늘 특별한 가치를 부여해왔습니다."

---

[301] V. Benedetti(1817~1900): 프랑스의 외교관.
[302] Lothar Bucher(1817~1892): 독일의 언론인.

그러나 7월 12일, 호엔촐레른가의 영주 안톤(Anton)은 "독일을 전쟁 속으로 곤두박질치게 하는 동시에 그 지참금 형태로 스페인에 유혈 전투를 안기고" 싶어 하지 않았던 고상한 도덕적 책임감을 지닌 그의 아들의 이름을 빌려 스페인 왕좌를 포기한다고 선언했다. 왕은 자신의 부인에게 이렇게 편지를 썼다. "마음을 짓누르던 돌 하나가 떨어져나간 기분이오." 그리고 프랑스의 수상은 또 이렇게 말한다. **"평화입니다!**(c'est la paix!)" 나폴레옹도 같은 생각이었다. 그러나 그는 이렇게 덧붙인다. "시의가 좋은 게 유감입니다."

이로써 이제 프랑스는 정신병원으로 변하기 시작한다. 군중, 의회, 언론, 궁정 파벌, 이들 모두가 여전히 '**만족**(satisfait)'을 느끼지 못했다. 그라몽이 베네데티에게 타전했다. "이 같은 단념이 온전히 실효를 보게 하려면, 제가 보기에 프로이센 왕이 그런 단념에 동의하고, 다시는 그런 후보를 용인하지 않겠다는 확신을 우리에게 보여주어야 한다고 생각합니다." 그런데 이 같은 무례함에 대해 프로이센 왕이 보인 태도는 실로 감동적이다. 7월 13일, 베네데티가 그 같은 무리한 요구를 요양차 휴가 중이던 왕에게 전달했을 때, 왕은 속은 부글부글 끓었지만 아주 친근하게 마치 간청하는 듯한 어투로 그에게 지금 그가 불가능한 일을 자신에게 요구하고 있다고 명확히 밝혔다. 이 대화의 경과에 대해 왕은 그 유명한 엠스 급보로 비스마르크에게 간략하게 설명하면서 이 급보가 신문에 보도되도록 하라고 지시했다. 다만 당의 고루한 적대자나 불치의 프랑스 국수주의자들만 비스마르크가 이 급보를 왜곡하여 도발적인 것으로 바꾸어 놓았다고 주장할 수 있을 따름이었다. 그러나 오히려 그는 내용을 좀 더 부드럽게 다듬어 내놨다. 말하자면 무례한 서문, 즉 "베네데티 백작이 무례하기 짝이 없는 태도로 나에게 요구하려고 산책 중인 나를 급습했다"는 말을 삭제했으며, 해고라는 뜻으로 들릴 법도 한 결론, 즉 "황제 폐하께서 대사에게 더 이상 할 말이 없었다"는 말을 중립적인 말투인 "더 이상 전달할 것이 없었다"는 말로 대체한 것이다. 아무튼 그는 그 급보의 내용을 거의 1/3로 축약했지만 중요한 대목을 생략하진 않았으며, 오히려 축약을 통해 좀 더 명쾌하고 응축된 간결한 형식을 부여했을 뿐이다. 요컨대 그 급보를 이른바 극화한 셈이다. 급보 자체에는 선동적인 문구라고는 들어 있지 않았지만, 그것이 비스마르크가 아주 정확히 알고서 인정하게까지 했던 그런 영향을 프랑스 사람들의 정신에 끼친 것은 분명하다. 그는 그것이 "갈리아의 황소에게는 붉은 천과 같은 인상을 주게" 될 것이라고 말했다. 그 급보를 간결하게 공식화한 것은 외교와 저널 활동에서 일상적으로 있는 그런 형태의 축약 편집일 따름이다. 그러나 아무튼 그가 그 급보를 보도로 드러낸 것이 전쟁으로 이어졌다.

군사동원을 거의 만장일치로 의결한 7월 15일 프랑스 국회의 결정적 회의에서도 엠스 급보의 말뜻을 정확히 제대로 이해한 사람이 거의 없었다. 그 급보의 제출을 기다린 몇몇 대표자는 '반역자'와 '프로이센 사람'으로 몰렸다. 상황이 더 나빴던 것은 다음과 같은 점에 있었다. 요컨대 베네데티를 물러가게 한 후에도 왕은 엠스 역에 예약한 한 방에서 그와 회담을 다시 재개했으며, 이 회담에서 왕은 교섭이 돌이킬 수 없을 정도로 단절된 것은 아니라고 본 것이다. 이 사실을 그라몽은 알았지만 고의로 침묵했다. 프랑스는 전쟁을 원했고, 그래서 마치 프로이센이 전쟁을 원하는 것처럼 쉽게 사람들을 설득할 수 있었던 셈이다. 그러나 프로이센에서는 비스마르크를 제외한 누구도 전쟁을 원하지 않았다. 비스마르크도 프랑스가 결례를 범하는 무례한 행동을 하지 않았다면 전쟁을 원하지 않았을

베를린으로!

것이다. 프랑스가 그런 프랑스가 아니었더라면, 그도 결코 그런 형태로 전쟁을 바라지는 않았을 것이다. 이는 얼핏 복잡하게 얽힌 진실 같지만, 기본적으로는 대단히 단순한 진실이다.

영국 한 특사가 전하는 바로는, 그 전쟁의 원인은 국민 정서에 있었다. 프랑스의 한 기자는 의회는 라이덴병[303]을 닮았다고 썼다. 대개 프랑스에서 그러했듯 무역과 산업 및 금융계는 그 전쟁에 반대했으며, 정치에 무관심한 농촌에서도 그랬다. 그러나 황후는 다정다감한 자기 아들의 왕좌를 안전하게 지켜주기 위해 전쟁이 필요하다고 보고서, 전쟁을 솔페리노(Solferino) 전투 때와 비슷하게 몇 주 정도의 군사적 산책쯤으로 간주했다. 황제는 늘 그랬듯이 흔들렸다. 한편으로는 위기를 간파했으며, 다른 한편으로는 오스트리아와 남부 독일의 태도를 두고서 낙관적으로 생각했다. 군부는 샤스포총과 경기관총의 성능을 실험해보고 싶어 안달이 났다. 사람들은 세상의 분위기를 읽어내려고 살롱을 드나들기에 바빴다. 신문은 여론이라는 확실한 불꽃놀이 폭약 주머니를 뜨겁게 달구었다. 에로틱한 상상이 진짜 프랑스적인 형태를 취하면서 과대망상과 경솔함과 르상티망의 먹구름으로 뒤섞였다. 『골루와(Gaulois)』지는 알제리 원주민 출신 경보병들이 여자를 가득 태운 마차를 프랑스로 끌고 올 것이라고 장담했다. 그런데 전쟁에 '관심을 보인' 곳은 파리뿐이었다. 프랑스는 또다시 중앙집권의 꼭두각시 역할을 했던 것이다. 그것은 곧 '**사통발달 도시**(ville tentaculaire)'의 희생물이었던 셈이다.

---

[303] Leydener Flasche: 병을 이용하여 정전기를 축적하는 장치. 흔히 축전지의 시작으로 보기도 함. 1745년 독일의 발명가 에발트 게오르크 폰 클라이스트(Ewald Georg von Kleist:1700~1748)에 의해 연구되기 시작하여 1746년 네덜란드의 물리학자 피터 반 뮈센브뢰크(Pieter van Musschenbroek: 1692~1761)에 의해 라이덴 대학교에서 본격적으로 연구함.

그래서 마들렌(Madeleine)에서 바스티유(Bastille) 광장에 이르기까지 **"베를린으로! 베를린으로!**(*à Berlin! à Berlin!*)"라는 구호 소리가 철커덕 철커덕 들려온 것이다.

1348년　　　흑사병
1350년 경　『완전한 삶에 관한 소책자』 출간
1351년　　　콘라트 폰 메겐베르크『자연의 책』 출간
1354년　　　리엔초 살해
1356년　　　황금문서
1358년　　　프랑스 내전
1361년　　　타울러 사망. 아드리아노플 점령
1365년　　　주조 사망
1370년 경　『농부 피어스의 꿈』 출간
1372년　　　장인 빌헬름 사망
1374년　　　페트라르카 사망
1375년　　　보카치오 사망
1377년　　　바빌론 유수의 종결
1378년　　　카를 4세 사망: 벤첼 즉위. 거대한 분열의 시작
1381년　　　로이스브루크 사망
1384년　　　위클리프 사망
1386년　　　젬파흐 전투
1389년　　　암젤펠트 전투
1396년　　　니코폴리스 전투
1397년　　　칼마르 동맹
1399년　　　영국 랭커스터 가문의 집권
1400년　　　벤첼 폐위: 팔츠의 루프레히트 등극. 메디치가가 피렌체를 다스림.
　　　　　　초서 사망
1405년　　　프루아사르 사망
1409년　　　피사 공의회: 세 명의 교황 출현
1410년　　　루프레히트 사망: 지기스문트 등극. 탄넨베르크 전투
1414년　　　콘스탄츠 공의회 시작
1415년　　　후스 화형. 호엔촐레른가가 브란덴부르크를 다스림. 아쟁쿠르 전투
1417년　　　거대한 분열의 종결
1420년　　　후스파 전쟁의 시작

1426년	후베르트 반에이크 사망
1428년	마사치오 사망
1429년	잔 다르크 활약
1440년	신성로마제국 황제 프리드리히 3세 등극. 니콜라우스 쿠자누스 『아는 무지』 출간. 얀 반에이크 사망. 피렌체 플라톤 아카데미 개소
1441년	『그리스도를 모방하여』 완간
1445년	케이프 곶 발견
1446년	브루넬레스키 사망
1450년	밀라노 대공 프란체스코 스포르차 등장
1450년 경	구텐베르크: 종이인쇄술 발명
1452년	레오나르도 다빈치 출생
1453년	콘스탄티노플 정복. 존 던스터블 사망
1455년	프라 안젤리코 사망. 기베르티 사망
1458년	에네아 실비오 교황 선출
1459년	장미전쟁 개시
1461년	프랑스 루이 11세 즉위. 영국의 요크가의 집권.
1464년	코시모 메디치 사망. 니콜라우스 쿠자누스 사망. 로제르 반 데르 베이든 사망
1466년	서프로이센이 폴란드를 양위하다. 동프로이센이 폴란드를 봉토로 받다. 도나텔로 사망
1471년	최초의 천문대 설치. 뒤러 출생
1472년	알베르티 사망
1475년	미켈란젤로 출생
1477년	부르고뉴 공작 용담공(勇膽公) 샤를 전사. 혼인을 통해 네덜란드를 합스부르크 왕가의 통치 아래 둠. 티치아노 출생
1478년	종교재판소 설치
1479년	카스티야와 아라곤 합병
1480년	러시아를 지배하던 몽골이 몰락
1483년	루이 11세 사망: 카를 8세 등극. 라블레 출생. 라파엘로 출생. 루터 출생
1485년	영국 튜더 왕가 집권, 장미전쟁 종결
1487년	희망봉 발견
1488년	베로키오 사망
1489년	『마녀의 방』 출간

1490년	마르틴 베하임, 지구본 제작
1492년	아메리카 발견. 그라나다 정복. 로드리고 보르지아 교황 즉위. 로렌초 메디치 사망
1494년	제바스티안 브란트『바보들의 배』출간. 피코 델라 미란돌라 사망
1495년	한스 멤링 사망
1498년	동인도 항로 개척. 사보나롤라 화형. 풍자시집『라인케 데 포스』출간
1499년	스위스 독립
1500년 경	악기 '스피넷' 등장
1500년	브라질 발견
1505년	최초의 우체국 설립
1506년	로이힐린: 히브리어 문법책 발간. 만테냐 사망
1509년	영국 헨리 8세 즉위. 에라스무스『우신예찬』출간
1510년	회중시계 발명. 보티첼리 사망
1513년	레오 10세 교황 즉위
1514년	브라만테 사망. 마키아벨리『군주론』출간
1515년	프랑스의 프랑수아 1세 즉위. 마리냐노 전투. 『이름 없는 사람들의 편지』출간
1516년	스페인 합스부르크 가문 집권. 아리오스토『성난 오를란도』, 모어『유토피아』출간
1517년	비텐베르크 반박문. 터키가 이집트를 점령하다.
1519년	막시밀리안 1세 사망: 카를 5세 등극. 레오나르도 다빈치 사망
1520년	라파엘로 사망. 스톡홀름 대학살
1521년	멕시코 정복. 보름스 제국의회. 베오그라드 합병
1522년	최초 세계 선박일주여행 완료. 루터의 성경 번역
1523년	스웨덴 바사 가문 집권. 지킹겐 몰락. 후텐 사망
1524년	페루지노 사망
1525년	독일 농민전쟁 발발. 파비아 전투
1526년	모하치 전투
1527년	마키아벨리 사망. 로마 약탈
1528년	뒤러 사망
1529년	그뤼네발트 사망. 터키군이 빈을 목전에 두다
1530년	아우크스부르크 제국의회: 아우크스부르크 신앙고백
1531년	츠빙글리 몰락. 영국 성공회 형성

1532년	페루 정복. 뉘른베르크 종교회의
1533년	아리오스토 사망
1534년	코레조 사망
1535년	뮌스터 재세례파 형성
1537년	위르겐 불렌베버 참수
1540년	예수회 건립. 세르베투스: 모세혈관의 혈액순환 원리 발견
1541년	파라켈수스 사망. 칼뱅이 제네바 장악. 스코틀랜드에서 녹스의 세력 확대
1543년	한스 홀바인 사망. 코페르니쿠스『천구의 회전에 관하여』, 베살리우스『인체의 구조』출간
1545년	제바스티안 프랑크 사망. 트리엔트 공의회 개최
1546년	루터 사망
1547년	뮐베르크 전투. 프랑수아 1세 사망. 헨리 8세 사망
1553년	라블레 사망. 세르베투스 화형
1555년	아우크스부르크 종교회의
1556년	카를 5세 퇴위: 페르디난트 1세 신성로마제국 황제로 즉위. 스페인 국왕 펠리페 2세 등극. 로욜라 사망
1557년	생캉탱 전투
1558년	영국의 엘리자베스 즉위. 그라블린 전투
1560년	멜란히톤 사망. 니코: 담배 소개
1561년	베이컨 출생
1564년	페르디난트 1세 사망. 막시밀리안 2세 즉위. 칼뱅 사망. 미켈란젤로 사망. 셰익스피어 출생
1568년	에그몬트 사형
1569년	메르카토르가 세계지도 제작
1571년	레판토 전투. 런던 증권거래소 개소
1572년	성 바르톨로메오의 밤. 존 녹스 사망
1576년	막시밀리안 2세 사망: 루돌프 2세 즉위. 한스 작스 사망. 티치아노 사망
1577년	루벤스 출생
1579년	위트레흐트 조약
1580년	팔라디오 사망. 스페인이 포르투갈을 지배. 몽테뉴『수상록』출간
1581년	타소『해방된 예루살렘』출간
1582년	교황 그레고리우스 13세가 그레고리우스력 채택

1584년	네덜란드 총독 빌렘 반 오라녜 암살
1586년	스테빈: 경사면 이론의 정립. 유체정역학의 모순 발견. 연통관 발명
1587년	메리 스튜어트 참수
1588년	무적함대 아르마다 침몰
1589년	앙리 4세 등극: 프랑스에서 앙리 부르봉 왕가 집권
1591년	피샤르트 사망
1592년	몽테뉴 사망
1593년	말로우 사망
1594년	오를란도 디 라소 사망. 팔레스트리나 사망. 틴토레토 사망. 오페라 탄생
1595년	타소 사망
1596년	데카르트 출생
1597년	갈릴레이: 온도계 발명
1598년	낭트 칙령. 베르니니 출생
1600년	조르다노 브루노 화형. 길버트: 지자기 발견. 영국 동인도회사 설립
1601년	티코 데 브라헤 사망
1602년	네덜란드의 동인도회사 설립
1603년	영국의 엘리자베스 사망: 스튜어트가의 집권, 영국-스코틀랜드 사이의 인적 결합. 셰익스피어『햄릿』출간
1606년	렘브란트 출생
1608년	리페르셰이: 망원경 발명. 프로테스탄트 연맹 성립.
1609년	세르반테스『돈키호테』출간. 가톨릭 동맹 맺음
1610년	앙리 4세 피살
1611년	케플러: 천체 망원경 발명. 구스타프 아돌프 등극
1612년	루돌프 2세 사망: 마티아스 즉위
1613년	러시아, 로마노프 가문이 집권
1614년	네이피어: 로그 법칙의 정립
1616년	세르반테스 사망. 셰익스피어 사망
1618년	프라하 창문투척 사건. 30년 전쟁 발발
1619년	신성로마제국 황제 페르디난트 2세 즉위
1620년	바이센베르크 전투. 메이플라워호 상륙
1624년	리슐리외가 재상이 됨. 야콥 뵈메 사망. 오피츠『독일 시학서』출간
1625년	제임스 1세 사망: 카를 1세 즉위. 엘 그레코 사망
1626년	베이컨 사망

1628년	권리 청원. 라 로셸 합병. 길버트: 전기 발견. 하비: 이중혈액순환 발견
1629년	복원칙령
1630년	구스타프 아돌프가 포메른에 상륙. 케플러 사망
1631년	마그데부르크 습격. 브라이텐펠트 전투
1632년	뤼첸 전투. 구스타프 아돌프 전사
1634년	발렌슈타인 피살. 뇌르틀링겐 전투
1635년	프라하 평화협정. 로페 데 베가 사망
1636년	코르네유『르 시드』출간
1637년	페르디난트 2세 사망: 페르디난트 3세 즉위
1640년	프로이센에서 대선제후 프리드리히 빌헬름 1세 등극. 포르투갈, 브라간자 가문이 집권. 루벤스 사망
1641년	반다이크 사망
1642년	영국 혁명 발발. 리슐리외 사망. 갈릴레이 사망. 타스만이 오스트리아로 회항
1643년	루이 14세 즉위. 뉴턴 출생. 토리첼리: 기압계 발명
1645년	그로티우스 사망
1646년	라이프니츠 출생
1648년	베스트팔렌 평화조약. 프랑스에서 왕립 회화조각아카데미 창설
1649년	찰스 1세 처형: 공화국 성립
1650년	데카르트 사망
1651년	항해 조례 발동. 홉스『리바이어던』출간
1652년	게리케: 공기펌프 발명
1653년	호민관 크롬웰이 집정
1657년	앙겔루스 질레지우스『케루빔의 방랑자』, 파스칼『시골 친구에게 부치는 편지』출간
1658년	크롬웰 사망. 페르디난트 3세 사망: 레오폴트 즉위. 제1차 라인 동맹
1659년	피레네 평화조약
1660년	스튜어트가 복권: 찰스 3세 등극. 벨라스케스 사망
1661년	마자랭 사망. 루이 14세 친정체제. 보일『회의적인 화학자』출간
1662년	파스칼 사망.『사고의 기술』출간. 프랑스 왕립학회 창립
1663년	게리케: 기전기 발명
1664년	몰리에르『타르튀프』출간. 트라피스트 수도회 창립
1665년	푸생 사망. 라로슈푸코『잠언』출간

1667년	스페인 왕위계승전쟁. 밀턴『실낙원』출간
1668년	그리멜스하우젠『짐플리치시무스』출간
1669년	렘브란트 사망. 파리 오페라하우스 창설
1670년	스피노자『신학정치론』출간
1673년	몰리에르 사망. 영국에서 선서 조례 선포
1674년	밀턴 사망. 부알로『시법』출간
1675년	페르벨린 전투. 말브랑슈『진리탐구』출간. 레벤후크: 적충류 발견. 튀렌의 패배. 그리니치 천문대 설립
1676년	파울루스 게르하르트 사망
1677년	스피노자 사망『에티카』출간. 라신『페드르』출간. 보로미니 사망
1678년	호이겐스: 파동설 제시. 시몽『구약성서 비평사』출간
1679년	네이메헨 평화조약. 인신보호령 공포. 아브라함 아 산타클라라『메르크의 빈』출간
1680년	베르니니 사망
1681년	칼데론 사망. 스트라스부르 점령
1682년	클로드 로랭 사망. 무리요 사망. 로이스달 사망
1683년	터키군이 빈 외곽까지 진출. 필라델피아 건설. 콜베르 사망
1684년	코르네유 사망. 라이프니츠: 미분학 정립. 뉴턴: 중력법칙 발견
1685년	낭트 칙령 철폐. 찰스 2세 사망: 제임스 2세 즉위
1687년	헝가리를 합스부르크 왕가에서 다스리다. 뉴턴『자연철학의 수학적 원리』출간. 륄리 사망
1688년	명예혁명. 프로이센 대선제후 사망. 라브뤼예르『성격과 풍속』출간
1689년	빌렘 반 오라녜가 영국 윌리엄 3세로 즉위. 표트르 대제 등극. 팔츠 정벌
1690년	로크『인간오성론』출간. 파팽: 증기실린더 발명
1694년	볼테르 출생. 영국은행 창립
1695년	베일『역사비평사전』출간. 라퐁타이네 사망. 호이겐스 사망
1696년	톨런드『기독교는 신비주의가 아니다』출간
1697년	라이스바이크 평화조약. 폴란드를 작센 왕인 '강성왕' 아우구스트가 지배. 첸타 전투
1699년	카를로비츠 평화조약. 라신 사망
1700년	드라이든 사망. 베를린 과학아카데미 창립
1701년	프로이센 왕국
1702년	윌리엄 3세 사망: 앤 여왕 즉위. 슈탈: 연소이론 제시

1703년	상트페테르부르크 건설
1704년	회흐슈테트 전투. 영국의 지브롤터 점령
1705년	레오폴트 1세 사망: 요제프 1세 즉위
1706년	라미이 전투
1708년	오데나르드 전투
1709년	말플라크 전투. 폴타바 전투. 영국 주간지 간행. 뵈트거: 도기 제작
1710년	라이프니츠 『변신론』 출간
1711년	부알로 사망. 요제프 1세 사망: 카를 6세 즉위
1712년	프리드리히 대왕 출생. 루소 출생
1713년	위트레흐트 조약. 프리드리히 빌헬름 1세 등극
1714년	라슈타트/바덴 조약. 앤 여왕 사망: 하노버가가 영국 지배
1715년	루이 14세 사망: 섭정 정치 시작. 페늘롱 사망. 말브랑슈 사망
1716년	라이프니츠 사망
1717년	빙켈만 출생. 프리메이슨 비밀결사 조직
1718년	카를 12세 피살
1719년	디포 『로빈슨 크루소』 출간
1720년	로의 국립은행 파산
1721년	니슈타트 조약. 와토 사망. 몽테스키외 『페르시아인의 편지』 출간
1722년	헤른후트파 형제단 발족
1723년	오를레앙 공 필립 사망: 루이 15세 친정 체제. 국본조칙 시행
1724년	칸트 출생. 클롭슈토크 출생
1725년	표트르 대제 사망
1726년	스위프트 『걸리버 여행기』 출간
1727년	뉴턴 사망
1728년	볼테르 『앙리아드』 출간
1729년	바흐 「마태수난곡」 작곡. 레싱 출생
1730년	고트셰트 『비평시론』 출간
1734년	볼테르 『철학서간』 출간
1735년	린네 『자연의 체계』 출간
1736년	프린츠 오이겐 사망
1740년	프리드리히 빌헬름 1세 사망: 프리드리히 대왕 즉위.
	카를 6세 사망: 마리아 테레지아 즉위
1741년	헨델 「메시아」 작곡
1742년	에드워드 영: 시 「밤의 고민들」 발표

1743년	플뢰리 추기경 사망
1744년	포프 사망. 헤르더 출생
1745년	스위프트 사망
1746년	겔레르트 『우화와 서사』 출간
1748년	몽테스키외 『법의 정신』, 라메트리 『인간기계론』, 클롭슈토크 『메시아』 출간. 폼페이 유적 발굴 개시
1749년	괴테 출생
1750년	요한 제바스티안 바흐 사망. 프랭클린: 피뢰침 발명
1751년	백과전서 출판 개시
1753년	버클리 사망
1754년	크리스티안 볼프 사망. 홀베르 사망
1755년	몽테스키외 사망. 칸트 『일반 자연사와 천체 이론』 출간. 리스본 대지진 발생
1756년	모차르트 출생. 7년 전쟁 발발
1757년	콜른·로스바흐·로이텐 전투
1758년	초른도르프·호흐키르흐 전투. 엘베시우스 『정신론』 출간
1759년	쿠너스도르프 전투. 헨델 사망. 실러 출생
1760년	리그니츠·토르가우 전투. 맥퍼슨 『오시안』 출간
1761년	루소 『신 엘로이즈』 출간
1762년	홀슈타인-고토르프 가문이 러시아 통치: 표토르 3세와 예카테리나 2세 즉위. 글루크 『오르페우스』 발표. 루소 『사회계약론』, 『에밀』 출간
1763년	후베르투스부르크 조약. 파리 평화조약
1764년	호가스 사망. 라모 사망. 빙켈만 『고대예술사』 출간
1766년	고트셰트 사망. 레싱 『라오콘』, 골드스미스 『웨이크필드의 목사』 출간. 캐번디시: 수소 발견
1767년	레싱 『미나 폰 바른헬름』, 『함부르크 연극론』 출간
1768년	빙켈만 피살. 스턴 『센티멘털 저니』, 게르스텐베르크 『우골리노』 출간
1769년	나폴레옹 출생. 『주니어스의 편지들』 출간. 아크라이트: 방적기 발명
1770년	부셰 사망. 티에폴로 사망. 베토벤 출생. 돌바흐 『자연의 체계』 출간
1771년	프리스틀리: 산소 발견

1772년	제1차 폴란드 분할. 괴팅거 하인(Gottinger Hain) 동맹. 레싱 『에밀리아 갈로티』 출간. 스베덴보리 사망
1773년	예수회 폐지.『독일적 양식과 예술 잡지』 발행. 괴테『괴츠』, 뷔르거 『레오노레』 출간
1774년	루이 15세 사망: 루이 16세 즉위. 괴테『청년 베르테르의 고뇌』 출간. 볼펜뷔틀러 단편. 렌츠『가정교사』 출간
1775년	보마르셰『세비야의 이발사』, 라바터『관상학론』 출간
1776년	미합중국 독립선언. 흄 사망. 애덤 스미스『국부의 성격과 원인에 관한 연구』, 렌츠『병사들』, 클링거『질풍노도』, 바그너(H. Leopold Wagner)『영아 살해자』 출간
1778년	볼테르 사망. 루소 사망
1779년	데이비드 개릭 사망. 라파엘 멩스 사망. 레싱『현자 나탄』 출간
1780년	마리아 테레지아 사망: 요제프 2세 즉위. 레싱『인류의 교육』 출간
1781년	레싱 사망. 칸트『순수이성비판』 출간. 포스: 호메로스 번역. 실러『군도』 출간. 허셜: 천왕성 발견
1782년	몽골피에: 풍선기구 발명
1783년	베르사유 조약. 실러『피에스코』 출간
1784년	존슨 사망. 디드로 사망. 헤르더『인류교양을 위한 역사철학 이념』, 보마르셰『피가로의 결혼』, 실러『간계와 사랑』 출간
1785년	독일 군주동맹. 베르너: 수성론 정립
1786년	프리드리히 대왕 사망: 프리드리히 빌헬름 2세 즉위. 모차르트「피가로」 작곡
1787년	글루크 사망. 괴테『이피게니에』, 실러『돈 카를로스』, 모차르트『돈 후안』 출간
1788년	뵐너 종교칙령. 하만 사망. 칸트『실천이성비판』, 괴테『에그몬트』 출간. 허턴: 화성론 제기
1789년	바스티유 감옥 습격. 괴테『타소』 출간. 갈바니: 접촉전기 발견
1790년	요제프 2세 사망: 레오폴트 2세 즉위. 칸트『판단력비판』 출간. 괴테『식물의 형태변화』, 파우스트 단편,『타소』 출간
1791년	미라보 사망. 바렌 체포 사건. 모차르트『마술피리』 출간 후 사망
1792년	레오폴트 2세 사망: 프란츠 2세 즉위. 9월 학살. 발미 전투. 루제 드 리슬러: 마르세예즈 작곡
1793년	루이 16세 처형. 공포정치. 제2차 폴란드 분할
1794년	테르미도르. 피히테『지식학』 출간

1795년	집정내각. 제3차 폴란드 분할. 프리드리히 아우구스트 볼프 『호메로스 입문』, 괴테 『빌헬름 마이스터의 수업시대』 출간
1796년	바뵈프의 모반. 예카테리나 2세 사망. 이탈리아 보나파르트. 제너: 천연두 예방법 제시
1797년	캄포 포르미오 조약. 프리드리히 빌헬름 2세 사망: 프리드리히 빌헬름 3세 즉위
1798년	라플라스 『세계 체계에 대한 해설』, 맬서스 『인구론』 출간. 나폴레옹 보나파르트가 이집트 원정. 아부키르만 해전
1799년	브뤼메르. 실러 『발렌슈타인』, 슐라이어마허 『종교론』 출간
1800년	마렝고·호엔린덴 전투. 실러 『마리아 스투아르트』 출간. 볼타 전지 개발
1801년	실러 『오를레앙의 처녀』, 가우스 『산술연구』 출간
1803년	헤르더 사망. 클롭슈토크 사망. 제국사절회의 주요결의안 채택. 나폴레옹 법전 공포
1804년	칸트 사망. 나폴레옹 황제 등극
1805년	실러 사망. 트라팔가르 해전. 아우스터리츠 전투. 베토벤 『피델리오』 작곡
1806년	라인 동맹. 신성로마제국의 종말. 예나 전투. 대륙봉쇄령 발동. 헤겔 『정신현상학』, 『소년의 마술피리』 출간
1807년	틸지트 조약. 돌턴: 복합비율의 법칙 발견. 풀턴: 증기선 발명
1808년	피히테 「독일 국민에게 고함」 발표. 『여기 정말 인간다운 인간이 있다』 출간. 『파우스트』 1부 출간
1809년	아스페른·바그람 전투. 하이든 사망. 죔머링: 전신기 발명
1810년	베를린 대학 창립. 괴테 『색채론』, 클라이스트 『하일브론의 케트헨』 출간
1811년	클라이스트 사망
1812년	나폴레옹이 러시아 원정. 그림 형제 『아이를 위한 가정 동화』 출간. 퀴비에: 격변설 제시
1813년	라이프치히 전투
1814년	피히테 사망. 스티븐슨: 기관차 개발. 부르봉 왕가 복귀. 제1차 파리강화조약: 빈 회의 개막
1815년	빈 회의 폐회. 백일천하. 워털루 전투. 신성동맹. 비스마르크 출생
1817년	바르트부르크 축제. 바이런 『만프레드』 출간
1818년	최초 대양횡단 증기선 출항

1819년	코체부 암살: 카를스바트 결의. 쇼펜하우어 『의지와 표상으로서의 세계』, 괴테 『서동시집』 출간. 제리코 「메두사의 뗏목」 전시
1820년	외르스테드: 전자기현상 발견
1821년	나폴레옹 사망. 도스토옙스키 출생. 베버 『마탄의 사수』, 생시몽 『산업의 체계』 출간. 제베크: 열전기 발견
1822년	브라질 제국. 베토벤 「장엄미사」 작곡. 들라크루아 「단테의 조각배」 전시
1823년	먼로 독트린
1824년	루이 18세 사망: 샤를 10세 즉위. 바이런 사망. 베토벤 「9번 교향곡」 발표. 들라크루아 「키오스 섬의 학살」 전시
1825년	알렉산드르 1세 사망: 니콜라이 1세 즉위. 최초 철도건설
1826년	C. M. v. 베버 사망. 아이헨도르프 『어느 무위도식자의 생활』, 만초니 『약혼자』 출간. 요한네스 뮐러: 특수 감각동력학 제시
1827년	나바리노 전투. 베토벤 사망. 하이네 『노래의 책』, 빅토르 위고 『크롬웰』 출간. 옴의 법칙 제기. 베어: 포유동물학 주창
1828년	슈베르트 사망. 톨스토이 출생. 입센 출생. 오베르 「포르티치의 벙어리 아가씨」 작곡. 뵐러: 요소종합의 체계화
1829년	아드리아노플 조약. 로시니 「빌헬름 텔」 작곡
1830년	7월 혁명. 루이 필립 등극. 벨기에가 네덜란드에서 분리. 그리스 독립. 폴란드 봉기. 콩트 『실증철학 강의』, 푸슈킨 『예프게니 오네긴』 출간
1831년	오스트로웽카 전투. 헤겔 사망. 마이어베어 「악마 로베르트」 작곡. 위고 『노트르담 꼽추』 출간. 패러데이: 자기전기 발견
1832년	함바하 축제. 영국의 의회개혁. 스코트 사망. 괴테 사망. 『파우스트』 2부 출간
1833년	프랑크푸르트 폭동. 독일 관세동맹 체결. 보프 『산스크리트어 비교 문법』, 라이문트 『낭비가』, 네스트로이 『룸파치바가분두스』 출간. 가우스/베버: 전신기 발명
1835년	프란츠 2세 사망. 최초 독일 철도 건설. D. F. 슈트라우스 『예수의 생애』, G. 뷔히너 『당통의 죽음』 출간
1836년	모스: 전신기 발명. 고골 『감찰관』 출간
1837년	빅토리아 여왕 등극. 하노버 영지가 영국에서 분리됨. 레오파르디 사망

1839년	슈반: 세포이론 정립. 다게르: 사진 발명. 스탕달『파르마의 수도원』출간
1840년	프리드리히 빌헬름 3세 사망: 프리드리히 빌헬름 4세 즉위. 아편전쟁. 슈만 가곡의 해. 칼라일『영웅숭배론』출간. 1페니 우편제도 도입
1841년	해협운항 조약. 포이어바흐『기독교의 본질』, 헤벨『유디트』출간
1842년	로베르트 마이어: 에너지법칙 발견
1843년	바그너『방랑하는 네덜란드인』출간
1844년	니체 출생. 리비히『화학 통신』출간. 뮌헨『비행잡지』간행
1845년	바그너『탄호이저』, 슈티르너『유일자와 그의 소유』출간
1846년	영국의 곡물관세 철폐. 오스트리아가 크라쿠프를 지배. 최초 해저 전신기 사용. 해왕성 발견
1847년	스위스 분리파 전쟁. 에머슨『위인전』출간
1848년	파리 2월 혁명. 독일 3월 혁명. 프란츠 요제프 1세 등극. 라파엘로전파 형제단 발족. 잡지『와장창(Kladderadatsch)』간행.『공산당선언』출간
1849년	노바라 · 빌라고스 전투
1850년	올뮈츠 협약. 발자크 사망
1851년	루이 나폴레옹의 쿠데타. 제1차 만국박람회
1852년	나폴레옹 3세 등극. 런던 의정서 체결. 뒤마 피스『라 트라비아타』출간
1853년	크림전쟁 발발. 켈러『초록의 하인리히』, 루트비히『세습 산림지기』출간
1854년	몸젠『로마사』출간
1855년	니콜라이 1세 사망: 알렉산드르 2세 즉위. 프라이타크『차변과 대변』, L. 뷔히너『힘과 물질』출간
1856년	파리 평화조약. 쇼 출생
1857년	보를레르『악의 꽃』, 플로베르『보바리 부인』출간
1858년	곤차로프『오블로모프』, 오펜바흐『지옥의 오르페우스』출간
1859년	마젠타 · 솔페리노 전투. 다윈『종의 기원』출간. 스펙트럼 분석의 도입. 구노가 오페라「파우스트」작곡
1860년	쇼펜하우어 사망. 페히너『정신물리학의 기초』출간
1861년	북아메리카 남북전쟁 발발. 이탈리아 왕국 건립. 파리에서『탄호이저』공연

1862년	프리드리히 빌헬름 4세 사망; 빌헬름 1세 즉위; 비스마르크 수상 선출. 헤벨『니벨룽겐』, 플로베르『살람보』출간
1863년	르낭『예수의 삶』, 텐『영국문학사』출간
1864년	독일-덴마크 전쟁. 오펜바흐『아름다운 엘렌』출간
1865년	남북전쟁 종결; 링컨 피살. 바그너『트리스탄』, 뒤링『생명의 가치』 출간. 부슈「막스와 모리츠」전시
1866년	쿠스토차·쾨니히그레츠·리사 전투. 입센『브란』출간
1867년	북독일 연방 창립. 막시밀리안 황제 피격 마르크스『자본』, 도스토옙스키『라스콜리니코프』출간
1868년	바그너『명가수』, 헤켈『자연 창조의 역사』출간
1869년	수에즈운하 개통. 하르트만『무의식의 철학』출간
1870년	교황의 무오류성 교리 선언. 엠스 급보. 스당 전투. 프랑스 제3공화정. 디킨스 사망. 트로이 유적 발굴 개시
1871년	독일의 '황제 선언'. 파리 코뮌. 프랑크푸르트 평화조약. 다윈『인간의 유래』, 졸라『루공 마카르 총서』출간. 부슈「경건한 헬레네」 전시
1872년	D. F. 슈트라우스『옛 신앙과 새 신앙』, 도데『타타르 여인』출간
1873년	경제 대공황. 맥스웰: 전자기 빛 이론 제기
1874년	반트 호프: 입체화학 개발
1875년	문화투쟁의 절정. 비제『카르멘』, 텐『앙시앵 레짐』발표
1876년	베이루트 조약. 인도 제국 성립, 영국 빅토리아 여왕이 인도 제국 황제가 됨
1877년	러시아-터키 전쟁. 고비노『르네상스』출간
1878년	산스테파노 평화조약. 베를린 회의. 사회주의자 보호법 발령. 바그너 『파르치팔』출간
1879년	2국 동맹. 입센『인형의 집』출간. 아인슈타인 출생
1880년	플로베르 사망
1881년	프랑스인들 튀니지 입성. 알렉산드르 2세 피살; 알렉산드르 3세 즉위. 도스토옙스키 사망. 입센『유령』출간
1882년	영국인들 이집트 진출. 에머슨 사망. 빌덴브루흐『카롤링거 왕조 시대』출간. 코흐: 결핵균 발견
1883년	3국 동맹. 리하르트 바그너 사망. 마르크스 사망. 니체『차라투스트라』출간
1884년	입센『들오리』출간. 페이비언 협회 발족

1885년	세르비아-불가리아 전쟁. 빅토르 위고 사망
1886년	니체『선악의 저편』출간
1887년	재보장조약. 앙투안: 자유극장 설립. 스트린드베리『아버지』출간
1888년	빌헬름 1세 사망: 프리드리히 3세 사망: 빌헬름 2세 즉위. 폰타네『뒤죽박죽』출간
1889년	극단 '자유무대' 창립. 홀츠/슐라프『아버지 햄릿』, R. 슈트라우스『돈 후안』, 하우프트만『해 지기 전』, 릴리엔크론『시』출간
1890년	비스마르크 해임. 잔지바르 조약.『교육자로서 렘브란트』출간. 와일드『도리언 그레이의 초상』, 함순『굶주림』, 마테를링크『말렌 공주』, 마스카니『카발레리아 루스티카나』, 주더만『명예』출간
1891년	프랑스-러시아 동맹. 베데킨트『봄의 깨어남』출간
1892년	하우프트만『직조공들』, 마테를링크『펠리아스와 멜리장드』출간. 베링: 디프테리아 항독소 발명
1893년	하우프트만『한넬레의 승천』, 슈니츨러『아나톨』출간
1894년	알렉산드르 3세 사망: 니콜라이 2세 즉위
1895년	시모노세키 조약. 폰타네『에피 브리스트』, 쇼『캔디다』출간. 뢴트겐: X-선 발견
1896년	알텐베르크『내가 보는 대로』, 베르그송『물질과 기억』출간. 마르코니: 무선전신기 발명
1897년	그리스-터키 전쟁
1898년	비스마르크 사망:『사유와 기억』출판. 파쇼다 위기. 스페인-아메리카 전쟁. 퀴리 부부: 라듐 발견
1899년	쇼『시저와 클레오파트라』, 입센『우리 죽은 자들이 깨어날 때』출간
1900년	니체 사망. 프로이트『꿈의 해석』출간
1901년	토마스 만『부덴브로크가 사람들』출간. 빅토리아 여왕 사망: 에드워드 7세 즉위
1902년	졸라 사망
1903년	바이닝거『성과 성격』출간
1904년	영국-프랑스 화친협정. 베데킨트『판도라 상자』출간
1905년	노르웨이가 스웨덴에서 분리됨. 만주 전투. 쓰시마 해전. 포츠머스 조약. 아인슈타인: 상대성이론 정립. 하인리히 만『운라트 교수』출간
1906년	알헤시라스 회의. 입센 사망. R. 슈트라우스『살로메』출간

1907년	상트페테르부르크 조약
1908년	합병 위기. 빌헬름 부슈 사망
1909년	블레리오: 운하 비행
1910년	에드워드 7세 사망: 조지 5세 즉위. 톨스토이 사망
1911년	모로코 갈등. 트리폴리 전쟁
1912년	제1차 발칸 전쟁. 중국 공화정 선포. 스트린드베리 사망
1913년	제2차 발칸 전쟁
1914년	제1차 세계대전 발발

∥ 인명 찾아보기 ∥

ㄷ

ㄹ

ㅂ

ㅅ

지은이 에곤 프리델(Egon Friedell)

1878년 1월 21일 오스트리아 빈에서 출생. 자유주의 분위기가 지배적인 하이델베르크 대학에서 수학하면서 헤겔을 공부함. 『철학자로서의 노발리스』로 박사학위를 취득하고, 진보적인 잡지『햇불』에 글을 실으면서 저널리스트로 활동하기 시작함. 극작가·연극평론가·문예비평가·문화학자로 활약함. 1920~1930년대, 오스트리아 빈 문화계에서 중요한 인사로 활동함. 막스 라인하르트(Max Reinhardt)가 이끄는 베를린과 빈 극단에서 1922년부터 1927년까지 연극배우로 이름을 날리기도 했음. 히틀러 군대가 오스트리아로 침공한 직후인 1938년 3월 16일, 나치 돌격대의 가택 체포 작전을 눈치 채고 자신이 거주하던 아파트 4층 창문으로 뛰어내려 향년 60세로 생을 마감함. 주요 저작으로는 『단테에서 단눈치오까지』(1915), 『유다의 비극』(1922), 『이집트와 고대 동양의 문화사』(1936) 등이 있고, 유고집으로 나온 작품으로는 『그리스 문화사』(1940), 『타임머신 여행』(1946), 『고대 문화사』(1949), 『고대는 고대가 아니었다』(1950) 등 다수가 있음.

옮긴이 변상출

서강대 독어독문학과에서 게오르크 루카치(Georg Lukács) 연구(2000)로 박사학위 취득. 현재 대구대학교 기초교육대학 창조융합학부 교수로 재직 중. 저서로는 『예술과 실천』, 『비판과 해방의 철학』(공저), 『계몽의 신화학을 넘어』 등이 있고, 번역서로는 G. 루카치의 『이성의 파괴』(전2권), 『발자크와 프랑스 리얼리즘』, H. M. 엔첸스베르거의 『어느 무정부주의자의 죽음』, A. 브라이히, U. 렌츠의 『일 덜 하는 기술』, L. 코와코프스키의 『마르크스주의의 주요 흐름』(전3권), E. P. 톰슨의 『이론의 빈곤』 등이 있음. 주요 논문으로는 「무정부주의와 유토피아」, 「탈현대논리와 비판이론의 한계 극복을 위한 '고전적 전략'」, 「전통 유물론적 문예이론에 대한 반성과 전망」, 「지젝: 청산과 화해의 정치학」, 「에드워드 톰슨의 알튀세르 비판의 실제」 등 다수가 있음.

한국연구재단 학술명저번역총서 서양편·746

근대문화사
: 흑사병에서 1차 세계대전에 이르기까지 유럽 영혼이 직면한 위기

제4권 낭만주의와 자유주의: 빈 회의에서 프로이센 · 프랑스 전쟁까지

1판 1쇄 2015년 7월 20일
원   제 Kulturgeschichte der Neuzeit:
          Die Krisis der Europäischen Seele von
          der Schwarzen Pest bis zum Ersten Weltkrieg
지 은 이 에곤 프리델(Egon Friedell)
옮 긴 이 변 상 출
책임편집 이 지 은
펴 낸 이 김 진 수
펴 낸 곳 **한국문화사**
등   록 1991년 11월 9일 제2-1276호
주   소 서울특별시 성동구 광나루로 130 서울숲IT캐슬 1310호
전   화 (02)464-7708 / 3409-4488
전   송 (02)499-0846
이 메 일 hkm7708@hanmail.net
홈페이지 www.hankookmunhwasa.co.kr

ISBN 978-89-6817-248-9 94920
(세트) 978-89-6817-244-1 94920

이 도서의 국립중앙도서관 출판시도서목록(CIP)은
서지정보유통지원시스템 홈페이지(http://seoji.nl.go.kr)와
국가자료공동목록시스템(http://www.nl.go.kr/kolisnet)에서
이용하실 수 있습니다.(CIP제어번호: CIP2015018646)

'한국연구재단 학술명저번역총서'는 우리 시대 기초학문의 부흥을 위해
한국연구재단과 한국문화사가 공동으로 펼치는 서양고전 번역간행사업입니다.